企业所得税纳税申报实务

张炜　著

中国财政经济出版社

图书在版编目（CIP）数据

企业所得税纳税申报实务/张炜著．—北京：中国财政经济出版社，2010.4

ISBN 978－7－5095－2124－3

Ⅰ．企…　Ⅱ．张…　Ⅲ．企业—所得税—税收管理—中国　Ⅳ．F812.424

中国版本图书馆 CIP 数据核字（2010）第 050467 号

中国财政经济出版社出版

URL：http：//www.cfeph.cn

E-mail：webmaster@ewinbook.com

社址：北京海淀区阜成路甲 28 号　邮政编码：100142

发行电话：010－88191017

三河市祥达印装厂印刷　各地新华书店经销

787×1092 毫米　16 开　35.75 印张　843 千字

2010 年 4 月第 1 版　2010 年 4 月北京第 1 次印刷

定价：58.00 元

ISBN 978－7－5095－2124－3/F·1676

（图书出现印装问题，本社负责调换）

前　言

企业所得税是我国现行开征税种中最为复杂的税种，业务处理涉及企业生产经营的全部过程。同时，由于会计和税法差异存在的客观性，决定企业所得税的基本要素和相关会计准则规定存在差异，使企业所得税的实务处理表现出复杂性。企业所得税的实务操作，一般是企业涉税业务的处理的薄弱环节，企业所得税纳税申报表的填报，是目前企业涉税业务处理的难点与重点。因此，从实务操作层面研究和掌握企业所得税和会计的差异，以及企业所得税纳税申报表填报的正确方法十分重要。

企业所得税纳税实务的处理主要表现为企业所得税纳税申报表的准确填报，通过企业所得税纳税申报表填报，完成企业所得税和会计差异的调整，及应纳税所得额和应纳税额计算。本书的研究建立在对现行企业所得税法规分析和企业所得税和会计相关业务差异比较的基础上，本书根据企业所得税最新法规内容，以企业所得税的基本要素，即收入、扣除项目及资产税务处理的分析为主线，对企业所得税纳税申报实务操作问题进行了分析研究。首先，本书分析了与企业所得税纳税申报相关的税法要素，以及企业所得税纳税申报表的基本结构；其次，分析了企业所得税的收入、扣除、资产及特殊业务处理的税法规定，及所得税和会计的差异，在此基础上通过大量范例全面、系统、详细分析了与其相关的企业所得税纳税申报表的填报。

本书着重突出以下特点：

第一，结构合理。本书从实务操作需要出发，按照企业所得税的基本要素分篇布局，依次对收入、扣除、资产及特殊业务的企业所得税处理，所得税和会计的差异及相关业务的纳税申报表填报进行了规范和细致分析。

第二，税收法规运用规范。本书运用的税收法规内容涵盖了截至 2010 年 4 月的企业所得税重要法规；在实际业务涉税处理引用法规时，基本标示出法规文件号，解决以往此类书中对税法规定进行叙述，无法在实践中准确适用的问题。便于纳税人对企业经济业务发生涉及需要处理的企业所得税问题直接查找相对应的法规，进行准确规范处理。

第三，覆盖面广。本书基本包括了企业所得税纳税申报涉及各项业务处理的分析，尤其是对企业重组业务的所得税法规进行了详细的解读，并分析了企业重组业务所得税和会计的差异，以案例解析了企业重组业务相关的企业所得税纳税申报表填报。

第四，实用性强。针对目前企业在所得税纳税申报表填报业务处理存在的问题，本书突出了可操作性，表现为以下几方面。（1）案例翔实。本书为了解决企业所得税实务操作的重点和难点问题，分析了大量和企业实际业务相关的复杂的案例。（2）贴近实务。由于企业所得税法和会计准则之间的暂时性差异的纳税调整，涉及到纳税人若干会计期间业务的处理，因此本书提出纳税人需要通过必要的辅助手段，如设置登记簿序时记录会计和税法的差异，做好纳税申报表填列基础工作，保证纳税申报准确。

（3）重点突出。针对企业所得税实务操作的复杂，本书分析了企业所得税和会计差异，详解了企业所得税纳税申报表填报方法，并设计了企业所得税和会计差异调整日常业务处理的备查簿。

在本书的写作过程中，尽管作者力求做到结构严谨、适用法律法规准确、业务处理完整，但由于水平有限，难免存在不足，恳请各位同仁和读者不吝指正，以便进一步充实和完善。

作者

目 录

第四篇　企业所得税资产处理和相关纳税申报表分析填报

第五篇 企业重组所得税处理和相关纳税申报表分析填报

第六篇　所得税会计核算

第一篇

1

企业所得税纳税申报实务基础

第一章　企业所得税纳税申报基本业务分析

企业所得税纳税申报的核心业务是计算应纳税所得额和应纳所得税额，通过企业所得税纳税申报表的填报形成当期实际交纳税额，以及在税收法规规定的期间和地点进行税款的交纳。本章对企业所得税纳税申报的基本业务进行分析。

第一节　企业所得税应纳所得税额计算的税法结构

一、企业所得税应纳所得税额计算的基本税法结构

（一）企业所得税应纳所得税额的一般计算公式

《企业所得税法》第二十二条规定："企业的应纳税所得额乘以适用税率，减除依照本法关于税收优惠的规定减免和抵免的税额后的余额，为应纳税额。"

《企业所得税法实施条例》第七十六条规定：企业所得税法第二十二条规定的应纳税额的计算公式为：

应纳税额 = 应纳税所得额 × 适用税率 − 减免税额 − 抵免税额

上述计算公式说明企业所得税计算的基本要素为应纳税所得额、税率、减免税额及抵免税额。

（二）应纳税所得额的计算

《企业所得税法》第五条规定："企业每一纳税年度的收入总额，减除不征税收入、免税收入、各项扣除以及允许弥补的以前年度亏损后的余额，为应纳税所得额。"

应纳税所得额 = 收入 − 不征税收入 − 免税收入 − 各项扣除 − 允许弥补的以前年度亏损

上述计算公式说明应纳税所得额计算的基本要素为收入、扣除和弥补亏损。

收入、不征税收入和免税收入确定的税法规定，详见第三章。

各项扣除确定的税法规定，详见第五章。

税收亏损确定的税法规定，详见第十七章。

二、企业所得税应纳所得税额计算的纳税申报表结构

（一）应纳税所得额计算的纳税申报表结构

企业所得税应纳税所得额计算，其数据来源于会计核算的数据，由于会计核算依据的会计准则和企业所得税的相关法规不同，所以应纳税所得额的计算必须对会计和所得税的差异进行调整。

企业所得税纳税申报表中应纳税所得额计算的基本结构为：

应纳税所得额 = 会计利润 + 纳税调增额 - 纳税调减额（详见企业所得税纳税申报表主表）

（二）应纳所得税计算的纳税申报表结构

应纳所得税计算的纳税申报表结构详见本章第二节。

三、应纳税所得计算的税法原则

《企业所得税法》和《企业所得税法实施条例》通过法律条款的形式，规定了企业所得税应纳税所得额计算的基本原则，为企业所得税应纳税所得额计算和纳税申报表填报提供依据。

（一）企业所得税扣除项目的确定以税收法律、行政法规的规定为依据

《企业所得税法》第二十一条规定："在计算应纳税所得额时，企业财务、会计处理办法与税收法律、行政法规的规定不一致的，应当依照税收法律、行政法规的规定计算。"企业所得税应纳税额的计算是以税前扣除项目的确定为基础。所以，在计算税前扣除项目时，企业财务、会计处理办法与税收法律、行政法规的规定不一致的，应当依照税收法律、行政法规的规定计算。

企业所得税扣除项目的确定是以会计核算数据为基础，会计核算数据是企业依据会计准则对企业日常经济活动进行确认、计量和记录的结果。企业所得税有关扣除项目的确认与计量的法律规定，和会计准则相关的规定存在差异。所以在以会计核算数据为基础，计算企业所得税扣除项目的关键问题是：确认企业所得税和会计在相关业务处理时的差异，并对会计和税法的差异进行调整。

（二）企业所得税扣除项目的确定以权责发生制为原则

《企业所得税法实施条例》第九条规定："企业应纳税所得额的计算，以权责发生制为原则，属于当期的收入和费用，不论款项是否收付，均作为当期的收入和费用；不属于当期的收入和费用，即使款项已经在当期收付，均不作为当期的收入和费用。本条例和国务院财政、税务主管部门另有规定的除外。"

（三）企业所得税扣除项目的确定符合真实性、相关性和合理性原则

《企业所得税法》第八条规定："企业实际发生的与取得收入有关的、合理的支出，包括成本、费用、税金、损失和其他支出，准予在计算应纳税所得额时扣除。"其中，在本条规定中实际发生、与取得收入有关的及合理的支出是企业所得税扣除的基本原则。在《企业所得税法实施条例》中，对其进行了进一步的解释。详见第五章。

（四）企业发生的支出应当区分收益性支出和资本性支出

《企业所得税法实施细则》第二十八条规定："企业发生的支出应当区分收益性支出和资本性支出。收益性支出在发生当期直接扣除；资本性支出应当分期扣除或者计入有关资产成本，不得在发生当期直接扣除。"企业所得税法规定企业实际发生的与取得收入有关的、合理的支出，准予在计算应纳税所得额时扣除。但应将支出划分为收益性支出和资本性支出。

（五）不得重复扣除

《企业所得税法实施条例》第三十三条规定："除企业所得税法和本条例另有规定外，企业实际发生的成本、费用、税金、损失和其他支出，不得重复扣除。"不得重复

扣除原则，是对企业所得税扣除项目处理的进一步确定。

第二节　企业所得税纳税申报表的基本结构分析

一、企业所得税纳税申报和纳税申报表构成的基本特点

（一）分类申报

按照企业财务核算水平及适用的企业所得税应纳税额的计算方法不同，企业所得税纳税申报划分为查账征收纳税申报（A类）和核定征收纳税申报（B类）。

按照业务内容、会计核算及企业所得税相关法规不同，企业所得税纳税申报表在收入、成本附表设计时，分别按照一般企业、金融企业及事业单位、社会团体、民办非企业单位进行设置。

按照企业适用会计制度或会计准则的状况不同，企业所得税纳税申报表的相关附表对不同企业设置了不同的填报内容。

（二）简化预缴

《企业所得税法》第五十四条规定："企业所得税分月或者分季预缴。企业应当自月份或者季度终了之日起十五日内，向税务机关报送预缴企业所得税纳税申报表，预缴税款。"《企业所得税法实施条例》第一百二十八条规定："企业根据企业所得税法第五十四条规定分月或者分季预缴企业所得税时，应当按照月度或者季度的实际利润额预缴；按照月度或者季度的实际利润额预缴有困难的，可以按照上一纳税年度应纳税所得额的月度或者季度平均额预缴，或者按照经税务机关认可的其他方法预缴。预缴方法一经确定，该纳税年度内不得随意变更。"

根据企业所得税及条例的规定，企业所得税预缴的申报表的设置及纳税人的填报相对简单。

（三）强化汇算

《企业所得税法》第五十四条规定："企业应当自年度终了之日起五个月内，向税务机关报送年度企业所得税纳税申报表，并汇算清缴，结清应缴应退税款。"

二、企业所得税纳税申报表的基本构成

1.《企业所得税年度纳税申报表（A类）》及其附表。

A类适用查账征收的企业所得税纳税人汇算清缴期填报。详见本节分析。

2.《企业所得税预缴申报表（A类）》。

A类适用查账征收的企业所得税纳税人预缴企业所得税填报（表1-1）。

3.《企业所得税月（季）度预缴纳税申报表（B类）》。

B类适用核定征收的企业所得税纳税人缴纳企业所得税填报。详见第二十一章。

4.《中华人民共和国企业所得税扣缴报告表》。

此表适用企业所得税扣缴义务人代扣代缴所得税填报。详见第二十二章。

三、企业所得税年度申报表（A类）的构成

（一）企业所得税年度申报表填报依据

企业所得税年度纳税申报表反映纳税人汇算清缴企业所得税的主要过程，也是纳税人依法纳税的重要依据。企业所得税纳税申报表的设计既要方便纳税人申报，又要便于税务机关监督管理。

企业所得税年度申报表设计及填报依据：其一，依据《企业所得税法》、《企业所得税法实施条例》及相关法规的规定；其二，依据《企业会计准则》和《企业会计制度》。

（二）企业所得税年度纳税申报表的构成

企业所得税年度申报表（A类），适用于所有查账征收企业。企业所得税年度申报表由一张主表和十一张附表组成。

1. 主表的构成。

主表包括利润总额的计算、应纳税所得额的计算和应纳税额的计算三大部分（见表1－1）。

表1－1　　中华人民共和国企业所得税年度纳税申报表（A类）

税款所属期间：　　年　月　日至　　年　月　日

纳税人名称：

纳税人识别号：□□□□□□□□□□□□□□□□□□□□　　金额单位：元（列至角分）

类　别	行　次	项　目	金　额
利润总额计　算	1	一、营业收入（填附表一）	
	2	减：营业成本（填附表二）	
	3	营业税金及附加	
	4	销售费用（填附表二）	
	5	管理费用（填附表二）	
	6	财务费用（填附表二）	
	7	资产减值损失	
	8	加：公允价值变动收益	
	9	投资收益	
	10	二、营业利润	
	11	加：营业外收入（填附表一）	
	12	减：营业外支出（填附表二）	
	13	三、利润总额（10＋11－12）	
	14	加：纳税调整增加额（填附表三）	
	15	减：纳税调整减少额（填附表三）	
	16	其中：不征税收入	
	17	免税收入	
	18	减计收入	

续表

类　别	行　次	项　目	金　额
应纳税所得额计算	19	减、免税项目所得	
	20	加计扣除	
	21	抵扣应纳税所得额	
	22	加:境外应税所得弥补境内亏损	
	23	纳税调整后所得(13 + 14 - 15 + 22)	
	24	减:弥补以前年度亏损(填附表四)	
	25	应纳税所得额(23 - 24)	
应纳税额计算	26	税率(25%)	
	27	应纳所得税额(25 × 26)	
	28	减:减免所得税额(填附表五)	
	29	减:抵免所得税额(填附表五)	
	30	应纳税额(27 - 28 - 29)	
	31	加:境外所得应纳所得税额(填附表六)	
	32	减:境外所得抵免所得税额(填附表六)	
	33	实际应纳所得税额(30 + 31 - 32)	
	34	减:本年累计实际已预缴的所得税额	
	35	其中:汇总纳税的总机构分摊预缴的税额	
	36	汇总纳税的总机构财政调库预缴的税额	
	37	汇总纳税的总机构所属分支机构分摊的预缴税额	
	38	合并纳税(母子体制)成员企业就地预缴比例	
	39	合并纳税企业就地预缴的所得税额	
	40	本年应补(退)的所得税额(33 - 34)	
附列资料	41	以前年度多缴的所得税额在本年抵减额	
	42	以前年度应缴未缴在本年入库所得税额	

2. 附表的构成。

附表的构成如下（各表的具体构成在相关章节中分析）：

附表一:《收入明细表》、《金融企业收入明细表》、《事业单位收入明细表》

附表二:《成本费用明细表》、《金融企业成本费用明细表》、《事业单位支出明细表》

附表三:《纳税调整明细表》

附表四:《弥补亏损明细表》

附表五:《税收优惠明细表》

附表六:《境外所得税抵免计算明细表》

附表七:《以公允价值计量资产纳税调整表》

附表八:《广告费和业务宣传费跨年度纳税调整表》

附表九:《资产折旧、摊销纳税调整明细表》

附表十:《资产减值损失项目调整明细表》

附表十一：《长期股权投资所得（损失）明细表》

（三）纳税申报表主表与附表的逻辑关系及填报数据的来源

1. 主表与附表关系及填报数据来源。

主表的填制是以附表为基础。

主表的数据一部分通过附表的数据过渡填列，主要包括：附表一《收入明细表》、附表二《成本费用明细表》、附表三《纳税调整明细表》、附表四《弥补亏损明细表》、附表五《税收优惠明细表》、附表六《境外所得税抵免计算明细表》。

一部分数据依据企业所得税法应纳税额计算的基本规定，在主表中按税法逻辑计算出填列。

2. 附表之间的关系。

附表的数据一部分根据会计核算数据填列，一部分根据税收口径的数据调整填列，附表分为两个层次。

附表一至附表六为一级附表。一级附表一部分项目对应主表各项目，部分对应附表三《纳税调整明细表》。主要包括：附表一《收入明细表》、附表二《成本费用明细表》、附表三《纳税调整明细表》、附表四《弥补亏损明细表》、附表五《税收优惠明细表》、附表六《境外所得税抵免计算明细表》。

附表七至附表十一为二级附表。二级附表可以作为所得税和会计差异调整的台账，也是纳税调整表的明细反映，对应附表三《纳税调整明细表》。主要包括：附表七《以公允价值计量资产纳税调整表》、附表八《广告费和业务宣传费跨年度纳税调整表》、附表九《资产折旧、摊销纳税调整明细表》、附表十《资产减值损失项目调整明细表》、附表十一《长期股权投资所得（损失）明细表》。

3.《纳税调整明细表》（附表三）是所得税申报表填报的核心。详见第二章第二节的分析。

第三节 企业所得税年度纳税申报表的分析填报

企业所得税应纳税所得额和应纳所得税的形成，是在企业所得税纳税申报表主表的填报过程中完成。

一、企业所得税年度纳税申报表基本结构及主要逻辑关系

（一）主表的构成

本表包括利润总额的计算、应纳税所得额的计算、应纳税额的计算和附列资料四个部分（详见表1－2）。

以上四部分的构成结构及各项目的填列内容详见《企业所得税年度纳税申报表》列示。

（二）主表的逻辑关系

本表主要逻辑关系是：

第一，填列企业利润总额。

第二，在企业会计利润总额的基础上，加减纳税调整额后计算出“纳税调整后所得”，计算出应纳税所得额。

所得税和会计的差异（包括收入类、扣除类、资产类）的调整，通过《纳税调整明细表》（附表三）填报完成。

第三，在计算出应纳税所得额的基础上计算企业应纳所得税额、应纳税额、实际应纳税额和本年应补（退）的所得税额。

二、企业所得税年度纳税申报表填报依据

（一）依据相关附表、会计报表直接填列数据的项目

企业所得税年度纳税申报表主表（A类）的部分项目，直接根据相关附表、会计报表及税法规定的数据填列，其基本情况为：

1. 依据企业会计制度、企业会计准则及企业的《利润表》和会计核算数据填列。比如主表第一项利润总额计算的各个项目，可以直接根据会计核算数据填列。

2. 依据纳税申报表相关附表的数据填列。比如，主表的第二项应纳税所得额的计算中，纳税调整增加额和纳税调整和减少额，根据附表三《纳税调整明细表》填列；弥补以前年度亏损，根据附表四《弥补亏损明细表》填列。在主表第三项应纳税额计算中，境外所得应纳所得税额和境外所得抵免所得税额，根据附表六《境外所得税抵免计算明细表》填列；减免所得税额和抵免所得税额，根据附表五《税收优惠明细表》填列。

3. 依据企业所得税法填列。比如企业所得税的税率，依据《企业所得税法》规定，填列基本税率25%。

（二）计算填列数据的项目

企业所得税年度纳税申报表主表（A类）的部分项目，根据《企业所得税法》、《企业所得税法实施条例》及企业所得税相关法规的规定计算填列。

主表的第二项应纳税所得额，根据企业所得税法的规定和企业所得税纳税申报表的结构和逻辑计算数据填列。

1. 应纳税所得额计算过程。

应纳税所得额（25行）=纳税调整后所得（23行）-弥补以前年度亏损（24行）

纳税调整后所得（23行）=利润总额（13行）+纳税调整增加额（14行）-纳税调整减少额（15行）+境外应税所得弥补境内亏损（22行）

2. 应纳税额的计算过程。

主表第三项应纳税额的计算，根据企业所得税法的规定和企业所得税纳税申报表的结构和逻辑计算数据填列。应纳税额计算的过程为：

应纳税额（30行）=应纳所得税额（27行）- 减免所得税额（28行）- 抵免所得税额（29行）

应纳所得税额（27行）=应纳税所得额（25行）×税率（26行）

（三）主表填列的几个主要问题

1. 填列数据的来源。一部分数据来源为附表1至附表6，一部分数据部分根据企业所得税法规的规定计算得出。

2. 以利润总额为基数对会计和税法差异进行调增和调减的处理，调整数额的确定通过附表三完成。

3. 纳税调整后所得是确定是否出现税收亏损的关键数据。23 行“纳税调整后所得”，是填报纳税人当期经过调整后的应纳税所得额。当本行为负数时，其结果与按税法计算的“税收亏损”（税收亏损 = 每一纳税年度的收入总额 - 不征税收入 - 免税收入 - 各项扣除 <0）相符，小于零的数额为可结转以后年度弥补的亏损额；如本行为正数，应继续计算应纳税所得额。

4. 应纳税所得额是在纳税调整后所得的基础上减去弥补亏损计算得出。25 行应纳税所得额≥0；如果依照主表的顺序计算结果为负数，本行金额填零。

5. 主表填列的重点在于恰当处理企业所得税的税收优惠。其一，税收优惠政策的适用，必须将企业所得税优惠划分为税基式和税额式优惠，分别反映在应纳税所得额计算和应纳所得税额计算之中。其二，税基式税收优惠的结果将减少企业当期应纳税所得额，可能导致企业出现或增加税收亏损，并通过表中 23 行“纳税调整后所得”确定；税额式减免的结果将减少企业当期应纳所得税额。其三，企业是否有需要弥补的以前年度的亏损及亏损弥补的数额直接关系应纳税所得额的数额。其四，企业适用税收优惠政策产生的减少应纳税所得额或应纳所得税额的初始数据来源于附表五《税收优惠明细表》。

三、企业所得税年度纳税申报表项目填报说明

第 1 行“营业收入”：填报纳税人主要经营业务和其他经营业务取得的收入总额。本行根据“主营业务收入”和“其他业务收入”科目的数额计算填报。一般工商企业纳税人，通过附表一（1）《收入明细表》计算填报；金融企业纳税人，通过附表一（2）《金融企业收入明细表》计算填报；事业单位、社会团体、民办非企业单位、非营利组织等纳税人，通过附表一（3）《事业单位、社会团体、民办非企业单位收入明细表》计算填报。

第 2 行“营业成本”项目：填报纳税人主要经营业务和其他经营业务发生的成本总额。本行根据“主营业务成本”和“其他业务成本”科目的数额计算填报。一般工商企业纳税人，通过附表二（1）《成本费用明细表》计算填报；金融企业纳税人，通过附表二（2）《金融企业成本费用明细表》计算填报；事业单位、社会团体、民办非企业单位、非营利组织等纳税人，通过附表二（3）《事业单位、社会团体、民办非企业单位支出明细表》计算填报。

第 3 行“营业税金及附加”：填报纳税人经营活动发生的营业税、消费税、城市维护建设税、资源税、土地增值税和教育费附加等相关税费。本行根据“营业税金及附加”科目的数额计算填报。

第 4 行“销售费用”：填报纳税人在销售商品和材料、提供劳务的过程中发生的各种费用。本行根据“销售费用”科目的数额计算填报。

第 5 行“管理费用”：填报纳税人为组织和管理企业生产经营发生的管理费用。本行根据“管理费用”科目的数额计算填报。

第 6 行“财务费用”：填报纳税人为筹集生产经营所需资金等发生的筹资费用。本行根据“财务费用”科目的数额计算填报。

第 7 行"资产减值损失"：填报纳税人计提各项资产准备发生的减值损失。本行根据"资产减值损失"科目的数额计算填报。

第 8 行"公允价值变动收益"：填报纳税人交易性金融资产、交易性金融负债，以及采用公允价值模式计量的投资性房地产、衍生工具、套期保值业务等公允价值变动形成的应计入当期损益的利得或损失。本行根据"公允价值变动损益"科目的数额计算填报。

第 9 行"投资收益"：填报纳税人以各种方式对外投资确认所取得的收益或发生的损失。本行根据"投资收益"科目的数额计算填报。

第 10 行"营业利润"：填报纳税人当期的营业利润。根据上述项目计算填列。

第 11 行"营业外收入"：填报纳税人发生的与其经营活动无直接关系的各项收入。本行根据"营业外收入"科目的数额计算填报。一般工商企业纳税人，通过附表一（1）《收入明细表》相关项目计算填报；金融企业纳税人，通过附表一（2）《金融企业收入明细表》相关项目计算填报；事业单位、社会团体、民办非企业单位、非营利组织等纳税人，通过附表一（3）《事业单位、社会团体、民办非企业单位收入明细表》计算填报。

第 12 行"营业外支出"：填报纳税人发生的与其经营活动无直接关系的各项支出。本行根据"营业外支出"科目的数额计算填报。一般工商企业纳税人，通过附表二（1）《成本费用明细表》相关项目计算填报；金融企业纳税人，通过附表二（2）《金融企业成本费用明细表》相关项目计算填报；事业单位、社会团体、民办非企业单位、非营利组织等纳税人，通过附表一（3）《事业单位、社会团体、民办非企业单位支出明细表》计算填报。

第 13 行"利润总额"：填报纳税人当期的利润总额。

第 14 行"纳税调整增加额"：填报纳税人会计处理与税收规定不一致，进行纳税调整增加的金额。本行通过附表三《纳税调整项目明细表》"调增金额"列计算填报。

第 15 行"纳税调整减少额"：填报纳税人会计处理与税收规定不一致，进行纳税调整减少的金额。本行通过附表三《纳税调整项目明细表》"调减金额"列计算填报。

第 16 行"不征税收入"：填报纳税人计入利润总额但属于税收规定不征税的财政拨款、依法收取并纳入财政管理的行政事业性收费、政府性基金，以及国务院规定的其他不征税收入。本行通过附表一（3）《事业单位、社会团体、民办非企业单位收入明细表》计算填报。

第 17 行"免税收入"：填报纳税人计入利润总额但属于税收规定免税的收入或收益，包括国债利息收入；符合条件的居民企业之间的股息、红利等权益性投资收益；从居民企业取得与该机构、场所有实际联系的股息、红利等权益性投资收益；符合条件的非营利组织的收入。本行通过附表五《税收优惠明细表》第 1 行计算填报。

第 18 行"减计收入"：填报纳税人以《资源综合利用企业所得税优惠目录》规定的资源作为主要原材料，生产国家非限制和禁止并符合国家和行业相关标准的产品取得收入 10% 的数额。本行通过附表五《税收优惠明细表》第 6 行计算填报。

第 19 行"减、免税项目所得"：填报纳税人按照税收规定减征、免征企业所得税的所得额。本行通过附表五《税收优惠明细表》第 14 行计算填报。

第 20 行“加计扣除”：填报纳税人开发新技术、新产品、新工艺发生的研究开发费用，以及安置残疾人员及国家鼓励安置的其他就业人员所支付的工资，符合税收规定条件的准予按照支出额一定比例，在计算应纳税所得额时加计扣除的金额。本行通过附表五《税收优惠明细表》第 9 行计算填报。

第 21 行“抵扣应纳税所得额”：填报创业投资企业采取股权投资方式投资于未上市的中小高新技术企业 2 年以上的，可以按照其投资额的 70% 在股权持有满 2 年的当年抵扣该创业投资企业的应纳税所得额。当年不足抵扣的，可以在以后纳税年度结转抵扣。本行通过附表五《税收优惠明细表》第 39 行计算填报。

第 22 行“境外应税所得弥补境内亏损”：填报纳税人根据税收规定，境外所得可以弥补境内亏损的数额。

第 23 行“纳税调整后所得”：填报纳税人经过纳税调整计算后的所得额。当本表第 23 行 <0 时，即为可结转以后年度弥补的亏损额；如本表第 23 行 >0 时，继续计算应纳税所得额。

第 24 行“弥补以前年度亏损”：填报纳税人按照税收规定可在税前弥补的以前年度亏损的数额。本行通过附表四《企业所得税弥补亏损明细表》第 6 行第 10 列填报。但不得超过本表第 23 行“纳税调整后所得”。

第 25 行“应纳税所得额”：金额等于本表第 23 – 24 行。本行不得为负数。本表第 23 行或者按照上述行次顺序计算结果本行为负数，本行金额填零。

第 26 行“税率”：填报税法规定的税率 25%。

第 27 行“应纳所得税额”：金额等于本表第 25 × 26 行。

第 28 行“减免所得税额”：填报纳税人按税收规定实际减免的企业所得税额，包括小型微利企业、国家需要重点扶持的高新技术企业、享受减免税优惠过渡政策的企业，其法定税率与实际执行税率的差额，以及其他享受企业所得税减免税的数额。本行通过附表五《税收优惠明细表》第 33 行计算填报。

第 29 行“抵免所得税额”：填报纳税人购置用于环境保护、节能节水、安全生产等专用设备的投资额，其设备投资额的 10% 可以从企业当年的应纳所得税额中抵免的金额；当年不足抵免的，可以在以后 5 个纳税年度结转抵免。本行通过附表五《税收优惠明细表》第 40 行计算填报。

第 30 行“应纳税额”：金额等于本表第 27 – 28 – 29 行。

第 31 行“境外所得应纳所得税额”：填报纳税人来源于中国境外的所得，按照企业所得税法及其实施条例，以及相关税收规定计算的应纳所得税额。

第 32 行“境外所得抵免所得税额”：填报纳税人来源于中国境外所得依照中国境外税收法律以及相关规定应缴纳并实际缴纳的企业所得税性质的税款，准予抵免的数额。企业已在境外缴纳的所得税额，小于抵免限额的，“境外所得抵免所得税额”按其在境外实际缴纳的所得税额填报；大于抵免限额的，按抵免限额填报，超过抵免限额的部分，可以在以后五个年度内，用每年度抵免限额抵免当年应抵税额后的余额进行抵补。

第 33 行“实际应纳所得税额”：填报纳税人当期的实际应纳所得税额。

第 34 行“本年累计实际已预缴的所得税额”：填报纳税人按照税收规定本纳税年度已在月（季）度累计预缴的所得税款。

第35行“汇总纳税的总机构分摊预缴的税额”：填报汇总纳税的总机构按照税收规定已在月（季）度在总机构所在地累计预缴的所得税款。附报《中华人民共和国企业所得税汇总纳税分支机构企业所得税分配表》。

第36行“汇总纳税的总机构财政调库预缴的税额”：填报汇总纳税的总机构按照税收规定已在月（季）度在总机构所在地累计预缴在财政调节专户的所得税款。附报《中华人民共和国企业所得税汇总纳税分支机构企业所得税分配表》。

第37行“汇总纳税的总机构所属分支机构分摊的预缴税额”：填报汇总纳税的分支机构已在月（季）度在分支机构所在地累计分摊预缴的所得税款。附报《中华人民共和国企业所得税汇总纳税分支机构企业所得税分配表》。

第38行“合并纳税（母子体制）成员企业就地预缴比例”：填报经国务院批准的实行合并纳税（母子体制）的成员企业按照税收规定就地预缴税款的比例。

第39行“合并纳税企业就地预缴的所得税额”：填报合并纳税的成员企业已在月（季）度累计预缴的所得税款。

第40行“本年应补（退）的所得税额”：填报纳税人当期应补（退）的所得税额。

第41行“以前年度多缴的所得税在本年抵减额”：填报纳税人以前纳税年度汇算清缴多缴的税款尚未办理退税、并在本纳税年度抵缴的所得税额。

第42行“以前年度应缴未缴在本年入库所得额”：填报纳税人以前纳税年度损益调整税款、上一纳税年度第四季度预缴税款和汇算清缴的税款，在本纳税年度入库所得税额。

第四节　企业所得税纳税申报和税款缴纳的税法分析

一、企业所得税的纳税地点

（一）居民企业纳税地点

《企业所得税法》第五十条规定：除税收法律、行政法规另有规定外，居民企业以企业登记注册地为纳税地点；但登记注册地在境外的，以实际管理机构所在地为纳税地点。

《企业所得税法是实施条例》第一百二十四条规定：企业所得税法第五十条所称企业登记注册地，是指企业依照国家有关规定登记注册的住所地。

（二）非居民企业纳税地点

《企业所得税法》第五十一条规定：非居民企业在中国境内设立机构、场所的，应当就其所设机构、场所取得的来源于中国境内的所得，以及发生在中国境外但与其所设机构、场所有实际联系的所得，以机构、场所所在地为纳税地点。

非居民企业在中国境内未设立机构、场所的，或者虽设立机构、场所但取得与其所设机构、场所没有实际联系的所得，以扣缴义务人所在地为纳税地点。

《企业所得税法是实施条例》第一百二十六条规定，企业所得税法第五十一条所称主要机构、场所，应当同时符合下列条件：（1）对其他各机构、场所的生产经营活动负有监督管理责任；（2）设有完整的账簿、凭证，能够准确反映各机构、场所的收入、成本、费用和盈亏情况。

《企业所得税法是实施条例》第一百二十七条规定：企业所得税法第五十一条所称经税务机关审核批准，是指经各机构、场所所在地税务机关的共同上级税务机关审核批准。

二、企业所得税纳税期限

《企业所得税法》第五十三条规定：企业所得税按纳税年度计算。纳税年度自公历1月1日起至12月31日止。企业在一个纳税年度中间开业，或者终止经营活动，使该纳税年度的实际经营期不足十二个月的，应当以其实际经营期为一个纳税年度。企业依法清算时，应当以清算期间作为一个纳税年度。

《企业所得税法》第五十四条规定：企业所得税分月或者分季预缴。企业应当自月份或者季度终了之日起十五日内，向税务机关报送预缴企业所得税纳税申报表（见表1－2），预缴税款。企业应当自年度终了之日起五个月内，向税务机关报送年度企业所得税纳税申报表，并汇算清缴，结清应缴应退税款。

表1－2　　企业所得税月（季）度预缴纳税申报表（A类）

税款所属期间：　　年　　月　　日至　　年　　月　　日

纳税人识别号：□□□□□□□□□□□□□□□□□□

纳税人名称：　　　　　　　　　　　　　　　　金额单位：人民币元（列至角分）

行次	项　　目	本期金额	累计金额
1	**一、据实预缴**		
2	营业收入		
3	营业成本		
4	利润总额		
5	税率(25%)		
6	应纳所得税额(4行×5行)		
7	减免所得税额		
8	实际已缴所得税额	——	
9	应补(退)的所得税额(6行－7行－8行)	——	
10	**二、按照上一纳税年度应纳税所得额的平均额预缴**		
11	上一纳税年度应纳税所得额	——	
12	本月(季)应纳税所得额(11行÷12或11行÷4)		
13	税率(25%)	——	——
14	本月(季)应纳所得税额(12行×13行)		
15	**三、按照税务机关确定的其他方法预缴**		
16	本月(季)确定预缴的所得税额		
17	**总分机构纳税人**		

续表

<table>
<tr><th>行次</th><th colspan="2">项　目</th><th>本期金额</th><th>累计金额</th></tr>
<tr><td>18</td><td rowspan="3">总机构</td><td>总机构应分摊的所得税额(9 行或 14 行或 16 行 ×25%)</td><td></td><td></td></tr>
<tr><td>19</td><td>中央财政集中分配的所得税额(9 行或 14 行或 16 行 ×25%)</td><td></td><td></td></tr>
<tr><td>20</td><td>分支机构分摊的所得税额(9 行或 14 行或 16 行 ×50%)</td><td></td><td></td></tr>
<tr><td>21</td><td rowspan="2">分支机构</td><td>分配比例</td><td></td><td></td></tr>
<tr><td>22</td><td>分配的所得税额(20 行 ×21 行)</td><td></td><td></td></tr>
<tr><td colspan="5">谨声明:此纳税申报表是根据《中华人民共和国企业所得税法》、《中华人民共和国企业所得税法实施条例》和国家有关税收规定填报的,是真实的、可靠的、完整的。
法定代表人(签字):　　　　年　月　日</td></tr>
<tr><td colspan="2">纳税人公章:
会计主管:
填表日期:　年　月　日</td><td>代理申报中介机构公章:
经办人:
经办人执业证件号码:
代理申报日期:　年　月　日</td><td colspan="2">主管税务机关受理专用章:
受理人:
受理日期:　年　月　日</td></tr>
</table>

《企业所得税法是实施条例》第一百二十八条规定：企业所得税分月或者分季预缴，由税务机关具体核定。企业分月或者分季预缴企业所得税时，应当按照月度或者季度的实际利润额预缴；按照月度或者季度的实际利润额预缴有困难的，可以按照上一纳税年度应纳税所得额的月度或者季度平均额预缴，或者按照经税务机关认可的其他方法预缴。预缴方法一经确定，该纳税年度内不得随意变更。

三、企业所得税纳税申报和汇算清缴

《企业所得税法是实施条例》第一百二十九条规定：“企业在纳税年度内无论盈利或者亏损，都应当依照企业所得税法规定的期限，向税务机关报送预缴企业所得税纳税申报表、年度企业所得税纳税申报表、财务会计报告和税务机关规定应当报送的其他有关资料。”《企业所得税法》、《企业所得税法实施条例》和《企业所得税汇算清缴管理办法》（国税发［2009］79 号）对企业所得税纳税申报和汇算清缴做出了相关规定。

（一）企业所得税汇算清缴适用范围

企业所得税汇算清缴，是指纳税人自纳税年度终了之日起 5 个月内或实际经营终止之日起 60 日内，依照税收法律、法规、规章及其他有关企业所得税的规定，自行计算本纳税年度应纳税所得额和应纳所得税额，根据月度或季度预缴企业所得税的数额，确定该纳税年度应补或者应退税额，并填写企业所得税年度纳税申报表，向主管税务机关办理企业所得税年度纳税申报、提供税务机关要求提供的有关资料、结清全年企业所得税税款的行为。

凡在纳税年度内从事生产、经营（包括试生产、试经营），或在纳税年度中间终止经营活动的纳税人，无论是否在减税、免税期间，也无论盈利或亏损，均应按照企业所得税法及其实施条例和本办法的有关规定进行企业所得税汇算清缴。

纳税人在年度中间发生解散、破产、撤销等终止生产经营情形，需进行企业所得税清算的，应在清算前报告主管税务机关，并自实际经营终止之日起 60 日内进行汇算清缴，结清应缴应退企业所得税款；纳税人有其他情形依法终止纳税义务的，应当自停止生产、经营之日起60日内，向主管税务机关办理当期企业所得税汇算清缴。

实行核定定额征收企业所得税的纳税人，不进行汇算清缴。

（二）企业所得税纳税申报资料报送的管理

1. 纳税申报需要报送资料。

纳税人应当按照企业所得税法及其实施条例和企业所得税的有关规定，正确计算应纳税所得额和应纳所得税额，如实、正确填写企业所得税年度纳税申报表及其附表，完整、及时报送相关资料，并对纳税申报的真实性、准确性和完整性负法律责任。纳税人办理企业所得税年度纳税申报时，应如实填写和报送下列有关资料：

①企业所得税年度纳税申报表及其附表。

②财务报表。

③备案事项相关资料。

④总机构及分支机构基本情况、分支机构征税方式、分支机构的预缴税情况。

⑤委托中介机构代理纳税申报的，应出具双方签订的代理合同，并附送中介机构出具的包括纳税调整的项目、原因、依据、计算过程、调整金额等内容的报告。

⑥涉及关联方业务往来的，同时报送《中华人民共和国企业年度关联业务往来报告表》。

⑦主管税务机关要求报送的其他有关资料。

纳税人采用电子方式办理企业所得税年度纳税申报的，应按照有关规定保存有关资料或附报纸质纳税申报资料。

2. 纳税人需要报经税务机关审批、审核或备案的事项，应按有关程序、时限和要求报送材料等有关规定，在办理企业所得税年度纳税申报前及时办理。

3. 纳税人因不可抗力，不能在汇算清缴期内办理企业所得税年度纳税申报或备齐企业所得税年度纳税申报资料的，应按照税收征管法及其实施细则的规定，申请办理延期纳税申报。

（三）企业所得税纳税申报应纳税额的管理

1. 企业所得税纳税税额确定的币值单位。

《企业所得税法》第五十六条规定：企业计算缴纳的企业所得税，以人民币计算。所得以人民币以外的货币计算的，应当折合成人民币计算并缴纳税款。

《企业所得税法是实施条例》第一百三十条做了进一步解释：企业所得以人民币以外的货币计算的，预缴企业所得税时，应当按照月度或者季度最后一日的人民币汇率中间价，折合成人民币计算应纳税所得额。年度终了汇算清缴时，对已经按照月度或者季度预缴税款的，不再重新折合计算，只就该纳税年度内未缴纳企业所得税的部分，按照纳税年度最后一日的人民币汇率中间价，折合成人民币计算应纳税所得额。

经税务机关检查确认，企业少计或者多计前款规定的所得的，应当按照检查确认补税或者退税时的上一个月最后一日的人民币汇率中间价，将少计或者多计的所得折合成人民币计算应纳税所得额，再计算应补缴或者应退的税款。

2. 纳税人在纳税年度内预缴企业所得税税款少于应缴企业所得税税款的，应在汇算清缴期内结清应补缴的企业所得税税款；预缴税款超过应纳税款的，主管税务机关应及时按有关规定办理退税，或者经纳税人同意后抵缴其下一年度应缴企业所得税税款。

3. 纳税人因有特殊困难，不能在汇算清缴期内补缴企业所得税款的，应按照税收征管法及其实施细则的有关规定，办理申请延期缴纳税款手续。

（四）企业所得税汇算清缴的其他相关业务管理

纳税人12月份或者第四季度的企业所得税预缴纳税申报，应在纳税年度终了后15日内完成，预缴申报后进行当年企业所得税汇算清缴。

纳税人在汇算清缴期内发现当年企业所得税申报有误的，可在汇算清缴期内重新办理企业所得税年度纳税申报。

实行跨地区经营汇总缴纳企业所得税的纳税人，由统一计算应纳税所得额和应纳所得税额的总机构，按照上述规定，在汇算清缴期内向所在地主管税务机关办理企业所得税年度纳税申报，进行汇算清缴。分支机构不进行汇算清缴，但应将分支机构的营业收支等情况在报总机构统一汇算清缴前报送分支机构所在地主管税务机关。总机构应将分支机构及其所属机构的营业收支纳入总机构汇算清缴等情况报送各分支机构所在地主管税务机关。

经批准实行合并缴纳企业所得税的企业集团，由集团母公司（以下简称汇缴企业）在汇算清缴期内，向汇缴企业所在地主管税务机关报送汇缴企业及各个成员企业合并计算填写的企业所得税年度纳税申报表，以及本办法第八条规定的有关资料及各个成员企业的企业所得税年度纳税申报表，统一办理汇缴企业及其成员企业的企业所得税汇算清缴。

汇缴企业应根据汇算清缴的期限要求，自行确定其成员企业向汇缴企业报送本办法第八条规定的有关资料的期限。成员企业向汇缴企业报送的上述资料，应经成员企业所在地的主管税务机关审核。

四、跨地区经营汇总纳税

《企业所得税法》第五十二条规定："除国务院另有规定外，企业之间不得合并缴纳企业所得税。"《企业所得税法》第五十条规定："居民企业在中国境内设立不具有法人资格的营业机构的，应当汇总计算并缴纳企业所得税。"《企业所得税法》、《企业所得税法实施条例》、《跨地区经营汇总纳税企业所得税征收管理暂行办法》（国税发［2008］28号）和《国家税务总局关于跨地区经营汇总纳税企业所得税征收管理若干问题的通知》（国税函［2009］221号）对跨地区汇总纳税的相关业务做出了明确规定。

（一）基本原则和适用范围

1. 汇总纳税适用范围。

居民企业在中国境内跨地区（指跨省、自治区、直辖市和计划单列市，下同）设立不具有法人资格的营业机构、场所（以下称分支机构）的，该居民企业为汇总纳税企业（以下称企业），除另有规定外，适用本办法。

铁路运输企业（包括广铁集团和大秦铁路公司）、国有邮政企业、中国工商银行股份有限公司、中国农业银行、中国银行股份有限公司、国家开发银行、中国农业发展银行、中国进出口银行、中央汇金投资有限责任公司、中国建设银行股份有限公司、中国建银投资有限责任公司、中国石油天然气股份有限公司、中国石油化工股份有限公司以及海洋石油天然气企业（包括港澳台和外商投资、外国海上石油天然气企业）等缴纳所得税未纳入中央和地方分享范围的企业，不适用本办法。

2. 汇总纳税适用原则。

企业实行“统一计算、分级管理、就地预缴、汇总清算、财政调库”的企业所得税征收管理办法。

统一计算，是指企业总机构统一计算包括企业所属各个不具有法人资格的营业机构、场所在内的全部应纳税所得额、应纳税额。

分级管理，是指总机构、分支机构所在地的主管税务机关都有对当地机构进行企业所得税管理的责任，总机构和分支机构应分别接受机构所在地主管税务机关的管理。

就地预缴，是指总机构、分支机构应按本办法的规定，分月或分季分别向所在地主管税务机关申报预缴企业所得税。

汇总清算，是指在年度终了后，总机构负责进行企业所得税的年度汇算清缴，统一计算企业的年度应纳所得税额，抵减总机构、分支机构当年已就地分期预缴的企业所得税款后，多退少补税款。

财政调库，是指财政部定期将缴入中央国库的跨地区总分机构企业所得税待分配收入，按照核定的系数调整至地方金库。

（二）就地分期预缴所得税分支机构的确定

总机构和具有主体生产经营职能的二级分支机构，就地分期预缴企业所得税。

二级分支机构及其下属机构均由二级分支机构集中就地预缴企业所得税；三级及以下分支机构不就地预缴企业所得税，其经营收入、职工工资和资产总额统一计入二级分支机构。

《国家税务总局关于跨地区经营汇总纳税企业所得税征收管理若干问题的通知》（国税函［2009］221号）规定：“二级分支机构”是指总机构对其财务、业务、人员等直接进行统一核算和管理的领取非法人营业执照的分支机构。以总机构名义进行生产经营的非法人分支机构，无法提供有效证据证明其二级及二级以下分支机构身份的，应视同独立纳税人计算并就地缴纳企业所得税。

总机构设立具有独立生产经营职能部门，且具有独立生产经营职能部门的经营收入、职工工资和资产总额与管理职能部门分开核算的，可将具有独立生产经营职能的部门视同一个分支机构，就地预缴企业所得税。具有独立生产经营职能部门与管理职能部门的经营收入、职工工资和资产总额不能分开核算的，具有独立生产经营职能的部门不得视同一个分支机构，不就地预缴企业所得税。

不具有主体生产经营职能，且在当地不缴纳增值税、营业税的产品售后服务、内部研发、仓储等企业内部辅助性的二级及以下分支机构，不就地预缴企业所得税。

上年度认定为小型微利企业的，其分支机构不就地预缴企业所得税。

新设立的分支机构，设立当年不就地预缴企业所得税。

撤销的分支机构，撤销当年剩余期限内应分摊的企业所得税款由总机构缴入中央国库。

企业在中国境外设立的不具有法人资格的营业机构，不就地预缴企业所得税。

（三）汇总纳税的具体操作方法

第一，预缴所得税。

总机构和具有主体生产经营职能的二级分支机构，就地分期预缴企业所得税。二级分支机构及其下属机构均由二级分支机构集中就地预缴企业所得税；三级及以下分支机构不就地预缴企业所得税，其经营收入、职工工资和资产总额统一计入二级分支机构。

总机构和分支机构应分期预缴的企业所得税，50% 在各分支机构间分摊预缴，50% 由总机构预缴。总机构预缴的部分，其中 25% 就地入库，25% 预缴入中央国库。

第二，计算分摊比例。

总机构应按照以前年度（1 月至 6 月份按上上年度，7 月至 12 月份按上年度）分支机构的经营收入、职工工资和资产总额三个因素计算各分支机构应分摊所得税款的比例，三因素的权重依次为 0. 35、0. 35、0. 30。计算公式如下：

某分支机构分摊比例 =0. 35 ×（该分支机构营业收入/各分支机构营业收入之和）+0. 35 ×（该分支机构工资总额/各分支机构工资总额之和）+0. 30 ×（该分支机构资产总额/各分支机构资产总额之和）

[例 1 -1] 某跨地区经营企业 A 公司，总机构设在郑州，在深圳和太原分别设有 B 分公司和 C 分公司。另外，在郑州总部还有一个符合税法规定的“视同”分支机构 D 部门。总部计算出当期应纳税所得额为8 600万元。

第一步：总部预缴所得税的基数 =8 600 ×50% =4 300（万元），总部应预缴的所得税 =4 300 ×25% =1 075（万元）

第二步：假定 B 公司、C 公司、D 部门按照经营收入、职工工资和资产总额三个因素计算后应分摊所得税款的比例分别是 0. 2、0. 15 和 0. 65。其中 B 公司和 D 部门适用税率为 25%，C 公司适用税率为 15%。

B 公司预缴所得税的基数 =4 300 ×0. 2 =860（万元），B 公司应预缴的所得税 = 860 ×25% =215（万元）

C 公司预缴所得税的基数 =4 300 ×0. 15 =645（万元），C 公司应预缴的所得税 = 645 ×15% =96. 75（万元）

D 部门预缴所得税的基数 =4 300 ×0. 65 =2 795（万元），D 部门应预缴的所得税 =2 795 ×25% =698. 75（万元）

第二章　企业所得税纳税调整的一般分析和实务处理

第一节　企业所得税和会计差异调整的一般分析

企业所得税法规定了企业所得税应纳税额的基本计算公式，企业所得税纳税申报表设计制定了企业所得税应纳税额计算的基本结构，围绕着企业所得税应纳税所得额的计算，企业必须完成会计和企业所得税差异的调整。

一、企业所得税和会计产生差异的必然性

企业经济业务发生，会计的确认、计量、报告遵循企业会计准则的规定，目的在于真实、完整地反映企业的财务状况、经营成果和现金流量等，为投资者、债权人以及其他会计信息使用者提供对其决策有用的信息。税法则是以课税为目的，根据国家有关税收法律、法规的规定，确定一定时期内纳税人应交纳的税额，从企业所得税的角度，主要是确定企业的应纳税所得额，对企业的经营所得征税。

企业所得税纳税主体为从事生产经营的企业，征税对象为企业生产经营所得，企业所得税税基为应纳税所得额，即企业生产经营过程中，依据税法确认的税收口径的收益额。企业会计利润，为企业生产经营过程中，依据会计准则确认会计口径的收益额。由于会计和税法的原则和目标不同，因此企业所得税和会计在收入、成本费用及资产的确认和计量上存在差异是必然的。

二、企业所得税和会计差异的形式

企业所得税和会计差异是指某一会计期间，由于会计准则和企业所得税法在确认和计算收入、费用或损失时的范围和标准不同，产生税前会计利润与应税所得额之间的不同。会计利润与应税所得额之间的差异，进一步划分为永久性差异和暂时性差异。

（一）永久性差异

永久性差异，是由于会计准则和企业所得税法对收入和费用确认及计量的口径不同而产生的差异。从企业所得税角度，永久性差异不影响以后企业所得税纳税申报期的应纳税所得额的计算；从会计角度，永久性差异不会产生所得税资产或者所得税负债，不存在企业所得税费用跨期分摊问题，因而永久性差异不必做账务调整处理。永久性差异有两种基本类型。

1. 减少当期应纳税所得额和应纳所得税额。

一部分会计和企业所得税的永久性差异会使应税所得额小于会计利润，计算当期应纳税所得额时，需要就这些项目对会计利润进行纳税调减处理。

（1）会计确认为收入、收益，但税法规定不作为应纳税所得额的项目。如《企业

所得税法》第二十六条规定：国债利息收入；符合条件的居民企业之间的股息、红利等权益性投资收益免税。这些项目使应纳税所得额低于会计利润，计算应纳税所得额时，需要对会计利润进行纳税调减。

（2）会计上未确认为费用或损失但税法规定应作为成本、费用或损失扣除，或者企业所得税的扣除额大于会计的成本费用计量。如《企业所得税法》第三十条规定：开发新技术、新产品、新工艺发生的研究开发费用，以及安置残疾人员及国家鼓励安置的其他就业人员所支付的工资可以在计算应纳税所得额时加计扣除。企业所得税法所称研究开发费用的加计扣除，是指企业为开发新技术、新产品、新工艺发生的研究开发费用，未形成无形资产计入当期损益的，按照研究开发费用的150%加计扣除；新技术、新产品、新工艺发生的研究开发费用的加计扣除，是会计上未确认的费用。这些项目使应纳税所得额低于会计利润，计算应纳税所得额时，需要对会计利润进行纳税调减。

2. 增加当期应纳税所得额和应纳所得税额。

一部分会计和企业所得税的永久性差异会使应纳税所得额大于会计利润，计算当期应纳税所得额时，需要就这些项目对会计利润进行纳税调增处理。

（1）会计确认为费用或损失，但税法上不允许扣除的项目。此类项目存在的主要原因：一是会计费用和损失与企业所得税扣除范围不同，即会计上作为费用或损失的项目，在税法上不作为扣除项目处理，比如，企业所得税法及实施条例规定企业缴纳的税收滞纳金和罚款不允许在企业所得税前进行扣除；二是标准不同，即会计上作为费用或损失的项目，在税法上也可作为扣除项目处理，但税法规定了计税支出的标准，超限额部分不允许在税前扣除，比如《企业所得税法实施条例》第四十三条规定：企业发生的与生产经营活动有关的业务招待费支出，按照发生额的60%扣除，但最高不得超过当年销售（营业）收入的5‰。这些项目使应纳税所得额大于会计利润，计算应纳税所得额时，需要对会计利润进行纳税调增处理。

（2）会计不确认为收入，但按企业所得税法确认为应税收入的项目。如企业与关联企业以不合理定价手段减少应纳税所得额，企业所得税法及实施条例规定税务机关有权合理调整增加企业应税所得额。又如《企业所得税法实施条例》第二十五条规定：企业发生非货币性资产交换，以及将货物、财产、劳务用于捐赠、偿债、赞助、集资、广告、样品、职工福利或者利润分配等用途的，应当视同销售货物、转让财产或者提供劳务。上述业务有一部分会计不确认为收入，但在税法上必须确认为应税收入。这些项目使应纳税所得额大于会计利润，计算应纳税所得额时，需要对会计利润进行纳税调增处理。

（二）暂时性差异

这里的暂时性差异，仅就所得税和会计的时间性差异而言，而不是所得税和会计暂时性差异的全部。暂时性差异是指在一个会计或企业所得税纳税申报期间产生而在以后的一个或多个期间转回的应纳税所得额与会计利润之间的差异，随着时间的推移和影响事项的完结，这种差异会在以后期间转回，使税前会计收益和应税收益达到总量相等。会计和企业所得税暂时性差异主要表现为以下几种情况。

1. 未来产生增加应纳所得税额的结果。

未来会产生增加应纳所得税额表现为：差异产生当期，应纳税所得额小于会计利润，在计算应纳税所得额时，必须对企业会计利润做纳税调减的处理；在以后会计期间（纳税申报期）会产生增加企业所得税收益或减少企业所得税可扣除金额，使应纳税所得额大于会计利润，计算应纳税所得额时，必须就会计和企业所得税的差异对企业会计利润做纳税调增的处理，增加未来应纳所得税额。

（1）某项收入会计将其确认为当期收益，而企业所得税将其确认为以后某期的收益。

比如，企业投资业务：会计上按权益法进行投资业务的核算时，按照会计准则的规定应按被投资单位实现的净利润中投资方享有的份额确认为投资收益。如果被投资企业当期有税后利润，无论被投资方是否进行分配，投资方在会计上都将确认为投资收益。《企业所得税法实施条例》第十七条规定："股息、红利等权益性投资收益，是指企业因权益性投资从被投资方取得的收入。股息、红利等权益性投资收益，除国务院财政、税务主管部门另有规定外，按照被投资方做出利润分配决定的日期确认收入的实现。"按照企业所得税法的规定，如果被投资企业当期有税后利润，被投资方没有进行分配，投资方企业所得税将不确认投资收益，只有在以后期被投资企业进行利润分配时，才确认取得股息红利收入。

［例2-1］A公司为D公司的投资方，持股比例为25%，并用权益法进行会计核算。2008年D公司获净利200万元。

①公司按权益法进行核算的会计处理。

2008年末调整增加长期投资账面价值 = 200 × 25% = 50（万元）

账务处理如下：

借：长期股权投资——D公司（损益调整）　　500 000

　贷：投资收益　　500 000

②企业所得税处理及企业所得税和会计差异调整。

由于当期被投资企业没有进行利润分配，所以A公司当期企业所得税不确认投资收益，并进行纳税调减的处理。但在以后期被投资企业进行利润分配时，A公司应确认企业所得税的投资收益增加，并进行纳税调增的处理。

（2）某项费用会计应于以后期间确认，但税法允许当期扣除。

比如，会计准则规定：企业应当根据固定资产所含经济利益的实现方式选择折旧方法：可选用的方法包括年限平均法（直线法）、工作量法、双倍余额递减法或者年数总和法。企业所得税法规规定固定资产折旧方法原则上采取直线法；采取缩短折旧年限或者采取加速折旧的方法的固定资产，包括：由于技术进步，产品更新换代较快的固定资产；常年处于强震动、高腐蚀状态的固定资产。采取缩短折旧年限方法的，最低折旧年限不得低于固定资产折旧年限的60%；采取加速折旧方法的，可以采取双倍余额递减法或者年数总和法。企业所得税和会计准则在固定资产折旧方法上的差异为暂时性差异。

［例2-2］2008年12月，A企业购入一台用于研发的设备，金额为30万元，会计确认使用年限为5年。企业所得税确认采取缩短折旧年限方法时间为3年。预计净残值为0。

①会计处理。

2009～2013 年每年提取折旧为 6 万元。账务处理为。

借：管理费用　　60 000

　贷：累计折旧　　60 000

②企业所得税处理及企业所得税和会计差异调整。

企业所得税折旧提取 2009～2011 年每年提取折旧为 10 万元。

2009～2011 年企业所得税纳税申报时，税前允许扣除的折旧为 10 万元；会计上计入管理费用的折旧为 6 万元，会计和税收形成差异为暂时性差异，每期调减应纳税所得额 4 万元。

2012～2013 年，会计上计入管理费用的折旧为 6 万元，企业所得税不再提取折旧。会计和税收形成差异为以前差异的转回，企业所得税纳税申报时每期调增应纳税所得额 6 万元。

企业所得税和会计处理的差异，企业应设置台账进行序时记录。

2. 未来产生减少应纳税所得额的结果。

未来会产生减少应纳税所得额表现为：差异产生当期，应纳税所得额大于会计利润。在计算应纳税所得额时，必须就会计和企业所得税的差异对企业会计利润作纳税调增的处理；在以后会计期间（纳税申报期）会产生减少企业所得税收益或增加企业所得税可扣除金额，使应纳税所得额小于会计利润，在计算应纳税所得额时，必须就会计和企业所得税的差异对企业会计利润作纳税调减的处理，减少未来应纳所得税额。

（1）某项收入会计于以后期间确认，但按税法规定计入当期应税所得额。

[例 2－3] 某生产制造企业销售大型设备，成本价为 150 万元，市场价为 200 万元，企业采取分期收款方式进行商品销售。2008 年 12 月设备已发出，发票账单已交付买方，买方已按合同支付部分货款 100 万元，但根据合同规定，卖方负责安装，卖方在 2009 年 2 月安装并经检验合格后，买方立即支付余款。

①会计处理。

从会计角度，大型设备发出并不表示商品所有权上的主要风险和报酬已转移给买方，企业仍需对所售设备进行安装，安装过程中可能会发生一些不确定因素，阻碍该项销售的实现。因此，只有在 2008 年 2 月安装完毕并检验合格后才能确认收入。

2008 年 12 月产品发出，企业会计处理。

借：发出商品　　1 500 000

　贷：库存商品　　1 500 000

借：银行存款　　1 000 000

　贷：预收账款　　1 000 000

借：应收账款　　170 000

　贷：应交税费——应交增值税（销项税额）　　170 000

2009 年 2 月安装合格、验收完毕，

借：预收账款　　1 000 000

　　银行存款　　1 340 000

　贷：主营业务收入　　2 000 000

　　　应收账款　　170 000

应交税费——应交增值税（销项税额）　　170 000

同时结转销售成本，

借：主营业务成本　　1 500 000

贷：发出商品　　1 500 000

②企业所得税处理及企业所得税和会计差异调整。

2008 年 12 月按照合同收款时间，企业所得税确认收入实现 100 万元，计入 2008 年应纳税所得额中，在填报当期企业所得税纳税申报表时进行纳税调增处理。

2009 年会计确认收入实现 200 万元时，企业所得税确认收入实现为 100 万元，在填报当期企业所得税纳税申报表时进行纳税调减处理。

（2）某项费用会计确认为当期费用，而企业所得税却不允许当期扣除，而留待以后扣除。

[例 2－4] 2008 年 10 月，A 公司涉及一起有关产品质量的诉讼案，2008 年 12 月 31 日，法院尚未判决。公司法律顾问判断 A 公司很可能败诉，如败诉则赔偿金额为 120 万元。

①会计处理如下。

借：营业外支出——诉讼赔款　　1 200 000

贷：预计负债——未决诉讼　　1 200 000

②企业所得税处理及企业所得税和会计差异调整：

按会计准则规定，企业按或有事项准则，当期确认负债 120 万元，计入营业外支出的损失 120 万元。企业所得税对“或有损失”不得税前扣除。在企业填报 2008 年企业所得税纳税申报表时，会计和税收对因或有损失而产生的差异为暂时性差异，调增当期应纳税所得额为 120 万元。

三、企业所得税和会计差异调整的日常操作方法

企业所得税准确计算应纳所得税额的关键是准确计算应纳税所得额，应纳税所得额计算准确的关键在于完成会计和税法差异的调整。从企业实际经济业务发生后的涉税业务处理，企业所得税和会计差异调整的操作方法如下。

（一）依据税法对企业的业务进行税收分析

企业日常业务发生过程中首先依据税法对企业的业务进行税收分析，对企业经济业务税收和会计处理（依据会计准则）进行比较，确认是否存在差异，并对差异的性质进行分析和确定。

[例 2－5] 某电脑公司生产某品牌电脑，市场价每台10 000元（不含税），产品成本 8 000 元。2008 年 12 月，该电脑公司通过当地教育局将 5 台电脑赠送希望工程。

①税收分析。

增值税：企业将电脑捐赠在增值税视同销售范围。

增值税销项税额＝50 000×17%＝8 500（元）

企业所得税：其一，企业所得税对此项业务确认为视同销售，收入为50 000元，配比成本为40 000元。其二，如果此项捐赠为公益救济性，在企业利润额 12% 的限额范围内，允许在计算应纳税所得额时扣除。

②会计处理。

会计对此项业务在不确认收入，企业的账务处理为：

借：营业外支出　　48 500

　贷：库存商品　　40 000

　　应交税费——应交增值税（销项税额）　　8 500

③企业所得税和会计处理比较。

上述业务中企业所得税和会计对企业将电脑捐赠是否确认收入上产生差异，差异的性质应为永久性差异。

（二）确认所得税和会计差异性质和影响

1. 对企业所得税和会计永久性差异在当期企业所得税纳税申报表填报时，进行纳税调整，调整一次完成，对未来纳税期不产生影响。

上述业务企业在本期应纳税所得额计算和企业所得税纳税申报表填报时，进行纳税调整，调增当期应纳税所得额10 000元。

2. 对企业所得税和会计暂时性差异要完成两次以上的调整，同时从企业所得税会计核算的角度，确认递延所得税资产或递延所得税负债。

[例2-6] A企业2008年销售收入为1 000万元，广告费实际发生额为200万元。2009年企业销售收入为2 000万元，广告费为200万元。

（1）2008年税前允许扣除广告费限额 = 1 000 × 15% = 150（万元）

A企业当期广告费实际发生额为200万元，税前允许扣除限额为150万元，会计和企业所得税对广告费的扣除计量出现差异，由于实际发生额超过税前允许扣除限额的部分可以结转下年，所以差异的性质为暂时性差异。

从企业所得税应纳税额计算及企业所得税纳税申报表填报角度，当期企业所得税纳税申报表填报时A企业需要进行纳税调增处理，实际发生额超过税前允许扣除限额的部分50万元可以结转下年。

从所得税会计核算角度，差异的性质为可抵扣暂时性差异，如果企业本期无其他暂时性差异，则广告费扣除导致的会计和企业所得税出现的可抵扣暂时性差异，确认递延所得税资产为12.5万元（50 × 25%）。企业所得税会计核算的账务处理为：

借：递延所得税资产　　125 000

　贷：所得税费用——递延所得税费用　　125 000

（2）2009年税前允许扣除广告费限额 = 2 000 × 15% = 300（万元）

A企业当期广告费实际发生额为200万元，上年结转50万元，税前允许扣除为250（200 + 50）万元。企业所得税和会计对广告费扣除的差异为上期差异的转回。

从企业所得税应纳税额计算及企业所得税纳税申报表填报角度，当期企业所得税纳税申报表填报时，A企业需要进行纳税调减处理，调减额为50万元。

从所得税会计核算角度，如果企业本期无其他暂时性差异，则2008年企业广告费扣除导致的会计和企业所得税出现的可抵扣暂时性差异，确认企业所得税资产为12.5万元，在2009年作转回处理。企业所得税费用会计核算的账务处理为：

借：所得税费用——递延所得税费用　　125 000

　贷：递延所得税资产　　125 000

（三）设置“纳税调整备查账”记录会计和企业所得税的差异

企业应设置“纳税调整备查账”（表2－1）记录会计和企业所得税的差异。由于企业所得税和会计的暂时性差异既影响企业本期应纳税所得额的计算，又将影响企业以后期应纳税所得额的计算；既影响企业应纳税所得额的计算，又影响所得税会计核算中递延所得税费用的确定。因此，对企业经济业务发生时，应在企业所得税和会计的差异分析和确认的基础上，序时进行记录，为企业所得税纳税申报表填报和相关会计核算提供准确信息资料。

表2－1　　纳税调整备查账（收入类项目视同销售）　　单位：元

日　期	凭证号	业务摘要	所得税收入	所得税成本
2008年12月	略	产品捐赠	50 000	40 000
……				
合计				

第二节　《纳税调整明细表》的分析和填报

企业所得税纳税申报表主表中应纳税所得额计算的基本构架为：应纳税所得额＝会计利润＋纳税调增额－纳税调减额。企业所得税和会计差异调整应在企业所得税纳税申报表填报过程中完成。企业所得税纳税申报表的《纳税调整明细表》（附表三）反映纳税调整的项目和调整的金额。

一、《纳税调整明细表》是企业所得税纳税申报表填报的核心

《纳税调整明细表》（附表三）是企业所得税纳税申报表填报的核心，主要表现为以下几方面。

第一，《纳税调整明细表》（附表三）设置明细项目，系统集中体现有关业务会计核算与所得税的差异。反映所得税和会计差异的内容，包括收入类、扣除类、资产类；反映所得税和会计的差异调整，包括纳税调增和纳税调减；反映所得税和会计差异的性质，包括永久性差异和暂时性差异。

第二，《纳税调整明细表》（附表三）的填列必须在相关附表填报完成的基础上进行。附表三《纳税调整明细表》的填列，需要从除附表四《弥补亏损明细表》以外的其他八个附表获取数据，所以只有相关附表填报结束，才能形成《纳税调整明细表》（附表三）填列所需要的数据。

第三，《纳税调整明细表》（附表三）形成的数据，是主表中应纳税所得额计算的关键数据。主表应纳税所得额的基本计算是在会计利润的基础上，加上纳税调整增加额，减去纳税调整减少额完成。纳税调整增加和减少数据来源于《纳税调整明细表》（附表三）。

二、《纳税调整明细表》构成和内容

（一）《纳税调整明细表》内容

《纳税调整明细表》填报依据《中华人民共和国企业所得税法》第二十一条规定："在计算应纳税所得额时，企业财务、会计处理办法与税收法律、行政法规的规定不一致的，应当依照税收法律、行政法规的规定计算。"本表填报纳税人按照会计制度核算与税收规定不一致的，应进行纳税调整增加、减少项目的金额。

（二）《纳税调整明细表》的构成

本表纳税调整项目按照"收入类项目"、"扣除类项目"、"资产类调整项目"、"准备金调整项目"、"房地产企业预售收入计算的预计利润"、"特别纳税调整应税所得"和"其他"七个大项分类填报汇总，并计算出纳税"调增金额"和"调减金额"的合计数，见表2-2。

表2-2　　企业所得税年度纳税申报表附表三

纳税调整项目明细表

填报时间：　　年　　月　　日　　　　　　金额单位：元（列至角分）

	行次	项　　目	账载金额	税收金额	调增金额	调减金额
			1	2	3	4
	1	一、收入类调整项目	*	*		
	2	1. 视同销售收入（填写附表一）	*	*		*
#	3	2. 接受捐赠收入	*			*
	4	3. 不符合税收规定的销售折扣和折让				*
*	5	4. 未按权责发生制原则确认的收入				
*	6	5. 按权益法核算长期股权投资对初始投资成本调整确认收益	*	*	*	
	7	6. 按权益法核算长期股权投资持有期间投资损益	*	*		
*	8	7. 特殊重组				
*	9	8. 一般重组				
*	10	9. 公允价值变动净收益（填写附表七）	*	*		
	11	10. 确认为递延收益的政府补助				
	12	11. 境外应税所得（填写附表六）	*	*	*	
	13	12. 不允许扣除的境外投资损失	*	*		*
	14	13. 不征税收入（填附表一[3]）	*	*	*	
	15	14. 免税收入（填附表五）	*	*	*	
	16	15. 减计收入（填附表五）	*	*	*	
	17	16. 减、免税项目所得（填附表五）	*	*	*	
	18	17. 抵扣应纳税所得额（填附表五）	*	*	*	
	19	18. 其他				

续表

	行次	项　　目	账载金额	税收金额	调增金额	调减金额
			1	2	3	4
	20	**二、扣除类调整项目**	*	*		
	21	1. 视同销售成本(填写附表二)	*	*	*	
	22	2. 工资薪金支出				
	23	3. 职工福利费支出				
	24	4. 职工教育经费支出				
	25	5. 工会经费支出				
	26	6. 业务招待费支出				*
	27	7. 广告费和业务宣传费支出(填写附表八)	*	*		
	28	8. 捐赠支出				*
	29	9. 利息支出				
	30	10. 住房公积金				*
	31	11. 罚金、罚款和被没收财物的损失		*		*
	32	12. 税收滞纳金		*		*
	33	13. 赞助支出		*		*
	34	14. 各类基本社会保障性缴款				
	35	15. 补充养老保险、补充医疗保险				
	36	16. 与未实现融资收益相关在当期确认的财务费用				
	37	17. 与取得收入无关的支出		*		*
	38	18. 不征税收入用于支出所形成的费用		*		*
	39	19. 加计扣除(填附表五)	*	*	*	
	40	20. 其他				
	41	**三、资产类调整项目**	*	*		
	42	1. 财产损失				
	43	2. 固定资产折旧(填写附表九)	*	*		
	44	3. 生产性生物资产折旧(填写附表九)	*	*		
	45	4. 长期待摊费用的摊销(填写附表九)	*	*		
	46	5. 无形资产摊销(填写附表九)	*	*		
	47	6. 投资转让、处置所得(填写附表十一)	*	*		
	48	7. 油气勘探投资(填写附表九)				
	49	8. 油气开发投资(填写附表九)				
	50	9. 其他				
	51	**四、准备金调整项目(填写附表十)**	*	*		
	52	**五、房地产企业预售收入计算的预计利润**	*	*		
	53	**六、特别纳税调整应税所得**	*	*		*
	54	**七、其他**	*	*		
	55	**合　　计**	*	*		

三、《纳税调整明细表》数据栏设置及数据计算

（一）《纳税调整明细表》数据栏设置及数据来源

本表数据栏分别设置“账载金额”、“税收金额”、“调增金额”、“调减金额”四个栏次。“账载金额”是指纳税人在计算主表“利润总额”时，按照会计核算计入利润总额的项目金额。“税收金额”是指纳税人在计算主表“应纳税所得额”时，按照税收规定计入应纳税所得额的项目金额。

（二）《纳税调整明细表》有关数据计算

“收入类调整项目”：“税收金额”扣减“账载金额”后的余额为正，填报在“调增金额”，余额如为负数，填报在“调减金额”。其中第4行“3. 不符合税收规定的销售折扣和折让”除外，按“扣除类调整项目”的规则处理。

“扣除类调整项目”、“资产类调整项目”：“账载金额”扣减“税收金额”后的余额为正，填报在“调增金额”，余额如为负数，将其绝对值填报在“调减金额”。

“其他”填报其他项目的“调增金额”、“调减金额”。

采用按分摊比例计算支出项目方式的事业单位、社会团体、民办非企业单位纳税人，“调增金额”、“调减金额”须按分摊比例后的金额填报。

本表打*号的栏次均不填报。

四、《纳税调整明细表》填报的具体业务分析和处理

“一、收入类项目”——详见第四章。

“二、扣除类项目”——详见第七章。

“三、资产类调整项目”——详见第十三章。

“四、准备金调整项目”——详见第十三章。

“五、房地产企业预售收入计算的预计利润”——详见第十九章。

“六、特别纳税调整应税所得”——详见第二十章。

“其他”。54行“六、其他”：其他会计与税收存在差异的项目，第1列“账载金额”、第2列“税收金额”不填报。

第二篇

企业所得税收入业务处理和相关纳税申报表分析填报

第三章 企业所得税收入业务处理和会计相关业务比较分析

企业日常经济业务对收入、收益和利得的确认和计量，是企业进行会计核算以及进行企业所得税业务处理的重要内容。从企业会计核算的角度，在企业持续经营期间，使企业会计利润增加的业务，主要包括适用收入会计准则的商品销售收入、提供劳务收入和让渡资产收入；除此之外还包括适用其他会计准则的长期股权投资、建造合同、租赁、原保险合同、再保险合同等形成的收入和收益以及没有通过具体会计准则规范的利得。现行企业所得税法及实施条例对企业所得税收入的确认与计算涉及的收入范围、收入计量和收入确认的时间等要素，做出了明确的规定。本章在分析企业所得税法及实施条例中有关企业所得税收入的基本规定，以及会计准则中涉及的收入、收益及利得业务基本规定的基础上，对企业所得税收入业务与会计相关业务进行了比较分析。

第一节 企业所得税收入业务处理法规分析

在企业所得税应纳税所得额的确认与计算过程中，企业所得税收入范围的确认和收入的计量是一个重要内容。《企业所得税法》和《企业所得税法实施条例》对企业所得税的收入确认、计量、收入确认的时间等要素，做出了明确的规定。

一、企业所得税收入范围的确认

根据《企业所得税法》和《企业所得税法实施条例》，企业所得税的收入包括以下内容：

（一）企业所得税收入的基本构成

《企业所得税法》第六条规定了企业所得税的基本收入包括以下九项内容，《企业所得税法实施条例》对企业所得税的基本收入进一步进行了解释：

1. 销售货物收入。

销售货物收入，是指企业销售商品、产品、原材料、包装物、低值易耗品以及其他存货取得的收入。

2. 提供劳务收入。

提供劳务收入，是指企业从事建筑安装、修理修配、交通运输、仓储租赁、金融保险、邮电通信、咨询经纪、文化体育、科学研究、技术服务、教育培训、餐饮住宿、中介代理、卫生保健、社区服务、旅游、娱乐、加工以及其他劳务服务活动取得的收入。

3. 转让财产收入。

转让财产收入，是指企业转让固定资产、生物资产、无形资产、股权、债权等财产取得的收入。

4. 股息、红利等权益性投资收益。

股息、红利等权益性投资收益，是指企业因权益性投资从被投资方取得的收入。

5. 利息收入。

利息收入，是指企业将资金提供他人使用但不构成权益性投资，或者因他人占用本企业资金取得的收入，包括存款利息、贷款利息、债券利息、欠款利息等收入。

6. 租金收入。

租金收入，是指企业提供固定资产、包装物或者其他有形资产的使用权取得的收入。

7. 特许权使用费收入。

特许权使用费收入，是指企业提供专利权、非专利技术、商标权、著作权以及其他特许权的使用权取得的收入。

8. 接受捐赠收入。

接受捐赠收入，是指企业接受的来自其他企业、组织或者个人无偿给予的货币性资产、非货币性资产。

9. 其他收入。

《企业所得税法实施条例》第二十二条规定：企业所得税法第六条第（九）项所称其他收入，是指企业取得的除企业所得税法第六条第（一）项至第（八）项规定的收入外的其他收入，包括企业资产溢余收入、逾期未退包装物押金收入、确实无法偿付的应付款项、已作坏账损失处理后又收回的应收款项、债务重组收入、补贴收入、违约金收入、汇兑收益等。

（二）企业所得税收入的形式——收入范围的进一步确定

《企业所得税法》第六条规定：企业以货币形式和非货币形式从各种来源取得的收入，为收入总额。

《企业所得税法实施条例》第十二条进一步规定：企业取得收入的货币形式，包括现金、存款、应收账款、应收票据、准备持有至到期的债券投资以及债务的豁免等。企业取得收入的非货币形式，包括固定资产、生物资产、无形资产、股权投资、存货、不准备持有至到期的债券投资、劳务以及有关权益等。

企业所得税法对企业所得税收入形式的规定，进一步确认了企业所得税收入的范围。企业销售货物、提供劳务、转让财产、持有股权、将资金提供他人使用、租赁财产、让渡无形资产使用权以及接受捐赠，取得货币（包括现金、存款、应收账款、应收票据、准备持有至到期的债券投资以及债务的豁免），取得非货币性资产（固定资产、生物资产、无形资产、股权投资、存货、不准备持有至到期的债券投资）、劳务以及有关权益等都属于取得企业所得税的收入，在企业所得税的收入范围。

（三）企业所得税视同销售业务范围的具体规定

企业所得税法规通过列举的方法，规定了视同销售的确切范围。

《企业所得税法实施条例》第二十五条规定："企业发生非货币性资产交换，以及将货物、财产、劳务用于捐赠、偿债、赞助、集资、广告、样品、职工福利或者利润分配等用途的，应当视同销售货物、转让财产或者提供劳务，但国务院财政、税务主管部门另有规定的除外。”

《关于企业处置资产所得税处理问题的通知》（国税函［2008］828 号）规定：企业发生下列情形的处置资产，除将资产转移至境外以外，由于资产所有权属在形式和实质上均不发生改变，可作为内部处置资产，不视同销售确认收入，相关资产的计税基础延续计算。

（1）将资产用于生产、制造、加工另一产品。

（2）改变资产形状、结构或性能。

（3）改变资产用途（如，自建商品房转为自用或经营）。

（4）将资产在总机构及其分支机构之间转移。

（5）上述两种或两种以上情形的混合。

（6）其他不改变资产所有权属的用途。

企业将资产移送他人的下列情形，因资产所有权属已发生改变而不属于内部处置资产，应按规定视同销售确定收入。

（1）用于市场推广或销售。

（2）用于交际应酬。

（3）用于职工奖励或福利。

（4）用于股息分配。

（5）用于对外捐赠。

（6）其他改变资产所有权属的用途。

《国家税务总局关于确认企业所得税收入若干问题的通知》（国税函［2008］875 号）规定：“企业以买一赠一等方式组合销售本企业商品的，不属于捐赠，应将总的销售金额按各项商品的公允价值的比例来分摊确认各项的销售收入。”

二、企业所得税收入的计量

（一）非货币形式取得收入的计量

《企业所得税法实施条例》第十三条对非货币形式取得收入的计量方法做出了基本规定：企业以非货币形式取得的收入，应当按照公允价值确定收入额。所称公允价值，是指按照市场价格确定的价值。

《关于企业处置资产所得税处理问题的通知》（国税函［2008］828 号）规定：企业发生本通知第二条规定（视同销售）情形时，属于企业自制的资产，应按企业同类资产同期对外销售价格确定销售收入；属于外购的资产，可按购入时的价格确定销售收入。

（二）资产负债表日未完工程劳务收入的计量

企业所得税法规规定：从事建筑、安装、装配工程业务或者提供其他劳务等，持续时间超过 12 个月的，按照纳税年度内完工进度或者完成的工作量确认收入的实现。

《国家税务总局关于确认企业所得税收入若干问题的通知》（国税函［2008］875 号）规定：企业提供劳务完工进度的确定，可选用下列方法：

1. 已完工作的测量。

2. 已提供劳务占劳务总量的比例。

3. 发生成本占总成本的比例。

企业应按照从接受劳务方已收或应收的合同或协议价款确定劳务收入总额，根据纳税期末提供劳务收入总额乘以完工进度扣除以前纳税年度累计已确认提供劳务收入后的金额，确认为当期劳务收入；同时，按照提供劳务估计总成本乘以完工进度扣除以前纳税期间累计已确认劳务成本后的金额，结转为当期劳务成本。

（三）特殊销售业务收入计量的企业所得税规定

《国家税务总局关于确认企业所得税收入若干问题的通知》（国税函［2008］875号）对特殊业务所得税收入确认和计量做出以下规定：

1. 采用售后回购方式销售商品的，销售的商品按售价确认收入，回购的商品作为购进商品处理。有证据表明不符合销售收入确认条件的，如以销售商品方式进行融资，收到的款项应确认为负债，回购价格大于原售价的，差额应在回购期间确认为利息费用。

2. 销售商品以旧换新的，销售商品应当按照销售商品收入确认条件确认收入，回收的商品作为购进商品处理。

3. 企业为促进商品销售而在商品价格上给予的价格扣除属于商业折扣，商品销售涉及商业折扣的，应当按照扣除商业折扣后的金额确定销售商品收入金额。

4. 债权人为鼓励债务人在规定的期限内付款而向债务人提供的债务扣除属于现金折扣，销售商品涉及现金折扣的，应当按扣除现金折扣前的金额确定销售商品收入金额，现金折扣在实际发生时作为财务费用扣除。

5. 企业因售出商品的质量不合格等原因而在售价上给的减让，属于销售折让；企业因售出商品质量、品种不符合要求等原因而发生的退货，属于销售退回。企业已经确认销售收入的售出商品发生销售折让和销售退回，应当在发生当期冲减当期销售商品收入。

6. 企业以买一赠一等方式组合销售本企业商品的，不属于捐赠，应将总的销售金额按各项商品的公允价值的比例来分摊确认各项的销售收入。

三、企业所得税收入确认的时间

（一）企业所得税收入实现时间的一般规定

《企业所得税法实施条例》对收入确认的时间做出了以下具体规定：

1. 股息、红利等权益性投资收益，除国务院财政、税务主管部门另有规定外，按照被投资方做出利润分配决定的日期确认收入的实现。

2. 利息收入，按照合同约定的债务人应付利息的日期确认收入的实现。

3. 租金收入，按照合同约定的承租人应付租金的日期确认收入的实现。

4. 特许权使用费收入，按照合同约定的特许权使用人应付特许权使用费的日期确认收入的实现。

5. 接受捐赠收入，按照实际收到捐赠资产的日期确认收入的实现。

《国家税务总局〈关于贯彻落实企业所得税法若干税收问题〉的通知》（国税函［2010］79号）对企业所得税收入实现的时间做出了进一步的说明：

（1）企业权益性投资取得股息、红利等收入。

企业权益性投资取得股息、红利等收入，应以被投资企业股东会或股东大会做出利润分配或转股决定的日期，确定收入的实现。

（2）企业提供固定资产、包装物或者其他有形资产的使用权取得的租金收入。

根据《实施条例》第十九条的规定，企业提供固定资产、包装物或者其他有形资产的使用权取得的租金收入，应按交易合同或协议规定的承租人应付租金的日期确认收入的实现。其中，如果交易合同或协议中规定租赁期限跨年度，且租金提前一次性支付的，根据《实施条例》第九条规定的收入与费用配比原则，出租人可对上述已确认的收入，在租赁期内，分期均匀计入相关年度收入。

出租方如为在我国境内设有机构场所、且采取据实申报缴纳企业所得的非居民企业，也按本条规定执行。

（3）企业转让股权收入。

企业转让股权收入，应于转让协议生效、且完成股权变更手续时，确认收入的实现。转让股权收入扣除为取得该股权所发生的成本后，为股权转让所得。企业在计算股权转让所得时，不得扣除被投资企业未分配利润等股东留存收益中按该项股权所可能分配的金额。

（二）企业所得税法规销售货物收入实现时间的规定

《企业所得税实施条例》规定：企业的下列生产经营业务可以分期确认收入的实现：

1. 以分期收款方式销售货物的，按照合同约定的收款日期确认收入的实现。

2. 企业受托加工制造大型机械设备、船舶、飞机，以及从事建筑、安装、装配工程业务或者提供其他劳务等，持续时间超过12个月的，按照纳税年度内完工进度或者完成的工作量确认收入的实现。

3. 采取产品分成方式取得收入的，按照企业分得产品的日期确认收入的实现。

《国家税务总局关于确认企业所得税收入若干问题的通知》（国税函［2008］875号）规定：采取下列商品销售方式的，应按以下规定确认收入实现时间：

1. 销售商品采用托收承付方式的，在办妥托收手续时确认收入。

2. 销售商品采取预收款方式的，在发出商品时确认收入。

3. 销售商品需要安装和检验的，在购买方接受商品以及安装和检验完毕时确认收入。如果安装程序比较简单，可在发出商品时确认收入。

4. 销售商品采用支付手续费方式委托代销的，在收到代销清单时确认收入。

（三）企业所得税法规提供劳务收入实现时间的规定

《企业所得税实施条例》规定：企业受托加工制造大型机械设备、船舶、飞机，以及从事建筑、安装、装配工程业务或者提供其他劳务等，持续时间超过12个月的，按照纳税年度内完工进度或者完成的工作量确认收入的实现。

《国家税务总局关于确认企业所得税收入若干问题的通知》（国税函［2008］875号）规定：下列提供劳务满足收入确认条件的，应按规定确认收入。

1. 安装费。应根据安装完工进度确认收入；安装工作是商品销售附带条件的，安装费在确认商品销售实现时确认收入。

2. 宣传媒介的收费。应在相关的广告或商业行为出现于公众面前时确认收入。广告的制作费，应根据制作广告的完工进度确认收入。

3. 软件费。为特定客户开发软件的收费，应根据开发的完工进度确认收入。

4. 服务费。包含在商品售价内可区分的服务费，在提供服务的期间分期确认收入。

5. 艺术表演、招待宴会和其他特殊活动的收费。在相关活动发生时确认收入。收费涉及几项活动的，预收的款项应合理分配给每项活动，分别确认收入。

6. 会员费。申请入会或加入会员，只允许取得会籍，所有其他服务或商品都要另行收费的，在取得该会员费时确认收入。申请入会或加入会员后，会员在会员期内不再付费就可得到各种服务或商品，或者以低于非会员的价格销售商品或提供服务的，该会员费应在整个受益期内分期确认收入。

7. 特许权费。属于提供设备和其他有形资产的特许权费，在交付资产或转移资产所有权时确认收入；属于提供初始及后续服务的特许权费，在提供服务时确认收入。

8. 劳务费。长期为客户提供重复的劳务收取的劳务费，在相关劳务活动发生时确认收入。

四、企业所得税有关不征税收入和减免税收入

（一）企业所得税的不征税收入的构成

《企业所得税法》第七条规定：收入总额中的下列收入为不征税收入，《企业所得税法实施条例》对不征税收入进一步进行了解释。

1. 财政拨款。

《企业所得税法实施条例》第二十六条规定："财政拨款，是指各级人民政府对纳入预算管理的事业单位、社会团体等组织拨付的财政资金，但国务院和国务院财政、税务主管部门另有规定的除外。"

《关于财政性资金、行政事业性收费、政府性基金有关企业所得税政策问题的通知》（财税［2008］151 号）规定：纳入预算管理的事业单位、社会团体等组织按照核定的预算和经费报领关系收到的由财政部门或上级单位拨入的财政补助收入，准予作为不征税收入，在计算应纳税所得额时从收入总额中减除，但国务院和国务院财政、税务主管部门另有规定的除外。

2. 依法收取并纳入财政管理的行政事业性收费、政府性基金。

《企业所得税法实施条例》第二十六条规定："行政事业性收费，是指依照法律法规等有关规定，按照国务院规定程序批准，在实施社会公共管理，以及在向公民、法人或者其他组织提供特定公共服务过程中，向特定对象收取并纳入财政管理的费用。政府性基金，是指企业依照法律、行政法规等有关规定，代政府收取的具有专项用途的财政资金。"

关于企业收取的各种基金、收费。《关于财政性资金、行政事业性收费、政府性基金有关企业所得税政策问题的通知》（财税［2008］151 号）规定："企业收取的各种基金、收费，应计入企业当年收入总额。对企业依照法律、法规及国务院有关规定收取并上缴财政的政府性基金和行政事业性收费，准予作为不征税收入，于上缴财政的当年在计算应纳税所得额时从收入总额中减除；未上缴财政的部分，不得从收入总额中减除。"

3. 国务院规定的其他不征税收入。

《企业所得税法实施条例》第二十六条规定："其他不征税收入，是指企业取得的，由国务院财政、税务主管部门规定专项用途并经国务院批准的财政性资金。"

关于企业取得财政性资金和国家投资。《关于财政性资金、行政事业性收费、政府性基金有关企业所得税政策问题的通知》（财税［2008］151号）规定："财政性资金，是指企业取得的来源于政府及其有关部门的财政补助、补贴、贷款贴息，以及其他各类财政专项资金，包括直接减免的增值税和即征即退、先征后退、先征后返的各种税收，但不包括企业按规定取得的出口退税款；所称国家投资，是指国家以投资者身份投入企业、并按有关规定相应增加企业实收资本（股本）的直接投资。企业取得的各类财政性资金，除属于国家投资和资金使用后要求归还本金的以外，均应计入企业当年收入总额。"

企业取得不征税的财政性资金和国家投资。《关于财政性资金、行政事业性收费、政府性基金有关企业所得税政策问题的通知》（财税［2008］151号）规定："对企业取得的由国务院财政、税务主管部门规定专项用途并经国务院批准的财政性资金，准予作为不征税收入，在计算应纳税所得额时从收入总额中减除。"

《财政部、国家税务总局关于企业所得税若干优惠政策的通知》（财税［2008］第001号）规定："软件生产企业实行增值税即征即退政策所退还的税款，由企业用于研究开发软件产品和扩大再生产，不作为企业所得税应税收入，不予征收企业所得税。"

"集成电路设计企业视同软件企业，享受软件企业的有关企业所得税政策。"

4. 企业取得专项用途财政性资金的税收处理。

《关于专项用途财政性资金有关企业所得税处理问题的通知》（财税［2009］87号）对企业取得专项用途财政资金的处理做出了以下规定：

（1）符合条件的可以作为不征税收入。

对企业在2008年1月1日至2010年12月31日期间从县级以上各级人民政府财政部门及其他部门取得的应计入收入总额的财政性资金，凡同时符合以下条件的，可以作为不征税收入，在计算应纳税所得额时从收入总额中减除：

①企业能够提供资金拨付文件，且文件中规定该资金的专项用途；

②财政部门或其他拨付资金的政府部门对该资金有专门的资金管理办法或具体管理要求；

③企业对该资金以及以该资金发生的支出单独进行核算。

（2）不征税收入用于支出所形成的费用及资产的处理。

根据《中华人民共和国企业所得税法实施条例》第二十八条规定："企业的不征税收入用于支出所形成的费用或者财产，不得扣除或者计算对应的折旧、摊销扣除。"不征税收入用于支出所形成的费用，不得在计算应纳税所得额时扣除；用于支出所形成的资产，其计算的折旧、摊销不得在计算应纳税所得额时扣除。

（3）专项用途财政性资金确认不征税收入的时限及相关处理。

企业将符合本通知第一条规定条件的财政性资金作不征税收入处理后，在5年（60个月）内未发生支出且未缴回财政或其他拨付资金的政府部门的部分，应重新计入取得该资金第六年的收入总额；重新计入收入总额的财政性资金发生的支出，允许在计算应纳税所得额时扣除。

（二）企业所得税免税收入

《企业所得税法》第二十六条规定，企业的下列收入为免税收入：

1. 国债利息收入。

《企业所得税法实施条例》第八十二条进一步解释：企业所得税法所称国债利息收入，是指企业持有国务院财政部门发行的国债取得的利息收入。

2. 符合条件的居民企业之间的股息、红利等权益性投资收益。

《企业所得税法实施条例》第八十三条进一步解释：企业所得税法所称符合条件的居民企业之间的股息、红利等权益性投资收益，是指居民企业直接投资于其他居民企业取得的投资收益。股息、红利等权益性投资收益，不包括连续持有居民企业公开发行并上市流通的股票不足12个月取得的投资收益。

3. 在中国境内设立机构、场所的非居民企业从居民企业取得与该机构、场所有实际联系的股息、红利等权益性投资收益。

4. 符合条件的非营利组织的收入。

（1）非营利组织。

《企业所得税法实施条例》第八十四条规定，非营利组织，是指同时符合下列条件的组织：

①依法履行非营利组织登记手续。

②从事公益性或者非营利性活动。

③取得的收入除用于与该组织有关的、合理的支出外，全部用于登记核定或者章程规定的公益性或者非营利性事业。

④财产及其孳息不用于分配。

⑤按照登记核定或者章程规定，该组织注销后的剩余财产用于公益性或者非营利性目的，或者由登记管理机关转赠给予该组织性质、宗旨相同的组织，并向社会公告。

⑥投入人对投入该组织的财产不保留或者享有任何财产权利。

⑦工作人员工资福利开支控制在规定的比例内，不变相分配该组织的财产。

非营利组织的认定管理办法由国务院财政、税务主管部门会同国务院有关部门制定。

（2）非营利组织的免税收入。

《财政部、国家税务总局关于非营利组织企业所得税免税收入问题的通知》（财税［2009］122号）规定，非营利组织的下列收入为免税收入：

①接受其他单位或者个人捐赠的收入。

②除《中华人民共和国企业所得税法》第七条规定的财政拨款以外的其他政府补助收入，但不包括因政府购买服务取得的收入。

③按照省级以上民政、财政部门规定收取的会费。

④不征税收入和免税收入孳生的银行存款利息收入。

⑤财政部、国家税务总局规定的其他收入。

《财政部、国家税务总局关于国家大学科技园有关税收政策问题的通知》（财税［2007］120号）规定：自2008年1月1日至2010年12月31日，对符合非营利组织条件的科技园的收入，按照税法及其有关规定享受企业所得税优惠政策。上述“科技园”是以具有较强科研实力的大学为依托，将大学的综合智力资源优势与其他社会优势资源相组合，为高等学校科技成果转化、高新技术企业孵化、创新创业人才培养、产学研结合提供支撑的平台和服务的机构。

《财政部、国家税务总局关于科技企业孵化器有关税收政策问题的通知》（财税［2007］121 号）规定：自 2008 年 1 月 1 日至 2010 年 12 月 31 日，对符合非营利组织条件的孵化器的收入，按照税法及其有关规定享受企业所得税优惠政策。上述“孵化器”是指是以促进科技成果转化、培养高新技术企业和企业家为宗旨的科技创业服务机构。

《财政部、国家税务总局关于中国清洁发展机制基金及清洁发展机制项目实施企业有关企业所得税政策问题的通知》（财税［2009］30 号）规定，自 2007 年 1 月 1 日起，对中国清洁发展机制基金取得的下列收入，免征企业所得税：①清洁发展机制项目温室气体减排量转让收入上缴国家的部分；②国际金融组织赠款收入；③基金资金的存款利息收入、购买国债的利息收入；④国内外机构、组织和个人的捐赠收入。

《企业所得税法实施条例》第八十五条规定“符合条件的非营利组织的收入”，不包括非营利组织从事营利性活动取得的收入，但国务院财政、税务主管部门另有规定的除外。

（三）企业所得税减计收入

《企业所得税法》第三十三条规定：企业综合利用资源，生产符合国家产业政策规定的产品所取得的收入，可以在计算应纳税所得额时减计收入。

《企业所得税实施条例》第九十九条进一步解释：企业所得税法所称减计收入，是指企业以《资源综合利用企业所得税优惠目录》规定的资源作为主要原材料，生产国家非限制和禁止并符合国家和行业相关标准的产品取得的收入，减按 90% 计入收入总额。具体内容详见第十六章。

五、企业政策性搬迁和处置收入的所得税处理

《关于企业政策性搬迁或处置收入有关企业所得税处理问题的通知》（国税函［2009］118 号）对企业政策性搬迁和处置收入的处理做出以下规定。

（一）企业政策性搬迁和处置收入的界定

1. 因政府城市规划、基础设施建设等政策性原因，企业需要整体搬迁（包括部分搬迁或部分拆除）或处置相关资产。

2. 按规定标准从政府取得的搬迁补偿收入或处置相关资产而取得的收入，以及通过市场（招标、拍卖、挂牌等形式）取得的土地使用权转让收入。

（二）企业取得的政策性搬迁或处置收入的企业所得税处理

1. 异地重建后恢复原有或转换新的生产经营业务。

（1）企业根据搬迁规划，异地重建后恢复原有或转换新的生产经营业务，用企业搬迁或处置收入购置或建造与搬迁前相同或类似性质、用途或者新的固定资产和土地使用权（以下简称重置固定资产），或对其他固定资产进行改良，或进行技术改造，或安置职工的，准予其搬迁或处置收入扣除固定资产重置或改良支出、技术改造支出和职工安置支出后的余额，计入企业应纳税所得额。

（2）企业利用政策性搬迁或处置收入购置或改良的固定资产，可以按照现行税收

规定计算折旧或摊销，并在企业所得税税前扣除。

2. 没有重置或改良固定资产、技术改造或购置其他固定资产。

企业没有重置或改良固定资产、技术改造或购置其他固定资产的计划或立项报告，应将搬迁收入加上各类拆迁固定资产的变卖收入、减除各类拆迁固定资产的折余价值和处置费用后的余额计入企业当年应纳税所得额，计算缴纳企业所得税。

（三）企业政策性搬迁和处置收入所得税处理的时间

在五年期内完成搬迁的，企业搬迁收入按上述规定处理。

企业从规划搬迁次年起的五年内，其取得的搬迁收入或处置收入暂不计入企业当年应纳税所得额。

（四）税务部门对企业政策性搬迁和处置收入的管理

主管税务机关应对企业取得的政策性搬迁收入和原厂土地转让收入加强管理。重点审核有无政府搬迁文件或公告，有无搬迁协议和搬迁计划，有无企业技术改造、重置或改良固定资产的计划或立项，是否在规定期限内进行技术改造、重置或改良固定资产和购置其他固定资产等。

第二节　企业所得税收入和会计相关业务比较分析

企业日常经济业务形成的收入、收益和利得的确认和计量，是企业会计核算和企业所得税收入业务的重要内容。现行企业所得税法规对所得税收入范围确认、收入的计量和收入确认的时间等要素，做出了明确的规定。从企业会计核算的角度，在企业持续经营期间，使企业会计利润增加的业务，主要包括收入会计准则涉及的商品销售收入、提供劳务收入和让渡资产收入；除此之外还包括适用其他会计准则的长期股权投资、建造合同、租赁、原保险合同、再保险合同等形成的收入和收益；以及没有通过具体会计准则规范的利得。企业所得税收入业务的处理及收入相关的纳税申报表附表的填报，必须在分析企业所得税法规中有关所得税收入的基本规定，以及会计准则中涉及的收入、收益及利得业务基本规定的基础上，对企业所得税收入业务与会计相关业务进行比较分析，确定收入业务所得税和会计的差异。

一、收入业务处理企业所得税和会计的一般关系

（一）企业所得税和会计收入确认的原则不同

1. 会计收入的确认会计人员可以遵循会计准则进行职业判断。

企业收入会计准则中的收入，是指企业在日常活动中形成的、会导致所有者权益增加的、与所有者投入资本无关的经济利益的总流入。收入只有在经济利益很可能流入从而导致企业资产增加或者负债减少、且经济利益的流入额能够可靠计量时才能予以确认。

收入会计准则对所规范的销售商品收入、提供劳务收入和让渡资产使用权收入的确认强调以下基本要素：（1）收入的金额能够可靠计量；（2）相关经济利益很可能流入企业；（3）相关的、已发生的或将发生的成本能够可靠计量。对销售商品收入的确

认同时强调：（1）企业已将商品所有权上的主要风险和报酬转移给购货方；（2）企业既没有保留通常与所有权相联系的继续管理权，也没有对已售出的商品实施有效控制。除此之外，在其他会计准则中对会计形成收入和收益业务的确认要素做出了具体规定。

在上述会计准则的基本规定基础上，对企业经济业务是否确认为收入或者收益，会计人员依据会计准则可以进行职业判断。

2. 企业所得税收入的确认体现了税收法律主义原则。

企业所得税收入确认体现了税收法律主义原则下的课税要素法定、课税要素明确。《国家税务总局关于确认企业所得税收入若干问题的通知》（国税函［2008］875 号）规定：除企业所得税法规另有规定外，企业销售收入的确认，必须遵循权责发生制原则和实质重于形式原则。

企业销售商品同时满足下列条件的，应确认收入的实现：（1）商品销售合同已经签订，企业已将商品所有权相关的主要风险和报酬转移给购货方；（2）企业对已售出的商品既没有保留通常与所有权相联系的继续管理权，也没有实施有效控制；（3）收入的金额能够可靠地计量；（4）已发生或将发生的销售方的成本能够可靠地核算。

提供劳务交易的结果能够可靠估计确认提供劳务收入，具体是指同时满足下列条件：（1）收入的金额能够可靠地计量；（2）交易的完工进度能够可靠地确定；（3）交易中已发生和将发生的成本能够可靠地核算。

3. 企业所得税和会计确认收入的原则存在差异。

收入确认原则企业所得税和会计的差异表现为：会计从实质重于形式原则和谨慎性原则出发，侧重于收入的实质性实现，即相关经济利益很可能流入企业；所得税从组织财政收入和体现税收防范功能角度出发，实质与形式两者兼顾，更注重于形式，比如对企业货物性资产只要所有权转移，不论是否有经济利益流入，都应按计量标准确认企业所得税收入实现。

（二）企业所得税和会计对收入确认与计量既有相同又存在差异

1. 企业所得税和会计对收入的确认和计量表现为一定程度的一致性。

为了体现税制设计的效率原则，企业所得税法充分体现了所得税和会计的协调，收入确认与计量的企业所得税法规的规定，大部分表现出与会计准则规定的一致性。企业所得税与会计准则有关收入确认一致的业务表现为两方面：

（1）企业所得税收入确认列举的法规规定与会计准则有关业务的处理基本一致。

（2）企业所得税法规对一部分收入确定未做出明确规定应与会计一致。企业所得税法规中对收入确认与计量的部分业务内容和相应要素没有通过列举或概括的方式进行规范，按照《企业所得税法》第二十一条规定："在计算应纳税所得额时，企业财务、会计处理办法与税收法律、行政法规的规定不一致的，应当依照税收法律、行政法规的规定计算。"其中体现了收入确定的原则，即对企业所得税法规没有列举或明确做出规定的有关所得税收入的确认与计量，意味着所得税业务处理承认会计核算结果，应该以会计核算的结果为所得税相关业务处理的依据，会计和税法将不产生差异。

2. 企业所得税和会计在收入的确认和计量上存在一定差异。

由于会计制度和企业所得税依据的原则不同，企业所得税和会计在收入确认与计量上的差异是必然的。在企业所得税法规和会计准则的框架下，两者在收入范围的确认和收入的计量上存在差异。比如，对会计上确认为交易性金融资产，在资产负债表日，如果交易性金融资产公允价值大于其账面价值，差额应确认为公允价值变动收益，形成会计利润增加；但上述业务在企业所得税业务处理时，按照现行企业所得税法规，不确认为企业所得税的收入业务。再如，企业非货币性资产对外捐赠，在会计上因其不具备会计收入确认的要件，所以不确认为会计收入；但在企业所得税业务处理时，根据《企业所得税实施条例》的规定，应确认为企业所得税的视同销售。

（三）有关收入确认与计量企业所得税和会计的一般关系

根据企业所得税法规关于应纳税所得额确定的原则，有关收入的确认和计量所得税和会计的关系表现为：

1. 企业所得税法规和会计准则的规定一致的，以会计核算的结果为所得税收入确认与计量的依据。

2. 企业所得税法规和会计准则的规定不一致的，应当遵循税收法规的规定进行所得税收入确认和计量，并对所得税和会计的差异进行调整。

3. 企业所得税法规没有具体规定的业务，应当以会计核算的结果为所得税收入确认和计量业务处理的依据。

二、收入范围确认企业所得税和会计准则的比较

企业所得税和会计关于收入范围确认的关系表现为：会计上确认的收入，一般在企业所得税收入的范围；企业所得税确认的收入，一部分不符合会计准则收入确认的要件，不确认为会计收入。企业所得税收入范围大于会计收入与收益范围。下面我们将从企业所得税收入范围构成的角度进行分析。

（一）企业所得税基本收入与会计收入业务的比较

在现行企业所得税的法规中，对企业所得税的基本收入业务范围，做出了明确的规定。《企业所得税法》规定的所得税基本收入如下：

1. 销售货物收入。
2. 提供劳务收入。
3. 转让财产收入。
4. 股息、红利等权益性投资收益。
5. 利息收入。
6. 租金收入。
7. 特许权使用费收入。
8. 接受捐赠收入。
9. 其他收入。

以上企业所得税收入业务，依据《企业会计准则 14 号——收入》、《企业会计准则 15 号——建造合同》、《企业会计准则 25 号——原保险合同》、《企业会计准则 26 号——再保险合同》、《企业会计准则 22 号——金融工具确认和计量》、《企业会计准则 21 号——租赁》及《企业会计准则 2 号——长期股权投资》等会计准则，在会计处理上也确认为收入业务，在“主营业务收入”、“其他业务收入”、“利息收入”、“手续费及佣金收入”、“保费收入”、“租赁收入”、“投资收益”和“营业外收入”等会计科目进行会计记录。

会计除对外单位欠款付给的利息以及其他利息收入冲减“财务费用”外，其他收入都在会计收入范围内。因外单位欠款付给的利息以及其他利息收入在会计上冲减“财务费用”，与所得税确认为收入一样，对当期应纳税所得额都产生增加的影响，所以，对这项会计和所得税处理不同的业务，不需进行纳税调整。

（二）企业所得税收入形式对收入范围确认的影响以及与会计收入的比较

企业所得税收入的形式，一般在会计上予以确认（非货币性资产交换不具有商业实质或公允价值不能够可靠计量的除外），但对企业经济业务进行会计处理时，会计人员需要根据会计准则对具体业务进行职业判断，确认是否为会计收入业务发生，并进一步进行相应业务的处理。

1. 所得税和会计对货币性收入的确认一致。

企业所得税确认的企业所得税取得收入的货币形式，包括现金、存款、应收账款、应收票据、准备持有至到期的债券投资以及债务的豁免等；会计准则对货币性资产的确认虽然没有包括债务的豁免，但在会计上债务的豁免，伴随着企业负债的减少，将导致所有者权益增加和经济利益的流入，也应确认为会计的收入。所以，所得税和会计对货币性收入的确认一致。

2. 所得税和会计对非货币收入的确认不完全一致。

企业所得税确认的企业所得税取得收入的非货币形式，包括固定资产、生物资产、无形资产、股权投资、存货、不准备持有至到期的债券投资、劳务以及有关权益等。会计准则对非货币性资产的界定为货币性资产以外的资产，包括存货、固定资产、无形资产、股权投资以及不准备持有至到期的债券投资等，没有列举劳务。

企业所得税对收入形式的界定和会计对收入的确认既表现为一部分业务形式不一致而本质一致，又表现为一部分业务形式一致而本质不一致。

（1）企业销售货物、提供劳务、转让财产、租赁财产等取得交换价值为劳务活动，一般在会计上也确认为收入业务。

企业销售货物、提供劳务、转让财产、持有股权、将资金提供他人使用、租赁财产、让渡无形资产使用权取得的交换价值为劳务活动，根据会计准则判断，一般意味着负债的减少，在会计上也确认为收入。

[例3-1] A装修公司为B酒店装修，成本80 000元，市场价格为100 000元，双方协商，A装修公司不收取款项，可以在B酒店免费消费100 000元。

①税收分析。

营业税：A装修公司为B酒店装修，同时在酒店免费消费，属于提供劳务活动取得经济利益，在营业税征税范围内。应纳营业税 = 100 000 × 3% = 3 000（元）

企业所得税：根据企业所得税法规规定，企业提供劳务活动取得的劳务为非货币形式的收入，确认为所得税的收入业务。所得税的收入为100 000元，成本为80 000元。

②会计处理。

根据双方协商A装修公司为B酒店装修，同时在酒店免费消费，由于企业提供劳务的交换价值是企业获取一项无需付款的劳务活动，所以会计人员根据职业判断，确认为提供劳务相关的经济利益很可能流入企业；同时由于具备收入的金额能够可靠地计量；交易中已发生的和将发生的成本能够可靠地计量的要件，符合收入确认的会计条件。所以在会计上对A公司提供劳务活动，确认为收入业务。具体账务处理如下：

A装修公司为B酒店装修业务完成：

借：应收账款　　100 000

　贷：主营业务收入　　100 000

同时：

借：主营业务成本　　80 000

　贷：劳务成本　　80 000

借：营业税金及附加　　3 000

　贷：应交税费——应交营业税　　3 000

A装修公司到B酒店消费：

借：管理费用　　100 000

　贷：其他应付款　　100 000

同时：

借：其他应付款　　100 000

　贷：应收账款　　100 000

③所得税和会计处理的比较。

所得税和会计对此项业务都确认为收入，两者一致。

（2）所得税和会计对非货币资产交换业务发生确认收入条件不完全一致。

企业所得税对非货币性资产交换取得非货币性资产无条件的确认为收入业务。

根据《企业会计准则第7号——非货币性资产交换》，会计对非货币性资产交换（存货、固定资产、无形资产、股权投资以及不准备持有至到期的债券投资）是以非货币性资产交换是否具有商业实质且公允价值是否能够可靠计量为条件，判断是否确认收入。

当企业销售货物、转让财产等取得会计上的非货币性资产时，会计上表现其交换不具有商业实质或者公允价值不能够可靠计量，则在会计上不确认为收入，所得税和会计在此项业务的处理上存在差异。

（三）企业所得税视同销售收入与会计收入业务的比较

1. 企业所得税视同销售的基本涵义。

尽管企业所得税相关法规通过列举方式确定了视同销售的范围，但所得税视同销售范围和会计销售之间的关系仍然不十分明确。一部分企业所得税的视同销售业务，在会计处理时也同时确认为会计的收入，比如具有商业实质且资产的公允价值能够可靠计量的非货币性资产交换，企业将货物、财产用于偿债，企业将货物、财产用于职工福利，企业将货物、财产用于利润分配等。

从企业所得税纳税申报表附表一《收入明细表》的构成项目分析企业所得税销售的范围，企业所得税的视同销售应表现为所得税确认为收入而会计上不确认为收入的业务事项，企业所得税和会计对此类业务的确认出现差异。

2. 企业所得税视同销售与会计的比较。

根据企业所得税相关法规规定，所得税确认收入的基本判断标准为资产所有权转移或劳务外部提供；会计准则相关规定确认收入的基本要件中，重要的一点表现为资产所有权转移或者劳务提供是否导致企业经济利益流入。由于企业所得税和会计对收入确认的原则不尽一致，导致企业所得税和会计对收入确认存在一定差异，这部分业务应确认为视同销售业务，产生所得税和会计在收入确认上的差异。这部分业务主要包括以下内容。

（1）企业以非货币性资产交换不具有商业实质或者公允价值不能够可靠计量。

会计准则明确规定，不具有商业实质或者公允价值不能够可靠计量的非货币性资产交换不确认损益。

如果企业非货币性资产交换不具有商业实质或者公允价值不能够可靠计量，所得税确认视同销售，而会计不确认为收入，则所得税和会计在收入的确认上存在差异，这种差异在所得税纳税申报业务的处理上，即应纳税所得额计算时表现为暂时性差异。

［例3-2］某化妆品生产企业2008年12月10日将自产的化妆品投资美容院，市场价为100 000元，成本价为60 000元，假设此项非货币性资产交换业务不具有商业实质。

①会计处理。

非货币性资产交换不具有商业实质，则换出资产不确认损益；换入资产的成本以换出资产的账面价值和应支付的相关税费确定，企业取得股权投资的入账价值为107 000元（60 000+17 000+30 000）。企业的账务处理为：

借：长期股权投资	107 000	
贷：库存商品		60 000
应交税费——应交增值税（销项税额）		17 000
应交税费——应交消费税		30 000

②企业所得税处理。

将自产的货物用于投资，企业所得税处理为资产转让和投资两项业务。具体业务处理为：其一，形成企业所得税的视同销售收入100 000元，配比成本60 000元，配比消费税30 000元；其二，确认计税投资成本为117 000元。

③所得税和会计处理的比较。

其一，对换出资产的确认上，从企业所得税计算应纳税所得额角度，上述业务在所得税上确认视同销售的收益为10 000元（100 000-60 000-30 000），在会计上不予确认，企业在填报当期企业所得税纳税申报表，计算应纳税所得额时，需要进行纳税调增的处理，调增额为10 000元。其调整过程分别反映为所得税纳税申报表相关附表的填报。

其二，对换入股权的计量，企业所得税和会计处理存在差异。企业所得税以公允价值确认换入股权的计税基础为117 000元，会计确认的换入股权的入账价值为107 000元，企业所得税和会计的处理表现为暂时性差异。在以后期，企业将投资资产转让或处置，所得税确认投资资产转让或处置损益时，应配比计税成本117 000元；会计配比成本107 000元。此时，需要通过纳税调减对以前期的暂时性差异作转回处理，调减额为10 000元。

由于资产的计税基础大于会计账面价值，所以差异的性质为可抵扣暂时性差异。如果企业本期其他业务涉及的资产和负债的计税基础和会计账面价值相同。则会计期末应确认递延所得税资产为2 500元（10 000×25%），账务处理为：

借：递延所得税资产　　2 500

　贷：所得税费用　　2 500

（2）企业将货物、财产用于捐赠、赞助、集资、广告、样品。

企业将货物、财产用于捐赠、赞助、集资、广告、样品，在所得税上确认为视同销售；在会计处理上，由于企业以货物和财产用于捐赠、赞助、集资、广告、样品不具备收入确认要素中经济利益流入的要件，所以不确认为收入。所得税和会计在企业将货物和财产用于捐赠、赞助、集资、广告、样品是否确认收入上产生差异，差异的性质一般应确认为永久性差异。

［例3－3］某电脑公司生产某品牌电脑，市场价每台10 000元，产品成本8 000元。12月，该电脑公司通过当地教育局将5台电脑赠送希望工程。

① 税收分析。

增值税：企业将电脑捐赠在增值税视同销售范围。增值税销项税额＝50 000×17%＝8 500（元）

企业所得税：其一，所得税对此项业务确认为视同销售，收入为50 000元，配比成本为40 000元。其二，如果此项捐赠为公益救济性，在企业利润额12%的限额范围内，允许在计算应纳税所得额时扣除。

② 会计处理。

会计对此项业务不确认收入，企业的账务处理为：

借：营业外支出——捐赠支出　　48 500

　贷：库存商品　　40 000

　　　应交税费——应交增值税（销项税额）　　8 500

③ 所得税和会计处理的比较。

所得税和会计在企业将电脑捐赠是否确认收入上产生差异，差异的性质应为永久性差异。企业在本期应纳税所得额计算和所得税纳税申报表填报时，进行纳税调整，调增应纳税所得额10 000元。

（3）企业将劳务用于捐赠、偿债、赞助、集资、广告、样品、职工福利或者利润分配等用途。

企业所得税法在视同销售的范围确认的规定上，增加了企业将劳务用于捐赠、偿债、赞助、集资、广告、样品、职工福利或者利润分配等用途视同销售的内容。这项税收法规的规定，具有税收防范功能，可以防止纳税人利用税法的漏空进行避税或者递延纳税。比如，某建筑公司为某运输公司无偿提供建筑劳务，而运输公司无偿为建筑公司提供运输劳务，实际上，这种无偿提供劳务的实质是交易双方的利益交换。在以前的企业所得税法规框架下，不确认为收入业务；在新企业所得税法的框架下，无偿提供劳务的运输公司和建筑公司都应确认企业所得税的视同销售业务发生。

新会计准则及会计准则指南中，对企业劳务活动的要件、范围没有做出具体规定，仅就提供劳务确认收入的要件做出了规定，即①收入的金额能够可靠地计量；②相关的经济利益很可能流入企业；③交易的完工进度能够可靠地确定；④交易中已发生的和将发生的成本能够可靠地计量。根据会计准则对劳务收入确认的要件，企业将劳务用于“捐赠、偿债、赞助、集资、广告、样品、职工福利或者利润分配等用途”的会计处理表现为两方面："其一，企业将劳务用于'捐赠、赞助、集资、广告、样品'用途，由于不具备相关的经济利益很可能流入企业的会计确认劳务收入的要件，所以会计上不确认收入；其二，企业将劳务用于'偿债、职工福利或者利润分配用途'，按照会计准则，上述业务发生可以使企业'应付款项、应付职工薪酬和应付股利'减少，即企业负债减少，所有者利益增加，应比照企业将商品用于'偿债、职工福利或者利润分配用途'，确认为收入进行相应处理。"

企业所得税和会计对"企业将劳务用于捐赠、偿债、赞助、集资、广告、样品、职工福利或者利润分配等用途"是否确认为收入存在差异，差异的性质一般为永久性差异。

[例3-4] 某汽车修配厂为获得某运输公司的汽车修理业务，2008年1月免费为运输公司修理汽车，劳务成本为40 000元，同类劳务的价格为60 000元。

① 税收分析。

增值税：修理修配劳务，属于增值税劳务活动。现行增值税相关法规规定，企业自产、委托加工收回和外购的"货物"用于无偿捐赠，视同销售。所以企业免费为运输公司修理汽车，发生无偿提供劳务活动不在增值税征税范围。

企业所得税：企业无偿提供劳务，从所得税角度其实质为将劳务用于捐赠，根据企业所得税法实施条例，属于所得税的视同销售，此项业务确认所得税收入为60 000元，配比成本为40 000元，增加应纳税所得额20 000元。

② 会计处理。

依据会计准则，此项业务在会计上不确认收入。企业账务处理为：

借：销售费用　　40 000

　贷：劳务成本　　40 000

③ 所得税和会计处理比较。

所得税和会计就上述业务处理的差异表现为两方面。其一，所得税对免费修理汽车确认为视同销售，当期增加应纳税所得额20 000元，在企业所得税纳税申报表填报时进行纳税调增处理；其二，会计核算时将劳务成本40 000元计入"销售费用"会计科目，在计算应纳税所得时不允许扣除，在企业所得税纳税申报表填报时应当调增应纳税所得额40 000元。

（四）企业所得税的不征税收入与会计收入的比较

1. 关于企业取得增值税即征即退政策所退还的税款。

在现有企业所得税法规下，企业取得属于不征税的财政性资金收入包括"软件生产企业和集成电路设计企业实行增值税即征即退政策所退还的税款，由企业用于研究开发软件产品和扩大再生产，不作为企业所得税应税收入，不予征收企业所得税"，此项业务会计确认为"营业外收入—政府补助"，所得税和会计出现差异，差异的性质为永久性差异；其他企业取得的各级政府对企业拨付的各种补贴、税收返还等财政性资金不属于不征税收入，所以应确认为所得税的其他收入，所得税和会计处理一致。

[例3-5] 某软件开发企业为增值税一般纳税人，2008年12月，该企业销售自行开发生产的A软件产品，销售额为200万元。该企业当月增值税纳税申报资料显示，当月增值税销项税额为34万元，进项税额为20万元，应纳增值税额为14万元。另外，

企业从当地政府取得全年税收返还收入 80 万元。

(1) 税收分析。

增值税：根据增值税有关法规规定，自 2000 年 6 月 24 日起至 2010 年底以前，对增值税一般纳税人销售其自行开发生产的软件产品，按 17% 的法定税率征收增值税后，对其增值税实际税负超过 3% 的部分实行即征即退。该企业增值税实际税负率 = (14 ÷ 200) ×100% =7%。企业实际税负超过 3%，符合增值税法即征即退的有关规定。

企业应收到退税款 = (7% -3%) ×200 = 8 (万元)

企业所得税：其一，企业将收到退税款 8 万元用于 A 软件的研究开发，根据企业所得税相关法规规定“软件生产企业实行增值税即征即退政策所退还的税款，由企业用于研究开发软件产品和扩大再生产，不作为企业所得税应税收入”。其二，从当地政府取得全年税收返还收入 80 万元，因为不符合所得税不征税收入的条件，所以确认为所得税收入中的“其他收入”项目。

(2) 会计处理。

企业取得即征即退税款时确认为收入

借：银行存款	80 000	
贷：营业外收入——政府补助		80 000

企业取得财政返还确认为收入

借：银行存款	800 000	
贷：营业外收入——政府补助		800 000

(3) 所得税和会计处理比较。

其一，企业在会计上确认且计入“营业外收入—政府补助”科目的政府补助收入 8 万元，因为其属于税法规定的不确认为企业所得税的财政性资金收入，所以不计入企业当期的应纳税所得额。会计和税收处理形成永久性差异，企业在进行 2008 年企业所得税纳税申报时应进行纳税调减处理。

其二，企业取得财政补贴收入 80 万元，在会计上确认为政府补助收入，且计入“营业外收入—政府补助”。因其按照企业所得税法规规定不属于不征税范围，因此，应确认为所得税的一项收入，计入当期应纳税所得额。所得税和会计处理一致。

2. 企业取得专项用途财政性资金。

根据《关于专项用途财政性资金有关企业所得税处理问题的通知》(财税［2009］87 号) 的规定，对企业在 2008 年 1 月 1 日至 2010 年 12 月 31 日期间从县级以上各级人民政府财政部门及其他部门取得的应计入收入总额的财政性资金，符合条件的，可以作为不征税收入，在计算应纳税所得额时从收入总额中减除；不征税收入用于支出所形成的费用，不得在计算应纳税所得额时扣除；用于支出所形成的资产，其计算的折旧、摊销不得在计算应纳税所得额时扣除。

会计对企业取得的财政专项资金确认为“营业外收入”，同时对专项资金用于支出所形成的费用和形成的资产，其计算的折旧、摊销予以确认。

所得税和会计的差异的性质为暂时性差异。

［例 3 -6］某研究所 2008 年 12 月取得财政专项拨款 200 万元，用于研究开发核电生产设备，2009 年 200 万元进行研发。

①会计处理。

2008 年取得财政拨款的账务处理为：

借：银行存款　　2 000 000

　贷：营业外收入——政府补助　　2 000 000

2009 年研发费用形成支出的账务处理为：

借：管理费用——研究费用　　2 000 000

　贷：银行存款　　2 000 000

②所得税和会计差异比较。

2008 年取得的财政拨款 200 万元，因符合作为不征税收入的条件，所以在计算应纳税所得额时做纳税调减处理；

2009 年对会计计入“管理费用”的研发支出 200 万元，所得税不予确认，计算应纳税所得额时做纳税调增处理。

3. 关于依法收取政府性基金和行政事业性收费。

《关于财政性资金、行政事业性收费、政府性基金有关企业所得税政策问题的通知》（财税［2008］151 号）规定：“企业收取的各种基金、收费，应计入企业当年收入总额。对企业依照法律、法规及国务院有关规定收取并上缴财政的政府性基金和行政事业性收费，准予作为不征税收入，于上缴财政的当年在计算应纳税所得额时从收入总额中减除；未上缴财政的部分，不得从收入总额中减除。”企业在日常经济活动中，依照法律、行政法规等有关规定，代政府收取的具有专项用途的财政资金，所得税处理确认为不征税收入；会计对此项业务也不确认为收入，会计核算时计入“其他应付款”账户。所得税和会计处理一致。

（五）企业所得税减免收入的税收优惠与会计收入的比较

企业所得税减免收入，会计核算确认为收入或收益，所得税和会计形成差异，差异的性质为永久性差异，在当期所得税纳税申报表填报时进行纳税调减的处理。

需要注意的是：企业在所得税纳税申报表填报及应纳税所得额计算时，必须首先将减免税收入确认为企业所得税的收入项目，在此基础上计算应纳税所得额时，做减少税基的处理。比如，A 企业本期取得国库券利息收入 10 万元，企业将其计入所得税收入项目，进一步计算应纳税所得时，作纳税调减的处理，减少应纳税所得额 10 万元，这一过程通过企业所得税的纳税申报表填报完成。

（六）会计“公允价值变动损益”和企业所得税的比较

为了体现会计的谨慎性原则，会计准则规定对交易性金融资产、交易性金融负债、投资性房地产等，在资产负债表日按公允价值进行计量。会计设置“公允价值变动损益”科目，核算企业交易性金融资产、交易性金融负债，以及采用公允价值模式计量的投资性房地产、衍生工具、套期保值业务等公允价值变动形成的应计入当期损益的利得或损失。

资产负债表日，企业应按交易性金融资产或投资性房地产等资产的公允价值高于其账面余额的差额，借记“交易性金融资产——公允价值变动”科目或“投资性房地产——公允价值变动”科目，贷记“公允价值变动损益”科目；公允价值低于其账面余额的差额做相反的会计分录。资产负债表日，交易性金融负债的公允价值高于其账面余额的差额，借记“公允价值变动损益”科目，贷记“交易性金融负债”等科目；公允价值低于其账面余额的差额做相反的会计分录。期末，应将“公允价值变动损益”科目余额转入“本年利润”科目，结转后“公允价值变动损益”科目无余额。

《企业所得税法实施条例》第五十六条规定：“企业的各项资产，包括固定资产、生物资产、无形资产、长期待摊费用、投资资产、存货等，以历史成本为计税基础。”所得税对会计“公允价值变动损益”不予确认，所得税和会计出现差异。企业以会计利润为基础，计算应纳税所得额时，如果当期“公允价值变动损益”出现“贷”方发生额，需要进行纳税调减的处理；如果当期“公允价值变动损益”出现“借”方发生额，需要进行纳税调增的处理。所得税和会计的差异为暂时性差异。

[例3-7] 2008年1月1日企业将一幢办公楼对外出租，该办公楼的初始成本为500万元，使用年限为20年，预计净残值率为5%。该投资性房地产期末采用公允价值计量，2008年12月31日，经复核，该投资性厂房的公允价值为520万元。

（1）会计处理。

会计准则规定，对于采用公允价值计量模式的投资性房地产，平时不计提折旧，应当以资产负债日投资性房地产的公允价值为基础调整其账面价值，公允价值与账面价值之间的差额计入当期损益。企业的账务处理为：

借：投资性房地产——公允价值变动　　200 000

　贷：公允价值变动损益　　200 000

（2）企业所得税处理及企业所得税和会计差异调整。

企业所得税确认办公楼为固定资产。采用公允价值计量模式的会计处理在企业所得税上不予确认，企业所得税对企业出租建筑物的计量应按照历史成本确认为计税基础。企业所得税和会计的差异为暂时性差异。

2008年企业所得税税前允许扣除的折旧 = 500 ×（1 - 5%）÷20 = 23.75（万元）

企业所得税对会计上以办公楼公允价值与账面价值之间的差额，通过当期损益“公允价值变动损益”会计科目，结转计入当期会计利润的20万元不予确认，当期纳税调减处理，调减额为20万元；企业所得税对投资性房地产确认为固定资产，提取折旧23.75万元，当期纳税调减处理，调减为23.75万元。

（七）企业所得税和会计收入确认比较的结论

根据上述企业所得税有关收入口径税法要素和会计相关要素的比较，企业所得税和会计收入确认要素的关系主要表现为以下几方面：

1. 企业所得税和会计对收入确认范围大致相同。

（1）会计核算计入收入和收益账户，反映企业当期会计利润增加的业务内容，所得税都确认为收入项目。会计的收入和收益项目在“主营业务收入”、“其他业务收入”、“利息收入”、“手续费及佣金收入”、“保费收入”、“租赁收入”、“投资收益”和“营业外收入”等会计科目进行会计记录。

（2）企业所得税基本业务收入除外单位欠款付给的利息、其他利息收入以及汇兑收益在会计处理时冲减“财务费用”外，其他收入都在会计收入范围内。因外单位欠款付给的利息、其他利息收入以及汇兑收益，在会计上冲减“财务费用”和所得税确认为收入对企业当期会计利润和应纳税所得额计算的影响结果一样，所以，对这项所得税和会计处理不同的业务，不需进行纳税调整。

（3）企业所得税收入的形式，一般在会计上予以确认（非货币性资产交换不具有商业实质或公允价值不能够可靠计量除外），但对企业经济业务进行会计处理时，会计人员需要根据会计准则对具体业务进行职业判断，进一步进行相应业务的处理。

2. 企业所得税和会计对收入确认存在差异。

企业所得税和会计对收入确认的基本原则的差异形成企业所得税的视同销售业务，以及企业所得税税收优惠政策的减免收入的规定，导致企业所得税和会计对收入确认差异的存在。表现为：

（1）企业非货币性资产交换不具有商业实质或者公允价值不能够可靠计量，所得税确认视同销售，而会计不确认为收入，则所得税和会计在收入的确认上存在差异，这种差异表现为时间性（暂时性）差异。

（2）企业将资产（货物和财产）用于捐赠、赞助、集资、广告、样品，在所得税上确认为视同销售；在会计处理上，因其不具备收入确认要素中经济利益流入的要件，所以不确认为收入。所得税和会计对以上业务是收入的确认上存在差异，差异的性质一般应确认为永久性差异。

（3）企业将劳务用于捐赠、赞助、集资、广告、样品，在所得税上确认为视同销售，在会计处理上不确认为收入，所得税和会计对以上业务是否确认收入上产生差异，差异的性质一般应确认为永久性差异。

（4）软件生产企业和集成电路设计企业实行增值税即征即退政策所退还的税款，由企业用于研究开发软件产品和扩大再生产，不作为企业所得税应税收入，此项业务会计确认为“营业外收入——政府补助”，所得税和会计出现差异，差异的性质为永久性差异。

（5）企业所得税减免收入的业务，企业会计核算一般都确认为收入或收益，所得税和会计形成差异，差异的性质为永久性差异。

（6）企业所得税对会计核算中对当期会计利润产生影响的“公允价值变动损益”不予确认，所得税和会计出现差异。企业以会计利润为基础，计算应纳税所得额时，如果当期“公允价值变动损益”出现“贷”方发生额，需要进行纳税调减的处理；如果当期“公允价值变动损益”出现“借”方发生额，需要进行纳税调增的处理。所得税和会计的差异为暂时性差异。

3. 企业应通过设置辅助账的形式，序时记录所得税和会计在收入范围确认方面的差异，为所得税纳税申报表填报和所得税会计核算提供依据。同时，收入确认所得税和会计的差异在所得税纳税申报表填报时进行调整。

三、收入的计量企业所得税和会计的比较

企业所得税的收入计量，直接影响企业当期应纳税所得额和应交所得税的金额。在收入范围确认所得税和会计一致的前提下，如果所得税和会计对于收入的计量存在差异，必须进行纳税调整，准确计算企业当期应纳所得税额。现行企业所得税法规对收入的计量做出了原则的规定，会计准则对不同业务形成收入的计量做出了具体的规定。收入计量所得税和会计的基本关系为：1. 企业所得税法规和会计准则的规定一致的，以会计核算的结果为所得税收入计量的依据；2. 企业所得税法规和会计准则的规

定不一致的，应当遵循税收法规的规定进行所得税收入的计量，并对所得税和会计的差异进行调整；3. 企业所得税法规没有做出具体规定而会计准则做出具体规定的业务，所得税的收入计量应与会计计量的结果一致。

（一）收入计量企业所得税和会计的一般比较

1. 货币形式的收入计量。

现行企业所得税法规对货币形式收入的计量没有做出具体规定，会计准则对不同收入业务形成收入的计量做出了具体的规定，对所得税没有做出具体规定而会计准则做出具体规定的业务，所得税的收入计量应与会计计量的结果一致。

2. 非货币形式的收入计量。

企业所得税法规对公允价值计量只给出按照市场价格确定的规定，在企业非货币收入没有市场价格计量时，所得税非货币形式的收入应按会计确定公允价值的方法计量。

企业所得税对“公允价值”没有进行进一步的解释。《企业会计准则 7 号——非货币性资产交换》准则对企业非货币性资产的公允价值确定，做出了具体规定：（1）对于存在活跃市场的存货、长期股权投资、固定资产、无形资产等非货币性资产，应当以该资产的市场价格为基础确定其公允价值。（2）对于同类或类似资产存在活跃市场的存货、长期股权投资、固定资产、无形资产等非货币性资产，应当以同类或类似资产市场价格为基础确定其公允价值。（3）资产不存在同类或类似资产的可比市场交易，应当采用估值技术确定其公允价值。

（二）从企业所得税收入项目的角度对所得税和会计收入计量的比较

1. 销售货物收入计量所得税和会计的比较。

（1）一般销售商品业务所得税和会计计量基本一致。

会计准则规定：企业应当按照从购货方已收价款或应收的合同或协议价款确定商品销售收入金额，已收或应收的合同或协议价款显失公允的除外。从购货方已收或应收的合同或协议价款，通常为公允价值。

企业所得税法规对此项业务没有做出具体规定，所以所得税的收入计量应与会计计量的结果一致。

（2）下列特殊销售业务的处理所得税和会计一致。

①现金折扣业务。

现金折扣，是指债权人为鼓励债务人在规定的期限内付款而向债务人提供的债务扣除。企业所得税法规对此项业务处理的具体规定与会计准则的规定一致，即按扣除现金折扣前的金额确定销售商品收入金额，现金折扣在实际发生时作为财务费用扣除。

［例 3－8］某企业在 2008 年 5 月 1 日销售一批商品 100 件，增值税专用发票上注明售价10 000元，增值税额1 700元。企业为了及早收回货款而在合同中规定符合现金折扣的条件为：2/10，1/20，n/30，假定计算折扣时不考虑增值税。

5 月 1 日销售实现时，应按总售价做如下分录：

借：应收账款	11 700	
贷：主营业务收入		10 000
应交税费——应交增值税（销项税额）		1 700

如果 5 月 9 日买方付清货款，则按售价10 000元的 2% 享受 200 元的现金折扣

（10 000×2% =200 元），实际付款11 500（11 700 -200）元，账务处理：

借：银行存款 11 500
  财务费用 200
 贷：应收账款 11 700

如果5 月 18 日买方付清货款，则应享受的现金折扣为10 000×1% =100（元），实际付款11 600元，账务处理：

借：银行存款 11 600
  财务费用 100
 贷：应收账款 11 700

如果买方在5 月底才付款，则应按全额付款，账务处理：

借：银行存款 11 700
 贷：应收账款 11 700

上述业务所得税和会计处理处理一致。

②商业折扣业务的收入计量。

商业折扣是指企业为促进商品销售而在商品标价上给予的价格扣除。企业所得税法规对此项业务处理的具体规定与会计准则的规定一致，即按照扣除商业折扣后的金额确定销售商品收入金额。

增值税对商业折扣的扣除给出了限定性的条件，即纳税人以折扣方式销售货物，如果销售额和折扣在同一张发票上分别注明的，可按折扣后的销售额征收增值税；如果将折扣额另开发票，不论其在财务上如何处理，均不得从销售额减除折扣额。纳税人销售货物并向购买方开具增值税专用发票后，由于购货方在一定时期内累计购买货物达到一定数量，或者由于市场价格下降等原因，销货方给予购货方相应的价格优惠或补偿等折扣、折让行为，销货方可按现行《增值税专用发票使用规定》的有关规定开具红字增值税专用发票。

③销售折让和销售退回业务的收入计量。

销售折让是指企业因售出商品的质量不合格等原因而在售价上给予的减让，销售退回是指企业售出的商品由于质量、品种不符合要求原因而发生的退货。企业所得税法规对此项业务处理的具体规定与会计准则的规定一致，即企业已经确认销售收入的售出商品发生销售折让和销售退回，应当在发生当期冲减当期销售商品收入。

增值税相关法规规定，一般纳税人取得专用发票后，发生销货退回，或者因销货部分退回及发生销售折让的，购买方应向主管税务机关填报《开具红字增值税专用发票申请单》，主管税务机关对一般纳税人填报的《申请单》进行审核后，出具《开具红字增值税专用发票通知单》。购买方必须暂依《通知单》所列增值税税额从当期进项税额中转出，未抵扣增值税进项税额的可列入当期进项税额，待取得销售方开具的红字专用发票后，与留存的《通知单》一并作为记账凭证。销售方凭购买方提供的《通知单》开具红字专用发票，在防伪税控系统中以销项负数开具。

［例3 -9］A 生产企业2008 年12 月18 日销售 A 商品一批，售价50 000元，增值税额8 500元，成本26 000元。因该批产品质量严重不合格被退回。A 企业凭购买方提供的《通知单》开具红字专用发票。

第一，如果销售退回在本期发生，该企业账务处理为：

销售商品时：

借：应收账款　58 500

贷：主营业务收入　50 000

应交税费——应交增值税（销项税额）　8 500

同时：

借：主营业务成本　26 000

贷：库存商品　26 000

收回货款时：

借：银行存款　58 500

贷：应收账款　58 500

销售退回时：

借：主营业务收入　50 000

应交税费——应交增值税（销项税额）　8 500

贷：银行存款　58 500

同时：

借：库存商品　26 000

贷：主营业务成本　26 000

所得税处理和企业会计处理一致。

第二，如果上述销售退回是在2009年3月份财务报告批准报出前发生的，该项销售退回应作为资产负债表日后事项。

同时，由于企业发生资产负债表日后事项在报送年度企业所得税纳税申报表前，所以，应对2008年应纳企业所得税进行调整，假定该企业所得税率为25%，企业应减少2008年应纳所得税6 000元（24 000×25%）

2009年3月做如下调整分录：

借：以前年度损益调整　50 000

应交税费——应交增值税（销项税额）　8 500

贷：银行存款　58 500

借：库存商品　26 000

贷：以前年度损益调整　26 000

借：应交税费——应交所得税　6 000

贷：以前年度损益调整　6 000

“以前年度损益调整”科目余额18 000元应转入“利润分配——未分配利润”科目，账务处理为：

借：利润分配——未分配利润　18 000

贷：以前年度损益调整　18 000

④采用售后回购方式销售商品。

会计准则规定：采用售后回购方式销售商品的，收到的款项应确认为负债；回购价格大于原售价的，差额应在回购期间按期计提利息，计入财务费用。有确凿证据表明售后回购交易满足销售商品收入确认条件的，销售的商品按售价确认收入，回购的商品作为购进商品处理。

企业所得税法规对此项业务处理规定与会计一致。

⑤采用售后租回方式销售商品。

会计准则规定：采用售后租回方式销售商品的，收到的款项应确认为负债；售价与资产账面价值之间的差额，应当采用合理的方法进行分摊，作为折旧费用或租金费用的调整。有确凿证据表明认定为经营租赁的售后租回交易是按照公允价值达成的，销售的商品按售价确认收入，并按账面价值结转成本。

企业所得税法对此项业务没有做出具体规定，但按照企业所得税售后回购方式销售商品收入确认的条件，售后租回业务的企业所得税处理，一般应与会计一致。

⑥采用以旧换新方式销售商品。

企业所得税的处理与会计处理一致，即应当按照销售商品收入确认条件确认收入，回收的商品作为购进商品处理。

（3）具有融资性质的分期收款形式销售商品收入计量所得税和会计不一致。

会计准则规定：某些情况下，合同或协议明确规定销售商品需要延期收取价款，如分期收款销售商品，实质上具有融资性质的，应当按照应收的合同或协议价款的现值确定销售商品收入金额。应收的合同或协议价款与其公允价值之间的差额，应当在合同或协议期间内，按照应收款项的摊余成本和实际利率计算确定的摊销金额，冲减财务费用。

企业所得税虽然对具有融资性质的分期收款形式销售商品的企业所得税处理没有具体规定，但是企业所得税应按合同或协议价款确认收入。具体原因如下：其一，由于企业所得税财务费用扣除业务中，没有对具有融资性质的分期收款形式销售商品确认为按照财务费用处理；其二，企业所得税业务处理应遵循确定性原则，且应保证收入实现的及时性。

企业所得税和会计对具有融资性质的分期收款形式销售商品的处理出现差异，从应纳税所得额计算的角度，一般确认为暂时性差异。

此项业务的具体分析见本章［例3－16］。

2. 提供劳务收入计量企业所得税和会计的比较。

（1）提供劳务收入的一般计量。

企业应当按照从接受劳务方已收或应收的合同协议价款确定提供劳务收入总额，已收或应收的合同或协议价款显失公允的除外。所得税和会计处理一致。

（2）资产负债表日未完工程的收入计量。

会计准则规定：企业应当在资产负债表日按提供劳务收入总额乘以完工进度扣除以前会计期间累计已确认提供劳务收入后的金额，确认当期提供劳务收入；同时，按照提供劳务总成本乘以完工进度扣除以前会计期间累计已确认提供劳务成本后的金额，结转当期劳务成本。

第一，资产负债表日提供劳务交易的结果能够可靠估计的，应当按照完工百分比法确认提供劳务收入。完工百分比法下，收入和相关的费用应按下列公式计算：

本期确认的收入＝劳务总收入×本期末止劳务的完成程度－以前会计期间累计已确认的收入

劳务的完成程度的确定。企业应根据所提供的劳务的特点，在下列3种方法中选择一种。①已完工作的测量；②已经提供的劳务占应提供的劳务总量的比例；③已发生的成本占估计总成本的比例。

第二，企业在资产负债表日提供劳务交易结果不能够可靠估计的，应当分别按下列情况处理：已经发生的劳务成本预计能够得到补偿的，按照已经发生的劳务成本金额确认提供劳务收入，并按相同金额结转成本；已经发生的劳务成本预计不能够得到补偿的，应当将已经发生的劳务成本计入当期损益，不确认提供劳务收入。

所得税和会计的比较：第一，资产负债表日提供劳务交易的结果能够可靠估计的，企业所得税和会计都规定按照年度内完工进度或者完成的工作量确认收入的实现，会计准则做出了更为详尽的操作性规定；第二，企业在资产负债表日提供劳务交易结果不能够可靠估计的，所得税不确认收入。

[例3－10] 假定甲建筑企业签订了一项总金额为6 380 000元的固定造价合同，承建一写字楼。工程已于2008年1月开工，预计2010年9月完工。最初，预计工程总成本为6 050 000元，到2009年年底，由于材料价格涨价等因素调整了预计总成本，预计工程总成本已为6 600 000元。该企业于2010年7月提前两个月完成了工程，工程质量优良，客户同意支付奖励款220 000元。建造该工程的其他有关资料如表3－2所示。

表3－2　　　　工程成本及结算　　　　单位：元

项　目	2008年	2009年	2010年
至目前为止已发生的成本	1 694 000	5 280 000	6 545 000
完成合同尚需发生的成本	4 356 000	1 320 000	——
已结算工程价款	1 914 000	3 256 000	1 430 000
实际收到价款	1 870 000	3 190 000	1 540 000

①2008年的会计和所得税处理。

2008年的会计处理如下：

发生的合同成本：

借：工程施工——合同成本　　1 694 000

　贷：原材料、应付职工薪酬、累计折旧等　　1 694 000

已结算的合同价款：

借：应收账款　　1 914 000

　贷：工程结算　　1 914 000

实际收到的合同价款：

借：银行存款　　1 870 000

　贷：应收账款　　1 870 000

计量确认当年的收入和费用，并登记入账：

2008年的完工进度＝1 694 000/（1 694 000＋4 356 000）×100%＝28%

2008年确认的合同收入＝6 380 000×28%＝1 786 400（元）

2008年确认的合同费用＝6 050 000×28%＝1 694 000（元）

2008年确认的毛利＝（1 786 400－1 694 000）＝92 400（元）

借：工程施工——毛利　92 400
　主营业务成本　1 694 000
　贷：主营业务收入　1 786 400

2008 年的企业所得税处理。

2008 年甲建筑企业资产负债表日未完工程，企业所得税和会计都规定按照年度内完工进度或者完成的工作量确认收入的实现，同时配比成本。企业所得税在当期收入和成本的确认和会计的处理一致。

②2009 年会计和所得税处理。

2009 年会计处理如下：

发生的合同成本：

借：工程施工——合同成本　3 586 000
　贷：原材料、应付职工薪酬、累计折旧等　3 586 000

已结算的合同价款：

借：应收账款　3 256 000
　贷：工程结算　3 256 000

实际收到的合同价款：

借：银行存款　3 190 000
　贷：应收账款　3 190 000

计量确认当年的合同收入和费用，并登记入账：

2009 年的完工进度 =5 280 000/（5 280 000 +1 320 000） ×100% =80%

2009 年确认的合同收入 =6 380 000 ×80% −1 786 400 =3 317 600（元）

2009 年确认的合同费用 =6 600 000 ×80% −1 694 000 =3 586 000（元）

2009 年确认的毛利 =3 317 600 −3 586 000 = −268 400（元）

预计 2010 年的合同损失 =（6 380 000 −6 6000 000） ×20% = −220 000 ×20% = −44 000（元）

注：在 2009 底，由于该合同预计总成本（6 600 000 元）大于合同总收入（6 380 000 元），预计发生损失总额为220 000元，由于已在“生产成本——毛利”中反映了176 000元的亏损，因此，应将剩余的、未完成工程将发生的预计损失44 000元确认为减值损失。

其会计分录如下：

借：主营业务成本　3 586 000
　贷：主营业务收入　3 317 600
　　工程施工——合同毛利　268 400

同时：

借：资产减值损失　44 000
　贷：存货跌价准备　44 000

2009 年企业所得税处理及所得税和会计的差异。

2009 年甲建筑企业资产负债表日未完工程，企业所得税在当期收入和成本的确认和会计处理一致；对于会计的资产减值损失，所得税不予确认，所得税和会计出现差异，差异的性质为暂时性差异，企业当期在所得税纳税申报表填报时，产生纳税调增的结果。

③2010 年会计和所得税处理。

2010 年会计处理如下：

发生的合同成本：

借：工程施工——合同成本　　1 265 000

　贷：原材料、应付职工薪酬、累计折旧等　　1 265 000

已结算的合同价款：

借：应收账款　　1 430 000

　贷：工程结算　　1 430 000

实际收到的合同价款：

借：银行存款　　1 540 000

　贷：应收账款　　1 540 000

计量确认当年的合同收入和费用，并登记入账：

2010 年确认的合同收入 = 合同总金额 - 至目前为止累计已确认的收入 = (6 380 000 + 220 000) - (1 786 400 + 3 317 600) = 1 496 000（元）

2010 年确认的合同费用 = 合同总金额 - 至目前为止累计已确认的费用 - 以前年度提取减值准备 = 6 545 000 - (1 694 000 + 3 586 000) - 44 000 = 1 221 000（元）

2010 年确认的毛利 = (1 496 000 - 1 221 000) = 275 000（元）

借：主营业务成本　　1 221 000

　　工程施工——合同毛利　　275 000

　贷：主营业务收入　　1 496 000

同时：

借：存货跌价准备　　44 000

　贷：主营业务成本　　44 000

2010 年工程全部完工，应将"工程成本"科目的余额与"工程结算"科目的余额相对冲。

借：工程结算　　6 600 000

　贷：工程施工——合同成本　　6 545 000

　　　工程施工——合同毛利　　55 000

2010 年企业所得税处理及所得税和会计的差异。

2010 年甲建筑企业工程完工，企业所得税在当期收入的确认和会计的处理一致；企业所得税确认的成本 = 合同总金额 - 至目前为止累计已确认的费用 = 6 545 000 - 1 694 000 - 3 586 000 = 1 265 000（元），会计减除减值准备确认的成本为1 221 000元，所得税和会计在工程成本的计量上出现差异，差异额为44 000元，为前期差异的转回。企业当期在所得税纳税申报表填报时，产生纳税调减的结果。

（3）资产负债表日未完工程，企业在资产负债表日提供劳务交易结果不能够可靠估计的。

企业在资产负债表日提供劳务交易结果不能够可靠估计的会计准则规定应当分别按下列情况处理：已经发生的劳务成本预计能够得到补偿的，按照已经发生的劳务成本金额确认提供劳务收入，并按相同金额结转成本；已经发生的劳务成本预计不能够得到补偿的，应当将已经发生的劳务成本计入当期损益，不确认提供劳务收入。

企业所得税法规对上述业务所得税的处理没有做出具体的规定。

（4）销售商品并提供劳务。

会计准则规定：销售企业与其他企业签订的合同或协议包括销售商品和提供劳务时，销售商品部分和提供劳务部分能够区分且能够单独计量的，应当将销售商品的部分作为销售商品处理，将提供劳务的部分作为提供劳务处理；销售商品部分和提供劳务部分不能够区分，或虽能区分但不能够单独计量的，应当将销售商品部分和提供劳务部分全部作为销售商品处理。

企业所得税法规对此项业务没有做出具体规定。

《中华人民共和国增值税暂行条例实施细则》（财政部国家税务总局 2008 年第 50 号令）第五条规定："一项销售行为如果既涉及货物又涉及非增值税应税劳务，为混合销售行为。除本细则第六条的规定外，从事货物的生产、批发或者零售的企业、企业性单位和个体工商户的混合销售行为，视为销售货物，应当缴纳增值税；其他单位和个人的混合销售行为，视为销售非增值税应税劳务，不缴纳增值税。"

《中华人民共和国增值税暂行条例实施细则》（财政部国家税务总局 2008 年第 50 号令）第六条规定："下列混合销售行为，应当分别核算货物的销售额和非增值税应税劳务的营业额，并根据其销售货物的销售额计算缴纳增值税，非增值税应税劳务的营业额不缴纳增值税；未分别核算的，由主管税务机关核定其货物的销售额：①纳税人的销售自产货物并同时提供建筑业劳务的行为；②财政部、国家税务总局规定的其他情形。"

［例 3－11］A 新型建筑防水材料有限公司，是一家集防水材料的研制开发、生产销售和防水施工于一体的增值税一般纳税人。2008 年 10 月发生下列业务：①与建设单位签订建筑工程施工总包合同方式，销售给单位自产防水材料，并负责施工，共计价款为 702 万元，其中，销售价款 468 万元，劳务价款 234 万元。②其中 80 万元分包给具有建筑施工资质的 B 建筑公司。③工程于月底完工，A 公司收到建设单位全部货款与劳务款共计 702 万元，并将分包款 80 万元支付给 B 公司。

①税收分析。

增值税和营业税。根据《中华人民共和国增值税暂行条例实施细则》（财政部国家税务总局 2008 年第 50 号令）第六条规定：纳税人销售自产货物并同时提供建筑业劳务的行为，应当分别核算货物的销售额和非增值税应税劳务的营业额，并根据其销售货物的销售额计算缴纳增值税，非增值税应税劳务的营业额不缴纳增值税；未分别核算的，由主管税务机关核定其货物的销售额。

A 公司具备建设行政部门批准的建筑业施工（安装）资质；签订建设工程施工总包合同中单独注明建筑业劳务价款；销售自产货物为防水材料。对 A 公司销售的货物征收增值税，提供建筑业劳务收入征收营业税。同时 A 公司与 B 公司签订建设工程施工分包合同，应扣缴营业税。

增值税销项税额 $= 4\ 680\ 000 \div (1 + 17\%) \times 17\% = 680\ 000$（元）

应交营业税 $= (2\ 340\ 000 - 800\ 000) \times 3\% = 46\ 200$（元）

企业所得税。合同价款中销售价款 468 万元确认为销售收入；以劳务价款 234 万元减去分包价款 80 万元确认为劳务收入。

②会计处理。

应当将销售商品的部分作为销售商品处理，将提供劳务的部分作为提供劳务处理。其账务处理为：

销售自产货物并收到货款：

借：银行存款　　4 680 000

　贷：主营业务收入　　4 000 000

　　应交税费——应交增值税（销项税额）　　680 000

提供建筑业劳务并收到劳务款：

借：银行存款　　2 340 000

　贷：其他业务收入　　2 340 000

支付分包款

借：其他业务支出——B 建筑公司　　800 000

　贷：银行存款　　800 000

月末计提建筑业营业税：

借：营业税金及附加　　46 200

　贷：应交税费——应交营业税　　46 200

③所得税和会计处理比较。

上述业务的所得税和会计处理一致。

3. 转让财产收入计量企业所得税和会计的比较。

企业所得税法规和会计准则虽然没有就企业财产转让收入的计量做出具体规定，但是，根据企业所得税和会计准则的相关规定，转让财产收入的计量，应与销售货物收入计量基本一致。

企业转让财产取得货币收入，应当按照从购货方已收价款或应收的合同或协议价款确定转让财产收入金额，从购货方已收或应收的合同或协议价款，通常为公允价值。已收或应收的合同或协议价款显失公允的除外。

企业转让财产取得非货币收入，应当按照公允价值确定转让财产收入额。

4. 股息、红利等权益性投资收益计量企业所得税和会计的比较。

根据企业所得税实施条例规定，企业所得税对股息、红利等权益性投资收益的确认与计量主要有以下特点：其一，不论企业会计处理对投资采取何种方法核算，被投资方做出利润分配决定时，投资企业应确认投资所得实现；其二，被投资企业发生经营性的亏损，由被投资企业按规定结转弥补；投资方企业不得调整减低其投资成本，也不得确认投资损失；其三，符合条件的股息红利免税。

股息、红利等权益性投资收益计量企业所得税和会计的比较，详见第十二章的具体分析。

（1）成本法下长期股权投资收益计量企业所得税和会计处理的比较。

成本法下长期股权投资收益计量和确认的时间一致。

企业所得税和会计处理的差异主要表现为：企业所得税符合条件的股息红利免税，企业所得税和会计的差异为永久性差异。

［例 3－12］A 公司在 2008 年 1 月 1 日购入 B 公司发行的普通股股票20 000股，每

股面值为10元，共支付价款24万元，另支付税费2 000元，取得B公司10%的股权，并计划长期持有，未取得控制权。2007年B公司获净利200万元。2008年5月8日宣告按每股面值的5%发放2007年度的现金股利。

①会计处理。

A公司应按成本法进行会计核算，其账务处理如下：

购入时的账务处理：

借：长期股权投资——B公司　　242 000

　贷：银行存款　　242 000

B公司宣告分派股利时的账务处理：

借：应收股利　　10 000

　贷：投资收益　　10 000

②企业所得税处理及企业所得税和会计差异调整。

其一，确认计税投资成本（投资的计税基础）为242 000元。B公司宣告分派股利时，企业所得税对投资计税基础不做调整，会计对投资资产账面价值也不做调整。

其二，企业所得税和会计确认2008年投资所得为10 000元；由于A公司取得的投资收益符合免税条件，确认为企业所得税免税收入10 000元。所以在计算应纳税所得额时，应做纳税调减的处理。

其三，企业应设置台账（纳税调整备查账）记录所得税和会计在投资收益确认上的差异。

（2）权益法下投资收益计量企业所得税和会计处理的比较。

权益法下长期股权投资收益计量企业所得税和会计处理的差异主要表现为：

其一，权益法下投资收益计量企业所得税和会计处理的差异表现为投资收益确认的时间和金额差异。会计准则规定，企业应在每个会计年度末，按应享有的或应分担的被投资企业当年实现的净利润或发生的净亏损的份额，确认投资收益或损失，并相应调整投资账面价值，而被投资企业宣告发放现金股利时，企业会计上做冲减投资账面价值处理。企业所得税法规定，不论企业会计账务中对投资采取何种方法核算，被投资方做出利润分配决定时，投资方企业应确认投资所得的实现；被投资企业发生的亏损，由被投资企业按规定结转弥补，投资方企业不得调整减抵其投资成本，也不得确认投资损失。企业所得税和会计在投资收益确认上的差异为暂时性差异。

其二，企业所得税符合条件的股息红利免税，企业所得税和会计的差异为永久性差异。

其三，企业应设置台账（纳税调整备查账）记录所得税和会计在投资收益确认上及投资资产计税基础和账面价值之间的差异。

[例3-13] A公司2008年1月1日购入D公司发行的普通股股票200 000股，每股面值为10元，共支付价款240万元，取得D公司25%的股权，并计划长期持有。2008年D公司获净利200万元。2009年5月8日宣告按每股面值的5%发放2008年度的现金股利。2009年D公司亏损100万元。A公司按权益法进行核算。

①投资取得阶段确认投资成本企业所得税和会计处理。

购入时，其账务处理如下：

借：长期股权投资——D 公司　　2 400 000

　贷：银行存款　　2 400 000

企业所得税处理：确认计税投资成本为 240 万元。

②投资持有阶段确认投资收益企业所得税和会计处理。

2008 年会计处理。年末会计调整长期投资账面价值 = 200 × 25% = 50（万元）。其账务处理如下：

借：长期股权投资——D 公司（损益调整）　　500 000

　贷：投资收益——权益性投资收益　　500 000

2008 年企业所得税处理。其一，由于被投资企业没有做利润分配处理，所以企业所得税对会计上的投资收益不予确认，并在当期进行纳税调减的处理，企业所得税和会计的差异为暂时性差异；其二，投资资产的计税基础不发生变化。

2009 年 D 公司宣告分派股利时企业会计处理：

借：应收股利　　100 000

　贷：长期股权投资——D 公司（损益调整）　　100 000

2009 年末因被投资方亏损，会计调整长期投资账面价值 = 100 × 25% = 25（万元）

企业账务处理为：

借：投资收益——权益性投资损失　　250 000

　贷：长期股权投资——D 公司（损益调整）　　250 000

2009 年企业所得税处理：其一，对 D 公司宣告分派股利确认股息所得100 000元，在当期填报所得税纳税申报表，计算应纳税所得额时进行纳税调增的处理，调增额为100 000元；同时在计算应纳税所得额时，确认为企业所得税免税收入。其二，对会计上因被投资方亏损，减少的投资收益在所得税上不予确认，计算应纳税所得额时对此项目进行纳税调增的处理，调增额为250 000元。其三，投资资产的计税基础不发生变化。

上述业务处理过程中，企业应设置台账（纳税调整备查账）记录所得税和会计在投资收益确认上及投资资产计税基础和账面价值之间的差异。

（3）权益性金融资产投资收益计量企业所得税和会计处理的比较。

权益性金融资产（交易性金融资产、可供出售金融资产、直接指定为以公允价值计量且其变动计入当期损益的金融资产）持有收益企业所得税和会计处理一致，即企业在持有交易性金融资产和可供出售的金融资产期间，被投资单位宣告发放现金股利时，投资企业按应享有的份额，应当确认为投资收益。所得税和会计处理一致。

需要注意的是，企业所得税实施条例规定，如果企业持有居民企业公开发行并上市流通的股票不足 12 个月取得的投资收益不属于免税收入。

［例 3 - 14］2008 年 1 月，甲企业购进上市公司的股票作为可供出售的金融资产，2008 年 5 月该公司宣告并进行现金股利发放，甲企业按应享有的份额为 50 万元确认投资收益增加。2008 年 12 月，甲企业将持有的股票处置。

①会计处理。

甲企业按应享有的份额 50 万元应当确认为投资收益，账务处理为：

借：应收股利　　500 000

　贷：投资收益　　500 000

②企业所得税处理。

甲企业取得的股利确认为企业所得税的收入，因其持有股票不足12个月，所以取得的投资收益50万元不属于免税收入。

上述业务所得税和会计处理一致。

5. 利息收入计量企业所得税和会计的比较。

（1）企业所得税法规规定。

企业所得税实施条例规定：利息收入，是指企业将资金提供他人使用但不构成权益性投资，或者因他人占用本企业资金取得的收入，包括存款利息、贷款利息、债券利息、欠款利息等收入。利息收入，按照合同约定的债务人应付利息的日期确认收入的实现。所得税强调利息收入为权责发生制，按照合同约定的债务人应付利息确认为利息收入。

（2）会计准则基本规定。

企业的利息收入包括存款、贷款利息收入，债券利息收入，《企业会计准则22号——金融工具确认与计量》，对不同种类的金融资产债券性投资收益的计量做出了相应的规定。

部分金融资产（交易性金融资产、直接指定为以公允价值计量且其变动计入当期损益的金融资产）的债券利息按分期付息一次还本债券投资的票面利率计算利息收入。

部分金融资产（持有至到期投资、可供出售金融资产）的债券利息，采取持有期间按照摊余成本和实际利率计算确认利息收入。

企业存款、贷款利息收入金额，按照他人使用本企业货币资金的时间和实际利率计算确定。

（3）利息收入计量所得税和会计的比较。

利息收入计量所得税和会计的关系表现为以下几方面：

其一，如果会计对存款利息、贷款利息收入金额，按照他人使用本企业货币资金的时间和实际利率计算确定；债券利息按照债券面值和利率计算债券利息收入，则所得税和会计对利息收入的计量是一致的。

其二，如果会计按照会计准则对部分金融资产（交易性金融资产、直接指定为以公允价值计量且其变动计入当期损益的金融资产）的债券利息按分期付息一次还本债券投资的票面利率计算利息收入，计入投资收益，则所得税和会计对利息收入的计量是一致的。

其三，如果会计按照会计准则对部分金融资产（持有至到期投资、可供出售金融资产）的债券利息，采取持有期间按照摊余成本和实际利率计算确认利息收入，计入投资收益，则所得税和会计对利息收入的确定存在差异，企业所得税和会计的差异为暂时性差异。在投资收益的确认上，企业所得税和会计存在差异；在债权性投资资产的计价上，企业所得税和会计出现差异。差异的调整应按照所得税纳税申报表的要求进行。

[例3-15] 2008年1月2日，甲上市公司购买了一项5年期的债务工具，实际支付价款4 400万元，另支付1万元的交易费用，均以银行存款支付。该项债务工具投资作为持有至到期投资进行核算和管理，本金为5 000万元，固定利率为5%，每年年末支付，借款人无权提前偿付该债务工具。

假定不考虑其他因素，企业所得税和会计对上述业务的具体处理及差异比较如下：

①取得投资资产阶段所得税和会计的处理。

甲公司的会计处理如下：

借：持有至到期投资——成本　　50 000 000

　贷：银行存款　　44 010 000

　　　持有至到期投资——利息调整　　5 990 000

由5 000×5%×（P/A，r，5）+5 000×（P/S，r，5）=4 400+1 的实际利率为8%。

表3-3列示了报告期内此债务工具的摊余成本、利息收入和现金流量信息。

表3-3　报告期内此债务工具的摊余成本、利息收入和现金流量信息

单位：万元

年　度	年初摊余成本	利息收入	现金流量	年末摊余成本
2008	4 401.00	352.08	250	4 503.08
2009	4 503.08	360.25	250	4 613.33
2010	4 613.33	369.07	250	4 732.40
2011	4 732.40	378.59	250	4 860.99
2012	4 860.99	389.01	5 000+250	0

企业所得税处理：确认投资的计税基础为4 401万元，与会计投资账面成本一致。

② 2008年资产负债表日甲上市公司的会计和企业所得税处理。

会计处理：

借：应收利息　　2 500 000

　　持有至到期投资——利息调整　　1 020 800

　贷：投资收益　　3 520 800

企业所得税处理：确认债权性投资收益为250万元。

企业所得税和会计处理差异表现为：其一，企业所得税和会计对投资收益的计量出现差异，差异的性质为暂时性差异，当期进行纳税调减的处理，调减额为102.08（352.08-250）万元；其二，在债权性投资资产的计价上企业所得税和会计出现差异。

③ 2009年甲上市公司的会计和企业所得税处理。

会计处理：

借：应收利息　　2 500 000

　　持有至到期投资——利息调整　　1 102 500

　贷：投资收益　　3 602 500

企业所得税处理：确认债权性投资收益为250万元。

企业所得税和会计处理差异表现为：其一，企业所得税和会计对投资收益的计量出现差异，差异的性质为暂时性差异，当期进行纳税调减的处理，调减额为110.25（360.25-250）万元；其二，在债权性投资资产的计价上企业所得税和会计出现差异。

④ 2010年甲上市公司的会计和企业所得税处理。

会计处理：

借：应收利息　　2 500 000

持有至到期投资——利息调整　　1 190 700

贷：投资收益　　3 690 700

企业所得税处理：确认债权性投资收益为250万元。

企业所得税和会计处理的差异表现为：其一，企业所得税和会计对投资收益的计量出现差异，差异的性质为暂时性差异，当期进行纳税调减的处理，调减额为119.07（369.07－250）万元；其二，在债权性投资资产的计价上企业所得税和会计出现差异。

⑤2011年甲上市公司的会计和企业所得税处理。

会计处理：

借：应收利息　　2 500 000

持有至到期投资——利息调整　　1 285 900

贷：投资收益　　3 785 900

企业所得税处理：确认债权性投资收益为250万元。

企业所得税和会计处理差异表现为：其一，企业所得税和会计对投资收益的计量出现差异，差异的性质为暂时性差异，当期进行纳税调减的处理，调减额为128.59（378.59－250）万元；其二，在债权性投资资产的计价上企业所得税和会计出现差异。

⑥2012年甲上市公司的会计和企业所得税处理。

会计处理：

借：应收利息　　2 500 000

持有至到期投资——利息调整　　1 390 100

贷：投资收益　　3 890 100

借：银行存款　　50 000 000

贷：持有至到期投资——成本　　50 000 000

企业所得税处理：确认债权性投资收益为250万元，确认投资处置收益599（5 000－4 401）万元。

企业所得税和会计处理的差异表现为：其一，企业所得税和会计对投资收益的计量出现差异，差异的性质为暂时性差异，当期进行纳税调减的处理，调减额为139.01（389.01－250）万元；其二，企业所得税确认投资处置收益为599万元，当期做纳税调增处理，此项差异为以前期和本期企业所得税和会计在投资收益确认形成暂时性差异的转回。

6. 租金收入计量企业所得税和会计的比较。

（1）经营租赁收入的计量所得税和会计一致。

经营租赁收入的计量所得税和会计按照合同约定的承租人应付租金确定租金收入。

（2）融资租赁收入的计量所得税和会计存在差异。

根据《企业会计准则21号——租赁》，融资租赁的出租人应当采用实际利率法计算确认当期的融资收入。①在租赁期开始日，出租人应当对应收融资租赁款、未担保余值和未实现融资收益进行初始确认。出租人应当将租赁开始日最低租赁收款额与初始直接费用之和作为应收融资租赁款的入账价值，同时记录未担保余值；将最低租赁收款额、初始直接费用及未担保余值之和与其现值之和的差额确认为未实现融资收益。②出租人在租赁期开始日按照上述规定转出租赁资产，租赁资产公允价值与其账面价值如有差额，应当计入当期损益。③未实现融资收益应当在租赁期内各个期间进行分配。

融资租赁收入的计量，所得税和会计存在差异。现行企业所得税法规虽然对融资租赁业务发生后，出租人如何确认租赁没有明确规定，但根据其一般规定，应按照合同约定的承租人应付租金确认收入。融资租赁收入的计量，所得税和会计的差异为暂时性差异。

［例3－16］假设乙公司于2008年1月1日以融资租赁的方式租出一套设备，公司购置设备的成本为51万元，公允价值51万元，租赁期为5年，合同规定每年末收取租金收入118 708元，租赁期满将租赁设备的所有权转移给承租人，出租人内含利率为6%，同期银行贷款利率为8%。

①乙公司2008年的会计和所得税处理。

会计处理：

企业购买融资租赁资产的账务处理。

借：融资租赁资产　　510 000

　贷：银行存款　　510 000

确定租赁资产的最低租赁收款额现值＝118 708 ×（P/A，6%，5）＝500 000（元）

最低租赁收款额的现值小于设备的公允价值，因此，租赁资产的公允价值即为500 000元。

最低租赁收款额＝118 708×5＝593 540（元）

未确认融资收益＝593 540－500 000＝93 540（元）

据此，在租赁开始日的账务处理为：

借：长期应收款——应收融资租赁款　　593 540

　　营业外支出——资产处置损失　　10 000

　贷：融资租赁资产　　510 000

　　　未实现融资收益　　93 540

表3－4　　**未确认融资收益摊销表**　　单位：元

日　期	年租金 ①	租赁收入 ②＝④×6%	本金减少 ③＝①－②	本金金额 ④＝上年的④－③
2008.01.01				500 000
2008.12.31	118 708	30 000	88 708	411 292
2009.12.31	118 708	24 678	94 030	317 262
2010.12.31	118 708	19 035	99 672	217 590
2011.12.31	118 708	13 056	105 652	111 938
2012.12.31	118 708	6 770	111 938	0
合计	593 540	93 540	500 000	0

2008年收到租金时的账务处理。

借：银行存款　　118 708

　贷：长期应收款——应收融资租赁款　　118 708

借：未实现融资收益　　30 000

　贷：租赁收入　　30 000

所得税处理及所得税和会计差异调整。其一，所得税将收到的租金118 708元确认收入，会计确认租赁收入30 000元，当期所得税纳税申报时确认纳税调增额为88 708元；其二，所得税对会计在“营业外支出”账户中确认的财产损失10 000元不予确认，当期产生所得税纳税调增额10 000元；其三，融资租赁资产的会计账面价值为0，所得税的计税基础为510 000元；其四，所得税和会计的差异为暂时性差异，企业应设台账（纳税调整备查账）对所得税和会计的差异予以记录，所得税和会计的差异在纳税申报表填报时调整。

② 2009 年乙公司会计和所得税处理。

收到租金时的账务处理：

借：银行存款　　118 708

　贷：长期应收款——应收融资租赁款　　118 708

借：未实现融资收益　　24 678

　贷：租赁收入　　24 678

所得税处理及所得税和会计差异调整。其一，所得税将收到的租金118 708元确认收入，会计确认租赁收入24 678元，当期所得税纳税申报时确认纳税调增额为94 030元；其二，所得税和会计的差异为暂时性差异，企业应设台账（纳税调整备查账）对所得税和会计的差异予以记录，所得税和会计的差异在纳税申报表填报时调整。

③ 2010 年乙公司会计和所得税处理。

收到租金时的账务处理：

借：银行存款　　118 708

　贷：长期应收款——应收融资租赁款　　118 708

借：未实现融资收益　　19 036

　贷：租赁收入　　19 036

所得税处理及所得税和会计差异调整。其一，所得税将收到的租金118 708元确认收入，会计确认租赁收入19 036元，当期所得税纳税申报时确认纳税调增额为99 672元；其二，所得税和会计的差异为暂时性差异，企业应设台账（纳税调整备查账）对所得税和会计的差异予以记录，所得税和会计的差异在纳税申报表填报时调整。

④ 2011 年乙公司会计和所得税处理。

收到租金时的账务处理：

借：银行存款　　118 708

　贷：长期应收款——应收融资租赁款　　118 708

借：未实现融资收益　　13 056

　贷：租赁收入　　13 056

所得税处理及所得税和会计差异调整。其一，所得税将收到的租金118 708元确认收入，会计确认租赁收入13 056元，当期所得税纳税申报时确认纳税调增额为105 652元；其二，所得税和会计的差异为暂时性差异，企业应设台账（纳税调整备查账）对所得税和会计的差异予以记录，所得税和会计的差异在纳税申报表填报时调整。

⑤ 2012 年乙公司会计和所得税处理。

收到租金时的账务处理。

借：银行存款　118 708
　贷：长期应收款——应收融资租赁款　118 708
借：未实现融资收益　6 770
　贷：租赁收入　6 770

租赁期满乙公司将租赁设备的所有权转移给承租人，在会计上不确认收入，由于融资租赁资产的账面价值为0，所以此项业务不需进行账务处理。

所得税处理及所得税和会计差异调整。其一，所得税将收到的租金118 708元确认收入，会计确认租赁收入6 770元，当期所得税纳税申报时确认纳税调增额为111 938元；其二，租赁期满乙公司将租赁设备的所有权转移给承租人，所得税收入为0，配比融资租赁资产的计税成本510 000元，所得税对租赁设备的所有权转移应确认增加支出510 000元，当期应做纳税调减的处理。

⑥上述租赁期会计和所得税处理的小结。

其一，从资产租赁的角度，租赁期每期企业所得税以收到的租金118 708确认收入，总计593 540元，会计确认的租金收入共计93 540元，在租赁期所得税和会计对租金收入计量上的差异总计为500 000元（593 540 - 93 540），在各纳税期做纳税调增的处理；其二，从租赁资产所有权转移的角度，会计确认损失为10 000元，所得税确认损失为510 000元，所得税和会计的差异为500 000元，在相关纳税期进行纳税调整，纳税调减额为500 000元。

上述业务在租赁期纳税调增和纳税调减额相等，所以融资租赁租金收入的确定，企业所得税和会计的差异为暂时性差异。企业应设置台账（纳税调整备查账）序时反映租赁各期所得税和会计的差异，差异的调整应按照企业所得税纳税申报表的要求进行。

7. 特许权使用费收入计量企业所得税和会计的比较。

企业所得税法规和会计准则虽然没有就特许权使用费收入的计量做出具体规定，但是，根据企业所得税和会计准则的相关规定，特许权使用费收入应按以下方法确定：

企业特许权使用费收入为货币收入，应当按照应收的合同或协议价款确定特许权使用费收入金额。

企业特许权使用费收入为非货币收入，应当按照公允价值确定收入额。

8. 接受捐赠收入计量企业所得税和会计的比较。

企业所得税法规和会计准则虽然没有就接受捐赠收入的计量做出具体规定，但是，根据企业所得税和会计准则的相关规定，转让财产收入应按以下方法确定：

企业接受捐赠收入取得货币，应当按照货币流入量确定收入。

企业接受捐赠收入取得非货币资产，应当按照公允价值确定接受捐赠收入额。

9. 其他收入计量企业所得税和会计的比较。

企业所得税的其他收入包括：企业资产溢余收入、逾期未退包装物押金收入、确实无法偿付的应付款项、已做坏账损失处理后又收回的应收款项、债务重组收入、补贴收入、违约金收入、汇兑收益等。上述企业所得税的其他收入在会计上一般反映在“营业外收入”账户。

企业所得税的其他收入中资产溢余收入、逾期未退包装物押金收入、确实无法偿付的应付款项、已做坏账损失处理后又收回的应收款项、债务重组收入、补贴收入、违约金收入、汇兑收益的计量一般与会计计量一致。

［例3－17］A公司2008年销售一批原材料给B公司，账面价值400 000元，应收账款585 000元，货物已经发出，后因购买方B公司发生财务危机，不能按时付款，A公司2008年底就此项应收款提取坏账准备金20 000元。2009年A公司与B公司协商进行债务重组，由B公司将自产的汽车轮胎抵偿债务，市场价值234 000元（含税），账面成本160 000元，A公司取得增值税的专用发票。

①税收分析。

B公司将自产的汽车轮胎抵偿债务在增值税征税范围内。

增值税销项税额＝200 000×17%＝34 000（元）

消费税＝200 000×3%＝6 000（元）

企业所得税处理：按货物公允价值与账面价值之间的差额计量损益确认为当期资产转让所得40 000元（200 000－160 000）；以账面应付款减去货物公允价值计量债务重组的损益，确认当期债务重组所得351 000元（585 000－234 000），计入当期应纳税所得额。

②会计处理。

计算应付账款的账面价值与所转让产品的公允价值及增值税销项税额之间的差额：

应付账款的账面价值：	585 000
减：所转让产品的公允价值（不含税）	200 000
增值税销项税额	34 000
差额	351 000

差额351 000元作为债务重组收益。

账务处理：

借：应付账款　585 000
　贷：主营业务收入　200 000
　　应交税费——应交增值税（销项税额）　34 000
　　营业外收入——债务重组利得　351 000

同时结转成本：

借：主营业务成本　160 000
　贷：库存商品　160 000

应交消费税的账务处理：

借：营业税金及附加　6 000
　贷：应交税费——应交消费税　6 000

③所得税和会计处理比较。

所得税和会计都确认债务重组收益，且计量方法基本一致。

（四）收入计量所得税和会计的比较结论

1. 企业以货币形式和非货币形式取得收入，所得税和会计对收入的计量基本一致。
2. 企业所得税和会计收入计量的差异。

所得税和会计对于收入计量，一般采取市场公允价格（合同或协议价格）的标准。

企业所得税和会计的收入计量的差异，主要表现为会计对收入或收益的计量采取公允价值以外的方法。所得税和会计对收入计量的差异，一般确认为暂时性差异。具体包括以下内容：

（1）销售商品，合同或协议明确规定需要延期收取价款或者分期收款销售商品，实质上具有融资性质的，会计按照应收合同或协议价款的现值确定销售商品收入金额；企业所得税按照合同或协议价款确认收入。

（2）会计采取权益法核算的长期股权投资，按应享投资单位净利润的份额计量投资收益；企业所得税按照企业因权益性投资从被投资方取得的收入，确认股息、红利等权益性投资收益。

（3）会计对部分金融资产（持有至到期投资、可供出售金融资产）的债券利息，采取持有期间按照摊余成本和实际利率计算确认利息收入；企业所得税按照合同约定的债务人应付利息确认收入。

（4）会计对融资租赁采用实际利率法计算确认当期的融资收入；企业所得税按照合同确认收入。

3. 企业应通过设置辅助账的形式，序时记录所得税和会计在收入计量方面的差异，为所得税纳税申报表填报和所得税会计核算提供依据。同时，收入计量所得税和会计的差异在所得税纳税申报表填报时进行调整。

四、收入实现时间确定企业所得税和会计的比较

所得税收入确认的时间，直接影响企业当期应纳税所得额和应交所得税的金额，直接关系到税款的入库时间。在收入范围确认和计量所得税和会计基本一致的前提下，如果所得税和会计对于收入的确认时间存在差异，必须进行纳税调整，准确计算企业当期应纳所得税额。现行企业所得税法规对部分业务发生的收入确认的时间做出了具体的规定，收入确认时间所得税和会计的基本关系为：（1）企业所得税法规和会计准则的规定一致的，以会计核算的结果为所得税收入确认时间的依据；（2）企业所得税法规和会计准则的规定不一致的，应当遵循税收法规的规定进行所得税收入时间进行确认，并对所得税和会计的差异进行调整；（3）企业所得税法规没有做出具体规定而会计准则做出具体规定的业务，所得税的收入确认时间应与会计的结果一致；（4）所得税和会计对收入时间的确认如果出现差异，其差异的性质为暂时性差异。

（一）销售货物收入实现时间确定企业所得税和会计的比较

1. 所得税和会计确认时间一致的业务内容。

（1）企业受托加工制造大型机械设备、船舶、飞机等，持续时间超过 12 个月的，按照纳税年度内完工进度或者完成的工作量确认收入的实现。

（2）采取产品分成方式取得收入的，按照企业分得产品的日期确认收入的实现，其收入额按照产品的公允价值确定。

（3）销售商品采用托收承付方式的，在办妥托收手续时确认收入。

（4）销售商品采用预收款方式的，在发出商品时确认收入，预收的货款应确认为负债。

（5）销售商品需要安装和检验的，在购买方接受商品以及安装和检验完毕前，不确认收入，待安装和检验完毕时确认收入。如果安装程序比较简单，可在发出商品时确认收入。

（6）销售商品采用支付手续费方式委托代销的，在收到代销清单时确认收入。

[例 3－18] 某生产制造企业销售大型设备，2008 年 12 月设备已发出，合同价款为 100 万元，成本为 80 万元，买方已预付部分货款 50 万元，但根据合同规定，卖方负责安装，卖方在安装并经检验合格后，买方立即支付余款。

会计处理：从会计角度，大型设备发出并不表示商品所有权上的主要风险和报酬已转移给买方，企业仍需对所售设备进行安装，安装过程中可能会发生一些不确定因素，阻碍该项销售的实现。因此，只有在安装完毕并检验合格后才能确认收入。

①企业账务处理。

收到预收款：

借：银行存款	500 000	
贷：预收账款		500 000

商品发出：

借：发出商品	800 000	
贷：库存商品		800 000
借：应收账款	170 000	
贷：应交税费——应交增值税（销项税额）		170 000

安装合格、验收完毕：

借：银行存款	670 000	
预收账款	500 000	
贷：主营业务收入		1 000 000
应收账款		170 000

同时结转销售成本：

借：主营业务成本	800 000	
贷：发出商品		800 000

②税收分析。

增值税：根据增值税相关法规规定，采取预收账款销售商品，当商品发出时，在增值税上确认收入实现，计算销项税额。销项税额 $=100\times17\%=17$（万元）。

企业所得税：对上述业务所得税收入时间的确定，企业所得税以会计处理的结果作为依据。

上述业务所得税和会计处理一致。

2. 所得税和会计对销售商品收入实现时间确定不一致的业务。

以分期收款方式销售货物的，所得税按照合同约定的收款日期确认收入的实现；会计准则对销售商品分期收款实质上具有融资性质的，在商品发出时按商品的现值确认收入实现。

[例 3－19] 2008 年 1 月 1 日，甲公司采用分期收款方式向乙公司销售一套大型设备，合同约定的销售价格为2 340万元（含税），分 5 次于每年 12 月 31 日等额收取。该大型设备成本为1 560万元。在现销方式下，该大型设备的销售价格为1 600万元。企业所得税税率为 25%。

会计处理。根据本例的资料，依据会计准则对销售商品分期收款实质上具有融资性质的，在商品发出时按商品的现值确认收入实现，则甲公司2008年应当确认的销售商品收入金额为1 600万元。

$$2\,000 \div 5 \times (P/A,\ r,\ 5) = 1600\ (万元)$$

用插值法计算折现率。r = 7.93%

每期计入财务费用的金额如表3－5所示。

表3－5　　　　每期计入财务费用的金额计算　　　　单位：万元

日　期	未收本金①＝上期①－上期④	财务费用②＝①×7.93%	收现总额③	已收本金④＝③－②
2008.01.01	1 600			
2008.12.31	1 600	126.88	400	273.12
2009.12.31	1 326.88	105.22	400	294.78
2010.12.31	1 032.10	81.85	400	318.15
2011.12.31	713.95	56.62	400	343.38
2012.12.31	370.57	29.43	400	370.57
总额		400	2 000	1 600

根据表3－5的计算结果，甲公司各期的账务处理、所得税处理及差异调整如下：

(1) 2008年企业所得税和会计处理。

2008年1月1日销售实现账务处理。

借：长期应收款　　23 400 000
　贷：主营业务收入　　16 000 000
　　未实现融资收益　　4 000 000
　　预计负债——未交增值税　　3 400 000

同时：

借：主营业务成本　　15 600 000
　贷：库存商品　　15 600 000

2008年12月31日收取货款账务处理。

借：银行存款　　4 000 000
　贷：长期应收款　　4 000 000

借：预计负债——未交增值税　　680 000
　贷：应交税费——应交增值税（销项税额）　　680 000

借：未实现融资收益　　1 268 800
　贷：财务费用　　1 268 800

所得税处理及所得税和会计差异调整。其一，以分期收款方式销售货物的，所得税按照合同约定的收款日期确认收入的实现，当期所得税确认收入为400万元；会计按商品的现值确认收入实现，会计确认收入1 600万元，当期所得税纳税申报时确认纳税调减额为1 200万元。其二，所得税对会计减少财务费用126.88万元不予确认，当期产生所得税纳税调减额126.88万元。其三，所得税和会计对与收入相配比的成本确认出现差异。其四，所得税和会计的差异为暂时性差异，企业设置台账（纳税调整备查账详见表3－6）对所得税和会计的差异予以记录，差异的调整应按照企业所得税纳税申报表的要求进行。

(2) 2009 年企业所得税和会计处理。

2009 年 12 月 31 日收取货款的账务处理。

借：银行存款　　4 000 000

　贷：长期应收款　　4 000 000

借：预计负债——未交增值税　　680 000

　贷：应交税费——应交增值税（销项税额）　　680 000

借：未实现融资收益　　1 052 200

　贷：财务费用　　1 052 200

所得税处理及所得税和会计差异调整。其一，以分期收款方式销售货物的，所得税按照合同约定的收款日期确认收入的实现，当期所得税确认收入为 400 万元，当期所得税纳税申报时确认纳税调增额为 400 万元；其二，所得税对会计减少财务费用 105.22 万元不予确认，当期产生所得税纳税调减额 105.22 万元；其三，所得税和会计对与收入相配比的成本确认出现差异；其四，所得税和会计的差异为暂时性差异，企业设置台账（纳税调整备查账详见表 3-6）对所得税和会计的差异予以记录，差异的调整应按照企业所得税纳税申报表的要求进行。

(3) 2010 年企业所得税和会计处理。

2010 年 12 月 31 日收取货款的账务处理。

借：银行存款　　4 000 000

　贷：长期应收款　　4 000 000

借：预计负债——未交增值税　　680 000

　贷：应交税费——应交增值税（销项税额）　　680 000

借：未实现融资收益　　818 500

　贷：财务费用　　818 500

所得税处理及所得税和会计差异调整。其一，以分期收款方式销售货物的，所得税按照合同约定的收款日期确认收入的实现，当期所得税确认收入为 400 万元，当期所得税纳税申报时确认纳税调增额为 400 万元；其二，所得税对会计减少财务费用 81.85 万元不予确认，当期产生所得税纳税调减额 81.85 万元；其三，所得税和会计对与收入相配比的成本确认出现差异；其四，所得税和会计的差异为暂时性差异，企业设置台账（纳税调整备查账详见表 3-6）对所得税和会计的差异予以记录，差异的调整应按照企业所得税纳税申报表的要求进行。

(4) 2011 年企业所得税和会计处理。

2011 年 12 月 31 收取货款的账务处理。

借：银行存款　　4 000 000

　贷：长期应收款　　4 000 000

借：预计负债——未交增值税　　680 000

　贷：应交税费——应交增值税（销项税额）　　680 000

借：未实现融资收益　　566 200

　贷：财务费用　　566 200

所得税处理及所得税和会计差异调整。其一，以分期收款方式销售货物的，所得税按照合同约定的收款日期确认收入的实现，当期所得税确认收入为400万元，当期所得税纳税申报时确认纳税调增额为400万元；其二，所得税对会计减少财务费用56.62万元不予确认，当期产生所得税纳税调减额56.62万元；其三，所得税和会计对与收入相配比的成本确认出现差异；其四，所得税和会计的差异为暂时性差异，企业设置台账（纳税调整备查账详见表3-6）对所得税和会计的差异予以记录，差异的调整应按照企业所得税纳税申报表的要求进行。

（5）2012年企业所得税和会计处理。

2012年12月31日收取货款的账务处理：

借：银行存款　　4 000 000

　贷：长期应收款　　4 000 000

借：预计负债——未交增值税　　680 000

　贷：应交税费——应交增值税（销项税额）　　680 000

借：未实现融资收益　　294 300

　贷：财务费用　　294 300

所得税处理及所得税和会计差异调整。其一，以分期收款方式销售货物的，所得税按照合同约定的收款日期确认收入的实现，当期所得税确认收入为400万元，当期所得税纳税申报时确认纳税调增额为400万元；其二，所得税对会计减少财务费用29.43万元不予确认，当期产生所得税纳税调减额29.43万元；其三，所得税和会计对与收入相配比的成本确认出现差异；其四，所得税和会计的差异为暂时性差异，企业设置台账（纳税调整备查账详见表3-6）对所得税和会计的差异予以记录，差异的调整应按照企业所得税纳税申报表的要求进行。

表3-6　　纳税调整备查账（收入、成本类调整项目）　　单位：万元

日　期	凭证号	业务摘要	会计处理			企业所得税	
			收入	成本	财务费用	收入	成本
2008.1	略	略	1 600	1 560			
2008.12	略	……			-126.88	400	312
2009.12	略	……			-105.22	400	312
2010.12	略	……			-81.85	400	312
2011.12	略	……			-56.62	400	312
2012.12	略	……			-29.43	400	312
总　计			1 600	1 560	-400	2 000	1 560

（二）提供劳务收入实现时间确定企业所得税和会计的比较

根据现行企业所得税法规和会计准则对劳务收入时间确认的基本规定，所得税和会计关于劳务收入时间确定基本一致，应依据会计准则对劳务收入确认时间的规定，进行所得税的处理。

[例3-20] 某企业于2008年10月5日为客户进行设备安装和调试，工期大约5个月，合同总收入4 000 000元，至2008年12月31日已发生成本2 200 000元，预收账款2 500 000元。预计安装完成还将发生成本800 000元。2008年12月31日经专门测

量，完工程度为60%。

2008 年确认的收入 = 劳务总收入 × 劳务的完成程度 - 以前年度已确认的收入 = 4 000 000元 ×60% -0 =2 400 000（元）

2008 年确认的费用 = 劳务总成本 × 劳务的完成程度 - 以前年度已确认的费用 =（2 200 000 +800 000）×60% -0 =1 800 000（元）

（1）税收分析。

营业税：营业税按完工进度确认收入2 400 000元。应纳营业税 =2 400 000 ×3% =72 000（元）

企业所得税；本期企业未完工程的所得税的收入按完工进度确定。

（2）会计处理。

发生成本时：

借：有关劳务成本科目　　2 200 000

　贷：银行存款等　　2 200 000

预收款项时：

借：银行存款　　2 500 000

　贷：预收账款　　2 500 000

确认收入：

借：预收账款　　2 400 000

　贷：主营业务收入　　2 400 000

结转成本：

借：主营业务成本　　1 800 000

　贷：有关劳务成本科目　　1 800 000

（3）上述业务所得税和会计处理一致。

（三）其他收入项目收入实现时间确定企业所得税和会计的比较

企业所得税法规对所得税收入确认时间和收入计量的规定一般联系在一起。

1. 财产转让收入实现时间确定企业所得税和会计的比较。

财产转让收入确认的时间，企业所得税和会计准则都没有做出明确规定，因此，可以依据会计准则中对“其他业务收入”时间的确定进行处理。

企业所得税和会计处理一致。

2. 股息、红利等权益性投资收益实现时间确定企业所得税和会计的比较。

企业所得税实施条例规定：股息、红利等权益性投资收益，除国务院财政、税务主管部门另有规定外，按照被投资方做出利润分配决定的日期确认收入的实现。

根据《国家税务总局〈关于贯彻落实企业所得税法若干税收问题〉的通知》（国税函［2010］79 号）的规定：企业权益性投资取得股息、红利等收入，应以被投资企业股东会或股东大会做出利润分配或转股决定的日期，确定收入的实现。

如果会计采取权益法核算的长期股权投资，应在资产负债表日，按应享有被投资单位净利润的份额计量投资收益，确认收益实现。

所得税和会计在收益计量和实现时间上都存在差异，差异的性质为暂时性差异。

3. 利息收入实现时间确定企业所得税和会计的比较。

企业所得税实施条例规定：利息收入，按照合同约定的债务人应付利息的日期确认收入的实现。

对部分金融资产（持有至到期投资、可供出售金融资产）的债券利息，会计在资产负债表日，采取持有期间按照摊余成本和实际利率计算确认利息收入，确认收入实现。

所得税和会计在利息收入计量和实现时间上都存在差异，差异的性质为暂时性差异。

4. 租金收入实现时间确定企业所得税和会计的比较。

企业所得税实施条例规定：租金收入，按照合同约定的承租人应付租金的日期确认收入的实现。

根据《国家税务总局〈关于贯彻落实企业所得税法若干税收问题〉的通知》（国税函［2010］79 号）的规定："根据《实施条例》第十九条的规定，企业提供固定资产、包装物或者其他有形资产的使用权取得的租金收入，应按交易合同或协议规定的承租人应付租金的日期确认收入的实现。其中，如果交易合同或协议中规定租赁期限跨年度，且租金提前一次性支付的，根据《实施条例》第九条规定的收入与费用配比原则，出租人可对上述已确认的收入，在租赁期内，分期均匀计入相关年度收入。

出租方如为在我国境内设有机构场所、且采取据实申报缴纳企业所得的非居民企业，也按本条规定执行。"

会计对融资租赁，在资产负债表日，采用实际利率法计算确认当期的融资收入，确认收入实现。

所得税和会计在租金收入实现时间上一致，都按照权责发生制确认收入的实现。

5. 特许权使用费收入实现时间确定的企业所得税和会计的比较。

企业所得税实施条例规定：特许权使用费收入，按照合同约定的特许权使用人应付特许权使用费的日期确认收入的实现。

会计应遵循权责发生制对特许权使用费收入确认。如果所得税和会计对特许权使用费收入确认的时间不一致，则差异的性质为暂时性差异。

6. 接受捐赠收入实现时间确定的企业所得税和会计的比较。

企业所得税实施条例规定：接受捐赠收入，按照实际收到捐赠资产的日期确认收入的实现。

会计准则对接受捐赠收入确认的时间没有明确规定。

所得税和会计对接受捐赠收入确认的时间一致。

7. 政府补助收入实现时间确定企业所得税和会计的比较。

（1）企业取得与补贴相关的政府补助的确认所得税和会计一致。

企业所得税对补贴收入按收付实现制确认收益，除税法相关规定特定用途的政府补助收入外，其他应一律并入实际收到该补贴收入年度的应纳税所得额，予以征收企业所得税。会计在取得当期记入"营业外收入——政府补助"账户。

（2）企业取得与资产相关的政府补助（指企业取得的、用于购建或以其他方式形成长期资产的政府补助），所得税和会计处理不一致。

根据《关于企业政策性搬迁或处置收入有关企业所得税处理问题的通知》（国税函［2009］118 号）的规定：企业根据搬迁规划，异地重建后恢复原有或转换新的生产经营业务，用企业搬迁或处置收入购置或建造与搬迁前相同或类似性质、用途或者新的固定资产和土地使用权（以下简称重置固定资产），或对其他固定资产进行改良，或进行技术改造，或安置职工的，准予其搬迁或处置收入扣除固定资产重置或改良支出、技术改造支出和职工安置支出后的余额，计入企业应纳税所得额。

会计遵循权责发生制原则，一般不能直接确认为当期损益，应当确认为递延收益，自相关资产达到预定可使用状态时起，在该资产使用寿命内平均分配，分次计入以后各期的"营业外收入——政府补助"。相关资产在使用寿命结束前被出售、转让、报废或发生毁损的，应将尚未分配的递延收益余额一次性转入资产处置当期的"营业外收入——政府补助"。

[例3-21] 某企业根据当地政府有关政策规定进行整体搬迁并建造一处新厂房，新厂房于2008年1月开工，预计2012年1月完工，该厂房预计使用寿命20年，预计残值为0，企业以直线法提取折旧。2008年1月31日，该企业收到政府搬迁补助5 000万元，其中400万元用于新厂房的建造。

①会计处理。

企业在收到政府补助用于厂房搬迁改造，属于与资产相关的政府补助，并按收到的金额计量确认为递延收益，在相关资产使用寿命内平均分配，计入当期损益。具体会计处理为：

2008年1月31日收到政府补助时：

借：银行存款　　　　50 000 000

　贷：递延收益　　　　50 000 000

2012年至2032年每年摊销递延收益250万元（5 000÷20）：

借：递延收益　　　　2 500 000

　贷：营业外收入——政府补助　　　　2 500 000

②税收处理。

根据《关于企业政策性搬迁或处置收入有关企业所得税处理问题的通知》（国税函[2009]118号）规定，企业应于2008年收到搬迁补助5 000万元时不确认为收入；2012年改造工程完工后以政府补助5 000万元和用于厂房建造4 000万元的差额1 000万元计入2012年应纳税所得额，计算应交纳的企业所得税。

③所得税和会计处理的比较。

2012年会计摊销"递延收益"250万元，计入当期"营业外收入"账户；所得税确认收入1 000万元。所得税和会计对政府补助收入的计量产生差异，当期纳税调增750万元。

2013年至2032年，会计每年摊销"递延收益"250万元，计入当期"营业外收入"账户。企业每年进行企业所得税纳税申报时，应进行纳税调减的处理，调减应纳税所得额250万元，总计调减额为4 750万元。

（3）所得税和会计对除政府补助以外的其他收入及收益实现的时间一致。

其他收入包括：企业资产溢余收入、逾期未退包装物押金收入、确实无法偿付的应付款项、已做坏账损失处理后又收回的应收款项、债务重组收入、补贴收入、违约金收入、汇兑收益等。

（四）收入实现时间确认企业所得税和会计比较的结论

1. 企业所得税法从实现简便税制，降低税收成本的税收原则出发，对所得税收入实现的时间做出了原则规定，保持企业所得税法规和会计准则的规定基本一致。

2. 企业所得税和会计收入实现时间确认的差异。

所得税和会计对收入实现时间确认的差异，一般伴随着所得税和会计对收入计量的差异同时存在，且差异的性质为暂时性差异。具体包括以下内容：

（1）销售商品，合同或协议明确规定需要延期收取价款或者分期收款销售商品，实质上具有融资性质的，会计按照应收的合同或协议价款的现值，在货物发出时确认收入实现；企业所得税按照合同价款，在合同约定收款的时间确认收入实现。

（2）会计对采取权益法核算的长期股权投资，在资产负债表日按应享投资单位净利润的份额计量投资收益；企业所得税按照企业因权益性投资从被投资方取得的收入，在被投资方做出利润分配决定的日期确认收入的实现。

（3）会计对部分金融资产（持有至到期投资、可供出售金融资产）的债券利息，采取持有期间按照摊余成本和实际利率计算确认利息收入；企业所得税按照合同约定的债务人应付利息，在合同约定的债务人应付利息的日期确认收入的实现。

（4）会计对融资租赁，采用实际利率法计算确认当期的融资收入。企业所得税对企业提供固定资产、包装物或者其他有形资产的使用权取得的租金收入，应按交易合同或协议规定的承租人应付租金的日期确认收入的实现；其中，如果交易合同或协议中规定租赁期限跨年度，且租金提前一次性支付的，根据《实施条例》第九条规定的收入与费用配比原则，出租人可对上述已确认的收入，在租赁期内，分期均匀计入相关年度收入。

（5）企业取得与资产相关的政府补助（指企业取得的、用于购建或以其他方式形成长期资产的政府补助），会计遵循权责发生制原则，一般确认为递延收益，自相关资产达到预定可使用状态时起，在该资产使用寿命内平均分配，分次计入以后各期的“营业外收入——政府补助”；企业所得税对政府补助按收付实现制确认收益，一般在实际收到年度计入应纳税所得额。

3. 企业应通过设置辅助账（纳税调整备查账）的形式，序时记录所得税和会计在收入计量和收入实现时间方面的差异，为所得税纳税申报表填报和所得税会计核算提供依据。同时，收入计量所得税和会计的差异在所得税纳税申报表填报时进行调整。

五、企业所得税收入及相关业务与会计差异的总结

通过上述所得税和会计在收入确认、收入计量及收入实现时间的比较，概括起来所得税和会计的差异表现为以下内容。

（一）企业所得税和会计在收入确认上的差异

1. 《收入明细表》（附表一）中填列并调整的差异。

下列业务所得税和会计的差异为暂时性或永久性差异，并在《收入明细表》的相应项目中填报。

（1）企业非货币性资产交换不具有商业实质或公允价值不能够可靠计量，所得税确认视同销售，而会计不确认为收入，则所得税和会计在收入的确认上存在差异，这

种差异表现为时间性（暂时性）差异。

（2）企业将资产（货物和财产）用于捐赠、赞助、集资、广告、样品，在所得税上确认为视同销售；在会计处理上，因其不具备收入确认要素中经济利益流入的要件，所以不确认为收入。所得税和会计对以上业务是否确认收入上产生差异，差异的性质一般应确认为永久性差异。

（3）企业将劳务用于捐赠、赞助、集资、广告、样品，在所得税上确认为视同销售，在会计处理上不确认为收入。所得税和会计对以上业务是否确认收入上产生差异，差异的性质一般应确认为永久性差异。

2.《纳税调整项目明细表》（附表三）中填列并调整的差异。

（1）软件生产企业和集成电路设计企业实行增值税即征即退政策所退还的税款，由企业用于研究开发软件产品和扩大再生产，不作为企业所得税应税收入，此项业务会计确认为“营业外收入——政府补助”，所得税和会计出现差异，差异的性质为永久性差异。

（2）企业所得税减免收入的业务，企业会计核算一般都确认为收入或收益。所得税和会计形成差异，差异的性质为永久性差异。

（3）企业所得税对会计核算中对当期会计利润产生影响的“公允价值变动损益”不予确认，所得税和会计出现差异，差异的性质为暂时性差异。

（二）企业所得税和会计收入计量和实现时间确认的差异

企业所得税和会计对收入实现时间确认的差异，一般伴随着所得税和会计对收入计量的差异同时存在，且差异的性质为暂时性差异。差异在企业所得税纳税申报表《纳税调整项目明细表》（附表三）中填列并调整，具体包括以下内容。

1. 销售商品。合同或协议明确规定需要延期收取价款或者分期收款销售商品，实质上具有融资性质的，会计按照应收的合同或协议价款的现值，在货物发出时确认收入实现；企业所得税按照合同价款，在合同约定收款的时间确认收入实现。

2. 会计对采取权益法核算的长期股权投资，在资产负债表日按应享被投资单位净利润的份额计量投资收益；企业所得税按照企业因权益性投资从被投资方取得的收入，在被投资方做出利润分配决定的日期确认收入的实现。

3. 会计对部分金融资产（持有至到期投资、可供出售金融资产）的债券利息，采取持有期间按照摊余成本和实际利率计算确认利息收入；企业所得税按照合同约定的债务人应付利息，在合同约定的债务人应付利息的日期确认收入的实现。

4. 会计对融资租赁，采用实际利率法计算确认当期的融资收入。企业所得税对企业提供固定资产、包装物或者其他有形资产的使用权取得的租金收入，应按交易合同或协议规定的承租人应付租金的日期确认收入的实现；其中，如果交易合同或协议中规定租赁期限跨年度，且租金提前一次性支付的，根据《实施条例》第九条规定的收入与费用配比原则，出租人可对上述已确认的收入，在租赁期内，分期均匀计入相关年度收入。

5. 企业取得与资产相关的政府补助（指企业取得的、用于购建或以其他方式形成长期资产的政府补助），会计遵循权责发生制原则，一般确认为递延收益，自相关资产达到预定可使用状态时起，在该资产使用寿命内平均分配，分次计入以后各期的“营业外收入——政府补助”；企业所得税对政府补助按收付实现制确认收益，一般在实际收到年度计入应纳税所得额。

企业日常应通过设置辅助账（纳税调整备查账）的形式，序时记录所得税和会计在收入确认、收入计量和收入实现时间方面的差异，为企业所得税纳税申报表填报和所得税会计核算提供依据。同时，所得税和会计的差异在企业所得税纳税申报表填报时进行调整。

第四章　企业所得税收入相关业务纳税申报表的分析填报

企业所得税纳税申报表附表中与所得税收入业务相关的附表包括：《收入明细表》（附表一）、《以公允价值计量资产纳税调整表》（附表七）、《税收优惠明细表》（附表五）、《长期股权投资所得（损失）表》（附表十一）、《境外所得税抵免计算明细表》（附表六）、《纳税调整项目明细表》（附表三）收入类项目。本章主要对上述与企业所得税收入相关的企业所得税纳税申报表附表的构成及填报进行分析。

第一节　《收入明细表》（附表一）分析填报

一、《收入明细表》的构成

一般企业所得税纳税申报表填报的《收入明细表》其基本构成详见表4－1；金融企业所得税纳税申报表填报的《金融企业收入明细表》，其基本构成见表4－5。

《收入明细表》填报的结果形成税收口径的收入。所得税的收入包括销售收入和营业外收入两项；其中，销售收入包括会计的营业收入和税收口径的视同销售收入。

表4－1　企业所得税年度纳税申报表附表一

收入明细表

填报时间：　　年　月　日　　　　金额单位：元（列至角分）

行　次	项　目	金　额
1	一、销售(营业)收入合计(2＋13)	
2	(一)营业收入合计(3＋8)	
3	1. 主营业务收入(4＋5＋6＋7)	
4	(1)销售货物	
5	(2)提供劳务	
6	(3)让渡资产使用权	
7	(4)建造合同	
8	2. 其他业务收入(9＋10＋11＋12)	
9	(1)材料销售收入	
10	(2)代购代销手续费收入	
11	(3)包装物出租收入	
12	(4)其他	
13	(二)视同销售收入(14＋15＋16)	
14	(1)非货币性交易视同销售收入	

续表

行　次	项　　目	金　额
15	(2)货物、财产、劳务视同销售收入	
16	(3)其他视同销售收入	
17	二、营业外收入(18+19+20+21+22+23+24+25+26)	
18	1. 固定资产盘盈	
19	2. 处置固定资产净收益	
20	3. 非货币性资产交易收益	
21	4. 出售无形资产收益	
22	5. 罚款净收入	
23	6. 债务重组收益	
24	7. 政府补助收入	
25	8. 捐赠收入	
26	9. 其他	

二、《收入明细表》填报依据和内容

（一）《收入明细表》填报依据

1.《收入明细表》填报，根据《中华人民共和国企业所得税法》及其实施条例以及企业会计制度、企业会计准则等核算的“主营业务收入”、“其他业务收入”和“营业外收入”。

2.《收入明细表》填报，根据企业所得税法规，所得税和会计在收入确认上出现的差异，应在当期确认为所得税收入的“视同销售收入”。

（二）《收入明细表》有关项目填报说明

1. 第1行“销售（营业）收入合计”：填报纳税人根据国家统一会计制度确认的主营业务收入、其他业务收入，以及根据税收规定确认的视同销售收入。

本行数据作为计算业务招待费、广告费和业务宣传费支出扣除限额的计算基数。

2. 第2行“营业收入合计”：填报纳税人根据国家统一会计制度确认的主营业务收入和其他业务收入。

本行数额填入主表第1行。

3. 第3行“主营业务收入”：根据不同行业的业务性质分别填报纳税人按照国家统一会计制度核算的主营业务收入。

（1）第4行“销售货物”：填报从事工业制造、商品流通、农业生产以及其他商品销售企业取得的主营业务收入。

（2）第5行“提供劳务”：填报从事提供旅游饮食服务、交通运输、邮政通信、对外经济合作等劳务、开展其他服务的纳税人取得的主营业务收入。

（3）第6行“让渡资产使用权”：填报让渡无形资产使用权（如商标权、专利权、专有技术使用权、版权、专营权等）而取得的使用费收入以及以租赁业务为基本业务的出租固定资产、无形资产、投资性房地产在主营业务收入中核算取得的租金收入。

（4）第7行“建造合同”：填报纳税人建造房屋、道路、桥梁、水坝等建筑物，以及船舶、飞机、大型机械设备等取得的主营业务收入。

4. 第8行：根据不同行业的业务性质分别填报纳税人按照国家统一会计制度核算的其他业务收入。

（1）第9行“材料销售收入”：填报纳税人销售材料、下脚料、废料、废旧物资等取得的收入。

（2）第10行“代购代销手续费收入”：填报纳税人从事代购代销、受托代销商品取得的手续费收入。

（3）第11行“包装物出租收入”：填报纳税人出租、出借包装物取得的租金和逾期未退包装物没收的押金。

（4）第12行“其他”：填报纳税人按照国家统一会计制度核算、上述未列举的其他业务收入。

5. 第13行：填报纳税人会计上不作为销售核算、但按照税收规定视同销售确认的应税收入。

（1）第14行“非货币性交易视同销售收入”：填报纳税人发生非货币性交易行为，会计核算未确认或未全部确认损益，按照税收规定应视同销售确认应税收入。

纳税人按照国家统一会计制度已确认的非货币性交易损益的，直接填报非货币性交易换出资产公允价值与已确认的非货币交易收益的差额。

（2）第15行“货物、财产、劳务视同销售收入”：填报纳税人将货物、财产、劳务用于捐赠、偿债、赞助、集资、广告、样品、职工福利或者利润分配等用途的，按照税收规定应视同销售确认应税收入。

（3）第16行“其他视同销售收入”：填报除上述项目外，按照税收规定其他视同销售确认应税收入。

6. 第17行“营业外收入”：填报纳税人与生产经营无直接关系的各项收入的金额。本行数据填入主表第11行。

（1）第18行“固定资产盘盈”：填报纳税人在资产清查中发生的固定资产盘盈。

（2）第19行“处置固定资产净收益”：填报纳税人因处置固定资产而取得的净收益。

（3）第20行“非货币性资产交易收益”：填报纳税人发生的非货币性交易按照国家统一会计制度确认为损益的金额。执行企业会计准则的纳税人，发生具有商业实质且换出资产为固定资产、无形资产的非货币性交易，填报其换出资产公允价值和换出资产账面价值的差额；执行企业会计制度和小企业会计制度的纳税人，填报与收到补价相对应的收益额。

（4）第21行“出售无形资产收益”：填报纳税人处置无形资产而取得净收益的金额。

（5）第22行“罚款收入”：填报纳税人在日常经营管理活动中取得的罚款收入。

（6）第23行“债务重组收益”：填报纳税人发生的债务重组行为确认的债务重组利得。

（7）第24行“政府补助收入”：填报纳税人从政府无偿取得的货币性资产或非货币性资产的金额，包括补贴收入。

（8）第25行“捐赠收入”：填报纳税人接受的来自其他企业、组织或者个人无偿给予的货币性资产、非货币性资产捐赠，确认的收入。

（9）第26行“其他”：填报纳税人按照国家统一会计制度核算、上述项目未列举的其他营业外收入。

三、《收入明细表》和主表及其他附表的关系

（一）《收入明细表》和主表《企业所得税年度纳税申报表》的关系

第2行“营业收入”和17行“营业外收入”填列《企业所得税年度纳税申报表》的相应项目。

（二）《收入明细表》和《纳税调整项目明细表》（附表三）的关系

第13行“视同销售收入”填入《纳税调整项目明细表》（附表三）的相应项目。

四、《收入明细表》主要业务填报的具体分析

《收入明细表》填报的重点为“视同销售收入”。根据第三章所得税和会计收入业务的比较，收入范围确认所得税和会计的差异在《收入明细表》中填列，实行会计准则的企业，所得税和会计的差异其主要内容为：

（一）《收入明细表》14行填列非货币性交易视同销售收入

其业务内容为企业非货币性资产交换不具有商业实质或者公允价值不能够可靠计量，收入按公允价值计量。

［例4－1］详见第三章［例3－2］。某化妆品生产企业2008年12月10日将自产的化妆品投资某美容院，市场价为100 000元，成本价为60 000元。假设此项非货币性资产交换业务不具有商业实质。企业所得税和会计差异调整处理如下。

（1）企业设置纳税调整备查账记录所得税和会计处理的差异。

企业设置纳税调整备查账，记录2008年12月10日将自产的化妆品投资某美容院所得税视同销售的业务，收入100 000元，成本60 000元，配比消费税30 000元；投资的计税基础117 000元，同时确认和记录投资资产计税基础大于会计账面价值为可抵扣暂时性差异（如表4－2、4－3）。

表4－2　纳税调整备查账（收入项目）　单位：元

日　期	凭证号	业务摘要	视同销售收入	视同销售成本	配比消费税	纳税调整（暂时性差异）
2008.12.10	略	产品投资（不具有商业实质）所得税视同销售	100 000	60 000	30 000	纳税调增
……						

表4－3　纳税调整备查账（资产账面价值和计税基础差异）　单位：元

日　期	凭证号	业务摘要	资产账面成本	资产计税基础	纳税调整（暂时性差异）
2008.12.10	略	产品对外投资（不具有商业实质）	107 000	117 000	投资资产处置时做纳税调减处理
……					

（2）纳税申报表填报。

《收入明细表》。2009 年企业所得税汇算清缴填报所得税纳税申报表时，企业应根据台账（纳税调整备查账）在《收入明细表》14 行“非货币性资产交换视同销售收入”，填报当期视同销售收入100 000元。

《纳税调整项目明细表》。根据《收入明细表》的数据在《纳税调整项目明细表》第二行“视同销售收入（收入类调整项目）”填入100 000元。

（3）所得税会计核算。

2008 年资产负债表日，企业应根据“纳税调整备查账”记录的投资资产计税基础大于会计账面价值的暂时性差异进行处理。如果企业本期其他业务涉及的资产和负债的计税基础和会计账面价值相同，则应确认递延所得税资产为2 500元（10 000 × 25%），账务处理为：

借：递延所得税资产　　2 500

　贷：所得税费用　　2 500

（二）《收入明细表》15 行填列“货物、财产、劳务视同销售收入”。主要业务内容为企业将资产（货物和财产）用于捐赠、赞助、集资、广告、样品；企业将劳务用于捐赠、赞助、广告，收入按公允价值计量。

［例 4－2］详见第三章［例 3－4］。某汽车修配厂为获得某运输公司的汽车修理业务，2008 年 1 月免费为运输公司修理汽车，劳务成本为40 000元，同类劳务的价格为60 000元。企业所得税和会计差异调整处理如下。

（1）企业设置纳税调整备查账记录所得税和会计处理的差异。

企业设置“纳税调整备查账”，记录 2008 年 1 月免费为运输公司修理汽车视同销售所得税收入为60 000元，视同销售成本为40 000元。所得税和会计的差异为永久性差异，其差异当期无需进行会计处理（见表 4－4）。

表 4－4　　纳税调整备查账（收入类调整项目）　　单位：元

日　期	凭证号	业务摘要	视同销售收入	视同销售成本	纳税调整（永久性差异）
2008. 1. 10	略	免费修车，所得税视同销售	60 000	40 000	纳税调增
……					

（2）纳税申报表填报。

《收入明细表》。如果企业 2008 年无其他视同销售业务发生，2009 年企业所得税汇算清缴填报所得税纳税申报表时，企业应根据台账（纳税调整备查账）在《收入明细表》15 行“货物、财产、劳务视同销售收入”，填报当期视同销售收入60 000元；在《成本费用明细表》14 行“货物、财产、劳务视同销售成本”填入视同销售成本40 000元。

《纳税调整项目明细表》。根据《收入明细表》的数据，在《纳税调整项目明细表》第二行“视同销售收入（收入类调整项目）”填入60 000元，在 21 行“视同销售成本（扣除类项目）”填入40 000元。见表 4－5。

表4-5　　企业所得税年度纳税申报表附表一（2）

金融企业收入明细表

填报时间：　　年　　月　　日　　　　金额单位：元（列至角分）

行　次	项　　目	金　额
1	一、营业收入(2+19+25+35)	
2	(一)银行业务收入(3+10+18)	
3	1. 银行业利息收入(4+5+6+7+8+9)	
4	(1)存放同业	
5	(2)存放中央银行	
6	(3)拆出资金	
7	(4)发放贷款及垫款	
8	(5)买入返售金融资产	
9	(6)其他	
10	2. 银行业手续费及佣金收入(11+12+13+14+15+16+17)	
11	(1)结算与清算手续费	
12	(2)代理业务手续费	
13	(3)信用承诺手续费及佣金	
14	(4)银行卡手续费	
15	(5)顾问和咨询费	
16	(6)托管及其他受托业务佣金	
17	(7)其他	
18	3、其他业务收入	
19	(二)保险业务收入(20+24)	
20	1. 已赚保费(21-22-23)	
21	保费收入	
22	减:分出保费	
23	提取未到期责任准备金	
24	2. 其他业务收入	
25	(三)证券业务收入(26+33+34)	
26	1. 手续费及佣金收入(27+28+29+30+31+32)	
27	(1)证券承销业务收入	
28	(2)证券经纪业务收入	
29	(3)受托客户资产管理业务收入	
30	(4)代理兑付证券业务收入	
31	(5)代理保管证券业务收入	
32	(6)其他	
33	2. 利息净收入	
34	3. 其他业务收入	
35	(四)其他金融业务收入(36+37)	

续表

行　次	项　　目	金　额
36	1. 业务收入	
37	2. 其他业务收入	
38	二、视同销售收入(39+40+41)	
39	1. 非货币性资产交换	
40	2. 货物、财产、劳务视同销售收入	
41	3. 其他视同销售收入	
42	三、营业外收入(43+44+45+46+47+48)	
43	1. 固定资产盘盈	
44	2. 处置固定资产净收益	
45	3. 非货币性资产交易收益	
46	4. 出售无形资产收益	
47	5. 罚款净收入	
48	6. 其他	

经办人(签章)：　　　　　　　　　　法定代表人(签章)：

注:《金融企业收入明细表》填报的具体说明略。

第二节　《以公允价值计量资产纳税调整表》（附表七）分析填报

一、《以公允价值计量资产纳税调整表》设置的基本依据

会计准则为了体现谨慎性原则，对交易性金融资产、交易性金融负债、投资性房地产等资产，在资产负债表日按公允价值进行计量，公允价值变动计入当期损益的利得或损失，并设置“公允价值变动损益”科目进行记录；企业所得税法规规定，企业的各项资产以历史成本为计税基础。企业所得税对会计“公允价值变动损益”不予确认，所得税和会计出现差异，差异为暂时性差异。因此，必须通过设置《以公允价值计量资产纳税调整表》进行差异记录，并在《纳税调整项目明细表》中进行纳税调整。

二、《以公允价值计量资产纳税调整表》填报依据和内容

具体内容如表4－6所示。

表4－6　　所得税年度纳税申报表（附表七）

以公允价值计量资产纳税调整表

填报时间：　　年　　月　　日　　　　　　　　金额单位：元（列至角分）

行次	资产种类	期初金额		期末金额		纳税调整额(纳税调减以“－”表示)
		账载金额（公允价值）	计税基础	账载金额（公允价值）	计税基础	
		1	2	3	4	5
1	一、公允价值计量且其变动计入当期损益的金融资产					

续表

行次	资产种类	期初金额		期末金额		纳税调整额(纳税调减以“-”表示)
		账载金额（公允价值）	计税基础	账载金额（公允价值）	计税基础	
		1	2	3	4	5
2	1. 交易性金融资产					
3	2. 衍生金融工具					
4	3. 其他以公允价值计量的金融资产					
5	二、公允价值计量且其变动计入当期损益的金融负债					
6	1. 交易性金融负债					
7	2. 衍生金融工具					
8	3. 其他以公允价值计量的金融负债					
9	三、投资性房地产					

（一）填报依据

根据《中华人民共和国企业所得税法》及其实施条例、相关税收政策，以及企业会计准则的规定，填报纳税人以公允价值计量且其变动计入当期损益的金融资产、金融负债、投资性房地产的期初、期末的公允价值、计税基础以及纳税调整额。

（二）各项目填报说明

1. 第1列、第3列“账载金额（公允价值）”：填报纳税人根据会计准则规定以公允价值计量且其变动计入当期损益的金融资产、金融负债以及投资性房地产的期初、期末账面金额。

2. 第2列、第4列“计税基础”：填报纳税人以公允价值计量且其变动计入当期损益的金融资产、金融负债以及投资性房地产按照税收规定确定的计税基础的金额。

3. 对第6行第5列交易性金融负债的“纳税调整额” = 本表（第2列 - 第4列） - （第1列 - 第3列）。其他行次第5列“纳税调整额” = 本表（第4列 - 第2列） - （第3列 - 第1列）。

4. 第5列“纳税调整额” = 本表（第4列“计税基础”期末金额 - 第2列“计税基础”期初金额） - （第3列“账载金额”期末金额 - 第1列“账载金额”期初金额）。

三、《以公允价值计量资产纳税调整表》与《纳税调整项目明细表》的关系

《以公允价值计量资产纳税调整表》第5列“纳税调整额”为正数时，则将其合计数填入《纳税调整项目明细表》第10行“公允价值变动净收益（收入类调整项目）”的第3列“调增金额”。

《以公允价值计量资产纳税调整表》第5列“纳税调整额”为负数时，则将其合计数的绝对值填入《纳税调整项目明细表》第10行“公允价值变动净收益（收入类调整项目）”的第4列“调减金额”。

四、《以公允价值计量资产纳税调整表》填报主要业务的分析

（一）交易性金融资产期末计量的处理

交易性金融资产按资产负债表日的公允价值进行的调整，所得税和会计的差异表现为：（1）会计对交易性金融资产按资产负债表日的公允价值反映，企业所得税对交易性金融资产的计税基础保持不变。（2）会计对交易性金融资产按资产负债表日的公允价值反映，同时将“公允价值的变动损益”计入当期损益，所得税不予确认。

企业所得税和会计的差异为暂时性差异。企业设置“纳税调整备查账”反映所得税和会计对交易性金融资产的计税基础和账面价值差异；对于会计上对当期确认的“公允价值的变动损益”计入当期利润，产生的所得税和会计差异调整，应在填报所得税纳税申报表时，在《以公允价值计量资产纳税调整表》进行记录，并在《纳税调整明细表》中调整。

[例4－3] 甲企业2008年12月31日对持有的交易性金融资产进行再计量，其中持有A公司债券期初账面价值为325 000元，期末公允价值为300 000元；对持有的B交易性金融资产进行再计量，其期初账面价值为300 000元，期末公允价值为350 000元。

（1）会计处理。

确认A交易性金融资产公允价值变动损失25 000元，企业账务处理为：

借：公允价值变动损益　　25 000

　贷：交易性金融资产——公允价值变动损益　　25 000

借：本年利润　　25 000

　贷：公允价值变动损益　　25 000

确认B交易性金融资产公允价值变动收益50 000元，企业账务处理为：

借：交易性金融资产——公允价值变动损益　　50 000

　贷：公允价值变动损益　　50 000

借：公允价值变动损益　　50 000

　贷：本年利润　　50 000

（2）企业所得税处理。

企业所得税对公允价值变动损失不予确认，投资资产的计税基础不发生变化。

（3）所得税和会计处理的差异分析。

企业所得税和会计对上述业务处理的差异及调整表现为：其一，调整后持有A公司交易性金融资产的账面余额为300 000元，持有的B交易性金融资产账面价值为350 000元，企业所得税对上述资产的计税基础不变；其二，对企业确认的“公允价值变动损益”的贷方余额增加企业会计利润，所得税不予确认。企业应设置《纳税调整备查账》（见表4－7）记录所得税和会计差异。

表4－7　　纳税调整查账

日　期	凭证号	业务摘要	企业所得税处理		会计处理		
			计税基础	利息收入	账面价值（公允价值）	利息收入	公允价值变动损益
2008.12	略	A公司	325 000	10 000	300 000	10 000	－25 000
2008.12	略	B公司	300 000	11 000	350 000	11 000	50 000

（4）纳税申报表填报。

《以公允价值计量资产纳税调整表》。2009年企业所得税汇算清缴填报所得税纳税申报表时，企业根据“纳税调整备查账”（表4－7）在《以公允价值计量资产纳税调整表》的第2行“交易性金融资产”的各列中填入数据（见表4－8）。

表4－8　　以公允价值计量资产纳税调整表　　单位：元

行次	资产种类	期初金额		期末金额		纳税调整额
		账载金额（公允价值）	计税基础	账载金额（公允价值）	计税基础	
1	一、……					
2	1. 交易性金融资产(A)	325 000	325 000	300 000	325 000	25 000
	交易性金融资产(B)	300 000	300 000	350 000	300 000	－50 000
3	……					
10	合计					－25 000

《纳税调整项目明细表》。根据《以公允价值计量资产纳税调整表》计算结果第10行“合计”的第5列“纳税调整额”的合计数为－25 000元的绝对值25 000，填入《纳税调整项目明细表》第10行“公允价值变动净收益（收入类调整项目）”的第4列“调减金额”。

（二）投资性房地产期末计量的处理

会计准则规定，对于采用公允价值计量模式的投资性房地产，平时不计提折旧，应当以资产负债日投资性房地产的公允价值为基础调整其账面价值，公允价值与账面价值之间的差额计入当期损益。

采用公允价值计量模式的会计处理在企业所得税上不予确认，企业所得税对企业出租建筑物的计量应按照历史成本确认为计税基础，同时按照企业所得税的相关规定提取折旧。企业所得税和会计的差异为暂时性差异。

［例4－4］详见第三章［例3－7］。2008年1月1日企业将2007年12月购入的一幢办公楼对外出租，该办公楼的初始成本为500万元，使用年限为20年，预计净残值率为5%。该投资性房地产期末采用公允价值计量，2008年12月31日，经复核，该投资性厂房的公允价值为520万元。企业所得税和会计差异调整处理如下。

（1）企业设置纳税调整备查账记录所得税和会计处理的差异。

企业设置“纳税调整备查账”（表4－9）记录内容为：其一，企业所得税对投资性房地产确认为固定资产，提取折旧23.75万元；其二，2008年期初固定资产的计税基础500万元，期末计税基础476.25万元；会计投资性房地产2008年期初计价500万元，期末计价520万元。

表4－9　　纳税调整备查账（投资性房地产）　　单位：万元

日期	凭证号	业务摘要	企业所得税处理		会计处理	
			计税基础	折旧	账面价值（公允价值）	公允价值变动损益
2008.1	略	办公楼转作投资性房地产	500		500	
2008.12	略	投资性房地产期末处理	476.25	23.75	520	20

（2）纳税申报表填报。

《以公允价值计量资产纳税调整表》。2009 年企业所得税汇算清缴填报所得税纳税申报表时，企业应根据台账（纳税调整备查账），在《以公允价值计量资产纳税调整表》的第 9 行——投资性房地产的各列中填入相关数据。

第 1 列“账载金额”期初金额（公允价值），填入 500 万元，第 3 列“账载金额”期末金额（公允价值）填入 520 万元。

第 2 列“计税基础”期初金额填入 500 万元，第 4 列“计税基础”期末金额 476.25 万元。

第 5 列“纳税调整额” = 本表（第 4 列“计税基础”期末金额 - 第 2 列“计税基础”期初金额）-（第 3 列“账载金额”期末金额 - 第 1 列“账载金额”期初金额）=（476.25 - 500）-（520 - 500）= -43.75（万元）（表 4 - 10）。

表 4 - 10　　以公允价值计量资产纳税调整表　　单位：万元

行次	资产种类	期初金额		期末金额		纳税调整额（纳税调减以“-”表示）
		账载金额（公允价值）	计税基础	账载金额（公允价值）	计税基础	
…	……					
9	三、投资性房地产	500	500	520	476.25	-43.75

《纳税调整项目明细表》。如果企业当期没有其他以公允价值计量的资产，则《以公允价值计量资产纳税调整表》计算结果第 5 列“纳税调整额”的合计数为 -43.75 万元，将其绝对值 43.75 万元填入《纳税调整项目明细表》第 10 行“公允价值变动净收益（收入类调整项目）”的第 4 列“调减金额”43.75 万元。

第三节　《纳税调整项目明细表》——收入类调整项目分析填报

一、《纳税调整项目明细表》收入类项目的构成、填报依据及填报内容

表 4 - 11　　企业所得税年度纳税申报表（附表三）

纳税调整项目明细表

填报时间：　　年　　月　　日　　　　金额单位：元（列至角分）

	行次	项　目	账载金额 1	税收金额 2	调增金额 3	调减金额 4
	1	一、收入类调整项目	*	*		
	2	1. 视同销售收入（填写附表一）	*	*		*
#	3	2. 接受捐赠收入	*	*		
	4	3. 不符合税收规定的销售折扣和折让 *				
*	5	4. 未按权责发生制原则确认的收入				
*	6	5. 按权益法核算长期股权投资对初始投资成本调整确认收益	*	*	*	

续表

	行次	项　目	账载金额	税收金额	调增金额	调减金额
			1	2	3	4
	7	6. 按权益法核算的长期股权投资持有期间的投资损益	*	*		
*	8	7. 特殊重组	*			
	9	8. 一般重组				
*	10	9. 公允价值变动净收益（填写附表七）	*	*		
	11	10. 确认为递延收益的政府补助				
	12	11. 境外应税所得（填写附表六）	*	*	*	
	13	12. 不允许扣除的境外投资损失	*	*		*
	14	13. 不征税收入（填附表一[3]）	*	*	*	
	15	14. 免税收入（填附表五）	*	*	*	
	16	15. 减计收入（填附表五）	*	*	*	
	17	16. 减、免税项目所得（填附表五）	*	*	*	
	18	17. 抵扣应纳税所得额（填附表五）	*	*	*	
	19	18. 其他				

（一）《纳税调整项目明细表》收入类项目的构成

《纳税调整项目明细表》收入类调整项目，填报所得税和会计与收入或所得额相关的差异调整业务，主要包括收入确认、收入计量和收入实现时间所得税和会计处理的差异。

1. 收入确认所得税和会计的差异。

收入确认所得税和会计的差异反映在《纳税调整明细表》中第2行“视同销售收入”、第10行“公允价值变动净收益”、第15行“免税收入”、第16行“减计收入”项目中，企业应根据相关附表形成的数据进行填报。由于上述业务所得税和会计的差异一般表现为永久性差异（“公允价值变动损益”除外），所以每一项目只产生纳税调增或纳税调减一种结果。

2. 收入计量和实现时间所得税和会计的差异调整。

收入计量和实现时间所得税和会计的差异，反映在《纳税调整明细表》中第5行“未按权责发生制原则确认的收入”、第11行“确认为递延收益的政府补助”等项目中，企业应根据实际业务情况直接进行汇总填报。由于上述业务所得税和会计的差异一般表现为暂时性差异，所以每一项目可能产生纳税调增或纳税调减两种结果。

（二）《纳税调整项目明细表》收入类项目填报依据及与其他附表的关系

1. 根据附表数据填列的项目。

《纳税调整项目明细表》收入类项目填报数据一部分来源于相关附表。

第2行“视同销售收入”数据来源于《收入明细表》（附表一）。

第10行“公允价值变动净收益”数据来源于《以公允价值计量资产纳税调整表》（附表六）。

第12行“境外应税所得”数据来源于《境外所得税抵免计算明细表》（附表六）第15行“免税收入”、第16行“减计收入”、第17行“减免税项目所得”数据来源于《税收优惠明细表》（附表五）。

第5行“按权益法核算长期股权投资对初始投资成本调整确认收益”、第6行“按权益法核算的长期股权投资持有期间的投资损益”，根据《长期股权投资所得（损失）表》（附表十一）及会计核算分析填报。

2. 根据日常记录填列的项目。

对没有通过相关附表反映的项目，需要通过企业会计核算的数据和企业日常设置的“纳税调整辅助账”记录的所得税和会计差异的数据进行填报。

（三）《纳税调整项目明细表》收入类项目填报说明

1. 第1行“一、收入类调整项目”：填报收入类调整项目第2行至第19行的合计数。第1列“账载金额”、第2列“税收金额”不填报。

2. 第2行“1. 视同销售收入”：填报纳税人会计上不作为销售核算、税收上应确认为应税收入的金额。

一般工商企业第3列“调增金额”取自附表一（1）《收入明细表》第13行。

3. 第3行“2. 接受捐赠收入”（非执行新会计准则企业适用）：第2列“税收金额”填报纳税人按照国家统一会计制度规定，将接受捐赠直接计入资本公积核算、进行纳税调整的金额。第3列“调增金额”等于第2列“税收金额”。第1列“账载金额”和第4列“调减金额”不填。

4. 第4行“3. 不符合税收规定的销售折扣和折让”：填报纳税人不符合税收规定的销售折扣和折让应进行纳税调整的金额。第1列“账载金额”填报纳税人按照国家统一会计制度规定，销售货物给购货方的销售折扣和折让金额。第2列“税收金额”填报纳税人按照税收规定可以税前扣除的销售折扣和折让的金额。第3列“调增金额”填报第1列与第2列的差额。

5. 第5行“4. 未按权责发生制原则确认的收入”：填报纳税人会计上按照权责发生制原则确认收入，但按照税收规定不按照权责发生制确认收入，进行纳税调整的金额。

第1列“账载金额”填报纳税人按照国家统一会计制度确认的收入；第2列“税收金额”填报纳税人按照税收规定确认的应纳税收入；第3列“调增金额”填报纳税人纳税调增的金额；第4列“调减金额”填报纳税人纳税调减的金额。

6. 第6行“5. 按权益法核算长期股权投资对初始投资成本调整确认收益”：填报纳税人采取权益法核算，初始投资成本小于取得投资时应享有被投资单位可辨认净资产公允价值份额的差额计入取得投资当期的营业外收入。本行“调减金额”数据通过附表十一《长期股权投资所得（损失）明细表》第5列“合计”填报。

7. 第7行“6. 按权益法核算的长期股权投资持有期间的投资损益”：第3列“调增金额”填报纳税人应分担被投资单位发生的净亏损、确认为投资损失的金额；第4列“调减金额”填报纳税人应分享被投资单位发生的净利润、确认为投资收益的金额。本行根据附表十一《长期股权投资所得（损失）明细表》分析填列。

8. 第8行“7. 特殊重组”：填报纳税人按照税收规定作为特殊重组处理，导致财务会计处理与税收规定不一致进行纳税调整的金额。

第1列“账载金额”填报纳税人按照国家统一会计制度确认的账面金额；第2列

“税收金额”填报纳税人按照税收规定确认的应税收入金额；第3列“调增金额”填报纳税人进行纳税调整增加的金额；第4列“调减金额”填报纳税人进行纳税调整减少的金额。

9. 第9行“8. 一般重组”：填报纳税人按照税收规定作为一般重组处理，导致财务会计处理与税收规定不一致进行纳税调整的金额。

第1列“账载金额”填报纳税人按照国家统一会计制度确认的账面金额；第2列“税收金额”填报纳税人按照税收规定确认的应税收入金额；第3列“调增金额”填报纳税人进行纳税调整增加的金额；第4列“调减金额”填报纳税人进行纳税调整减少的金额。

10. 第10行“9. 公允价值变动净收益”：第3列“调增金额”或第4列“调减金额”通过附表七《以公允价值计量资产纳税调整表》第10行第5列数据填报。

附表七第5列“纳税调整额”第10行“合计”数为正数时，填入附表三第10行本行第3列“调增金额”；为负数时，将其绝对值填入本行第4列“调减金额”。

11. 第11行“10. 确认为递延收益的政府补助”：填报纳税人取得的不属于税收规定的不征税收入、免税收入以外的其他政府补助，按照国家统一会计制度确认为递延收益，税收处理应计入应纳税所得额应进行纳税调整的数额。

第1列“账载金额”填报纳税人按照国家统一会计制度确认的账面金额；第2列“税收金额”填报纳税人按照税收规定确认的应税收入金额；第3列“调增金额”填报纳税人进行纳税调整增加的金额；第4列“调减金额”填报纳税人进行纳税调整减少的金额。

12. 第12行“11. 境外应税所得”：第3列“调增金额”填报纳税人并入利润总额的成本费用或确认的境外投资损失。第4列“调减金额”填报纳税人并入利润总额的境外收入、投资收益等。

13. 第13行“12. 不允许扣除的境外投资损失”：第3列“调增金额”填报纳税人境外投资除合并、撤销、依法清算外形成的损失。

14. 第14行“13. 不征税收入”：第4列“调减金额”通过附表一（3）《事业单位、社会团体、民办非企业单位收入项目明细表》第12行“不征税收入总额”填报。

15. 第15行“14. 免税收入”：第4列“调减金额”通过附表五《税收优惠明细表》第1行“免税收入”填报。

16. 第16行“15. 减计收入”：第4列“调减金额”通过取自附表五《税收优惠明细表》第6行“减计收入”填报。

17. 第17行“16. 减、免税项目所得”：第4列“调减金额”通过取自附表五《税收优惠明细表》第14行“减免所得额合计”填报。

18. 第18行“17. 抵扣应纳税所得额”：第4列“调减金额”通过取自附表五《税收优惠明细表》第39行“创业投资企业抵扣应纳税所得额”填报。

19. 第19行“18. 其他”：填报企业财务会计处理与税收规定不一致、进行纳税调整的其他收入类项目金额。

二、《纳税调整项目明细表》收入类调整项目主要业务填报的具体分析

对收入确认、收入计量和收入实现时间所得税和会计处理的差异，《纳税调整项目

明细表》收入类调整各项目填报的分析如下。

（一）企业所得税视同销售收入

这一业务形成的收入在《收入明细表》第14、15、16行中填列，其13行合计数过渡到《纳税调整项目明细表》第2行中，形成纳税调增的结果。

详见本章［例4-1］分析。

（二）不符合税收规定的销售折扣和折让

企业所得税法规规定："企业为促进商品销售而在商品价格上给予的价格扣除属于商业折扣，商品销售涉及商业折扣的，应当按照扣除商业折扣后的金额确定销售商品收入金额。债权人为鼓励债务人在规定的期限内付款而向债务人提供的债务扣除属于现金折扣，销售商品涉及现金折扣的，应当按扣除现金折扣前的金额确定销售商品收入金额，现金折扣在实际发生时作为财务费用扣除。"如果企业销售折扣和折让的会计核算不符合税法规定，则所得税和会计的差异确认为暂时性差异。

上述业务在第4行"不符合税收规定的销售折扣和折让"中填列。第1列"账载金额"填报纳税人按照国家统一会计制度规定，销售货物给购货方的销售折扣和折让金额。第2列"税收金额"填报纳税人按照税收规定可以税前扣除的销售折扣和折让的金额。第3列"调增金额"填报第1列与第2列的差额。

（三）未按权责发生制原则确认的收入

填报纳税人会计上按照权责发生制原则确认收入，但按照税收规定不按照权责发生制确认收入，进行纳税调整的金额。主要包括以下业务内容。

1. 销售商品，合同或协议明确规定需要延期收取价款或者分期收款销售商品，实质上具有融资性质的，会计按照应收的合同或协议价款的现值，在货物发出时确认收入实现；企业所得税按照合同价款，在合同约定收款的时间确认收入实现。

［例4-5］详见第三章［例3-19］2008年1月1日，甲公司采用分期收款方式向乙公司销售一套大型设备，合同约定的销售价格为2 340万元（含税），分5次于每年12月31日等额收取。该大型设备成本为1 560万元。在现销方式下，该大型设备的销售价格为1 600万元。企业所得税税率为25%。企业所得税和会计差异调整处理如下。

（1）企业设置纳税调整备查账记录所得税和会计处理的差异（表4-12）。

表4-12　　纳税调整备查账（收入、成本类调整项目）　　单位：万元

日　期	凭证号	业务摘要	会计处理			企业所得税	
			收入	成本	财务费用	收入	成本
2008.1	略	略	1 600	1 560			
2008.12	略	……			-126.88	400	312
2009.12	略	……			-105.22	400	312
2010.12	略	……			-81.85	400	312
2011.12	略	……			-56.62	400	312
2012.12	略	……			-29.43	400	312
总计			1 600	1 560	-400	2 000	1 560

(2)《纳税调整明细表》的填报。

2008 年企业所得税汇算清缴填报年度企业所得税纳税申报表时，应根据“纳税调整备查账”（表 4 – 12），做如下处理：

其一,《纳税调整明细表》收入类调整项目的第 4 项“未按权责发生制原则确认的收入”第 1 列“会计金额”填入1 600万元，在第 2 列“税收金额”填入 400 万元，在第 4 列“调减金额”中填报1 200万元。

其二,《纳税调整明细表》扣除类调整项目的 20 项“其他”第 1 列“会计金额”填入1 560万元，在第 2 列“税收金额”填入 312 万元，在第 3 列“调增金额”中填报1 248万元；在《纳税调整明细表》扣除类调整项目的 9 项“利息支出”第 1 列“会计金额”填入 – 126. 88 万元，在第 2 列“税收金额”填入 0，在第 4 列“调减金额”中填报 126. 88 万元。

2009 ~ 2012 年，每期根据“纳税调整备查账”（表 4 – 12），在《纳税调整明细表》（收入类调整项目）第 5 行“未按权责发生制原则确认的收入”第 3 列“纳税调增”中填入 400 万元；在《纳税调整明细表》（扣除类调整项目）40 行“其他”第 4 列“纳税调减”中填入 312 万元；在《纳税调整明细表》（扣除类调整项目）第 36 行“与未实现融资收益相关在当期确认的财务费用”第 4 列“纳税调减”中填入相应数据。

2. 会计对部分金融资产（持有至到期投资、可供出售金融资产）的债券利息，采取持有期间按照摊余成本和实际利率计算确认利息收入；企业所得税按照合同约定的债务人应付利息，在合同约定的债务人应付利息的日期确认收入的实现。所得税和会计对利息收入的确定存在差异。

企业所得税和会计差异的性质为暂时性差异。其一，在投资收益的确认上，企业所得税和会计存在差异；其二，在债权性投资资产的计价上企业所得税和会计出现差异，企业应设置“纳税调整备查账”记录差异的业务事项，差异的调整应按照所得税纳税申报表的要求进行，一般在《纳税调整明细表》的第 3 行“未按权责发生制原则确认的收入”填列。

［例 4 – 6］详见第三章［例 3 – 15］2008 年 1 月 2 日，甲上市公司购买了一项 5 年期的债务工具，实际支付价款4 400万元，另支付 1 万元的交易费用，均以银行存款支付。该项债务工具投资作为持有至到期投资进行核算和管理，本金为5 000万元，固定利率为 5%，每年年末支付，借款人无权提前偿付该债务工具。企业所得税和会计差异调整处理如下。

(1) 企业设置纳税调整备查账记录所得税和会计处理的差异（表 4 – 13）。

表 4 – 13　　纳税调整备查账（收入、资产类调整项目）　　单位：万元

日　期	凭证号	业务摘要	利息收入			债券处置收益		
			会计	所得税	纳税调减	会计	所得税	纳税调增
2008. 12	略	……	352. 08	250	102. 08			
2009. 12	略	……	360. 25	250	110. 25			
2010. 12	略	……	369. 07	250	119. 07			
2011. 12	略	……	378. 59	250	128. 59			
2012. 12	略	……	389. 01	250	139. 01	0	599	
总计		1 849	1 250	599	0	599	599	

（2）《纳税调整明细表》的填报。

2008 年企业所得税汇算清缴填报年度企业所得税纳税申报表时，应根据“纳税调整备查账”（表 4－13），做如下处理：在《纳税调整明细表》收入类调整项目的第 4 项“未按权责发生制原则确认的收入”第 1 列“会计金额”填入 352.08 万元，在第 2 列“税收金额”填入 250 万元，在第 4 列“调减金额”中填入 102.08 万元。

2009～2011 年纳税申报表的填报略。

2012 年企业所得税汇算清缴填报年度企业所得税纳税申报表时，应根据“纳税调整备查账”（表 4－13）做如下处理：在《纳税调整明细表》收入类调整项目的第 4 项“未按权责发生制原则确认的收入”第 1 列“会计金额”填入 389.01 万元，在第 2 列“税收金额”填入 250 万元，在第 4 列“调减金额”中填入 139.01 万元；同时在《纳税调整明细表》收入类调整项目的第 18 项“其他”第 1 列“会计金额”填入 0，在第 2 列“税收金额”填入 599 万元，在第 3 列“调增金额”中填入 599 万元。

3. 会计对融资租赁，采用实际利率法计算确认当期的融资收入。企业所得税对企业提供固定资产、包装物或者其他有形资产的使用权取得的租金收入，应按交易合同或协议规定的承租人应付租金的日期确认收入的实现；其中，如果交易合同或协议中规定租赁期限跨年度，且租金提前一次性支付的，根据《实施条例》第九条规定的收入与费用配比原则，出租人可对上述已确认的收入，在租赁期内，分期均匀计入相关年度收入。

［例 4－7］详见第三章［例 3－16］假设乙公司于 2008 年 1 月 1 日以融资租赁的方式租出一套设备，公司购置设备的成本为510 000元，公允价值510 000元，租赁期为 5 年，合同规定每年末收取租金收入118 708元，租赁期满将租赁设备的所有权转移给承租人，出租人内含利率为 6%，同期银行贷款利率为 8%。企业所得税和会计差异调整处理如下。

（1）企业设置纳税调整备查账记录所得税和会计处理的差异（表 4－14）。

表 4－14　　纳税调整备查账（收入、资产类调整项目）　　单位：元

日　期	凭证号	业务摘要	租金收入			资产处置收益	
			会计	所得税	纳税调增	会计	所得税
2008.12	略	……	30 000	118 708	88 708	－10 000	0
2009.12	略	……	24 678	118 708	94 030		
2010.12	略	……	19 036	118 708	99 672		
2011.12	略	……	13 056	118 708	105 652		
2012.12	略	……	6 770	118 708	111 938	0	－510 000
总计			93 540	593 540	500 000		

（2）《纳税调整明细表》的填报。

2008 年企业所得税汇算清缴填报年度企业所得税纳税申报表时，应根据“纳税调整备查账”（表 4－14），做如下处理：在《纳税调整明细表》收入类调整项目的第 4 项“未按权责发生制原则确认的收入”第 1 列“会计金额”填入30 000元万元，在第 2 列“税收金额”填入118 708元，在第 3 列“调增金额”中填入88 708元；同时在《纳税调整明细表》收入类调整项目的第 18 项“其他”第 1 列“会计金额”填入 -10 000 元，在第 2 列“税收金额”填入 0，在第 3 列“调增金额”中填入10 000元。

2009～2011 年纳税申报表的填报略。

2012 年企业所得税汇算清缴填报年度企业所得税纳税申报表时，应根据“纳税调整备查账”（表 4-14），做如下处理：在《纳税调整明细表》收入类调整项目的第 4 项“未按权责发生制原则确认的收入”第 1 列“会计金额”填入6 770元，在第 2 列“税收金额”填入118 708元，在第 3 列“调增金额”中填入111 938元；同时在《纳税调整明细表》收入类调整项目的第 18 项“其他”第 1 列“会计金额”填入 0，在第 2 列“税收金额”填入 -510 000元，在第 4 列“调减金额”中填入510 000元。

（四）按权益法核算长期股权投资对初始投资成本调整确认收益

填报纳税人采取权益法核算，初始投资成本小于取得投资时应享有被投资单位可辨认净资产公允价值份额的差额计入取得投资当期的营业外收入。本行“调减金额”数据来源《长期股权投资所得（损失）明细表》（附表十一）第 5 列“权益法核算对初始投资成本调整产生的收益”。

详见第十三章第四节分析。

（五）按权益法核算的长期股权投资持有期间的投资损益

第 3 列“调增金额”填报纳税人应分担被投资单位发生的净亏损、确认为投资损失的金额；第 4 列“调减金额”填报纳税人应分享被投资单位发生的净利润、确认为投资收益的金额。本行根据附表十一《长期股权投资所得（损失）明细表》分析填列。

详见第十三章第四节分析。

（六）特殊重组

填报纳税人按照税收规定作为特殊重组处理，导致财务会计处理与税收规定不一致进行纳税调整的金额。

第 1 列“账载金额”填报纳税人按照国家统一会计制度确认的账面金额；第 2 列“税收金额”填报纳税人按照税收规定确认的应税收入金额；第 3 列“调增金额”填报纳税人进行纳税调整增加的金额；第 4 列“调减金额”填报纳税人进行纳税调整减少的金额。

（七）一般重组

填报纳税人按照税收规定作为一般重组处理，导致财务会计处理与税收规定不一致进行纳税调整的金额。

第 1 列“账载金额”填报纳税人按照国家统一会计制度确认的账面金额；第 2 列“税收金额”填报纳税人按照税收规定确认的应税收入金额；第 3 列“调增金额”填报纳税人进行纳税调整增加的金额；第 4 列“调减金额”填报纳税人进行纳税调整减少的金额。

（八）公允价值变动净收益

企业会计核算形成的“公允价值变动损益”，形成所得税和会计的差异。差异性质为暂时性差异。

“公允价值变动损益”对纳税调整的影响在《以公允价值计量资产纳税调整表》中

填列，其第5列“纳税调整额”为正数时，则将其合计数填入《纳税调整项目明细表》第10行“公允价值变动净收益（收入类调整项目）”的第3列“调增金额”；如果为负数时，则将其合计数的绝对值填入《纳税调整项目明细表》第10行“公允价值变动净收益（收入类调整项目）”的第4列“调减金额”。

详见本章［例4－3］、［例4－4］分析。

（九）确认为递延收益的政府补助

企业取得与资产相关的政府补助（指企业取得的、用于购建或以其他方式形成长期资产的政府补助），会计遵循权责发生制原则，一般确认为递延收益，自相关资产达到预定可使用状态时起，在该资产使用寿命内平均分配，分次计入以后各期的“营业外收入——政府补助”。

根据《关于企业政策性搬迁或处置收入有关企业所得税处理问题的通知》（国税函［2009］118号）的规定：企业根据搬迁规划，异地重建后恢复原有或转换新的生产经营业务，用企业搬迁或处置收入购置或建造与搬迁前相同或类似性质、用途或者新的固定资产和土地使用权（以下简称重置固定资产），或对其他固定资产进行改良，或进行技术改造，或安置职工的，准予其搬迁或处置收入扣除固定资产重置或改良支出、技术改造支出和职工安置支出后的余额，计入企业应纳税所得额。

上述业务在第11行“确认为递延收益的政府补助”中填列。

［例4－8］详见第三章［例3－21］。某企业根据当地政府有关政策规定进行整体搬迁并建造一处新厂房，新厂房于2008年1月开工，预计2012年1月完工，该厂房预计使用寿命20年，预计残值为0，企业以直线法提取折旧。2008年1月31日，该企业收到政府搬迁补助5 000万元用于新厂房的建造。企业所得税和会计差异调整处理如下。

（1）企业设置纳税调整备查账记录所得税和会计处理的差异（表4－15）。

表4－15　　**纳税调整备查账（收入类调整项目）**　　单位：万元

日　期	凭证号	业务摘要	所得税收入	会计收入	纳税调整
2008.12	略	政府搬迁补助	0	0	
2012.12	略	政府搬迁补助	1 000	250	调增750
2013.12	略	政府搬迁补助	0	250	调减250
……					

（2）《纳税调整明细表》的填报。

填报2012年度企业所得税纳税申报表时，应根据“纳税调整备查账”（表4－16），在《纳税调整明细表》的第11行“确认为递延收益的政府补助”第1列填入250万元，在第2列“税收金额”填入1 000万元，在第3列“调增金额”中填报750万元。

填报2013年度企业所得税纳税申报表时，应根据台账（纳税调整备查账），在《纳税调整明细表》的第11行“确认为递延收益的政府补助”第1列填入250万元，在第2列“税收金额”填入0，在第4列“调减金额”中填报250万元。

其他纳税期间的调整略。

（十）境外应税所得

第3列“调增金额”填报纳税人并入利润总额的成本费用或确认的境外投资损失。第4列“调减金额”填报纳税人并入利润总额的境外收入、投资收益等。

（十一）不允许扣除的境外投资损失

企业境外投资所得汇总纳税时，按照企业所得税纳税申报表的设计，因在《企业所得税年度纳税申报表》应纳税额计算中对境外已交税款的抵免或补税进行独立处理，在主表31行填列“企业境外所得应纳所得税额”和32行填列“境外所得抵免所得税额”，所以对纳税人并入利润总额的境外分公司的所得（损失）在《纳税调整项目明细表》第12行“境外应税所得”进行成本费用调增和收入调减的处理，其结果《企业所得税年度纳税申报表》应纳税所得额中不含境外的所得（损失）。

对所得税法规规定不允许扣除的境外投资损失，在本表13“不允许扣除的境外投资损失”项目中做纳税调增处理。

第3列“调增金额”填报纳税人境外投资除合并、撤销、依法清算外形成的损失。

（十二）不征税收入、免税收入、减计收入及抵扣应纳税所得额

1. 企业所得税减免税收入在《税收优惠明细表》（附表5）第1、6行中填列，其合计数过渡到《纳税调整项目明细表》（收入类调整项目）第14、15、16行中，形成纳税调减的结果。详见第十六章。

2. 企业不征税收入应直接在《纳税调整明细表》收入类调整项目的第13项进行调整。

［例4－9］详见第三章［例3－5］。某软件开发企业为增值税一般纳税人，2008年12月，该企业销售自行开发生产的A软件产品，销售额为200万元。该企业当月增值税纳税申报资料显示，当月增值税销项税额为34万元，进项税额为20万元，应纳增值税额为14万元。企业应收到增值税退税款8万元。企业会计和所得税的差异调整如下。

（1）企业设置纳税调整备查账记录所得税和会计处理的差异。

企业将收到退税款8万元用于A软件的研究开发，根据企业所得税相关法规规定“软件生产企业实行增值税即征即退政策所退还的税款，由企业用于研究开发软件产品和扩大再生产，不作为企业所得税应税收入。”会计和所得税出现差异，企业设置“纳税调整备查账”记录（表4－16）。

表4－16　　纳税调整备查账（增值税返还收入）　　单位：元

日　期	凭证号	业务摘要	会计处理	所得税处理
2008.1	略	增值税返还收入	“营业外收入”记录80 000	不征税收入80 000

（2）《纳税调整明细表》填报。

在《纳税调整明细表》第13项“不征税收入”第4列“纳税调减”中填入80 000元。

3. 对企业所得税法规规定的减免所得额，其结果减少企业当期的应纳税所得额的具体业务。在企业所得税纳税申报表的设计中，把其作为《纳税调整项目明细表》的收入类调整项目，作纳税调减处理。具体包括16行“减、免税项目所得”，17行“抵

免应纳税所得额”，由《税收优惠明细表》（附表五）中相关数据填列。

（十三）其他

填报企业财务会计处理与税收规定不一致、进行纳税调整的其他收入类项目金额。

三、《纳税调整项目明细表》收入类调整项目相关的其他纳税申报表

1. 《税收优惠明细表》分析填报（见第十六章分析）。
2. 《长期股权投资所得（损失）表》分析填报（见第十三章分析）。
3. 《境外所得税抵免计算明细表》分析填报（见第十八章分析）。

3

第 三 篇

企业所得税扣除项目处理和相关纳税申报表填报

第五章　扣除项目基本处理企业所得税和会计相关业务的比较分析

企业日常经济业务形成的成本、费用、税金和损失等业务的确认和计量，是企业会计核算和企业所得税扣除项目处理的重要内容。现行企业所得税法及实施条例对有关企业所得税扣除项目的确认与计量等要素，都做出了明确的规定。从会计核算角度，企业持续经营期间，使企业会计利润减少的业务，主要包括成本、费用、税金和各项损失性质的支出。企业所得税扣除业务的处理及扣除相关的纳税申报表附表的填报，必须在分析企业所得税法规中有关所得税扣除业务的基本规定，以及会计准则中涉及的成本、费用、税金及损失基本规定的基础上，对企业所得税扣除业务与会计相关业务进行比较分析，确定所得税和会计的差异。

第一节　企业所得税法规有关扣除项目处理的基本法规分析

一、企业所得税法有关扣除条款的一般构架

从法理学的角度，税收实体法应体现税收法律主义原则，即课税要素法定和课税要素明确原则。课税要素明确原则要求有关课税要素的规定必须尽量地明确而不出现歧义和矛盾，在基本内容上不出现漏洞。围绕着企业所得税税前扣除业务的处理，为了体现税收法律主义原则，现行企业所得税法及实施条例法规确立了其基本构架。

（一）企业所得税扣除业务处理的一般原则

税收法律主义原则下的课税要素明确原则，更多的是从立法技术的角度保证税收分配关系的确定性。由于企业所得税扣除业务内容涉及企业生产经营全部过程，企业生产经营业务纷繁复杂，因此为了体现企业所得税要素的确定性，对于企业所得税税前扣除范围和标准确认的具体业务处理，现行企业所得税法及实施条例做出了原则的规定，这些原则将对在基本法规没有列举的税前扣除业务的具体处理进行规范。对于企业所得税扣除业务处理的原则，在本章第二节进行具体分析。

（二）企业所得税扣除项目基本规定的构架

1. 通过正列举的方式，规定了允许税前扣除的基本范围。现行企业所得税法及实施条例对企业所得税扣除业务，依据企业所得税扣除的基本原则，对税前允许扣除的项目进行了列举，这种列举相对应与扣除项目的具体列举，表现为概括性列举。在此基础上对每一个扣除项目进行了界定。

2. 通过反列举的方式，规定了企业所得税不允许扣除的业务。在企业所得税法及实施条例规定了基本扣除范围的基础上，依据企业所得税扣除的基本原则，列举了不

允许扣除项目的具体内容。由此确定了企业所得税的基本扣除范围。

3. 通过进一步列举对企业所得税税前扣除范围中特定扣除项目的确认与计量做出特别规定。现行企业所得税法及实施条例在通过概括性列举和反列举的方法，确定了扣除项目的基本范围的基础上，从企业所得税合理性原则实现的角度，对特定的扣除项目进一步规定了有别于会计的相同的业务范围和计量标准。

4. 通过税收优惠对企业所得税的扣除项目做出了特殊规定。为了发挥企业所得税对宏观经济的调节作用，体现国家对重点项目和鼓励发展的产业和项目的扶持和鼓励，现行企业所得税法和企业所得税法实施条例规定了企业所得税税收优惠政策内容。其中一部分税收优惠的作用点表现为扣除项目的特殊处理。

5. 解释性条款的法律授权。为了对企业所得税扣除项目根据客观需要进行相应解释，在企业所得税法及实施条例中，规定了解释条款的法律授权。比如，《企业所得税法》第二十条规定："本章规定的收入、扣除的具体范围、标准和资产的税务处理的具体办法，由国务院财政、税务主管部门规定。"

（三）企业所得税扣除项目构架的法律层次

企业所得税法在实施中的适用，必须体现"特别法优于普通法"的原则。"特别法优于普通法"这一原则的含义为：对同一事项税法分别订有一般和特别规定时，特别规定的效力高于一般规定的效力。凡是特别法中做出特别规定的，即排斥普通法或一般规定的适用，不过这种排斥仅就特别项目中的具体规定而言。企业所得税扣除业务的一般扣除规定、不允许扣除规定和特殊扣除规定的关系一般表现为：特殊扣除规定高于一般扣除规定；不允许扣除规定高于允许扣除的一般性规定，但反过来又从属于允许扣除的"特别"规定。

二、企业所得税法及实施条例对允许扣除项目范围确认的基本规定

根据《企业所得税法》和《企业所得税实施条例》规定，企业所得税扣除项目的基本内容包括：

（一）企业实际发生的与取得收入有关的、合理的支出，包括成本、费用、税金、损失和其他支出允许扣除《企业所得税法》第八条规定：企业实际发生的与取得收入有关的、合理的支出，包括成本、费用、税金、损失和其他支出，准予在计算应纳税所得额时扣除。

1. 关于与取得收入有关的、合理的支出。

（1）与取得收入有关的支出。

《企业所得税法实施条例》第二十七条规定：企业所得税法所称有关的支出，是指与取得收入直接相关的支出。

（2）合理的支出。

《企业所得税法实施条例》第二十八条规定：企业所得税法所称合理的支出，是指符合生产经营活动常规，应当计入当期损益或者有关资产成本的必要和正常的支出。

2. 关于成本、费用、税金、损失和其他支出。

（1）成本。

《企业所得税法实施条例》第二十九条规定：企业所得税法所称成本，是指企业在生产经营活动中发生的销售成本、销货成本、业务支出以及其他耗费。

（2）费用。

《企业所得税法实施条例》第三十条规定：企业所得税法所称费用，是指企业在生产经营活动中发生的销售费用、管理费用和财务费用，已经计入成本的有关费用除外。企业发生的支出应当区分收益性支出和资本性支出。收益性支出在发生当期直接扣除；资本性支出应当分期扣除或者计入有关资产成本，不得在发生当期直接扣除。

（3）税金。

《企业所得税法实施条例》第三十一条规定：企业所得税法所称税金，是指企业发生的除企业所得税和允许抵扣的增值税以外的各项税金及其附加。

（4）损失。

《企业所得税法实施条例》第三十二条规定：企业所得税法所称损失，是指企业在生产经营活动中发生的固定资产和存货的盘亏、毁损、报废损失，转让财产损失，呆账损失，坏账损失，自然灾害等不可抗力因素造成的损失以及其他损失。企业发生的损失，减除责任人赔偿和保险赔款后的余额，依照国务院财政、税务主管部门的规定扣除。

（5）其他支出。

《企业所得税法实施条例》第三十三条规定：企业所得税法所称其他支出，是指除成本、费用、税金、损失外，企业在生产经营活动中发生的与生产经营活动有关的、合理的支出。

（二）企业持有、使用、转让或销售资产产生成本和费用扣除的一般规定

1. 固定资产折旧。

《企业所得税法》第十一条规定：在计算应纳税所得额时，企业按照规定计算的固定资产折旧，准予扣除。

2. 无形资产摊销费用。

《企业所得税法》第十二条规定：在计算应纳税所得额时，企业按照规定计算的无形资产摊销费用，准予扣除。

3. 长期待摊费用。

《企业所得税法》第十三条规定：在计算应纳税所得额时，企业发生的下列支出作为长期待摊费用，按照规定摊销的，准予扣除：

（1）已足额提取折旧的固定资产的改建支出。

（2）租入固定资产的改建支出。

（3）固定资产的大修理支出。

（4）其他应当作为长期待摊费用的支出。

4. 使用或者销售存货。

《企业所得税法》第十五条规定：企业使用或者销售存货，按照规定计算的存货成本，准予在计算应纳税所得额时扣除。

5. 转让资产的净值。

《企业所得税法》第十六条规定：企业转让资产，该项资产的净值，准予在计算应纳税所得额时扣除。

《企业所得税法实施条例》第七十四条规定：企业所得税法第十六条所称资产的净值和第十九条所称财产净值，是指有关资产、财产的计税基础减除已经按照规定扣除

的折旧、折耗、摊销、准备金等后的余额。

6. 投资资产的成本不得扣除。

《企业所得税法》第十四条规定：企业对外投资期间，投资资产的成本在计算应纳税所得额时不得扣除。

三、企业所得税法及实施条例对不允许扣除项目的基本规定

《企业所得税法》第十条规定：在计算应纳税所得额时，下列支出不得扣除：

（一）向投资者支付的股息、红利等权益性投资收益款项。

（二）企业所得税税款。

（三）税收滞纳金。

（四）罚金、罚款和被没收财物的损失。

（五）本法第九条规定以外的捐赠支出。

（六）赞助支出。《企业所得税法实施条例》第五十四条进一步解释：企业所得税法所称赞助支出，是指企业发生的与生产经营活动无关的各种非广告性质支出。

（七）未经核定的准备金支出。《企业所得税法实施条例》第五十五条进一步解释：企业所得税法所称未经核定的准备金支出，是指不符合国务院财政、税务主管部门规定的各项资产减值准备、风险准备等准备金支出。

（八）与取得收入无关的其他支出。《企业所得税法》第十七条规定：企业在汇总计算缴纳企业所得税时，其境外营业机构的亏损不得抵减境内营业机构的盈利。

四、企业所得税法及实施条例对特别扣除项目的具体规定

（一）公益性捐赠

《企业所得税法》第九条规定：企业发生的公益性捐赠支出，在年度利润总额12%以内的部分，准予在计算应纳税所得额时扣除。

1. 公益性捐赠。

《企业所得税法实施条例》第五十一条规定：企业所得税法所称公益性捐赠，是指企业通过公益性社会团体或者县级以上人民政府及其部门，用于《中华人民共和国公益事业捐赠法》规定的公益事业的捐赠。

2. 公益性社会团体。

《企业所得税法实施条例》第五十二条规定：公益性社会团体，是指同时符合下列条件的基金会、慈善组织等社会团体：

（1）依法登记，具有法人资格。

（2）以发展公益事业为宗旨，且不以营利为目的。

（3）全部资产及其增值为该法人所有。

（4）收益和营运结余主要用于符合该法人设立目的的事业。

（5）终止后的剩余财产不归属任何个人或者营利组织。

（6）不经营与其设立目的无关的业务。

（7）有健全的财务会计制度。

（8）捐赠者不以任何形式参与社会团体财产的分配。

（9）国务院财政、税务主管部门会同国务院民政部门等登记管理部门规定的其他

条件。

3. 扣除标准。

《企业所得税法实施条例》第五十三条规定：企业发生的公益性捐赠支出，不超过年度利润总额12%的部分，准予扣除。年度利润总额，是指企业依照国家统一会计制度的规定计算的年度会计利润。

（二）合理的工资薪金支出

《企业所得税法实施条例》第三十四条规定：企业发生的合理的工资薪金支出，准予扣除。

1. 工资薪金。

《企业所得税法实施条例》规定：工资薪金是指企业每一纳税年度支付给在本企业任职或者受雇的员工的所有现金形式或者非现金形式的劳动报酬，包括基本工资、奖金、津贴、补贴、年终加薪、加班工资，以及与员工任职或者受雇有关的其他支出。

2. 合理工资薪金。

《国家税务总局〈关于企业工资薪金及职工福利费扣除问题〉的通知》（国税函［2009］3号）规定：合理工资薪金，是指企业按照股东大会、董事会、薪酬委员会或相关管理机构制订的工资薪金制度规定实际发放给员工的工资薪金。税务机关在对工资薪金进行合理性确认时，可按以下原则掌握：

（1）企业制订了较为规范的员工工资薪金制度。

（2）企业所制订的工资薪金制度符合行业及地区水平。

（3）企业在一定时期所发放的工资薪金是相对固定的，工资薪金的调整是有序进行的。

（4）企业对实际发放的工资薪金，已依法履行了代扣代缴个人所得税义务。

（5）有关工资薪金的安排，不以减少或逃避税款为目的。

3. 关于工资薪金总额。

《国家税务总局关于企业工资薪金及职工福利费扣除问题的通知》（国税函［2009］3号）规定：工资薪金总额是指企业按照本通知第一条规定实际发放的工资薪金总和，不包括企业的职工福利费、职工教育经费、工会经费以及养老保险费、医疗保险费、失业保险费、工伤保险费、生育保险费等社会保险费和住房公积金。属于国有性质的企业，其工资薪金，不得超过政府有关部门给予的限定数额；超过部分，不得计入企业工资薪金总额，也不得在计算企业应纳税所得额时扣除。

（三）职工福利费、工会经费和职工教育经费

1. 职工福利费、工会经费和职工教育经费扣除的基本规定。

（1）职工福利费扣除的基本规定。

《企业所得税法实施条例》第四十条规定：企业发生的职工福利费支出，不超过工资薪金总额14%的部分，准予扣除。

（2）关于职工福利费扣除范围问题。

根据《国家税务总局〈关于企业工资薪金及职工福利费扣除问题〉的通知》（国税函［2009］3号），允许扣除的职工福利费包括以下内容：

尚未实行分离办社会职能的企业，其内设福利部门所发生的设备、设施和人员费

用，包括职工食堂、职工浴室、理发室、医务所、托儿所、疗养院等集体福利部门的设备、设施及维修保养费用和福利部门工作人员的工资薪金、社会保险费、住房公积金、劳务费等。

为职工卫生保健、生活、住房、交通等所发放的各项补贴和非货币性福利，包括企业向职工发放的因公外地就医费用、未实行医疗统筹企业职工医疗费用、职工供养直系亲属医疗补贴、供暖费补贴、职工防暑降温费、职工困难补贴、救济费、职工食堂经费补贴、职工交通补贴等。

按照其他规定发生的其他职工福利费，包括丧葬补助费、抚恤费、安家费、探亲假路费等。

（3）关于职工福利费核算问题。

《国家税务总局关于企业工资薪金及职工福利费扣除问题的通知》（国税函［2009］3号）规定：企业发生的职工福利费，应该单独设置账册，进行准确核算。没有单独设置账册准确核算的，税务机关应责令企业在规定的期限内进行改正。逾期仍未改正的，税务机关可对企业发生的职工福利费进行合理的核定。

2. 工会经费。

《企业所得税法实施条例》第四十一条规定：企业拨缴的工会经费，不超过工资薪金总额2%的部分，准予扣除。

3. 教育经费。

（1）教育经费扣除的基本规定。

《企业所得税法实施条例》第四十二条规定：除国务院财政、税务主管部门另有规定外，企业发生的职工教育经费支出，不超过工资薪金总额2.5%的部分，准予扣除；超过部分，准予在以后纳税年度结转扣除。

（2）软件生产企业发生的职工教育经费的扣除。

《国家税务总局关于企业所得税执行中若干税务处理问题的通知》（国税函［2009］202号）规定：软件生产企业发生的职工教育经费中的职工培训费用，可以全额在企业所得税前扣除。软件生产企业应准确划分职工教育经费中的职工培训费支出，对于不能准确划分的，以及准确划分后职工教育经费中扣除职工培训费用的余额，一律按照《实施条例》第四十二条规定的比例扣除。

4. 职工福利费和职工教育经费2008年以前按照规定计提但尚未使用的处理。

《国家税务总局关于企业所得税若干税务事项衔接问题的通知》（国税函［2009］98号）规定：企业2008年以前按照规定计提但尚未使用的职工福利费余额，2008年及以后年度发生的职工福利费，应首先冲减上述的职工福利费余额，不足部分按新税法规定扣除；仍有余额的，继续留在以后年度使用。企业2008年以前节余的职工福利费，已在税前扣除，属于职工权益，如果改变用途的，应调整增加企业应纳税所得额。

对于在2008年以前已经计提但尚未使用的职工教育经费余额，2008年及以后新发生的职工教育经费应先从余额中冲减。仍有余额的，留在以后年度继续使用。

（四）各项保险

1. 社会保险和住房公积金。

《企业所得税法实施条例》第三十五条规定：企业依照国务院有关主管部门或者省级人民政府规定的范围和标准为职工缴纳的基本养老保险费、基本医疗保险费、失业保险费、工伤保险费、生育保险费等基本社会保险费和住房公积金，准予扣除。

2. 补充养老保险费和补充医疗保险费。

《企业所得税法实施条例》第三十五条规定：企业为投资者或者职工支付的补充养老保险费、补充医疗保险费，在国务院财政、税务主管部门规定的范围和标准内，准予扣除。

《财政部、国家税务总局〈关于补充养老保险费 补充医疗保险费有关企业所得税政策问题〉的通知》（财税［2009］27号）规定：自2008年1月1日起，企业根据国家有关政策规定，为在本企业任职或者受雇的全体员工支付的补充养老保险费、补充医疗保险费，分别在不超过职工工资总额5%标准内的部分，在计算应纳税所得额时准予扣除；超过的部分，不予扣除。

3. 财产保险。

《企业所得税法实施条例》第四十六条规定：企业参加财产保险，按照规定缴纳的保险费，准予扣除。

4. 特殊保险和商业保险的处理。

《企业所得税法实施条例》第三十六条规定：除企业依照国家有关规定为特殊工种职工支付的人身安全保险费和国务院财政、税务主管部门规定可以扣除的其他商业保险费外，企业为投资者或者职工支付的商业保险费，不得扣除。

（五）借款费用

1. 借款费用资本化和费用化的确认。

《企业所得税法实施条例》第三十七条规定：企业在生产经营活动中发生的合理的不需要资本化的借款费用，准予扣除。

企业为购置、建造固定资产、无形资产和经过12个月以上的建造才能达到预定可销售状态的存货发生借款的，在有关资产购置、建造期间发生的合理的借款费用，应当作为资本性支出计入有关资产的成本，并依照本条例的规定扣除。

2. 借款费用扣除的标准。

《企业所得税法实施条例》第三十八条规定：企业在生产经营活动中发生的下列利息支出，准予扣除：

（1）非金融企业向金融企业借款的利息支出、金融企业的各项存款利息支出和同业拆借利息支出、企业经批准发行债券的利息支出；

（2）非金融企业向非金融企业借款的利息支出，不超过按照金融企业同期同类贷款利率计算的数额的部分。

3. 企业从其关联方接受的债权性投资利息扣除的限定。

《企业所得税法》第四十六条规定：企业从其关联方接受的债权性投资与权益性投资的比例超过规定标准而发生的利息支出，不得在计算应纳税所得额时扣除。

（1）权益性投资和债权性投资。

《企业所得税法实施条例》第一百一十九条规定：债权性投资，是指企业直接或者间接从关联方获得的，需要偿还本金和支付利息或者需要以其他具有支付利息性质的方式予以补偿的融资。

企业间接从关联方获得的债权性投资，包括：关联方通过无关联第三方提供的债权性投资；无关联第三方提供的、由关联方担保且负有连带责任的债权性投资；其他间接从关联方获得的具有负债实质的债权性投资。

权益性投资，是指企业接受的不需要偿还本金和支付利息，投资人对企业净资产拥有所有权的投资。

（2）实际支付给境内关联方的利息支出不限定比例。

《关于企业关联方利息支出税前扣除标准有关税收政策问题的通知》（财税［2008］121号）第二条规定：企业如果能够按照税法及其实施条例的有关规定提供相关资料，并证明相关交易活动符合独立交易原则的；或者该企业的实际税负不高于境内关联方的，其实际支付给境内关联方的利息支出，在计算应纳税所得额时准予扣除。

（3）实际支付给境内关联方的利息支出限定比例。

如果企业的借款不符合不受比例限定的条件，《关于企业关联方利息支出税前扣除标准有关税收政策问题的通知》（财税［2008］121号）规定：企业实际支付给关联方的利息支出，除符合不限定比例规定外，其接受关联方债权性投资与其权益性投资比例为：金融企业，为5:1；其他企业，为2:1。

在计算应纳税所得额时，企业实际支付给关联方的利息支出，不超过规定比例和税法及其实施条例有关规定计算的部分，准予扣除，超过的部分不得在发生当期和以后年度扣除。

（3）从事金融业务和非金融业务支付给关联方的利息支出的处理。

《关于企业关联方利息支出税前扣除标准有关税收政策问题的通知》（财税［2008］121号）规定，企业同时从事金融业务和非金融业务，其实际支付给关联方的利息支出，应按照合理方法分开计算；没有按照合理方法分开计算的，一律按本通知第一条有关其他企业的比例计算准予税前扣除的利息支出。

（4）《关于企业关联方利息支出税前扣除标准有关税收政策问题的通知》（财税［2008］121号）规定，企业自关联方取得的不符合规定的利息收入应按照有关规定缴纳企业所得税。

4. 企业向自然人借款的利息支出的处理。

根据《关于企业向自然人借款的利息支出企业所得税税前扣除问题的通知》（国税函［2009］777号）规定，企业向自然人借款的利息支出的所得税做如下处理。

（1）企业向股东或其他与企业有关联关系的自然人借款的利息支出，应根据《中华人民共和国企业所得税法》（以下简称税法）第四十六条及《财政部、国家税务总局关于企业关联方利息支出税前扣除标准有关税收政策问题的通知》（财税［2008］121号）规定的条件，计算企业所得税扣除额。

（2）企业向除第一条规定以外的内部职工或其他人员借款的利息支出，其借款情况同时符合以下条件的，其利息支出在不超过按照金融企业同期同类贷款利率计算的数额的部分，根据税法第八条和税法实施条例第二十七条规定，准予扣除。

①企业与个人之间的借贷是真实、合法、有效的，并且不具有非法集资目的或其他违反法律、法规的行为；

②企业与个人之间签订了借款合同。

5. 企业投资者投资未到位而发生的利息支出的处理。

《国家税务总局关于企业投资者投资未到位而发生的利息支出企业所得税前扣除问题的批复》（国税函［2009］312号）对企业投资者在规定期限内未缴足其应缴资本额

而对外借款发生的借款利息做了如下规定：

投资者在规定期限内未缴足其应缴资本额的，该企业对外借款所发生的利息，相当于投资者实缴资本额与在规定期限内应缴资本额的差额应计付的利息，其不属于企业合理的支出，应由企业投资者负担，不得在计算企业应纳税所得额时扣除。

具体计算不得扣除的利息，应以企业一个年度内每一账面实收资本与借款余额保持不变的期间作为一个计算期，每一计算期内不得扣除的借款利息按该期间借款利息发生额乘以该期间企业未缴足的注册资本占借款总额的比例计算，公式为：

企业每一计算期不得扣除的借款利息 = 该期间借款利息额 × 该期间未缴足注册资本额 ÷ 该期间借款额

企业一个年度内不得扣除的借款利息总额为该年度内每一计算期不得扣除的借款利息额之和。

（六）汇兑损失

《企业所得税法实施条例》第三十九条规定：企业在货币交易中，以及纳税年度终了时将人民币以外的货币性资产、负债按照期末即期人民币汇率中间价折算为人民币时产生的汇兑损失，除已经计入有关资产成本以及与向所有者进行利润分配相关的部分外，准予扣除。

（七）业务招待费

1. 业务招待费的一般规定。

《企业所得税法实施条例》第四十三条规定：企业发生的与生产经营活动有关的业务招待费支出，按照发生额的 60% 扣除，但最高不得超过当年销售（营业）收入的 5‰。

2. 业务招待费的特殊规定。

《国家税务总局〈关于贯彻落实企业所得税法若干税收问题〉的通知》（国税函［2010］79 号）第八条规定：对从事股权投资业务的企业（包括集团公司总部、创业投资企业等），其从被投资企业所分配的股息、红利以及股权转让收入，可以按规定的比例计算业务招待费扣除限额。

（八）广告费和业务宣传费

1. 广告费和业务宣传费扣除的基本规定。

《企业所得税法实施条例》第四十四条规定：企业发生的符合条件的广告费和业务宣传费支出，除国务院财政、税务主管部门另有规定外，不超过当年销售（营业）收入 15% 的部分，准予扣除；超过部分，准予在以后纳税年度结转扣除。

2. 广告费和业务宣传费扣除的特殊规定。

《财政部、国家税务总局〈关于部分行业广告费和业务宣传费税前扣除政策〉的通知》（财税［2009］72 号）规定：

（1）对化妆品制造、医药制造和饮料制造（不含酒类制造，下同）企业发生的广告费和业务宣传费支出，不超过当年销售（营业）收入 30% 的部分，准予扣除；超过部分，准予在以后纳税年度结转扣除。

（2）对采取特许经营模式的饮料制造企业，饮料品牌使用方发生的不超过当年销售（营业）收入30%的广告费和业务宣传费支出可以在本企业扣除，也可以将其中的部分或全部归集至饮料品牌持有方或管理方，由饮料品牌持有方或管理方作为销售费用据实在企业所得税前扣除。饮料品牌持有方或管理方在计算本企业广告费和业务宣传费支出企业所得税税前扣除限额时，可将饮料品牌使用方归集至本企业的广告费和业务宣传费剔除。饮料品牌持有方或管理方应当将上述广告费和业务宣传费单独核算，并将品牌使用方当年销售（营业）收入数据资料以及广告费和业务宣传费支出的证明材料专案保存以备检查。

饮料企业特许经营模式指由饮料品牌持有方或管理方授权品牌使用方在指定地区生产及销售其产成品，并将可以由双方共同为该品牌产品承担的广告费及业务宣传费用统一归集至品牌持有方或管理方承担的营业模式。

（3）烟草企业的烟草广告费和业务宣传费支出，一律不得在计算应纳税所得额时扣除。

（九）企业提取的专项基金

《企业所得税法实施条例》第四十五条规定：企业依照法律、行政法规有关规定提取的用于环境保护、生态恢复等方面的专项资金，准予扣除。上述专项资金提取后改变用途的，不得扣除。

（十）财产保险支出

《企业所得税法实施条例》第四十六条规定：企业参加财产保险，按照规定缴纳的保险费，准予扣除。

（十一）租赁费

《企业所得税法实施条例》第四十七条规定：企业根据生产经营活动的需要租入固定资产支付的租赁费，按照以下方法扣除：

1. 以经营租赁方式租入固定资产发生的租赁费支出，按照租赁期限均匀扣除；

2. 以融资租赁方式租入固定资产发生的租赁费支出，按照规定构成融资租入固定资产价值的部分应当提取折旧费用，分期扣除。

（十二）劳动保护支出

《企业所得税法实施条例》第四十八条规定：企业发生的合理的劳动保护支出，准予扣除。

（十三）手续费及佣金支出

手续费及佣金支出税前扣除，应根据《财政部、国家税务总局〈关于企业手续费及佣金支出税前扣除政策〉的通知》（财税［2009］29号）规定做以下处理。

1. 企业手续费及佣金支出税前扣除标准。

企业发生与生产经营有关的手续费及佣金支出，不超过以下规定计算限额以内的部分，准予扣除；超过部分，不得扣除。

保险企业：财产保险企业按当年全部保费收入扣除退保金等后余额的15%（含本数，下同）计算限额；人身保险企业按当年全部保费收入扣除退保金等后余额的10%计算限额。

其他企业：按与具有合法经营资格中介服务机构或个人（不含交易双方及其雇员、

代理人和代表人等）所签订服务协议或合同确认的收入金额的5%计算限额。

2. 手续费及佣金支出税前扣除的条件。

（1）企业应与具有合法经营资格中介服务企业或个人签订代办协议或合同，并按国家有关规定支付手续费及佣金。除委托个人代理外，企业以现金等非转账方式支付的手续费及佣金不得在税前扣除。企业为发行权益性证券支付给有关证券承销机构的手续费及佣金不得在税前扣除。

（2）企业不得将手续费及佣金支出计入回扣、业务提成、返利、进场费等费用。

（3）企业已计入固定资产、无形资产等相关资产的手续费及佣金支出，应当通过折旧、摊销等方式分期扣除，不得在发生当期直接扣除。

（4）企业支付的手续费及佣金不得直接冲减服务协议或合同金额，并如实入账。

（5）企业应当如实向当地主管税务机关提供当年手续费及佣金计算分配表和其他相关资料，并依法取得合法真实凭证。

（十四）准备金支出

1. 保险公司准备金。

对保险公司准备金支出的扣除，《财政部、国家税务总局〈关于保险公司准备金支出企业所得税税前扣除有关问题〉的通知》（财税［2009］48号）规定如下：

（1）保险保障基金。

保险保障基金，是指按照《中华人民共和国保险法》和《保险保障基金管理办法》（保监会、财政部、人民银行令2008年第2号）规定缴纳形成的，在规定情形下用于救助保单持有人、保单受让公司或者处置保险业风险的非政府性行业风险救助基金。保险公司按规定缴纳的保险保障基金准予据实税前扣除。具体规定如下：

①非投资型财产保险业务，不得超过保费收入的0.8%；投资型财产保险业务，有保证收益的，不得超过业务收入的0.08%，无保证收益的，不得超过业务收入的0.05%。

保费收入，是指投保人按照保险合同约定，向保险公司支付的保险费。

业务收入，是指投保人按照保险合同约定，为购买相应的保险产品支付给保险公司的全部金额。

②有保证收益的人寿保险业务，不得超过业务收入的0.15%；无保证收益的人寿保险业务，不得超过业务收入的0.05%。

③短期健康保险业务，不得超过保费收入的0.8%；长期健康保险业务，不得超过保费收入的0.15%。

④非投资型意外伤害保险业务，不得超过保费收入的0.8%；投资型意外伤害保险业务，有保证收益的，不得超过业务收入的0.08%，无保证收益的，不得超过业务收入的0.05%。

非投资型财产保险业务，是指仅具有保险保障功能而不具有投资理财功能的财产保险业务。

投资型财产保险业务，是指兼具有保险保障与投资理财功能的财产保险业务。

有保证收益，是指保险产品在投资收益方面提供固定收益或最低收益保障。

无保证收益，是指保险产品在投资收益方面不提供收益保证，投保人承担全部投资风险。

⑤保险公司有下列情形之一的，其缴纳的保险保障基金不得在税前扣除：

财产保险公司的保险保障基金余额达到公司总资产6%的。

人身保险公司的保险保障基金余额达到公司总资产1%的。

（2）未到期责任准备金、寿险责任准备金、长期健康险责任准备金、未决赔款准备金。

保险公司按规定提取的未到期责任准备金、寿险责任准备金、长期健康险责任准备金、未决赔款准备金，准予在税前扣除。

①未到期责任准备金、寿险责任准备金、长期健康险责任准备金的扣除。

未到期责任准备金、寿险责任准备金、长期健康险责任准备金的扣除依据精算师或出具专项审计报告的中介机构确定的金额提取。

未到期责任准备金，是指保险人为尚未终止的非寿险保险责任提取的准备金。

寿险责任准备金，是指保险人为尚未终止的人寿保险责任提取的准备金。

长期健康险责任准备金，是指保险人为尚未终止的长期健康保险责任提取的准备金。

②未决赔款准备金分已发生已报案未决赔款准备金、已发生未报案未决赔款准备金和理赔费用准备金的扣除。

已发生已报案未决赔款准备金，按最高不超过当期已经提出的保险赔款或者给付金额的100%提取；已发生未报案未决赔款准备金按不超过当年实际赔款支出额的8%提取。

未决赔款准备金，是指保险人为非寿险保险事故已发生尚未结案的赔案提取的准备金。

已发生已报案未决赔款准备金，是指保险人为非寿险保险事故已经发生并已向保险人提出索赔、尚未结案的赔案提取的准备金。

已发生未报案未决赔款准备金，是指保险人为非寿险保险事故已经发生、尚未向保险人提出索赔的赔案提取的准备金。

理赔费用准备金，是指保险人为非寿险保险事故已发生尚未结案的赔案可能发生的律师费、诉讼费、损失检验费、相关理赔人员薪酬等费用提取的准备金。

（3）保险公司提取农业巨灾风险准备金。

《财政部、国家税务总局〈关于保险公司提取农业巨灾风险准备金企业所得税税前扣除问题〉的通知》（财税［2009］110号）规定：

自2008年1月1日起至2010年12月31日，保险公司经营中央财政和地方财政保费补贴的种植业险种（以下简称补贴险种）的，按不超过补贴险种当年保费收入25%的比例计提的巨灾风险准备金，准予在企业所得税前据实扣除。具体计算公式如下：

本年度扣除的巨灾风险准备金＝本年度保费收入×25%－上年度已在税前扣除的巨灾风险准备金结存余额。

按上述公式计算的数额如为负数，应调增当年应纳税所得额。

保险公司应当按专款专用原则建立健全巨灾风险准备金管理使用制度。在向主管税务机关报送企业所得税纳税申报表时，同时附送巨灾风险准备金提取、使用情况的说明和报表。

（4）保险公司再保险业务赔款支出税前扣除问题。

根据《国家税务总局关于保险公司再保险业务赔款支出税前扣除问题的通知》（国税函［2009］313号）规定：从事再保险业务的保险公司（以下称再保险公司）发生的再保险业务赔款支出，按照权责发生制的原则，应在收到从事直保业务公司（以下称直保公司）再保险业务赔款账单时，作为企业当期成本费用扣除。为便于再保险公司再保险业务的核算，凡在次年企业所得税汇算清缴前，再保险公司收到直保公司再保险业务赔款账单中属于上年度的赔款，准予调整作为上年度的成本费用扣除，同时调整已计提的未决赔款准备金；次年汇算清缴后收到直保公司再保险业务赔款账单的，按该赔款账单上发生的赔款支出，在收单年度作为成本费用扣除。

（5）保险公司实际发生的各种保险赔款的所得税处理。

《财政部、国家税务总局关于保险公司准备金支出企业所得税税前扣除有关问题的通知》（财税［2009］48号）规定：保险公司实际发生的各种保险赔款、给付，应首先冲抵按规定提取的准备金，不足冲抵部分，准予在当年税前扣除。

2. 金融企业提取的贷款损失准备金。

根据《财政部、国家税务总局关于金融企业贷款损失准备金企业所得税税前扣除有关问题的通知》（财税［2009］64号）规定：政策性银行、商业银行、财务公司和城乡信用社等国家允许从事贷款业务的金融企业提取的贷款损失准备税前扣除政策如下：

（1）准予提取贷款损失准备的贷款资产范围。

①贷款（含抵押、质押、担保等贷款）；

②银行卡透支、贴现、信用垫款（含银行承兑汇票垫款、信用证垫款、担保垫款等）、进出口押汇、同业拆出等各项具有贷款特征的风险资产；

③由金融企业转贷并承担对外还款责任的国外贷款，包括国际金融组织贷款、外国买方信贷、外国政府贷款、日本国际协力银行不附条件贷款和外国政府混合贷款等资产。

（2）金融企业准予当年税前扣除的贷款损失准备计算公式。

准予当年税前扣除的贷款损失准备＝本年末准予提取贷款损失准备的贷款资产余额×1%－截至上年末已在税前扣除的贷款损失准备余额

金融企业按上述公式计算的数额如为负数，应当相应调增当年应纳税所得额。

（3）金融企业的委托贷款、代理贷款、国债投资、应收股利、上交央行准备金以及金融企业剥离的债权和股权、应收财政贴息、央行款项等不承担风险和损失的资产，不得提取贷款损失准备在税前扣除。

（4）金融企业发生的符合条件的贷款损失，按规定报经税务机关审批后，应先冲减已在税前扣除的贷款损失准备，不足冲减部分可据实在计算当年应纳税所得额时扣除。

3. 证券行业准备金支出。

根据《财政部、国家税务总局关于证券行业准备金支出企业所得税税前扣除有关问题的通知》（财税［2009］33号）规定：证券行业准备金支出企业所得税税前扣除有关政策如下：

（1）证券类准备金。

①证券交易所风险基金。

上海、深圳证券交易所依据《证券交易所风险基金管理暂行办法》（证监发［2000］22号）的有关规定，按证券交易所交易收取经手费的20%、会员年费的10%提取的证券交易所风险基金，在各基金净资产不超过10亿元的额度内，准予在企业所得税税前扣除。

②证券结算风险基金。

中国证券登记结算公司所属上海分公司、深圳分公司依据《证券结算风险基金管理办法》（证监发［2006］65号）的有关规定，按证券登记结算公司业务收入的20%提取的证券结算风险基金，在各基金净资产不超过30亿元的额度内，准予在企业所得税税前扣除。

证券公司依据《证券结算风险基金管理办法》（证监发［2006］65号）的有关规定，作为结算会员按人民币普通股和基金成交金额的十万分之三、国债现货成交金额的十万分之一、1天期国债回购成交额的千万分之五、2天期国债回购成交额的千万分之十、3天期国债回购成交额的千万分之十五、4天期国债回购成交额的千万分之二十、7天期国债回购成交额的千万分之五十、14天期国债回购成交额的十万分之一、28天期国债回购成交额的十万分之二、91天期国债回购成交额的十万分之六、182天期国债回购成交额的十万分之十二逐日交纳的证券结算风险基金，准予在企业所得税税前扣除。

③证券投资者保护基金。

上海、深圳证券交易所依据《证券投资者保护基金管理办法》（证监会令第27号）的有关规定，在风险基金分别达到规定的上限后，按交易经手费的20%缴纳的证券投资者保护基金，准予在企业所得税税前扣除。

证券公司依据《证券投资者保护基金管理办法》（证监会令第27号）的有关规定，按其营业收入0.5%～5%缴纳的证券投资者保护基金，准予在企业所得税税前扣除。

（2）期货类准备金。

①期货交易所风险准备金。

上海期货交易所、大连商品交易所、郑州商品交易所和中国金融期货交易所依据《期货交易管理条例》（国务院令第489号）、《期货交易所管理办法》（证监会令第42号）和《商品期货交易财务管理暂行规定》（财商字［1997］44号）的有关规定，分别按向会员收取手续费收入的20%计提的风险准备金，在风险准备金余额达到有关规定的额度内，准予在企业所得税税前扣除。

②期货公司风险准备金。

期货公司依据《期货公司管理办法》（证监会令第43号）和《商品期货交易财务管理暂行规定》（财商字［1997］44号）的有关规定，从其收取的交易手续费收入减去应付期货交易所手续费后的净收入的5%提取的期货公司风险准备金，准予在企业所得税税前扣除。

③期货投资者保障基金。

上海期货交易所、大连商品交易所、郑州商品交易所和中国金融期货交易所依据《期货投资者保障基金管理暂行办法》（证监会令第38号）的有关规定，按其向期货公司会员收取的交易手续费的3%缴纳的期货投资者保障基金，在基金总额达到有关规定的额度内，准予在企业所得税税前扣除。

期货公司依据《期货投资者保障基金管理暂行办法》（证监会令第38号）的有关规定，从其收取的交易手续费中按照代理交易额的千万分之五至千万分之十的比例缴纳的期货投资者保障基金，在基金总额达到有关规定的额度内，准予在企业所得税税前扣除。

（3）上述准备金如发生清算、退还，应按规定补征企业所得税。

4. 中小企业信用担保机构有关准备金。

根据《财政部、国家税务总局关于中小企业信用担保机构有关准备金税前扣除问题的通知》（财税［2009］62号）规定：中小企业信用担保机构有关税前扣除政策问题如下：

（1）中小企业信用担保机构可按照不超过当年年末担保责任余额1%的比例计提担保赔偿准备，允许在企业所得税税前扣除。

（2）中小企业信用担保机构可按照不超过当年担保费收入50%的比例计提未到期责任准备，允许在企业所得税税前扣除，同时将上年度计提的未到期责任准备余额转为当期收入。

（3）中小企业信用担保机构实际发生的代偿损失，应依次冲减：

①已在税前扣除的担保赔偿准备。

②在税后利润中提取的一般风险准备。

③不足冲减部分据实在企业所得税税前扣除。

（4）所称中小企业信用担保机构是指以中小企业为服务对象的信用担保机构。

（十五）营业机构的内部往来的处理

《企业所得税法实施条例》第四十九条规定：企业之间支付的管理费、企业内营业机构之间支付的租金和特许权使用费，以及非银行企业内营业机构之间支付的利息，不得扣除。

（十六）母子公司间提供服务支付费用的处理

根据《关于母子公司间提供服务支付费用有关企业所得税处理问题的通知》（国税发［2008］86号）规定：

1. 母公司为其子公司提供各种服务而发生的费用的处理原则。

应按照独立企业之间公平交易原则确定服务的价格，作为企业正常的劳务费用进行税务处理。母子公司未按照独立企业之间的业务往来收取价款的，税务机关有权予以调整。

2. 母公司为其子公司提供各种服务而发生的费用的所得税处理。

（1）母子公司签订服务合同或协议。

母公司向其子公司提供各项服务，双方应签订服务合同或协议，明确规定提供服务的内容、收费标准及金额等，凡按上述合同或协议规定所发生的服务费，母公司应作为营业收入申报纳税。

子公司作为成本费用在税前扣除。子公司申报税前扣除向母公司支付的服务费用，应向主管税务机关提供与母公司签订的服务合同或者协议等与税前扣除该项费用相关的材料。不能提供相关材料的，支付的服务费用不得税前扣除。

（2）母公司以管理费形式向子公司提取费用。

母公司以管理费形式向子公司提取费用，子公司因此支付给母公司的管理费，不得在税前扣除。

（3）母公司向其多个子公司提供同类项服务。

母公司向其多个子公司提供同类项服务，其收取的服务费可以采取分项签订合同或协议收取；也可以采取服务分摊协议的方式，即由母公司与各子公司签订服务费用分摊合同或协议，以母公司为其子公司提供服务所发生的实际费用并附加一定比例利润作为向子公司收取的总服务费，在各服务受益子公司（包括盈利企业、亏损企业和享受减免税企业）之间按《中华人民共和国企业所得税法》第四十一条第二款规定合理分摊。即："企业与其关联方共同开发、受让无形资产，或者共同提供、接受劳务发生的成本，在计算应纳税所得额时应当按照独立交易原则进行分摊。"

（十七）非居民企业在中国境内设立的机构、场所的费用处理

《企业所得税法实施条例》第五十条规定：非居民企业在中国境内设立的机构、场所，就其中国境外总机构发生的与该机构、场所生产经营有关的费用，能够提供总机构出具的费用汇集范围、定额、分配依据和方法等证明文件，并合理分摊的，准予扣除。

（十八）企业资产损失的扣除

《财政部、国家税务总局〈关于企业资产损失税前扣除政策〉的通知》（财税［2009］57 号）和《企业资产损失税前扣除管理办法》（国税发［2009］88 号）对企业资产损失的所得税扣除做出了具体规定。由于企业资产损失所得税扣除的税法规定比较复杂，所以将在第六章进行具体分析。

（十九）免税收入所对应的费用扣除

《国家税务总局〈关于贯彻落实企业所得税法若干税收问题〉的通知》（国税函［2010］79 号）第六条规定：根据《实施条例》第二十七条、第二十八条的规定，企业取得的各项免税收入所对应的各项成本费用，除另有规定者外，可以在计算企业应纳税所得额时扣除。

五、企业所得税关于加计扣除及递延纳税的税收优惠

（一）开发新技术、新产品、新工艺发生的研究开发费用的加计扣除

《企业所得税法》第三十条规定：开发新技术、新产品、新工艺发生的研究开发费用，可以在计算应纳税所得额时加计扣除。

《企业所得税法实施条例》第九十五条规定：企业所得税法第三十条所称研究开发费用的加计扣除，是指企业为开发新技术、新产品、新工艺发生的研究开发费用，未形成无形资产计入当期损益的，在按照规定据实扣除的基础上，按照研究开发费用的150% 加计扣除；形成无形资产的，按照无形资产成本的150% 摊销。

《企业研究开发费用税前扣除管理办法（试行）》（国税发［2008］116 号）对企业研发费用的加计扣除的条件做出以下具体规定。详见第十六章。

（二）安置残疾人员工资的加计扣除

《企业所得税法》第三十条规定：安置残疾人员及国家鼓励安置的其他就业人员所支付的工资，可以在计算应纳税所得额时加计扣除。

《企业所得税法实施条例》第九十六条规定：企业所得税法第三十条所称企业安置残疾人员所支付的工资的加计扣除，是指企业安置残疾人员的，在按照支付给残疾职工工资据实扣除的基础上，按照支付给残疾职工工资的100%加计扣除；企业安置国家鼓励安置的其他就业人员所支付的工资的加计扣除办法，由国务院另行规定。

具体内容详见第十六章。

第二节　企业所得税扣除项目处理和会计相关业务比较分析

一、企业所得税扣除项目确认原则与会计相关业务确认原则的比较分析

（一）企业所得税扣除项目确认的原则

企业所得税法规中，对企业所得税税前扣除项目的处理做出了原则的规定。这些原则虽然没有通过直接方式表述，但在企业所得税相关法规规定中对扣除业务处理具有确定和指导性意义的规定，内含了原则的内容，表现为企业所得税扣除具体业务处理遵循的准则。

1. 企业所得税扣除项目的确定以税收法律、行政法规的规定为依据。

《企业所得税法》第二十一条规定："在计算应纳税所得额时，企业财务、会计处理办法与税收法律、行政法规的规定不一致的，应当依照税收法律、行政法规的规定计算。"企业所得税应纳税额的计算是以税前扣除项目的确定为基础。所以，在计算税前扣除项目时，企业财务、会计处理办法与税收法律、行政法规的规定不一致的，应当依照税收法律、行政法规的规定计算。

企业所得税扣除项目的确定是以会计核算数据为基础，会计核算数据是企业依据会计准则对企业日常经济活动进行确认、计量和记录的结果。企业所得税有关扣除项目的确认与计量的法律规定和会计准则相关的规定存在差异。所以在以会计核算数据为基础，计算企业所得税扣除项目的关键问题是：确认企业所得税和会计在相关业务处理时的差异，并对会计和税法的差异进行调整。企业所得税扣除项目依照税收法律、行政法规确定的原则，在实际业务操作以及企业所得税和会计差异调整问题的处理上表现为以下内容：

（1）企业所得税扣除项目的法律法规与会计准则相关业务规定不一致的，应当依照税收法律、行政法规的规定计算，并对会计和税法的差异进行调整。企业所得税法规对企业所得税扣除项目的确认与计量，通过列举和概括的方法进行了规范。对企业所得税法规列举的与相关会计准则规定不一致的业务，必须依据税法确定税收口径的数据，并对会计和税法的差异做出调整。例如，企业业务招待费的处理，对业务招待费所得税和会计都确认为管理费用，但在业务招待费的计量上，企业所得税规定了扣除标准，对企业实际发生额超过标准的部分不允许扣除。

（2）企业所得税扣除项目的法律法规与会计准则相关业务规定一致的，会计和税法将不产生差异，以会计核算的结果为企业所得税税前扣除的数据。企业所得税扣除项目确定的大部分业务状况是所得税和会计一致。

（3）企业所得税扣除项目法律法规没有具体规定的业务，会计核算的结果为企业所得税扣除业务处理的依据。由于企业所得税扣除业务涉及企业生产经营全部过程，同时因企业经营业务内容不同表现出复杂性，企业所得税法规对税前扣除项目的处理无法进行穷尽式的列举。因此，对企业所得税扣除项目的确定，税法采取基本列举和特殊列举的方法做出了规定。对企业所得税法规没有列举或明确做出规定的业务处理，应该以会计核算的结果为税前扣除项目相关业务处理的数据，会计和税法将不产生差异。例如，企业所得税扣除范围中包括销售费用、管理费用和财务费用，税法对三项费用的范围确认没有进行解释，在费用范围的确认上会计准则做出了具体规定，因此，所得税费用范围的确认应与会计一致。在各项费用计量上，企业所得税通过列举对部分费用的计量做出了规定，对没有列举的业务，仍然按会计核算的数据确认为税前扣除的费用。

2. 企业所得税扣除项目的确定以权责发生制为原则。

《企业所得税法实施条例》第九条规定："企业应纳税所得额的计算，以权责发生制为原则，属于当期的收入和费用，不论款项是否收付，均作为当期的收入和费用；不属于当期的收入和费用，即使款项已经在当期收付，均不作为当期的收入和费用。本条例和国务院财政、税务主管部门另有规定的除外。"经济活动导致企业实际获取或拥有对某一利益的控制权时，就表明企业已产生应税收入，而与成本、费用对应的付款责任实际发生时，相关成本、费用也应允许从应税收入中减除，得出的应纳税所得额，就是企业所得税的税基。上述原则是对应纳税所得额计算做出的规定，当然涵盖了企业所得税扣除项目的处理。权责发生制原则在扣除项目处理实际操作中表现为：

（1）权责发生制为税前扣除项目计算的基本原则。

在计算税前扣除项目时以权责发生制为原则，体现为属于当期的费用，不论款项是否收付，均作为费用；不属于当期的费用，即使款项已经在当期收付，均不作为当期的费用。例如，企业本年支付广告费，如果广告的播映在下一个年度，则应在下一个年度确认税前扣除广告费。

（2）权责发生制的应用具有限制性。

企业所得税法实施条例第九条规定：企业应纳税所得额的计算，以权责发生制为原则，本条例和国务院财政、税务主管部门另有规定的除外。这项法规意味着在应纳税所得额的计算时，对企业所得税法规列举的特定业务的处理，不适用权责发生制。例如，对税前工资的扣除，企业所得税实施条例规定：企业每一纳税年度支付给在本企业任职或者受雇的员工的所有现金形式或者非现金形式的劳动报酬，允许扣除。工资实际支付是企业所得税扣除的前提，此时在企业所得税实施条例的特殊规定下，工资的税前扣除体现收付实现制。

3. 企业所得税扣除项目的确定符合真实性、相关性和合理性原则。

《企业所得税法》第八条规定："企业实际发生的与取得收入有关的、合理的支出，包括成本、费用、税金、损失和其他支出，准予在计算应纳税所得额时扣除。"其中，在本条规定中实际发生、与取得收入有关的及合理的支出是企业所得税扣除的基本原则。在《企业所得税法实施条例》中，对其进行了进一步的解释。其基本含义为：

（1）真实性。

企业所得税法规定：计算应纳税所得额扣除必须是实际发生。实际发生表现为真实性。但所谓“实际发生”并不是以货币实际支出的时点确认税前扣除的权利，所以真实性原则必须置于权责发生制原则之下。

真实性原则一般要求税前扣除支出必须是已经真实发生的，未实际发生的支出不允许在税前扣除，如会计的预计负债可能会导致企业将来的支出义务，且是一种基于合理估计的业务，但具有不确定性，因此不允许税前扣除。但税法特别规定的企业未实际发生的支出可以扣除除外，如研发费用的加计扣除。

在确认纳税人申报扣除支出的真实性时，纳税人必须提供证明支出确属实际发生的有效凭据，如发票、自制凭证、进口报关单等。发票是确认支出真实性的凭据，但不是唯一凭据。

（2）相关性。

企业所得税法规定：计算应纳税所得额扣除必须是与取得收入有关的。《企业所得税法实施细则》第二十七条对此的解释为：“企业所得税法第八条所称有关的支出，是指与取得收入直接相关的支出。”我们把税法规定的企业所得税的扣除与取得收入有关，确定为相关性原则。所谓“与取得收入直接相关的支出”，是指纳税人税前扣除的支出从性质和根源上必须与取得应税收入相关，是企业所实际发生的能直接带来经济利益的流入或者可预期经济利益的流入的支出。这里需要明确的是：

一是允许税前扣除的支出，应该是能给企业带来现实实际的经济利益，或者能给企业带来可预期经济利益的流入的支出，表现为能够使企业当期或者以后期取得应税收入。比如，企业的广告费支出，虽然这些支出并不能直接表现为直接带来企业经济利益的流入，收入的增加，但广告将提高企业及其产品或者服务的知名度，提高其在消费者之间的认同度等，进而推动消费者购买他们的产品或者服务，提升或者加大企业的获利空间，应属于“与取得收入直接相关的支出”。

二是与企业所得税收入增加无关的支出不允许在税前扣除。企业所得税法规对此规定的实质是在应纳税所得额计算遵循配比原则的同时，体现税收防范功能，对纳税人企业所得税扣除进行限定。比如，企业所得税法列举的不允许税前扣除项目，基本上为与取得企业所得税收入无关的支出，体现了企业所得税扣除业务的相关性原则。再比如，《企业所得税法实施条例》第三十三条规定：企业的不征税收入用于支出所形成的费用或者财产，不得扣除或者计算对应的折旧、摊销。

（3）合理性。

企业所得税法规定：计算应纳税所得额扣除必须是合理的。《企业所得税法实施细则》第二十七条对此的解释为：“企业所得税法第八条所称合理的支出，是指符合生产经营活动常规，应当计入当期损益或者有关资产成本的必要和正常的支出。”合理性原则是建立在税前扣除真实性和合法性原则基础上的要求。合理性原则为防止企业利用不合理的支出减少所得额规避税收提供了依据。其可以从以下几方面来理解：

一是允许扣除的支出应当是符合企业生产经营活动常规的支出。所谓生产经营活动常规，目前并没有税法的解释，对于确定企业的特定行为是否符合生产经营活动常规，需要借助社会经验，根据企业的性质、规模、经济业务范围以及可预期效果等多种因素，加以综合考虑与判断。因为我们国家法律体系为成文法而非判例法，所以是否符合生产经营活动常规，在税收法律主义的框架下，需要经法律授权可以解释企业所得税法的部门做出解释性或做出原则性的规定，而非留给了税务机关一定的判断或自由裁量权。如企业发生的业务招待费、广告费与其业务额或业务的利润水平是否一致，企业工资水平与社会整体或同行业工资水平是否差异过大等，诸如此类的业务内容，在现行企业所得税实施条例中进行了部分限定性的规定，这种限定实际上也体现了税收的防范功能。

二是企业发生的合理的支出限于应当计入当期损益或者有关资产成本的必要和正常的支出。计入当期损益的必要和正常的支出，是对企业当期企业所得税税前扣除的限定；有关资产的成本必要和正常的支出，是对企业未来企业所得税税前扣除的限定。两者都体现了符合生产经营活动常规的必然要求，也就是企业所发生的支出，是企业生产经营活动不可缺少的，同时是符合企业经济活动一般规律的正常的支出。

4. 企业发生的支出应当区分收益性支出和资本性支出。

《企业所得税法实施细则》第二十八条规定："企业发生的支出应当区分收益性支出和资本性支出。收益性支出在发生当期直接扣除；资本性支出应当分期扣除或者计入有关资产成本，不得在发生当期直接扣除。"企业所得税法规定企业实际发生的与取得收入有关的、合理的支出，准予在计算应纳税所得额时扣除。但应将支出划分为收益性支出和资本性支出。

收益性支出是指企业支出的效益产生于本纳税年度的支出；资本性支出一般是指企业支出的效益产生于若干纳税年度的支出。比如，企业支付给职工的工资支出，支出的效益仅与本纳税年度的应税收入有关，应作为收益性支出；企业购建固定资产的支出，支出的效益会通过固定资产的不断使用逐步回收，支出的效益不仅与本纳税年度相关，也与以后纳税年度相关。划分收益性支出与资本性支出既是企业所得税实现应税收益与支出在时间上的配比的要求，也是会计核算的一般原则；同时是防止企业混淆收益性支出和资本性支出，避免企业发生的支出在不同纳税期间调节，从而逃避税收义务的需要。

5. 不得重复扣除。

《企业所得税法实施条例》第三十三条规定："除企业所得税法和本条例另有规定外，企业实际发生的成本、费用、税金、损失和其他支出，不得重复扣除。"不得重复扣除原则，是对企业所得税扣除项目处理的进一步确定。企业所得税不得重复扣除的原则可以从以下两方面来理解：

一是企业必须从企业所得税角度划分各项支出的形式，首先将各项支出划分为收益性和资本性支出；其次将收益性支出，进一步确认为当期成本、费用或损失。各项支出按照其不同形式，确认为不同扣除项目在当期企业所得税税前扣除，避免因支出划分不清出现的重复扣除问题。

二是不得重复扣除将企业所得税法和本条例另有规定进行了排除，在"特别法优于普通法"的税法适用原则下，一些企业所得税法规特别列举的特定项目可以重复扣除，以体现企业所得税调节经济的作用。比如，企业所得税法对研发费用加计扣除的规定。

（二）会计对成本、费用、税金及损失确认的原则

会计准则对减少企业收益的各项支出如何确认，没有做出原则性的规定。

《企业会计准则——基本准则》中规定，权责发生制不再作为会计核算的基本原则，权责发生制作为会计进行确认、计量和报告的基础。这意味着权责发生制将贯穿于企业各项经济业务会计核算之中，包括企业对成本、费用、税金及损失的会计确认。

《企业会计准则——基本准则》从会计信息质量要求的角度提出了会计核算的八项原则。具体包括以下内容：客观性原则、相关性原则、明晰性原则、可比性原则、实质重于形式原则、重要性原则、谨慎性原则和及时性原则。这些原则也将应用在企业对成本、费用、税金及损失的会计确认之中。

（三）企业所得税扣除项目确认原则与会计相关业务确认原则的比较

1. 企业所得税扣除项目确认原则与会计相关业务确认原则都包含了权责发生制，但内容不尽相同。

企业会计准则以权责发生制为原则确认当期收入或费用，计算企业生产经营成果。一般而言，应纳税所得额的计算以会计核算的结果为基础，因而应纳税所得额包括企业所得税税前扣除项目的计算也采用了会计核算中的基本原则——权责发生制。企业所得税法与会计准则采用同一原则确认成本费用，有利于减少两者的差异，减轻税务部门的征税成本和纳税人的税收遵从成本。

企业所得税对权责发生制的应用具有限制性，表现了税法和会计目标的分离。这意味着在应纳税所得额的计算时，对企业所得税法规列举的特定业务的处理，不适用权责发生制。

2. 企业所得税扣除项目确认原则较之会计更为详尽和确定。

企业所得税扣除项目确认原则与会计相关业务确认原则的差异表现为：企业所得税从体现税收法律主义原则的角度出发，规定了扣除项目确认的基本原则和基本要求，体现了课税要素的法定和明确。会计从实质重于形式原则和谨慎性原则出发，侧重于成本费用的实质性的发生。对成本费用确认业务处理，会计人员可以根据费用确认的要件进行职业判断。

由于企业所得税和会计依据的原则不同，两者对成本费用及损失从范围确认到计量都将产生差异。

企业所得税税前扣除业务的处理，在实际操作过程中，必须依据企业所得税相关法规，着重解决以下问题：其一，对某一具体扣除项目的处理，企业所得税法规没有通过列举做出明确规定时，应依据企业所得税法规规定的相关原则进行处理；其二，对企业所得税税前扣除项目确认的凭证要件，企业必须进行准确收集和保管。

二、企业所得税扣除业务和会计相关业务的一般比较分析

企业所得税扣除项目和会计相关业务的比较，主要是对应纳税所得额计算时，减少应纳税所得额的扣除业务和减少会计利润的业务：其一，对企业所得税扣除项目构成的范围和会计相关业务进行比较分析；其二，在企业所得税和会计对扣除范围和项目一致的前提下，对特定项目的计量进行企业所得税和会计比较。

（一）企业所得税扣除范围和减少会计利润业务范围的比较

1. 企业所得税扣除的基本范围。

企业所得税税前扣除项目的基本范围。《企业所得税法》第八条规定：企业实际发生的与取得收入有关的、合理的支出，包括成本、费用、税金、损失和其他支出，准予在计算应纳税所得额时扣除。同时，在企业所得税法实施条例中对成本、费用、税金和损失做出了解释。

《企业所得法》第十条规定了不允许扣除的范围。计算应纳税所得额时，下列支出不得扣除：(1) 向投资者支付的股息、红利等权益性投资收益款项；(2) 企业所得税税款；(3) 税收滞纳金；(4) 罚金、罚款和被没收财物的损失；(5) 本法第九条规定以外的捐赠支出；(6) 赞助支出；(7) 未经核定的准备金支出；(8) 与取得收入无关的其他支出。

2. 减少会计利润业务的基本内容。

会计准则中没有专门设置成本费用会计准则，《企业会计准则——基本准则》规定：“费用是指企业在日常活动中发生的、会导致所有者权益减少的、与对所有者分配利润无关的经济利益的总流出。对比费用与损失两个项目，费用是日常活动发生的；损失是非日常活动发生的。”

会计准则指南通过会计科目设置对企业的费用（成本）和损失及税金进行了划分和范围的确定。对成本设置了“主营业务成本”、“其他业务成本”等会计科目；对费用设置了“管理费用”、“销售费用”和“财务费用”等会计科目；对损失设置了“资产减值损失”和“营业外支出”会计科目；对税金设置了“营业税金和附加”和“所得税费用”会计科目。

3. 企业所得税扣除范围和减少会计利润业务范围的比较。

企业所得税确认的扣除项目将减少应纳税所得额，会计上确认的成本费用将减少企业会计利润。企业所得税扣除项目和会计减少收益的项目都包括成本、费用、税金及损失，企业所得税扣除项目和会计减少当期利润的业务范围构成基本相同。

企业所得税扣除范围和会计减少利润的业务范围差异表现为：其一，企业所得税不允许扣除的业务内容包括属于会计“营业外支出”项目所包括的税收滞纳金，罚金、罚款和被没收财物的损失，超过扣除限额的公益救济性捐赠和非公益救济性捐赠支出，赞助支出，与取得收入无关的其他支出。其二，在损失业务处理时，会计将企业各项资产减值损失在“资产减值损失”会计科目进行核算，并减少企业当期会计利润，而此项业务内容在企业所得税扣除业务中不予确认。其三，因为企业会计利润为企业所得税后利润，所以减少会计利润的税金的范围中包括所得税费用。

（二）企业所得税扣除项目的计量与会计相关业务的基本比较

1. 企业所得税扣除项目计量的税法规定。

企业所得税法规从体现企业所得税扣除合理性原则的角度，对部分准予扣除的项目规定了扣除的标准和限额。在企业所得税应纳税所得额计算时，对扣除项目金额的确定，应按照企业所得税法规规定的标准进行。

2. 会计对减少会计利润项目的计量。

会计对减少会计利润的项目计量的业务处理没有给出限定性标准，对“企业在日常活动或者非日常经济业务中发生的、会导致所有者权益减少的、与对所有者分配利润无关的经济利益的流出”形成的成本、费用和损失，在以权责发生制作为会计核算基础的原则下进行计量。

3. 企业所得税扣除项目的计量与会计相关业务的比较。

企业应纳税所得额计算时，税前扣除项目的计量，在税法合理性原则之下，对特定项目通过列举的方式规定了扣除计量的标准；会计没有对特定项目的计量进行限制。对企业所得税税前扣除项目和会计相关成本、费用及损失范围基本一致的基础上，由于税法对特定扣除项目的计量规定了标准，企业所得税和会计在特定项目的计量上将出现差异，差异一般为永久性的（广告宣传费和教育经费因超过限额的部分可以结转扣除，所以企业所得税和会计的差异为暂时性差异），在计算应纳税所得额的扣除项目金额时，必须对企业所得税和会计的差异进行调整。

三、企业所得税扣除项目和会计相关业务的具体比较

（一）企业所得税成本与会计成本的比较分析

企业所得税成本与会计成本的要素包括成本构成、成本结转方法、成本分配的方法、成本的计量。企业所得税和会计在成本构成、成本结转方法、成本分配的方法计量上基本一致。

1. 企业所得税成本与会计成本的差异。

在成本计量的要素上，除以下三种特定情况以外，企业所得税和会计对成本的计量一致。

（1）企业存货的计税基础和会计计价不同，则成本确认所得税和会计存在差异。

如果企业存货是通过不具有商业实质的非货币性资产交换取得或者通过同一控制下的企业合并取得，企业取得存货的计税基础和会计计价不同，则企业所得税和会计成本不同。表现为：

其一，企业将存货用于生产和提供劳务，由于生产成本和劳务成本构成中有关材料的企业所得税和会计计价不同，从而与收入配比的企业所得税成本和会计成本存在差异。

其二，企业将存货对外销售，则因企业取得存货的计税基础和会计计价不同，从而造成企业所得税和会计的销货成本不同。

［例5－1］A企业2008年8月，以1台设备换入钢材。设备的市场价为100万元，成本价为80万元；换入钢材的市场价为100万元，成本价为80万元。企业取得增值税专用发票，发票到税务部门认证。假设交换不具有商业实质。

① 税收分析。

增值税：企业设备换出属于增值税的销售业务。企业销项税额＝1 000 000×17%＝170 000（元），企业换入钢材可以抵扣进项税额170 000元。

企业所得税：企业所得税对非货币性资产交换确认为视同销售，企业确认收入100万元，配比成本为80万元；企业取得钢材的计税基础为市场公允价100万元。

② 会计处理。

由于上述以产品换原材料的业务不具备商业实质，所以在会计上不确认收入，换

入材料的成本为换出产品的成本价。企业的账务处理为：

借：原材料　　800 000

　　应交税费——应交增值税（进项税额）　　170 000

　贷：库存商品　　800 000

应交税费——应交增值税（销项税额）　　170 000

③ 企业所得税和会计处理的差异。

企业所得税和会计处理的差异表现为：其一，对换出资产企业所得税确认收入，并配比成本，此项业务将增加当期应纳税所得额20万元，会计对换出资产不确认收入，企业当期填报企业所得税纳税申报表，计算应纳税所得额时，需要进行纳税调增的处理，调增额为20万元；其二，会计对存货的计价为80万元，企业所得税对存货确定的计税基础为100万元。企业所得税和会计对上述业务处理的差异为暂时性差异，从企业所得税会计核算角度确认为暂时性差异。

[例5-2] 接 [例5-1]。2009年1月，A企业将上年换回钢材对外出售，取得收入100万元。

① 税收分析。

企业所得税：确认销售收入100万元，配比计税基础100万元。

② 会计处理。

上述业务企业的账务处理为：

借：银行存款　　1 170 000

　贷：其他业务收入　　1 000 000

应交税费——应交增值税（销项税额）　　170 000

借：其他业务支出　　800 000

　贷：原材料　　800 000

③ 企业所得税和会计处理的比较。

由于上期原材料取得时计税基础和会计计价不同，所以当期将原材料处置时，企业所得税的销售成本和会计成本出现差异。由于企业所得税的成本大于会计成本，所以企业当期填报企业所得税纳税申报表，计算应纳税所得额时，需要进行纳税调减的处理，调减额为20万元。

（2）企业销售或领用已提取准备金的存货，则企业所得税和会计销售成本存在差异。

如果企业对存货提取了跌价准备，则存货的计税基础和会计的账面价值出现差异，当企业将这部分存货使用或者销售时，必然导致企业所得税和会计销售成本出现差异。

[例5-3] 甲企业为建筑公司（小规模纳税人），2008年将一部分工程完工后的建筑材料销售，取得收入50万元，建筑材料购进成本为100万元，2007年提取跌价准备为50万元。

① 税收分析。

增值税：销售货物应纳税额 $=50\div(1+3\%)\times3\%=1.46$（万元）

企业所得税：确认不含税收入48.54万元，配比销售成本为材料的计税基础，金额为100万元。

② 会计处理。

上述业务发生后，企业的账务处理为：

确认收入：

借：银行存款	500 000	
贷：其他业务收入		485 400
应交税费——应交增值税（销项税额）		14 600

结转成本：

借：其他业务成本	500 000	
存货跌价准备	500 000	
贷：库存商品		1 000 000

③ 企业所得税和会计处理比较。

企业所得税和会计在销售成本的计量上出现差异，其原因是会计对材料提取了存货跌价准备。由于企业所得税的成本大于会计成本，所以企业当期填报企业所得税纳税申报表，计算应纳税所得额时，需要进行纳税调减的处理。

（3）制造企业生产成本构成要件的计量企业所得税与会计不同，则企业所得税和会计销售成本存在差异。

制造企业产品的成本构成包括料、工、费三项，如果其中任何一项的计量企业所得税和会计出现差异，则必然导致企业所得税的销售成本和会计成本出现差异。表现为：

其一，生产成本中材料的部分。如果材料的来源为企业通过不具有商业实质的非货币性资产交换取得，或者通过同一控制下的企业合并取得，则材料的计税基础和会计计价不同。当材料发出用于生产并计入成本时，生产成本中材料部分的计价企业所得税和会计出现差异，导致生产成本以及最终的销售成本企业所得税和会计出现差异。

其二，生产成本中工资和三项费用部分。如果会计在生产成本中归集的“应付职工薪酬”超过计税标准，则生产成本中工资费用部分的计价企业所得税和会计出现差异。

其三，生产成本中制造费用的部分。制造费用是企业在生产过程中分配的间接费用，包括人工费、材料费和固定资产折旧等。如果人工费、材料费和固定资产折旧的计价企业所得税和会计出现差异，导致生产成本以及最终的销售成本企业所得税和会计出现差异。

2. 企业所得税成本与会计成本比较的结论。

企业所得税成本与会计成本的要素包括成本构成、成本结转方法、成本分配的方法、成本的计量。由于现行企业所得税法规对上述成本构成要素没有做出具体规定，所以按照应纳税所得额计算的基本原则，企业所得税对成本构成、成本结转方法、成本分配的方法应保持与会计一致。

在成本计量的要素上，除以下三种特定情况以外，企业所得税和会计对成本的计量一致。这三种情况分别是：其一，企业取得存货的计税基础和会计计价不同；其二，企业销售或领用已提取准备金的存货；其三，制造企业生产成本构成要件的计量企业所得税与会计不同。

企业所得税和会计对成本计量上的差异一般为暂时性差异（如果差异表现为计入

成本的职工薪酬计量的差异，则表现为永久性差异)。企业应在日常设置台账（所得税和会计差异备查账)，序时记录所得税和会计的差异，在填报企业所得税纳税申报表时，对企业所得税和会计的差异进行调整。

（二）企业所得税费用和会计费用的比较分析

《企业所得税法实施条例》第三十条规定："企业所得税扣除项目中的费用，是指企业在生产经营活动中发生的销售费用、管理费用和财务费用，已经计入成本的有关费用除外。"与之相对应的会计核算中的费用也包括销售费用、管理费用和财务费用。所得税费用和会计费用的比较，应从每项费用的范围确认和计量两个要素进行分析。

1. 管理费用企业所得税和会计的比较。

(1) 管理费用确认所得税和会计的比较。

企业所得税法规对企业所得税扣除项目的"管理费用"的范围没有进行解释和界定。

会计准则应用指南中对"管理费用"会计科目核算的业务内容进行了列举。"管理费用"，核算企业为组织和管理企业生产经营所发生的费用，包括企业在筹建期间内发生的开办费、董事会和行政管理部门在企业的经营管理中发生的或者应由企业统一负担的公司经费（包括行政管理部门职工工资及福利费、物料消耗、低值易耗品摊销、办公费和差旅费等)、工会经费、董事会费（包括董事会成员津贴、会议费和差旅费等)、聘请中介机构费、咨询费（含顾问费)、诉讼费、业务招待费、房产税、车船使用税、土地使用税、印花税、技术转让费、矿产资源补偿费、研究费用、排污费等。

按照企业所得税扣除业务应遵循"企业所得税扣除项目确定以税收法律、行政法规的规定为依据的原则"，即企业所得税扣除项目法律法规没有具体规定的业务，会计核算的规定为企业所得税扣除业务处理的依据。则从企业所得税业务处理的角度，在管理费用的范围确认方面企业所得税和会计一致，即在"管理费用"项目下归集的业务内容企业所得税和会计一致。

(2) 管理费用计量所得税和会计的比较。

在"管理费用"范围确认方面企业所得税和会计基本一致的基础上，对"管理费用"的计量，现行企业所得税法规通过列举的方式，对一些属于"管理费用"的具体构成项目规定了计量标准。现行企业所得税法规对业务招待费、企业提取的专项基金、财产保险支出、劳动保护支出、研究开发费（技术开发费)、无形资产摊销、营业机构的内部往来的费用的处理进行了列举，对部分项目的扣除进行了限定。

规定计量标准的项目，当会计实际发生额超过企业所得税计量标准时，会计和企业所得税形成差异，必须进行纳税调整，同时对差异的性质要进一步确认为永久性或暂时性差异；规定计量标准的项目，当会计实际发生额未超过企业所得税计量标准，所得税和会计一致，不需要进行纳税调整。

没有规定计量标准的项目，根据企业所得税税前扣除"合理性"原则，企业所得税可以按会计实际发生额进行计量。

2. 销售费用企业所得税和会计的比较。

(1) 销售费用范围确认所得税和会计的比较。

企业所得税法规对企业所得税扣除项目的"销售费用"的范围没有进行解释和界定。

会计准则应用指南中对“销售费用”会计科目核算的业务内容进行了列举。“销售费用”核算企业销售商品和材料、提供劳务的过程中发生的各种费用，包括保险费、包装费、展览费和广告费、商品维修费、预计产品质量保证损失、运输费、装卸费等以及为销售本企业商品而专设的销售机构（含销售网点、售后服务网点等）的职工薪酬、业务费、折旧费等经营费用。

按照企业所得税扣除业务应遵循“企业所得税扣除项目确定以税收法律、行政法规的规定为依据的原则”，即企业所得税扣除项目法律法规没有具体规定的业务，会计核算的规定为企业所得税扣除业务处理的依据。则从企业所得税业务处理的角度，在销售费用的范围确认方面企业所得税和会计一致，即在“销售费用”项目下归集的业务内容企业所得税和会计基本一致。但会计上销售费用确认的预计产品质量保证损失，根据企业所得税扣除的“真实性”原则，企业所得税扣除将不予确认。

（2）销售费用计量企业所得税和会计的比较。

在“销售费用”确认范围企业所得税和会计基本一致的基础上，对“销售费用”的计量，没有规定计量标准的项目，根据企业所得税税前扣除“合理性”原则，企业所得税可以按会计实际发生额进行计量；规定计量标准的项目，当会计实际发生额超过企业所得税计量标准时，会计和企业所得税形成差异，必须进行纳税调整。

“销售费用”计量，现行企业所得税法规对广告业务宣传费、销售佣金的企业所得税税前扣除进行了限定。

[例5－4] 2008年10月，A公司销售产品，经会计估计，预计质量保证损失10万元。

①企业会计处理。

借：销售费用　　100 000

　贷：预计负债——产品销售质量保证　　100 000

②企业所得税处理及会计和税收处理差异的调整。

企业当期计入“销售费用”账户的预计质量保证的损失10万元，在企业所得税上不予确认。企业填报2008年企业所得税纳税申报表时，对会计因或有事项而计入当期损益，会计和税收处理的差异进行纳税调整，调增额为10万元，会计和企业所得税的差异一般应确定为暂时性差异。

[例5－5] 接[例5－4]。2009年A公司因质量问题赔付购买方损失金额为15万元。

①企业会计处理。

借：预计负债——质量保证　　100 000

　　销售费用　　50 000

　贷：银行存款　　150 000

②企业所得税处理及会计和税收处理差异的调整。

企业在2009年因质量问题赔付购买方损失金额为15万元，根据企业所得税相关法规规定，可以税前扣除。会计上当期计入费用5万元，在企业填报2009年企业所得税纳税申报表时，应进行纳税调整，纳税调减额为10万元。

3. 财务费用企业所得税和会计的比较分析。

(1) 财务费用确认企业所得税和会计的比较。

企业所得税法规对企业所得税扣除项目的“财务费用”的范围没有进行解释和界定。

会计准则应用指南中对“财务费用”会计科目核算的业务内容进行了列举。“财务费用”核算企业为筹集生产经营所需资金等而发生的筹资费用，包括利息支出（减利息收入）、汇兑损益以及相关的手续费、企业发生的现金折扣或收到的现金折扣等。为购建或生产满足资本化条件的资产发生的应予资本化的借款费用，在“在建工程”、“制造费用”等科目核算。

按照企业所得税扣除业务应遵循企业所得税扣除项目“企业所得税扣除项目确定以税收法律、行政法规的规定为依据的原则”，即企业所得税扣除项目法律法规没有具体规定的业务，会计核算的规定为企业所得税扣除业务处理的依据。则从企业所得税业务处理的角度，财务费用范围确认企业所得税和会计一致，即在“财务费用”项目下归集的业务内容企业所得税和会计一致。

(2) 财务费用计量企业所得税和会计的比较分析。

在“财务费用”范围确认企业所得税和会计基本一致的基础上，在“财务费用”的计量上，现行企业所得税法规通过列举的方式，对一些具体构成项目规定了计量标准。没有规定计量标准的项目，根据企业所得税税前扣除“合理性”原则，企业所得税可以按会计实际发生额进行计量；规定计量标准的项目，当会计实际发生额超过企业所得税计量标准时，会计和企业所得税形成差异，必须进行纳税调整。

现行企业所得税法规对利息和汇兑损益的计量进行了列举，同时对其计量进行了限定。

4. 企业所得税费用和会计费用的比较分析结论。

企业所得税扣除项目之中费用项目和会计的费用项目构成一致，都包括管理费用、销售费用和财务费用。在项目构成一致的基础上，企业所得税和会计在费用处理上的异同表现为：

其一，在管理费用、销售费用和财务费用范围确认方面，企业所得税和会计基本一致。企业所得税法及实施条例对企业所得税扣除项目的管理费用、销售费用和财务费用的范围没有进行解释和界定，按照企业所得税扣除项目的确定以税收法律、行政法规的规定为依据的原则，从企业所得税业务处理的角度管理费用、销售费用和财务费用范围确认企业所得税和会计基本一致。

其二，在费用范围企业所得税和会计基本一致的前提下，会计上“销售费用”确认的预计产品质量保证损失，根据企业所得税扣除的“真实性”原则，企业所得税扣除将不予确认。

其三，各项费用的计量，企业所得税法及实施条例通过列举的方式，对一些具体构成项目规定了计量标准。没有规定计量标准的项目，根据企业所得税税前扣除“合理性”原则，企业所得税可以按会计实际发生额进行计量；规定计量标准的项目，当会计实际发生额超过企业所得税计量标准时，会计和企业所得税形成差异，应确认暂时性或永久性差异，同时进行纳税调整。

企业应在日常设置台账（所得税和会计差异备查账），序时记录所得税和会计的差异，在填报企业所得税纳税申报表时，对企业所得税和会计的差异进行调整。

（三）税金及附加企业所得税和会计的比较

企业所得税扣除项目的税金包括除增值税以外的营业税、消费税、土地增值税、城市维护建设税、资源税和教育费附加、房产税、车船使用税、土地使用税、印花税等相关税费。

会计对税金的处理设置“营业税金及附加”科目核算。“营业税金及附加”科目核算企业经营活动发生的营业税、消费税、城市维护建设税、土地增值税、资源税和教育费附加等相关税费。房产税、车船使用税、土地使用税、印花税通过“管理费用”科目核算，但与投资性房地产相关的房产税、土地使用税在“营业税金及附加”科目核算。

企业所得税税前扣除项目税金，一般可以根据会计“营业税金及附加”科目核算和反映的相关税种当期发生额和“管理费用”科目中核算和反映的相关税种的当期发生额进行确定扣除。

如果“营业税、消费税、土地增值税”等属于商品课税税种的应缴税款的形成，没有伴随会计收入实现，而是在企业所得税视同销售业务发生后产生，在计算所得税税前扣除的税金金额时，不能仅根据会计“营业税金及附加”科目核算和反映的相关税种当期的发生额确定，而应根据业务的具体情况，对“应交税费——应交××税”科目的贷方发生额分析确定。

［例5-6］A企业为汽车制造厂，当期将一辆小轿车捐赠，小轿车的市场价为100万元，成本价为60万元。消费税税率为20%。

（1）税收分析。

增值税：上述业务在增值税上视同销售，销项税额 =100×17% =17（万元）。

消费税：上述业务在消费税上确认为自产自用，消费税 =100×20% =20（万元）。

企业所得税：上述业务在企业所得税上确认为视同销售。所得税收入为100万元，配比成本为60万元，配比消费税为20万元。

（2）会计处理。

上述业务会计不确认为销售业务。企业的账务处理为：

借：营业外支出	970 000	
贷：库存商品		600 000
应交税费——应交增值税（销项税额）		170 000
应交税费——应交消费税		200 000

（3）所得税和会计的比较及差异调整。

上述业务在所得税上确认为视同销售，计算应纳税所得额应配比扣除消费税。但企业会计处理没有将税前扣除的消费税反映在“营业税金及附加”科目，因此，在填报所得税纳税申报表时，应进行纳税调减的处理。

企业应在日常设置台账（所得税和会计差异备查账），序时记录所得税和会计的差异，在填报企业所得税纳税申报表时，对企业所得税和会计的差异进行调整。

（四）企业所得税损失和会计损失的比较分析

由于企业资产损失所得税扣除的税法规定比较复杂，所以对损失业务处理的所得税和会计的比较将在第六章进行具体分析。

四、企业所得税列举扣除项目处理和会计相关业务的比较分析

企业所得税法规对允许扣除的部分项目的具体处理进行了列举，并对其中部分项目的扣除进行了限定。按照企业所得税列举项目在不同费用（管理费用、销售费用及财务费用）中的归集，对其和相应会计处理比较如下。

（一）公益性捐赠

公益性捐赠支出企业所得税扣除予以限定，企业所得税法规规定企业发生的符合条件的公益性捐赠支出，不超过年度利润总额12%的部分准予扣除。

如果企业公益性捐赠支出的实际发生额超过税法标准，则对企业所得税和会计公益性捐赠扣除的差异进行纳税调增的处理，企业所得税和会计的差异为永久性差异。

[例5-7] A企业2008年符合税法条件的公益性捐赠金额为20万元，计入“营业外支出”。企业当期本年利润的贷方余额为100万元。

企业所得税允许扣除的公益性捐赠的限额 $=100\times12\%=12$（万元）

企业所得税允许扣除的公益性捐赠和会计处理出现差异，企业当期在计算应纳税所得额时，需要进行纳税调增的处理。企业所得税和会计的差异为永久性差异。

（二）工资薪金支出

企业所得税法实施条例规定“企业发生的合理的工资薪金支出，准予扣除。”“工资薪金，是指企业每一纳税年度支付给在本企业任职或者受雇的员工的所有现金形式或者非现金形式的劳动报酬，包括基本工资、奖金、津贴、补贴、年终加薪、加班工资，以及与员工任职或者受雇有关的其他支出。”根据企业所得税法和会计准则关于工资薪金的相关法规规定，工资薪金支出的基本构成要素包括工资薪金的确认及工资薪金支出计量。

1. 工资薪金的确认企业所得税和会计的比较。

（1）工资的支付对象——职工的构成企业所得税和会计基本一致。

会计准则通过列举的方法对职工范围进行了确定，在企业所得税相关法规没有对职工范围确切解释的前提下，按照企业所得税适用原则：“企业所得税扣除项目法律法规没有具体规定的业务，会计准则的规定为企业所得税扣除业务处理的依据。”工资的支付对象——职工的构成企业所得税和会计基本一致。

（2）工资薪金的形式企业所得税和会计基本一致。

会计准则规定：职工薪酬包括货币性薪酬和非货币性薪酬。同时由《企业会计准则第11号——股份支付》规范的对职工的股份支付，也属于职工薪酬。对职工的股份支付本质上也属于职工薪酬，但其具有期权性质，股份支付的确认和计量，由相关准则进行规范。

企业所得税工资薪金形式为现金形式或者非现金形式。非现金形式一般相对应于现金形式而言，具体应包括实物、股权和其他权益等。

根据企业所得税法和会计准则的相关规定，企业所得税和会计的工资薪金形式都包括现金形式和非现金形式。

（3）工资薪金的内容企业所得税和会计基本一致。

会计准则规定的工资薪金内容包括职工工资、奖金、津贴和补贴；企业所得税法及实施条例确定的工资内容包括基本工资、奖金、津贴、补贴、年终加薪、加班工资，以及与员工任职或者受雇有关的其他支出。工资薪金的内容企业所得税和会计基本一致。

2. 工资薪金支出的计量企业所得税和会计的比较。

会计准则规定：职工薪酬（包括工资薪金）当期实际发生金额小于预计金额的，应当冲回多提的应付职工薪酬。此项规定实际上强调的是计入会计资产或费用的职工薪酬一般应按照实际支出确认和计量。

《国家税务总局关于企业工资薪金及职工福利费扣除问题的通知》（国税函[2009]3号）规定：合理工资薪金，是指企业按照股东大会、董事会、薪酬委员会或相关管理机构制订的工资薪金制度规定实际发放给员工的工资薪金。税务机关在对工资薪金进行合理性确认时，可按以下原则掌握：

（1）企业制订了较为规范的员工工资薪金制度。

（2）企业所制订的工资薪金制度符合行业及地区水平。

（3）企业在一定时期所发放的工资薪金是相对固定的，工资薪金的调整是有序进行的。

（4）企业对实际发放的工资薪金，已依法履行了代扣代缴个人所得税义务。

（5）有关工资薪金的安排，不以减少或逃避税款为目的。

企业所得税法规对税前扣除的工资薪金金额没有进行限定，但对工资扣除的计量方法和确认时间做出了原则性规定。即税前扣除的工资薪金应是每一纳税年度支付，对提取而未支付的工资不允许在计算应纳税所得时扣除。企业所得税工资薪金扣除采用了收付实现制。

从工资薪金支出实物操作的角度，工资薪金支出的计量企业所得税和会计的基本关系为：当期企业所得税和会计对工资薪金支出的计量一致。企业所得税规定工资薪金支出是纳税人每一纳税年度支付的劳动报酬，表现为企业"应付职工薪酬——工资"会计科目的借方发生额，应确认为企业当年实际发放的且允许在企业所得税前扣除的工资；如果企业的会计核算也遵循会计准则的基本规定，即工资薪金当期实际发生金额小于预计金额的，应当冲回多提的工资薪金，则企业所得税和会计在当期对工资薪金的计量一致，此时会计核算表现为"应付职工薪酬——工资"会计科目期末无余额。

（三）职工工会经费、福利费、教育经费

职工工会经费、福利费、教育经费支出企业所得税和会计的基本业务的关系表现为：

1. 企业所得税和会计对三项费用金额的确定标准一致。

会计准则规定职工薪酬具体项目处理时，国家规定了计提基础和计提比例的，应当按照国家规定的标准计算确定。企业职工薪酬涉及职工工会经费、福利费、教育经费处理时，依据的国家规定为现行企业所得税法相关规定。企业所得税法实施条例规定：企业发生的职工福利费支出，不超过工资薪金总额14%的部分，准予扣除；企业拨缴的工会经费，不超过工资薪金总额2%的部分，准予扣除；除国务院财政、税务主管部门另有规定外，企业发生的职工教育经费支出，不超过工资薪金总额2.5%的部分，准予扣除，超过部分，准予在以后纳税年度结转扣除。所以，企业所得税和会计对三项费用金额的确定标准一致。

2. 企业所得税和会计对三项费用的计量按照标准范围内的实际发生额。

会计准则规定，职工薪酬（包括职工工会经费、福利费、教育经费）当期实际发生金额大于预计金额的，应当补提应付职工薪酬；当期实际发生金额小于预计金额的，应当冲回多提的应付职工薪酬。这意味着企业三项费用计入相关资产和成本费用金额，是按照企业所得税法规定计算标准范围内的实际发生额，与企业所得税的处理一致。

3. 企业所得税对职工福利费的支出范围进行了限定。

企业会计准则中规定的非货币性福利，通常包括企业以自己的产品或其他有形资产发放给职工作为福利、向职工无偿提供自己拥有的资产使用、为职工无偿提供类似医疗保健等服务等。

由于会计准则对职工福利费的开支范围没有明确规定，所以企业在职工福利的日常业务处理中应按照企业所得税法规规定对职工福利费的支出范围进行控制。即根据《国家税务总局关于企业工资薪金及职工福利费扣除问题的通知》（国税函［2009］3号）规定，职工福利应包括：为职工卫生保健、生活、住房、交通等所发放的各项补贴和非货币性福利，包括企业向职工发放的因公外地就医费用、未实行医疗统筹企业职工医疗费用、职工供养直系亲属医疗补贴、供暖费补贴、职工防暑降温费、职工困难补贴、救济费、职工食堂经费补贴、职工交通补贴等；按照其他规定发生的其他职工福利费，包括丧葬补助费、抚恤费、安家费、探亲假路费等。

4. 职工教育经费支出的确定企业所得税和会计处理在特定情况下存在差异。

职工教育经费的扣除，企业所得税法实施条例规定："除国务院财政、税务主管部门另有规定外，企业发生的职工教育经费支出，不超过工资薪金总额2.5%的部分，准予扣除；超过部分，准予在以后纳税年度结转扣除。"对企业当期实际发生的职工教育经费大于计税标准的部分，企业所得税允许结转扣除；会计则只能将实际发生不超过计税标准的教育经费计入资产、成本费用，超过部分一般不允许结转计入资产、成本费用。

［例5－8］某化妆品生产企业，共有职工200人。2008年将成套化妆品作为福利发放给每一个职工一套。化妆品每套市场价为1 000元，成本价为600元。企业本期用于食堂费用支出5 000元。

（1）税收分析。

①增值税。

企业以其自产产品发放给职工，在增值税上属于视同销售范围。销项税额＝1 000×200×17%＝34 000（元）。

②消费税。

企业以其自产产品发放给职工，在消费税上属于自产自用。消费税额＝1 000×200×30%＝60 000（元）。

③企业所得税。

企业以其自产产品发放给职工，在企业所得税的视同销售范围。企业所得税收入为200 000元，配比成本为120 000元，配比消费税60 000元。企业职工食堂支出应确认为福利费。

（2）企业会计处理。

企业以其自产产品发放给职工的账务处理：

确认收入：

借：应付职工薪酬——非货币性福利　234 000

　贷：主营业务收入　200 000

　　应交税费——应交增值税（销项税额）　34 000

结转成本：

借：主营业务成本　120 000

　贷：库存商品　120 000

确认消费税

借：营业税金及附加　60 000

　贷：应交税费——应交消费税　60 000

职工食堂支出在福利费中列支，账务处理为：

借：应付职工薪酬——非货币性福利　5 000

　贷：银行存款　5 000

（3）上述职工福利业务，如果企业当年福利费开支没有超过计税标准，则企业所得税和会计处理一致，不需进行纳税调整。

（四）各项社会保险

1. 税前扣除的各项社会保险和会计计入职工薪酬的保险项目一致。

会计准则规定，计入职工薪酬的各项社会保险包括：应向社会保险经办机构等缴纳的医疗保险（包括补充医疗保险）、养老保险（包括根据企业年金计划向企业年金基金相关管理人缴纳的补充养老保险费）、失业保险、工伤保险、生育保险等社会保险及住房公积金。

尽管会计计入职工薪酬的各项社会保险没有包括企业所得税税前扣除的特殊工种的人身安全保险，但因其是依照国家有关规定支付的，也应计入会计的职工薪酬范围；同时，企业所得税和会计都将商业性保险排除在职工薪酬范围外。所以企业所得税允许税前扣除的各项保险和会计计入职工薪酬的各项保险项目一致。

2. 各项保险及住房公积金企业所得税和会计计量一致。

对于各项保险及住房公积金，会计准则规定，国家相关法规规定计提基础和计提比例的职工薪酬项目，按照国家规定的标准计量。

企业应向社会保险经办机构等缴纳的医疗保险费、养老保险费、失业保险费、工伤保险费、生育保险费、特殊工种职工支付的人身安全保险费等社会保险费，应向住房公积金管理机构缴存的住房公积金，企业会计处理和企业所得税处理所依据的国家相关法律一致。所以各项社会保险及住房公积金会计和税收在标准确认与计量上是一致的。

3. 补充养老保险费和补充医疗保险费。

《财政部、国家税务总局〈关于补充养老保险费、补充医疗保险费有关企业所得税政策问题〉的通知》（财税［2009］27号）对所得税扣除的补充养老保险费和补充医疗保险费进行了限定，即企业支付的补充养老保险费、补充医疗保险费，分别在不超过职工工资总额5%标准内的部分，在计算应纳税所得额时准予扣除；超过的部分，不予扣除。

如果企业的补充养老保险费或补充医疗保险费实际发生额超过税法规定的标准，所得税和会计产生差异，差异的性质为永久性差异，需要进行纳税调增的处理。

（五）借款费用

1. 借款费用资本化和费用化确认企业所得税和会计比较分析。

借款费用企业所得税和会计处理的主要问题是借款费用资本化和费用化确认。借款费用资本化和费用化确认，包括符合借款费用资本化资产的条件确认、借款费用资本化和费用化的期间确认以及借款费用资本化和费用化的范围确认。

借款费用资本化和费用化范围确认会计准则的具体规定为：其一，企业发生的借款费用，可直接归属于符合资本化条件的资产的购建或者生产的，应当予以资本化，计入相关资产成本；除资本化处理以外的其他借款费用，应当在发生时根据其发生额确认为费用，计入当期损益。其二，在资本化中断期间发生的借款费用应当确认为费用，计入当期损益，直至资产的购建或者生产活动重新开始。其三，在符合资本化条件的资产达到预定可使用或者可销售状态之后所发生的借款费用，应当在发生时根据其发生额确认为费用，计入当期损益。

借款费用资本化和费用化范围确认企业所得税和会计处理一致。企业所得税法及实施条例对借款费用资本化和费用化范围的确认做出了基本规定，其基本内容与会计准则的规定一致。尽管企业所得税法规对资本化中断期间及资本化中断期间发生的借款费用及其他详尽业务的处理没有明确规定，但按照企业所得税应纳税所得计算应遵循以税收法律、行政法规的规定为依据的原则，企业所得税扣除项目法律法规没有具体规定的业务，会计准则的规定可以为作为企业所得税扣除业务处理的依据。

2. 借款费用计量企业所得税法和会计的比较分析。

借款费用计量是企业对借款费用资本化或费用化处理的金额。现行企业所得税法规对借款费用的计量做出了严格的限定，包括：借款费用资本化和费用化处理计量的一般标准、对关联企业借款利息的限定标准及对借款费用资本化处理的标准。

会计准则对借款费用的资本化或者费用化处理的金额没有限定标准，企业可以根据借款利息、折价或者溢价的摊销、辅助费用以及因外币借款而发生的汇兑差额的实际发生额按业务的具体内容进行资本化或者费用化处理。

借款费用计量企业所得税和会计的异同为：其一，企业在生产、经营期间，向金融机构借款或经批准发行债券发生的利息支出，企业所得税和会计的计量一致，不需要进行纳税调整；其二，向非金融机构借款发生的利息支出，如果高于金融机构同类、同期贷款利率计算的数额，无论税收上是资本化处理还是费用化处理，超过计税标准的部分不得计入资产价值，进行资本化处理，也不得计入财务费用在税前直接扣除，企业所得税和会计在借款费用的计量上出现差异，差异的性质为永久性差异。

3. 关联企业间借款费用计量企业所得税和会计比较分析。

为了防止资本弱化，企业所得税对关联企业的借款利息扣除进行了限定。《企业所得税法》第四十六条规定：企业从其关联方接受的债权性投资与权益性投资的比例超过规定标准而发生的利息支出，不得在计算应纳税所得额时扣除。

4. 借款费用企业所得税和会计比较的结论。

借款费用企业所得税和会计处理的主要业务是借款费用资本化和费用化确认及借

款费用的金额确定。在借款费用所得税和会计内容一致的前提下，所得税和会计对借款费用业务处理的异同为：

（1）借款费用资本化和费用化确认所得税和会计一致。包括：符合借款费用资本化资产的条件确认、借款费用资本化和费用化期间确认和借款费用资本化和费用化范围确认。

（2）借款费用的计量所得税和会计存在差异。表现为：①企业向非金融机构借款发生的利息支出，如果高于金融机构同类、同期贷款利率计算的数额，所得税和会计对借款费用的计量存在永久性差异；②企业从其关联方接受的债权性投资的比例超过规定标准而发生的利息，所得税和会计对借款费用的计量存在永久性差异；③企业将闲置的专门借款存入银行取得的利息收入或进行暂时性投资取得的投资收益，所得税确定为利息收入，会计减少借款费用资本化金额，所得税和会计在借款费用资本化金额确定上的差异为暂时性差异。

（3）借款辅助费用的处理由于企业所得税法规没有明确规定，所以应和会计处理一致。

（六）汇兑损失

企业会计准则规定：企业外币交易是企业发生以外币计价或者结算的交易。汇兑损益是企业发生外币货币交易的，如外币兑换，兑换所用汇率为金融机构买入价或卖出价，而通常按照记账所用的即期汇率为中间价，由于汇率变动而产生的汇兑差额。同时要求，纳税年度终了以人民币以外的货币性资产、负债，需要按照期末即期人民币汇率中间价折算为人民币，与企业资产、负债初始确认所采用的即期汇率不同产生汇兑差额。企业在货币交易中，以及纳税年度终了将人民币以外的货币性资产、负债按照期末即期人民币汇率中间价折算为人民币时产生的汇兑差额，有些需要资本化，有些直接作为损益。

企业所得税实施条例规定，企业在货币交易中，以及纳税年度终了将人民币以外的货币性资产、负债按照期末即期人民币汇率中间价折算为人民币时产生的汇兑损失，除已经计入有关资产成本以及与向所有者进行利润分配相关的部分外，准予扣除。

企业会计准则对汇兑损益的业务处理没有做出明确规定，因此企业汇兑损益的会计业务处理应尽量保持和企业所得税处理一致。

（七）业务招待费

业务招待费的税前扣除有以下基本标准：其一，与生产经营活动有关；其二，企业所得税税前扣除的业务招待费为实际发生额的60%；其三，上限为当年销售收入的5‰。

如果业务招待费的实际发生额超过企业所得税扣除标准，则必须按照企业所得税扣除标准进行扣除。企业所得税和会计的差异为永久性差异，在计算企业应纳税所得额时需要进行纳税调增的处理。

［例5－9］A企业2008年业务招待费实际发生额为50万元，计入“管理费用”。企业2008年经营收入为500万元。

上述业务的企业所得税处理：

（1）按A企业业务招待费实际发生额50万元的60%计算，扣除额＝50×60%＝30

(万元)。

(2) A 企业业务招待费扣除上限 =500×5‰=25(万元)。

(3) A 企业税前允许扣除业务招待费为 25 万元。

会计和企业所得税对业务招待费计量的差异为永久性差异，A 企业当期纳税调增额为 50-25=25(万元)。

(八) 广告费和业务宣传费

企业所得税对广告费和业务宣传费的扣除限定性条件如下：其一，广告费和业务宣传费支出必须符合税法条件，但在现行企业所得税法规中对企业所得税允许扣除的广告费和业务宣传费没有确切解释；其二，扣除限额为不超过当年销售收入的 15%，特殊行业的扣除限额为不超过当年销售收入的 30%；其三，超过限额的部分，可以结转扣除。

会计上对广告费和业务宣传费既没有明确界定，也没有对其计量进行限定。

如果企业当期实际发生的广告费和业务宣传费超过计税标准，则广告费和业务宣传费所得税和会计处理出现差异，由于企业所得税法规规定广告费和业务宣传费超过限额的部分可以结转扣除，所以差异的性质为暂时性差异。

[例 5-10] A 企业 2008 年销售收入为1 000万元，广告费实际发生额为 200 万元。2009 年企业销售收入为2 000万元，广告费为 200 万元。

(1) 2008 年广告费的处理。

2008 年税前允许扣除广告费限额 =1 000×15% =150(万元)

从企业所得税处理的角度：其一，A 企业当期广告费实际发生额为 200 万元，税前允许扣除限额为 150 万元，企业当期实际发生额超过税前允许扣除限额 50 万元，当期填报企业所得税纳税申报表时，A 企业需要进行纳税调增处理，调增额为 50 万元；其二，实际发生额超过税前允许扣除限额的部分 50 万元可以结转下年。企业应设置台账(纳税调整备查账)记录当期广告费所得税和会计处理的差异。

会计和企业所得税对广告费的扣除计量出现差异，由于实际发生额超过税前允许扣除限额的部分可以结转下年，所以差异的性质为暂时性差异。本例如果企业本期无其他暂时性差异，则广告费处理会计和企业所得税出现的差异为可抵扣暂时性差异，确认递延所得税资产为 12.5 万元(50×25%)。所得税费用会计核算的账务处理为：

借：递延所得税资产　　125 000

　贷：所得税费用——递延所得税费用　　125 000

(2) 2009 年广告费的处理。

2009 年税前允许扣除广告费限额 =2 000×15% =300(万元)

A 企业当期允许扣除广告费限额为 300 万元，广告费实际发生额为 200 万元，上年结转 50 万元，税前允许扣除为 250(200+50)万元。当期填报企业所得税纳税申报表时，A 企业需要进行纳税调减处理，调减额为 50 万元。

从企业所得税会计核算角度，如果企业本期无其他暂时性差异，则 2008 年企业广告费扣除导致的会计和企业所得税出现的可抵扣暂时性差异，确认递延所得税资产 12.5 万元，在 2009 年做转回处理。所得税费用会计核算的账务处理为：

借：所得税费用——递延所得税费用　　125 000

贷：递延所得税资产　　125 000

（九）企业提取的专项基金

企业依照法律、行政法规有关规定提取的用于环境保护、生态恢复等方面的专项资金，准予扣除。上述专项资金提取后改变用途的，不得扣除。

对于企业用于环境保护、生态恢复等方面的专项资金，在会计上依照法律、行政法规有关规定提取，并计入“管理费用”。

企业所得税扣除项目和会计对此项业务没有差异。

（十）财产保险支出

企业参加财产保险，按照规定缴纳的保险费，准予扣除。会计对此项业务处理和企业所得税扣除项目处理没有差异。

（十一）租赁费

1. 经营租赁企业所得税和会计的比较分析。

企业所得税法规规定以经营租赁方式租入固定资产发生的租赁费支出，按照租赁期限均匀扣除。

会计准则规定经营租赁的租金，承租人应当在租赁期内各个期间按照直线法计入相关资产成本或当期损益；承租人发生的初始直接费用，应当计入当期损益。

根据以上企业所得税法规和会计准则的规定，对于经营租赁的租金，承租人在确认和计量上企业所得税和会计处理一致，即应当在租赁期内各个期间按照直线法计入相关资产成本或当期损益。

2. 融资租赁租入资产企业所得税和会计的比较分析。

（1）融资租入固定资产企业所得税计税基础和会计入账价值的比较。

对融资租赁固定资产计价企业所得税和会计不同，使融资租入固定资产在使用期间企业所得税和会计提取的折旧产生差异。

《企业所得税法实施条例》第五十八条规定：“融资租入的固定资产，以租赁合同约定的付款总额和承租人在签订租赁合同过程中发生的相关费用为计税基础，租赁合同未约定付款总额的，以该资产的公允价值和承租人在签订租赁合同过程中发生的相关费用为计税基础。”

会计准则规定：在租赁期开始日，承租人融资租入固定资产的入账价值，根据租赁资产公允价值与最低租赁付款额现值两者中较低者；企业所得税对融资租赁方式租入固定资产以租赁合同约定的付款总额和承租人在签订租赁合同过程中发生的相关费用为计税基础。

融资租赁计税基础和账面价值不同，使融资租入固定资产在使用期间企业所得税和会计提取的折旧产生差异。

[例5-11] 假设甲公司于2008年1月1日从乙公司以融资租赁的方式租入一套设备，租赁公司购置设备的成本为51万元，公允价值51万元，租赁期为5年，合同规定每年末支付租金118 708元，租赁期占租赁资产使用寿命75%以上，出租人内含利率为6%，同期银行贷款利率为8%，假设融资租赁资产的余值为0。

①甲公司的会计处理。

确定融资租赁资产的入账价值：

最低租赁付款额现值 = 118 708 ×（P/A，6%，5）= 500 000（元）

最低租赁付款额的现值小于设备的公允价值，因此，租赁资产的入账价值即为500 000元。

最低租赁付款额 = 118 708 × 5 = 593 540（元）

未确认融资费用 = 593 540 - 500 000 = 93 540（元）

据此，在租赁开始日的账务处理为：

借：固定资产——融资租入固定资产　　500 000

　　未确认融资费用　　93 540

　贷：长期应付款——应付融资租赁款　　593 540

②企业所得税处理及企业所得税和会计处理比较。

根据企业所得税的有关规定，企业融资租入固定资产的入账价值应根据合同价款确定，该租赁资产的入账价值为593 540元。

企业所得税和会计对融资租入固定资产的计价出现差异，差异的性质为暂时性差异。税收处理和会计处理的差异，应设置台账（纳税调整备查账）进行记录，并对以后各期提取得的固定资产折旧进行序时调整。

（2）承租人对融资租入资产提取折旧企业所得税和会计的比较分析。

《企业所得税法实施条例》第四十七条规定："以融资租赁方式租入固定资产发生的租赁费支出，按照规定构成融资租入固定资产价值的部分应当提取折旧费用，分期扣除。"企业所得税对融资租入资产的折旧年限、折旧方法、预计净残值的比例一般与其他固定资产的税收处理一致。

会计准则规定：承租人应当采用与自有固定资产相一致的折旧政策计提租赁资产折旧。能够合理确定租赁期届满时取得租赁资产所有权的，应当在租赁资产使用寿命内计提折旧；无法合理确定租赁期届满时能够取得租赁资产所有权的，应当在租赁期与租赁资产使用寿命两者中较短的期间内计提折旧。

承租人对融资租入资产提取折旧企业所得税和会计的差异表现为：其一，由于融资租入资产计量上企业所得税和会计存在差异，因此，二者折旧额的提取存在差异，需要进行纳税调整，一般差异的性质为暂时性差异；其二，企业所得税和会计准则对固定资产的折旧方法和折旧年限以及预计净残值等的处理不同，固定资产折旧的企业所得税和会计处理存在差异。

［例5-12］承［例5-11］。设备租赁期为5年，该设备采用直线法计提折旧。假设租入固定资产期末预计净残值为0，企业所得税和会计处理如下。

①在租赁期内各期计提折旧的会计处理。

按直线法计提折旧，每年应提的折旧额为：

年折旧额 = 500 000 ÷ 5 = 100 000（元）

计提折旧的账务处理为：

借：制造费用——折旧费　　100 000

　贷：累计折旧　　100 000

②企业所得税处理。

该设备税前每年扣除折旧额 = 593 540 ÷ 5 = 118 708（元）

2008 年至 2012 年，每年该设备会计上提取折旧额100 000元，税前准予扣除折旧额118 708元，企业每年填报企业所得税纳税申报表时，纳税调减18 708元，5 年共计纳税调减额为93 540元。

（3）承租人分摊未确认融资费用企业所得税和会计的比较分析。

会计准则规定：未确认融资费用应当在租赁期内各个期间按照实际利率法进行分摊。承租人应当采用实际利率法计算确认当期的融资费用，并计入财务费用。

企业所得税对分摊未确认融资费用不予确认。对分摊未确认融资费用企业所得税和会计产生差异，差异的性质为暂时性差异。企业在融资租入固定资产使用期间每一纳税期进行企业所得税纳税申报时，需要对会计确认的财务费用进行纳税调增的处理。

［例 5 - 13］未确认融资费用的处理。资料同［例 5 - 11］，以下列示未确认融资费用分摊的处理。

（1）会计处理。

确定未确认融资费用的折现率和分摊额。由于出租人的内含利率为 6%，以此作为融资费用的折现率。在按实际利率法分摊来确认融资费用时，可编制摊销表，如表 5 - 1 所示。

表 5 - 1　　未确认融资费用摊销表　　单位：元

日　期	年租金 ①	利息费用 ② = ④ × 6%	本金减少额 ③ = ① - ②	本金余额 ④ = 上年的④ - ③
2008. 1. 1				500 000
2008. 12. 31	118 708	30 000	88 708	411 292
2009. 12. 31	118 708	24 678	94 030	317 262
2010. 12. 31	118 708	19 036	99 672	217 590
2011. 12. 31	118 708	13 056	105 652	111 938
2012. 12. 31	118 708	6 770	111 938	0
合计	593 540	93 540	500 000	0

2008 年 12 月 31 日支付租金并确认融资费用的账务处理：

借：长期应付款——应付融资租赁款　　118 708

　贷：银行存款　　118 708

借：财务费用——利息　　30 000

　贷：未确认融资费用　　30 000

2009 年 12 月 31 日支付并确认融资费用租金的账务处理：

借：长期应付款——应付融资租赁款　　118 708

　贷：银行存款　　118 708

借：财务费用——利息　　24 678

　贷：未确认融资费用　　24 678

2010 年 12 月 31 日支付租金并确认融资费用的账务处理：

借：长期应付款——应付融资租赁款　　118 708

贷：银行存款 118 708

借：财务费用——利息 19 036

贷：未确认融资费用 19 036

2011 年 12 月 31 日支付租金并确认融资费用的账务处理：

借：长期应付款——应付融资租赁款 118 708

贷：银行存款 118 708

借：财务费用——利息 13 056

贷：未确认融资费用 13 056

2012 年 12 月 31 日支付租金并确认融资费用的账务处理：

借：长期应付款——应付融资租赁款 118 708

贷：银行存款 118 708

借：财务费用——利息 6 770

贷：未确认融资费用 6 770

（2）企业所得税处理及企业所得税和会计差异调整。

2008 年企业申报企业所得税时应进行纳税调整，将计入财务费用的未确认融资费用30 000元调增应纳税所得额；在每个支付租金的年度，均做纳税调增处理，5 年共计纳税调增额为93 540元。

如果固定资产在使用期间没有净残值，则在租赁期固定资产提取折旧企业所得税和会计出现差异产生的93 540元纳税调减额，与未确认融资费用处理会计和企业所得税纳税差异产生的纳税调增额93 540元相等。所以上述企业所得税和会计的差异为暂时性差异（详见表 5－2）。

表 5－2　　纳税调整备查账（扣除类、资产类调整项目）　　单位：元

日　期	凭证号	业务摘要	租入设备折旧额			财务费用（未实现融资费用）		
			会计	所得税	纳税调减	会计	所得税	纳税调增
2008.12	略	……	100 000	118 708	18 708	30 000	0	30 000
2009.12	略	……	100 000	118 708	18 708	24 678	0	24 678
2010.12	略	……	100 000	118 708	18 708	19 036	0	19 036
2011.12	略	……	100 000	118 708	18 708	13 056	0	13 056
2012.12	略	……	100 000	118 708	18 708	6 770	0	6 770
总计			500 000	593 540	93 540	93 540	0	93 540

（十二）劳动保护支出

《企业所得税法实施条例》第四十八条规定：企业发生的合理的劳动保护支出，准予扣除。

会计对此项业务处理和企业所得税扣除项目处理没有差异。

（十三）营业机构的内部往来的费用

根据《关于母子公司间提供服务支付费用有关企业所得税处理问题的通知》（国税发［2008］86 号），母子公司间提供服务支付费用的基本处理原则为：其一，母公司向其子公司提供各项服务，双方应签订服务合同或协议，按照独立企业之间公平交易

原则确定服务的价格，明确规定提供服务的内容、收费标准及金额等，凡按上述合同或协议规定所发生的服务费，母公司应作为营业收入申报纳税，子公司作为成本费用在税前扣除；其二，母子公司未按照独立企业之间的业务往来收取价款的，税务机关有权予以调整；其三，母公司以管理费形式向子公司提取费用，子公司因此支付给母公司的管理费，不得在税前扣除。

会计在上述业务处理时，在不违背会计准则的前提下，应尽可能与企业所得税规定保持一致。

如果会计与企业所得税处理不一致，在企业进行企业所得税纳税申报表填报时需要进行纳税调整。

（十四）研究开发费（技术开发费）

1. 会计准则对技术开发费处理的规定。

《企业会计准则6号——无形资产》明确规定了企业自行开发无形资产支出划分为研究阶段和开发阶段。

研究阶段是指为获取新的技术和知识等进行的有计划的调查，其特点在于研究阶段是探索性的，为进一步的开发活动进行资料及相关方面的准备，从已经进行的研究活动看，将来是否会转入开发、开发后是否会形成无形资产等具有较大的不确定性，因而研究阶段的支出应当费用化。研究阶段应将其所发生的研发支出计入“研发支出——费用化支出”借方；研究阶段结束，将“研发支出——费用化支出”结转到“管理费用”。

开发是指在进行商业性生产或使用前，将研究成果或其他知识应用于某项计划或设计，以生产出新的或具有实质性改进的材料、装置、产品等。开发阶段相对研究阶段而言，应当是完成了研究阶段的工作，在很大程度上形成一项新产品或新技术的基本条件已经具备，因而开发阶段的支出符合资本化条件的应当做资本化处理。开发阶段的支出计入“研发支出——资本化支出”借方，符合资本化条件的，确认为“无形资产”。

2. 研发费用处理所得税和会计的比较。

在研发费用资本化和费用化确认上，由于企业所得税法规没有明确规定，所以企业所得税处理应遵循会计标准。

研发费用的计量上，会计和企业所得税的处理存在差异，表现为从鼓励科技进步的角度，企业所得税规定研发费用可以加计扣除150%。企业所得税对研发费用的扣除和会计处理出现差异的性质为永久性差异。企业研发费用所得税处理和会计处理的差异，应设置台账（纳税调整备查账）序时记录，在企业进行企业所得税纳税申报表填报时进行纳税调减的处理。

［例5－14］2008年资产负债表日，A企业当期发生符合资本化条件前发生新技术研究性支出为400万元，在“研发支出——费用化支出”科目中归集。

(1) 会计处理。

A企业当期发生的研究支出中，按照会计规定应予费用化的金额为400万元。企业的账务处理为：

借：管理费用　　4 000 000

贷：研发支出——费用化支出 4 000 000

（2）企业所得税处理。

A企业当期发生的研发支出400万元，根据税法规定可在按照实际发生额扣除400万元的同时，进行加计扣除的金额为200万元，总计扣除额为600万元。企业所得税对研发费用的扣除和会计处理出现差异，差异的性质为永久性差异。企业在企业所得税纳税申报表填报、计算应纳税所得额时进行纳税调减的处理，调减额为200万元。

（十五）安置残疾人员所支付的工资

企业所得税对安置残疾人员所支付的工资的加计扣除和会计按实际发生额扣除处理出现差异，差异的性质为永久性差异，企业应设置台账（纳税调整备查账）序时记录，在企业进行企业所得税纳税申报表填报时进行纳税调减的处理。

（十六）手续费佣金

企业发生与生产经营有关的手续费及佣金支出，不超过以下规定计算限额以内的部分，准予扣除；超过部分，不得扣除。保险企业：财产保险企业按当年全部保费收入扣除退保金等后余额的15%（含本数，下同）计算限额；人身保险企业按当年全部保费收入扣除退保金等后余额的10%计算限额。其他企业：按与具有合法经营资格中介服务机构或个人（不含交易双方及其雇员、代理人和代表人等）所签订服务协议或合同确认的收入金额的5%计算限额。

会计的手续费佣金实际发生额超过税法标准，会计和所得税扣除处理出现差异，差异的性质为永久性差异，企业应设置台账（纳税调整备查账）序时记录，在企业进行企业所得税纳税申报表填报时进行纳税调增的处理。

五、企业所得税扣除及相关业务与会计差异分析的总结

通过上述所得税和会计在成本、费用、税金及损失等扣除项目的比较，概括起来所得税和会计的差异表现为以下内容。

（一）企业所得税和会计成本、费用、税金及损失等扣除项目确认上的差异

1.《成本费用明细表》（附表二）中填列并调整的差异。

下列与视同销售业务相关的，成本确认所得税和会计的差异为暂时性或永久性差异，在《成本费用明细表》的相应项目中填报并调整。

（1）企业非货币性资产交换不具有商业实质或者公允价值不能够可靠计量，所得税确认视同销售，同时配比视同销售成本，差异的性质为时间性（暂时性）差异。

（2）企业将资产（货物和财产）用于捐赠、赞助、集资、广告、样品，在所得税上确认为视同销售，同时配比视同销售成本，差异的性质一般应确认为永久性差异。

（3）企业将劳务用于捐赠、赞助、集资、广告、样品，在所得税上确认为视同销售，同时配比视同销售成本，差异的性质一般应确认为永久性差异。

2.《纳税调整项目明细表》（附表三）中填列并调整的差异。

下列企业所得税和会计成本、费用、税金及损失等扣除项目确认上的差异，在《纳税调整明细表》中填报并调整。

（1）企业所得税不允许扣除的业务内容中，属于会计“营业外支出”的项目包括：税收滞纳金；罚金、罚款和被没收财物的损失；超过扣除限额的公益救济性捐赠和非

公益救济性捐赠支出；赞助支出；与取得收入无关的其他支出。上述业务所得税和会计的差异为永久性差异。

（2）在损失确认业务处理时，会计将企业各项资产减值损失在“资产减值损失”会计科目进行核算，并减少企业当期会计利润；此项业务内容在企业所得税扣除业务中不予确认。所得税和会计的差异为暂时性差异。

（3）在费用确认业务处理方面，会计“销售费用”确认的预计产品质量保证损失，“管理费用”确认的预计诉讼费用等预计费用，根据企业所得税扣除的“真实性”原则，企业所得税将不予确认。所得税和会计的差异为暂时性差异。

（4）会计“财务费用”中对融资租赁业务未确认融资费用（收益）的处理，所得税不予确认。会计准则规定承租人（出租人）未确认融资费用（收益），应当在租赁期内各个期间进行分摊，并采用实际利率法计算确认当期的融资费用（收益），并计入财务费用。所得税和会计的差异为暂时性差异。

（5）视同销售业务发生后，形成的营业税、消费税等属于商品课税税种的应缴税款没有伴随会计收入实现，所得税可配比扣除的税金没有在“营业税金及附加”科目中核算和反映。所得税和会计的差异为永久性差异。

（二）企业所得税和会计成本、费用、税金及损失等扣除项目计量上的差异

企业所得税法规采取列举的方法，对所得税中部分形成成本、费用及损失的具体项目规定了扣除的条件和计量标准。企业所得税和会计对成本、费用、税金及损失等扣除项目计量上确认的差异，一般性质为永久性差异（结转扣除的职工教育经费和广告费除外）。差异在《纳税调整项目明细表》（附表三）中填列并调整，具体包括以下内容。

1. 捐赠支出。

如果企业的捐赠支出不符合公益性捐赠支出的条件或超过计税标准，所得税和会计出现差异，差异的性质为永久性差异。

2. 工资薪金支出。

如果企业的工资薪金支出不符合税法“合理”的条件，所得税和会计出现差异，差异的性质为永久性差异。

3. 职工工会经费、福利费、教育经费支出。

如果企业职工工会经费、福利费、教育经费支出不符合所得税法规规定的条件或超过计税标准，所得税和会计出现差异，差异的性质为永久性差异（教育经费支出除外）。

4. 各项社会保障性缴款（包括补充养老保险、补充医疗保险）及住房公积金。

如果企业各项社会保障性缴款及住房公积金支出不符合企业所得税法规规定的条件或超过计税标准，所得税和会计出现差异，差异的性质为永久性差异。

5. 利息支出。

如果企业实际发生的利息支出不符合企业所得税法规规定的条件或超过计税标准，所得税和会计出现差异，差异的性质为永久性差异。

6. 业务招待费。

如果企业实际发生的业务招待费支出不符合企业所得税法规规定的条件或超过计税标准，所得税和会计出现差异，差异的性质为永久性差异。

7. 广告费和业务宣传费。

如果企业实际发生的广告费和业务宣传费支出不符合企业所得税法规规定的条件或超过计税标准，所得税和会计出现差异，差异的性质为永久性差异或暂时性差异。

8. 手续费和佣金。

如果企业实际发生的手续费和佣金支出不符合企业所得税法规规定的条件或超过计税标准，所得税和会计出现差异，差异的性质为永久性差异。

9. 研发费用。

如果企业符合所得税优惠政策中“研发费用的加计扣除”的条件，则所得税和会计出现差异，差异的性质为永久性差异。

10. 安置残疾人员所支付的工资。

如果企业发生“安置残疾人员所支付的工资”，符合加计扣除的条件，则所得税和会计出现差异，差异的性质为永久性差异。

企业日常应通过设置辅助账（纳税调整备查账）的形式，序时记录所得税和会计在成本、费用、税金及损失确认及计量方面的差异，为企业所得税纳税申报表填报和所得税会计核算提供依据。同时，所得税和会计的差异在企业所得税纳税申报表填报时进行调整。

第六章　扣除项目资产损失业务处理企业所得税和会计相关业务的比较分析

第一节　企业所得税资产损失处理的法规分析

一、企业资产损失的界定

（一）资产的定义

《企业资产损失税前扣除管理办法》（国税发［2009］88号）第二条规定：本办法所称资产是指企业拥有或者控制的、用于经营管理活动且与取得应税收入有关的资产，包括现金、银行存款、应收及预付款项（包括应收票据）等货币资产，存货、固定资产、在建工程、生产性生物资产等非货币资产，以及债权性投资和股权（权益）性投资。

（二）资产损失的定义

《财政部、国家税务总局〈关于企业资产损失税前扣除政策〉的通知》（财税［2009］57号）规定：所称资产损失，是指企业在生产经营活动中实际发生的、与取得应税收入有关的资产损失，包括现金损失，存款损失，坏账损失，贷款损失，股权投资损失，固定资产和存货的盘亏、毁损、报废、被盗损失，自然灾害等不可抗力因素造成的损失以及其他损失。

二、企业资产损失处理的基本规定

《企业资产损失税前扣除管理办法》（国税发［2009］88号）第五条规定：企业实际发生的资产损失按税务管理方式可分为：自行计算扣除的资产损失和须经税务机关审批后才能扣除的资产损失。

（一）自行计算扣除的资产损失的基本处理

1. 自行计算扣除的资产损失的确认。

《企业资产损失税前扣除管理办法》（国税发［2009］88号）第五条规定：下列资产损失，属于由企业自行计算扣除的资产损失：

（1）企业在正常经营管理活动中因销售、转让、变卖固定资产、生产性生物资产、存货发生的资产损失。

（2）企业各项存货发生的正常损耗。

（3）企业固定资产达到或超过使用年限而正常报废清理的损失。

（4）企业生产性生物资产达到或超过使用年限而正常死亡发生的资产损失。

（5）企业按照有关规定通过证券交易场所、银行间市场买卖债券、股票、基金，以及金融衍生产品等发生的损失。

（6）其他经国家税务总局确认不需经税务机关审批的其他资产损失。

上述以外的资产损失，属于需经税务机关审批后才能扣除的资产损失。

企业发生的资产损失，凡无法准确辨别应属于自行计算扣除的资产损失，可向税务机关提出审批申请。

2. 自行计算扣除的资产损失的处理。

《企业资产损失税前扣除管理办法》（国税发［2009］88号）第十条规定：企业发生属于由企业自行计算扣除的资产损失，应按照企业内部管理控制的要求，做好资产损失的确认工作，并保留好有关资产会计核算资料和原始凭证及内部审批证明等证据，以备税务机关日常检查。

（二）税务机关审批扣除的资产损失处理

《企业资产损失税前扣除管理办法》（国税发［2009］88号）第四条规定：企业发生的资产损失，按本办法规定须经有关税务机关审批的，应在规定时间内按程序及时申报和审批。

1. 申报审批的时间。

《企业资产损失税前扣除管理办法》（国税发［2009］88号）第八条规定：税务机关受理企业当年的资产损失审批申请的截止日为本年度终了后第45日。企业因特殊原因不能按时申请审批的，经负责审批的税务机关同意后可适当延期申请。

2. 报送的证据资料。

《财政部、国家税务总局〈关于企业资产损失税前扣除政策〉的通知》（财税［2009］57号）规定：企业对其扣除的各项资产损失，应当提供能够证明资产损失确属已实际发生的合法证据，包括具有法律效力的外部证据、具有法定资质的中介机构的经济鉴证证明、具有法定资质的专业机构的技术鉴定证明等。

《企业资产损失税前扣除管理办法》（国税发［2009］88号）第十条规定：企业按规定向税务机关报送资产损失税前扣除申请时，均应提供能够证明资产损失确属已实际发生的合法证据，包括：具有法律效力的外部证据和特定事项的企业内部证据。

（1）具有法律效力的外部证据。

《企业资产损失税前扣除管理办法》（国税发［2009］88号）第十一条规定：具有法律效力的外部证据，是指司法机关、行政机关、专业技术鉴定部门等依法出具的与本企业资产损失相关的具有法律效力的书面文件，主要包括：

①司法机关的判决或者裁定。

②公安机关的立案结案证明、回复。

③工商部门出具的注销、吊销及停业证明。

④企业的破产清算公告或清偿文件。

⑤行政机关的公文。

⑥国家及授权专业技术鉴定部门的鉴定报告。

⑦具有法定资质的中介机构的经济鉴定证明。

⑧经济仲裁机构的仲裁文书。

⑨保险公司对投保资产出具的出险调查单、理赔计算单等。

⑩符合法律条件的其他证据。

（2）特定事项的企业内部证据。

《企业资产损失税前扣除管理办法》（国税发［2009］88号）第十二条规定：特定事项的企业内部证据，是指会计核算制度健全、内部控制制度完善的企业，对各项资产发生毁损、报废、盘亏、死亡、变质等内部证明或承担责任的声明，主要包括：

①有关会计核算资料和原始凭证。

②资产盘点表。

③相关经济行为的业务合同。

④企业内部技术鉴定部门的鉴定文件或资料（数额较大、影响较大的资产损失项目，应聘请行业内的专家参加鉴定和论证）。

⑤企业内部核批文件及有关情况说明。

⑥对责任人由于经营管理责任造成损失的责任认定及赔偿情况说明。

⑦法定代表人、企业负责人和企业财务负责人对特定事项真实性承担法律责任的声明。

（三）企业资产损失处理的其他基本规定

1. 资产损失确认的时间。

《企业资产损失税前扣除管理办法》（国税发［2009］88号）第三条规定：企业发生的资产损失，应在按税收规定实际确认或者实际发生的当年申报扣除，不得提前或延后扣除。

因各类原因导致资产损失未能在发生当年准确计算并按期扣除的，经税务机关批准后，可追补确认在损失发生的年度税前扣除，并相应调整该资产损失发生年度的应纳所得税额。调整后计算的多缴税额，应按照有关规定予以退税，或者抵顶企业当期应纳税款。

2. 已经扣除的资产损失收回的处理。

《财政部、国家税务总局〈关于企业资产损失税前扣除政策〉的通知》（财税［2009］57号）规定：企业在计算应纳税所得额时已经扣除的资产损失，在以后纳税年度全部或者部分收回时，其收回部分应当作为收入计入收回当期的应纳税所得额。

3. 境外营业机构由于发生资产损失而产生的亏损的处理。

《财政部、国家税务总局〈关于企业资产损失税前扣除政策〉的通知》（财税［2009］57号）规定：企业境内、境外营业机构发生的资产损失应分开核算，对境外营业机构由于发生资产损失而产生的亏损，不得在计算境内应纳税所得额时扣除。

（四）税务部门对资产损失的审批及管理

《企业资产损失税前扣除管理办法》（国税发［2009］88号）第六条规定：税务机关对企业资产损失税前扣除的审批是对纳税人按规定提供的申报材料与法定条件进行符合性审查。企业资产损失税前扣除不实行层层审批，企业可直接向有权审批税务机关申请。

1. 资产损失的审批权限。

《企业资产损失税前扣除管理办法》（国税发［2009］88号）第六条规定：税务机关审批权限如下：

（1）企业因国务院决定事项所形成的资产损失，由国家税务总局规定资产损失的具体审批事项后，报省级税务机关负责审批。

（2）其他资产损失按属地审批的原则，由企业所在地管辖的省级税务机关根据损失金额大小、证据涉及地区等因素，适当划分审批权限。

（3）企业捆绑资产所发生的损失，由企业总机构所在地税务机关审批。

2. 资产损失审批的时间。

《企业资产损失税前扣除管理办法》（国税发［2009］88号）第七条规定：负责审批的税务机关应对企业资产损失税前扣除审批申请即报即批。做出审批决定的时限为：

（1）由省级税务机关负责审批的，自受理之日起30个工作日内。

（2）由省级以下税务机关负责审批的，其审批时限由省级税务机关确定，但审批时限最长不得超过省级税务机关负责审批的时限。

因情况复杂需要核实，在规定期限内不能做出审批决定的，经本级税务机关负责人批准，可以适当延长期限，但延期期限不得超过30天。同时，应将延长期限的理由告知申请人。

3. 税务部门对资产损失审批的事后管理。

《企业资产损失税前扣除管理办法》（国税发［2009］88号）第四十四条规定：税务机关对企业申请税前扣除的资产损失的审批不改变企业的依法申报责任，企业采用伪造、变造有关资料证明等手段多列多报资产损失，或本办法规定需要审批而未审批直接税前扣除资产损失造成少缴税款的，税务机关根据《中华人民共和国税收征收管理法》的有关规定进行处理。

《企业资产损失税前扣除管理办法》（国税发［2009］88号）第五十二条规定：因税务机关的责任，致使纳税人、扣缴义务人未缴或者少缴税款的，税务机关在三年内可以要求纳税人、扣缴义务人补缴税款，但是不得加收滞纳金。

《企业资产损失税前扣除管理办法》（国税发［2009］88号）第四十五条规定：税务机关对企业自行申报扣除和经审批扣除的资产损失进行纳税检查时，根据实质重于形式原则对有关证据的真实性、合法性和合理性进行审查，对有确凿证据证明由于不真实、不合法或不合理的证据或估计而造成的税前扣除，应依法进行纳税调整，并区分情况分清责任，按规定对纳税人和有关责任人依法进行处罚。有关技术鉴定部门或中介机构为纳税人提供虚假证明而税前扣除资产损失，导致未缴、少缴税款的，按《中华人民共和国税收征收管理法》及其实施细则的规定处理。

三、现金等货币资产损失的所得税处理

《企业资产损失税前扣除管理办法》（国税发［2009］88号）第十三条规定：企业货币资产损失包括现金损失、银行存款损失和应收（预付）账款损失等。

（一）现金损失的所得税处理

1. 现金损失的计量。

《财政部、国家税务总局〈关于企业资产损失税前扣除政策〉的通知》（财税［2009］57号）规定：企业清查出的现金短缺减除责任人赔偿后的余额，作为现金损失在计算应纳税所得额时扣除。

2. 现金损失的证据。

《企业资产损失税前扣除管理办法》（国税发［2009］88号）第十四条规定：现金

损失确认应提供以下证据：

（1）现金保管人确认的现金盘点表（包括倒推至基准日的记录）。

（2）现金保管人对于短款的说明及相关核准文件。

（3）对责任人由于管理责任造成损失的责任认定及赔偿情况的说明。

（4）涉及刑事犯罪的，应提供司法机关的涉案材料。

（二）存款损失的所得税处理

1. 存款损失的确认和计量。

《财政部、国家税务总局〈关于企业资产损失税前扣除政策〉的通知》（财税［2009］57号）规定：企业将货币性资金存入法定具有吸收存款职能的机构，因该机构依法破产、清算，或者政府责令停业、关闭等原因，确实不能收回的部分，作为存款损失在计算应纳税所得额时扣除。

2. 存款损失的证据。

《企业资产损失税前扣除管理办法》（国税发［2009］88号）第十五条规定：存款损失应提供以下相关证据：

（1）企业存款的原始凭据。

（2）法定具有吸收存款职能的机构破产、清算的法律文件。

（3）政府责令停业、关闭文件等外部证据。

（4）清算后剩余资产分配的文件。

（三）坏账损失的所得税处理

1. 坏账损失的确认和计量。

《财政部、国家税务总局〈关于企业资产损失税前扣除政策〉的通知》（财税［2009］57号）规定：企业除贷款类债权外的应收、预付账款符合下列条件之一的，减除可收回金额后确认的无法收回的应收、预付款项，可以作为坏账损失在计算应纳税所得额时扣除：

（1）债务人依法宣告破产、关闭、解散、被撤销，或者被依法注销、吊销营业执照，其清算财产不足清偿的。

（2）债务人死亡，或者依法被宣告失踪、死亡，其财产或者遗产不足清偿的。

（3）债务人逾期3年以上未清偿，且有确凿证据证明已无力清偿债务的。

（4）与债务人达成债务重组协议或法院批准破产重整计划后，无法追偿的。

（5）因自然灾害、战争等不可抗力导致无法收回的。

（6）国务院财政、税务主管部门规定的其他条件。

2. 坏账损失的证据。

《企业资产损失税前扣除管理办法》（国税发［2009］88号）第十六条规定：企业应收、预付账款发生符合坏账损失条件的，申请坏账损失税前扣除，应提供下列相关依据：

（1）法院的破产公告和破产清算的清偿文件。

（2）法院的败诉判决书、裁决书，或者胜诉但被法院裁定终（中）止执行的法律文书。

（3）工商部门的注销、吊销证明。

（4）政府部门有关撤销、责令关闭的行政决定文件。

（5）公安等有关部门的死亡、失踪证明。

（6）逾期三年以上及已无力清偿债务的确凿证明。

《企业资产损失税前扣除管理办法》（国税发［2009］88号）第十八条规定：逾期三年以上的应收款项，企业有依法催收磋商记录，确认债务人已资不抵债、连续三年亏损或连续停止经营三年以上的，并能认定三年内没有任何业务往来，可以认定为损失。

（7）与债务人的债务重组协议及其相关证明。

（8）其他相关证明。

《企业资产损失税前扣除管理办法》（国税发［2009］88号）第十七条规定：逾期不能收回的应收款项中，单笔数额较小、不足以弥补清收成本的，由企业做出专项说明，对确实不能收回的部分，认定为损失。

四、非货币资产损失的所得税处理

《企业资产损失税前扣除管理办法》（国税发［2009］88号）第十九条规定：企业非货币资产损失包括存货损失、固定资产损失、在建工程损失、生物资产损失等。

（一）存货损失的所得税处理

1. 存货盘亏损失的确认。

《财政部、国家税务总局〈关于企业资产损失税前扣除政策〉的通知》（财税［2009］57号）规定：对企业盘亏的固定资产或存货，以该固定资产的账面净值或存货的成本减除责任人赔偿后的余额，作为固定资产或存货盘亏损失在计算应纳税所得额时扣除。

《企业资产损失税前扣除管理办法》（国税发［2009］88号）第二十条规定：存货盘亏损失，其盘亏金额扣除责任人赔偿后的余额部分，依据下列证据认定损失：

（1）存货盘点表。

（2）存货保管人对于盘亏的情况说明。

（3）盘亏存货的价值确定依据（包括相关入库手续、相同相近存货采购发票价格或其他确定依据）。

（4）企业内部有关责任认定、责任人赔偿说明和内部核批文件。

2. 存货报废、毁损和变质损失的计量与证据。

《企业资产损失税前扣除管理办法》（国税发［2009］88号）第二十一条规定：存货报废、毁损和变质损失，其账面价值扣除残值及保险赔偿或责任赔偿后的余额部分，依据下列相关证据认定损失：

（1）单项或批量金额较小（占企业同类存货10%以下，或减少当年应纳税所得、增加亏损10%以下，或10万元以下。下同）的存货，由企业内部有关技术部门出具技术鉴定证明。

（2）单项或批量金额超过上述规定标准的较大存货，应取得专业技术鉴定部门的鉴定报告或者具有法定资质中介机构出具的经济鉴定证明。

（3）涉及保险索赔的，应当有保险公司理赔情况说明。

（4）企业内部关于存货报废、毁损、变质情况说明及审批文件。

（5）残值情况说明。

（6）企业内部有关责任认定、责任赔偿说明和内部核批文件。

3. 存货被盗损失的计量与证据。

《企业资产损失税前扣除管理办法》（国税发［2009］88 号）第二十二条规定：存货被盗损失，其账面价值扣除保险理赔以及责任赔偿后的余额部分，依据下列证据认定损失：

（1）向公安机关的报案记录，公安机关立案、破案和结案的证明材料。

（2）涉及责任人的责任认定及赔偿情况说明。

（3）涉及保险索赔的，应当有保险公司理赔情况说明。

（二）固定资产损失的所得税处理

1. 固定资产盘亏、丢失损失计量与证据。

《企业资产损失税前扣除管理办法》（国税发［2009］88 号）第二十三条规定：固定资产盘亏、丢失损失，其账面净值扣除责任人赔偿后的余额部分，依据下列证据确认损失：

（1）固定资产盘点表。

（2）盘亏、丢失情况说明，单项或批量金额较大的固定资产盘亏、丢失，企业应逐项做出专项说明，并出具具有法定资质中介机构出具的经济鉴定证明。

（3）企业内部有关责任认定和内部核准文件等。

2. 固定资产报废、毁损损失计量与证据。

《企业资产损失税前扣除管理办法》（国税发［2009］88 号）第二十四条规定：固定资产报废、毁损损失，其账面净值扣除残值、保险赔偿和责任人赔偿后的余额部分，依据下列相关证据认定损失：

（1）企业内部有关部门出具的鉴定证明。

（2）单项或批量金额较小的固定资产报废、毁损，可由企业逐项做出说明，并出具内部有关技术部门的技术鉴定证明。

单项或批量金额较大的固定资产报废、毁损，企业应逐项做出专项说明，并出具专业技术鉴定机构的鉴定报告，也可以同时附送中介机构的经济鉴定证明。

（3）自然灾害等不可抗力原因造成固定资产毁损、报废的，应当有相关职能部门出具的鉴定报告，如消防部门出具受灾证明，公安部门出具的事故现场处理报告、车辆报损证明，房管部门的房屋拆除证明，锅炉、电梯等安检部门的检验报告等。

（4）企业固定资产报废、毁损情况说明及内部核批文件。

（5）涉及保险索赔的，应当有保险公司理赔情况说明。

3. 固定资产被盗损失计量与证据。

《企业资产损失税前扣除管理办法》（国税发［2009］88 号）第二十五条规定：固定资产被盗损失，其账面净值扣除保险理赔以及责任赔偿后的余额部分，依据下列证据认定损失：

（1）向公安机关的报案记录，公安机关立案、破案和结案的证明材料。

（2）涉及责任人的责任认定及赔偿情况说明。

（3）涉及保险索赔的，应当有保险公司理赔情况说明。

（三）在建工程损失的所得税处理

1. 在建工程停建、废弃和报废、拆除损失的计量与证据。

《企业资产损失税前扣除管理办法》（国税发［2009］88号）第二十六条规定：在建工程停建、废弃和报废、拆除损失，其账面价值扣除残值后的余额部分，依据下列证据认定损失：

（1）国家明令停建项目的文件。

（2）有关政府部门出具的工程停建、拆除文件。

（3）企业对报废、废弃的在建工程项目出具的鉴定意见和原因说明及核批文件，单项数额较大的在建工程项目报废，应当有专业技术鉴定部门的鉴定报告。

（4）工程项目实际投资额的确定依据。

2. 在建工程自然灾害和意外事故毁损损失的计量与证据。

《企业资产损失税前扣除管理办法》（国税发［2009］88号）第二十七条规定：在建工程自然灾害和意外事故毁损损失，其账面价值扣除残值、保险赔偿及责任赔偿后的余额部分，依据下列证据认定损失：

（1）有关自然灾害或者意外事故证明。

（2）涉及保险索赔的，应当有保险理赔说明。

（3）企业内部有关责任认定、责任人赔偿说明和核准文件。

3. 工程物资发生损失的计量与证据。

《企业资产损失税前扣除管理办法》（国税发［2009］88号）第二十八条规定：工程物资发生损失的，比照本办法存货损失的规定进行认定。

（四）生产性生物资产损失的认定

1. 生产性生物资产盘亏损失的计量与证据。

《企业资产损失税前扣除管理办法》（国税发［2009］88号）第二十九条规定：生产性生物资产盘亏损失，其账面净值扣除责任人赔偿后的余额部分，依据下列证据确认损失：

（1）生产性生物资产盘点表。

（2）盘亏情况说明，单项或批量金额较大的生产性生物资产，企业应逐项做出专项说明。

（3）企业内部有关责任认定和内部核准文件等。

2. 森林病虫害、疫情、死亡而产生的生产性生物资产损失的计量与证据。

《企业资产损失税前扣除管理办法》（国税发［2009］88号）第三十条规定：因森林病虫害、疫情、死亡而产生的生产性生物资产损失，其账面净值扣除残值、保险赔偿和责任人赔偿后的余额部分，依据下列相关证据认定损失：

（1）企业内部有关部门出具的鉴定证明。

（2）单项或批量金额较大的生产性生物资产森林病虫害、疫情、死亡，企业应逐项做出专项说明，并出具专业技术鉴定部门的鉴定报告。

（3）因不可抗力原因造成生产性生物资产森林病虫害、疫情、死亡，应当有相关职能部门出具的鉴定报告，如林业部门出具的森林病虫害证明、卫生防疫部门出具的疫情证明、消防部门出具的受灾证明、公安部门出具的事故现场处理报告等。

（4）企业生产性生物资产森林病虫害、疫情、死亡情况说明及内部核批文件。

（5）涉及保险索赔的，应当有保险公司理赔情况说明。

3. 被盗、丢失而产生的生产性生物资产损失的计量与证据。

《企业资产损失税前扣除管理办法》（国税发［2009］88号）第三十一条规定：对被盗伐、被盗、丢失而产生的生产性生物资产损失，其账面净值扣除保险理赔以及责任赔偿后的余额部分，依据下列证据认定损失：

（1）生产性生物资产被盗后，向公安机关的报案记录或公安机关立案、破案和结案的证明材料。

（2）涉及责任人的责任认定及赔偿情况说明。

（3）涉及保险索赔的，应当有保险公司理赔情况说明。

（五）抵押资产损失的认定

《企业资产损失税前扣除管理办法》（国税发［2009］88号）第三十二条规定：企业由于未能按期赎回抵押资产，使抵押资产被拍卖或变卖，其账面净值大于变卖价值的差额部分，依据拍卖或变卖证明，认定为资产损失。

五、投资损失的认定

《企业资产损失税前扣除管理办法》（国税发［2009］88号）第三十三条规定：企业投资损失包括债权性投资损失和股权（权益）性投资损失。

（一）不得确认为在企业所得税前扣除的股权和债权损失

《企业资产损失税前扣除管理办法》（国税发［2009］88号）第四十二条规定：下列股权和债权不得确认为在企业所得税前扣除的损失：

1. 债务人或者担保人有经济偿还能力，不论何种原因，未按期偿还的企业债权。

2. 违反法律、法规的规定，以各种形式、借口逃废或者悬空的企业债权。

3. 行政干预逃废或者悬空的企业债权。

4. 企业未向债务人和担保人追偿的债权。

5. 企业发生非经营活动的债权。

6. 国家规定可以从事贷款业务以外的企业因资金直接拆借而发生的损失。

7. 其他不应当核销的企业债权和股权。

（二）贷款类（债权性投资）损失的所得税处理

1. 贷款类（债权性投资）损失的确认。

《财政部、国家税务总局〈关于企业资产损失税前扣除政策〉的通知》（财税［2009］57号）规定：企业经采取所有可能的措施和实施必要的程序之后，符合下列条件之一的贷款类债权，可以作为贷款损失在计算应纳税所得额时扣除：

（1）借款人和担保人依法宣告破产、关闭、解散、被撤销，并终止法人资格，或者已完全停止经营活动，被依法注销、吊销营业执照，对借款人和担保人进行追偿后，未能收回的债权。

（2）借款人死亡，或者依法被宣告失踪、死亡，依法对其财产或者遗产进行清偿，并对担保人进行追偿后，未能收回的债权。

（3）借款人遭受重大自然灾害或者意外事故，损失巨大且不能获得保险补偿，或者以保险赔偿后，确实无力偿还部分或者全部债务，对借款人财产进行清偿和对担保人进行追偿后，未能收回的债权。

（4）借款人触犯刑律，依法受到制裁，其财产不足归还所借债务，又无其他债务承担者，经追偿后确实无法收回的债权。

（5）由于借款人和担保人不能偿还到期债务，企业诉诸法律，经法院对借款人和担保人强制执行，借款人和担保人均无财产可执行，法院裁定执行程序终结或终止（中止）后，仍无法收回的债权。

（6）由于借款人和担保人不能偿还到期债务，企业诉诸法律后，经法院调解或经债权人会议通过，与借款人和担保人达成和解协议或重整协议，在借款人和担保人履行完还款义务后，无法追偿的剩余债权。

（7）由于上述（1）至（6）项原因借款人不能偿还到期债务，企业依法取得抵债资产，抵债金额小于贷款本息的差额，经追偿后仍无法收回的债权。

（8）开立信用证、办理承兑汇票、开具保函等发生垫款时，凡开证申请人和保证人由于上述（1）至（7）项原因，无法偿还垫款，金融企业经追偿后仍无法收回的垫款。

（9）银行卡持卡人和担保人由于上述（1）至（7）项原因，未能还清透支款项，金融企业经追偿后仍无法收回的透支款项。

（10）助学贷款逾期后，在金融企业确定的有效追索期限内，依法处置助学贷款抵押物（质押物），并向担保人追索连带责任后，仍无法收回的贷款。

（11）经国务院专案批准核销的贷款类债权。

（12）国务院财政、税务主管部门规定的其他条件。

2. 贷款类（债权性投资）损失的证据。

《企业资产损失税前扣除管理办法》（国税发［2009］88 号）第三十四条规定：下列各类符合坏账损失条件的债权投资，依据下列相关证据认定损失：

（1）债务人和担保人依法宣告破产、关闭、解散或撤销，并终止法人资格，企业对债务人和担保人进行追偿后，未能收回的债权，应提交债务人和担保人破产、关闭、解散证明、撤销文件、县级及县级以上工商行政管理部门注销证明和资产清偿证明。

（2）债务人死亡，或者依法宣告失踪或者死亡，企业依法对其资产或者遗产进行清偿，并对担保人进行追偿后，未能收回的债权，应提交债务人和担保人债务人死亡失踪证明，资产或者遗产清偿证明。

（3）债务人遭受重大自然灾害或意外事故，损失巨大且不能获得保险补偿，确实无力偿还的债务；或者保险赔偿清偿后，确实无力偿还的债务，企业对其资产进行清偿和对担保人进行追偿后，未能收回的债权，应提交债务人遭受重大自然灾害或意外事故证明，保险赔偿证明、资产清偿证明。

（4）债务人和担保人虽未依法宣告破产、关闭、解散或撤销，但已完全停止经营活动，被县及县以上工商行政管理部门依法吊销营业执照，企业对债务人和担保人进行追偿后，未收回的债权，应提交债务人和担保人被县及县以上工商行政管理部门注销或吊销证明和资产清偿证明。

（5）债务人和担保人虽未依法宣告破产、关闭、解散或撤销，但已完全停止经营活动或下落不明，连续两年以上未参加工商年检，企业对债务人和担保人进行追偿后，未收回的债权，应提交县及县以上工商行政管理部门查询证明和资产清偿证明。

（6）债务人触犯刑律，依法受到制裁，其资产不足以归还所借债务，又无其他债务承担者，经追偿后确实无法收回的债权，应提交法院裁定证明和资产清偿证明。

（7）债务人和担保人不能偿还到期债务，企业诉诸法律，经法院对债务人和担保人强制执行，债务人和担保人均无资产可执行，法院裁定终结或终止执行后，企业仍无法收回的债权。应提交法院强制执行证明和资产清偿证明，其中终止执行的，还应按市场公允价估算债务人和担保人的资产，如果其价值不足以清偿属于《破产法》规定的优先清偿项目，由企业出具专项说明，可将应收债权全额确定为债权损失；如果清偿《破产法》规定的优先清偿项目后仍有结余但不足以清偿所欠债务的，按所欠债务的比例确定企业应收债权的损失金额。

对同一债务人有多项债权的，可以按类推的原则确认债权损失金额。

（8）企业对债务人和担保人诉诸法律后，因债务人和担保人主体资格不符或消亡，同时又无其他债务承担人，被法院驳回起诉或裁定免除（或免除部分）债务人责任，或因借款合同、担保合同等权利凭证遗失或法律追溯失效，法院不予受理或不予支持，经追偿后确实无法收回的债权，应提交法院驳回起诉的证明，或裁定免除债务人责任的判决书、裁定书或民事调解书，或法院不予受理或不予支持证明。

（9）债务人由于上述（1）至（8）项原因不能偿还到期债务，企业依法取得抵债资产，但仍不足以抵偿相关的债权，经追偿后仍无法收回的金额，应提交抵债资产接收、抵债金额确定证明和上述一至八项相关的证明。

（10）债务人由于上述（1）至（9）项原因不能偿还到期债务，企业依法进行债务重组而发生的损失，应提交损失原因证明材料、具有法律效力的债务重组方案。

（11）企业经批准采取打包出售、公开拍卖、招标等市场方式出售、转让股权、债权的，其出售转让价格低于账面价值的差额，应提交资产处置方案、出售转让合同（或协议）、成交及入账证明、资产账面价值清单。

（12）企业因内部控制制度不健全、操作程序不规范或因业务创新但政策不明确、不配套等原因而形成的损失，应由企业承担的金额，应提交损失原因证明材料或业务监管部门定性证明、损失专项说明。

（13）企业因刑事案件原因形成的损失，应由企业承担的金额或经公安机关立案侦查2年以上仍无法追回的金额，应提交损失原因证明材料，公、检、法部门的立案侦查情况或判决书。

（14）金融企业对于余额在500万元以下（含500万元）的抵押（质押）贷款，农村信用社、村镇银行为50万元以下（含50万元）的抵押（质押）贷款，经追索1年以上，仍无法收回的金额，应提交损失原因证明材料、追索记录（包括电话追索、信件追索和上门追索等原始记录，并由经办人员和负责人签章确认）等。

（15）经国务院专案批准核销的债权，应提交国务院批准文件或经国务院同意后由国务院有关部门批准的文件。

3. 金融企业符合坏账条件的银行卡透支款项损失的证据。

《企业资产损失税前扣除管理办法》（国税发［2009］88号）第三十五条规定：金融企业符合坏账条件的银行卡透支款项以及相关的已计入应纳税所得额的其他应收款项，依据下列相关证据认定损失：

（1）持卡人和担保人依法宣告破产，资产经法定清偿后，未能还清的款项，应提交法院破产证明和资产清偿证明。

（2）持卡人和担保人死亡或依法宣告失踪或者死亡，以其资产或遗产清偿后，未能还清的款项，应提交死亡或失踪证明和资产或遗产清偿证明。

（3）经诉讼或仲裁并经强制执行程序后，仍无法收回的款项，应提交诉讼判决书或仲裁书和强制执行证明。

（4）持卡人和担保人因经营管理不善、资不抵债，经有关部门批准关闭，被县及县级以上工商行政管理部门注销、吊销营业执照，以其资产清偿后，仍未能还清的款项，应提交有关管理部门批准持卡人关闭的文件和工商行政管理部门注销持卡人营业执照的证明。

（5）余额在2万元以下（含2万元），经追索2年以上，仍无法收回的款项，应提交追索记录，包括电话追索、信件追索和上门追索等原始记录，并由经办人员和负责人签章确认。

4. 金融企业符合坏账条件的助学贷款损失的证据。

《企业资产损失税前扣除管理办法》（国税发［2009］88号）第三十六条规定：金融企业符合坏账条件的助学贷款，依据下列相关证据认定损失：

（1）债务人死亡，或者依法宣告失踪或者死亡，或丧失完全民事行为能力或劳动能力，无继承人或受遗赠人，在依法处置其助学贷款抵押物（质押物）及债务人的私有资产，并向担保人追索连带责任后，仍未能归还的贷款，应提交债务人死亡或者失踪的宣告，或公安部门、医院出具的债务人死亡证明；司法部门出具的债务人丧失完全民事能力的证明，或经县以上医院出具的债务人丧失劳动能力的证明，以及对助学贷款抵押物（质押物）处理和对担保人的追索情况。

（2）经诉讼并经强制执行程序后，在依法处置其助学贷款抵押物（质押物）及债务人的私有资产，并向担保人追索连带责任后，仍未能归还的贷款，应提交法院判决书或法院在案件无法继续执行时做出的终结裁定书，以及对助学贷款抵押物（质押物）处理和对担保人的追索情况。

（3）贷款逾期后，在企业确定的有效追索期限内，依法处置其助学贷款抵押物（质押物）及债务人的私有资产，同时向担保人追索连带责任后，仍未能归还的贷款，应提交对助学贷款抵押物（质押物）和对担保人的追索情况。

（二）股权（权益）性投资损失的所得税处理

1. 股权（权益）性投资损失的确认。

《财政部、国家税务总局〈关于企业资产损失税前扣除政策〉的通知》（财税［2009］57号）规定：企业的股权投资符合下列条件之一的，减除可收回金额后确认的无法收回的股权投资，可以作为股权投资损失在计算应纳税所得额时扣除：

（1）被投资方依法宣告破产、关闭、解散、被撤销，或者被依法注销、吊销营业执照的。

（2）被投资方财务状况严重恶化，累计发生巨额亏损，已连续停止经营3年以上，且无重新恢复经营改组计划的。

（3）对被投资方不具有控制权，投资期限届满或者投资期限已超过10年，且被投资单位因连续3年经营亏损导致资不抵债的。

（4）被投资方财务状况严重恶化，累计发生巨额亏损，已完成清算或清算期超过3年以上的。

（5）国务院财政、税务主管部门规定的其他条件。

2. 股权（权益）性投资损失的计量。

《企业资产损失税前扣除管理办法》（国税发［2009］88号）第三十八条规定：企业的股权（权益）投资当有确凿证据表明已形成资产损失时，应扣除责任人和保险赔款、变价收入或可收回金额后，再确认发生的资产损失。

可收回金额一律暂定为账面余额的5%。

3. 股权（权益）性投资损失的证据。

《企业资产损失税前扣除管理办法》（国税发［2009］88号）第三十七条规定：企业符合条件的股权（权益）性投资损失，应依据下列相关证据认定损失：

（1）企业法定代表人、主要负责人和财务负责人签章证实有关投资损失的书面声明。

（2）有关被投资方破产公告、破产清偿文件，工商部门注销、吊销文件，政府有关部门的行政决定文件，终止经营、停止交易的法律或其他证明文件。

（3）有关资产的成本和价值回收情况说明。

（4）被投资方清算剩余资产分配情况的证明。

（三）委托贷款和委托理财损失的认定

《企业资产损失税前扣除管理办法》（国税发［2009］88号）第三十九条规定：企业委托金融机构向其他单位贷款，接受贷款单位不能按期偿还的，比照本办法进行处理。

《企业资产损失税前扣除管理办法》（国税发［2009］88号）第四十条规定：企业委托符合法定资格要求的机构进行理财，应按业务实质和《中华人民共和国企业所得税法》及实施条例的规定区分为债权性投资和股权（权益）性投资，并按相关投资确认损失的条件和证据要求申报委托理财损失。

（四）担保损失的认定

《企业资产损失税前扣除管理办法》（国税发［2009］88号）第四十一条规定：企业对外提供与本企业应纳税收入有关的担保，因被担保人不能按期偿还债务而承担连带还款责任，经清查和追索，被担保人无偿还能力，对无法追回的，比照本办法应收账款损失进行处理。

与本企业应纳税收入有关的担保是指企业对外提供的与本企业投资、融资、材料采购、产品销售等主要生产经营活动密切相关的担保。

企业为其他独立纳税人提供的与本企业应纳税收入无关的贷款担保等，因被担保方还不清贷款而由该担保人承担的本息等，不得申报扣除。

第二节　企业所得税资产损失处理和会计相关业务的比较分析

一、会计损失的确认

按照会计准则对损失的确认的要件，会计损失的业务内容包括两项：

（一）资产减值损失

会计准则基于谨慎性原则规定，企业应当定期或者至少每年终了，对各项资产进行清查，对可能发生的各项资产损失计提减值准备，并计入“资产减值损失”会计科目核算和反映，减少企业当期会计利润。主要是保证企业因市场变化导致资产实际价值的变动能够客观真实地得到反映，防止企业虚增资产。“资产减值损失”核算企业计提各项资产减值准备所形成的损失，具体包括：“坏账准备”、“存货跌价准备”、“长期股权投资减值准备”、“持有至到期投资减值准备”、“固定资产减值准备”、“无形资产减值准备”、“贷款损失准备”等。

（二）营业外支出

会计“营业外支出”科目核算的业务内容是非日常活动发生的经济利益的流出，所以确认为会计的损失。“营业外支出”具体包括：非流动资产处置损失、非货币性资产交换损失、债务重组损失、公益性捐赠支出、非常损失、盘亏损失等。

二、企业所得税损失和会计损失的比较

根据企业所得税法规对企业所得税扣除项目损失的确定，以及会计对损失的确定，企业所得税损失和会计损失在范围确认上的基本关系如下。

（一）企业所得税扣除项目的损失在会计上一般都确认为损失

企业所得税法列举的损失内容包括：“固定资产和存货的盘亏、毁损、报废损失，转让财产损失，呆账损失，坏账损失，自然灾害等不可抗力因素造成的损失以及其他损失”，这些损失都属于会计的损失。企业所得税损失在会计“营业外支出”的范围内都能找到与之对应的具体项目。

企业所得税的固定资产和存货的盘亏、毁损、报废损失，属于会计“营业外支出”的资产盘亏损失、非常损失及非流动资产处置损失。

企业所得税的转让财产损失，属于会计“营业外支出”的非流动资产处置损失。

企业所得税的呆账损失，坏账损失，自然灾害等不可抗力因素造成的损失，属于会计“营业外支出”的非常损失。

企业所得税的投资资产损失，会计减少当期的“投资收益”。

企业所得税公益性捐赠，也在会计“营业外支出”范围内。

[例6-1] 2009年5月A企业（增值税一般纳税人）出售一台设备，该设备购置时间为2007年。该设备原始价值为200 000元，已提折旧70 000元（会计和税收一致），出售该设备取得价款120 000元，发生清理费用2 000元。

(1) 税收分析。

①增值税。企业为2009年以前已纳入扩大增值税抵扣范围试点纳税人，设备在试点前购置，设备出售应使用简易征收方法计算应纳增值税，即按照4%征收率减半计算增值税。应纳增值税额 = 120 000 ÷ (1 + 4%) × 4% × 50% = 2 308（元）

②企业所得税。固定资产处置损益 = 117 692 - 130 000 - 2 000 = -32 308（元）

根据《企业资产损失税前扣除管理办法》（国税发［2009］88号）第五条规定：“属于由企业自行计算扣除的资产损失包括：企业在正常经营管理活动中因销售、转让、变卖固定资产、生产性生物资产、存货发生的资产损失。”企业上述业务发生形成

的固定资产处置损失可以自行计算扣除。

(2) 会计处理：

结转固定资产成本：

借：固定资产清理　　130 000

　　累计折旧　　70 000

　贷：固定资产　　200 000

取得清理收入，计算税额：

借：银行存款　　120 000

　贷：固定资产清理　　117 692

　　　应交税费——未交增值税　　2 308

发生清理费用：

借：固定资产清理　　2 000

　贷：银行存款　　2 000

结转清理收益：

借：营业外支出——固定资产处置损失　　32 308

　贷：固定资产清理　　32 308

③所得税和会计处理一致。

（二）会计在“营业外支出”核算的部分业务企业所得税不确认为损失

企业所得税法规通过列举的方法，确认不允许扣除的支出具体包括：(1) 税收滞纳金；(2) 罚金、罚款和被没收财物的损失；(3) 超过限额的公益性捐赠支出和非公益性捐赠支出；(4) 企业发生的与生产经营活动无关的各种非广告性质的赞助支出；(5) 与取得收入无关的其他支出。

上述企业所得税不允许扣除的支出，会计核算都计入在“营业外支出”科目，减少企业会计利润。企业所得税和会计的上述业务形成的差异为永久性差异，在计算应纳税所得额时，进行纳税调增的处理。

[例 6-2] 2009 年 10 月 A 企业缴纳税收滞纳金100 000元。

(1) 会计处理。

借：营业外支出　　100 000

　贷：银行存款　　100 000

(2) 企业所得税处理及企业所得税和会计差异的调整。

上述业务会计确认为损失，计入“营业外支出”账户，减少企业当期的会计利润；但由于根据所得税相关法规税前不予扣除，所得税和会计出现差异，差异的性质为永久性差异，当期产生纳税调增的结果。

（三）会计的资产减值损失不确认为企业所得税的损失

企业所得税法规规定：不符合国务院财政、税务主管部门规定的各项资产减值准备、风险准备等准备金支出不允许税前扣除。因此，对会计上提取的资产减值损失在企业所得税上不予确认。企业所得税一般不允许扣除准备金，主要考虑以下因素：其一，企业所得税税前允许扣除的项目，原则上必须遵循真实性的原则据实扣除，企业只要实际发生的损失，允许在税前扣除；反之一般不允许扣除。其二，由于市场复杂多变，税法上难以对各种准备金规定一个合理的提取比例，各行业因市场风险不同，规定固定比例提取准备金会导致税负不公平。

企业所得税和会计对上述业务形成的差异为暂时性差异。

[例6-3] 2009年A企业一台设备由于技术创新的原因，资产的市价当期大幅度下跌，其跌幅明显高于因时间的推移或者正常使用而预计的下跌，预计可回收金额为10 000元。此设备原值为100 000元，已提折旧80 000元（折旧企业所得税处理和会计一致）。

（1）会计处理。

确认固定资产减值损失=10 000－（100 000－80 000）=－10 000（元）。企业账务处理为：

借：资产减值损失——固定资产减值损失　　10 000

　贷：固定资产减值准备　　10 000

（2）企业所得税处理及企业所得税和会计差异的调整。

会计确认的资产减值损失在企业所得税上不予确认，计算应纳税所得额时不允许扣除。企业所得税和会计在固定资产减值损失确认上出现差异，差异的性质为暂时性差异。企业当期在计算应纳税所得额时，需进行纳税调增的处理，调增额为10 000元。

（四）企业所得税部分资产损失的税前扣除需要税务部门审批

《国家税务总局〈关于印发企业资产损失税前扣除管理办法〉的通知》（国税发[2009] 88号）规定：企业资产损失划分为企业自行计算扣除的资产损失和需要税务部门批准的损失。

1. 企业自行计算扣除的资产损失。

下列资产损失，属于由企业自行计算扣除的资产损失：

（1）企业在正常经营管理活动中因销售、转让、变卖固定资产、生产性生物资产、存货发生的资产损失。

（2）企业各项存货发生的正常损耗。

（3）企业固定资产达到或超过使用年限而正常报废清理的损失。

（4）企业生产性生物资产达到或超过使用年限而正常死亡发生的资产损失。

（5）企业按照有关规定通过证券交易场所、银行间市场买卖债券、股票、基金以及金融衍生产品等发生的损失。

（6）其他经国家税务总局确认不需经税务机关审批的其他资产损失。

2. 税务部门审批扣除的资产损失。

上述以外的资产损失，属于需经税务机关审批后才能扣除的资产损失。

3. 如果企业会计确认的损失属于税务部门审批扣除的资产损失，而未提供税法规定的证据资料经税务部门审批，则会计确认的损失和所得税出现差异，差异的性质为永久性差异。

[例6-4] 2009年12月，A企业（增值税一般纳税人）的存货盘亏金额为200 000元，经企业内部审核，确认为当期损失。企业在2010年2月14日前未提供证据将损失报税务部门审批。

(1) 企业会计处理。

借：待处理财产损益　　234 000

　贷：库存商品　　200 000

　　　应交税金——应交增值税（进项税额转出）　　34 000

经企业内部审核确认为当期损失：

借：营业外支出——资产盘亏　　234 000

　贷：待处理财产损益　　234 000

(2) 税收分析。

①增值税。依据增值税相关法规，上述业务应确认为进项税额转出业务。进项税额转出数额 = 200 000 × 17% = 34 000（元）

②企业所得税。根据《企业资产损失税前扣除管理办法》（国税发［2009］88 号）规定，企业存货盘亏损失应为需经税务部门审批后扣除的损失。

《企业资产损失税前扣除管理办法》（国税发［2009］88 号）第二十条规定：存货盘亏损失，其盘亏金额扣除责任人赔偿后的余额部分，依据下列证据认定损失：存货盘点表；存货保管人对于盘亏的情况说明；盘亏存货的价值确定依据（包括相关入库手续、相同相近存货采购发票价格或其他确定依据）；企业内部有关责任认定、责任人赔偿说明和内部核批文件。

(3) 企业所得税处理及企业所得税和会计差异的调整。

上述业务会计确认为损失，计入“营业外支出”账户，减少企业当期的会计利润；但由于在《企业资产损失税前扣除管理办法》（国税发［2009］88 号）规定的期限前，企业未提供证据将损失报税务部门审批，所得税对存货盘亏的损失不予确认。所得税和会计出现差异，差异的性质为永久性差异，当期产生纳税调增的结果。

第七章　企业所得税扣除相关业务纳税申报表的分析填报

企业所得税纳税申报表附表中与所得税扣除业务相关的附表包括：《成本费用明细表》（附表二）、《企业所得税弥补亏损明细表》（附表四）、《广告费和业务宣传费跨年度纳税调整表》（附表七）及《纳税调整项目明细表》（附表三）扣除类项目。本章主要对上述与企业所得税扣除相关的企业所得税纳税申报表附表的构成及填报进行分析。

第一节　《成本费用明细表》（附表二）分析填报

一、《成本费用明细表》（企业所得税年度纳税申报表附表二）的构成

一般企业所得税纳税申报表填报的《成本费用明细表》，其基本构成详见表7－1；金融企业所得税纳税申报表填报的《金融企业成本费用明细表》，其基本构成详见表7－3。

《成本费用明细表》的成本费用包括销售成本、营业外支出及期间费用三项，其中，销售成本包括会计的主营业务成本、其他业务成本及营业外支出和税收口径的视同销售成本。

表7－1　　企业所得税年度纳税申报表（附表二）

成本费用明细表

填报时间：　　年　　月　　日　　　　　　　　　　　金额单位：元（列至角分）

行　次	项　　目	金　额
1	一、销售（营业）成本合计(2+7+12)	
2	（一）主营业务成本(3+4+5+6)	
3	(1)销售货物成本	
4	(2)提供劳务成本	
5	(3)让渡资产使用权成本	
6	(4)建造合同成本	
7	（二）其他业务成本(8+9+10+11)	
8	(1)材料销售成本	
9	(2)代购代销费用	
10	(3)包装物出租成本	
11	(4)其他	
12	（三）视同销售成本(13+14+15)	
13	(1)非货币性交易视同销售成本	
14	(2)货物、财产、劳务视同销售成本	

续表

行　次	项　　　目	金　额
15	(3)其他视同销售成本	
16	二、营业外支出(17+18+……+24)	
17	1. 固定资产盘亏	
18	2. 处置固定资产净损失	
19	3. 出售无形资产损失	
20	4. 债务重组损失	
21	5. 罚款支出	
22	6. 非常损失	
23	7. 捐赠支出	
24	8. 其他	
25	三、期间费用(26+27+28)	
26	1. 销售(营业)费用	
27	2. 管理费用	
28	3. 财务费用	

经办人(签章)：　　　　　　　　　　　　　法定代表人(签章)：

二、《成本费用明细表》填报依据和内容

(一)《成本费用明细表》填报依据

1.《成本费用明细表》填报，根据《中华人民共和国企业所得税法》及其实施条例以及企业会计制度、企业会计准则等核算的“主营业务成本”、“其他业务成本”、“期间费用”和“营业外支出”。

2.《成本费用明细表》填报，根据企业所得税法规，所得税和会计在成本确认上出现的差异，应在当期确认所得税成本的“视同销售成本”。

3.《成本费用明细表》形成的数据，需要按不同项目分别填入《企业所得税年度纳税申报表》和《纳税调整明细表》相关项目中。

(二)《成本费用明细表》有关项目填报说明

1. 第1行“销售（营业）成本合计”：填报纳税人根据国家统一会计制度确认的主营业务成本、其他业务成本和按税收规定视同销售确认的成本。

2. 第2行“主营业务成本”：根据不同行业的业务性质分别填报纳税人按照国家统一会计制度核算的主营业务成本。

（1）第3行“销售货物成本”：填报从事工业制造、商品流通、农业生产以及其他商品销售企业发生的主营业务成本。

（2）第4行“提供劳务成本”：填报从事提供旅游饮食服务、交通运输、邮政通信、对外经济合作等劳务、开展其他服务的纳税人发生的主营业务成本。

（3）第5行“让渡资产使用权成本”：填报让渡无形资产使用权（如商标权、专利权、专有技术使用权、版权、专营权等）发生的使用费成本以及以租赁业务为基本业务的出租固定资产、无形资产、投资性房地产在主营业务收入中核算发生的租金成

本。

(4) 第6行“建造合同成本”：填报纳税人建造房屋、道路、桥梁、水坝等建筑物，以及船舶、飞机、大型机械设备等发生的主营业务成本。

3. 第7行“其他业务成本”：根据不同行业的业务性质分别填报纳税人按照国家统一会计制度核算的其他业务成本。

(1) 第8行“材料销售成本”：填报纳税人销售材料、下脚料、废料、废旧物资等发生的支出。

(2) 第9行“代购代销费用”：填报纳税人从事代购代销、受托代销商品发生的支出。

(3) 第10行“包装物出租成本”：填报纳税人出租、出借包装物发生的租金支出和逾期未退包装物发生的支出。

(4) 第11行“其他”：填报纳税人按照国家统一会计制度核算、上述项目未列举的其他业务成本。

4. 第12行“视同销售成本”：填报纳税人会计上不作为销售核算但按照税收规定视同销售确认的应税成本。

本行数据填入附表三第21行第4列。

5. 第16至24行“营业外支出”：填报纳税人与生产经营无直接关系的各项支出。本行数据填入主表第12行。

(1) 第17行“固定资产盘亏”：填报纳税人在资产清查中发生的固定资产盘亏。

(2) 第18行“处置固定资产净损失”：填报纳税人因处置固定资产发生的净损失。

(3) 第19行“出售无形资产损失”：填报纳税人因处置无形资产而发生的净损失。

(4) 第20行“债务重组损失”：填报纳税人发生的债务重组行为按照国家统一会计制度确认的债务重组损失。

(5) 第21行“罚款支出”：填报纳税人在日常经营管理活动中发生的罚款支出。

(6) 第22行“非常损失”：填报纳税人按照国家统一会计制度规定在营业外支出中核算的各项非正常的财产损失。

(7) 第23行“捐赠支出”：填报纳税人实际发生的货币性资产、非货币性资产捐赠支出。

(8) 第24行“其他”：填报纳税人按照国家统一会计制度核算、上述项目未列举的其他营业外支出。

6. 第25至28行“期间费用”：填报纳税人按照国家统一会计制度核算的销售（营业）费用、管理费用和财务费用的数额。

(1) 第26行“销售（营业）费用”：填报纳税人在销售商品和材料、提供劳务的过程中发生的各种费用。本行根据“销售费用”科目的数额计算填报。本行数据填入主表第4行。

(2) 第27行“管理费用”：填报纳税人为组织和管理企业生产经营发生的管理费用。本行根据“管理费用”科目的数额计算填报。本行数据填入主表第5行。

(3) 第28行“财务费用”：填报纳税人为筹集生产经营所需资金等发生的筹资费用。本行根据“财务费用”科目的数额计算填报。本行数据填入主表第6行。

三、《成本费用明细表》和主表及其他附表的关系

（一）《成本费用明细表》和主表《企业所得税年度纳税申报表》的关系

第2行“主营业务成本” +7行“其他业务成本”填列《企业所得税年度纳税申报表》的第2行“营业成本”。

第16“营业外支出”填入主表第12行“营业外支出”。

第26行“销售（营业）费用”填入主表第4行“销售（营业）费用”。

第27行“管理费用”填入主表第5行“管理费用”。

第28行“财务费用”填入主表第6行“财务费用”。

（二）《成本费用明细表》和《纳税调整项目明细表》（附表三）的关系

第12行“视同销售成本”计入《纳税调整项目明细表》（附表三）的第21行相应项目。

四、《成本费用明细表》主要业务填报的具体分析

《成本费用明细表》填报的重点为“视同销售成本”。根据上述所得税和会计收入业务的比较，收入范围确认所得税和会计的差异在《收入明细表》中“视同销售收入”中填列，视同销售收入应配比的成本在《成本费用明细表》第13行、第14行和第15行中填列。

如果视同销售业务发生，同时伴随纳税人消费税等其他应配比的应税义务发生，形成应纳税款，因所得税视同销售收入应配比的税金未计入会计的“营业税金及附加”账户，所以应在《纳税调整明细表》40行扣除类项目“其他”填列，做纳税调减处理。

企业需要设置台账（纳税调整备查账），序时记录所得税和会计在成本、费用确认及计量方面的差异，以供相关企业所得税纳税申报表填报使用。

［例7－1］详见第三章［例3－2］。某化妆品生产企业2008年12月10日将自产的化妆品投资某美容院，市场价为100 000元，成本价为60 000元。假设此项非货币性资产交换业务不具有商业实质。企业所得税和会计差异调整处理如下。

（1）企业设置纳税调整备查账（表7－2）记录所得税和会计处理的差异。

企业设置纳税调整备查账，记录2008年12月10日将自产的化妆品投资某美容院所得税视同销售业务，收入100 000元，成本60 000元，配比消费税30 000元；投资的计税基础117 000元，同时确认和记录投资资产计税基础大于会计账面价值为可抵扣暂时性差异。

表7－2 纳税调整备查账（收入项目） 单位：元

日　期	凭证号	业务摘要	视同销售收入	视同销售成本	配比消费税	纳税调整（暂时性差异）
2008.12.10	略	产品投资（不具有商业实质）所得税视同销售	100 000	60 000	30 000	纳税调增
……						

（2）纳税申报表填报。

①《成本费用明细表》。2009 年企业所得税汇算清缴填报所得税纳税申报表时，企业应根据“纳税调整备查账”（表 7－2）在《收入明细表》第 14 行“非货币性资产交换视同销售收入”，填报当期视同销售收入100 000元；在《成本费用明细表》第 13 行“非货币性资产交换视同销售成本”填入视同销售成本60 000万元。

②《纳税调整项目明细表》。根据《成本费用明细表》的数据在《纳税调整项目明细表》第 2 行“视同销售收入（收入类调整项目）”填入100 000元；在第 21 行“视同销售成本（扣除类项目）”填入60 000元；在《纳税调整明细表》第 40 行扣除类项目“其他”填列应配比消费税30 000元（因此项所得税视同销售收入应配比的消费税未计入会计的“营业税金及附加”账户）。

表 7－3　企业所得税年度纳税申报表附表二（2）

金融企业成本费用明细表

填报时间：　　年　　月　　日　　　　　　　　　　　　金额单位：元（列至角分）

行　次	项　目	金　额
1	一、营业成本(2＋17＋31＋38)	
2	(一)银行业务成本(3＋11＋15＋16)	
3	1. 银行利息支出(4＋5＋…＋10)	
4	(1)同业存放	
5	(2)向中央银行借款	
6	(3)拆入资金	
7	(4)吸收存款	
8	(5)卖出回购金融资产	
9	(6)发行债券	
10	(7)其他	
11	2. 银行手续费及佣金支出(12＋13＋14)	
12	(1)手续费支出	
13	(2)佣金支出	
14	(3)其他	
15	3. 业务及管理费	
16	4. 其他业务成本	
17	(二)保险业务支出(18＋30)	
18	1. 业务支出(19＋20－21＋22－23＋24＋25＋26＋27－28＋29)	
19	(1)退保金	
20	(2)赔付支出	
21	减:摊回赔付支出	
22	(3)提取保险责任准备金	
23	减:摊回保险责任准备金	
24	(4)保单红利支出	
25	(5)分保费用	

续表

行　次	项　　目	金　额
26	(6)手续费及佣金支出	
27	(7)业务及管理费	
28	减:摊回分保费用	
29	(8)其他	
30	2. 其他业务成本	
31	(三)证券业务支出(32+36+37)	
32	1. 证券手续费支出(33+34+35)	
33	(1)证券经纪业务支出	
34	(2)佣金	
35	(3)其他	
36	2. 业务及管理费	
37	3. 其他业务成本	
38	(四)其他金融业务支出(39+40)	
39	1. 业务支出	
40	2. 其他业务成本	
41	二、视同销售应确认成本(42+43+44)	
42	1. 非货币性资产交换成本	
43	2. 货物、财产、劳务视同销售成本	
44	3. 其他视同销售成本	
45	三、营业外支出(46+47+48+49+50)	
46	1. 固定资产盘亏	
47	2. 处置固定资产净损失	
48	3. 非货币性资产交易损失	
49	4. 出售无形资产损失	
50	5. 其他	

经办人(签章):　　　　　　　　　　法定代表人(签章):

注:《金融企业成本费用明细表》填报说明略。

第二节　《广告费和业务宣传费跨年度纳税调整表》(附表七)分析填报

一、《广告费和业务宣传费跨年度纳税调整表》填报依据和内容

根据《中华人民共和国企业所得税法》及其实施条例、相关税收政策，以及国家统一企业会计制度的规定，填报纳税人广告费和业务宣传费的基本情况。具体包括：

其一，本年发生的全部广告费和业务宣传费支出的有关情况。

其二，以前年度累计结转扣除额，按税收规定本年可扣除额。

其三，本年结转以后年度扣除额。

《广告费和业务宣传费跨年度纳税调整表》形成的数据填入《纳税调整项目明细表》（附表三），形成纳税调增或纳税调减的结果。

《广告费和业务宣传费跨年度纳税调整表》可做纳税调整台账使用（表7－4）。

表7－4　　　　广告费和业务宣传费跨年度纳税调整表

填报时间：　　　年　　月　　日　　　　　　　　金额单位：元（列至角分）

行次	项目	金额
1	本年度广告费和业务宣传费支出	
2	其中:不允许扣除的广告费和业务宣传费支出	
3	本年度符合条件的广告费和业务宣传费(1－2)	
4	本年计算的广告费和业务宣传费扣除限额的销售(营业)收入	
5	税收规定的扣除率	
6	本年广告费和业务宣传费扣除限额(4×5)	
7	本年广告费和业务宣传费支出纳税调整额(3≤6,本行=2行;3>6,本行=1－6)	
8	本年度结转以后年度扣除额(3>6,本行=3－6;3≤6,本行=0)	
9	加:以前年度累计结转额	
10	减:本年扣除的以前年度结转额	
11	累计结转以后年度扣除额(8+9－10)	

经办人(签章)：　　　　　　　　　　　法定代表人(签章)：

二、有关项目填报要求

第1行“本年度广告费和业务宣传费支出”：填报纳税人本期实际发生的广告费和业务宣传费用的金额。

第2行“不允许扣除的广告费和业务宣传费支出”：填报税收规定不允许扣除的广告费和业务宣传费支出的金额。

第3行“本年度符合条件的广告费和业务宣传费支出”：本行等于本表第1行－第2行。

第4行“本年计算广告费和业务宣传费扣除限额的销售（营业）收入”：一般工商企业：填报附表一（1）第1行的“销售（营业）收入合计”数额；金融企业：填报附表一（2）第1行“营业收入”＋第38行“按税法规定视同销售的收入”；事业单位、社会团体、民办非企业单位：填报主表第1行“营业收入”。

第5行“税收规定的扣除率”：填报按照税收规定纳税人适用的扣除率。

第6行“本年广告费和业务宣传费扣除限额”：金额等于本表第4行×第5行。

第7行“本年广告费和业务宣传费支出纳税调整额”：当第3行≤第6行，本行＝本表第2行；当第3行＞第6行，本行＝本表第1行－第6行。

第8行“本年结转以后年度扣除额”：当第3行＞第6行，本行＝本表第3行－第6行；当第3行≤第6行，本行填0。

第9行“加：以前年度累计结转扣除额”：填报以前年度允许税前扣除但超过扣除限额未扣除、结转扣除的广告费和业务宣传费的金额。

第10行“减：本年扣除的以前年度结转额”：当第3行≥第6行，本行填0；当第3行<第6行，第3行－第6行差额如果小于或者等于第9行“以前年度累计结转扣除额”，直接将差额填入本行；其差额如果大于第9行“以前年度累计结转扣除额”，本行＝第9行。

第11行“累计结转以后年度扣除额”：本行＝本表第8行＋第9行－第10行。

三、《广告费和业务宣传费跨年度纳税调整表》与其他附表的关系

《广告费和业务宣传费跨年度纳税调整表》和《收入明细表》及《纳税调整项目明细表》（附表三）存在逻辑关系。

1. 本表与《收入明细表》（附表一）的关系。

第4行“本年计算广告费和业务宣传费扣除限额的销售（营业）收入”来源于《收入明细表》第1行的“销售（营业）收入合计”数额。

2. 本表与《纳税调整明细表》的关系。

第7行“本年广告费和业务宣传费支出纳税调整额”填入《纳税调整项目明细表》（附表三）第27行“广告费和业务宣传费支出”第3列“调增金额”。

第10行“减：本年扣除的以前年度结转额”填入《纳税调整项目明细表》（附表三）第27行“广告费和业务宣传费支出”第4列“调减金额”。

四、《广告费和业务宣传费跨年度纳税调整表》填报举例

［例7－2］A企业2008年《收入明细表》第1行销售收入为1 000万元，广告费实际发生额为200万元；2009年《收入明细表》第1行企业销售收入为2 000万元，广告费为200万元。

（1）2008年广告费的所得税处理及纳税申报表填报。

2008年税前允许扣除广告费限额＝1 000×15%＝150（万元）

从企业所得税处理的角度：其一，A企业当期广告费实际发生额为200万元，税前允许扣除限额为150万元，企业当期实际发生额超过税前允许扣除限额50万元，当期填报企业所得税纳税申报表时，A企业需要进行纳税调增处理，调增额为50万元；其二，实际发生额超过税前允许扣除限额的部分50万元可以结转下年。企业应设置台账（纳税调整备查账）记录当期广告费所得税和会计处理的差异。

相关纳税申报表填报。其一，填报《广告费业务宣传费跨年度纳税调整表》（见表7－5）。

表7－5　　　　广告费和业务宣传费跨年度纳税调整表

填报时间：2009年3月20日　　　　金额单位：元

行　次	项　　目	金　　额
1	本年度广告费和业务宣传费支出	2 000 000
2	其中：不允许扣除的广告费和业务宣传费支出	0
3	本年度符合条件的广告费和业务宣传费（1－2）	2 000 000
4	本年计算的广告费和业务宣传费扣除限额的销售（营业）收入	10 000 000
5	税收规定的扣除率	15%
6	本年广告费和业务宣传费扣除限额（4×5）	1 500 000

续表

行　次	项　　目	金　额
7	本年广告费和业务宣传费支出纳税调整额(3≤6,本行=2行;3>6,本行=1-6)	500 000
8	本年度结转以后年度扣除额(3>6,本行=3-6;3≤6,本行=0)	500 000
9	加:以前年度累计结转额	0
10	减:本年扣除的以前年度结转额	0
11	累计结转以后年度扣除额(8+9-10)	500 000

其二，填报《纳税调整明细表》。将上表第7行“本年广告费和业务宣传费支出纳税调整额”50万元填入《纳税调整项目明细表》（附表三）第27行“广告费和业务宣传费支出”第3列“调增金额”。

（2）2009年广告费的所得税处理及纳税申报表填报。

2009年税前允许扣除广告费限额=2 000×15%=300（万元）

从企业所得税处理的角度，A企业当期允许扣除广告费限额为300万元，广告费实际发生额为200万元，上年结转50万元，税前允许扣除为250（200+50）万元。当期填报企业所得税纳税申报表时，A企业需要进行纳税调减处理，调减额为50万元。

相关纳税申报表填报。其一，填报《广告费和业务宣传费跨年度纳税调整表》（见表7-6）。

《纳税调整项目明细表》见第三节表7-7。

表7-6　　　　广告费和业务宣传费跨年度纳税调整表

填报时间：2010年3月20日　　　　金额单位：元

行　次	项　　目	金　额
1	本年度广告费和业务宣传费支出	2 000 000
2	其中:不允许扣除的广告费和业务宣传费支出	0
3	本年度符合条件的广告费和业务宣传费(1-2)	2 000 000
4	本年计算的广告费和业务宣传费扣除限额的销售(营业)收入	20 000 000
5	税收规定的扣除率	15%
6	本年广告费和业务宣传费扣除限额(4×5)	3 000 000
7	本年广告费和业务宣传费支出纳税调整额(3≤6,本行=2行;3>6,本行=1-6)	0
8	本年度结转以后年度扣除额(3>6,本行=3-6;3≤6,本行=0)	0
9	加:以前年度累计结转额	500 000
10	减:本年扣除的以前年度结转额	500 000
11	累计结转以后年度扣除额(8+9-10)	0

其二，填报《纳税调整明细表》。将上表第10行“减：本年扣除的以前年度结转额”500 000元填入《纳税调整项目明细表》（附表三）第27行“广告费和业务宣传费支出”第4列“调减金额”。

第三节　《纳税调整项目明细表》（附表三）——扣除类调整项目分析填报

一、《纳税调整项目明细表》扣除类项目的构成、填报依据及填报内容

《纳税调整项目明细表》如表 7－7 所示。

表 7－7　企业所得税年度纳税申报表（附表三）

纳税调整项目明细表

填报时间：　　年　　月　　日　　　　金额单位：元（列至角分）

行次	项　目	账载金额	税收金额	调增金额	调减金额
		1	2	3	4
1	一、收入类调整项目	*	*		
	…………				
20	二、扣除类调整项目	*	*		
21	1. 视同销售成本(填写附表二)	*	*	*	
22	2. 工资薪金支出				
23	3. 职工福利费支出				
24	4. 职工教育经费支出				
25	5. 工会经费支出				
26	6. 业务招待费支出				*
27	7. 广告费和业务宣传费支出(填写附表八)	*	*		
28	8. 捐赠支出				*
29	9. 利息支出				
30	10. 住房公积金				*
31	11. 罚金、罚款和被没收财物的损失		*		*
32	12. 税收滞纳金		*		*
33	13. 赞助支出		*		*
34	14. 各类基本社会保障性缴款				
35	15. 补充养老保险、补充医疗保险				
36	16. 与未实现融资收益相关在当期确认的财务费用				
37	17. 与取得收入无关的支出		*		*
38	18. 不征税收入用于支出所形成的费用		*		*
39	19. 加计扣除(填附表五)	*	*	*	
40	20. 其他				
41	三、资产类调整项目	*	*		
	…………				

（一）《纳税调整项目明细表》扣除类项目的构成

《纳税调整项目明细表》扣除类调整项目，填报所得税扣除业务和会计相关业务的

差异调整，主要包括扣除项目确认、计量所得税和会计处理的差异。

（二）《纳税调整项目明细表》扣除类项目填报依据及与其他附表的关系

1. 根据附表数据填列的项目。

《纳税调整项目明细表》扣除类项目填报数据一部分来源于相关附表。

第21行“视同销售成本”，数据来源于《成本费用明细表》第12行“视同销售成本”。

第27行“广告费和业务宣传费”，数据来源于《广告费和业务宣传费跨年度纳税调整表》（附表七）。

第39行“加计扣除”，数据来源于《税收优惠明细表》（附表五）。

2. 根据日常记录填列的项目。

对没有通过相关附表反映的项目，需要通过企业会计核算数据和日常设置的“纳税调整辅助账”记录的所得税和会计差异的数据进行填报。

（三）《纳税调整明细表》扣除类项目填报说明

1. 第20行“二、扣除类调整项目”：填报扣除类调整项目第21行至第40行的合计数。第1列“账载金额”、第2列“税收金额”不填报。

2. 第21行“1. 视同销售成本”：第2列“税收金额”填报按照税收规定视同销售应确认的成本。

（1）事业单位、社会团体、民办非企业单位直接填报第4列“调减金额”。

（2）金融企业第4列“调减金额”取自附表二（2）《金融企业成本费用明细表》第41行。

（3）一般工商企业第4列“调减金额”取自附表二（1）《成本费用明细表》第12行。

（4）第1列“账载金额”、第2列“税收金额”和第3列“调增金额”不填。

3. 第22行“2. 工资薪金支出”：第1列“账载金额”填报纳税人按照国家统一会计制度计入成本费用的职工工资、奖金、津贴和补贴；第2列“税收金额”填报纳税人按照税收规定允许税前扣除的工资薪金。如本行第1列≥第2列，第1列减去第2列的差额填入本行第3列“调增金额”；如本行第1列＜第2列，第2列减去第1列的差额填入本行第4列“调增金额”。

4. 第23行“3. 职工福利费支出”：第1列“账载金额”填报纳税人按照国家统一会计制度计入成本费用的职工福利费；第2列“税收金额”填报纳税人按照税收规定允许税前扣除的职工福利费，金额小于等于第22行“工资薪金支出”第2列“税收金额”×14%；如本行第1列≥第2列，第1列减去第2列的差额填入本行第3列“调增金额”，如本行第1列＜第2列，如本行第1列＜第2列，第2列减去第1列的差额填入本行第4列“调增金额”。

5. 第24行“4. 职工教育经费支出”：第1列“账载金额”填报纳税人按照国家统一会计制度计入成本费用的教育经费支出；第2列“税收金额”填报纳税人按照税收规定允许税前扣除的职工教育经费，金额小于等于第22行“工资薪金支出”第2列“税收金额”×2.5%，或国务院财政、税务主管部门另有规定的金额；如本行第1列≥第2列，第1列减去第2列的差额填入本行第3列“调增金额”，如本行第1列＜第2

列，第 2 列减去第 1 列的差额填入本行第 4 列“调增金额”。

6. 第 25 行“5. 工会经费支出”：第 1 列“账载金额”填报纳税人按照国家统一会计制度计入成本费用的工会经费支出。第 2 列“税收金额”填报纳税人按照税收规定允许税前扣除的工会经费，金额等于第 22 行“工资薪金支出”第 2 列“税收金额”×2% 减去没有工会专用凭据列支的工会经费后的余额，如本行第 1 列≥第 2 列，第 1 列减去第 2 列的差额填入本行第 3 列“调增金额”，如本行第 1 列 < 第 2 列，第 2 列减去第 1 列的差额填入本行第 4 列“调增金额”。

7. 第 26 行“6. 业务招待费支出”：第 1 列“账载金额”填报纳税人按照国家统一会计制度计入成本费用的业务招待费支出；第 2 列“税收金额”填报纳税人按照税收规定允许税前扣除的业务招待费支出的金额。比较“本行第 1 列 ×60%”与“附表一（1）《收入明细表》第 1 行 ×5‰”或“附表一（2）《金融企业收入明细表》第 1 + 38 行合计 ×5‰”或“本行第 1 列 ×60%”两数，孰小者填入本行第 2 列。如本行第 1 列≥第 2 列，本行第 1 列减去第 2 列的余额填入本行第 3 列“调增金额”，第 4 列“调减金额”不填。如本行第 1 列 < 第 2 列，第 3 列“调增金额”、第 4 列“调减金额”均不填。

8. 第 27 行“7. 广告费与业务宣传费支出”：第 3 列“调增金额”取自附表八《广告费和业务宣传费跨年度纳税调整表》第 7 行“本年广告费和业务宣传费支出纳税调整额”，第 4 列“调减金额”取自附表八《广告费和业务宣传费跨年度纳税调整表》第 10 行“本年扣除的以前年度结转额”。第 1 列“账载金额”和第 2 列“税收金额”不填。

9. 第 28 行“8. 捐赠支出”：第 1 列“账载金额”填报纳税人按照国家统一会计制度实际发生的捐赠支出。第 2 列“税收金额”填报纳税人按照税收规定允许税前扣除的捐赠支出的金额。如本行第 1 列≥第 2 列，第 1 列减去第 2 列的差额填入本行第 3 列“调增金额”，第 4 列“调减金额”不填；如本行第 1 列 < 第 2 列，第 3 列“调增金额”、第 4 列“调减金额”均不填。

10. 第 29 行“9. 利息支出”：第 1 列“账载金额”填报纳税人按照国家统一会计制度实际发生的向非金融企业借款计入财务费用的利息支出的金额；第 2 列“税收金额”填报纳税人按照税收规定允许税前扣除的利息支出的金额。如本行第 1 列≥第 2 列，第 1 列减去第 2 列的差额填入本行第 3 列“调增金额”，第 4 列“调减金额”不填；如本行第 1 列 < 第 2 列，第 3 列“调增金额”、第 4 列“调减金额”均不填。

11. 第 30 行“10. 住房公积金”：第 1 列“账载金额”填报纳税人按照国家统一会计制度实际发生的住房公积金的金额；第 2 列“税收金额”填报纳税人按照税收规定允许税前扣除的住房公积金的金额。如本行第 1 列≥第 2 列，第 1 列减去第 2 列的差额填入本行第 3 列“调增金额”，第 4 列“调减金额”不填；如本行第 1 列 < 第 2 列，第 3 列“调增金额”、第 4 列“调减金额”均不填。

12. 第 31 行“11. 罚金、罚款和被没收财物的损失”：第 1 列“账载金额”填报纳税人按照国家统一会计制度实际发生的罚金、罚款和被罚没财物损失的金额，不包括纳税人按照经济合同规定支付的违约金（包括银行罚息）、罚款和诉讼费。第 3 列“调增金额”等于第 1 列；第 2 列“税收金额”和第 4 列“调减金额”不填。

13. 第 32 行“12. 税收滞纳金”：第 1 列“账载金额”填报纳税人按照国家统一会

计制度实际发生的税收滞纳金的金额。第3列“调增金额”等于第1列；第2列“税收金额”和第4列“调减金额”不填。

14. 第33行“13. 赞助支出”：第1列“账载金额”填报纳税人按照国家统一会计制度实际发生且不符合税收规定的公益性捐赠的赞助支出的金额。第3列“调增金额”等于第1列；第2列“税收金额”和第4列“调减金额”不填。

广告性的赞助支出按广告费和业务宣传费的规定处理，在第27行“广告费与业务宣传费支出”中填报。

15. 第34行“14. 各类基本社会保障性缴款”：第1列“账载金额”填报纳税人按照国家统一会计制度实际发生的各类基本社会保障性缴款的金额，包括基本医疗保险费、基本养老保险费、失业保险费、工伤保险费和生育保险费；第2列“税收金额”填报纳税人按照税收规定允许税前扣除的各类基本社会保障性缴款的金额。本行第1列≥第2列，第1列减去第2列的差额填入本行第3列“调增金额”；如本行第1列<第2列，第3列“调增金额”、第4列“调减金额”均不填。

16. 第35行“15. 补充养老保险、补充医疗保险”：第1列“账载金额”填报纳税人按照国家统一会计制度实际发生的补充养老保险、补充医疗保险的金额；第2列“税收金额”填报纳税人按照税收规定允许税前扣除的补充养老保险、补充医疗保险的金额。如本行第1列≥第2列，第1列减去第2列的差额填入本行第3列“调增金额”，如本行第1列<第2列，则第3列“调增金额”、第4列“调减金额”均不填。

17. 第36行“16. 与未实现融资收益相关在当期确认的财务费用”：第1列“账载金额”填报纳税人按照国家统一会计制度实际发生的、与未实现融资收益相关并在当期确认的财务费用的金额。第2列“税收金额”填报纳税人按照税收规定允许税前扣除的相关金额。

18. 第37行“17. 与取得收入无关的支出”：第1列“账载金额”填报纳税人按照国家统一会计制度实际发生的、与取得收入无关的支出的金额。第3列“调增金额”等于第1列；第2列“税收金额”和第4列“调减金额”不填。

19. 第38行“18. 不征税收入用于支出所形成的费用”：第1列“账载金额”填报纳税人按照国家统一会计制度实际发生的、不征税收入用于支出形成的费用的金额。第3列“调增金额”等于第1列；第2列“税收金额”和第4列“调减金额”不填。

20. 第39行“19. 加计扣除”：第4列“调减金额”取自附表五《税收优惠明细表》第9行“加计扣除额合计”金额。第1列“账载金额”、第2列“税收金额”和第3列“调增金额”不填。

21. 第40行“20. 其他”：填报企业财务会计处理与税收规定不一致、进行纳税调整的其他扣除类项目金《纳税调整项目明细表》——扣除类调整项目，填报所得税和会计与企业所得税扣除相关的差异调整业务，主要包括以下几类内容。

二、《纳税调整项目明细表》扣除类调整项目的主要业务填报的具体分析

（一）成本、费用、税金及损失确认所得税和会计的差异调整

成本、费用、税金及损失确认所得税和会计的差异，反映在《纳税调整明细表》中第21行“视同销售成本”、第31行“罚金、罚款和被没收财物的损失”、第32行

“税收滞纳金”、第33行“赞助支出”、第36行“与未实现融资收益相关在当期确认的财务费用”、第37行“与取得收入无关的支出”、第39行“加计扣除”及第40行“其他”。企业应根据相关附表或纳税调整备查账形成的数据进行填报。由于上述业务所得税和会计的差异一般表现为永久性差异（未实现融资收益或费用除外），所以每一项目一般产生纳税调增的结果。根据成本、费用、税金及损失确认所得税和会计差异的分析，其主要包括以下业务内容。

1. 企业所得税视同销售成本。

这一业务的数据形成的成本在《成本费用明细表》第13行、第14行、第15行中，其《成本费用明细表》第12行合计数，填列到《纳税调整项目明细表》第21行“扣除类调整项目”的第1项“视同销售成本”中，形成纳税调减的结果。

详见本章例7-1的分析。

2. 会计“营业外支出”核算的企业所得税不允许扣除项目。

会计“营业外支出”核算的“税收滞纳金；罚金、罚款和被没收财物的损失；超过扣除限额的公益救济性捐赠和非公益救济性捐赠支出；赞助支出；与取得收入无关的其他支出及未经审批的资产损失”。上述业务在《纳税调整项目明细表》相应项目中填列，形成纳税调增的结果。填列的项目如下：

《纳税调整项目明细表》第31行“扣除类调整项目”的第11项“罚金、罚款和被没收财物的损失”。

《纳税调整项目明细表》第32行“扣除类调整项目”的第12项“税收滞纳金”。

《纳税调整项目明细表》第33行“扣除类调整项目”的第13项“赞助支出”。

《纳税调整项目明细表》第37行“扣除类调整项目”的第17项“与取得收入无关的支出”。

《纳税调整项目明细表》第40行“扣除类调整项目”的第20项“其他”。

[例7-3] 详见第六章例题。2009年A企业“营业外支出”账户记录以下业务事项：（1）10月缴纳税收滞纳金100 000元；（2）12月支付已退休职工的生活补助100 000元；（3）12月A企业（增值税一般纳税人）的存货盘亏金额为200 000元，经企业内部审核，确认为当期损失。企业在2010年2月14日前未提供证据将损失报税务部门审批。企业所得税和会计差异调整处理如下。

①企业设置纳税调整备查账记录所得税和会计处理的差异（表7-8）。

表7-8　纳税调整备查账（扣除类项目——营业外支出）　单位：元

日　期	凭证号	业务摘要	会计（营业外支出）	所得税扣除	纳税调增
2009.10	略	税收滞纳金	100 000	0	100 000
2009.12	略	退休补助	100 000	0	100 000
2009.12	略	存货盘亏	234 000	0	234 000

②《纳税调整明细表》的填报（表7-9）。

企业填报2009年企业所得税纳税申报表时，根据纳税调整备查账在《纳税调整明细表》（附表三）“扣除类调整项目”填列以下项目：

表 7－9　　　　　　　　纳税调整项目明细表

填报时间：　　年　　月　　日　　　　　　　　　金额单位：元（列至角分）

行次	项　目	账载金额	税收金额	调增金额	调减金额
		1	2	3	4
	……				
32	12. 税收滞纳金		*	100 000	*
33	13. 赞助支出		*		*
34	14. 各类基本社会保障性缴款				
35	15. 补充养老保险、补充医疗保险				
36	16. 与未实现融资收益相关在当期确认的财务费用				
37	17. 与取得收入无关的支出		*	100 000	*
38	18. 不征税收入用于支出形成费用		*		*
39	19. 加计扣除(填附表五)	*	*	*	
40	20. 其他			234 000	
	…………				

3. 与未实现融资收益（费用）相关在当期确认的财务费用。

与未实现融资收益（费用）相关在当期确认的财务费用，在《纳税调整明细表》第36行中“扣除类调整项目”的第16项“与未实现融资收益（费用）相关在当期确认的财务费用”填列，形成纳税调增或纳税调减的结果。

［例7－4］详见第五章［例5－11］。甲公司于2008年1月1日从乙公司以融资租赁的方式租入一套设备，租赁公司购置设备的成本为51万元，公允价值51万元，租赁期为5年，合同规定每年末支付租金118 708元，租赁期占租赁资产使用寿命75%以上，内含利率为6%，同期银行贷款利率为8%，假设融资租赁资产的余值为0。企业所得税和会计差异调整处理如下。

（1）企业设置纳税调整备查账记录所得税和会计处理的差异。

上述业务处理所得税和会计在2008～2012年每期的费用确认方面出现差异，差异的性质为暂时性差异。企业设置“纳税调整备查账”记录所得税和会计对收入实现时间确认的差异（详见表7－10）。

表 7－10　　　　纳税调整备查账（扣除类、资产类调整项目）　　　　单位：元

日　期	凭证号	业务摘要	租入设备折旧额			财务费用（未实现融资费用）		
			会计	所得税	纳税调减	会计	所得税	纳税调增
2008.12	略	……	100 000	118 708	18 708	30 000	0	30 000
2009.12	略	……	100 000	118 708	18 708	24 678	0	24 678
2010.12	略	……	100 000	118 708	18 708	19 036	0	19 036
2011.12	略	……	100 000	118 708	18 708	13 056	0	13 056
2012.12	略	……	100 000	118 708	18 708	6 770	0	6 770
总计			500 000	593 540	93 540	93 540	0	93 540

（2）2008 年《纳税调整明细表》的填报。

企业填报企业所得税纳税申报表时，根据纳税调整备查账在《纳税调整明细表》（附表三）在《纳税调整明细表》第 36 行中“扣除类调整项目”的第 16 项“与未实现融资收益（费用）相关在当期确认的财务费用”第 3 列“纳税调增”填入30 000元。

根据纳税调整备查账在《纳税调整明细表》（附表三）在《纳税调整明细表》第 43 行中“资产类调整项目”的第 2 项“固定资产折旧”第 4 列“纳税调减”填入18 708元。

上述业务其他纳税期间的纳税申报表填报略。

4. 会计确认计入“销售费用”、“管理费用”的预计费用。

会计确认计入“销售费用”、“管理费用”的预计费用，在《纳税调整明细表》第 40 行“扣除类调整项目”的第 20 项“其他”项目中填列，形成纳税调增的结果。

［例 7－5］2008 年 10 月，A 公司销售产品，经会计估计，预计质量保证损失 10 万元。

（1）企业会计处理。

借：销售费用　　100 000

　贷：预计负债——质量保证　　100 000

（2）企业所得税处理。

企业当期计入“销售费用”账户的预计质量保证的损失 10 万元，在企业所得税上不予确认。

（3）所得税和会计差异调整。

对计入“销售费用”账户的预计质量保证金的确认，所得税和会计出现差异。企业设置台账（纳税调整明细表）反映所得税和会计的差异（详见表 7－11）。

表 7－11　　纳税调整备查账（扣除类调整项目）　　单位：万元

日　期	凭证号	业务摘要	所得税费用	会计费用	纳税调整(暂时性差异)
2008. 10	略	预计产品保修	0	10	调增
……					

（4）《纳税调整明细表》的填报。

企业填报 2008 年企业所得税纳税申报表时，根据纳税调整备查账在《纳税调整明细表》（附表三）40 行“其他”项目中第 1 列“账载金额”填列 10 万元，第 2 列“税收金额”填列 0，第 3 列“调增金额”填列 10 万元。

［例 7－6］接［例 7－5］。2009 年 6 月 A 公司因质量问题赔付购买方损失金额为 15 万元。

（1）企业会计处理

借：预计负债——质量保证　　100 000

销售费用：　　50 000

　贷：银行存款　　150 000

（2）企业所得税处理。

企业在 2009 年因质量问题赔付购买方损失金额为 15 万元，根据企业所得税相关法规规定，可以税前扣除。

（3）所得税和会计差异处理。

企业税前扣除的保修费用为15万元，会计上当期计入费用5万元，所得税和会计出现差异。企业设置台账（纳税调整明细表）反映所得税和会计的差异（详见表7－12）。

表7－12　　纳税调整备查账（扣除类调整项目）　　单位：万元

日　期	凭证号	业务摘要	所得税费用	会计费用	纳税调整(暂时性差异)
2008.10	略	预计产品保修	0	10	调增10万元
2009.06	略	产品保修费用	15	5	调减10万元

（4）《纳税调整明细表》的填报。

在企业填报2009年企业所得税纳税申报表时，根据纳税调整备查账在《纳税调整明细表》（附表三）第40行“其他”项目中第1列“账载金额”填列5万元，第2列“税收金额”填列15万元，第4列“调减金额”填列10万元。

5. 视同销售业务发生后，可以配比扣除的消费税和营业税。

视同销售业务发生后，可以配比扣除的消费税和营业税等，在《纳税调整明细表》第40行“扣除类调整项目”的第20项“其他”项目中填列，形成纳税调减的结果。

（二）扣除项目计量上所得税和会计的差异调整

成本、费用、税金及损失等扣除项目，如果实际发生业务不符合所得税条件或者超过计税标准，产生所得税和会计计量上的差异，反映在《纳税调整明细表》相关项目中，企业应根据相关附表或纳税调整备查账形成的数据进行填报。由于上述业务所得税和会计的差异一般表现为永久性差异，所以每一项目可能产生纳税调增的结果（职工教育经费和广告费除外），其主要包括以下业务内容：

第22行“扣除类调整项目”的第2项“工资薪金支出”；

第23行“扣除类调整项目”的第3项“职工福利费支出”；

第24行“扣除类调整项目”的第4项“职工教育经费支出”；

第25行“扣除类调整项目”的第5项“工会经费支出”；

第26行“扣除类调整项目”的第6项“业务招待费支出”；

第27行“扣除类调整项目”的第7项“广告费与业务宣传费支出”；

第28行“扣除类调整项目”的第8项“捐赠支出”；

第29行“扣除类调整项目”的第9项“利息支出”；

第30行“扣除类调整项目”的第10项“住房公积金”；

第34行“扣除类调整项目”的第14项“各类基本社会保障性缴款”；

第35行“扣除类调整项目”的第15项“补充养老保险、补充医疗保险”；

第39行“扣除类调整项目”的第19项“加计扣除”。

[例7－7] A企业2008年发生需要调整的企业所得税扣除业务如下：

（1）符合税法条件的公益性捐赠金额为20万元，计入“营业外支出”，企业当期本年利润的贷方余额为100万元。

（2）企业向其他企业拆借资金用于日常生产经营，借款金额100万元，借款期一年，年利率8%，同期金融机构的贷款利率为5%。

（3）2008年业务招待费实际发生额为50万元，计入“管理费用”。企业2008年经营收入为500万元。

(4) 资产负债表日，A企业当期发生符合资本化条件前发生新技术研究性支出为400万元，在“研发支出——研究支出”科目中归集。

① 上述业务会计处理

公益性捐赠的账务处理：

借：营业外支出　　200 000

　贷：银行存款　　200 000

借款利息账务处理：

借：财务费用　　80 000

　贷：应付利息　　80 000

借：应付利息　　80 000

　贷：银行存款　　80 000

业务招待费的账务处理：

借：管理费用——业务招待费　　500 000

　贷：银行存款　　500 000

研发费用的账务处理：

借：管理费用　　4 000 000

　贷：研发支出——开发支出　　4 000 000

② 上述业务的所得税处理。

企业所得税允许扣除的公益性捐赠的限额 = 100 × 12% = 12（万元）

企业所得税允许扣除的借款利息为按照同期金融机构的贷款利率为5%计算的利息额5万元。

企业所得税允许扣除的业务招待费：按A企业业务招待费实际发生额50万元的60%计算扣除额 = 50 × 60% = 30（万元）；企业业务招待费扣除上限 = 500 × 5‰ = 2.5（万元）；企业所得税允许扣除业务招待费为2.5万元。

企业所得税研发费用扣除，按照税法规定可在按照实际发生额扣除400万元的同时，进行加计扣除的金额为200万元，总计扣除额为600万元。

企业所得税允许扣除的公益性捐赠、借款利息、业务招待费、研发支出和会计处理出现差异，企业当期在计算应纳税所得额时，需要进行纳税调整的处理。企业所得税和会计的差异为永久性差异。

③所得税和会计差异处理。

对上述业务所得税和会计出现差异，企业应设置台账（纳税调整明细表）反映和记录所得税和会计的差异（详见表7-13）。

表7-13　　纳税调整备查账（扣除类调整项目）　　单位：万元

日　期	凭证号	业务摘要	所得税费用	会计费用	纳税调整(永久性差异)
2008年×月	略	捐赠	12	20	调增8万元
2008年×月	略	借款利息	5	8	调增3万元
2008年×月	略	业务招待费	2.5	50	调增47.5万元
2008年×月	略	研发费用	600	400	调减200万元
……					

④《纳税调整明细表》的填报（表7－14）。

企业填报2008年企业所得税纳税申报表时，根据上述纳税调整备查账在《纳税调整明细表》（附表三）第26行“业务招待费支出”、第28行“捐赠支出”、第29行“利息支出”中第1列“账载金额”、第2列“税收金额”、第3列“调增金额”中填入相应数据。

企业研发费用的加计扣除填入《税收优惠明细表》第10行“开发新技术、新产品、新工艺发生的研究开发费用”，然后，根据《税收优惠明细表》第9行“加计扣除费用合计”的数据，在《纳税调整明细表》行中第1列“账载金额”、第2列“税收金额”、第4列“调减金额”中填入相应数据。

表7－14　　纳税调整项目明细表

填报时间：　　年　　月　　日　　　　金额单位：元（列至角分）

行次	项　目	账载金额	税收金额	调增金额	调减金额
	……				
26	6. 业务招待费支出				*
27	7. 广告费和业务宣传费支出	*	*		
28	8. 捐赠支出	200 000	120 000	80 000	*
29	9. 利息支出	80 000	50 000	30 000	
	……	500 000	25 000	475 000	
39	19. 加计扣除（填附表五）	*	*	*	2 000 000
	…………				

4

第四篇

企业所得税资产处理和相关纳税申报表分析填报

第八章　固定资产企业所得税处理和会计相关业务的比较分析

第一节　固定资产处理企业所得税的法规分析

一、固定资产定义

《企业所得税实施条例》第五十七条规定："固定资产，是指企业为生产产品、提供劳务、出租或者经营管理而持有的、使用时间超过12个月的非货币性资产，包括房屋、建筑物、机器、机械、运输工具以及其他与生产经营活动有关的设备、器具、工具等。"

二、固定资产的计税基础

企业所得税法及实施条例对资产的计税基础的概念没有进行解释，实际上企业所得税计税基础的概念引用了会计准则的概念。根据《企业会计准则第18号——企业所得税》对资产的计税基础进行了定义。固定资产的计税基础，是指企业收回固定资产账面价值过程中，计算应纳税所得额时按照税法规定可以从应纳税所得额中抵扣的金额，即固定资产在使用期间计税时按照税法规定可以税前扣除的金额。

《企业所得税实施条例》第五十八条规定：固定资产按照以下方法确定计税基础：

1. 外购的固定资产，以购买价款和支付的相关税费以及直接归属于使该资产达到预定用途发生的其他支出为计税基础。

2. 自行建造的固定资产，以竣工结算前发生的支出为计税基础。

3. 融资租入的固定资产，以租赁合同约定的付款总额和承租人在签订租赁合同过程中发生的相关费用为计税基础；租赁合同未约定付款总额的，以该资产的公允价值和承租人在签订租赁合同过程中发生的相关费用为计税基础。

4. 盘盈的固定资产，以同类固定资产的重置完全价值为计税基础。

5. 通过捐赠、投资、非货币性资产交换、债务重组等方式取得的固定资产，以该资产的公允价值和支付的相关税费为计税基础。

6. 改建的固定资产，除企业所得税法第十三条第（一）项和第（二）项规定的支出（已足额提取折旧的固定资产的改建支出、租入固定资产的改建支出）外，以改建过程中发生的改建支出增加计税基础。

《企业所得税法实施条例》第五十六条规定："企业的固定资产以历史成本为计税基础。历史成本，是指企业取得该项资产时实际发生的支出。

企业持有各项资产期间资产增值或者减值，除国务院财政、税务主管部门规定可以确认损益外，不得调整该资产的计税基础。"

三、固定资产折旧

（一）固定资产折旧的范围

企业所得税法以反列举的方法，确定了企业所得税对固定资产折旧的范围。《企业所得税法》第十一条规定：下列固定资产不得计算折旧扣除：

1. 房屋、建筑物以外未投入使用的固定资产。
2. 以经营租赁方式租入的固定资产。
3. 以融资租赁方式租出的固定资产。
4. 已足额提取折旧仍继续使用的固定资产。
5. 与经营活动无关的固定资产。
6. 单独估价作为固定资产入账的土地。
7. 其他不得计算折旧扣除的固定资产。

（二）固定资产折旧的方法

1. 直线法。

《企业所得税实施条例》第五十九条规定：固定资产按照直线法计算的折旧，准予扣除。

2. 加速折旧法。

《企业所得税法》第三十二条规定：企业的固定资产由于技术进步等原因，确需加速折旧的，可以缩短折旧年限或者采取加速折旧的方法。

《企业所得税法实施条例》第九十八条规定：企业所得税法第三十二条所称可以采取缩短折旧年限或者采取加速折旧的方法的固定资产，包括：

（1）由于技术进步，产品更新换代较快的固定资产。

（2）常年处于强震动、高腐蚀状态的固定资产。

采取缩短折旧年限方法的，最低折旧年限不得低于本条例第六十条规定折旧年限的60%；采取加速折旧方法的，可以采取双倍余额递减法或者年数总和法。

（三）固定资产折旧的期限

《企业所得税实施条例》第五十九条规定企业应当自固定资产投入使用月份的次月起计算折旧；停止使用的固定资产，应当自停止使用月份的次月起停止计算折旧。

（四）固定资产的净残值

《企业所得税实施条例》第五十九条规定：企业应当根据固定资产的性质和使用情况，合理确定固定资产的预计净残值。固定资产的预计净残值一经确定，不得变更。

（五）固定资产折旧的期限

《企业所得税实施条例》第六十条规定：除国务院财政、税务主管部门另有规定外，固定资产计算折旧的最低年限如下：

1. 房屋、建筑物，为20年。
2. 飞机、火车、轮船、机器、机械和其他生产设备，为10年。
3. 与生产经营活动有关的器具、工具、家具等，为5年。
4. 飞机、火车、轮船以外的运输工具，为4年。

5. 电子设备，为3年。

（六）固定资产加速折旧的具体处理规定

《关于企业固定资产加速折旧所得税处理有关问题的通知》（国税发［2009］81号），对固定资产加速折旧的具体要件做出以下规定。

1. 缩短折旧年限或者采取加速折旧的要件。

根据《企业所得税法》第三十二条及《实施条例》第九十八条的相关规定，企业拥有并用于生产经营的主要或关键的固定资产，由于以下原因确需加速折旧的，可以缩短折旧年限或者采取加速折旧的方法：

（1）由于技术进步，产品更新换代较快的。

（2）常年处于强震动、高腐蚀状态的。

2. 由于技术进步，产品更新换代较快的要件。

（1）企业过去没有使用过与该项固定资产功能相同或类似的固定资产，但有充分的证据证明该固定资产的预计使用年限短于《实施条例》规定的计算折旧最低年限的，企业可根据该固定资产的预计使用年限和本通知的规定，对该固定资产采取缩短折旧年限或者加速折旧的方法。

（2）企业在原有的固定资产未达到《实施条例》规定的最低折旧年限前，使用功能相同或类似的新固定资产替代旧固定资产的，企业可根据旧固定资产的实际使用年限和本通知的规定，对新替代的固定资产采取缩短折旧年限或者加速折旧的方法。

3. 缩短折旧年限的方法。

企业采取缩短折旧年限方法的，对其购置的新固定资产，最低折旧年限不得低于《实施条例》第六十条规定的折旧年限的60%；若为购置已使用过的固定资产，其最低折旧年限不得低于《实施条例》规定的最低折旧年限减去已使用年限后剩余年限的60%。最低折旧年限一经确定，一般不得变更。

4. 加速折旧的方法。

企业拥有并使用符合本通知第一条规定条件的固定资产采取加速折旧方法的，可以采用双倍余额递减法或者年数总和法。加速折旧方法一经确定，一般不得变更。

（1）双倍余额递减法，是指在不考虑固定资产预计净残值的情况下，根据每期期初固定资产原值减去累计折旧后的金额和双倍的直线法折旧率计算固定资产折旧的一种方法。应用这种方法计算折旧额时，由于每年年初固定资产净值没有减去预计净残值，所以在计算固定资产折旧额时，应在其折旧年限到期前的两年期间，将固定资产净值减去预计净残值后的余额平均摊销。计算公式如下：

年折旧率＝2÷预计使用寿命（年）×100%

月折旧率＝年折旧率÷12

月折旧额＝月初固定资产账面净值×月折旧率

（2）年数总和法，又称年限合计法，是指将固定资产的原值减去预计净残值后的余额，乘以一个以固定资产尚可使用寿命为分子、以预计使用寿命逐年数字之和为分母的逐年递减的分数计算每年的折旧额。计算公式如下：

年折旧率 = 尚可使用年限 ÷ 预计使用寿命的年数总和 ×100%

月折旧率 = 年折旧率 ÷12

月折旧额 = （固定资产原值 - 预计净残值） ×月折旧率

5. 固定资产加速折旧的备案管理。

企业确需对固定资产采取缩短折旧年限或者加速折旧方法的，应在取得该固定资产后一个月内，向其企业所得税主管税务机关（以下简称主管税务机关）备案，并报送以下资料：

（1）固定资产的功能、预计使用年限短于《实施条例》规定计算折旧的最低年限的理由、证明资料及有关情况的说明。

（2）被替代的旧固定资产的功能、使用及处置等情况的说明。

（3）固定资产加速折旧拟采用的方法和折旧额的说明。

（4）主管税务机关要求报送的其他资料。

企业主管税务机关应在企业所得税年度纳税评估时，对企业采取加速折旧的固定资产的使用环境及状况进行实地核查。对不符合加速折旧规定条件的，主管税务机关有权要求企业停止该项固定资产加速折旧。

6. 固定资产加速折旧的后续管理。

对于采取缩短折旧年限的固定资产，足额计提折旧后继续使用而未进行处置（包括报废等情形）超过 12 个月的，今后对其更新替代、改造改建后形成的功能相同或者类似的固定资产，不得再采取缩短折旧年限的方法。

（七）特殊固定资产折旧的处理

《国家税务总局〈关于贯彻落实企业所得税法若干税收问题〉的通知》（国税函［2010］79 号）第五条规定：企业固定资产投入使用后，由于工程款项尚未结清未取得全额发票的，可暂按合同规定的金额计入固定资产计税基础计提折旧，待发票取得后进行调整。但该项调整应在固定资产投入使用后 12 个月内进行。

《企业所得税实施条例》第六十一条规定：从事开采石油、天然气等矿产资源的企业，在开始商业性生产前发生的费用和有关固定资产的折耗、折旧方法，由国务院财政、税务主管部门另行规定。

《财政部、国家税务总局〈关于开采油（气）资源企业费用和有关固定资产折耗摊销 折旧税务处理问题〉的通知》（财税［2009］49 号）对开采油（气）资源企业费用和有关固定资产折耗摊销折旧税务处理问题做了如下规定：

1.《企业所得税实施条例》第六十一条所称“费用和有关固定资产”，是指油气企业在开始商业性生产前取得矿区权益和勘探、开发的支出所形成的费用和固定资产。“商业性生产”，是指油（气）田（井）经过勘探、开发、稳定生产并商业销售石油、天然气的阶段。

2. 关于矿区权益支出的折耗。

（1）矿区权益支出，是指油气企业为了取得在矿区内的探矿权、采矿权、土地或海域使用权等所发生的各项支出，包括有偿取得各类矿区权益的使用费、相关中介费或其他可直接归属于矿区权益的合理支出。

（2）油气企业在开始商业性生产前发生的矿区权益支出，可在发生的当期，从本企业其他油（气）田收入中扣除；或者自对应的油（气）田开始商业性生产月份的次月起，分3年按直线法计提的折耗准予扣除。

（3）油气企业对其发生的矿区权益支出未选择在发生的当期扣除的，由于未发现商业性油（气）构造而终止作业，其尚未计提折耗的剩余部分，可在终止作业的当年作为损失扣除。

3. 关于勘探支出的摊销。

（1）勘探支出，是指油气企业为了识别勘探区域或探明油气储量而进行的地质调查、地球物理勘探、钻井勘探活动以及其他相关活动所发生的各项支出。

（2）油气企业在开始商业性生产前发生的勘探支出（不包括预计可形成资产的钻井勘探支出），可在发生的当期，从本企业其他油（气）田收入中扣除；或者自对应的油（气）田开始商业性生产月份的次月起，分3年按直线法计提的摊销准予扣除。

（3）油气企业对其发生的勘探支出未选择在发生的当期扣除的，由于未发现商业性油（气）构造而终止作业，其尚未摊销的剩余部分，可在终止作业的当年作为损失扣除。

（4）油气企业的钻井勘探支出，凡确定该井可进行商业性生产，且该钻井勘探支出形成的资产符合《实施条例》第五十七条规定条件的，应当将该钻井勘探支出结转为开发资产的成本，按照本通知第四条的规定计提折旧。

4. 关于开发资产的折旧。

（1）开发支出，是指油气企业为了取得已探明矿区中的油气而建造或更新井及相关设施活动所发生的各项支出。

（2）油气企业在开始商业性生产之前发生的开发支出，可不分用途，全部累计作为开发资产的成本，自对应的油（气）田开始商业性生产月份的次月起，可不留残值，按直线法计提的折旧准予扣除，其最低折旧年限为8年。

（3）油气企业终止本油（气）田生产的，其开发资产尚未计提折旧的剩余部分可在该油（气）田终止生产的当年作为损失扣除。

5. 油气企业应按照本通知规定选择有关费用和资产的折耗、摊销、折旧方法和年限，一经确定，不得变更。

油气企业在本油（气）田进入商业性生产之后对本油（气）田新发生的矿区权益、勘探支出、开发支出，按照本通知规定处理。

6. 上述规定自2009年4月12日起实施。自2007年12月6日至2009年4月12日，油气企业矿区权益、勘探、开发等费用和固定资产的折耗、摊销、折旧方法和年限事项按上述规定处理。

《实施条例》实施之日前，油气企业矿区权益、勘探、开发等费用和固定资产已发生且开始摊销或计提的折耗、折旧，不做调整。对没有摊销完的费用和继续使用的矿区权益和有关固定资产，可以就其尚未摊销或计提折耗、折旧的余额，按本通知规定处理。

四、固定资产后续支出的处理

固定资产的后续支出是指固定资产在使用过程中发生的更新改造支出、修理费用等。

（一）固定资产后续支出企业所得税处理基本法规规定

围绕着固定资产后续支出的处理，企业所得税法及实施条例规定如下：

《企业所得税法》第十三条规定：在计算应纳税所得额时，企业发生的下列支出作为长期待摊费用，按照规定摊销的，准予扣除：

1. 已足额提取折旧的固定资产的改建支出。

2. 租入固定资产的改建支出。

3. 固定资产的大修理支出。

《企业所得税法实施条例》六十八条规定：企业所得税法第十三条第 1 项和第 2 项所称固定资产的改建支出，是指改变房屋或者建筑物结构、延长使用年限等发生的支出。

企业所得税法第十三条第 1 项规定的支出，按照固定资产预计尚可使用年限分期摊销；第 2 项规定的支出，按照合同约定的剩余租赁期限分期摊销。

改建的固定资产延长使用年限的，除企业所得税法第十三条第 1 项和第 2 项规定外，应当适当延长折旧年限。

《企业所得税法实施条例》第六十九条规定：企业所得税法第十三条第 3 项所称固定资产的大修理支出，是指同时符合下列条件的支出：

（1）修理支出达到取得固定资产时的计税基础 50% 以上。

（2）修理后固定资产的使用年限延长 2 年以上。

固定资产的大修理支出，按照固定资产尚可使用年限分期摊销。

（二）固定资产后续支出企业所得税处理的基本要件

根据上述企业所得税法及实施条例的规定，固定资产后续支出企业所得税处理的基本要件为：

1. 固定资产后续支出资本化处理的条件。

（1）固定资产改建支出。

固定资产的改建支出，是指改变房屋或者建筑物结构、延长使用年限等发生的支出，包括：①已足额提取折旧的固定资产的改建支出；②租入固定资产的改建支出；③使用期限内固定资产的改建支出。

（2）固定资产大修理支出。

固定资产的大修理支出，是指同时符合下列条件的固定资产的后续支出：

①修理支出达到取得固定资产时的计税基础 50% 以上。

②修理后固定资产的使用年限延长 2 年以上。

2. 固定资产后续支出资本化处理的方法。

（1）部分固定资产后续支出形成长期待摊费用进行摊销。

企业所得税法规对固定资产后续支出形成长期待摊费用及摊销具体办法规定为：

①已足额提取折旧的固定资产的改建支出，按照固定资产预计尚可使用年限分期摊销。

②租入固定资产的改建支出，按照合同约定的剩余租赁期限分期摊销。

③固定资产大修理支出，按照固定资产尚可使用年限分期摊销。

（2）部分固定资产后续支出增加固定资产计税基础。

企业所得税对固定资产后续支出增加固定资产计税基础并通过提取折旧的办法进行摊销的具体规定为：

固定资产改建（改变房屋或者建筑物结构、延长使用年限），如果不是对已足额提取折旧的固定资产的改建或租入固定资产的改建，而是对在尚可使用期间的固定资产改建，应该以改建过程中发生的改建支出增加计税基础。改建的固定资产延长使用年限的，应当适当延长折旧年限，通过提取折旧的办法进行摊销。

3. 固定资产后续支出费用化处理要件。

对于固定资产后续支出，如果不具备固定资产后续支出资本化处理条件，则对固定资产的后续支出，在符合企业所得税扣除条件的前提下，应进行费用化处理，计入企业所得税的成本或费用中在当期进行税前扣除。

五、固定资产损失

（一）自行计算的固定资产损失

《企业资产损失税前扣除管理办法》（国税发［2009］88号）第五条规定，下列资产损失，属于由企业自行计算扣除的固定资产资产损失：（1）企业在正常经营管理活动中因销售、转让、变卖固定资产发生的资产损失；（2）企业固定资产达到或超过使用年限而正常报废清理的损失。

《企业资产损失税前扣除管理办法》（国税发［2009］88号）第十条规定：企业发生属于由企业自行计算扣除的资产损失，应按照企业内部管理控制的要求，做好资产损失的确认工作，并保留好有关资产会计核算资料和原始凭证及内部审批证明等证据，以备税务机关日常检查。

（二）需要审批的固定资产损失

企业所得税涉及的固定资产损失主要包括：生产经营活动中发生的固定资产的盘亏、毁损、报废损失；损失的计量为减除责任人赔偿和保险赔款后的余额。

1. 固定资产盘亏、丢失损失计量与证据。

《企业资产损失税前扣除管理办法》（国税发［2009］88号）第二十三条规定：固定资产盘亏、丢失损失，其账面净值扣除责任人赔偿后的余额部分，依据下列证据确认损失：

（1）固定资产盘点表。

（2）盘亏、丢失情况说明，单项或批量金额较大的固定资产盘亏、丢失，企业应逐项做出专项说明，并出具具有法定资质中介机构出具的经济鉴定证明。

（3）企业内部有关责任认定和内部核准文件等。

2. 固定资产报废、毁损损失计量与证据。

《企业资产损失税前扣除管理办法》（国税发［2009］88号）第二十四条规定：固定资产报废、毁损损失，其账面净值扣除残值、保险赔偿和责任人赔偿后的余额部分，依据下列相关证据认定损失：

（1）企业内部有关部门出具的鉴定证明。

（2）单项或批量金额较小的固定资产报废、毁损，可由企业逐项做出说明，并出具内部有关技术部门的技术鉴定证明。

单项或批量金额较大的固定资产报废、毁损，企业应逐项做出专项说明，并出具专业技术鉴定机构的鉴定报告，也可以同时附送中介机构的经济鉴定证明。

（3）自然灾害等不可抗力原因造成固定资产毁损、报废的，应当有相关职能部门出具的鉴定报告，如消防部门出具受灾证明，公安部门出具的事故现场处理报告、车辆报损证明，房管部门的房屋拆除证明，锅炉、电梯等安检部门的检验报告等。

（4）企业固定资产报废、毁损情况说明及内部核批文件。

（5）涉及保险索赔的，应当有保险公司理赔情况说明。

3. 固定资产被盗损失计量与证据。

《企业资产损失税前扣除管理办法》（国税发［2009］88号）第二十五条规定：固定资产被盗损失，其账面净值扣除保险理赔以及责任赔偿后的余额部分，依据下列证据认定损失：

（1）向公安机关的报案记录，公安机关立案、破案和结案的证明材料。

（2）涉及责任人的责任认定及赔偿情况说明。

（3）涉及保险索赔的，应当有保险公司理赔情况说明。

六、固定资产涉及企业所得税视同销售的法规规定

（一）企业所得税视同销售的基本法规规定

《企业所得税法实施条例》二十五条规定：企业发生非货币性资产交换，以及将货物、财产、劳务用于捐赠、偿债、赞助、集资、广告、样品、职工福利或者利润分配等用途的，应当视同销售货物、转让财产或者提供劳务，但国务院财政、税务主管部门另有规定的除外。

（二）固定资产视同销售的业务内容

企业所得税实施条例，对企业所得税视同销售业务列举中的非货币性资产和财产包括固定资产，属于固定资产的视同销售业务的具体内容如下：

1. 企业以固定资产交换非货币性资产。
2. 企业以固定资产对外投资。
3. 企业以固定资产进行债务重组。
4. 企业以固定资产对外捐赠。
5. 企业以固定资产分配股利。
6. 企业以固定资产赞助、集资、广告、样品、职工福利。

上述业务中，一般可能发生的业务为企业以固定资产交换非货币性资产、投资、债务重组和捐赠。

七、长期待摊费用企业所得税法规规定

（一）长期待摊费用所得税基本法规规定

1. 长期待摊费用的业务范围。

《企业所得税法》第十三条规定：在计算应纳税所得额时，企业发生的下列支出作为长期待摊费用，按照规定摊销的，准予扣除：

（1）已足额提取折旧的固定资产的改建支出。

（2）租入固定资产的改建支出。

（3）固定资产的大修理支出。

（4）其他应当作为长期待摊费用的支出。

《企业所得税法实施条例》第六十八条规定：企业所得税法第十三条第（1）项和第（2）项所称固定资产的改建支出，是指改变房屋或者建筑物结构、延长使用年限等发生的支出。

2. 长期待摊费用的所得税处理。

《企业所得税法实施条例》第六十八条规定：企业所得税法第十三条第（1）项规定的支出，按照固定资产预计尚可使用年限分期摊销；第（2）项规定的支出，按照合同约定的剩余租赁期限分期摊销。

改建的固定资产延长使用年限的，除企业所得税法第十三条第（1）项和第（2）项规定外，应当适当延长折旧年限。

《企业所得税法实施条例》第六十九条规定：企业所得税法第十三条第（3）项所称固定资产的大修理支出，是指同时符合下列条件的支出：

①修理支出达到取得固定资产时的计税基础50%以上。

②修理后固定资产的使用年限延长2年以上。

企业所得税法第十三条第（3）项规定的支出，按照固定资产尚可使用年限分期摊销。

《企业所得税法实施条例》第七十条规定：企业所得税法第十三条第（4）项所称其他应当作为长期待摊费用的支出，自支出发生月份的次月起，分期摊销，摊销年限不得低于3年。

（二）长期待摊费用所得税处理的基本要件

根据上述企业所得税法及实施条例的规定，长期待摊费用所得税处理的基本要件为：

1. 长期待摊费用的业务范围。

（1）已足额提取折旧的固定资产的改建支出。

（2）租入固定资产的改建支出。

（3）固定资产的大修理支出。

（4）其他应当作为长期待摊费用的支出。

2. 长期待摊费用资本化处理的条件。

（1）固定资产改建支出。

固定资产的改建支出，是指改变房屋或者建筑物结构、延长使用年限等发生的支出：包括已足额提取折旧的固定资产的改建支出、租入固定资产的改建支出、使用期限内固定资产的改建支出。

（2）固定资产大修理支出。

固定资产的大修理支出，是指同时符合下列条件的固定资产的后续支出：其一，修理支出达到取得固定资产时的计税基础50%以上；其二，修理后固定资产的使用年限延长2年以上。

3. 长期待摊费用资本化处理的方法。

（1）部分支出形成长期待摊费用进行摊销。

企业所得税法规对形成长期待摊费用及摊销具体办法规定为：

①已足额提取折旧的固定资产的改建支出，按照固定资产预计尚可使用年限分期摊销。

②租入固定资产的改建支出，按照合同约定的剩余租赁期限分期摊销。

③固定资产大修理支出，按照固定资产尚可使用年限分期摊销。

④其他应当作为长期待摊费用的支出，自支出发生月份的次月起，分期摊销，摊销年限不得低于3年。

（2）部分支出增加固定资产计税基础。

企业所得税对增加固定资产计税基础并通过提取折旧的办法进行摊销的具体规定为：固定资产改建（改变房屋或者建筑物结构、延长使用年限），如果不是对已足额提取折旧的固定资产的改建或租入固定资产的改建，而是对在尚可使用期间的固定资产改建，应该以改建过程中发生的改建支出增加计税基础；改建的固定资产延长使用年限的，应当适当延长折旧年限，通过提取折旧的办法进行摊销。

第二节　固定资产企业所得税处理和会计相关业务的比较分析

一、固定资产范围确认企业所得税和会计的比较分析

（一）企业所得税固定资产范围确认的基本要件

根据企业所得税法规定，企业所得税的固定资产，是指同时具有下列特征的有形资产：

1. 企业为生产产品、提供劳务、出租或者经营管理而持有。

2. 使用时间超过12个月。

3. 资产的形态为非货币性资产，包括房屋、建筑物、机器、机械、运输工具以及其他与生产经营活动有关的设备、器具、工具。

（二）会计确认固定资产范围的基本要件

根据会计准则规定，固定资产的确认条件为：

1. 固定资产是同时具有下列特征的有形资产：（1）为生产商品、提供劳务、出租或经营管理而持有的。（2）使用寿命超过一个会计年度。使用寿命，是指企业使用固定资产的预计期间，或者该固定资产所能生产产品或提供劳务的数量的期间。（3）出租的建筑物确认为投资性房地产。

2. 固定资产同时满足下列条件的，才能予以确认：（1）与该固定资产有关的经济利益很可能流入企业；（2）该固定资产的成本能够可靠地计量。

（三）固定资产范围确认企业所得税和会计比较

企业所得税和会计准则对固定资产的定义的表述虽然不尽相同，但其基本内容是一致，除根据会计准则，企业将出租的建筑物确认为投资性房地产，而企业所得税将其确认为固定资产（企业投资性房地产企业所得税和会计相关业务处理的比较将在本章第四节分析）以外。

1. 固定资产的基本要件的构成企业所得税和会计准则都包括：（1）企业为生产产品、提供劳务、出租或者经营管理而持有；（2）使用时间超过 12 个月的资产。企业所得税又进一步列举出固定资产的形态，即包括房屋、建筑物、机器、机械、运输工具以及其他与生产经营活动有关的设备、器具、工具。但是根据会计准则，企业将出租的建筑物确认为投资性房地产，而企业所得税将其确认为固定资产。

2. 会计准则规定了固定资产的两个确认条件，即：（1）与该固定资产有关的经济利益很可能流入企业；（2）固定资产的成本能够可靠地计量。虽然企业所得税对固定资产确认没有与上述会计准则表述相同的规定，但是企业所得税对固定资产基本特征的列举，即企业为生产产品、提供劳务、出租或者经营管理而持有，其结果也必然导致其经济利益流入企业。同时成本可以计量也是企业所得税确认资产的基本条件，因为成本可以计量，才可以对固定资产计提折旧。

3. 企业所得税和会计准则对固定资产确认都没有给出具体计量标准，这种制度规定：一方面从会计的角度表现为会计人员需要根据企业经济业务进行职业判断，体现了会计的客观性原则和实质重于形式的原则；另一方面从企业所得税的角度表现为企业所得税和会计制度的协调，减少企业所得税和会计的差异。

二、固定资产初始计量企业所得税和会计的比较分析

固定资产的初始计量企业所得税表述为计税基础，根据《企业所得税法实施条例》第五十六条规定："企业的各项资产，包括固定资产、生物资产、无形资产、长期待摊费用、投资资产、存货等，以历史成本为计税基础。所称历史成本，是指企业取得该项资产时实际发生的支出。"在企业所得税基本法规规定的基础上，企业所得税法实施条例又进一步对固定资产计税基础做出了规定。企业所得税对固定资产计税基础的确定和会计准则对固定资产初始计量的规定不尽一致。

（一）固定资产初始计量企业所得税和会计处理基本一致的业务

1. 外购的固定资产。

会计准则规定：外购固定资产的成本，包括购买价款、相关税费、使固定资产达到预定可使用状态前所发生的可归属于该项资产的运输费、装卸费、安装费和专业人员服务费等。

企业所得税法规规定：外购的固定资产，以购买价款和支付的相关税费以及直接归属于使该资产达到预定用途发生的其他支出为计税基础。

会计和税法对外购固定资产的计价规定一致，都是以实际发生的价款计量。

[例 8－1] 2009 年 1 月，A 企业购入一台需要安装的设备，取得的增值税专用发票上注明的设备款为58 500元，安装设备时，领用外购原材料价值1 500元，购进该批材料时进行了进项税额抵扣，支付的工资为2 500元。

(1) 企业会计处理。

支付设备价款：

借：在建工程		50 000
应交税费——应交增值税（进项税额）		8 500
贷：银行存款		58 500

领用安装材料，支付工资等费用：

借：在建工程　　4 000

　贷：原材料　　1 500

　　应付职工薪酬　　2 500

设备安装完毕，交付使用，确定固定资产的入账价值54 000元。

借：固定资产　　54 000

　贷：在建工程　　54 000

(2) 税收处理。

增值税：进项税额 =50 000×17% =8 500（元）

企业所得税：固定资产的计税基础与会计确认和计量的入账价值一致。

2. 自建的固定资产（固定资产建造仅从金融部门借入款项或无借入款项）。

企业所得税法规规定：自行建造的固定资产，以竣工结算前发生的支出为计税基础。自制、自建的固定资产，在竣工使用时按实际发生的成本计价；自行建造固定资产确认为固定资产的时间为固定资产竣工使用。

会计准则规定：(1) 自行建造固定资产的成本的计量：自行建造固定资产的成本，由建造该项资产达到预定可使用状态前所发生的必要支出作为入账价值；可予以资本化的借款费用，应计入固定资产成本。(2) 自行建造固定资产确认为固定资产的时间：已达到预定可使用状态的固定资产，无论是否交付使用，尚未办理竣工决算的，应当按照估计价值确认为固定资产，并计提折旧；办理了竣工决算手续后，再按实际成本调整原来的暂估价值，但不需要调整原已计提的折旧额。

企业所得税和会计对自建固定资产计量的一致性表现为：第一，企业所得税和会计对自建固定资产的计量规定基本一致，都以实际发生的成本为基础。第二，自行建造固定资产确认为固定资产的时间应表现为一致性。对固定资产确认的时间，会计上使用了“预定可使用状态”的概念，并指出：“已达到预定可使用状态的固定资产，无论是否交付使用，尚未办理竣工决算的，应当按照估计价值确认为固定资产，并计提折旧；待办理了竣工决算手续后，再按实际成本调整原来的暂估价值，但不需要调整原已计提的折旧额。”企业所得税上使用了“竣工使用”的概念，但是现行税法对什么是固定资产竣工使用及固定资产是否可以暂估入账没有明确规定。尽管税法对上述业务没有明确规定，但在税法确定性原则和相关原则下，从企业所得税和会计制度协调性的角度，自行建造固定资产确认为固定资产的时间应表现为一致性。

[例8-2] 某企业2008年1月自行建造非不动产在建工程，购入为工程准备的各种物资6 000 000元（不含增值税），实际领用工程物资（含增值税）5 400 000元，另外还领用了企业生产用的原材料一批，实际成本为300 000元，分配工程人员工资500 000元，企业辅助生产车间为工程提供有关劳务100 000元，12月工程达到预定可使用状态，该工程预计使用年限为20年，预计残值率5%。

(1) 会计处理。

2008年工程建造归集成本费用：

购入为工程准备的物资：

借：工程物资　　6 000 000

应交税费——增值税（进项税额）	1 020 000
贷：银行存款	7 020 000

工程领用物资：

借：在建工程	5 400 000
贷：工程物资	5 400 000

工程领用原材料：

借：在建工程	300 000
贷：原材料	300 000

分配工程人员工资：

借：在建工程	500 000
贷：应付职工薪酬	500 000

辅助车间为工程提供的劳务支出：

借：在建工程	100 000
贷：生产成本	100 000

12 月工程达到预定可使用状态，暂估入账：

借：固定资产	6 300 000
贷：在建工程	6 300 000

（2）企业所得税处理。

上述业务的企业所得税处理和会计处理一致。

［例 8－3］承［例 8－2］。企业 2008 年 12 月开始使用该非不动产在建工程，2009 年 6 月办理完竣工手续，在 2009 年 1～6 月发生该非不动产在建工程建造的后续费用 200 000元。

（1）会计处理。

2009 年 1～6 月提取折旧额＝6 300 000×（1－5%）÷20×0.5＝149 625（元）。

借：制造费用	149 625
贷：累计折旧	149 625

2009 年 1～6 月该非不动产在建工程建造的后续费用 200 000 元。

借：在建工程	200 000
贷：工程物资、应付职工薪酬、银行存款等	200 000

2009 年 6 月办理完竣工手续，按实际成本调整原来的暂估价值，固定资产增值额为200 000元。

借：固定资产	200 000
贷：在建工程	200 000

2009 年企业 7～12 月固定资产提取折旧的计算：

第一步：固定资产提取折旧的价值（6 300 000－149 625＋200 000）×（1－5%）＝6 032 856.2（元）

第二步：每年固定资产提取折旧的金额＝6 032 856.2÷19.5＝309 377.24（元）；每月固定资产提取折旧的金额＝309 377.24÷12＝25 781.44（元）

第三步：2009 年企业 7 月至 12 月固定资产提取折旧＝25 781.44×6＝154 688.61（元）

企业账务处理为：

借：制造费用　　154 688.61

　贷：累计折旧　　154 688.61

（2）企业所得税处理。

由于企业建造的固定资产提取折旧的时间和残值率会计和税收处理一致，所以对于固定资产计价在不违背相关税法规定的前提下，企业所得税应和会计处理保持一致，避免会计和税收处理上产生差异而带来复杂的纳税调整。

3. 投资者投入的固定资产。

会计准则规定：投资者投入的固定资产应当按照投资合同或协议约定的价值确定，但合同或协议约定价值不公允的除外。企业所得税法规规定：投资者投入的固定资产以该资产的公允价值和支付的相关税费为计税基础。企业所得税和会计对投资者投入固定资产的计价都以公允价值为基础。

［例8－4］甲公司的注册资本3 000 000元。2007年6月5日，甲公司接受乙公司以一台设备进行投资。该台设备的原价为600 000元，已计提折旧206 200元，按照合同或协议约定确认的价值为423 800元，占甲公司注册资本的10%。假定不考虑其他相关税费。

（1）会计处理。

固定资产的入账价值为合同价423 800元。甲公司的账务处理为：

借：固定资产　　423 800

　贷：实收资本　　300 000

　　　资本公积——资本溢价　　123 800

（2）企业所得税处理。

甲公司固定资产的计税价值和会计一致。

4. 企业通过债务重组取得的固定资产。

会计准则规定：企业应当对受让的固定资产按其公允价值入账，重组债权的账面余额与受让的固定资产的公允价值之间的差额，计入当期损益。企业所得税法规规定：企业接受的债务人以固定资产抵偿债务方式取得的固定资产，该资产的公允价值和支付的相关税费为计税基础。

企业所得税和会计对企业通过债务重组取得的固定资产计量的口径一致，均以换入固定资产的公允价值计量。

5. 从被投资方分配股利取得的固定资产。

企业所得税相关法规规定：企业从被投资方分配股利取得的固定资产，以该资产的公允价值和支付的相关税费为计税基础。

会计准则虽然没有对从被投资方分配股利取得固定资产的计量做出明确规定，但是根据会计准则的相关规定可以判定其计量标准为固定资产的公允价值。

企业所得税和会计对企业从被投资方分配股利取得的固定资产计量的口径一致，均以分配取得的固定资产的公允价值计量。

6. 企业接受捐赠取得的固定资产。

企业所得税相关法规规定：企业从接受捐赠取得的固定资产，以该资产的公允价值和支付的相关税费为计税基础。

会计准则对接受捐赠取得固定资产的计量虽然没有做出明确规定，但依据会计准则判断，一般应按公允价值计价。

企业所得税和会计准则对接受捐赠取得的固定资产的计量一致。

7. 盘盈的固定资产。

企业所得税相关法规规定：企业盘盈的固定资产，以同类固定资产的重置完全价值为计税基础。

会计准则虽然没有对企业盘盈固定资产的计量做出明确规定，但是根据会计准则的相关规定可以判定其计量标准应与企业所得税一致。

8. 企业具有商业实质且换入资产或换出资产的公允价值能够可靠计量的非货币性资产交换取得的固定资产。

根据企业会计准则的相关规定，企业以非货币性资产交换取得的固定资产同时满足两个条件：即交换交易具有商业实质；换入资产或换出资产的公允价值能够可靠地计量，则会计对固定资产的计量按公允价值。

企业所得税实施条例规定，企业非货币性资产交换取得的固定资产以公允价值确认计税基础。企业所得税的计税基础和会计计量一致。

（二）固定资产初始计量企业所得税和会计处理不一致的业务

固定资产初始计量会计和税收处理不一致的业务，将导致企业在固定资产使用期限中提取折旧企业所得税和会计处理的差异，且差异属于时间性差异。为了在企业所得税纳税申报时准确调整会计和企业所得税在固定资产相关事项处理时的差异，企业应该建立固定资产税收处理及会计和税收处理差异备查簿，将纳税调整事项记录在备查簿中。

1. 企业非货币性资产交换不具有商业实质或换入资产（或换出资产）的公允价值不能够可靠计量，则企业所得税和会计对取得固定资产的计量不一致。

根据企业会计准则的相关规定，如果企业非货币性资产交换不同时满足交换具有商业实质，换入资产或换出资产的公允价值能够可靠地计量两个条件，则换入固定资产以换出资产账面价值和应支付的相关税费计量。

依据企业所得税的相关法规，对企业非货币性资产交换取得的固定资产，计税基础按照公允价值计量。

当会计上以换出资产账面价值和应支付的相关税费计量换入固定资产时，企业所得税和会计计量出现差异，差异的性质为暂时性差异。

2. 企业合并取得的固定资产。

根据会计准则的相关规定，同一控制下的企业合并取得固定资产，合并方在企业合并中取得的固定资产应当按照合并日在被合并方的账面价值计量；非同一控制下的企业合并取得的固定资产，合并中取得的被购买方固定资产，其所带来的经济利益很可能流入企业且公允价值能够可靠地计量的，应当单独予以确认并按照公允价值计量。

《企业所得税法实施条例》第七十五条规定：“除国务院财政、税务主管部门另有规定外，企业在重组过程中，应当在交易发生时确认有关资产的转让所得或者损失，相关资产应当按照交易价格重新确定计税基础。”

会计准则和企业所得税法规对于企业合并取得的固定资产成本的计价的规定有明显的差异。会计上以是否为同一控制下的企业合并为条件，分别确定通过合并取得固定资产的计价方法，而企业所得税是按照交易价格重新确定计税基础。

3. 融资租入的固定资产。

企业所得税对企业融资租入的固定资产，以租赁合同约定的付款总额和承租人在签订租赁合同过程中发生的相关费用为计税基础；租赁合同未约定付款总额的，以该资产的公允价值和承租人在签订租赁合同过程中发生的相关费用为计税基础。

会计准则规定：在租赁期开始日，承租人应当将租赁开始日租赁资产公允价值与最低租赁付款额现值两者中较低者作为租入资产的入账价值，承租人在租赁谈判和签订租赁合同过程中发生的，可归属于租赁项目的手续费、律师费、差旅费、印花税等初始直接费用，应当计入租入资产价值。

会计准则和企业所得税对融资租入固定资产的计量异同表现为：其一，企业所得税和会计都将签订租赁合同过程中发生的相关费用计入固定资产的计税基础或固定资产净价值；其二，会计对融资租赁固定资产的计价，以租赁开始日租赁资产公允价值与最低租赁付款额现值两者中较低者作为租入资产的入账基础；企业所得税对融资租赁固定资产的计价以租赁合同约定的付款总额为基础。企业所得税和会计对融资租入固定资产的计量出现差异，差异的性质为暂时性差异。

[例 8－5] A 公司 2008 年 1 月 1 日从 B 公司融资租入新型机器作为固定资产使用，该机器已收到。合同约定，机器的总价款为1 000万元，分 3 年支付，2008 年 12 月 31 日支付 500 万元，2009 年 12 月 31 日支付 300 万元，2010 年 12 月 31 日支付 200 万元。假定企业无其他费用支付，且 3 年期银行借款年利率为 6%，2008 年 1 月 1 日固定资产的公允价值为 950 万元。该固定资产的使用期限为 3 年，预计净残值为 0。

(1) 会计处理。

2008 年 1 月 1 日，融资租入固定资产的公允价值为 950 万元。

企业最低租赁付款额的现值＝500/（1＋6%）＋300/（1＋6%）（1＋6%）＋200/（1＋6%）（1＋6%）（1＋6%）＝906.62（万元）

由于企业融资租入固定资产在租赁开始日租赁资产公允价值大于最低租赁付款额现值，所以企业会计上确认固定资产的入账价值为最低租赁付款额的现值 906.62 万元。

2008 年 1 月 1 日企业的账务处理为：

借：固定资产——融资租赁固定资产	9 066 200	
未确认融资费用	933 800	
贷：长期应付款		10 000 000

2008 年企业提取固定资产折旧计入费用，假设企业从 2008 年 1 月开始提取折旧。企业的账务处理为：

固定资产折旧额＝906.62÷3＝302.21（万元）

借：制造费用	3 022 100	
贷：累计折旧		3 022 100

2008 年 12 月 31 日进行款项的支付，企业的账务处理为：

借：长期应付款	5 000 000	

贷：银行存款　　5 000 000

按实际利率法计算的摊销额 =9 066 200 ×6% =54.39（万元）企业的账务处理为：

借：财务费用　　543 900

贷：未确认融资费用　　543 900

（2）企业所得税处理及企业所得税和会计差异调整。

根据企业所得税相关法规规定，上述业务企业所得税处理及企业所得税和会计差异如下：

①企业融资租入固定资产的计税基础以租赁合同约定的付款总额计量，A 企业融资租入固定资产的计税基础为1 000万元；会计上按总付款金额的现值确认固定资产的入账价值为906.62 万元。企业所得税和会计对固定资产的计价存在差异，差异的性质为暂时性差异。

② 2008 年企业所得税税前扣除折旧为 333.33 万元（1000 ÷3），会计确认的折旧为302.21 万元，企业当期填报企业所得税纳税申报表，计算应纳税所得额时对固定资产的折旧扣除进行纳税调减处理，调减额为 31.12 万元，三年共计纳税调减额为 93.38 万元。

③企业所得税对会计计入“财务费用”，按实际利率法计算的未确认融资费用摊销额不予确认，且在企业所得税前不允许扣除。企业所得税和会计出现的差异为暂时性差异。企业当期填报企业所得税纳税申报表，计算应纳税所得额时，应对进行纳税调增处理，调增额为54.39 万元。三年共计纳税调增额为93.38 万元。

4. 从非金融机构借款建造或购置的固定资产。

企业所得税法规定：企业建造或购置需要安装的固定资产，如果从非金融机构借款，且支付非金融机构的借款利息支出，如果高于金融机构同类、同期贷款利率计算的数额，超过计税标准的部分不得计入固定资产价值进行资本化处理。

会计准则规定：企业建造或购置需要安装的固定资产，如果从非金融机构借款所发生的借款利息支出符合资本化条件的进行资本化处理，计入固定资产的入账价值。

此时企业所得税和会计处理对固定资产的计量出现差异，差异的性质为永久性差异。

5. 采用公允价值计量模式的投资性房地产。

会计准则规定：对于采用公允价值计量模式的投资性房地产，平时不计提折旧，应当以资产负债日投资性房地产的公允价值为基础调整其账面价值，公允价值与账面价值之间的差额计入当期损益。

企业所得税对会计采用公允价值计量模式的投资性房地产不予确认，企业所得税仍对其确认为固定资产，同时按照历史成本确认为计税基础。企业所得税和会计的差异为暂时性差异。

［例 8 –6］2008 年 1 月 1 日企业将一幢办公楼对外出租，该厂房的初始成本为 500 万元，使用年限为 20 年，净残值率为 5%。该投资性房地产期末采用公允价值计量，2008 年 12 月 31 日，经复核，该投资性厂房的公允价值为 520 万元。

（1）会计处理。

借：投资性房地产——公允价值变动　　200 000

贷：公允价值变动损益　　　　200 000

(2) 企业所得税处理及企业所得税和会计差异调整。

企业所得税确认办公楼为固定资产。

2008 年企业所得税税前允许扣除的折旧 =500×（1-5%）÷20=23.75（万元）

企业所得税对会计上以办公楼公允价值与账面价值之间的差额，通过当期损益“公允价值变动损益”会计科目，结转计入当期会计利润的20万元不予确认，对企业当期企业所得税收入调减20万元；企业所得税对投资性房地产确认为固定资产，提取折旧23.75万元，当期做纳税调减处理，调减额为23.75万元。

三、固定资产折旧企业所得税和会计的比较分析

(一) 固定资产折旧范围企业所得税和会计的比较分析

企业所得税相关法规以反列举的方法确定了企业所得税对固定资产折旧的范围。根据企业所得税相关法规规定，下列固定资产不得计算折旧扣除：(1) 房屋、建筑物以外未投入使用的固定资产；(2) 以经营租赁方式租入的固定资产；(3) 以融资租赁方式租出的固定资产；(4) 已足额提取折旧仍继续使用的固定资产；(5) 与经营活动无关的固定资产；(6) 单独估价作为固定资产入账的土地；(7) 其他不得计算折旧扣除的固定资产。

会计准则对固定资产折旧的范围做出原则性的规定，即企业应当对所有固定资产计提折旧（已达到预定可使用状态的固定资产，尚未办理竣工决算的，应当按照估计价值确认为固定资产，并计提折旧）。同时列举了不应计提折旧的固定资产。不应计提折旧的固定资产包括：(1) 已提足折旧仍继续使用的固定资产；(2) 单独计价入账的土地；(3) 提前报废的固定资产。

固定资产折旧范围企业所得税和会计的表述虽然不尽相同，但基本内容一致。其中：(1) 企业所得税列举的房屋、建筑物以外未投入使用的固定资产不允许提取折旧，由于其在会计上也不符合与该固定资产有关的经济利益很可能流入企业的要件，所以不确认为会计的固定资产，不应提取折旧。(2) 企业所得税列举的以经营租赁方式租入的固定资产和以融资租赁方式租出的固定资产不允许提取折旧，因其在会计上企业不拥有固定资产的所有权，所以也不应提取折旧。(3) 会计上对已达到预定可使用状态的固定资产，尚未办理竣工决算的，按照估计价值确认为固定资产，并计提折旧；虽然企业所得税对自建的固定资产使用了“竣工使用”的概念，但是《国家税务总局〈关于贯彻落实企业所得税法若干税收问题〉的通知》（国税函［2010］79号）对固定资产投入使用后计税基础确定问题做出了规定：企业固定资产投入使用后，由于工程款项尚未结清未取得全额发票的，可暂按合同规定的金额计入固定资产计税基础计提折旧，待发票取得后进行调整，但该项调整应在固定资产投入使用后12个月内进行。

固定资产折旧范围企业所得税和会计不同的是：会计准则对于采用公允价值计量模式的投资性房地产，不计提折旧。采用公允价值计量模式的会计处理在企业所得税上不予确认，企业所得税对企业出租建筑物的计量应按照历史成本确认计税基础；企业所得税对投资性房地产确认为固定资产，并同时提取折旧。

(二) 固定资产折旧方法企业所得税和会计的比较分析

企业所得税法规规定：固定资产折旧方法原则上采取直线法，工作量法属于直线

法。同时，对可以采取加速折旧的固定资产做了严格限制，即企业的固定资产由于技术进步等原因，确需加速折旧的，可以缩短折旧年限或者采取加速折旧的方法。

可以采取缩短折旧年限或者采取加速折旧方法的固定资产包括：由于技术进步、产品更新换代较快的固定资产；常年处于强震动、高腐蚀状态的固定资产。采取缩短折旧年限方法的，最低折旧年限不得低于固定资产折旧年限的60%；采取加速折旧方法的，可以采取双倍余额递减法或者年数总和法。

会计准则规定：企业应当根据固定资产所含经济利益的实现方式选择折旧方法，可选用的方法包括年限平均法（直线法）、工作量法、双倍余额递减法或者年数总和法。

固定资产折旧方法的确定，会计准则的规定相对灵活，企业会计人员可以根据企业的具体经营情况进行职业判断；税法的规定具体明确，体现确定性原则。如果企业计算固定资产折旧额时企业所得税和会计采用的固定资产折旧方法不同，则企业所得税和会计在折旧的处理上出现差异，差异的性质为暂时性差异，企业需要设置台账进行记录，并在固定资产使用期间每一年纳税申报时进行纳税调整。

（三）固定资产净残值企业所得税和会计的比较分析

企业所得税法规规定：企业应当根据固定资产的性质和使用情况，合理确定固定资产的预计净残值；固定资产的预计净残值一经确定，不得变更。

会计准则规定：企业应当根据固定资产的性质和使用情况，合理确定固定资产的使用寿命和预计净残值；固定资产的预计净残值一经确定，不得随意变更。

固定资产净残值企业所得税和会计准则仅做出了原则性的规定，企业所得税对固定资产净残值的确定可以采取会计的方法。

（四）固定资产折旧年限企业所得税和会计的比较分析

会计准则对固定资产折旧年限未做定量规定，只是原则性地要求企业应当根据固定资产的性质和使用情况，合理确定固定资产的使用寿命。

企业所得税法规以列举的方法对不同类型的固定资产规定了固定资产计算折旧的最低年限如下：（1）房屋、建筑物，为20年；（2）飞机、火车、轮船、机器、机械和其他生产设备，为10年；（3）与生产经营活动有关的器具、工具、家具等，为5年；（4）飞机、火车、轮船以外的运输工具，为4年；（5）电子设备，为3年。

如果企业固定资产折旧年限企业所得税和会计不同，则企业所得税和会计在折旧的处理上出现差异，差异的性质为暂时性差异，企业需要设置台账进行记录，并在固定资产使用期间每一年纳税申报时进行纳税调整。

（五）固定资产折旧提取的起止时间企业所得税和会计的比较分析

会计准则规定：企业当月增加的固定资产当月不计提折旧，从增加的次月起计提折旧；企业当月减少的固定资产，当月照提折旧。会计和企业所得税对固定资产折旧提取的起止时间一致。

（六）固定资产使用寿命、预计净残值和折旧方法的复核企业所得税和会计的比较分析

企业所得税法规对固定资产的使用时间、残值以及折旧方法进行了限定。

会计准则规定：企业至少应当于每年年度终了，对固定资产的使用寿命、预计净

残值和折旧方法进行复核。复核后，如果与原先的估计数有重大差异，则应当相应调整固定资产折旧年限、预计净残值或相应改变固定资产折旧方法。固定资产使用寿命、预计净值和折旧方法的变更应当作为会计估计变更。

如果企业对固定资产使用寿命、预计净残值和折旧方法通过复核改变，则会计和税收处理出现差异，差异的性质为暂时性差异，需要进行纳税调整。

[例 8-7] 某机器制造有限公司 2007 年 12 月 31 日购入一台管理用设备，原始价值168 000元，原估计使用年限为 8 年，预计净残值为8 000元，按直线法计提折旧。2011 年末，对固定资产的使用年限和预计净残值进行复核。由于技术因素该设备已不能继续按原定使用年限计提折旧，于 2012 年 1 月 1 日将该设备的折旧年限改为 6 年，预计净残值为4 000元。

(1) 会计处理。

该设备 2008 年 1 月至 2011 年 12 月每年提取折旧的计算：

2008 年 1 月至 2011 年 12 月每年提取折旧金额 = (168 000 - 8 000) ÷8 = 20 000 (元)

该设备 2008 年 1 月至 2011 年 12 月已计提折旧 4 年，累计折旧80 000元，固定资产净值88 000元。

2012 年 1 月 1 日起，改按新的使用年限计提折旧。

每年折旧费用 = (88 000 - 4 000) ÷ (6 - 4) = 42 000 (元)

(2) 企业所得税处理及会计和企业所得税处理差异的调整。

①企业所得税税前允许扣除折旧的计算。

根据企业所得税法规规定，此项设备所得税提取折旧的时间应不低于 5 年，该设备会计提取折旧的时间为 8 年，符合税法规定。所以该设备提取折旧和预计净残值的处理企业所得税和会计保持一致。

该设备可提取折旧的金额 = 168 000 - 8 000 = 160 000 (元)

该设备每年税前扣除折旧的金额 = 160 000 ÷ 8 = 20 000 (元)

②企业所得税和会计处理差异的调整。

2008 年 1 月至 2011 年 12 月该设备每年会计提取折旧20 000元，企业所得税前允许提取折旧为20 000元，所得税和会计一致。

2012 年 1 月至 2013 年 12 月会计每年折旧费用为42 000元，税收提取折旧的年限至 2015 年 12 月，年提取折旧的金额为仍为20 000元。2012 ~ 2013 年企业所得税纳税申报时，需要进行纳税调增的处理，年调增额为22 000元。2014 ~ 2015 年企业所得税纳税申报时需要进行纳税调减的处理，年调减额为42 000元。

(六) 特殊固定资产折旧的处理

《企业所得税实施条例》第六十一条规定：从事开采石油、天然气等矿产资源的企业，在开始商业性生产前发生的费用和有关固定资产的折耗、折旧方法，由国务院财政、税务主管部门另行规定。

为了减少会计和企业所得税处理的差异，建议企业在会计处理时，如果没有重大事项确定会计上固定资产的折旧提取时间，应按税法规定的时间提取折旧，避免会计和税收处理的差异带来复杂的纳税调整。

四、固定资产改建或修理支出（长期待摊费用）企业所得税和会计处理的比较分析

（一）固定资产改良或修理性支出资本化和费用化范围确认企业所得税和会计的比较分析

固定资产的后续支出是指固定资产在使用过程中发生的更新改造支出、修理费用等。

1. 企业所得税的基本规定。

企业所得税对固定资产后续支出确认为资本化处理的具体条件进行了列举，具体包括：

（1）固定资产改建支出。固定资产改建支出，是指改变房屋或者建筑物结构、延长使用年限等发生的支出，包括：已足额提取折旧的固定资产的改建支出；租入固定资产的改建支出；使用期限内固定资产的改建支出。

（2）固定资产大修理支出。固定资产的大修理支出，是指同时符合下列条件的固定资产的后续支出：其一，修理支出达到取得固定资产时的计税基础 50% 以上；其二，修理后固定资产的使用年限延长 2 年以上。

（3）企业以经营租赁方式租入的固定资产发生的改良支出，应予资本化，作为长期待摊费用，合理进行摊销。

如果固定资产后续支出不满足资本化确认的条件，应当费用化处理，即在发生时计入当期损益。

2. 会计准则的基本规定。

会计准则规定：同时满足以下两个条件，才能确认为资本化处理：（1）与该固定资产有关的经济利益很可能流入企业；（2）该固定资产的成本能够可靠地计量条件的固定资产后续支出。

如果固定资产后续支出不满足资本化确认的条件，应当费用化处理。

3. 固定资产后续支出资本化和费用化范围确认企业所得税和会计的比较分析。

会计准则对固定资产后续支出资本化或费用化范围规定了确认原则，会计人员可以依据重要性和谨慎性原则对固定资产后续支出资本化或费用化范围进行职业判断。企业所得税对固定资产后续支出资本化范围确认，通过列举给出了具体操作要件，对固定资产改建支出规定了性质判断标准，即改变房屋或者建筑物结构、延长使用年限等发生的支出；对固定资产大修理支出，规定了相应量化的标准，即修理支出达到取得固定资产时的计税基础 50% 以上和修理后固定资产的使用年限延长 2 年以上。

企业依据企业所得税法规，对当期一项固定资产后续支出确认为资本化处理，如果符合会计准则规定的固定资产后续支出的原则，会计上也应确认为资本化处理。

企业对当期一项固定资产后续支出会计上确认为资本化处理，如果不符合企业所得税确认资本化处理条件，则企业所得税和会计对固定资产后续支出资本化和费用化确认上出现差异，差异的性质为暂时性差异。

为了减少企业所得税和会计的差异，对固定资产改良或修理性支出资本化和费用化范围确认，在不违背会计准则的前提下，会计处理应尽可能和企业所得税处理保持协调一致。

[例 8－8] A 企业于 2008 年对生产线改造进行预算，预计生产线改造支出 46 万元。在改造过程中，购进零配件及低值易耗品 30 万元，发生人工费用 9 万元，耗用水电等其他费用 7 万元，该生产线改造时间需要 6 个月。

企业通过对固定资产改造的业务做出以下安排：生产线改造的时间确定为 2008 年 8 月至 2009 年 1 月，2008 年 8 月至 12 月各项费用支出为 40 万元，2009 年 1 月各项费用支出为 6 万元。该生产线原值为 90 万元。

(1) 税收分析。

根据企业所得税法规规定，因为企业 2008 年和 2009 年发生固定资产修理支出的金额都没有超过固定资产的原值 50% 以上。所以，应确认企业在 2008 年和 2009 年发生了固定资产的修理性支出。对企业税负影响如下：

增值税：由于购进零配件及低值易耗品用于修理性支出，如果企业取得增值税专用发票，且专用发票到税务部门认证，增值税进项税额抵扣条件具备，则企业购进零配件及低值易耗品的进项税额可以抵扣。

企业所得税：企业在 2008 年和 2009 年发生了固定资产的修理性支出，可以费用化处理。则 2008 年税前允许扣除的固定资产的修理性支出为 40 万元；2009 年税前允许扣除的固定资产的修理性支出为 6 万元。

(2) 会计处理。

根据会计准则对固定资产后续支出资本化处理和费用化处理的确认标准，企业会计人员通过职业判断，对上述业务固定资产后续支出确认为费用化处理。

企业账务处理为：

借：制造费用

应交税费——应交增值税（进项税额）

　贷：银行存款/工程物资/应付职工薪酬等

(3) 上述业务企业所得税和会计处理结果一致，不需要进行纳税调整。

（二）固定资产后续支出资本化处理（长期待摊费用）企业所得税和会计的比较分析

1. 企业所得税处理规定。

根据企业所得税相关法规规定，企业所得税对固定资产后续支出的资本化处理如下。

(1) 部分固定资产后续支出形成长期待摊费用进行摊销。

长期待摊费用的条件：①固定资产改建支出。固定资产的改建支出，是指改变房屋或者建筑物结构、延长使用年限等发生的支出，包括：已足额提取折旧的固定资产的改建支出；租入固定资产的改建支出。②固定资产大修理支出。固定资产的大修理支出，是指同时符合下列条件的固定资产的后续支出：其一，修理支出达到取得固定资产时的计税基础 50% 以上；其二，修理后固定资产的使用年限延长 2 年以上。

长期待摊费用处理的方法：企业所得税法规对形成长期待摊费用及摊销具体办法规定为：①已足额提取折旧的固定资产的改建支出，按照固定资产预计尚可使用年限分期摊销。②租入固定资产的改建支出，按照合同约定的剩余租赁期限分期摊销。③固定资产大修理支出，按照固定资产尚可使用年限分期摊销。④其他应当作为长期待摊费用的支出，自支出发生月份的次月起，分期摊销，摊销年限不得低于3年。

（2）部分固定资产后续支出增加固定资产计税基础。

对在尚可使用期间的固定资产改建（改变房屋或者建筑物结构、延长使用年限），应该以改建过程中发生的改建支出增加计税基础。改建的固定资产延长使用年限的，应当适当延长折旧年限，通过提取折旧的办法进行摊销。

（3）部分固定资产后续支出计入当期费用。

如果固定资产后续支出不满足资本化确认的条件，应在发生时一次性直接计入当期费用。

对上述企业所得税关于固定资产后续支出资本化处理规定从操作层面认识，企业所得税对固定资产后续支出资本化处理按固定资产对象进行划分为：其一，对建筑物以外的固定资产大修理支出，只能按照固定资产尚可使用年限分期摊销，不增加固定资产计税基础。其二，对改变房屋或者建筑物结构、延长使用年限发生固定资产改建支出，分两种情况处理：一是对在尚可使用期间的固定资产改建，应该以改建过程中发生的改建支出增加计税基础；二是已足额提取折旧和租入固定资产的改建支出，按照固定资产预计尚可使用年限或合同约定的剩余租赁期限分期摊销。

2. 会计准则规定。

固定资产发生的可资本化的后续支出，通过“在建工程”科目核算。在固定资产发生的后续支出完工并达到预定可使用状态时，从“在建工程”科目转入“固定资产”科目，按照会计准则关于固定资产提取折旧的规定，进行相应业务的处理。

企业以经营租赁方式租入的固定资产发生的改良支出，应予资本化，作为长期待摊费用，合理进行摊销。

如果固定资产后续支出不满足资本化确认的条件，应在发生时一次性直接计入当期费用，不再通过预提或待摊的方式进行核算。

3. 固定资产后续支出资本化企业所得税和会计的比较分析。

固定资产后续支出资本化处理是形成“长期待摊费用”进行摊销，还是通过增加“固定资产”计价进行摊销，尽管企业所得税和会计规定不尽一致，但业务处理的结果基本一致。比如，对固定资产进行修理，企业所得税按照“长期待摊费用”摊销，会计通过增加“固定资产”计价提取折旧，则企业所得税和会计对固定资产后续支出的结果一致。为了减少企业所得税和会计的差异，对固定资产后续支出的资本化处理，在不违背会计准则的前提下，会计处理应尽可能和企业所得税处理保持协调一致。

对于固定资产后续支出，如果不具备固定资产后续支出资本化处理条件，则进行费用化处理，计入企业所得税或会计的成本或费用中在当期进行税前扣除。

［例8-9］A企业2008年1月完成对一台设备进行大修理，发生修理费用100万元，设备修理后提高了固定资产的性能。假设设备原值180万元，使用年限为10年，固定资产已使用5年。在下列不同会计处理的情形下，企业所得税和会计对固定资产修理支出的处理不同。

（1）假设固定资产预计净残值为0，企业固定资产已提折旧90万元。企业将修理支出增加固定资产原值。

①会计处理。

依据会计准则，企业的修理确认为资本化处理，会计上将修理支出增加固定资产原值。

固定资产会计计价 = 180 − 90 + 100 = 190（万元）

2008 年企业提取折旧 = 190 ÷ 5 = 38（万元）

企业账务处理为：

借：固定资产　　1 000 000

　贷：在建工程　　1 000 000

借：制造费用　　380 000

　贷：累计折旧　　380 000

②企业所得税处理。

依据企业所得税法，确认企业的修理确认为资本化处理，企业将修理支出确认长期待摊费用，固定资产的计税基础不发生变化。

2008 年此台设备提取折旧 = 180 ÷ 10 = 18（万元）

2008 年长期待摊费用摊销额 = 100 ÷ 5 = 20（万元）

固定资产折旧和长期待摊费用摊销的合计为 38 万元。

③上述业务企业所得税和会计处理比较。

上述业务处理虽然企业所得税和会计对修理后固定资产的计价不同，会计上固定资产的计价（净值）增加，但企业所得税增加长期待摊费用。所以在固定资产尚可使用的期限内，企业所得税形成固定资产的折旧和长期待摊费用的摊销额与会计对固定资产提取的折旧相等。

（2）假设固定资产预计净残值为 0，企业固定资产已提折旧 90 万元。企业会计上将修理支出确认为长期待摊费用。

①会计处理。

依据会计准则，企业将修理支出确认为长期待摊费用。

2008 年此台设备提取折旧 = 180 ÷ 10 = 18（万元）

2008 年长期待摊费用摊销额 = 100 ÷ 5 = 20（万元）

企业账务处理为：

借：固定资产　　1 000 000

　贷：在建工程　　1 000 000

借：制造费用　　180 000

　贷：累计折旧　　180 000

借：管理费用　　200 000

　贷：长期待摊费用　　200 000

②企业所得税处理。

依据企业所得税法，企业的修理确认为资本化处理，企业将修理支出确认为长期待摊费用。

2008 年此台设备提取折旧 = 180 ÷ 10 = 18（万元）

2008 年长期待摊费用摊销额 = 100 ÷ 5 = 20（万元）

③上述业务企业所得税和会计处理比较。

上述业务企业所得税和会计处理一致。

（3）假设设备预计净残值为 5%，已提折旧 85.5 万元。企业会计上将修理支出增加固定资产原值。

①会计处理。

依据会计准则，企业的修理支出确认为资本化处理，企业将修理支出确认为增加固定资产计价。

此台设备已提折旧 =（180 - 180 ×5%）÷10 ×5 =85.5（万元）

2008 年此台设备会计计价 =180 - 85.5 +100 =194.5（万元）

2008 开始 5 年内此台设备每年应提取折旧 =（194.5 - 194.5 ×5%）÷5 =36.955（万元）

企业账务处理为：

借：固定资产	1 000 000	
贷：在建工程		1 000 000
借：制造费用	369 550	
贷：累计折旧		369 550

②企业所得税处理。

依据企业所得税法，企业的修理确认为资本化处理，企业将修理支出确认为长期待摊费用。

2008 年此台设备提取折旧 =（180 - 180 ×5%）÷10 =17.1（万元）

2008 年长期待摊费用摊销额 =100 ÷5 =20（万元）

③上述业务企业所得税和会计处理比较。

上述业务处理企业所得税和会计出现差异，固定资产在尚可使用的期限内每年会计提取的折旧为 36.955 万元；企业所得税形成的折旧和摊销额为 37.1 万元。企业所得税和会计处理出现的差异为永久性差异，在企业填报企业所得税纳税申报表时，对当期应纳税所得额进行纳税调减的处理。

（4）假设设备预计净残值为 2%，已提折旧 85.5 元。企业会计上将修理支出确认为增加长期待摊费用。

①企业会计处理。

依据会计准则，企业的修理支出确认为资本化处理，企业将修理支出确认为长期待摊费用。

此台设备已提折旧 =（180 - 180 ×5%）÷10 ×5 =85.5（万元）

2008 年此台设备提取折旧 =（180 - 180 ×5%）÷10 =17.1（万元）

2008 年长期待摊费用摊销额 =100 ÷5 =20（万元）

企业账务处理为：

借：固定资产	1 000 000	
贷：在建工程		1 000 000
借：制造费用	171 000	
贷：累计折旧		171 000
借：管理费用	200 000	
贷：长期待摊费用		200 000

②企业所得税处理。

依据企业所得税法，企业的修理确认为资本化处理，企业将修理支出确认为长期待摊费用。

2008 年此台设备提取折旧 = （180 - 180 × 5%） ÷ 10 = 17.1（万元）

2008 年长期待摊费用摊销额 = 100 ÷ 5 = 20（万元）

③上述业务企业所得税处理和会计处理一致。

通过以上案例的分析，我们可以得出以下结论：其一，企业所得税从保持资产计税基础相对稳定的角度，对除房屋建筑物以外的固定资产的修理支出如果确认为资本化处理，则形成“长期待摊费用”，并进行摊销。其二，会计对固定资产的修理支出如果确认为资本化处理，是形成“长期待摊费用”还是增加“固定资产”没有确切规定。其三，在固定资产确定有预计净残值的前提下，如果会计将资本化处理的固定资产后续支出增加“固定资产”计价，则在固定资产尚可使用的期限内，企业所得税和会计通过折旧和摊销形成的成本和费用出现差异；其他情形，企业所得税和会计通过折旧和摊销形成的成本和费用一致。其四，为了减少企业所得税和会计的差异，对固定资产后续支出的资本化处理，会计处理应尽可能和企业所得税处理保持协调一致。

五、固定资产损失企业所得税和会计处理的比较分析

（一）固定资产一般损失企业所得税和会计的关系

会计准则规定的企业资产损失，包括发生的固定资产毁损和存货盘亏造成的损失。企业发生的固定资产毁损，应当将处置收入扣除账面价值和相关税费后的金额计入当期损益。固定资产的账面价值是固定资产余值扣减累计减值准备后的金额。

企业所得税涉及的固定资产损失，主要包括生产经营活动中发生的固定资产的盘亏、毁损、报废损失；损失的计量为减除责任人赔偿和保险赔款后的余额。

固定资产一般损失企业所得税和会计处理的关系为：

其一，如果会计确认的损失属于税务部门审批扣除的资产损失，未提供税法规定的证据资料经税务部门审批，则会计确认的损失所得税不予确认，会计和所得税出现差异，差异的性质为永久性差异。

其二，企业提供税法规定的证据资料，会计确认的损失经税务部门审批，但如果固定资产已提取减值准备，则损失的计量所得税和会计不同。差异的性质为以前暂时性差异的转回。

其三，企业提供税法规定的证据资料，会计确认的损失经税务部门审批，在企业对固定资产没有提取减值准备的前提下，固定资产发生的盘亏、毁损等损失企业所得税与会计相关业务的处理一致。

（二）固定资产减值损失企业所得税和会计处理存在差异

固定资产减值损失是企业在资产负债表日，依据会计准则对固定资产判断是否存在可能发生减值的迹象。固定资产存在减值迹象的，应当测试固定资产可收回金额。可收回金额的计量结果表明，固定资产的可收回金额低于其账面价值的，应当以固定资产账面价值与其可收回金额之间的差额确认固定资产出现减值损失，计入当期损益，同时计提相应的资产减值准备。

企业所得税实施条例规定：“企业的固定资产以历史成本为计税基础。历史成本，是指企业取得该项资产时实际发生的支出。企业持有各项资产期间资产增值或者减值，

除国务院财政、税务主管部门规定可以确认损益外，不得调整该资产的计税基础。企业所得税对会计确认的固定资产减值损失不予确认，企业所得税前不允许扣除。”

企业所得税和会计在固定资产减值损失的确认，即固定资产期末计量上存在差异，差异的性质为时间性差异。具体表现为：

1. 资产负债表日，会计在符合固定资产减值损失的条件下，对固定资产提取减值准备。企业所得税和会计对此项业务处理的差异表现为：其一，会计提取固定资产减值准备并计入“资产减值损失”会计科目，期末减少企业当期会计利润；企业所得税对会计上提取固定资产减值准备不予确认，对资产减值损失企业所得税和会计处理的差异进行纳税调增处理，并确认为暂时性差异。其二，会计固定资产的账面价值为固定资产原账面价值减去累计折旧与减值准备后的余额；企业所得税固定资产的计税基础为固定资产原账面价值减去累计折旧后的余额。

2. 在会计上提取减值准备后的固定资产使用期间，会计上按固定资产的可收回金额继续提取折旧；税收处理按原固定资产计税基础进行折旧的提取。会计和税收处理的差异在企业所得税纳税申报表填报时进行纳税调减的处理。

3. 在会计对提取减值准备的固定资产处置时，除了结转固定资产的余值，还应同时结转减值准备；企业所得税确认固定资产转让损益时，应配比扣除税收口径计量的固定资产净值。会计和税收处理的差异在企业所得税纳税申报表填报时进行纳税调减的处理。

［例 8－10］某生产企业于 2009 年 12 月自行建造一项生产用固定资产投入使用，该固定资产的原始价值为80 000元，预计使用年限为 5 年，按直线法计提折旧。若该项固定资产在 2012 年底，因技术陈旧等原因，该固定资产的市场价值为20 000元，企业提取固定资产的减值准备。

（1）会计处理。

企业固定资产投入使用后每年提取折旧额 = 80 000 ÷ 5 = 16 000（元）

2012 年底，固定资产可回收金额的计量。固定资产可收回金额应按公允价值减去处置费用后的净额与资产预计未来现金流量的现值两者之间较高者确定，本例中固定资产可收回金额为20 000元。

确认减值损失。用固定资产的账面余值减去固定资产的可回收金额确认。计算过程如下：

固定资产的账面余值：		32 000
其中：固定资产原值为		80 000
累计折旧	（16 000 × 3）	48 000
减：固定资产可收回金额		20 000
差额		12 000

差额 12 000 元为企业 2012 年提取固定资产减值准备。计提减值准备的账务处理为：

借：资产减值损失——固定资产减值准备　　12 000

　贷：固定资产减值准备　　12 000

（2）企业所得税处理及会计和企业所得税差异的调整。

2012 年底，企业所得税税前扣除时，对企业提取且记入“资产减值损失”的固定资产减值准备12 000元不予确认，对当期减少会计利润的资产减值损失应做纳税调增处理。对上述业务所得税和会计处理的差异，通过设置台账进行记录（详见表8－1）。

（3）所得税费用的会计处理。

从企业所得税费用会计核算角度分析，企业所得税和会计出现差异，由于差异的原因是固定资产的计税基础和会计的账面价值不相同，所以差异的性质为暂时性差异。同时应确认为可抵扣暂时性差异，企业当期产生递延所得税资产（详见表8－2）。

具体处理如下：

2012年底固定资产的账面价值＝80 000－（16 000×3）－12 000（减值准备）＝20 000（元）

固定资产计税基础＝80 000－（16 000×3）＝32 000（元）

递延所得税资产＝（32 000－20 000）×25%＝12 000×25%＝3 000（元）

企业所得税费用会计核算的账务处理为：

借：递延所得税资产　　3 000

　贷：所得税费用——递延所得税费用　　3 000

［例8－11］承［例8－10］。企业2013～2014年12月企业固定资产继续使用。

（1）会计处理。

2013年会计固定资产折旧额＝20 000÷2＝10 000（元），企业固定资产折旧的账务处理为：

借：制造费用　　10 000

　贷：累计折旧　　10 000

2014年企业会计固定资产提取折旧额及账务处理与2013年相同。

（2）企业所得税处理及企业所得税和会计差异的调整。

2013年，企业税前允许扣除的固定资产折旧为16 000元，企业会计处理固定资产折旧额为10 000元，且记入制造费用，企业所得税和会计的处理出现差异。税收处理和会计处理的差异，通过以前期设置的台账进行记录（详见表8－1），在企业所得税纳税申报表填报时需要进行纳税调减6 000元的处理。

（3）所得税费用的会计处理。

如果企业当期没有其他需要处理的企业所得税和会计的差异，则对前期确认的递延所得税资产做转回处理（详见表8－2）。

2013年底固定资产的账面价值＝80 000－（16 000×3）－12 000（减值准备）－10 000＝10 000（元）

固定资产计税基础＝80 000－（16 000×4）＝16 000（元）

递延所得税资产＝（16 000－10 000）×25%＝6 000×25%＝1 500（元）

转回的递延所得税资产＝3 000－1 500＝1 500（元）

所得税费用账务处理为：

借：所得税费用——递延所得税费用　　1 500

　贷：递延所得税资产　　1 500

2014年企业所得税固定资产提取折旧额及会计和税收处理与2013年相同。

［例8－12］承［例8－11］。2015年1月，甲企业对该固定资产进行清理，收入价款4 000元已入账，各项费用共计6 000元。

(1) 会计处理。

2015 年 1 月出售时，该固定资产累计折旧额 = 48 000 + 20 000 = 68 000（元）。固定资产清理损益计算如下：

收入：	4 000
减：固定资产净值	0
其中：固定资产原值	80 000
已提折旧额	68 000
减值准备	12 000
清理费用	6 000
差额	-2 000

会计上确认和计量的固定资产清理损失：

借：累计折旧　　68 000

　　固定资产减值准备　　12 000

　贷：固定资产　　80 000

取得清理收入：

借：银行存款　　4 000

　贷：固定资产清理　　4 000

发生清理费用：

借：固定资产清理　　6 000

　贷：银行存款　　6 000

结转固定资产清理损失：

借：营业外支出——非流动资产处置损失　　2 000

　贷：固定资产清理　　2 000

(2) 企业所得税处理。

2015 年企业所得税固定资产清理结果计算如下：

收入：	4 000
减：固定资产计税净值	0
其中：固定资产原值	80 000
企业所得税税前已扣折旧额	80 000
清理费用	6 000
差额	-2 000

差额（-2 000 元）确认为企业所得税固定资产清理损失，允许在企业所得税纳税申报时税前扣除。

(3) 企业会计处理与税收处理一致。

纳税调整备查账如表 8-1、8-2。

表 8-1　　纳税调整备查账（固定资产折旧——A 设备）　　单位：元

日　期	凭证号	业务摘要	会计减值损失	折旧		纳税调增	纳税调减
				会计	所得税		
2010.12	略	提取折旧		16 000	16 000		
2011.12	略	提取折旧		16 000	16 000		

续表

日　期	凭证号	业务摘要	会计减值损失	折旧		纳税调增	纳税调减
				会计	所得税		
2012.12	略	提取折旧		16 000	16 000		
2012.12	略	确认减值	12 000			12 000	
2013.12	略	提取折旧		10 000	16 000		6 000
2014.12	略	提取折旧		10 000	16 000		6 000

表 8-2　　纳税调整备查账（固定资产计价——A 设备）　　单位：元

	2010 年 12 月	2011 年 12 月	2012 年 12 月	2013 年 12 月	2014 年 12 月
会计计价	64 000	48 000	20 000	10 000	0
计税基础	64 000	48 000	32 000	16 000	0
递延所得税资产			12000×25% = 3000	6000×25% = 1500	0
递延所得税资产转回				1500 - 3000 = -1500	0 - 1500 = -1500

六、固定资产处置企业所得税和会计的比较分析

（一）固定资产所有权转移确认收入的范围不完全相同

根据企业所得税相关法规规定，企业将固定资产对外投资、债务重组、分配股利和无偿捐赠在企业所得税上处理为视同销售。

根据会计准则规定，企业将固定资产对外投资、分配股利和债务重组在会计上应确认损益。

（二）固定资产处置确认损益的计量不完全相同

在固定资产处置收入及费用相同的前提下，固定资产处置所得税和会计确认损益的计量结果不同，主要原因为固定资产的账面价值和固定资产的计税基础不同，表现为以下几方面：

1. 固定资产初始计量不同处置损益不同。

由于所得税和会计对固定资产初始计量的规定不尽相同，因此，当固定资产处置时，所得税和会计应配比扣除的固定资产净值不同，固定资产损益的计量结果将产生差异。

固定资产所得税和会计计价不同一部分为暂时性差异，主要包括：企业非货币性资产交换不具有商业实质，或者换入资产或换出资产的公允价值不能够可靠计量；企业同一控制下合并取得的固定资产；融资租入固定资产；采用公允价值计量模式的投资性房地产。

固定资产所得税和会计计价不同另一部分为永久性差异，即非金融机构借款建造或购置固定资产，如果企业借款利息大于金融机构贷款利息，固定资产所得税和会计计价不同为永久性差异。

2. 固定资产折旧要素不同处置损益不同。

如果所得税和会计对固定资产折旧处理的折旧年限、折旧方法、预计残值等要素不同，当固定资产处置时，所得税和会计应配比扣除的固定资产净值不同，固定资产损益的计量结果将产生差异。固定资产所得税和会计计价不同为暂时性差异。

3. 固定资产提取减值准备处置损益不同。

会计上对提取减值准备的固定资产在没有结束使用期限进行处置时，除了结转固定资产的余值，还应同时结转减值准备；在企业所得税确认固定资产转让损益时，应配比扣除税收口径计量的固定资产净值。

对提取减值准备的固定资产处置时，所得税和会计的差异为以前确认的暂时性差异的转回。

［例 8－13］2008 年，某企业对一台毁损的没有达到使用年限的设备进行处置。该设备原始价值为150 000元，已提折旧50 000元，计提固定资产减值损失88 000元，处置取得价款3 000元，发生清理费用2 000元。（由于使用过设备出售售价小于原值，所以在 2009 年前不征增值税。）

企业固定资产所得税台账记录该台设备企业所得税提取折旧为120 000元

（1）会计处理。

结转固定资产成本：

借：固定资产清理	12 000	
累计折旧	50 000	
固定资产减值准备	88 000	
贷：固定资产		150 000

取得清理收入：

借：银行存款	3 000	
贷：固定资产清理		3 000

发生清理费用。账务处理为：

借：固定资产清理	2 000	
贷：银行存款		2 000

结转清理收益：

借：营业外支出——固定资产处置损失	11 000	
贷：固定资产清理		11 000

（2）企业所得税处理及企业所得税和会计处理差异调整。

企业所得税固定资产处置损益＝收入－（原值－已提税收口径折旧）－处置费用＝1 000－（150 000－120 000）－2 000＝－4 000（元）

当期企业所得税确认固定资产处置损失为4 000元，会计确认固定资产处置损失11 000元。企业在当期计算应纳税所得额时应进行纳税调整处理，纳税调增额为7 000元。

（三）固定资产弃置费用企业所得税和会计的比较分析

根据会计准则的规定，固定资产弃置费用通常是指根据国家法律和行政法规、国际公约等规定，企业承担的环境保护和生态恢复等义务所确定的支出，如核电站核设施等的弃置和恢复环境义务等。企业应当根据《企业会计准则第 13 号——或有事项》的规定，按照现值计算确定应计入固定资产成本的金额和相应的预计负债。油气资产的弃置费用，应当按照《企业会计准则第 27 号——石油天然气开采》及其应用指南的规定处理。

根据企业所得税扣除的确定性原则，企业发生的固定资产弃置费用形成的预计负债不允许在税前扣除。

七、固定资产企业所得税和会计基本要素的比较结论

上述固定资产企业所得税和会计基本要素的比较结论总结如下。

（一）固定资产确认

除根据会计准则企业将出租的建筑物会计准则确认为投资性房地产，企业所得税将其确认为固定资产以外，企业所得税和会计准则对固定资产的定义的表述虽然不尽相同，但其基本内容一致。

（二）固定资产计价

固定资产计税基础和会计计量不尽相同。除外购和自建固定资产以外，企业其他途径取得的固定资产一般以公允价值确认计税基础。

固定资产计税基础与会计计量基本一致的业务有：外购固定资产、自建固定资产（固定资产建造仅从金融部门借入款项或无借入款项）、企业具有商业实质且换入资产或换出资产的公允价值能够可靠计量的非货币性资产交换取得的固定资产、接受捐赠取得的固定资产、债务重组取得的固定资产、分配股利取得的固定资产、接受投资取得的固定资产、盘盈固定资产。

固定资产计税基础和会计计量不一致的业务有：企业不具有商业实质或换入资产或换出资产的公允价值不能够可靠计量非货币性资产交换取得固定资产、企业同一控制合并取得的固定资产、融资租入固定资产、以非金融机构借款建造或购置固定资产、以公允价值模式计量的投资性房地产。上述企业所得税和会计对固定资产计量上的差异，部分为暂时性差异，部分为永久性差异。

（三）固定资产折旧的构成要素

固定资产折旧范围。固定资产折旧范围企业所得税和会计的表述不尽相同，但基本内容一致。

固定资产折旧方法。固定资产折旧方法的确定，会计准则的规定相对灵活，可以采取直线法或加速折旧法；税法的规定具体明确，除符合企业所得税优惠条件可以采取加速折旧方法，一般采取直线法。如果企业计算固定资产折旧额时，企业所得税和会计采用的固定资产折旧方法不同，则企业所得税和会计在折旧的处理上出现差异，差异的性质为暂时性差异。

固定资产净残值。固定资产净残值企业所得税和会计准则仅做出了原则性的规定，企业所得税对固定资产净残值的确定可以采取会计的方法。

固定资产折旧年限。会计准则对固定资产折旧年限未做定量规定，只是原则性地要求企业应当根据固定资产的性质和使用情况，合理确定固定资产的使用寿命。企业所得税法规以列举的方法对不同类型的固定资产规定了固定资产计算折旧的最低年限。

如果企业固定资产折旧年限企业所得税和会计不同，则企业所得税和会计在折旧的处理上出现差异，差异的性质为暂时性差异。

固定资产折旧提取的起止时间。企业所得税和会计对固定资产折旧提取的起止时间一致。

由于企业所得税法规对固定资产的使用时间、残值以及折旧方法进行了限定，如果企业对固定资产使用寿命、预计净残值和折旧方法通过复核改变，则会计和税收处理出现差异，差异的性质为暂时性差异。

（四）固定资产后续支出（长期待摊费用）

固定资产后续支出（长期待摊费用）资本化确认。固定资产后续支出（长期待摊费用）资本化确认企业所得税和会计的异同表现为：会计准则对固定资产后续支出资本化或费用化范围规定了确认原则；企业所得税对固定资产后续支出资本化范围确认，通过列举给出了具体操作要件。如果企业对当期一项固定资产后续支出企业所得税和会计对资本化确认出现差异，差异的性质为暂时性差异。固定资产后续支出资本化处理是形成“长期待摊费用”进行摊销，还是通过增加“固定资产”计价进行摊销，尽管企业所得税和会计规定不尽一致，业务处理的结果基本一致。

（五）固定资产损失

其一，企业所得税和会计在固定资产减值损失的确认存在差异，差异的性质为暂时性差异；其二，如果企业会计确认的损失属于税务部门审批扣除的资产损失，企业未提供税法规定的证据资料经税务部门审批，则会计确认的损失和所得税出现差异，差异的性质为永久性差异；其三，企业提供税法规定的证据资料，会计确认的损失经税务部门审批，但如果固定资产已提取减值准备，则损失的计量所得税和会计不同，差异的性质为以前暂时性差异的转回。

需要注意的问题是：其一，对固定资产企业所得税和会计处理的差异，必须进一步确认为暂时性差异还是永久性差异，企业需要设置台账进行记录，在企业所得税纳税申报表填报时进行纳税调整，同时在企业所得税会计核算时确认递延所得税资产或递延所得税负债。其二，为了减少企业所得税和会计的差异，对固定资产的要件确认在企业所得税和会计都没有明确规定条件下，企业所得税和会计对相关业务处理保持协调一致；当企业所得税法规有明确规定时，在不违背会计准则的前提下，会计处理应尽可能和企业所得税处理保持协调一致。

第九章　无形资产企业所得税处理和会计相关业务的比较分析

第一节　无形资产企业所得税处理的法规分析

一、无形资产的定义

《企业所得税法实施条例》第六十五条规定：企业所得税法第十二条所称无形资产，是指企业为生产产品、提供劳务、出租或者经营管理而持有的、没有实物形态的非货币性长期资产，包括专利权、商标权、著作权、土地使用权、非专利技术、商誉等。

二、无形资产摊销范围

《企业所得税法》第十二条规定：在计算应纳税所得额时，企业按照规定计算的无形资产摊销费用，准予扣除。下列无形资产不得计算摊销费用扣除：

1. 自行开发的支出已在计算应纳税所得额时扣除的无形资产。
2. 自创商誉。
3. 与经营活动无关的无形资产。
4. 其他不得计算摊销费用扣除的无形资产。

三、无形资产的计税基础

《企业所得税法实施条例》第六十六条规定：无形资产按照以下方法确定计税基础：

（一）外购的无形资产，以购买价款和支付的相关税费以及直接归属于使该资产达到预定用途发生的其他支出为计税基础。

（二）自行开发的无形资产，以开发过程中该资产符合资本化条件后至达到预定用途前发生的支出为计税基础。

（三）通过捐赠、投资、非货币性资产交换、债务重组等方式取得的无形资产，以该资产的公允价值和支付的相关税费为计税基础。

四、无形资产摊销方法及年限

《企业所得税法》第六十七条规定：无形资产按照直线法计算的摊销费用，准予扣除。

无形资产的摊销年限不得低于10年。

作为投资或者受让的无形资产，有关法律规定或者合同约定了使用年限的，可以按照规定或者约定的使用年限分期摊销。

外购商誉的支出，在企业整体转让或者清算时，准予扣除。

五、无形资产涉及企业所得税视同销售的法规规定

（一）企业所得税视同销售的基本法规规定

《企业所得税法实施条例》第二十五条规定：企业发生非货币性资产交换，以及将货物、财产、劳务用于捐赠、偿债、赞助、集资、广告、样品、职工福利或者利润分配等用途的，应当视同销售货物、转让财产或者提供劳务，但国务院财政、税务主管部门另有规定的除外。

（二）无形资产视同销售的业务内容

企业所得税实施条例对企业所得税视同销售业务列举中的非货币性资产和财产包括无形资产，属于无形资产的视同销售业务的具体内容如下：

1. 企业以无形资产交换非货币性资产。

2. 企业以无形资产对外投资。

3. 企业以无形资产进行债务重组。

4. 企业以无形资产对外捐赠。

5. 企业以无形资产分配股利。

6. 企业以无形资产赞助、集资、广告、样品、职工福利。

上述业务中，一般可能发生的业务为企业以无形资产交换非货币性资产和投资。

六、无形资产研发费用处理的企业所得税法规规定

《企业所得税法》第三十条规定：开发新技术、新产品、新工艺发生的研究开发费用，可以在计算应纳税所得额时加计扣除。

《企业所得税法实施条例》第九十五条规定：企业所得税法第三十条所称研究开发费用的加计扣除，是指企业为开发新技术、新产品、新工艺发生的研究开发费用，未形成无形资产计入当期损益的，在按照规定据实扣除的基础上，按照研究开发费用的150%加计扣除；形成无形资产的，按照无形资产成本的150%摊销。

《企业研究开发费用税前扣除管理办法（试行)》（国税发［2008］116号）规定：企业根据财务会计核算和研发项目的实际情况，对发生的研发费用进行收益化或资本化处理的，可按下述规定计算加计扣除：

1. 研发费用计入当期损益未形成无形资产的，允许再按其当年研发费用实际发生额的50%，直接抵扣当年的应纳税所得额。

2. 研发费用形成无形资产的，按照该无形资产成本的150%在税前摊销。除法律另有规定外，摊销年限不得低于10年。

第二节　无形资产企业所得税处理和会计相关业务的比较分析

一、无形资产的范围确认企业所得税和会计的比较分析

（一）无形资产范围确认企业所得税和会计的一般比较

企业所得税规定：无形资产是指纳税人长期使用但是没有实物形态的资产，包括

专利权、商标权、著作权、土地使用权、非专利技术、商誉等。

会计准则规定：无形资产包括非专利技术、商标权、著作权、土地使用权、特许权等。

无形资产范围确认，企业所得税和会计规定基本一致。

（二）关于商誉企业所得税和会计处理的比较

会计上明确规定商誉是其存在无法与企业自身分离，不具有可辨认性，不属于无形资产。因此，企业自创商誉以及内部产生的品牌、报刊名等，不应确认为无形资产。非同一控制下企业合并成本大于合并取得被购买方各项可辨认资产、负债公允价值份额的差额，确认为商誉。

企业所得税无形资产包括商誉，但企业所得税法规明确规定，企业自创的商誉不允许摊销；外购商誉的支出，在企业整体转让或者清算时，准予扣除。

对于商誉的处理，企业所得税和会计基本一致。

（三）土地使用权企业所得税和会计的比较

会计准则对已出租的土地使用权和持有并准备增值后转让的土地使用权确认为投资性房地产。

企业所得税将土地使用权确认无形资产。

二、无形资产初始计量企业所得税和会计的比较分析

无形资产的初始计量企业所得税表述为计税基础，根据《企业所得税法实施条例》第五十六条规定："企业的各项资产，包括无形资产、生物资产、无形资产、长期待摊费用、投资资产、存货等，以历史成本为计税基础。所称历史成本，是指企业取得该项资产时实际发生的支出。"在上述基本法规规定的基础上，《企业所得税法实施条例》又进一步对无形资产的计税基础做出了规定。企业所得税对无形资产计税基础的确定和会计准则对无形资产初始计量的规定不尽一致。

（一）无形资产初始计量企业所得税和会计处理基本一致的业务

1. 外购的无形资产。

会计准则规定：外购无形资产的成本，包括购买价款、相关税费以及直接归属于使该项资产达到预定用途所发生的其他支出。

企业所得税法规规定：外购的无形资产，以购买价款和支付的相关税费以及直接归属于使该资产达到预定用途发生的其他支出为计税基础。

外购无形资产初始计量企业所得税和会计处理基本一致，都是以实际发生的价款计量。

2. 企业自行开发的无形资产（不符合企业所得税新技术、新产品、新工艺条件自行研发形成的无形资产）。

会计准则规定：自行开发的无形资产成本包括满足无形资产资本化条件后至达到预定用途前所发生的支出总额，但是对于以前期间已经费用化的支出不再调整。

企业所得税实施条例规定：自行开发的无形资产，以开发过程中该资产符合资本化条件后至达到预定用途前发生的支出为计税基础。

3. 投资者投入的无形资产。

会计准则规定：投资者投入的无形资产应当按照投资合同或协议约定的价值确定，但合同或协议约定价值不公允的除外。

企业所得税法规规定：投资者作为资本金或者合作条件投入的无形资产，按照评估确认或者合同、协议约定的金额计价。

对于投资者投入的无形资产，企业所得税和会计计量口径一致，均以协议、合同规定的价值计量，同时会计准则又进一步规定，当合同或协议规定的价值不公允时以评估确认金额计量，与税法规定按评估确认一致。

[例9-1] 某股份有限公司接受甲投资者以其所拥有的非专利技术投资，合同约定的价值为560 000元，市场价值为600 000元，已经办妥相关手续。

(1) 会计处理。

企业接受投资转入的此项无形资产的计量为600 000元。企业账务处理为：

借：无形资产　　600 000

　贷：实收资本　　600 000

(2) 企业所得税处理。

无形资产的计税成本为600 000元。

4. 企业通过债务重组取得的无形资产。

会计准则规定：企业应当对受让的无形资产按其公允价值入账，重组债权的账面余额与受让的无形资产的公允价值之间的差额，计入当期损益。

企业所得税法规规定：企业接受的债务人以非现金资产抵偿债务方式取得的无形资产，应当按照该换入无形资产的公允价值加上应支付的有关税费，作为其计税成本。

企业通过债务重组取得的无形资产企业所得税和会计计量口径一致，均以换入无形资产的公允价值计量。

5. 从被投资方分配股利取得的无形资产。

会计准则和现行企业所得税法规虽然都没有对从被投资方分配股利取得无形资产的计量做出明确规定，但是根据相关制度可以推定其计量标准为无形资产的公允价值。

6. 企业接受捐赠取得的无形资产。

企业所得税法规规定：企业接受捐赠的无形资产，按公允价值确认计税基础。

会计准则对接受捐赠取得无形资产的计量没有做出明确规定，但依据会计准则判断，一般应按公允价值计价。

7. 企业以无形资产进行非货币性资产交换具有商业实质，且换入资产或换出资产的公允价值能够可靠计量。

企业会计准则规定：企业以非货币性资产交换转入的无形资产同时满足两个条件，即交换交易具有商业实质、换入资产或换出资产的公允价值能够可靠地计量，则会计对无形资产的计量按公允价值。

企业所得税实施条例规定：企业非货币性资产交换转入的无形资产以公允价值确认计税基础。

企业所得税的计税基础和会计计量一致。

[例9-2] A企业为设备制造企业，2007年8月，以1台设备换入一项专利技术。设备的市场价为1 000 000元（不含税），成本价为800 000元；换入专利技术的市场价

为1 170 000元。

(1) 会计处理。

由于上述以产品换专利技术的业务同时满足两个条件：其一，交换交易具有商业实质；其二，换入资产或换出资产的公允价值能够可靠地计量。因此从换出的角度确认损益，同时以换出资产的公允价值为基础计量换入无形资产的成本。账务处理为：

借：无形资产——专利技术　　1 170 000

　贷：主营业务收入　　1 000 000

　　应交税费——应交增值税（销项税额）　　170 000

同时：

借：主营业务成本　　800 000

　贷：库存商品　　800 000

(2) 企业税收处理及企业所得税和会计处理的比较。

增值税：企业设备换出属于增值税的销售业务，企业销项税额 = 1 000 000 × 17% = 170 000（元）。

企业所得税：企业以产品换专利权确认为销售，视同销售收入1 000 000元，配比成本为800 000元；企业取得无形资产的按公允价值1 170 000元确认计税基础。

上述业务从换出资产确认收入，到换入无形资产的计价，企业所得税和会计处理一致。

(二) 无形资产初始计量企业所得税和会计处理不一致的业务

无形资产初始计量企业所得税和会计处理不一致的业务，将导致企业在无形资产使用期限中摊销会计和税收处理的差异，且差异属于暂时性差异。为了在企业所得税纳税申报时准确调整会计和税收在无形资产相关事项处理时的差异，企业应该建立无形资产税收处理及会计和税收处理差异的备查簿，将纳税调整事项记录在备查簿中。

1. 企业非货币性资产交换不具有商业实质或换入资产或换出资产的公允价值不能够可靠计量，则企业所得税和会计对取得的无形资产的计量不一致。

企业会计准则规定：如果企业非货币性资产交换不同时满足交换具有商业实质、换入资产或换出资产的公允价值能够可靠地计量这两个条件，则换入无形资产以换出资产账面价值和应支付的相关税费计量。

企业所得税法规规定：对企业非货币性资产交换取得的无形资产，计税基础按照公允价值计量。

当会计上以换出资产账面价值和应支付的相关税费计量换入无形资产时，企业所得税和会计计量出现差异，差异的性质为暂时性差异。

[例9-3] 接 [例9-2]。假设企业的非货币性资产交换不具有商业实质。

(1) 会计处理。

由于上述以产品换专利技术的业务在会计上不具有商业实质，则换出资产不确认收入，换入无形资产以换出资产的账面价值为基础进行确认。账务处理为：

借：无形资产——专利技术　　970 000

　贷：库存商品　　800 000

　　应交税费——应交增值税（销项税额）　　170 000

（2）企业税收处理及企业所得税和会计处理的比较。

增值税：企业设备换出属于增值税的销售业务，企业的销项税额 =1 000 000 × 17% =170 000（元）。

企业所得税：企业以产品换专利权确认为视同销售，视同销售收入1 000 000元，配比成本为800 000元；企业取得无形资产按公允价值1 170 000元确认计税基础。

企业所得税和会计对上述业务处理出现差异，差异的性质为暂时性差异。

企业当期确认视同销售增加应纳税所得额为200 000元（1 000 000 - 800 000），企业所得税纳税申报表填报时进行纳税调增处理；企业无形资产的计税基础为1 170 000元，会计计价为970 000元，应确认递延所得税资产 =（1 170 000 - 970 000）×25% = 50 000（元）；同时在无形资产使用期间纳税申报表填报时，对无形资产摊销应进行纳税调减的处理，调减额总计为200 000元。

2. 企业合并取得的无形资产。

会计准则规定：非同一控制下企业合并取得的无形资产，其公允价值能够可靠计量的，应当单独确认为无形资产。

《企业所得税法实施条例》第七十五条规定："除国务院财政、税务主管部门另有规定外，企业在重组过程中，应当在交易发生时确认有关资产的转让所得或者损失，相关资产应当按照交易价格重新确定计税基础。"

会计准则和企业所得税法规对于企业合并取得的无形资产成本计价的规定有明显的差异。会计上以是否为同一控制下的企业合并为条件，分别确定通过合并取得无形资产的计价方法，而企业所得税是按照交易价格重新确定计税基础。

3. 企业自行开发的无形资产（符合企业所得税新技术、新产品、新工艺条件自行研发形成的无形资产）。

自行开发无形资产初始计量企业所得税和会计处理存在差异表现为：企业所得税法规规定，企业研究开发新产品、新技术、新工艺所发生的技术开发费形成无形资产的，按照无形资产成本的150%摊销，无形资产的计税基础为自行开发资本化处理部分的150%。

企业所得税和会计对自行开发无形资产初始计量上差异的性质为永久性差异。

4. 确认为投资性房地产的土地使用权。

会计准则对已出租的土地使用权和持有并准备增值后转让的土地使用权确认为投资性房地产。对于采用公允价值计量模式的投资性房地产，平时不进行摊销，应当以资产负债日投资性房地产的公允价值为基础调整其账面价值，公允价值与账面价值之间的差额计入当期损益。

企业所得税对会计采用公允价值计量模式的投资性房地产不予确认，企业所得税仍对其确认为无形资产，同时按照历史成本确认为计税基础。企业所得税和会计的差异为暂时性差异。

会计上对已出租的土地使用权和持有并准备增值后转让的土地使用权确认为投资性房地产之初，企业应设置台账，记录企业所得税确认为无形资产的计价；在投资性房地产持有期间，在台账中记录企业所得税前可以扣除的土地使用权的摊销额，同时序时记录会计和税收处理的差异，在投资性房地产处置时，配比土地使用权的计税基础。

三、无形资产摊销企业所得税和会计的比较分析

（一）无形资产摊销范围

1. 企业所得税法规定：下列无形资产不得计算摊销费用扣除：(1) 自行开发的支出已在计算应纳税所得额时扣除的无形资产；(2) 自创商誉；(3) 与经营活动无关的无形资产；(4) 其他不得计算摊销费用扣除的无形资产。

2. 会计上规定：使用寿命不确定的无形资产不得摊销。企业所得税法规无此规定。

3. 对会计采用公允价值模式计量的土地使用权，企业所得税不予确认，企业所得税对企业已出租的土地使用权和持有并准备增值后转让的土地使用权的计量应按照历史成本确认为计税基础，并在其使用期间内进行摊销。

（二）无形资产摊销方法

1. 会计准则规定：企业选择的无形资产摊销方法，应当反映与该项无形资产有关的经济利益的预期实现方式。无法可靠确定预期实现方式的，应当采用直线法摊销。

企业至少应当于每年年度终了，对使用寿命有限的无形资产的使用寿命进行复核。无形资产的使用寿命与以前估计不同的，应当改变摊销方法。

2. 企业所得税法规规定：无形资产应当采取直线法摊销，无形资产摊销方法一经确定，不得随意改变。

3. 企业所得税和会计差异分析：对于无法可靠确定经济利益预期实现方式的无形资产，企业所得税和会计准则都规定了采用直线法摊销。对于可以确定经济利益实现方式的无形资产，会计上没有明确规定摊销方法，只是规定所采用的摊销方法应可以反映出无形资产的经济利益的预期实现方式，而税法上规定只可以采用直线法。

企业所得税法规规定，无形资产摊销方法一经确定，不得随意改变；会计准则允许企业根据无形资产的预期实现方式改变无形资产的摊销方法。

对无形资产摊销方法的确定，企业所得税和会计如果出现差异，差异的性质为暂时性差异。

（三）无形资产摊销期限

1. 会计准则规定：对使用寿命有限的无形资产，规定其应摊销金额应当在使用寿命内系统合理摊销，即企业摊销无形资产，应当自无形资产可供使用时起，至不再作为无形资产确认时止；使用寿命不确定的无形资产不应摊销。

2. 企业所得税法规规定：无形资产的摊销年限不得低于10年；作为投资或者受让的无形资产，有关法律规定或者合同约定了使用年限的，可以按照规定或者约定的使用年限分期摊销。

3. 企业所得税和会计差异分析：会计上没有严格规定无形资产的摊销具体年限，只规定应在无形资产使用寿命内进行合理摊销；而税法则明确规定了无形资产摊销年限的选择顺序：法律和合同同时规定了无形资产摊销年限的，采用二者中较短者；法律没有规定的，采用合同上规定的受益年限；法律、合同均未规定的，摊销年限不少于10年。

对无形资产摊销年限的确定，企业所得税和会计如果出现差异，差异的性质为暂时性差异。

（四）应摊销金额

会计准则规定：无形资产的应摊销金额为其成本扣除预计残值与减值准备后的金额。

企业所得税法规对无形资产应摊销金额如何确认，是否确定无形资产的残值没有明确规定。

（五）无形资产摊销的复核

会计准则规定：企业至少应当于每年年度终了，对使用寿命有限的无形资产的使用寿命及摊销方法进行复核。无形资产的使用寿命及摊销方法与以前估计不同的，应当改变摊销期限和摊销方法。

企业所得税法规规定：无形资产摊销方法和摊销时间一经确定，不得随意改变。

在无形资产复核的会计和企业所得税处理上的差异，表现为会计和企业所得税原则的不同。会计无形资产摊销的复核处理体现谨慎性原则，税收处理体现确定性原则。

[例9-4] 某企业拥有两项无形资产，分别为专利权和土地使用权。专利权账面价值为20万元，土地使用权的账面价值为100万元。企业预计土地使用权的使用年限为50年，无法预计专利权为企业带来经济利益的年限，土地使用权和专利权的预计净残值均为0。

(1) 会计处理。

土地使用权为使用寿命有限的无形资产，摊销金额＝100÷50＝2（万元）。由于企业无法预计专利权为企业带来经济利益的年限，专利权属于使用寿命不确定的无形资产，不进行摊销。账务处理为：

借：管理费用　　20 000

　贷：累计摊销　　20 000

(2) 所得税处理及所得税和会计差异的调整。

①土地使用权处理。企业所得税土地使用权每年摊销金额与会计处理一致，为2万元。

②专利权的处理。根据企业所得税相关法规规定，无形资产法律和合同或者企业申请书没有规定使用年限的，或者自行开发的无形资产，摊销期限不得少于10年，因此税收处理上专利权的摊销时间为10年，每年税前允许扣除的摊销额为2万元。

会计和企业所得税在无形资产摊销处理上的差异，在企业进行企业所得税纳税申报时进行调整，调减额为2万元。

四、无形资产期末计量（减值损失）企业所得税和会计的比较分析

（一）会计准则规定

无形资产的可收回金额低于其账面价值的，应当将无形资产的账面价值减记至可收回金额，减记的金额确认为资产减值损失，计入当期损益，同时计提相应的无形资产减值准备。无形资产减值损失确认后，减值资产的摊销或者摊销费用应当在未来期间做相应调整，以使该无形资产在剩余使用寿命内，系统地分摊调整后的账面价值（扣除预计净残值）。

（二）企业所得税法规规定

企业所得税法规明确规定不允许税前扣除无形资产减值准备。

（三）企业所得税和会计准则比较及差异的处理

企业所得税和会计准则在无形资产期末计量上的差异为暂时性差异。

1. 资产负债表日会计在符合无形资产减值损失的条件下，对无形资产提取减值准备。企业所得税和会计准则对此项业务处理的差异表现为：其一，会计提取无形资产减值准备计入“资产减值损失”会计科目，期末减少企业当期会计利润；企业所得税对会计上提取无形资产减值准备不予确认，对资产减值损失企业所得税和会计处理的差异进行纳税调增，并确认为暂时性差异。其二，会计无形资产的账面价值为无形资产减去累计摊销与减值准备后的余额；企业所得税无形资产的计税基础为无形资产减去累计摊销后的余额，二者之间的差异确认为递延所得税资产。

2. 对提取减值准备的无形资产在后续使用期间，会计上按无形资产的可收回金额继续摊销，税收处理按原无形资产计税成本进行摊销。

3. 会计上对提取减值准备的无形资产处置时，除了结转无形资产的余值，还应同时结转减值准备；企业所得税在确认无形资产转让损益时，应配比扣除税收口径计量的无形资产摊余价值。

会计准则和税收处理的差异在企业所得税纳税申报表填报时进行调整。

[例 9－5] 某家电生产企业甲企业 2008 年末在对专利权的账面价值进行检查时，发现市场上已存在类似专利技术所生产的产品，从而对甲企业产品的销售造成重大不利影响。该专利权的购买时间为 2007 年 1 月，根据相关法律，该无形资产的有效年限到 2012 年底，原入账价值为9 800万元，已累计摊销2 800万元（包括 2007 年摊销额），该专利权的摊余价值为7 000万元，剩余摊销年限为 5 年。按 2007 年末的技术市场的行情，如果甲企业将该专利权予以出售，在扣除发生的律师费和其他相关税费后，可以获得6 000万元。但是，如果甲企业打算继续利用该专利权进行产品生产，则在未来 5 年内预计可以获得的未来现金流量的现值为4 500万元。

（1）会计处理。

① 2008 年底，无形资产可回收金额的计量。

该项专利公允价值减去处置费用后的净额6 000万元；获得的未来现金流量的现值为4 500万元。无形资产可收回金额应按公允价值减去处置费用后的净额与资产预计未来现金流量的现值两者之间较高者确定，本例中专利权的可收回金额应是6 000万元。

②确认减值损失。

用专利权的账面余值减去专利权的可回收金额，提取无形资产减值准备为1 000万元（7 000万元－6 000万元）。

③有关计提减值准备的账务处理为：

借：资产减值损失——计提无形资产减值准备	10 000 000	
贷：无形资产减值准备		10 000 000

（2）企业所得税处理及企业所得税和会计差异的调整。

上述业务企业所得税和会计处理的差异表现为：其一，2007 年底，企业所得税税前扣除时，对企业提取且记入“资产减值损失”的无形资产减值准备1 000万元不予确认，企业所得税汇算清缴纳税申报表填列时，需要进行纳税调增调整，调增额为1 000万元；其二，无形资产的计税基础（余值）为7 000万元，会计提取减值准备后的无形资产的计价为6 000万元。

五、无形资产处置企业所得税和会计的比较及差异分析

（一）无形资产所有权转移确认收入的范围不完全相同

根据现行企业所得税相关法规规定，企业将无形资产对外投资、债务重组、分配股利和无偿捐赠在企业所得税上处理为视同销售。

根据会计准则规定，企业将无形资产对外投资和债务重组在会计上应确认损益。

（二）无形资产处置确认损益的计量不完全相同

在无形资产处置收入及费用相同的前提下，无形资产处置所得税和会计确认损益的计量结果不同，主要原因为无形资产的账面价值和无形资产的计税基础不同，表现为以下几方面。

1. 无形资产初始计量不同处置损益不同。

由于所得税和会计对无形资产初始计量的规定不尽相同，因此，当无形资产处置时，所得税和会计应配比扣除的无形资产净值不同，无形资产损益的计量结果将产生差异。

无形资产所得税和会计计价不同为暂时性差异。主要包括：企业非货币性资产交换不具有商业实质，或者换入资产或换出资产的公允价值不能够可靠计量；企业同一控制下合并取得的无形资产；采用公允价值计量模式的投资性房地产。

2. 无形资产摊销要素不同处置损益不同。

如果所得税和会计对无形资产摊销处理的年限、预计残值等要素不同，所得税和会计应配比扣除的无形资产净值不同，无形资产处置损益的计量结果将产生差异，无形资产所得税和会计计价不同为暂时性差异。

3. 无形资产提取减值准备处置损益不同。

会计上对提取减值准备的无形资产在没有结束使用期限进行处置时，除了结转无形资产的余值，还应同时结转减值准备；在企业所得税确认无形资产转让损益时，应配比扣除税收口径计量的无形资产净值。

对提取减值准备的无形资产处置时，所得税和会计的差异为以前确认的暂时性差异的转回。

［例9－6］某企业2007年1月企业取得土地使用权，向政府缴纳土地出让金700万元，该土地使用权使用年限为70年。2009年12月将该项土地使用权投资到某房地产开发企业，评估价为1 000万元。

（1）税收处理。

①土地增值税：根据《财政部、国家税务总局关于土地增值税若干问题的通知》（财税［2006］21号）规定，企业将土地使用权投资入股房地产开发企业在土地增值税征税范围。企业应纳土地增值税如下：

土地增值额＝1 000－700＝300（万元）

增值率＝300÷700×100%＝43%

应纳土地增值税＝300×30%＝90（万元）

②企业所得税：企业所得税确认土地使用权转让损益计算如下：

收入：	10 000 000
减：土地使用权摊余价值	6 700 000
其中：土地使用权原值	7 000 000
摊销额	300 000
土地增值税	900 000
差额（收益）	2 400 000

（2）会计处理。

上述业务按会计准则中非货币性资产交换业务处理，而且同时满足下列两个条件：其一，交换交易具有商业实质；其二，换入资产或换出资产的公允价值能够可靠地计量。因此从换出的角度确认损益，同时以公允价值为基础计量换入资产的成本。企业账务处理为：

借：长期股权投资	10 000 000	
累计摊销	300 000	
贷：无形资产		7 000 000
应交税费——应交土地增值税		900 000
营业外收入——处置非流动资产利得		2 400 000

（3）上述业务企业所得税和会计处理一致。

六、自行开发无形资产企业所得税和会计处理的比较分析

（一）企业所得税法规规定

自行开发的无形资产，以开发过程中该资产符合资本化条件后至达到预定用途前发生的支出为计税基础。开发新技术、新产品、新工艺发生的研究开发费用，可以在计算应纳税所得额时加计扣除。研究开发费用的加计扣除，是指企业为开发新技术、新产品、新工艺发生的研究开发费用，未形成无形资产计入当期损益的，在按照规定据实扣除的基础上，按照研究开发费用的150%加计扣除；形成无形资产的，按照无形资产成本的150%摊销。

（二）会计准则相关规定

1. 企业内部研究开发项目的支出，应当区分研究阶段支出与开发阶段支出。

研究阶段，是指为获取新的技术和知识等进行的有计划的调查，其特点在于研究阶段是探索性的，为进一步的开发活动进行资料及相关方面的准备，从已经进行的研究活动看，将来是否会转入开发、开发后是否会形成无形资产等具有较大的不确定性。从而，研究阶段的支出应当费用化处理。

开发是指在进行商业性生产或使用前，将研究成果或其他知识应用于某项计划或设计，以生产出新的或具有实质性改进的材料、装置、产品等。

开发阶段相对研究阶段而言，应当是完成了研究阶段的工作，在很大程度上形成一项新产品或新技术的基本条件已经具备，开发阶段的支出应当资本化处理。

2. 开发支出资本化的条件。

企业内部开发项目发生的开发支出，同时满足下列条件的，应当确认为无形资产：

（1）完成该无形资产以使其能够使用或出售在技术上具有可行性。

（2）具有完成该无形资产并使用或出售的意图。

（3）无形资产产生经济利益。

（4）有足够的技术、财务资源和其他资源支持，以完成该无形资产的开发，并有能力使用或出售该无形资产。

（5）归属于该无形资产开发阶段的支出能够可靠地计量。

3. 开发阶段的支出符合资本化条件的，才能确认为无形资产；不符合资本化条件的计入当期损益（管理费用）。无法区分研究阶段支出和开发阶段支出，应将其所发生的研发支出全部费用化，计入当期损益（管理费用）。

（三）自行开发的无形资产企业所得税和会计处理的比较

1. 自行开发无形资产费用化处理和资本化处理确认企业所得税和会计处理的比较。

会计准则明确规定了企业自行开发无形资产划分为研究和开发支出的条件，以及自创无形资产资本化的要件。

《企业研究开发费用税前扣除管理办法（试行）》（国税发［2008］116号）规定：企业根据财务会计核算和研发项目的实际情况，对发生的研发费用进行收益化或资本化处理。所以企业所得税应遵循会计标准确认研发费用的资本化和费用化范围。

2. 自行开发无形资产资本化计量企业所得税和会计处理的比较。

自行开发无形资产资本化计量企业所得税和会计处理存在的差异表现为：企业所得税法规规定，企业研究开发新产品、新技术、新工艺所发生的技术开发费形成无形资产的，按照无形资产成本的150%摊销。

企业所得税对自行开发无形资产摊销计量上和会计差异的性质为永久性差异。

3. 自行开发无形资产企业所得税处理和会计处理的差异，应设置台账序时记录，在企业所得税纳税申报表填报时进行纳税调整。

［例9-7］某公司正在研究和开发一项新工艺，研发符合所得税加计扣除条件并报经税务部门审批。有关业务情况如下：

2008年1~9月发生的各项研究、调查、试验等费用100万元。

在2008年9月末，该公司已经可以证实该项新工艺必然开发成功，并满足无形资产资本化确认会计标准。该公司可以确定，2008年10月1日是该项无形资产确认资本化时间。

2008年10~12月发生材料、人工等各项支出50万元。

2009年1~6月发生材料、人工等各项支出50万元。

2009年6月，经有关部门鉴定企业研究开发的新工艺形成无形资产，无形资产使用时间为10年。

（1）2008企业所得税和会计处理。

①2008年企业会计处理。

根据会计准则相关规定，企业2008年1月至9月发生的研发费用应费用化处理；2008年10月至2008年12月发生的研发费用应归集为企业自创无形资产的成本。

2008年10月1日以前发生研发支出时，账务处理为：

借：研发支出——研究支出　　　　1 000 000

贷：应付职工薪酬、原材料等　　1 000 000

期末，应将费用化的研发支出予以结转，账务处理为：

借：管理费用　　1 000 000

贷：研发支出——研究支出　　1 000 000

2008 年 10 月 1 日以后发生研发支出时，账务处理为：

借：研发支出——开发支出　　500 000

贷：应付职工薪酬、原材料等　　500 000

②上述业务企业所得税处理及会计和税收差异调整。

2008 年企业所得税税前允许扣除的研发费用为 150 万元（100 + 100 × 50%）。会计研发费用的实际发生额为 100 万元，企业在当期企业所得税纳税申报表填报，计算应纳税所得额时进行纳税调减处理，调减额为 50 万元。

企业所得税和会计在研发费用计量上的差异为永久性差异。

（2）2009 年企业所得税和会计处理。

①2009 年企业会计处理。

2009 年 1 ~ 6 月发生研发支出时，账务处理为：

借：研发支出——开发支出　　500 000

贷：应付职工薪酬、原材料、银行存款等　　500 000

2009 年 6 月经有关部门鉴定企业研究开发的新工艺形成无形资产，账务处理为：

借：无形资产　　1 000 000

贷：研发支出——开发支出　　1 000 000

2009 年 7 ~ 12 月，无形资产摊销费用 5（100 ÷ 10 × 0.5）万元。

借：管理费用　　50 000

贷：累计摊销　　50 000

②上述业务企业所得税处理及会计和税收差异调整。

按照企业所得税法规规定，企业自行研发新技术、新产品、新工艺形成无形资产的，按照无形资产成本的 150% 摊销。2009 年企业所得税税前允许扣除无形资产摊销额为 7.5 万元。

企业所得税税前允许扣除无形资产摊销额为 7.5 万元，会计无形资产摊销的实际发生额为 5 万元，企业在当期企业所得税纳税申报表填报，应纳税所得额计算时进行纳税调减处理，调减额为 2.5 万元。

企业所得税和会计在无形资产摊销计量上的差异为永久性差异。

七、无形资产企业所得税和会计的基本要素的比较结论

上述无形资产企业所得税和会计的基本要素的比较结论总结如下。

（一）无形资产确认

除根据会计准则企业将已出租的土地使用权和持有并准备增值后转让的土地使用权确认为投资性房地产，企业所得税将其确认为无形资产；除商誉以外，企业所得税和会计准则对无形资产的定义的表述虽然不尽相同，但其基本内容一致。

（二）无形资产计价

无形资产计税基础和会计计量不尽相同。除外购和自建无形资产以外，企业其他

途径取得的无形资产一般以公允价值确认计税基础。

无形资产计税基础与会计计量基本一致的业务有：外购无形资产、企业具有商业实质且换入资产或换出资产的公允价值能够可靠计量的非货币性资产交换取得的无形资产、接受捐赠取得的无形资产、债务重组取得的无形资产、分配股利取得的无形资产、接受投资取得的无形资产、盘盈无形资产。

无形资产计税基础和会计计量不一致的业务有：企业不具有商业实质或换入资产或换出资产的公允价值不能够可靠计量非货币性资产交换取得无形资产、企业同一控制合并取得的无形资产、以公允价值模式计量的投资性房地产。上述企业所得税和会计对无形资产计量上的差异为暂时性差异。企业自行开发的无形资产（符合企业所得税新技术、新产品、新工艺条件自行研发形成的无形资产）计税基础和会计计量不一致，企业所得税和会计对无形资产计量上的差异为永久性差异。

（三）无形资产摊销的构成要素

无形资产摊销的构成要件不尽相同。

1. 无形资产摊销范围。

无形资产摊销范围企业所得税和会计的表述不尽相同，但基本内容一致。而公允价值计量模式的企业将已出租的土地使用权和持有并准备增值后转让的土地使用权，企业所得税对企业土地使用权的计量应按照历史成本确认为计税基础，并在使用期限内进行摊销，企业所得税和会计的差异为暂时性差异。

2. 无形资产摊销方法。

无形资产摊销方法的确定，会计准则的规定相对灵活；税法的规定具体明确，一般采取直线法。如果企业计算无形资产摊销额时企业所得税和会计采用的无形资产摊销方法不同，则企业所得税和会计在摊销的处理上出现差异，差异的性质为暂时性差异。

3. 无形资产摊销年限。

会计上没有严格规定无形资产的摊销具体年限，只规定应在无形资产使用寿命内进行合理摊销；而税法则明确规定了无形资产摊销年限的选择顺序：法律和合同同时规定了无形资产摊销年限的，采用二者中较短者；法律没有规定的，采用合同上规定的受益年限；法律、合同均未规定的，摊销年限不少于10年。对无形资产摊销年限的确定，企业所得税和会计如果出现差异，差异的性质为暂时性差异。

4. 无形资产摊销提取的起止时间。

企业所得税和会计对无形资产摊销提取的起止时间一致。

由于企业所得税法规对无形资产的使用时间、残值以及摊销方法进行了限定。如果企业对无形资产使用寿命和摊销方法通过复核改变，则会计和税收处理出现差异，差异的性质为暂时性差异。

（四）无形资产减值损失

企业所得税和会计在无形资产减值损失的确认，即无形资产期末计量上存在差异，差异的性质为暂时性差异。

需要注意的问题是：其一，对无形资产企业所得税和会计处理的差异，必须进一步确认为暂时性差异还是永久性差异，企业需要设置台账进行记录，在企业所得税纳税申报表填报时进行纳税调整，同时在企业所得税会计核算时确认递延所得税资产。其二，在企业所得税和会计对无形资产的要件确认都没有明确规定的条件下，为了减少企业所得税和会计的差异，应使企业所得税和会计保持协调一致；当企业所得税法规有明确规定时，在不违背会计准则的前提下，会计处理应尽可能和企业所得税处理保持协调一致。

第十章　存货企业所得税处理和会计相关业务的比较分析

第一节　存货企业所得税处理法规分析

关于存货业务的企业所得税处理涉及企业当期应纳税所得额扣除额的确定，主要表现为存货的初始计量、发出存货的计量和存货的损失扣除。相关业务处理企业所得税的法规规定如下。

一、存货的确认

《企业所得税法实施条例》第七十二条规定：存货是指企业持有以备出售的产品或者商品、处在生产过程中的在产品、在生产或者提供劳务过程中耗用的材料和物料等。

二、存货的计税基础

（一）存货计税基础的一般规定

《企业所得税法实施条例》第五十六条规定：企业的各项资产，包括存货、生物资产、无形资产、长期待摊费用、投资资产、存货等，以历史成本为计税基础。

前款所称历史成本，是指企业取得该项资产时实际发生的支出。

企业持有各项资产期间资产增值或者减值，除国务院财政、税务主管部门规定可以确认损益外，不得调整该资产的计税基础。

（二）存货计税基础的具体规定

《企业所得税法实施条例》第七十二条规定：存货按照以下方法确定成本：

1. 通过支付现金方式取得的存货，以购买价款和支付的相关税费为成本。

2. 通过支付现金以外的方式取得的存货，以该存货的公允价值和支付的相关税费为成本。

3. 生产性生物资产收获的农产品，以产出或者采收过程中发生的材料费、人工费和分摊的间接费用等必要支出为成本。

三、存货发出的计量

《企业所得税法实施条例》第七十三条规定：企业使用或者销售的存货的成本计算方法，可以在先进先出法、加权平均法、个别计价法中选用一种。计价方法一经选用，不得随意变更。

四、存货损失

（一）自行计算的存货损失

《企业资产损失税前扣除管理办法》（国税发［2009］88 号）第五条规定：下列资产损失，属于由企业自行计算扣除的存货资产损失：（1）企业在正常经营管理活动中因销售、转让、变卖存货的资产损失；（2）企业各项存货发生的正常损耗。

《企业资产损失税前扣除管理办法》（国税发［2009］88 号）第十条规定：企业发生属于由企业自行计算扣除的资产损失，应按照企业内部管理控制的要求，做好资产损失的确认工作，并保留好有关资产会计核算资料和原始凭证及内部审批证明等证据，以备税务机关日常检查。

（二）需要审批的存货损失的计量

《财政部、国家税务总局〈关于企业资产损失税前扣除政策〉的通知》（财税［2009］57 号）规定：

1. 对企业盘亏的存货，以该存货的成本减除责任人赔偿后的余额，作为存货盘亏损失在计算应纳税所得额时扣除。

2. 对企业毁损、报废的存货，以该存货的成本减除残值、保险赔款和责任人赔偿后的余额，作为存货毁损、报废损失在计算应纳税所得额时扣除。

3. 对企业被盗的存货，以该存货的成本减除保险赔款和责任人赔偿后的余额，作为存货被盗损失在计算应纳税所得额时扣除。

4. 企业因存货盘亏、毁损、报废、被盗等原因不得从增值税销项税额中抵扣的进项税额，可以与存货损失一起在计算应纳税所得额时扣除。

（三）需要审批的存货损失的认定

《国家税务总局〈关于印发企业资产损失税前扣除管理办法〉的通知》（国税发［2009］88 号）规定：企业非货币资产损失包括存货损失、固定资产损失、在建工程损失、生物资产损失等。

1. 存货盘亏损失，其盘亏金额扣除责任人赔偿后的余额部分，依据下列证据认定损失：

（1）存货盘点表。

（2）存货保管人对于盘亏的情况说明。

（3）盘亏存货的价值确定依据（包括相关入库手续、相同相近存货采购发票价格或其他确定依据）。

（4）企业内部有关责任认定、责任人赔偿说明和内部核批文件。

2. 存货报废、毁损和变质损失，其账面价值扣除残值及保险赔偿或责任赔偿后的余额部分，依据下列相关证据认定损失：

（1）单项或批量金额较小（占企业同类存货 10% 以下，或减少当年应纳税所得、增加亏损 10% 以下，或 10 万元以下。下同）的存货，由企业内部有关技术部门出具技术鉴定证明。

（2）单项或批量金额超过上述规定标准的较大存货，应取得专业技术鉴定部门的鉴定报告或者具有法定资质中介机构出具的经济鉴定证明。

（3）涉及保险索赔的，应当有保险公司理赔情况说明。

（4）企业内部关于存货报废、毁损、变质情况说明及审批文件。

（5）残值情况说明。

（6）企业内部有关责任认定、责任赔偿说明和内部核批文件。

3. 存货被盗损失，其账面价值扣除保险理赔以及责任赔偿后的余额部分，依据下列证据认定损失：

（1）向公安机关的报案记录，公安机关立案、破案和结案的证明材料。

（2）涉及责任人的责任认定及赔偿情况说明。

（3）涉及保险索赔的，应当有保险公司理赔情况说明。

五、存货涉及企业所得税视同销售的法规规定

（一）企业所得税视同销售的基本法规规定

《企业所得税法实施条例》第二十五条规定：企业发生非货币性资产交换，以及将货物、财产、劳务用于捐赠、偿债、赞助、集资、广告、样品、职工福利或者利润分配等用途的，应当视同销售货物、转让财产或者提供劳务，但国务院财政、税务主管部门另有规定的除外。

（二）存货视同销售的业务内容

企业所得税实施条例，对企业所得税视同销售业务列举中的非货币性资产和财产包括存货，属于存货的视同销售业务的具体内容如下：

1. 企业以存货交换非货币性资产。

2. 企业以存货对外投资。

3. 企业以存货进行债务重组。

4. 企业以存货对外捐赠。

5. 企业以存货分配股利。

6. 企业以存货赞助、集资、广告、样品、职工福利。

上述业务中，一般可能发生的业务为企业以存货交换非货币性资产、投资、债务重组和捐赠。

第二节　存货企业所得税处理和会计相关业务的比较分析

一、存货范围确认企业所得税和会计准则的比较分析

企业所得税和会计准则对存货定义是一致的。存货是指企业在日常活动中持有以备出售的产成品或商品、处在生产过程中的在产品、在生产过程或提供劳务过程中耗用的材料和物料等。

但企业所得税将会计上的生产性生物资产确认为存货。

二、存货初始计量企业所得税和会计准则的比较分析

（一）存货的初始计量企业所得税和会计处理基本一致的业务

下列存货的初始计量企业所得税和会计一致。

1. 企业外购的存货。

存货的采购成本包括购买价款、相关税费、运输费、装卸费、保险费以及其他可归属于存货采购成本的费用。

2. 投资者投入存货。

会计规定：投资者投入的存货应当按照投资合同或协议约定的价值确定，但合同或协议约定价值不公允的除外；企业所得税法规规定：企业接受投资者投入的存货，以该资产的公允价值和支付的相关税费为计税基础。企业所得税和会计对投资者投入存货的计价都以公允价值为基础。

3. 企业通过债务重组取得的存货。

会计准则规定：企业应当对受让的存货按其公允价值入账，重组债权的账面余额与受让的存货的公允价值之间的差额，计入当期损益；企业所得税法规规定：企业接受的债务人以存货抵偿债务方式取得的存货，该资产的公允价值和支付的相关税费为计税基础。

企业所得税和会计对企业通过债务重组取得的存货计量的口径一致，均以换入存货的公允价值计量。

4. 从被投资方分配股利取得的存货。

企业所得税相关法规规定：企业从被投资方分配股利取得的存货，以该资产的公允价值和支付的相关税费为计税基础。

会计准则虽然没有对从被投资方分配股利取得存货的计量做出明确规定，但是根据会计准则的相关规定可以判定其计量标准为存货的公允价值。

5. 企业接受捐赠取得的存货。

企业所得税相关法规规定：企业接受捐赠取得的存货，以该资产的公允价值和支付的相关税费为计税基础。

会计准则对接受捐赠取得存货的计量虽然没有做出明确规定，但依据会计准则判断，一般应按公允价值计价。

6. 盘盈的存货。

企业所得税相关法规规定：企业盘盈的存货，以同类存货的重置完全价值为计税基础。

会计准则虽然没有对企业盘盈存货的计量做出明确规定，但是根据会计准则的相关规定可以判定其计量标准应与企业所得税一致。

7. 企业具有商业实质且换入资产或换出资产的公允价值能够可靠计量的非货币性资产交换取得的存货。

根据企业会计准则的相关规定：企业以非货币性资产交换转入的存货同时满足两个条件，即交换交易具有商业实质、换入资产或换出资产的公允价值能够可靠地计量，则会计对存货的计量按公允价值。

企业所得税实施条例规定：企业非货币性资产交换转入的存货以公允价值确认计税基础。企业所得税的计税基础和会计计量一致。

（二）存货初始计量企业所得税和会计处理不一致的业务

存货初始计量企业所得税和会计处理不一致的业务，企业所得税和会计处理的差异属于时间性的。为了在企业所得税纳税申报时准确调整企业所得税和会计在存货相关事项处理时的差异，企业应该建立存货税收处理及会计和税收处理差异的备查簿，将纳税调整事项记录在备查簿中。

1. 企业非货币性资产交换不具有商业实质或换入资产或换出资产的公允价值不能够可靠计量，则企业所得税和会计对取得存货的计量不一致。

根据企业会计准则的相关规定：如果企业非货币性资产交换不同时满足交换具有商业实质，换入资产或换出资产的公允价值能够可靠地计量的两个条件，则换入存货以换出资产账面价值和应支付的相关税费计量。

依据企业所得税的相关法规，对企业非货币性资产交换取得的存货，计税基础按照公允价值计量。

当会计上以换出资产账面价值和应支付的相关税费计量换入存货时，企业所得税和会计计量出现差异，差异的性质为暂时性差异。

2. 企业合并取得的存货。

根据会计准则的相关规定：同一控制下的企业合并取得存货，合并方在企业合并中取得的存货应当按照合并日在被合并方的账面价值计量；非同一控制下的企业合并取得的存货，合并中取得的被购买方存货，其所带来的经济利益很可能流入企业且公允价值能够可靠计量的，应当单独予以确认并按照公允价值计量。

《企业所得税法实施条例》第七十五条规定："除国务院财政、税务主管部门另有规定外，企业在重组过程中，应当在交易发生时确认有关资产的转让所得或者损失，相关资产应当按照交易价格重新确定计税基础。"

会计准则和企业所得税法规对于企业合并取得的存货成本的计价的规定有明显的差异。会计上以是否为同一控制下的企业合并为条件，分别确定通过合并取得存货的计价方法；而企业所得税是按照交易价格重新确定计税基础。

（三）关于工业企业产品成本的确定

工业企业生产的产品，企业所得税和会计都将其确认为存货。企业所得税法规对产品成本的确定没有做出明确的规定，会计准则对产品生产成本中直接人工以及按照一定方法分配的费用做出了界定。按照会计惯例，企业产品成本应包括料、工、费三项，企业所得税和会计对产品成本的构成应保持一致。但在成本构成内容的计量上有可能出现差异。

1. 原材料成本。

如果企业所得税和会计对材料成本的计价一致，则产品成本中材料成本企业所得税和会计一致；如果企业所得税和会计对材料成本的计价不一致，则产品成本中材料成本企业所得税和会计出现差异，最终导致产品成本企业所得税和会计的差异。

2. 直接人工费。

直接人工费是直接从事产品生产的生产工人的薪酬。在企业所得税和会计确认自制存货成本中，尽管都包括人工和其他直接费用，但税法给出了计入职工薪酬中三项费用的计量标准，如果会计上计入存货成本的职工薪酬超过计税标准，则企业所得税和会计的差异为永久性差异，企业当期在计算应纳税所得额时需进行纳税调减的处理。

3. 制造费用。

制造费用是指企业为生产产品和提供劳务而发生的各项间接费用。包括生产部门管理人员的薪酬、折旧费、修理费、办公费、水电费、机物料消耗、劳动保护费、季节性和修理期间的停工费用以及燃料及动力费等。如果企业所得税和会计对制造费用的计价一致，则产品成本中制造费用企业所得税和会计一致；如果企业所得税和会计对制造费用的计价不一致，则产品成本中制造费用企业所得税和会计出现差异，最终导致产品成本企业所得税和会计的差异。

4. 借款费用。

会计准则规定：企业借款购建的存货，符合借款费用资本化条件的，应当将符合资本化条件的借款费用予以资本化，应计入存货成本。符合资本化条件的存货，是指需要经过相当长时间的生产才能达到预定可使用或销售状态的存货。这类存货通常需要经过相当长时间的建造或者生产过程，才能达到预定可销售状态。其中“相当长时间”，是指为资产的购建或者生产所必需的时间，通常为1年以上（含1年）。

企业所得税法实施条例规定：企业为购置、建造存货、无形资产和经过12个月以上的建造才能达到预定可销售状态的存货发生借款的，在有关资产购置、建造期间发生的合理的借款费用，应当作为资本性支出计入有关资产的成本，并依照本条例的规定扣除。

企业产品生产过程中借款费用计入生产成本资本化处理的条件，企业所得税和会计一致，但是在借款费用的计量上，企业所得税和会计可能存在差异。表现为：其一，企业在产品生产过程中，向金融机构借款或经批准发行债券发生的利息支出计入生产成本，企业所得税和会计的计量一致，不需要进行纳税调整；其二，向非金融机构借款发生的利息支出，如果高于金融机构同类、同期贷款利率计算的数额，超过计税标准的部分不得计入资产价值，进行资本化处理，企业所得税和会计处理出现差异，差异的性质为永久性差异。

[例10-1] 某市设备制造厂2008年在产品建造过程中（产品建造时间为18个月），从金融机构借款，发生借款利息100 000元。

(1) 会计处理。

企业当期发生的用于产品生产的借款利息，由于产品没有完工，所以计入生产成本。账务处理为：

借：生产成本　　100 000

　贷：应付利息　　100 000

借：应付利息　　100 000

　贷：银行存款　　100 000

(2) 企业所得税处理和会计处理比较。

企业所得税处理和会计处理一致。上述业务企业所得税和会计都将经过12个月以上的建造才能达到预定可销售状态的产品确认为符合资本化条件的资产，企业当期的借款利息都计入“生产成本”。

［例10－2］承［例10－1］。企业在产品生产过程中从非金融机构借款，发生借款利息110 000元，同期金融机构借款利息为100 000元。

(1) 会计处理。

企业当期发生的用于产品生产的借款利息，由于产品没有完工，所以按照实际发生额计入生产成本。账务处理为：

借：生产成本	110 000	
贷：应付利息		110 000
借：应付利息	110 000	
贷：银行存款		110 000

(2) 企业所得税处理及企业所得税会计处理比较。

上述业务企业所得税和会计都将经过12个月以上的建造才能达到预定可销售状态产品确认为符合资本化条件的资产，企业当期的借款利息都计入"生产成本"。但在借款利息的计量上，企业所得税法规做出了限定。企业所得税口径的产品成本中的借款利息应按同期金融机构借款利息为100 000元计量。当产品完工后，企业所得税和会计对产品成本的计量不同，企业所得税和会计的差异为永久性差异。

三、存货发出计价方法企业所得税和会计准则的比较分析

企业所得税和会计准则对存货发出计价方法的确定基本一致，即企业使用或者销售的存货的成本计算方法，可以在先进先出法、加权平均法、个别计价法中选用一种。

同时会计准则进一步规定：（1）对于不能替代使用的存货、为特定项目专门购入或制造的存货以及提供劳务的成本，会计和企业所得税通常采用个别计价法确定发出存货的成本；（2）对于企业在正常生产经营过程中多次使用的、但未列入存货目录的周转材料等存货，会计和企业所得税采用一次转销法、五五摊销法进行摊销；（3）企业采用计划成本法或零售价法确定存货成本或销售成本，会计和税法规定必须在年终申报纳税时及时结转成本差异或商品进销差价。

企业所得税法规明确规定纳税人的存货计价方法一经确定，不得随意改变。

四、存货损失企业所得税和会计准则的差异分析

（一）存货损失处理企业所得税和会计的一般关系

会计准则规定的企业存货损失，包括发生的存货毁损和存货盘亏造成的损失。企业发生的存货毁损，应当将处置收入扣除账面价值和相关税费后的金额计入当期损益。存货的账面价值是存货成本扣减累计跌价准备后的金额。企业所得税涉及的存货损失主要包括：生产经营活动中发生的存货的盘亏、毁损、损失；损失的计量为减除责任人赔偿和保险赔款后的余额。存货一般损失企业所得税和会计处理的关系为：

其一，如果会计确认的损失属于税务部门审批扣除的资产损失，未提供税法规定的证据资料经税务部门审批，则会计确认的损失所得税不予确认，企业所得税和会计出现差异，差异的性质为永久性差异。

其二，企业提供税法规定的证据资料，会计确认的损失经税务部门审批，但如果存货已提取减值准备，则损失的计量所得税和会计不同，差异的性质为以前暂时性差

异的转回。

其三，企业提供税法规定的证据资料，会计确认的损失经税务部门审批，在企业对存货没有提取减值准备的前提下，存货发生的盘亏、毁损等损失企业所得税与会计相关业务的处理一致。

（二）存货减值损失所得税和会计存在差异

1. 会计准则规定。

资产负债表日，存货应当按照成本与可变现净值孰低计量。存货成本高于其可变现净值的，应当计提存货跌价准备，计入当期损益；对以前因计提减值准备的影响因素已经消失的，减记的金额应当予以恢复，并在原已计提的存货跌价准备金额内转回，转回的金额计入当期损益。

2. 企业所得税法规规定。

据企业所得税税前扣除办法规定，纳税人的存货成本的确定应遵循历史成本原则。纳税人的商品、材料、产成品、半成品等存货，应以取得时的实际成本计价。在计算应纳税所得额时，存货跌价准备金不得扣除。

3. 企业所得税和会计差异的处理。

企业所得税和会计在存货期末计量上的差异为暂时性差异，具体表现如下。

（1）资产负债表日会计在符合存货减值损失的条件下，对存货提取减值准备。企业所得税和会计对此项业务处理的差异表现为：其一，会计提取存货减值准备计入“资产减值损失”科目，期末减少企业当期会计利润；企业所得税对会计上提取存货跌价准备不予确认，对资产减值损失企业所得税和会计处理的差异进行纳税调增，并确认为暂时性差异。其二，会计存货的账面价值为扣除减值准备后的余额；企业所得税存货的计税基础不发生变化。

［例9－3］A公司2007年12月31日库存W型机器12台，成本为360万元，单位成本为30万元，该批W型机器全部销售给B公司。与B公司签订的销售合同约定，2008年1月20日，A公司应按每台30万元的价格（不含增值税）向B公司提供W型机器12台。A公司销售部门提供的资料表明，向长期客户——B公司销售的W型机器的平均运杂费等销售费用为0.12万元/台。2007年12月31日，W型机器的市场销售价格为32万元/台。

①会计处理。

在本例中，能够证明W型机器的可变现净值的确凿证据是A公司与B公司签订的有关W型机器的销售合同、市场销售价格资料、账簿记录和A公司销售部门提供的有关销售费用的资料等。根据该销售合同规定，库存的12台W型机器的销售价格全部由销售合同约定。

W型机器的可变现净值应以销售合同约定的价格30万元/台为基础确定。

W型机器的可变现净值 $=30\times12-0.12\times12=360-1.44=358.56$（万元）

W型机器的可变现净值358.56万元，低于W型机器的成本360万元，应按其差额1.44万元计提存货跌价准备（假定以前未对W型计提存货跌价准备）。

企业的账务处理为：

借：资产减值损失——存货跌价准备　　　　14 400

贷：存货跌价准备　　14 400

在会计期末，企业将资产减值损失减少本年利润

借：本年利润　　14 400

贷：资产减值损失　　14 400

②企业所得税处理及企业所得税和会计差异分析。

依据企业所得税法规，企业对W型机器计提存货跌价准备1.44万元计入“资产减值损失”企业所得税不予确认。当期填报企业所得税纳税申报表，计算应纳税所得额时，需要进行纳税调增的处理，纳税调增额为1.44万元。

（2）在会计上将提取存货跌价准备的存货进行处置的纳税期间，会计上按存货的账面价值与提取的存货跌价准备金的差额确认成本；企业所得税的处理遵循历史成本，按存货的原账面价值（计税基础）确认与存货处置收入配比的成本。企业所得税和会计处理差异为暂时性差异，在企业所得税纳税申报表填报时进行纳税调减的处理。

[例10－4] 承[例10－3]。2008年1月A公司将库存W型机器12台发出，取得B公司支付价款360万元。

①会计处理。

会计上确认收入、结转成本、费用，账务处理为：

借：银行存款　　4 212 000

贷：主营业务收入　　3 600 000

应交税费——应交增值税（销项税额）　　612 000

同时：

借：主营业务成本　　3 600 000

贷：库存商品　　3 600 000

借：存货跌价准备　　14 400

贷：主营业务成本　　14 400

②税收处理及企业所得税和会计差异调整。

增值税销项税额＝360×17%＝61.2（万元）

企业所得税确认收入360万元，配比成本360万元，在企业所得税纳税申报表填报时调减应纳税所得额1.44万元。

（3）如果以前因计提减值准备的影响因素已经消失，减记的金额应当予以恢复，在原已计提的存货跌价准备金额内转回，转回的金额减少当期资产减值损失，增加当期会计利润；在企业所得税上，对此项业务进行纳税调减处理。

[例10－5] 甲公司为服装生产企业，2007年12月，投入一批原材料生产服装。12月底完工产品500件，成本价为400元/件，在产品200件，在产品成本为300元/件。2007年底由于市场的原因，服装价格下跌，此时市场价格为300元/件，甲企业服装销售的费用50元/件。根据《企业会计准则1号——存货》规定：存货的市场价格持续下跌，表明存货的可变现净值低于成本，甲企业提取存货跌价准备的条件——存货的可变现净值低于成本已具备。

2008年年底，提取存货跌价准备的服装价值得以恢复，此时服装的市场价格为500元/件。

①上述业务的会计处理。

甲企业存货跌价准备的确定：

产成品直接用于出售的商品存货，在正常生产经营过程中，应当以该存货的估计售价减去估计的销售费用和相关税费后的金额确定其可变现净值。

完工产品可变现净值＝300－50＝250（元/件）

提取存货跌价准备＝（400－250）×500＝75 000（元）

需要经过加工的材料存货，在正常生产经营过程中，应当以所生产的产成品的估计售价减去至完工时估计将要发生的成本、估计的销售费用和相关税费后的金额，确定其可变现净值。

在产品可变现净值＝300－100（至完工时估计将要发生的成本）－50＝150（元/件）

提取存货跌价准备＝（300－150）×200＝30 000（元）

甲公司账务处理如下：

借：资产减值损失——存货跌价准备	105 000	
贷：存货跌价准备——产成品		75 000
——在产品		30 000

企业期末将资产减值损失结转到本年利润：

借：本年利润	105 000	
贷：资产减值损失——存货跌价准备		105 000

2008 年，由于提取存货跌价准备的服装价值得以恢复，以前提取的存货跌价准备作转回处理。账务处理为：

借：存货跌价准备	105 000	
贷：资产减值损失——存货跌价准备		105 000

②上述业务的税收处理及会计和税法差异的调整。

在 2007 年对企业提取的存货跌价准备计入“资产减值损失”的金额，企业所得税不予确认。如果企业当期以会计利润为基数计算当期应纳税所得额，则在当期填报企业所得税纳税申报表，计算应纳税所得额时，需要进行纳税调增的处理，纳税调增额为105 000元。

在 2008 年企业所得税的纳税申报表填列时，对会计上以前提取的存货跌价准备做转回处理，在企业所得税纳税申报表填报时，做纳税调减处理，纳税调减额为105 000元。

五、存货发出（处置或领用）企业所得税和会计准则的比较分析

（一）存货所有权转移确认收入的范围不同

根据现行企业所得税相关法规规定，企业将存货对外投资、债务重组、分配股利和无偿捐赠在企业所得税上处理为视同销售。

根据会计准则规定，企业将存货对外投资和债务重组在会计上应确认损益。

（二）存货处置确认损益的计量结果不同

在存货处置收入及费用相同的前提下，存货处置所得税和会计确认损益的计量结果不同，主要原因为存货的账面价值和存货的计税基础不同，表现为以下几方面。

1. 存货初始计量不同。

由于所得税和会计对存货初始计量的规定不尽相同，因此，当存货处置时，所得税和会计应配比扣除的存货净值不同，存货损益的计量结果将产生差异。

存货所得税和会计计价不同为暂时性差异。主要包括：企业非货币性资产交换不具有商业实质，或者换入资产或换出资产的公允价值不能够可靠计量取得的存货；同一控制下企业合并取得的存货。

2. 存货提取减值准备。

会计上对提取减值准备的存货在进行处置时，除了结转存货的成本，还应同时结转减值准备；在企业所得税确认存货转让损益时，应配比扣除税收口径计量的存货净值。

对提取减值准备的存货处置时，所得税和会计的差异为以前确认的暂时性差异的转回。

六、存货企业所得税和会计基本要素的比较结论

上述存货企业所得税和会计的基本构成要素的比较结论为：

第一，存货的构成要件企业所得税和会计基本一致。除根据会计准则，企业将出租的建筑物确认为投资性房地产，企业所得税将其确认为存货以外，企业所得税和会计准则对存货的定义的表述虽然不尽相同，但其基本内容一致。

第二，存货计税基础和会计计量不尽相同。除外购和自建存货以外，企业其他途径取得的存货一般以公允价值确认计税基础。存货计税基础与会计计量基本一致的业务有：外购存货、企业具有商业实质且换入资产或换出资产的公允价值能够可靠计量的非货币性资产交换取得的存货、接受捐赠取得的存货、债务重组取得的存货、分配股利取得的存货、接受投资取得的存货、盘盈存货；存货计税基础和会计计量不一致业务有：企业不具有商业实质或换入资产或换出资产的公允价值不能够可靠计量非货币性资产交换取得存货、同一控制下的企业合并取得的存货。

第三，企业所得税和会计在存货减值损失的确认和计量上存在差异。企业所得税和会计在存货减值损失的确认存在差异，差异的性质为暂时性差异；如果企业会计确认的损失属于税务部门审批扣除的资产损失，企业未提供税法规定的证据资料经税务部门审批，则会计确认的损失和所得税出现差异，差异的性质为永久性差异；企业提供税法规定的证据资料，会计确认的损失经税务部门审批，但如果存货已提取减值准备，则损失的计量所得税和会计不同，差异的性质为以前暂时性差异的转回。

第四，企业将存货对外投资、债务重组、分配股利和无偿捐赠在企业所得税上处理为视同销售。其中，根据会计准则规定，企业将存货对外投资和债务重组在会计上应确认损益。

需要注意的问题是：其一，对存货企业所得税和会计处理的差异，必须进一步确认为暂时性差异还是永久性差异，企业需要设置台账进行记录，在企业所得税纳税申报表填报时进行纳税调整，同时在企业所得税会计核算时确认递延所得税资产或递延所得税负债。其二，为了减少企业所得税和会计的差异，对存货的要件确认在企业所得税和会计都没有明确规定的条件下，应使企业所得税和会计保持协调一致；当企业所得税法规有明确规定时，在不违背会计准则的前提下，会计处理应尽可能和企业所得税处理保持协调一致。

第十一章　生产性生物资产企业所得税处理和会计相关业务的比较分析

生物资产是会计准则中确认的一项资产，是指与农业生产相关的有生命的动物和植物，其中涵盖收获时点的农产品，划分为消耗性生物资产、生产性生物资产和公益性生物资产。企业所得税及实施条例没有对生物资产给出完整的定义，但企业所得税实施条例对生产性生物资产进行了企业所得税的界定，并对生产性生物资产的企业所得税处理做出了规定。对企业所得税没有规范的其他生物资产，一般应确认为企业所得税的生产性生物资产，按照相关企业所得税法规进行企业所得税处理。

第一节　生产性生物资产企业所得税处理的法规分析

一、生产性生物资产的定义

《企业所得税法实施条例》第六十二条规定：生产性生物资产，是指企业为生产农产品、提供劳务或者出租等而持有的生物资产，包括经济林、薪炭林、产畜和役畜等。

二、生产性生物资产的计税基础

《企业所得税法实施条例》第六十二条规定：生产性生物资产按照以下方法确定计税基础：

（一）外购的生产性生物资产，以购买价款和支付的相关税费为计税基础；

（二）通过捐赠、投资、非货币性资产交换、债务重组等方式取得的生产性生物资产，以该资产的公允价值和支付的相关税费为计税基础。

三、生产性生物资产的折旧

《企业所得税法实施条例》第六十三条规定：生产性生物资产按照直线法计算的折旧，准予扣除。

企业应当自生产性生物资产投入使用月份的次月起计算折旧；停止使用的生产性生物资产，应当自停止使用月份的次月起停止计算折旧。

企业应当根据生产性生物资产的性质和使用情况，合理确定生产性生物资产的预计净残值。生产性生物资产的预计净残值一经确定，不得变更。

《企业所得税法实施条例》第六十四条规定：生产性生物资产计算折旧的最低年限如下：

（一）林木类生产性生物资产，为10年；

（二）畜类生产性生物资产，为3年。

四、生产性生物资产的损失

（一）自行计算的生产性生物资产损失

《企业资产损失税前扣除管理办法》（国税发［2009］88号）第五条规定：下列资产损失，属于由企业自行计算扣除的生产性生物资产损失：（1）企业在正常经营管理活动中因销售、转让、变卖生产性生物资产发生的资产损失；（2）企业生产性生物资产达到或超过使用年限而正常死亡发生的资产损失。

《企业资产损失税前扣除管理办法》（国税发［2009］88号）第十条规定：企业发生属于由企业自行计算扣除的资产损失，应按照企业内部管理控制的要求，做好资产损失的确认工作，并保留好有关资产会计核算资料和原始凭证及内部审批证明等证据，以备税务机关日常检查。

（二）需要审批的生产性生物资产损失

《国家税务总局〈关于印发企业资产损失税前扣除管理办法〉的通知》（国税发［2009］88号）规定：

1. 生产性生物资产盘亏损失，其账面净值扣除责任人赔偿后的余额部分，依据下列证据确认损失：

（1）生产性生物资产盘点表。

（2）盘亏情况说明，单项或批量金额较大的生产性生物资产，企业应逐项做出专项说明。

（3）企业内部有关责任认定和内部核准文件等。

2. 因森林病虫害、疫情、死亡而产生的生产性生物资产损失，其账面净值扣除残值、保险赔偿和责任人赔偿后的余额部分，依据下列相关证据认定损失：

（1）企业内部有关部门出具的鉴定证明。

（2）单项或批量金额较大的生产性生物资产森林病虫害、疫情、死亡，企业应逐项做出专项说明，并出具专业技术鉴定部门的鉴定报告。

（3）因不可抗力原因造成生产性生物资产森林病虫害、疫情、死亡，应当有相关职能部门出具的鉴定报告，如林业部门出具的森林病虫害证明、卫生防疫部门出具的疫情证明、消防部门出具的受灾证明、公安部门出具的事故现场处理报告等。

（4）企业生产性生物资产森林病虫害、疫情、死亡情况说明及内部核批文件。

（5）涉及保险索赔的，应当有保险公司理赔情况说明。

3. 对被盗伐、被盗、丢失而产生的生产性生物资产损失，其账面净值扣除保险理赔以及责任赔偿后的余额部分，依据下列证据认定损失：

（1）生产性生物资产被盗后，向公安机关的报案记录或公安机关立案、破案和结案的证明材料。

（2）涉及责任人的责任认定及赔偿情况说明。

（3）涉及保险索赔的，应当有保险公司理赔情况说明。

五、生产性生物资产涉及企业所得税视同销售的法规规定

（一）企业所得税视同销售的基本法规规定

《企业所得税法实施条例》第二十五条规定：企业发生非货币性资产交换，以及将

货物、财产、劳务用于捐赠、偿债、赞助、集资、广告、样品、职工福利或者利润分配等用途的，应当视同销售货物、转让财产或者提供劳务，但国务院财政、税务主管部门另有规定的除外。

（二）生产性生物资产视同销售的业务内容

企业所得税实施条例，对企业所得税视同销售业务列举中的非货币性资产和财产包括生产性生物资产，属于生产性生物资产的视同销售业务的具体内容如下：

1. 企业以生产性生物资产交换非货币性资产。

2. 企业以生产性生物资产对外投资。

3. 企业以生产性生物资产进行债务重组。

4. 企业以生产性生物资产对外捐赠。

5. 企业以生产性生物资产分配股利。

6. 企业以生产性生物资产赞助、集资、广告、样品、职工福利。

上述业务中，一般可能发生的业务为企业以生产性生物资产交换非货币性资产、投资、债务重组和捐赠。

第二节　生产性生物资产企业所得税处理和会计相关业务的比较分析

一、生产性生物资产范围确认企业所得税和会计比较分析

企业所得税和会计准则对生产性生物资产的范围确认的规定一致。即：生产性生物资产，是指企业为生产农产品、提供劳务或者出租等而持有的生物资产，包括经济林、薪炭林、产畜和役畜等。

二、生产性生物资产初始计量企业所得税和会计的比较分析

生产性生物资产的初始计量企业所得税表述为计税基础，根据《企业所得税法实施条例》第五十六条规定：“企业的各项资产，包括存货、固定资产、无形资产、长期待摊费用、投资资产、生产性生物资产等，以历史成本为计税基础。所称历史成本，是指企业取得该项资产时实际发生的支出。”在企业所得税基本法规规定的基础上，企业所得税法实施条例又进一步对生产性生物资产的计税基础做出了规定。企业所得税对生产性生物资产计税基础的确定和会计准则对生产性生物资产初始计量的规定不尽一致。

（一）生产性生物资产初始计量企业所得税和会计处理基本一致的业务

1. 企业通过外购和接受捐赠、投资、债务重组等方式取得的生产性生物资产企业所得税的计税基础和会计的计价一致。

企业所得税法实施条例规定的企业外购的生产性生物资产，以购买价款和支付的相关税费为计税基础；通过捐赠、投资、债务重组等方式取得的生产性生物资产，以该资产的公允价值和支付的相关税费为计税基础。会计准则对企业外购的生产性生物资产和通过捐赠、投资、债务重组等方式取得的生产性生物资产计价的规定与企业所

得税一致。

2. 企业自行营造或繁殖的生产性生物资产企业所得税没有规定计税基础，应保持和会计计价一致。

会计准则规定自行营造或繁殖的生产性生物资产的成本，应当按照下列规定确定：

自行营造的林木类生产性生物资产的成本，包括达到预定生产经营目的前发生的造林费、抚育费、营林设施费、良种试验费、调查设计费和应分摊的间接费用等必要支出。因择伐、间伐或抚育更新性质采伐而进行补植所发生的支出，应予以资本化。

自行繁殖的产畜和役畜的成本，包括达到预定生产经营目的（成龄）前发生的饲料费、人工费和应分摊的间接费用等必要支出。达到预定生产经营目的，是指生产性生物资产进入正常生产期，可以多年连续稳定产出农产品、提供劳务或出租。

企业所得税法规对自行营造或繁殖的生产性生物资产的计税基础没有明确规定，则应按照会计准则规定进行确定，企业所得税和会计一致。

3. 企业具有商业实质，且换入资产或换出资产的公允价值能够可靠计量的非货币性资产交换取得的生产性生物资产。

根据企业会计准则的相关规定，企业以非货币性资产交换转入的生产性生物资产同时满足两个条件，即交换交易具有商业实质，且换入资产或换出资产的公允价值能够可靠地计量，则会计对生产性生物资产的计量按公允价值。

企业所得税实施条例规定，企业非货币性资产交换转入的生产性生物资产以公允价值确认计税基础。企业所得税的计税基础和会计计量一致。

（二）生产性生物资产初始计量企业所得税和会计不一致的业务

1. 如果企业非货币性资产交换不具有商业实质或换入资产或换出资产的公允价值不能够可靠计量，则企业所得税和会计对取得的生产性生物资产的计量不一致。

根据企业会计准则的相关规定，如果企业非货币性资产交换不同时满足交换具有商业实质，换入资产或换出资产的公允价值能够可靠地计量的两个条件，则换入生产性生物资产以换出资产账面价值和应支付的相关税费计量。依据企业所得税的相关法规，对企业非货币性资产交换取得的生产性生物资产，计税基础按照公允价值计量。

2. 同一控制下企业合并取得的生产性生物资产。

当会计上以换出资产账面价值和应支付的相关税费计量换入生产性生物资产时，企业所得税和会计计量出现差异，差异的性质为暂时性差异。

生产性生物资产初始计量企业所得税和会计处理不一致，将导致企业在生产性生物资产使用期限中提取折旧企业所得税和会计处理的差异，且差异属于时间性的。为了在企业所得税纳税申报时准确调整企业所得税和会计在生产性生物资产相关事项处理时的差异，企业应该建立生产性生物资产企业所得税处理和会计处理差异的备查簿，将纳税调整事项记录在备查簿中。

三、生产性生物资产折旧企业所得税和会计的比较分析

（一）生产性生物资产折旧范围

企业所得税和会计准则对生产性生物资产折旧范围规定，企业对达到预定生产经营目的的生产性生物资产，应当按期计提折旧，并根据用途分别计入相关资产的成本

或当期损益。

(二) 生产性生物资产折旧方法

企业所得税规定生物资产按照直线法计算的折旧。

会计准则规定可选用的折旧方法包括年限平均法、工作量法、产量法等。

(三) 生产性生物资产折旧提取的起止时间

企业所得税和会计准则对生产性生物资产折旧提取的起止时间一致。企业应当自生产性生物资产投入使用月份的次月起计算折旧；停止使用的生产性生物资产，应当自停止使用月份的次月起停止计算折旧。

(四) 生产性生物资产净残值

企业所得税和会计准则对生产性生物资产净残值的确定都做出了原则规定，企业应当根据生产性生物资产的性质和使用情况，合理确定生产性生物资产的预计净残值。生产性生物资产的预计净残值一经确定，不得变更。

(五) 生产性生物资产折旧年限

会计准则对生产性生物资产折旧年限未作定量规定，只是原则性地要求企业确定生产性生物资产的使用寿命，应当考虑下列因素：

1. 该资产的预计产出能力或实物产量。

2. 该资产的预计有形损耗，如产畜和役畜衰老、经济林老化等。

3. 该资产的预计无形损耗，如因新品种的出现而使现有的生产性生物资产的产出能力和产出农产品的质量等方面相对下降、市场需求的变化使生产性生物资产产出的农产品相对过时等。

企业所得税法规以列举的方法对不同类型的生产性生物资产规定了生产性生物资产计算最低折旧的年限如下：

1. 林木类生产性生物资产，为10年。

2. 畜类生产性生物资产，为3年。

如果企业生产性生物资产折旧年限企业所得税和会计不同，则企业所得税和会计在折旧的处理上出现差异，差异的性质为暂时性差异，企业需要设置台账记录，并在生产性生物资产使用期间每一年纳税申报时进行纳税调整。

(六) 生产性生物资产使用寿命、预计净残值和折旧方法的复核

会计准则规定，企业至少应当于每年年度终了对生产性生物资产的使用寿命、预计净残值和折旧方法进行复核。使用寿命或预计净残值的预期数与原先估计数有差异的，或者有关经济利益预期实现方式有重大改变的，应当作为会计估计变更处理，调整生产性生物资产的使用寿命或预计净残值或者改变折旧方法。

企业所得税法规对生产性生物资产的使用时间、残值以及折旧方法进行了限定。如果企业对生产性生物资产使用寿命、预计净残值和折旧方法通过复核改变，则会计和税收处理出现差异，差异的性质为暂时性差异，需要进行纳税调整。

四、生产性生物资产损失企业所得税和会计的比较分析

(一) 生产性生物资产损失处理企业所得税和会计的一般关系

会计准则规定的企业生产性生物资产损失，包括发生的生产性生物资产毁损和生

产性生物资产盘亏造成的损失。企业发生的生产性生物资产毁损，应当将处置收入扣除账面价值和相关税费后的金额计入当期损益。生产性生物资产的账面价值是生产性生物资产成本扣减累计跌价准备后的金额。企业所得税涉及的生产性生物资产损失主要包括：生产经营活动中发生的生产性生物资产的盘亏、毁损、损失；损失的计量为减除责任人赔偿和保险赔款后的余额。生产性生物资产一般损失企业所得税和会计处理的关系为：

其一，如果会计确认的损失属于税务部门审批扣除的资产损失，未提供税法规定的证据资料经税务部门审批，则会计确认的损失所得税不予确认，企业所得税和会计出现差异，差异的性质为永久性差异。

其二，企业提供税法规定的证据资料，会计确认的损失经税务部门审批，但如果生产性生物资产已提取减值准备，则损失的计量所得税和会计不同，差异的性质为以前暂时性差异的转回。

其三，企业提供税法规定的证据资料，会计确认的损失经税务部门审批，在企业对生产性生物资产没有提取减值准备的前提下，生产性生物资产发生的盘亏、毁损等损失企业所得税与会计相关业务的处理一致。

（二）生产性生物资产减值损失所得税和会计的存在差异

会计准则规定：企业至少应当于每年年度终了对生产性生物资产进行检查，有确凿证据表明由于遭受自然灾害、病虫害、动物疫病侵袭或市场需求变化等原因，使消耗性生物资产的可变现净值或生产性生物资产的可收回金额低于其账面价值的，应当按照可变现净值或可收回金额低于账面价值的差额，计提生物资产跌价准备或减值准备，并计入当期损益。生产性生物资产减值准备一经计提，不得转回。

根据企业所得税实施条例规定：企业的生产性生物资产以历史成本为计税基础。历史成本，是指企业取得该项资产时实际发生的支出。

企业持有各项资产期间资产增值或者减值，除国务院财政、税务主管部门规定可以确认损益外，不得调整该资产的计税基础。企业所得税对会计确认的生产性生物资产减值损失不予确认，企业所得税前不允许扣除。

企业所得税和会计在生物资产减值损失的确认，即生产性生物资产期末计量上存在差异，差异的性质为时间性的差异。具体表现为：

第一，资产负债表日会计在符合生产性生物资产减值损失的条件下，对生产性生物资产提取减值准备，企业所得税和会计对此项业务处理的差异表现为：会计提取生产性生物资产准备计入“资产减值损失”会计科目，期末减少企业当期会计利润；企业所得税对会计上提取生产性生物资产减值准备不予确认，对资产减值损失企业所得税和会计处理的差异进行纳税调增，并确认为暂时性差异；企业所得税生产性生物资产的计税基础不发生变化。

第二，在会计上在提取减值准备的生产性生物资产使用期间，会计上按生产性生物资产的可收回金额继续提取折旧；税收处理按原生产性生物资产计税基础进行折旧的提取。企业所得税和会计处理的差异在企业所得税纳税申报表填报时进行纳税调减的处理。

第三，在会计上对提取减值准备的生产性生物资产处置时，除了结转生产性生物资产的余值，还应同时结转减值准备；在企业所得税确认生产性生物资产损益时，应配比扣除税收口径计量的生产性生物资产净值。企业所得税和会计处理出现差异在企业所得税纳税申报表填报时进行纳税调减的处理。

五、生产性生物资产转让和处置企业所得税和会计比较分析

（一）生产性生物资产所有权转移确认收入的范围不同

根据现行企业所得税相关法规规定，企业将生产性生物资产对外投资、债务重组、分配股利和无偿捐赠在企业所得税上处理为视同销售。

根据会计准则规定，企业将生产性生物资产对外投资和债务重组在会计上应确认损益。

（二）生产性生物资产处置确认损益的计量不同

在生产性生物资产处置收入及费用相同的前提下，生产性生物资产处置所得税和会计确认损益的计量结果不同，主要原因为生产性生物资产的账面价值和生产性生物资产的计税基础不同，表现为以下几方面：

1. 生产性生物资产初始计量不同。

由于所得税和会计对生产性生物资产初始计量的规定不尽相同，因此，当生产性生物资产处置时，所得税和会计应配比扣除的生产性生物资产净值不同，生产性生物资产损益的计量结果将产生差异。

生产性生物资产所得税和会计计价不同，一部分为暂时性差异，主要为：企业非货币性资产交换不具有商业实质，或者换入资产或换出资产的公允价值不能够可靠计量换取的生产性生物资产；同一控制下企业合并取得的生产性生物资产。

2. 生产性生物资产折旧要素不同。

如果所得税和会计对生产性生物资产折旧处理的折旧年限、折旧方法、预计残值等要素不同，当生产性生物资产处置时，所得税和会计应配比扣除的生产性生物资产净值不同，生产性生物资产损益的计量结果将产生差异。生产性生物资产所得税和会计计价不同为暂时性差异。

3. 生产性生物资产提取减值准备。

会计上对提取减值准备的生产性生物资产在没有结束使用期限进行处置时，除了结转生产性生物资产的余值，还应同时结转减值准备；在企业所得税确认生产性生物资产转让损益时，应配比扣除税收口径计量的生产性生物资产净值。

对提取减值准备的生产性生物资产处置时，所得税和会计的差异为以前确认的暂时性差异的转回。

六、生产性生物资产企业所得税和会计基本要素的比较结论

上述生产性生物资产企业所得税和会计的基本要素的比较结论总结如下。

（一）生产性生物资产确认

生产性生物资产的构成要件企业所得税和会计基本一致。生物资产是会计准则中确认的一项资产，是指与农业生产相关的有生命的动物和植物，其中涵盖收获时点的农产品，划分为消耗性生物资产、生产性生物资产和公益性生物资产。企业所得税法没有对生物资产给出完整的定义，但企业所得税实施条例对生产性生物资产进行了企

业所得税的界定，并对生产性生物资产的企业所得税处理做出了规定。

（二）生产性生物资产计价

生产性生物资产计税基础和会计计量不尽相同。生产性生物资产一般以公允价值确认计税基础。生产性生物资产计税基础与会计计量基本一致的业务有：企业通过外购和接受捐赠、投资、债务重组等方式取得的生产性生物资产，企业自行营造或繁殖的生产性生物资产，企业具有商业实质，且换入资产或换出资产的公允价值能够可靠计量非货币性资产交换取得的生产性生物资产。生产性生物资产计税基础和会计计量不一致业务有：企业不具有商业实质或换入资产或换出资产的公允价值不能够可靠计量非货币性资产交换取得生产性生物资产、同一控制下企业合并取得的生产性生物资产。上述企业所得税和会计对生产性生物资产计量上的差异，部分为暂时性差异。

（三）生产性生物资产折旧的要素

生产性生物资产折旧的构成要件不尽相同。1. 生产性生物资产折旧范围企业所得税和会计的基本一致。2. 生产性生物资产折旧方法的确定，会计准则的规定相对灵活，税法的规定具体明确，一般采取直线法。如果企业计算生产性生物资产折旧额时企业所得税和会计采用的生产性生物资产折旧方法不同，则企业所得税和会计在折旧的处理上出现差异，差异的性质为暂时性差异。3. 生产性生物资产净残值企业所得税和会计准则仅做出了原则性的规定，企业所得税对生产性生物资产净残值的确定可以采取会计的方法。4. 会计准则对生产性生物资产折旧年限未做定量规定，只是原则性地要求企业应当根据生产性生物资产的性质和使用情况，合理确定生产性生物资产的使用寿命；企业所得税法规以列举的方法对不同类型的生产性生物资产规定了生产性生物资产计算折旧的最低年限，如果企业生产性生物资产折旧年限企业所得税和会计不同，则企业所得税和会计在折旧的处理上出现差异，差异的性质为暂时性差异。5. 企业所得税和会计对生产性生物资产折旧提取的起止时间一致。6. 由于企业所得税法规对生产性生物资产的使用时间、残值以及折旧方法进行了限定，如果企业对生产性生物资产使用寿命、预计净残值和折旧方法通过复核改变，则企业所得税和会计处理出现差异，差异的性质为暂时性差异。

（四）生产性生物资产损失

企业所得税和会计在生产性生物资产减值损失的确认和计量上存在差异。其一，企业所得税和会计在生产性生物资产减值损失的确认存在差异，差异的性质为暂时性差异；其二，如果企业会计确认的损失属于税务部门审批扣除的资产损失，企业未提供税法规定的证据资料经税务部门审批，则会计确认的损失和所得税出现差异，差异的性质为永久性差异；其三，企业提供税法规定的证据资料，会计确认的损失经税务部门审批，但如果生产性生物资产已提取减值准备，则损失的计量所得税和会计不同，差异的性质为以前暂时性差异的转回。

需要注意的问题是：其一，对生产性生物资产企业所得税和会计处理的差异，必须进一步确认为暂时性差异还是永久性差异，企业需要设置台账（纳税调整备查账）进行记录，在企业所得税纳税申报表填报时进行纳税调整，同时在企业所得税会计核算时确认递延所得税资产或递延所得税负债。其二，为了减少企业所得税和会计的差异，对生产性生物资产的要件确认在企业所得税和会计都没有明确规定的条件下，应使企业所得税和会计保持协调一致；当企业所得税法规有明确规定时，在不违背会计准则的前提下，会计处理应尽可能和企业所得税处理保持协调一致。

第十二章 投资资产企业所得税处理和会计相关业务的比较分析

《企业所得税法》第七十一条规定："企业所得税法所称投资资产，是指企业对外进行权益性投资和债权性投资形成的资产。"会计上投资资产包括长期股权投资和部分金融资产。因企业权益性投资和债权性投资资产将形成企业所得税不同的收入项目，所以本章按照权益性投资和债权性投资对投资资产企业所得税和会计相关业务进行比较分析。

第一节 权益性投资资产企业所得税处理和会计相关业务的比较分析

一、权益性投资资产企业所得税处理的法规分析

企业所得税法在特别纳税调整的部分，对权益性投资进行了界定。《企业所得税法实施条例》第一百一十九条规定："……所称权益性投资，是指企业接受的不需要偿还本金和支付利息，投资人对企业净资产拥有所有权的投资。"

（一）权益性投资业务的企业所得税处理税法的基本规定

1. 权益性投资资产的计税基础。

（1）权益性投资资产计税基础的一般规定。

《企业所得税法实施条例》第五十六条规定：企业的各项资产，包括固定资产、生物资产、无形资产、长期待摊费用、存货、投资资产等，以历史成本为计税基础。

前款所称历史成本，是指企业取得该项资产时实际发生的支出。

企业持有各项资产期间资产增值或者减值，除国务院财政、税务主管部门规定可以确认损益外，不得调整该资产的计税基础。

（2）权益性投资资产计税基础的具体规定。

《企业所得税法实施条例》第七十四条规定：投资资产按照以下方法确定成本：

通过支付现金方式取得的投资资产，以购买价款为成本；

通过支付现金以外的方式取得的投资资产，以该资产的公允价值和支付的相关税费为成本。

2. 权益性投资资产持有期间企业所得税处理的相关规定。

（1）股息、红利确认为企业所得税收入项目。

《企业所得税法》第六条规定："企业以货币形式和非货币形式从各种来源取得的收入，为收入总额。包括：……（四）股息、红利等权益性投资收益……"

《企业所得税法实施条例》第十七条规定："企业所得税法第六条第（四）项所称股息、红利等权益性投资收益，是指企业因权益性投资从被投资方取得的收入。"

《国家税务总局〈关于贯彻落实企业所得税法若干税收问题〉的通知》（国税函［2010］79号）规定：被投资企业将股权（票）溢价所形成的资本公积转为股本的，不作为投资方企业的股息、红利收入，投资方企业也不得增加该项长期投资的计税基础。

（2）股息、红利的确认时间。

《企业所得税法实施条例》第十七条规定：股息、红利等权益性投资收益，除国务院财政、税务主管部门另有规定外，按照被投资方做出利润分配决定的日期确认收入的实现。

《国家税务总局〈关于贯彻落实企业所得税法若干税收问题〉的通知》（国税函［2010］79号）规定：企业权益性投资取得股息、红利等收入，应以被投资企业股东会或股东大会做出利润分配或转股决定的日期，确定收入的实现。

（3）符合条件的居民企业之间的股息红利等权益性投资收益免税。

《企业所得税法》第二十六条规定，符合条件的居民企业之间的股息、红利等权益性投资收益免税。

《企业所得税实施条例》第八十三条进一步解释："企业所得税法所称符合条件的居民企业之间的股息、红利等权益性投资收益，是指居民企业直接投资于其他居民企业取得的投资收益。股息、红利等权益性投资收益，不包括连续持有居民企业公开发行并上市流通的股票不足12个月取得的投资收益。"

3. 权益性投资资产损失。

（1）股权（权益）性投资损失的确认。

《财政部、国家税务总局〈关于企业资产损失税前扣除政策〉的通知》（财税［2009］57号）规定：企业的股权投资符合下列条件之一的，减除可收回金额后确认的无法收回的股权投资，可以作为股权投资损失在计算应纳税所得额时扣除：

①被投资方依法宣告破产、关闭、解散、被撤销，或者被依法注销、吊销营业执照的。

②被投资方财务状况严重恶化，累计发生巨额亏损，已连续停止经营3年以上，且无重新恢复经营改组计划的。

③对被投资方不具有控制权，投资期限届满或者投资期限已超过10年，且被投资单位因连续3年经营亏损导致资不抵债的。

④被投资方财务状况严重恶化，累计发生巨额亏损，已完成清算或清算期超过3年以上的。

⑤国务院财政、税务主管部门规定的其他条件。

（2）股权（权益）性投资损失的计量。

《企业资产损失税前扣除管理办法》（国税发［2009］88号）第三十八条规定：企业的股权（权益）投资当有确凿证据表明已形成资产损失时，应扣除责任人和保险赔款、变价收入或可收回金额后，再确认发生的资产损失。

可收回金额一律暂定为账面余额的5%。

（3）股权（权益）性投资损失的证据。

《国家税务总局关于印发企业资产损失税前扣除管理办法的通知》（国税发［2009］88号）规定：企业投资损失包括债权性投资损失和股权（权益）性投资损失。

①企业法定代表人、主要负责人和财务负责人签章证实有关投资损失的书面声明。

②有关被投资方破产公告、破产清偿文件；工商部门注销、吊销文件；政府有关部门的行政决定文件；终止经营、停止交易的法律或其他证明文件。

③有关资产的成本和价值回收情况说明。

④被投资方清算剩余资产分配情况的证明。

（4）不得确认为在企业所得税前扣除的股权损失。

《企业资产损失税前扣除管理办法》（国税发［2009］88号）第四十二条规定：下列股权和债权不得确认为在企业所得税前扣除的损失：

①债务人或者担保人有经济偿还能力，不论何种原因，未按期偿还的企业债权。

②违反法律、法规的规定，以各种形式、借口逃废或者悬空的企业债权。

③行政干预逃废或者悬空的企业债权。

④企业未向债务人和担保人追偿的债权。

⑤企业发生非经营活动的债权。

⑥国家规定可以从事贷款业务以外的企业因资金直接拆借而发生的损失。

⑦其他不应当核销的企业债权和股权。

4. 权益性投资资产处置阶段企业所得税处理的相关规定。

（1）确认权益性投资资产转让收益。

《企业所得税法实施条例》第十六条规定："企业所得税法第六条第（三）项所称转让财产收入，是指企业转让固定资产、生物资产、无形资产、股权、债权等财产取得的收入。"

《企业所得税法实施条例》第七十四条规定："企业在转让或者处置投资资产时，投资资产的成本，准予扣除。"

《国家税务总局〈关于贯彻落实企业所得税法若干税收问题〉的通知》（国税函［2010］79号）规定："企业转让股权收入，应于转让协议生效、且完成股权变更手续时，确认收入的实现。转让股权收入扣除为取得该股权所发生的成本后，为股权转让所得。企业在计算股权转让所得时，不得扣除被投资企业未分配利润等股东留存收益中按该项股权所可能分配的金额。"

（2）确认权益性投资资产转让损失。

《企业所得税法实施条例》第三十二条规定："企业所得税法第八条所称损失，是指企业在生产经营活动中发生的固定资产和存货的盘亏、毁损、报废损失，转让财产损失，呆账损失，坏账损失，自然灾害等不可抗力因素造成的损失以及其他损失。"根据《企业所得税法实施条例》第十六条规定，转让财产包括转让股权。

（3）权益性投资涉及企业所得税视同销售的法规规定。

《企业所得税法实施条例》二十五条规定："企业发生非货币性资产交换，以及将货物、财产、劳务用于捐赠、偿债、赞助、集资、广告、样品、职工福利或者利润分配等用途的，应当视同销售货物、转让财产或者提供劳务，但国务院财政、税务主管部门另有规定的除外。"

（二）权益性投资企业所得税的具体业务处理的基本结构

1. 投资初始阶段确认投资计税基础。

（1）企业以货币资金投资。

企业以货币资金投资以购买价款为计税基础。

（2）企业以非货币性资产对外投资。

企业以非货币性资产对外投资，应分解为按公允价值销售有关非货币性资产和投资两项经济业务进行企业所得税处理，投资资产的计税基础为该资产的公允价值和支付的相关税费。

2. 投资持有阶段权益性投资所得的企业所得税处理。

（1）权益性投资所得确认时间。

不论企业财务会计核算对投资采取何种方法，被投资方做出利润分配决定时，投资方企业应确认投资所得实现。

（2）权益性投资所得的形式与计量。

被投资方做出利润分配时分配的股息和红利确认为企业所得税的收入。

被投资企业分配给投资方企业的全部货币性资产和非货币性资产，应全部视为被投资企业对投资方企业的分配支付额。

企业从被投资企业分配取得的非货币性资产，均应按有关资产的公允价值确定投资所得。

（3）权益性投资收益。

居民企业直接投资于其他居民企业取得的投资收益免税。

连续持有居民企业公开发行并上市流通的股票不足 12 个月取得的投资收益不免税。

（4）权益性投资损失。

企业的股权投资符合下列条件之一的，减除可收回金额后确认的无法收回的股权投资，向税务部门提供税法规定的证据，经税务部门审批后可以作为股权投资损失在计算应纳税所得额时扣除：

①被投资方依法宣告破产、关闭、解散、被撤销，或者被依法注销、吊销营业执照的。

②被投资方财务状况严重恶化，累计发生巨额亏损，已连续停止经营 3 年以上，且无重新恢复经营改组计划的。

③对被投资方不具有控制权，投资期限届满或者投资期限已超过 10 年，且被投资单位因连续 3 年经营亏损导致资不抵债的。

④被投资方财务状况严重恶化，累计发生巨额亏损，已完成清算或清算期超过 3 年以上的。

⑤国务院财政、税务主管部门规定的其他条件。

3. 企业权益性投资转让（处置）阶段确认损益。

（1）企业权益性投资转让所得或损失是指企业因回收、转让或清算处置权益性投资的收入减除权益性投资计税基础后的余额。

（2）企业以权益性投资交换非货币性资产、投资、债务重组、捐赠和分配股利，企业所得税视同销售。

（三）被投资企业有关企业所得税处理

1. 接受投资税收处理。

被投资企业接受非货币资产，可按经评估确认的价值确定有关资产的成本。

2. 分配股息、红利的企业所得税处理。

被投资企业向投资企业分配股息、红利，一般与企业所得税无关。

被投资企业如果向投资企业分配非货币性资产，在企业所得税处理上应视为以公允价值销售有关非货币性资产和分配两项经济业务，并按规定计算财产转让所得或损失。

3. 被投资企业发生经营亏损的处理。

被投资企业发生经营亏损，由被投资企业按规定结转弥补；投资方企业不得调整减低其投资成本，也不得确认投资损失。

二、权益性投资业务处理会计准则的基本规定

权益性投资在会计上划分为长期股权投资和部分权益性金融资产。会计准则涉及权益性投资分别为《企业会计准则第 4 号——长期股权投资》和《企业会计准则第 22 号——金融工具确认与计量》。有关长期股权投资和其他权益性投资会计准则的基本规定如下。

（一）长期股权投资的定义及范围

1. 长期股权投资的定义。

长期股权投资是指能够取得并意图长期持有被投资单位股份的投资，包括股票投资和其他股权投资。

股票投资是指企业以购买股票的方式对其他企业所进行的投资。

其他股权投资是指除股票投资以外具有股权性质的投资，一般是企业直接将现金、实物或无形资产等投资入其他企业，取得股权的一种投资。

2. 长期股权投资准则所涉及的范围及对象。

长期股权投资准则只规范投资中所涉及的长期股权投资业务。长期股权投资准则规范的范围主要为：

（1）企业持有的能够对被投资单位实施控制的权益性投资，即对子公司投资。

（2）企业持有的能够与其他合营方一同对被投资单位实施共同控制的权益性投资，即对合营企业投资。

（3）企业持有的能够对被投资单位施加重大影响的权益性投资，即对联营企业投资。

（4）企业对被投资单位不具有控制、共同控制或重大影响、在活跃市场中没有报价、公允价值不能可靠计量的权益性投资。

对于投资中的其他业务则分别由不同的准则加以规范，对于短期投资（包括短期性债券投资和短期性股票投资）、长期债券投资等则作为金融工具，由《企业会计准则第 22 号——金融工具确认与计量》来加以规范；对于长期股权投资中的外币折算则由《企业会计准则第 19 号——外币折算》加以规范。

（二）长期股权投资的初始计量

企业长期股权投资，应当按照下列规定确定其初始投资成本：

1. 非同一控制下企业合并取得长期股权投资初始计量。

非同一控制主体下的企业合并取得的长期股权投资，其投资成本的核算包括两部

分：购买日初始投资成本的计量和购买日投资成本的调整。

（1）购买日初始投资成本的计量。

非同一控制下的企业合并，购买方在购买日初始投资成本的计量应该包括三部分：①购买方在购买日为取得对被购买方的控制权而付出的资产、发生或承担的负债以及发行的权益性证券的公允价值之和；②购买方为进行企业合并发生的各项直接相关费用；③在合并合同或协议中对可能影响合并成本的未来事项做出约定的，购买日如果估计未来事项很可能发生并且对合并成本的影响金额能够可靠计量的，购买日应当将其计入合并成本。

对于购买方在购买日作为企业合并对价付出的资产、发生或承担的负债的公允价值与其账面价值的差额，计入当期损益（贷：营业外收入——处置非流动资产利得，或者借：营业外支出——处置非流动资产损失）。

（2）购买日投资成本的调整。

若长期股权投资初始投资成本大于投资时应享有被投资单位可辨认净资产公允价值份额的差额，不调整长期股权投资的初始投资成本；对于两者的差额作为合并商誉确认，并在合并财务报表中予以体现。

长期股权投资的初始投资成本小于投资时应享有被投资单位可辨认净资产公允价值份额确认为差额，应当对取得的被购买方各项可辨认资产、负债及或有负债的公允价值以及合并成本的计量进行复核，经复核后合并成本仍小于合并中取得的被购买方可辨认净资产公允价值份额的，其差额应当计入当期损益（贷：营业外收入），同时调整长期股权投资的初始投资成本。

2. 同一控制下企业合并取得长期股权投资的初始计量。

同一控制下的企业合并中，合并方以支付现金、转让非现金资产或承担债务方式作为合并对价的，应当在合并日按照取得被合并方所有者权益账面价值的份额作为长期股权投资的初始投资成本。

长期股权投资初始投资成本与支付的现金、转让的非现金资产以及所承担债务账面价值之间的差额，应当调整资本公积；资本公积不足冲减的，调整留存收益。

同一控制主体下企业合并的相关费用，包括为进行企业合并而支付的审计费用、评估费用、法律服务费用等，应当在发生时计入管理费用各费用明细账中，而不能作为长期股权投资的入账价值。

合并方以发行权益性证券作为合并对价的，应当在合并日按照取得被合并方所有者权益账面价值的份额作为长期股权投资的初始投资成本。按照发行股份的面值总额作为股本，长期股权投资初始投资成本与所发行股份面值总额之间的差额，应当调整资本公积；资本公积不足冲减的，调整留存收益。

3. 支付现金取得的长期股权投资初始计量。

以支付现金取得的长期股权投资，应当按照实际支付的购买价款作为初始投资成本。初始投资成本包括与取得长期股权投资直接相关的费用、税金及其他必要支出。

企业取得长期股权投资，实际支付的价款或对价中包含的已宣告但尚未发放的现金股利或利润，作为应收项目处理，不构成取得长期股权投资的成本。

4. 以发行权益性证券取得的长期股权投资初始计量。

以发行权益性证券取得的长期股权投资，应当按照发行权益性证券的公允价值作为初始投资成本。

5. 投资者投入的长期股权投资初始计量。

投资者投入的长期股权投资，应当按照投资合同或协议约定的价值作为初始投资成本，但合同或协议约定价值不公允的除外。

6. 通过非货币性资产交换取得的长期股权投资初始计量。

通过非货币性资产交换取得的长期股权投资，其初始投资成本应当按照《企业会计准则第7号——非货币性资产交换》确定。即如果非货币性资产交换具有商业实质，或者换入资产或换出资产公允价值能够可靠计量，则取得长期股权投资可以按市场公允价确认成本；如果非货币性资产交换不具有商业实质，且换入资产或换出资产公允价值不能够可靠计量，则取得长期股权投资按换出资产的账面价确认成本。

7. 债务重组取得的长期股权投资初始计量。

通过债务重组取得的长期股权投资，其初始投资成本应当按照《企业会计准则第12号——债务重组》确定。即通过债务重组取得的长期股权投资按市场公允价确认成本。

（三）长期股权投资持有期间的核算

1. 长期股权投资的成本法核算。

成本法是指投资按投资成本计价的方法。在成本法下，长期股权投资以取得股权时的初始投资成本计价入账后，除了投资企业追加或收回投资外，长期股权投资的账面价值一般应保持不变。投资企业确认投资收益，仅限于所获得的被投资企业在接受投资后所产生的累计利润的分配额，所获得的被投资企业宣告分派的利润或现金股利超过上述数额的部分，作为初始投资成本的收回，冲减投资的账面价值。

采用成本法核算的长期股权投资应当按照初始投资成本计价。追加或收回投资应当调整长期股权投资的成本。被投资单位宣告分派的现金股利或利润，确认为当期投资收益。投资企业确认投资收益，仅限于被投资单位接受投资后产生的累积净利润的分配额，所获得的利润或现金股利超过上述数额的部分作为初始投资成本的收回。

2. 长期股权投资的权益法核算。

权益法是指投资最初以投资成本计价，以后根据投资企业享有被投资企业所有者权益份额的变动对投资的账面价值进行调整的方法。在权益法下，长期股权投资的账面价值随着被投资企业所有者权益的变动而变动，包括被投资企业实现净利润或发生净亏损以及其他所有者权益项目的变动。

（四）长期股权投资减值准备

1. 按成本法核算、在活跃市场中没有报价、公允价值不能可靠计量的长期股权投资的减值。

对于本类长期股权投资减值处理，应根据《企业会计准则第22号——金融工具确认与计量》来进行。在活跃市场中没有报价且其公允价值不能可靠计量的权益工具投资，应当将该权益工具投资的账面价值，与按类似金融资产当时市场收益率对其未来现金流量折现确定的现值之间的差额，确认为减值损失，计入当期损益，该减值损失不得转回。

长期股权投资是否提取减值准备，应根据下列迹象判断：第一，影响被投资企业经营的政治或法律等环境的变化（如税收、贸易等法规的颁布或修订），而导致被投资企业出现巨额亏损；第二，被投资企业提供的商品或劳务因产品过时或消费者偏好改变，使其市场份额减少甚至丧失，而导致被投资企业财务状况和现金流量发生严重恶化；第三，被投资企业所从事产业的生产技术或竞争者数量等发生变化，被投资企业已失去竞争能力，而导致财务状况和现金流量发生严重恶化；第四，被投资企业进行清理整顿、清算或出现其他不能持续经营的迹象。当企业持有的本类长期股权投资出现上述迹象之一者，即可视为该项投资已发生减值损失，可以计提减值准备。

2. 其他长期股权投资的减值。

其他长期股权投资的减值是指长期股权投资可收回金额低于其账面价值所发生的损失。可收回金额应当根据该长期股权投资的公允价值减去处置费用后的净额与资产预计未来现金流量的现值两者之间的较高者来确定。

按照资产减值准则的规定，企业应当在资产负债表日判断长期股权投资是否存在可能发生减值的迹象。如果由于市价持续下跌或被投资企业经营状况变化等原因导致长期投资的可收回金额低于账面价值，应将可收回金额低于账面价值的差额，确认为当期投资损失，并计提减值准备，以抵减长期投资的账面价值。该资产减值损失一经确认，在以后会计期间不得转回。

企业持有的长期投资是否发生了减值，是否计提减值准备，应根据以下迹象加以判断：第一，市场价格持续 2 年低于账面价值；第二，该项投资暂停交易一年；第三，被投资企业当年发生严重亏损；第四，被投资企业持续 2 年发生亏损；第五，被投资企业进行清理整顿、清算或出现其他不能持续经营的迹象。当企业持有的长期股权投资出现上述迹象之一者，即可视为该项投资已发生减值损失，可以计提减值准备。

对采用权益法核算的企业如果涉及商誉的，在计提减值准备时首先要调整商誉的价值，商誉价值减为零后再计提减值准备。

（五）长期股权投资的处置

长期股权投资处置，应按实际收到的价款与长期股权投资账面价值的差额，确认为当期损益。

在采用权益法核算时，因被投资企业除净损益以外所有者权益的其他变动而计入本企业所有者权益的，处置该项投资时应当将原计入所有者权益的部分相应地转入当期损益，即将原计入资本公积准备的项目金额转入投资收益账户。

部分处置某项长期股权投资时，应按该项投资的总平均成本确定其处置部分的成本，并按相应比例结转已计提的减值准备和资本公积准备项目。

（六）权益性金融资产会计处理的基本规定

根据《企业会计准则 22 号——金融工具确认与计量》规定，企业部分金融资产具有权益性资产的特征，按金融资产的不同类型，包括交易性金融资产、指定为公允价值计量且其变动计入当期损益的金融资产及可供出售金融资产，有关资产范围的确认规定详见本章第二节，关于权益性金融资产会计处理具体内容如下。

1. 权益性金融资产的初始计量。

（1）交易性金融资产的初始计量。

按照取得时的公允价值作为初始确认金额，相关的交易费用在发生时计入当期损益。支付的价款中包含已宣告但尚未发放的现金股利或已到付息期但尚未领取的债券利息，应当单独确认为应收项目。

（2）可供出售金融资产的初始计量。

可供出售金融资产应当按取得该金融资产的公允价值和相关交易费用之和作为初始确认金额。

支付的价款中包含的已到付息期但尚未领取的债券利息或已宣告但尚未发放的现金股利，应单独确认为应收项目。

（3）指定为公允价值计量且其变动计入当期损益的金融资产的初始计量。

指定为公允价值计量且其变动计入当期损益的金融资产的初始计量与交易性金融资产一致。

2. 权益性金融资产持有的收益。

（1）交易性金融资产。

如果交易性金融资产为权益性工具，企业在持有交易性金融资产期间，被投资单位宣告发放现金股利时，投资企业按应享有的份额，应当确认为投资收益。

（2）可供出售金融资产。

企业在持有可供出售金融资产期间，可供出售权益工具投资持有期间以被投资单位宣告发放现金股利，按应享有的份额，应当计入投资收益。

（3）直接指定为以公允价值计量且其变动计入当期损益的金融资产。

如果直接指定为以公允价值计量且其变动计入当期损益的金融资产为权益性工具，企业在持有直接指定为以公允价值计量且其变动计入当期损益的金融资产期间，被投资单位宣告发放现金股利时，投资企业按应享有的份额，应当确认为投资收益。

3. 权益性金融资产的期末计量。

（1）交易性金融资产期末计量。

根据企业会计准则的规定，交易性金融资产的价值应按资产负债表日的公允价值反映，公允价值的变动计入当期损益。

（2）可供出售金融资产的期末计量。

①资产负债表日，可供出售金融资产应当以公允价值计量，且公允价值变动计入资本公积（其他资本公积）。

②可供出售的金融资产的减值。分析判断可供出售金融资产是否发生减值，应当注重该金融资产公允价值是否持续下降。通常情况下，如果可供出售金融资产的公允价值发生较大幅度下降，或在综合考虑各种相关因素后，预期这种下降趋势属于非暂时性的，可以认定该可供出售金融资产已发生减值，应当确认减值损失。

（3）直接指定为以公允价值计量且其变动计入当期损益金融资产的期末计量。

根据企业会计准则的规定，该类金融资产的价值应按资产负债表日的公允价值反映，公允价值的变动计入当期损益。

4. 权益性金融资产的处置损益。

（1）交易性金融资产的处置损益。

交易性金融资产的处置损益，是指处置交易性金融资产实际收到的价款，减去所处置交易性金融资产账面余额后的差额。其中，交易性金融资产的账面余额，是指交易性金融资产的初始计量金额加上或减去资产负债表日公允价值变动后的金额。如果在处置交易性金融资产时，已计入应收项目的现金股利尚未收回，还应先从处置价款中扣除该部分现金股利或债券利息之后，确认处置损益。

（2）可供出售金融资产处置损益。

处置可供出售金融资产时，应将取得的价款与该金融资产账面余额之间的差额，计入投资收益；同时，将原直接计入所有者权益的公允价值变动累计额对应处置部分的金额转出，计入投资收益。其中，可供出售金融资产的账面价值，是指可供出售金融资产的初始计量金额加上或减去资产负债表日公允价值变动后的金额。

（3）直接指定为以公允价值计量且其变动计入当期损益金融资产的处置损益。

直接指定为以公允价值计量且其变动计入当期损益金融资产的处置损益与交易性金融资产一致。

三、权益性投资企业所得税和会计相关业务处理原则的比较分析

会计准则定义的资产中没有与所得税对应的权益性资产，符合所得税权益性投资资产的定义的会计资产应包括长期股权投资，金融资产中具有权益性性质的交易性金融资产、可供出售的金融资产和直接指定为以公允价值计量且其变动计入当期损益金融资产。

（一）具有权益性投资性质的会计投资业务处理的原则

1. 按投资资产持有目的不同进行投资资产划分。

从投资资产持有目的不同对权益性投资资产划分为长期股权投资、交易性金融资产及可供出售的金融资产。

2. 遵循谨慎性和实质重于形式原则。

对权益性投资，会计遵循谨慎性和实质重于形式原则对权益性投资资产进行相应业务处理。对长期股权投资的核算处理，根据对被投资单位实施控制的不同情况，分为成本法和权益法两种方式。权益性投资根据不同业务情况，可以提取减值准备。

（二）权益性投资业务企业所得税处理的原则

1. 确定性原则。

投资业务企业所得税处理的税法规定体现了“税收法律主义”之下的确定性原则，表现为不论何种投资形式投资业务的投资计税基础的确定、投资持有收益的确认，税法规定表现为确定性。

2. 避免重复征税的原则。

由于投资方的投资所得是从被投资方税后利润分回的，如果不进行抵免，将会出现重复征税的结果。因此，为了避免重复征税，税法规定符合条件的居民企业之间的股息红利等权益性投资收益免税。

3. 反避税原则。

为了避免关联企业之间通过投资转让损失对企业所得税的税基进行调节，企业所得税法规对投资损失税前扣除进行了限定。即企业权益性投资损失，可以在税前扣除，但对每一纳税年度扣除的权益性投资损失进行限定。

（三）权益性投资企业所得税和会计差异的调整原则

由于企业所得税和会计对投资业务处理的原则不同，且现行企业所得税和会计准

则关于投资业务处理的规定存在很大差异，所以不能简单采取和其他业务企业所得税和会计差异处理的方法对投资业务企业所得税和会计处理的差异进行调整，即对会计数据进行调增和调减的处理。

企业在投资业务发生的过程中，应设置投资业务企业所得税处理的台账（纳税调整备查账），按照投资业务处理的企业所得税法规规定，在投资初始阶段确认的投资资产的计税基础、在投资的持有阶段确认的投资所得（股息、红利）、在投资处置阶段确认的投资处置损益，在台账（纳税调整备查账）中序时予以记录，并据此填报企业所得税纳税申报表。

四、企业所得税权益性投资和会计长期股权投资业务处理的比较分析

会计准则定义的长期股权投资，符合所得税权益性投资资产的性质，按照权益性投资业务所得税处理的基本结构，长期股权投资企业所得税和会计的比较如下。

（一）投资初始成本确认企业所得税和会计处理的比较分析

1. 非同一控制下企业合并长期股权投资初始计量企业所得税和会计处理比较分析。

（1）购买日投资成本不需调整。

如果购买日投资成本不需调整，非同一控制下企业合并长期股权投资初始计量，企业所得税和会计为市场公允价和支付的相关税费。

[例 12－1] 甲、乙两家公司属非同一控制下的独立公司。甲公司于 2008 年 3 月 1 日以本企业的固定资产对乙企业投资，取得乙公司 60% 的股份。该固定资产原值1 500万元，公允价值为1 250万元，已提折旧 450 万元。

假设 1：在投资当日该设备的公允价值为1 250万元，被投资单位可辨认净资产公允价值为2 000万元。

①会计处理。

该投资的初始投资成本为该固定资产的公允价值1 250万元。

固定资产的账面价值＝1 500万元－450 万元＝1 050（万元）

在投资当日该设备的公允价值为1 250万元，该成本与固定资产的账面价值1 050万元（1 500－450）差额 200 万元应作为营业外收入。其账务处理为：

借：固定资产清理	10 500 000
累计折旧	4 500 000
贷：固定资产	15 000 000
借：长期股权投资——成本	12 500 000
贷：固定资产清理	10 500 000
营业外收入——非货币性资产处置利得	2 000 000

甲公司在购买日享有乙公司可辨认净资产份额为 1 200 万元（2 000×60%），投资成本不进行调整，差额 50 万元（1 250－1 200）体现为合并报表商誉。

②企业所得税处理。

第一，确认计税投资成本为1 250万元；第二，确认企业所得税资产转让损益＝1 250－（1 500－450）＝200（万元）。

企业所得税和会计处理一致。

（2）购买日投资成本需要调整。

非同一控制下企业合并，长期股权投资的初始投资成本小于投资时应享有被投资单位可辨认净资产公允价值份额确认为差额，应当对取得的被购买方各项可辨认资产、负债及或有负债的公允价值以及合并成本的计量进行复核，经复核后合并成本仍小于合并中取得的被购买方可辨认净资产公允价值份额的，其差额应当计入当期损益（贷：营业外收入），同时调整长期股权投资的初始投资成本。企业所得税和会计对投资成本的确定产生差异，差异的性质为暂时性差异。

［例 12－2］接［例 12－1］。

假设 2：在投资当日该设备的公允价值为1 250万元，被投资单位可辨认净资产公允价值为3 000万元。

①会计处理。

投资的初始投资成本为该固定资产的公允价值1 250万元，则成本与固定资产的账面价值1 050万元（1 500－4 500）的差额 200 万元应作为营业外收入。其账务处理为：

借：固定资产清理	10 500 000
累计折旧	4 500 000
贷：固定资产	15 000 000
借：长期股权投资——成本	12 500 000
贷：固定资产清理	10 500 000
营业外收入——非货币性资产处置利得	2 000 000

甲公司在购买日享有乙公司可辨认净资产的份额1 800万元（3 000×60%），投资成本小于享有乙公司可辨认净资产的份额 550 万元（1 800－1 250），需要对投资成本进行调整，差额 550 万元作为当期损益处理。

借：长期股权投资——成本	5 500 000
贷：营业外收入	5 500 000

调整后会计的长期股权投资成本为 1 800 万元。

②企业所得税处理及企业所得税和会计处理比较分析。

上述业务企业所得税确认计税基础为 1 250 万元。

企业所得税和会计处理差异为：第一，投资资产企业所得税和会计计价不同，企业所得税的计税投资成本（计税基础）为1 250万元，企业应设置台账（纳税调整备查账）记录投资资产的计税基础；第二，会计反映营业外收入增加，企业所得税不予确认，企业所得税和会计出现差异，差异的性质为暂时性差异，当期纳税调减额为 550 万元。

2. 同一控制下企业合并长期股权投资初始计量企业所得税和会计比较。

（1）会计处理。

同一控制下企业合并中，合并方如果以现金、转让非现金资产或承担债务方式作为合并对价的，应当按照取得被合并方净资产账面价值的份额作为长期股权投资的初始投资成本。

（2）企业所得税的处理。

企业以现金或经营活动的非货币性资产对外投资，应在投资交易发生时，按公允价值确认投资初始成本。

同一控制下的企业合并长期股权投资初始计量企业所得税和会计不同。因在会计处理时，将取得被合并方所有者权益账面价值的份额与支付的合并对价的账面价值的差额计入“资本公积”，在未来不能出现转回的结果，所以企业所得税和会计的差异为永久性差异。

[例12－3] 甲、乙两家公司同属丙公司的子公司。甲公司于2008年3月1日以货币资金1 000万元取得乙公司60%的股份，乙公司2008年3月1日净资产账面价值为2 000万元。

(1) 会计处理。

投资的初始投资成本为＝2 000×60%＝1 200（万元）。该成本与货币资金1 000万元的差额200万元应确认为资本公积的增加。其账务处理为：

借：长期股权投资　　12 000 000

　贷：银行存款　　10 000 000

　　　资本公积——其他资本公积　　2 000 000

(2) 企业所得税处理。

企业所得税的计税投资成本（计税基础）为1 000万元。企业设置台账（纳税调整备查账），记录企业所得税的投资计税成本1 000万元。

3. 企业以非货币性资产对外投资初始计量企业所得税和会计处理的比较分析。

企业所得税法规规定：企业以经营活动的部分非货币性资产对外投资，应在投资交易发生时，将其分解为按公允价值销售有关非货币性资产和投资两项经济业务进行企业所得税处理，并按规定计算确认资产转让所得或损失。

在会计处理上，企业以非货币性资产对外投资属于非货币性资产交换，依据《企业会计准则7号——非货币性资产交换》，如果交换具有商业实质且公允价值能够可靠计量，在会计上确认损益与企业所得税处理一致；如果交换不具有商业实质或者公允价值不可以可靠计量，则会计上和税收处理不同，企业所得税和会计的差异应确认为暂时性差异。

[例12－4] 某汽车生产企业将自产的汽车投资，市场价为10 000 000元，成本价为6 000 000元。

(1) 税收分析。

增值税：将自产的货物用于对外投资，属于增值税的视同销售。增值税的销项税额＝10 000 000×17%＝1 700 000（元）

消费税：将自产的应税消费品用于投资，属于消费税的自产自用。应纳消费税＝10 000 000×10%＝1 000 000（元）

企业所得税：将自产的货物用于投资，企业所得税处理为资产转让和投资两项业务。具体业务处理为：第一，形成企业所得税的视同销售收入10 000 000元，配比成本6 000 000元，配比消费税1 000 000元；第二，确认计税投资成本为11 700 000元。

(2) 会计处理。

①如果非货币性资产交换具有商业实质且公允价值能够可靠计量。

企业账务处理为：

借：长期股权投资　　11 700 000

　贷：主营业务收入　　10 000 000

　　应交税费——应交增值税（销项税额）　　1 700 000

同时：

借：主营业务成本　　6 000 000

　贷：库存商品　　6 000 000

借：营业税金及附加　　1 000 000

　贷：应交税费——应交消费税　　1 000 000

企业会计上确认投资成本为1 170万元。

②如果非货币性资产交换不具有商业实质或者公允价值不能够可靠计量。

企业账务处理为：

借：长期股权投资　　8 700 000

　贷：库存商品　　6 000 000

　　应交税费——应交增值税（销项税额）　　1 700 000

　　应交税费——应交消费税　　1 000 000

企业会计上确认投资成本为870万元。

（3）会计处理和与企业所得税处理的比较。

如果交换具有商业实质且公允价值能够可靠计量，在投资成本确认上，会计与企业所得税处理一致。

如果交换不具有商业实质或者公允价值不能够可靠计量，会计和税收处理产生差异表现为：其一，投资成本的确认，会计上确认投资成本为870万元，企业所得税为1 170万元，企业在投资业务企业所得税处理的台账（纳税调整备查账）中，记录计税投资成本；其二，企业所得税确认上述业务为视同销售，在当期填报企业所得税纳税申报表时，需要进行纳税调整。

4. 非合并方式取得的长期股权投资初始计量企业所得税和会计处理的比较分析。

非合并方式（支付现金、发行权益性证券、投资者投入、债务重组）取得的长期股权投资，长期股权投资初始计量企业所得税和会计为市场公允价和支付的相关税费（非货币性资产投资除外），企业所得税和会计处理一致。

（二）投资持有阶段取得收益计量所得税和会计处理的比较分析

1. 长期股权投资成本法下企业所得税与会计处理比较。

（1）成本法会计处理。

长期股权投资按照初始投资成本计价，除非有追加或收回投资情况，否则不调整长期股权投资的成本。

被投资单位宣告分派的现金股利或利润，作为当期投资收益。

（2）企业所得税处理。

不论企业会计财务中对投资采取何种方法核算，被投资方做出利润分配决定时，投资方企业应确认投资所得实现；符合条件的股息红利免税。

（3）成本法下长期股权投资收益计量企业所得税和会计处理的差异。

成本法下收益计量企业所得税和会计处理的差异主要表现为：投资收益计量及股息红利处理的差异，企业所得税符合条件的股息红利免税，企业所得税和会计的差异为永久性差异。

[例 12－5] A 公司在 2008 年 1 月 1 日购入 B 公司发行的普通股股票20 000股，每股面值为 10 元，共支付价款 24 万元，另支付税费2 000元，取得 B 公司 10% 的股权，并计划长期持有，未取得控制权。2007 年 B 公司获净利 200 万元。2008 年 5 月 8 日宣告按每股面值的 5% 发放 2007 年度的现金股利。

① 会计处理。

A 公司应按成本法进行会计核算，其账务处理如下：

购入时：

借：长期股权投资——B 公司　　242 000

　贷：银行存款　　242 000

B 公司宣告分派股利时：

借：应收股利　　10 000

　贷：投资收益　　10 000

② 企业所得税处理及企业所得税和会计处理差异调整。

其一，确认计税投资成本（投资的计税基础）为242 000元。B 公司宣告分派股利时，企业所得税对投资计税基础不做调整。

其二，2008 年确认投资所得为10 000元，因符合免税投资收益条件，确认为免税收入。企业所得税和会计的差异为永久性差异。在当期填报所得税纳税申报表，计算应纳税所得额时进行纳税调减的处理，调减额为10 000元。

[例 12－6] 假设 [例 12－5] 中的 A 公司 2009 年 5 月 4 日将 B 公司的股票20 000股转让，取得价款250 000元。2008 年 5 月 8 日至转让日 B 公司未宣告发放股利。

① 会计处理。

A 公司 2009 年 5 月 4 日将 B 公司的股票20 000股转让，取得价款250 000元应做如下账务处理：

借：银行存款　　250 000

　贷：长期股权投资——B 公司　　242 000

　　　投资收益　　8 000

② 企业所得税处理。

企业所得税的投资转让损益＝250 000－242 000＝8 000（元）

③企业所得税和会计处理一致。

2. 长期股权投资权益法下企业所得税与会计处理比较。

(1) 权益法会计处理。

权益法的主要特点是，根据被投资单位所有者权益的变化不断调整投资方的长期股权投资成本，以反映投资方占有被投资方所有者权益份额的变化动态。

(2) 权益法下投资收益计量企业所得税和会计处理的差异。

权益法下长期股权投资收益计量企业所得税和会计处理的差异主要表现为：

其一，权益法下投资收益计量企业所得税和会计处理的差异表现为投资收益确认的时间和金额差异。会计准则规定，企业应在每个会计年度末，按应享有的或应分担的被投资企业当年实现的净利润或发生的净亏损的份额，确认投资收益或损失，并相应调整投资账面价值，而被投资企业宣告发放现金股利时，企业会计上做冲减投资账面价值处理。税法规定，不论企业会计账务中对投资采取何种方法核算，被投资方做出利润分配决定时，投资方企业应确认投资所得的实现；被投资企业发生的亏损，由被投资企业按规定结转弥补，投资方企业不得调整减抵其投资成本，也不得确认投资损失。企业所得税和会计在投资收益确认上的差异为暂时性差异。

其二，企业所得税符合条件的股息红利免税，企业所得税和会计的差异为永久性差异。

[例 12－7] A 公司 2008 年 1 月 1 日购入 D 公司发行的普通股股票200 000股，每股面值为 10 元，共支付价款 240 万元，取得 D 公司 25% 的股权，并计划长期持有。2008 年 D 公司获净利 200 万元。2009 年 5 月 8 日宣告按每股面值的 5% 发放 2008 年度的现金股利。2009 年 D 公司亏损 100 万元。A 公司按权益法进行长期股权投资核算的会计处理。

① 投资取得阶段确认投资成本企业所得税和会计处理。

购入时，其账务处理如下：

借：长期股权投资——D 公司　　2 400 000

　贷：银行存款　　2 400 000

企业所得税处理：确认计税投资成本为 240 万元。

② 投资持有阶段 2008 年企业所得税和会计处理。

2008 年会计处理：年末会计调整长期股权投资账面价值 =200 ×25% =50（万元），其账务处理如下：

借：长期股权投资——D 公司（损益调整）　　500 000

　贷：投资收益——权益性投资收益　　500 000

2008 年企业所得税处理：其一，由于被投资企业没有做利润分配处理，所以企业所得税对会计上的投资收益不予确认，并在当期进行纳税调减的处理，企业所得税和会计的差异为暂时性差异；其二，投资资产的计税基础不发生变化。

③投资持有阶段 2009 年企业所得税和会计处理。

2009 年 D 公司宣告分派股利时企业会计处理：

借：应收股利　　100 000

　贷：长期股权投资——D 公司（损益调整）　　100 000

2009 年末因被投资方亏损，会计调整长期股权投资账面价值 =100 ×25% =25（万元）

企业账务处理为：

借：投资收益——权益性投资损失　　250 000

　贷：长期股权投资——D 公司（损益调整）　　250 000

2009 年企业所得税处理：其一，对 D 公司宣告分派股利确认股息所得100 000元，所以在当期填报所得税纳税申报表，计算应纳税所得额时进行纳税调增的处理，调增额为100 000元；同时在计算应纳税所得额时，确认为企业所得税免税收入。其二，对会计上因被投资方亏损，减少投资收益在所得税上不予确认，计算应纳税所得额时对此项目进行纳税调增的处理，调增额为250 000元。其三，投资资产的计税基础不发生变化。

上述业务处理过程中，企业应设置台账（纳税调整备查账）记录所得税和会计在投资收益确认上及投资资产计税基础和账面价值之间的差异。

（三）投资处置企业所得税和会计处理的比较分析

企业会计准则规定：处置长期股权投资，应按实际收到的价款与长期股权投资账面价值的差额，确认为当期损益。

在采用权益法核算时，因被投资企业除净损益以外所有者权益的其他变动而计入本企业所有者权益的，处置该项投资时应当将原计入所有者权益的部分相应地转入当期损益，即将原计入资本公积的项目金额转入投资收益账户。部分处置某项长期股权投资时，应按该项投资的总平均成本确定其处置部分的成本，并按相应比例结转已计提的减值准备和资本公积项目。

企业所得税法规规定：企业投资进行转让或处置时，应以转让收入配比投资的计税基础，确认投资处置的损益。企业投资处置的损失，可以在税前扣除。

《国家税务总局〈关于贯彻落实企业所得税法若干税收问题〉的通知》（国税函［2010］79号）第三条规定：企业转让股权收入，应于转让协议生效、且完成股权变更手续时，确认收入的实现。转让股权收入扣除为取得该股权所发生的成本后，为股权转让所得。企业在计算股权转让所得时，不得扣除被投资企业未分配利润等股东留存收益中按该项股权所可能分配的金额。

企业所得税和会计就投资处置的差异主要表现为：由于转让（处置）长期股权投资企业所得税和会计配比的计税基础和账面价值不同（主要表现为采取权益法进行长期股权投资业务或者对长期股权投资资产提取了减值准备），资产处置损益的结果所得税和会计不同，需要进行纳税调整。企业所得税和会计处理出现的差异为以前业务处理形成的暂时性差异的转回。

［例12－8］甲公司拥有乙公司有表决权股份的30%，对乙公司有重大影响。2008年12月30日，甲公司出售乙公司的全部股权，价款2 300万元全部存入银行。截止2008年12月31日，该项长期股权投资的账面价值为2 000万元，其中投资成本为1 500万元，损益调整400万元，其他权益变动300万元，长期股权投资减值准备200万元。

企业在投资业务企业所得税处理台账（纳税调整备查账）记录计税投资成本（计税基础）为2 400万元。

（1）会计处理。

借：银行存款	23 000 000	
长期股权投资减值准备	2 000 000	
贷：长期股权投资——乙公司（成本）		15 000 000
——乙公司（损益调整）		4 000 000
——乙公司（其他权益变动）		3 000 000
投资收益		3 000 000

同时将原计入其他资本公积项目转入投资收益，其账务处理为：

借：资本公积——其他资本公积	3 000 000	

贷：投资收益　　　　　　　　　　　　　　　　　　　　　3 000 000

（2）企业所得税处理。

投资转让损益 =2 300 −2 400 = −100（万元）

上述业务企业所得税和会计处理出现差异，差异为以前业务处理形成的暂时性差异的转回。当期产生纳税调减额700万元。

（四）投资资产损失企业所得税和会计处理比较

1. 损失处理企业所得税和会计的一般关系。

一般损失企业所得税和会计处理的关系为：

其一，如果会计确认的损失属于税务部门审批扣除的资产损失，未提供税法规定的证据资料经税务部门审批，则会计确认的损失所得税不予确认，所得税和会计处理出现差异，差异的性质为永久性差异。

其二，企业提供税法规定的证据资料，会计确认的损失经税务部门审批，但如果资产已提取减值准备，则损失的计量所得税和会计不同，差异的性质为以前暂时性差异的转回。

其三，企业提供税法规定的证据资料，会计确认的损失经税务部门审批，在企业对长期股权投资没有提取减值准备的前提下，损失企业所得税与会计相关业务的处理一致。

2. 长期股权投资资产减值损失企业所得税和会计处理存在差异。

企业根据会计准则确认的长期股权投资减值损失在企业所得税上不予确认，不允许税前扣除。企业所得税和会计在此项业务处理上的差异表现为暂时性差异。

[例12－9] 2008年12月31日甲公司占乙公司有表决权股份的70%，对乙公司构成控制。截止此时，该长期股权投资的账面价值为3 000万元。由于没有公开市场价格且不能可靠计量其公允价值，按市场收益率计算，该项长期股权投资在2008年12月31日预计未来现金流量现值为2 480万元。

（1）会计处理。

根据上述资料，该长期股权投资减值520万元。其账务处理为：

借：资产减值损失　　　　　　　　　　　　　　　　　5 200 000

　贷：长期股权投资减值准备　　　　　　　　　　　　　　5 200 000

（2）企业所得税处理及企业所得税和会计差异调整。

企业所得税对企业计入资产减值损失的长期股权投资损失不予确认。

上述业务企业所得税和会计处理的差异为暂时性差异，当期企业所得税纳税申报表填报时进行差异调整，调增额为520万元。

五、企业所得税权益性投资和会计权益性金融资产业务处理的比较分析

会计准则定义的金融资产中符合所得税权益性投资资产的性质包括部分交易性金融资产、可供出售的金融资产及直接指定为以公允价值计量且其变动计入当期损益金融资产的处置损益。按照权益性投资业务所得税处理的基本结构，权益性金融资产企业所得税和会计的比较如下。

（一）初始计量企业所得税和会计处理的比较分析

1. 交易性金融资产的初始计量。

会计按照取得时的公允价值作为初始确认金额，相关的交易费用在发生时计入当期损益。企业所得税按取得该金融资产的公允价值和相关交易费用之和作为初始确认金额。企业所得税和会计的差异为暂时性差异。

［例 12－10］2008 年甲公司购进股票，作为交易性金融资产进行管理，实际支付价款 100 万元，支付相关交易费用 10 万元，以银行存款支付。

（1）会计处理。

借：交易性金融资产——成本	1 000 000
投资收益	100 000
贷：银行存款	1 100 000

（2）企业所得税处理及企业所得税和会计差异调整。

企业所得税确认权益性投资的计税基础为 110 万元。

上述业务企业所得税和会计的差异表现为：其一，权益性投资的会计计价和企业所得税计税基础不同，企业应设置台账（纳税调整备查账）记录权益性投资资产的计税基础；其二，会计将交易费用确认为影响当期损益，减少当期投资收益，企业所得税不予确认，企业所得税和会计的差异为暂时性差异，当期企业所得税纳税申报表填报时，进行纳税调增的处理，调增额为 10 万元。

2. 可供出售金融资产的初始计量。

企业所得税和会计对可供出售金融资产都按取得该金融资产的公允价值和相关交易费用之和作为初始确认金额，企业所得税和会计处理一致。

3. 指定为以公允价值计量且其变动计入当期损益的金融资产的初始计量。

指定为以公允价值计量且其变动计入当期损益的金融资产的初始计量与交易性金融资产一致。

（二）持有收益企业所得税和会计处理比较分析

《企业会计准则 22 号——金融工具确认与计量》规定，企业在持有交易性金融资产、可供出售金融资产以及直接指定为以公允价值计量且其变动计入当期损益的金融资产期间，被投资单位宣告发放现金股利时，投资企业按应享有的份额，应当确认为投资收益。权益性金融资产持有收益确认会计处理和所得税一致。

企业所得税符合条件的股息红利免税，企业所得税和会计的差异为永久性差异。需要注意的是，企业所得税实施条例规定，如果企业持有居民企业公开发行并上市流通的股票不足 12 个月取得的投资收益不属于免税收入。

［例 12－11］2008 年 1 月甲企业购进上市公司的股票作为可供出售的金融资产，2008 年 5 月该公司宣告并进行现金股利发放，甲企业按应享有的份额为 50 万元，2008 年 12 月甲企业将持有的股票处置。

（1）会计处理。

甲企业按应享有的份额 50 万元应当确认为投资收益，账务处理为：

借：应收股利	500 000

贷：投资收益　500 000

（2）企业所得税处理。

甲企业取得的股利确认为企业所得税的收入，因其持有股票不足12个月，所以取得的投资收益50万元不属于免税收入。

（三）权益性投资期末计量——公允价值的变动调整业务企业所得税和会计处理的比较分析

权益性投资期末计量公允价值的变动调整业务主要指交易性金融资产、可供出售金融资产及直接指定为以公允价值计量且其变动计入当期损益金融资产按资产负债表日的公允价值进行的调整。

1. 交易性金融资产的期末计量。

交易性金融资产的价值应按资产负债表日的公允价值反映，公允价值的变动计入当期损益。企业所得税对资产负债表日交易性金融资产成本的调整及确认的公允价值变动损益不予确认。企业所得税和会计的差异为暂时性差异。

［例12－12］甲企业2008年12月31日对持有的交易性金融资产进行再计量，其中持有A公司股票账面价值为325 000元，期末公允价值为300 000元。

（1）会计处理。

确认公允价值变动损失25 000元，企业账务处理为：

借：公允价值变动损益　25 000

　贷：交易性金融资产——公允价值变动损益　25 000

借：本年利润　25 000

　贷：公允价值变动损益　25 000

（2）企业所得税处理及企业所得税和会计差异调整。

企业所得税对公允价值变动损失不予确认，投资资产的计税基础不发生变化。企业所得税和会计对上述业务处理的差异及调整表现为：其一，调整后交易性金融资产的账面余额为300 000元，企业所得税对此项资产的计税基础不变；其二，当期进行企业所得税纳税申报表填报时进行纳税调增的处理，调增额为25 000元。企业所得税和会计处理的差异为暂时性差异。

［例12－13］参照［例12－12］资料。甲企业2008年12月31日对持有的交易性金融资产进行再计量，其中持有A公司股票账面价值为325 000元，期末公允价值为350 000元。

（1）会计处理。

确认公允价值变动收益25 000元，企业账务处理为：

借：交易性金融资产——公允价值变动损益　25 000

　贷：公允价值变动损益　25 000

借：公允价值变动损益　25 000

　贷：本年利润　25 000

（2）企业所得税处理及企业所得税和会计差异调整。

企业所得税对公允价值变动收益不予确认，投资资产的计税基础不发生变化。企业所得税和会计对上述业务处理的差异及调整表现为：其一，调整后交易性金融资产的账面余额为350 000元，企业所得税对此项资产的计税基础不变；其二，当期进行企业所得税纳税申报表填报时进行纳税调减的处理，调减额为25 000元。企业所得税和会计处理的差异为暂时性差异。

2. 可供出售金融资产的期末计量。

会计上在资产负债表日，可供出售金融资产应当以公允价值计量，且公允价值变动计入资本公积（其他资本公积）。

企业所得税对投资资产的计税基础保持不变。

[例 12－14] 甲企业 2008 年 12 月 31 日对持有的可供出售的金融资产进行再计量，其中持有 B 公司股票账面价值为480 000元，期末公允价值为500 000元。

(1) 会计处理。

调整可供出售金融资产的账面价值20 000元，调整后可供出售金融资产的账面余额为500 000元，企业账务处理为：

借：可供出售金融资产——公允价值变动　　20 000

　贷：资本公积——其他资本公积　　20 000

(2) 企业所得税处理。

企业所得税对此项资产的计税基础不变。企业所得税和会计对资产计价的不同对本期企业所得税应纳税所得额的计算不产生需要调整的业务。

3. 直接指定为以公允价值计量且其变动计入当期损益金融资产的期末计量。

直接指定为以公允价值计量且其变动计入当期损益金融资产的期末计量与交易性金融资产一致。

（四）投资处置企业所得税和会计处理的比较分析

1. 交易性金融资产的处置。

交易性金融资产的处置损益，是指处置交易性金融资产实际收到的价款，减去所处置交易性金融资产账面余额后的差额。其中，交易性金融资产的账面余额，是指交易性金融资产的初始计量金额加上或减去资产负债表日公允价值变动后的金额。如果在处置交易性金融资产时，已计入应收项目的现金股利尚未收回，还应先从处置价款中扣除该部分现金股利或债券利息之后，确认处置损益。

企业所得税法规规定：企业投资进行转让或处置时，应以转让收入配比计税投资成本，确认投资处置的损益。

交易性金融资产处置企业所得税和会计的差异主要表现为：转让（处置）股权投资收入配比的会计账面价值与企业所得税的计税基础不同，所以处置损益结果不同。企业所得税和会计处理出现的差异为以前业务处理形成的暂时性差异的转回。

[例 12－15] 接 [例 12－12]。甲企业 2008 年 12 月 31 日对持有的交易性金融资产进行再计量，其中持有 A 公司股票账面价值为325 000元，期末公允价值为300 000元。2009 年 2 月，企业将持有的 A 公司股票出售，取得收入320 000元。

(1) 会计处理。

借：银行存款　　320 000

　　交易性金融资产——公允价值变动损益　　25 000

贷：交易性金融资产——成本　　325 000

　　投资收益　　20 000

同时：

借：投资收益　　25 000

　贷：公允价值变动损益　　25 000

（2）企业所得税处理及企业所得税和会计差异调整。

企业所得税确认交易性金融资产的损益 = 320 000 - 325 000 = -5 000（元）

会计确认交易性金融资产的处置收益为20 000元，企业所得税确认交易性金融资产的处置损失为5 000元，当期填报企业所得税纳税申报表时进行纳税调减的处理，调减额为25 000元。

上述业务企业所得税和会计处理出现的差异为以前业务处理形成的暂时性差异的转回。

2. 可供出售金融资产处置。

会计对可供出售金融资产处置时，应将取得的价款与该金融资产账面余额之间的差额，计入投资收益；同时，将原直接计入所有者权益的公允价值变动累计额对应处置部分的金额转出，计入投资收益。其中，可供出售金融资产的账面价值，是指可供出售金融资产的初始计量金额加上或减去资产负债表日公允价值变动后的金额。

企业所得税法规规定：企业投资进行转让或处置时，应以转让收入配比计税投资成本，确认投资处置的损益。

[例 12 - 16] 接 [例 12 - 14]。甲企业 2008 年 12 月 31 日对持有的可供出售的金融资产进行再计量，其中持有 B 公司股票账面价值为480 000元，期末公允价值为500 000元。2009 年 3 月对持有 B 公司股票出售，取得收入520 000元。

（1）会计处理。

借：银行存款　　520 000

　贷：可供出售金融资产——成本　　480 000

　　可供出售金融资产——公允价值变动　　20 000

　　投资收益　　20 000

同时：

借：资本公积——其他资本公积　　20 000

　贷：投资收益　　20 000

（2）企业所得税处理。

企业所得税确认可供出售金融资产的损益 = 520 000 - 480 000 = 40 000（元）。

企业所得税和会计对可供出售金融资产的处置损益确认一致。

3. 直接指定为以公允价值计量且其变动计入当期损益金融资产的处置。

直接指定为以公允价值计量且其变动计入当期损益金融资产的处置损益计量与交易性金融资产一致。

（五）资产损失企业所得税和会计处理比较

1. 损失处理企业所得税和会计的一般关系。

一般损失企业所得税和会计处理的关系为：

其一，如果会计确认的金融资产损失属于税务部门审批扣除的资产损失，未提供税法规定的证据资料经税务部门审批，则会计确认的损失所得税不予确认，所得税和会计出现差异，差异的性质为永久性差异。

其二，企业提供税法规定的证据资料，会计确认的金融资产损失经税务部门审批，但如果资产已提取减值准备，则损失的计量所得税和会计不同，差异的性质为以前暂时性差异的转回。

其三，企业提供税法规定的证据资料，会计确认的损失经税务部门审批，在企业对金融资产没有提取减值准备的前提下，损失企业所得税与会计相关业务的处理一致。

2. 可供出售金融资产减值损失企业所得税和会计处理存在差异。

企业根据会计准则确认的可供出售金融资产减值损失在企业所得税上不予确认，不允许税前扣除。企业所得税和会计在此项业务处理上的差异表现为暂时性差异。

六、权益性投资企业所得税和会计比较的结论

企业所得税权益性投资资产，从会计的角度包括长期股权投资、金融资产中的交易性金融资产及可供出售的金融资产属于权益性投资的部分。权益性投资业务处理企业所得税和会计的异同如下。

（一）权益性投资的初始计量

非同一控制下企业合并长期股权投资初始计量：（1）如果购买日投资成本不需调整，非同一控制下企业合并长期股权投资初始计量，企业所得税和会计为市场公允价和支付的相关税费；（2）购买日投资成本的需要调整，则企业所得税和会计对投资成本的确定产生差异，差异的性质为暂时性差异。

同一控制下的企业合并长期股权投资初始计量：同一控制下的企业合并长期股权投资初始计量企业所得税和会计不同，企业所得税和会计的差异为暂时性差异。

企业以非货币性资产对外投资初始计量：（1）如果交换具有商业实质且公允价值可以可靠计量，在会计上确认损益与企业所得税处理一致；（2）如果交换不具有商业实质或者公允价值不可以可靠计量，则会计上和税收处理不同，企业所得税和会计的差异应确认为暂时性差异。

非合并方式（支付现金、发行权益性证券、投资者投入、债务重组）取得的长期股权投资的初始计量：企业所得税和会计处理一致，为市场公允价和支付的相关税费。

交易性金融资产的初始计量：会计按照取得时的公允价值作为初始确认金额，相关的交易费用在发生时计入当期损益；企业所得税按取得该金融资产的公允价值和相关交易费用之和作为初始确认金额。企业所得税和会计的差异为暂时性差异。

可供出售金融资产的初始计量：可供出售金融资产的初始计量企业所得税和会计处理一致。

（二）权益性投资持有阶段取得收益计量

1. 长期股权投资成本法。

长期股权投资成本法收益计量企业所得税和会计处理的差异主要表现为：企业所得税符合条件的股息红利免税，企业所得税和会计的差异为永久性差异。

2. 长期股权投资权益法。

权益法下长期股权投资收益计量企业所得税和会计处理的差异主要表现为：（1）权益法下投资收益计量企业所得税和会计处理的暂时性差异表现为投资收益确认的时间和金额差异；（2）企业所得税符合条件的股息红利免税，企业所得税和会计的差异为永久性差异。

3. 权益性金融资产。

权益性金融资产持有收益企业所得税和会计处理一致，以被投资单位宣告发放现金股利时，投资企业按应享有的份额，应当确认为投资收益。

当被投资企业将股权（票）溢价所形成的资本公积转为股本，在投资方确认收入和资产的计量上，所得税和会计出现差异，差异的性质为暂时性。

（三）权益性投资期末计量和减值损失

1. 投资资产减值业务。

企业根据会计准则确认的权益性投资减值损失（仅包括长期股权投资和可供出售金融资产），在企业所得税上不予确认，不允许税前扣除。企业所得税和会计在此项业务处理上的差异表现为暂时性差异。

2. 公允价值的变动调整业务。

交易性金融资产和可供出售金融资产按资产负债表日的公允价值进行的调整，企业所得税对资产负债表日交易性金融资产成本的调整及确认的公允价值变动损益不予确认，企业所得税对投资资产的计税基础保持不变。（1）交易性金融资产按资产负债表日的公允价值反映，公允价值的变动计入当期损益，企业所得税和会计的差异为暂时性差异；（2）可供出售金融资产以公允价值计量，因公允价值变动计入资本公积（其他资本公积），所以所得税和会计差异对纳税不产生影响。

（四）权益性投资处置

权益性投资处置的差异主要表现为：如果转让（处置）权益性投资企业所得税和会计配比的计税基础和账面价值不同，资产处置损益的结果所得税和会计不同，需要进行纳税调整。企业所得税和会计处理出现的差异为以前业务处理形成暂时性差异的转回。

第二节　债权性投资企业所得税处理和会计相关业务的比较分析

一、债权性投资业务企业所得税处理的法规分析

企业所得税法在特别纳税调整的部分，对债权性投资进行了界定。《企业所得税法实施条例》第一百一十九条规定："……所称债权性投资，是指企业获得的，需要偿还本金和支付利息或者需要以其他具有支付利息性质的方式予以补偿的融资。"

（一）债券性投资资产的计税基础

1. 债券性投资资产计税基础的一般规定。

《企业所得税法实施条例》第五十六条规定："企业的各项资产，包括固定资产、生物资产、无形资产、长期待摊费用、存货、投资资产等，以历史成本为计税基础。

前款所称历史成本，是指企业取得该项资产时实际发生的支出。

企业持有各项资产期间资产增值或者减值，除国务院财政、税务主管部门规定可以确认损益外，不得调整该资产的计税基础。”

2. 债券性投资资产计税基础的具体规定。

《企业所得税法实施条例》第七十四条规定：“投资资产按照以下方法确定成本：

通过支付现金方式取得的投资资产，以购买价款为成本；

通过支付现金以外的方式取得的投资资产，以该资产的公允价值和支付的相关税费为成本。”

（二）债券投资资产持有期间企业所得税处理的相关规定

1. 债券利息确认为企业所得税收入项目。

《企业所得税法》第六条规定：“企业以货币形式和非货币形式从各种来源取得的收入，为收入总额。包括：……（五）利息收入；……。”

《企业所得税法实施条例》第十八条规定：“企业所得税法第六条第（五）项所称利息收入，是指企业将资金提供他人使用但不构成权益性投资，或者因他人占用本企业资金取得的收入，包括存款利息、贷款利息、债券利息、欠款利息等收入。”

2. 债券利息收入的计量与确认时间。

《企业所得税法实施条例》第十八条规定：“利息收入，按照合同约定的债务人应付利息的日期确认收入的实现。”

《企业所得税法》第二十六条规定：“企业的下列收入为免税收入：（一）国债利息收入……”

《企业所得税实施条例》第八十二条进一步解释：“企业所得税法第二十六条第（一）项所称国债利息收入，是指企业持有国务院财政部门发行的国债取得的利息收入。”

（三）债券性投资资产处置阶段企业所得税处理的相关规定

1. 确认债券性投资资产转让收益。

《企业所得税法实施条例》第十六条规定：“企业所得税法第六条第（三）项所称转让财产收入，是指企业转让固定资产、生物资产、无形资产、股权、债权等财产取得的收入。”

《企业所得税法实施条例》第七十四条规定：“企业在转让或者处置投资资产时，投资资产的成本，准予扣除。”

2. 确认债券性投资资产转让损失。

《企业所得税法实施条例》第三十二条规定：“企业所得税法第八条所称损失，是指企业在生产经营活动中发生的固定资产和存货的盘亏、毁损、报废损失，转让财产损失，呆账损失，坏账损失，自然灾害等不可抗力因素造成的损失以及其他损失。”根据《企业所得税法实施条例》第十六条规定，转让财产包括转让债券。

3. 债券性投资涉及企业所得税视同销售的法规规定。

《企业所得税法实施条例》第二十五条规定：“企业发生非货币性资产交换，以及将货物、财产、劳务用于捐赠、偿债、赞助、集资、广告、样品、职工福利或者利润分配等用途的，应当视同销售货物、转让财产或者提供劳务，但国务院财政、税务主管部门另有规定的除外。”

（四）贷款类（债权性投资）资产损失企业所得税处理的相关规定

1. 贷款类（债权性投资）损失的确认。

《财政部、国家税务总局关于企业资产损失税前扣除政策的通知》（财税［2009］57号）规定：企业经采取所有可能的措施和实施必要的程序之后，符合下列条件之一的贷款类债权，可以作为贷款损失在计算应纳税所得额时扣除：

（1）借款人和担保人依法宣告破产、关闭、解散、被撤销，并终止法人资格，或者已完全停止经营活动，被依法注销、吊销营业执照，对借款人和担保人进行追偿后，未能收回的债权。

（2）借款人死亡，或者依法被宣告失踪、死亡，依法对其财产或者遗产进行清偿，并对担保人进行追偿后，未能收回的债权。

（3）借款人遭受重大自然灾害或者意外事故，损失巨大且不能获得保险补偿，或者以保险赔偿后，确实无力偿还部分或者全部债务，对借款人财产进行清偿和对担保人进行追偿后，未能收回的债权。

（4）借款人触犯刑律，依法受到制裁，其财产不足归还所借债务，又无其他债务承担者，经追偿后确实无法收回的债权。

（5）由于借款人和担保人不能偿还到期债务，企业诉诸法律，经法院对借款人和担保人强制执行，借款人和担保人均无财产可执行，法院裁定执行程序终结或终止（中止）后，仍无法收回的债权。

（6）由于借款人和担保人不能偿还到期债务，企业诉诸法律后，经法院调解或经债权人会议通过，与借款人和担保人达成和解协议或重整协议，在借款人和担保人履行完还款义务后，无法追偿的剩余债权。

（7）由于上述（1）至（6）项原因借款人不能偿还到期债务，企业依法取得抵债资产，抵债金额小于贷款本息的差额，经追偿后仍无法收回的债权。

（8）开立信用证、办理承兑汇票、开具保函等发生垫款时，凡开证申请人和保证人由于上述（1）至（7）项原因，无法偿还垫款，金融企业经追偿后仍无法收回的垫款。

（9）银行卡持卡人和担保人由于上述（1）至（7）项原因，未能还清透支款项，金融企业经追偿后仍无法收回的透支款项。

（10）助学贷款逾期后，在金融企业确定的有效追索期限内，依法处置助学贷款抵押物（质押物），并向担保人追索连带责任后，仍无法收回的贷款。

（11）经国务院专案批准核销的贷款类债权。

（12）国务院财政、税务主管部门规定的其他条件。

2. 贷款类（债权性投资）损失的证据。

《企业资产损失税前扣除管理办法》（国税发［2009］88号）第三十四条规定：下列各类符合坏账损失条件的债权投资，依据下列相关证据认定损失：

（1）债务人和担保人依法宣告破产、关闭、解散或撤销，并终止法人资格，企业对债务人和担保人进行追偿后，未能收回的债权，应提交债务人和担保人破产、关闭、解散证明、撤销文件、县级及县级以上工商行政管理部门注销证明和资产清偿证明。

（2）债务人死亡，或者依法宣告失踪或者死亡，企业依法对其资产或者遗产进行清偿，并对担保人进行追偿后，未能收回的债权，应提交债务人和担保人债务人死亡失踪证明，资产或者遗产清偿证明。

（3）债务人遭受重大自然灾害或意外事故，损失巨大且不能获得保险补偿，确实无力偿还的债务；或者保险赔偿清偿后，确实无力偿还的债务，企业对其资产进行清偿和对担保人进行追偿后，未能收回的债权，应提交债务人遭受重大自然灾害或意外事故证明，保险赔偿证明、资产清偿证明。

（4）债务人和担保人虽未依法宣告破产、关闭、解散或撤销，但已完全停止经营活动，被县及县以上工商行政管理部门依法吊销营业执照，企业对债务人和担保人进行追偿后，未收回的债权，应提交债务人和担保人被县及县以上工商行政管理部门注销或吊销证明和资产清偿证明。

（5）债务人和担保人虽未依法宣告破产、关闭、解散或撤销，但已完全停止经营活动或下落不明，连续两年以上未参加工商年检，企业对债务人和担保人进行追偿后，未收回的债权，应提交县及县以上工商行政管理部门查询证明和资产清偿证明。

（6）债务人触犯刑律，依法受到制裁，其资产不足归还所借债务，又无其他债务承担者，经追偿后确实无法收回的债权，应提交法院裁定证明和资产清偿证明。

（7）债务人和担保人不能偿还到期债务，企业诉诸法律，经法院对债务人和担保人强制执行，债务人和担保人均无资产可执行，法院裁定终结或终止执行后，企业仍无法收回的债权。应提交法院强制执行证明和资产清偿证明，其中终止执行的，还应按市场公允价估算债务人和担保人的资产，如果其价值不足以清偿属于《破产法》规定的优先清偿项目，由企业出具专项说明，可将应收债权全额确定为债权损失；如果清偿《破产法》规定的优先清偿项目后仍有结余但不足以清偿所欠债务的，按所欠债务的比例确定企业应收债权的损失金额。

对同一债务人有多项债权的，可以按类推的原则确认债权损失金额。

（8）企业对债务人和担保人诉诸法律后，因债务人和担保人主体资格不符或消亡，同时又无其他债务承担人，被法院驳回起诉或裁定免除（或免除部分）债务人责任，或因借款合同、担保合同等权利凭证遗失或法律追溯失效，法院不予受理或不予支持，经追偿后确实无法收回的债权，应提交法院驳回起诉的证明，或裁定免除债务人责任的判决书、裁定书或民事调解书，或法院不予受理或不予支持证明。

（9）债务人由于上述一至八项原因不能偿还到期债务，企业依法取得抵债资产，但仍不足以抵偿相关的债权，经追偿后仍无法收回的金额，应提交抵债资产接收、抵债金额确定证明和上述一至八项相关的证明。

（10）债务人由于上述一至九项原因不能偿还到期债务，企业依法进行债务重组而发生的损失，应提交损失原因证明材料、具有法律效力的债务重组方案。

（11）企业经批准采取打包出售、公开拍卖、招标等市场方式出售、转让股权、债权的，其出售转让价格低于账面价值的差额，应提交资产处置方案、出售转让合同（或协议）、成交及入账证明、资产账面价值清单。

（12）企业因内部控制制度不健全、操作程序不规范或因业务创新但政策不明确、不配套等原因而形成的损失，应由企业承担的金额，应提交损失原因证明材料或业务监管部门定性证明、损失专项说明。

（13）企业因刑事案件原因形成的损失，应由企业承担的金额或经公安机关立案侦查2年以上仍无法追回的金额，应提交损失原因证明材料，公、检、法部门的立案侦查情况或判决书。

（14）金融企业对于余额在500万元以下（含500万元）的抵押（质押）贷款，农村信用社、村镇银行为50万元以下（含50万元）的抵押（质押）贷款，经追索1年以上，仍无法收回的金额，应提交损失原因证明材料、追索记录（包括电话追索、信件追索和上门追索等原始记录，并由经办人员和负责人签章确认）等。

（15）经国务院专案批准核销的债权，应提交国务院批准文件或经国务院同意后由国务院有关部门批准的文件。

3. 金融企业符合坏账条件的银行卡透支款项损失的证据。

《企业资产损失税前扣除管理办法》（国税发［2009］88号）第三十五条规定：金融企业符合坏账条件的银行卡透支款项以及相关的已计入应纳税所得额的其他应收款项，依据下列相关证据认定损失：

（1）持卡人和担保人依法宣告破产，资产经法定清偿后，未能还清的款项，应提交法院破产证明和资产清偿证明。

（2）持卡人和担保人死亡或依法宣告失踪或者死亡，以其资产或遗产清偿后，未能还清的款项，应提交死亡或失踪证明和资产或遗产清偿证明。

（3）经诉讼或仲裁并经强制执行程序后，仍无法收回的款项，应提交诉讼判决书或仲裁书和强制执行证明。

（4）持卡人和担保人因经营管理不善、资不抵债，经有关部门批准关闭，被县及县级以上工商行政管理部门注销、吊销营业执照，以其资产清偿后，仍未能还清的款项，应提交有关管理部门批准持卡人关闭的文件和工商行政管理部门注销持卡人营业执照的证明。

（5）余额在2万元以下（含2万元），经追索2年以上，仍无法收回的款项，应提交追索记录，包括电话追索、信件追索和上门追索等原始记录，并由经办人员和负责人签章确认。

4. 金融企业符合坏账条件的助学贷款损失的证据。

《企业资产损失税前扣除管理办法》（国税发［2009］88号）第三十六条规定：金融企业符合坏账条件的助学贷款，依据下列相关证据认定损失：

（1）债务人死亡，或者依法宣告失踪或者死亡，或丧失完全民事行为能力或劳动能力，无继承人或受遗赠人，在依法处置其助学贷款抵押物（质押物）及债务人的私有资产，并向担保人追索连带责任后，仍未能归还的贷款，应提交债务人死亡或者失踪的宣告，或公安部门、医院出具的债务人死亡证明；司法部门出具的债务人丧失完全民事能力的证明，或经县以上医院出具的债务人丧失劳动能力的证明，以及对助学贷款抵押物（质押物）处理和对担保人的追索情况。

（2）经诉讼并经强制执行程序后，在依法处置其助学贷款抵押物（质押物）及债务人的私有资产，并向担保人追索连带责任后，仍未能归还的贷款，应提交法院判决书或法院在案件无法继续执行时做出的终结裁定书，以及对助学贷款抵押物（质押物）处理和对担保人的追索情况。

（3）贷款逾期后，在企业确定的有效追索期限内，依法处置其助学贷款抵押物（质押物）及债务人的私有资产，同时向担保人追索连带责任后，仍未能归还的贷款，应提交对助学贷款抵押物（质押物）和对担保人的追索情况。

二、债权性投资业务处理会计准则的基本规定

根据《企业会计准则22号——金融工具确认与计量》规定，企业持有的债权性投资资产，应包括直接指定为以公允价值计量且其变动计入当期损益的金融资产、交易性金融资产、持有至到期投资资产和可供出售金融资产属于债权投资的部分。按金融资产的不同类型，具体会计处理的规定如下。

1. 交易性金融资产的会计处理。

交易性金融资产，主要是指企业为了近期内出售而持有的金融资产。比如，企业以赚取差价为目的从二级市场购入的股票、债券、基金等。《企业会计准则22号——金融工具确认与计量》范围内的衍生工具，包括远期合同、期货合同、互换和期权，以及具有远期合同、期货合同、互换和期权中一种或一种以上特征的工具。衍生工具不作为有效套期工具的，也应划分为交易性金融资产。

（1）交易性金融资产的初始计量。

应当按照取得时的公允价值作为初始确认金额，相关的交易费用在发生时计入当期损益。支付的价款中包含已到付息期，但尚未领取的债券利息，应当单独确认为应收项目。

（2）交易性金融资产持有收益的确认。

企业在持有交易性金融资产期间所获得债券利息，应当确认为投资收益。

资产负债表日，投资企业按分期付息一次还本债券投资的票面利率计提利息时，借记“应收利息”科目，贷记“投资收益”科目。

（3）交易性金融资产期末计量。

根据企业会计准则的规定，交易性金融资产的价值应按资产负债表日的公允价值反映，公允价值的变动计入当期损益。

（4）交易性金融资产的处置损益。

交易性金融资产的处置损益，是指处置交易性金融资产实际收到的价款，减去所处置交易性金融资产账面余额后的差额。其中，交易性金融资产的账面余额，是指交易性金融资产的初始计量金额加上或减去资产负债表日公允价值变动后的金额。如果在处置交易性金融资产时，已计入应收项目的债券利息尚未收回，还应先从处置价款中扣除该部分现金股利或债券利息之后，确认处置损益。

2. 直接指定为以公允价值计量且其变动计入当期损益的金融资产的会计处理。

直接指定为以公允价值计量且其变动计入当期损益的金融资产，主要是指企业基于风险管理、战略投资需要所作的指定。

直接指定为以公允价值计量且其变动计入当期损益的金融资产的处理与交易性金融资产一致。

3. 可供出售金融资产的会计处理。

可供出售金融资产，是指初始确认时即被指定为可供出售的非衍生金融资产，以及除下列各类资产以外的金融资产：（1）贷款和应收款项；（2）持有至到期投资；（3）以公允价值计量且其变动计入当期损益的金融资产。例如，企业购入的在活跃市场上有报价的股票、债券和基金等，没有划分为以公允价值计量且其变动计入当期损

益的金融资产或持有至到期投资等金融资产的，可归类为可供出售金融资产。

（1）可供出售金融资产的初始计量。

可供出售金融资产应当按取得该金融资产的公允价值和相关交易费用之和作为初始确认金额。

支付的价款中包含的已到付息期但尚未领取的债券利息或已宣告但尚未发放的现金股利，应单独确认为应收项目。

（2）可供出售金融资产持有收益的确认。

可供出售金融资产在持有期间取得的现金股利或债券利息，应当计入投资收益。

资产负债表日，可供出售债券如为分期付息、一次还本债券投资，应按票面利率计算确定的应收未收利息，借记“应收利息”科目，按可供出售债券摊余成本和实际利率计算确定的利息收入，贷记“投资收益”科目，按其差额，借记或贷记“可供出售金融资产——利息调整”科目；可供出售债券如为一次还本付息债券投资，应于资产负债表日按票面利率计算确定的应收未收利息，借记“可供出售金融资产——应计利息”科目，按可供出售债券摊余成本和实际利率计算确定的利息收入，贷记“投资收益”科目，按其差额，借记或贷记“可供出售金融资产——利息调整”科目。收到可供出售债券投资持有期间支付的利息，借记“银行存款”科目，贷记“应收利息”科目。

（3）可供出售金融资产的后续计量。

①资产负债表日，可供出售金融资产应当以公允价值计量，且公允价值变动计入资本公积（其他资本公积）。

②可供出售金融资产的减值。分析判断可供出售金融资产是否发生减值，应当注重该金融资产公允价值是否持续下降。通常情况下，如果可供出售金融资产的公允价值发生较大幅度下降，或在综合考虑各种相关因素后，预期这种下降趋势属于非暂时性的，可以认定该可供出售金融资产已发生减值，应当确认减值损失。

（4）可供出售金融资产处置损益的确认和计量。

处置可供出售金融资产时，应将取得的价款与该金融资产账面余额之间的差额，计入投资收益；同时，将原直接计入所有者权益的公允价值变动累计额对应处置部分的金额转出，计入投资收益。其中，可供出售金融资产的账面价值，是指可供出售金融资产的初始计量金额加上或减去资产负债表日公允价值变动后的金额。

4. 持有至到期投资资产的会计处理。

持有至到期投资，是指到期日固定、回收金额固定或可确定，且企业有明确意图和能力持有至到期的非衍生金融资产。例如，企业从二级市场上购入的固定利率国债、变动利率公司债券等，符合持有至到期投资条件的，可以划分为持有至到期投资。企业购入的股权投资，因没有固定的到期日，不符合持有至到期投资的条件，不能划分为持有至到期投资。持有至到期投资通常具有长期性质，但期限较短（1 年以内）的债券投资，符合持有至到期投资条件的，也可将其划分为持有至到期投资。

（1）持有至到期投资的初始计量。

持有至到期投资应当按取得时的公允价值和相关交易费用之和作为初始确认金额。支付的价款中包含的已到付息期，但尚未领取的债券利息，应单独确认为应收项目。

（2）持有至到期投资利息收入的确认。

持有至到期投资在持有期间应当按照摊余成本和实际利率计算确认利息收入，计入投资收益。实际利率应当在取得持有至到期投资时确定，在该持有至到期投资预期存续期间或适用的更短期间内保持不变。实际利率与票面利率差别较小的，也可按票面利率计算利息收入，计入投资收益。

按照摊余成本和实际利率计算确认利息收入的方法称为实际利率法，即以持有至到期投资期初账面摊余成本乘以实际利率作为当期利息收入，以当期利息收入与当期按票面利率计算确定的应收未收利息的差额作为当期账面成本摊销额的一种方法。其中，实际利率是使持有至到期投资未来回收的利息和本金的现值恰等于持有至到期投资取得成本的折现率。

（3）持有至到期投资后续计量。

企业应当在资产负债表日对持有至到期投资的账面价值进行检查，有客观证据表明该金融资产发生减值的，应当计提减值准备。金融资产发生减值后，利息收入应当按照确定减值损失时对未来现金流量进行折现采用的折现率作为利率计算确认。

（4）持有至到期投资处置损益的确认。

处置持有至到期投资时，应将所取得的价款与该投资账面价值之间的差额计入投资收益。其中，投资的账面价值是指投资的账面余额减除已经计提的减值准备后的差额。

三、债权性投资企业所得税处理和会计相关业务的比较分析

企业所得税债权性投资资产，从会计的角度包括直接指定为以公允价值计量且其变动计入当期损益的金融资产、持有至到期投资资产、交易性金融资产和可供出售金融资产属于债权投资的部分。

（一）债权性投资企业所得税和会计差异的调整原则

由于企业所得税和会计对投资业务处理的原则不同，且会计准则和现行企业所得税关于投资业务处理的规定存在很大差异，所以在投资业务发生的过程中，企业应该设置投资业务企业所得税处理的台账（纳税调整备查账），对按照投资业务处理的企业所得税法规规定，在投资初始阶段确认的投资资产的计税基础；在投资的持有阶段，确认的投资所得；在投资处置阶段，确认的投资处置损益，在台账（纳税调整备查账）中序时予以记录，并据此填报企业所得税纳税申报表。

（二）债权性投资资产初始计量企业所得税和会计处理的比较分析

1. 企业所得税和会计处理一致的业务。

可供出售金融资产及持有至到期金融资产的初始计量，企业所得税和会计都按取得该金融资产的公允价值和相关交易费用之和作为初始确认金额，企业所得税和会计处理一致。

［例 12－17］2008 年甲公司购进一批债券，作为持有至到期资产进行管理，实际支付价款 210 万元，支付相关交易费用 10 万元，以银行存款支付。

会计处理：

借：持有至到期资产——成本　　2 200 000

　贷：银行存款　　2 200 000

企业所得税对该持有至到期投资计税基础的确定与会计一致。

2. 企业所得税和会计处理不一致的业务。

交易性金融资产及以公允价值计量且其变动计入当期损益的金融资产初始计量，会计按照取得时的公允价值作为初始确认金额，相关的交易费用在发生时计入当期损益。

企业所得税按取得该金融资产的公允价值和相关交易费用之和作为初始确认金额。

企业所得税和会计的差异为暂时性差异。

［例 12－18］ 2008 年甲公司购进一批债券，作为交易性金融资产进行管理，实际支付价款 110 万元，支付相关交易费用 5 万元，以银行存款支付。

（1）会计处理。

借：交易性金融资产——成本	1 100 000	
投资收益	50 000	
贷：银行存款		1 150 000

（2）企业所得税处理及企业所得税和会计差异调整。

企业所得税确认债权性投资的计税基础为 115 万元。

上述业务企业所得税和会计的差异表现为：其一，债权性投资的会计计价和企业所得税计税基础不同，企业应设置台账（纳税调整备查账）记录债权性投资资产的计税基础；其二，会计将交易费用确认为影响当期损益，减少当期投资收益，企业所得税不予确认，企业所得税和会计的差异为暂时性差异，当期企业所得税纳税申报表填报时，进行纳税调增的处理，调增额为 5 万元。

（三）债权性投资资产持有阶段企业所得税和会计处理的比较分析

1. 企业所得税和会计处理一致的业务。

会计对交易性金融资产及以公允价值计量且其变动计入当期损益的金融资产，企业在持有交易性金融资产期间所获得债券利息，投资企业按分期付息一次还本债券投资的票面利率计算确认为投资收益。企业所得税和会计处理一致。

2. 企业所得税和会计处理不一致的业务。

可供出售金融资产及持有至到期金融资产，在持有期间会计上应当按照摊余成本和实际利率计算确认利息收入，计入投资收益。

企业所得税按照合同约定的债务人应付利息的日期和应付利息确认收入的实现。

企业所得税和会计的差异为暂时性差异。其一，在投资收益的确认上，企业所得税和会计存在差异；其二，在债权性投资资产的计价上企业所得税和会计出现差异。

详见第三章［例 3－15］的分析。

（四）债权性投资期末计量——公允价值变动调整企业所得税和会计处理的比较分析

债权性投资期末计量主要指交易性金融资产和可供出售金融资产按资产负债表日的公允价值进行调整。

1. 交易性金融资产的价值应按资产负债表日的公允价值反映，公允价值的变动计入当期损益。企业所得税对资产负债表日交易性金融资产成本的调整及确认的公允价值变动损益不予确认。企业所得税和会计的差异为暂时性差异。

[例 12-19] 乙企业 2009 年 12 月 31 日对持有的交易性金融资产进行再计量，其中持有 A 公司债券期初账面价值为500 000元，期末公允价值为450 000元。

(1) 会计处理。

确认 A 交易性金融资产公允价值变动损失50 000元，企业账务处理为：

借：公允价值变动损益 50 000

贷：交易性金融资产——公允价值变动损益 50 000

借：本年利润 50 000

贷：公允价值变动损益 50 000

(2) 企业所得税处理。

企业所得税对公允价值变动损失不予确认，投资资产的计税基础不发生变化。

(3) 所得税和会计处理的差异分析。

企业所得税和会计对上述业务处理的差异及调整表现为：其一，调整后持有 A 公司交易性金融资产的账面余额为450 000元，企业所得税对上述资产的计税基础不变；其二，对企业确认的“公允价值变动损益”的借方余额减少企业会计利润，所得税不予确认，所得税和会计的差异为暂时性差异，当期产生纳税调增的结果。企业设置《纳税调整备查账》记录所得税和会计差异。

2. 直接指定为以公允价值计量且其变动计入当期损益的金融资产的处理与交易性金融资产一致。

3. 可供出售金融资产的价值应按资产负债表日的公允价值反映，资产负债表日，可供出售金融资产应当以公允价值计量，且公允价值变动计入资本公积（其他资本公积）。

[例 12-20] 甲企业 2008 年 12 月 31 日对持有的可供出售的金融资产进行再计量，其中持有债券账面价值为480 000元，期末公允价值为500 000元。

(1) 会计处理。

确认公允价值变动损益20 000元，企业账务处理为：

借：可供出售金融资产——公允价值变动 20 000

贷：资本公积——其他资本公积 20 000

(2) 企业所得税处理。

调整后可供出售金融资产的账面余额为500 000元，企业所得税对此项资产的计税基础不变。企业所得税和会计对资产计价的不同对本期纳税不产生需要调整的业务。

(五) 债权性投资处置企业所得税和会计处理的比较分析

1. 交易性金融资产的处置企业所得税和会计处理的比较分析。

交易性金融资产的处置损益，是指处置交易性金融资产实际收到的价款，减去所处置交易性金融资产账面余额后的差额。其中，交易性金融资产的账面余额，是指交易性金融资产的初始计量金额加上或减去资产负债表日公允价值变动后的金额。如果在处置交易性金融资产时，已计入应收项目的现金股利尚未收回，还应先从处置价款中扣除该部分现金股利或债券利息之后，确认处置损益。

企业所得税法规规定：企业投资进行转让或处置时，应以转让收入配比计税投资成本，确认投资处置的损益。

投资处置企业所得税和会计的差异主要表现为：转让（处置）债权投资收入配比的会计账面价值与企业所得税的计税投资成本不同，所以处置损益结果不同。企业所得税和会计处理出现的差异为以前业务处理形成的暂时性差异的转回。

[例12－21] 某企业2008年12月31日对持有的交易性金融资产进行再计量，其中持有A公司债券账面价值为325 000元，期末公允价值为300 000元。2009年2月，企业将持有的A公司债券出售，取得收入320 000元。2009年会计和所得税业务处理如下。

(1) 会计处理。

借：银行存款　　320 000

　　交易性金融资产——公允价值变动损益　　25 000

　贷：交易性金融资产——成本　　325 000

　　　投资收益　　20 000

(2) 企业所得税处理及企业所得税和会计差异调整。

企业所得税确认交易性金融资产的损益＝320 000－325 000＝－5 000（元）

会计确认交易性金融资产的处置收益为20 000元，企业所得税确认损失为5 000元，当期填报企业所得税纳税申报表，进行应纳税所得额计算时进行纳税调减的处理，调减额为25 000元。上述业务企业所得税和会计处理出现的差异为以前业务处理形成的暂时性差异的转回。

2. 可供出售金融资产处置企业所得税和会计处理的比较分析。

会计对可供出售金融资产处置时，应将取得的价款与该金融资产账面余额之间的差额，计入投资收益；同时，将原直接计入所有者权益的公允价值变动累计额对应处置部分的金额转出，计入投资收益。其中，可供出售金融资产的账面价值，是指可供出售金融资产的初始计量金额加上或减去资产负债表日公允价值变动后的金额。

企业所得税法规规定：企业投资进行转让或处置时，应以转让收入配比计税投资成本，确认投资处置的损益。

所得税和会计处理的结果一致。

[例12－22] 甲企业2008年12月31日对持有的可供出售的金融资产进行再计量，其中持有债券账面价值为480 000元，期末公允价值为500 000元。2009甲企业将金融资产出售，取得收入520 000元。

(1) 会计处理。

借：银行存款　　520 000

　　资本公积——其他资本公积　　20 000

　贷：可供出售金融资产——成本　　480 000

　　　可供出售金融资产——公允价值变动　　20 000

　　　投资收益　　40 000

(2) 企业所得税处理。

企业所得税确认交易性金融资产的损益＝520 000－480 000＝40 000（元）

（3）所得税和会计对可供出售金融资产的处置收益相同。

3. 持有至到期投资处置企业所得税和会计处理的比较分析。

处置持有至到期投资时，应将所取得的价款与该投资账面价值之间的差额计入投资收益。其中，投资的账面价值是指投资的账面余额减除已经计提的减值准备后的差额。

企业所得税法规规定：企业投资进行转让或处置时，应以转让收入配比计税投资成本，确认投资处置的损益。

企业所得税和会计的差异为暂时性差异，一般为以前业务处理形成的暂时性差异的转回。

4. 直接指定为以公允价值计量且其变动计入当期损益的金融资产的处置与交易性金融资产一致。

（四）资产损失企业所得税和会计处理比较

1. 损失处理企业所得税和会计的一般关系。

一般损失企业所得税和会计处理的关系为：

其一，如果会计确认的金融资产损失属于税务部门审批扣除的资产损失，未提供税法规定的证据资料经税务部门审批，则会计确认的损失所得税不予确认，所得税和会计出现差异，差异的性质为永久性差异。

其二，企业提供税法规定的证据资料，会计确认的损失经税务部门审批，但如果金融资产资产已提取减值准备，则损失的计量所得税和会计不同，差异的性质为以前暂时性差异的转回。

其三，企业提供税法规定的证据资料，会计确认的损失经税务部门审批，在企业对金融资产没有提取减值准备的前提下，损失企业所得税与会计相关业务的处理一致。

2. 债权性投资资产减值损失企业所得税和会计处理存在差异。

企业根据会计准则确认的持有至到期投资的减值损失，企业应当在资产负债表日对持有至到期投资的账面价值进行检查，有客观证据表明该金融资产发生减值的，应当计提减值准备。金融资产发生减值后，利息收入应当按照确定减值损失时对未来现金流量进行折现采用的折现率作为利率计算确认。

对持有至到期投资的减值损失在企业所得税上不予确认，不允许税前扣除。企业所得税和会计在此项业务处理上的差异表现为暂时性差异。

四、债权性投资资产业务处理的所得税和会计比较总结

企业所得税债权性投资资产，从会计的角度企业持有的债权性投资资产，应包括直接指定为以公允价值计量且其变动计入当期损益的金融资产、持有至到期投资资产、交易性金融资产和可供出售金融资产属于债权投资的部分。债权性投资业务处理企业所得税和会计的异同如下：

（一）债权性投资资产的初始计量

可供出售金融资产及持有至到期金融资产的初始计量，企业所得税和会计都按取得该金融资产的公允价值和相关交易费用之和作为初始确认金额，企业所得税和会计处理一致。

交易性金融资产及以公允价值计量且其变动计入当期损益的金融资产初始计量，会计按照取得时的公允价值作为初始确认金额，相关的交易费用在发生时计入当期损益。企业所得税按取得该金融资产的公允价值和相关交易费用之和作为初始确认金额。企业所得税和会计的差异为暂时性差异。

（二）债权性投资资产持有阶段取得收益计量

交易性金融资产及以公允价值计量且其变动计入当期损益的金融资产持有阶段收益计量。持有交易性金融资产期间所获得债券利息，投资企业按分期付息一次还本债券投资的票面利率计算确认为投资收益。企业所得税和会计处理一致。

可供出售金融资产及持有至到期金融资产持有阶段收益计量。（1）在投资收益的确认上，企业所得税和会计存在差异，会计上应当按照摊余成本和实际利率计算确认利息收入，计入投资收益；企业所得税按照合同约定的债务人应付利息的日期和应付利息确认收入的实现。企业所得税和会计的差异为暂时性差异。（2）在债权性投资资产的计价上企业所得税和会计出现差异。

（三）债权性投资期末计量

债权性投资减值。企业根据会计准则确认的可供出售金融资产及持有至到期金融资产债权性投资减值损失，在企业所得税上不予确认，不允许税前扣除。企业所得税和会计在此项业务处理上的差异表现为暂时性差异。

公允价值变动损益调整。公允价值的变动调整业务，交易性金融资产和可供出售金融资产会计上按资产负债表日的公允价值进行调整，企业所得税对资产负债表日交易性金融资产成本的调整及确认的公允价值变动损益不予确认，企业所得税对投资资产的计税基础保持不变。（1）交易性金融资产按资产负债表日的公允价值反映，公允价值的变动计入当期损益，企业所得税和会计的差异为暂时性差异。（2）可供出售金融资产以公允价值计量，因公允价值变动计入资本公积（其他资本公积），所以所得税和会计差异对当期纳税不产生影响。直接指定为以公允价值计量且其变动计入当期损益的金融资产的处理与交易性金融资产一致。

（四）债权性投资处置

债权性投资处置的差异主要表现为：如果转让（处置）债权性投资企业所得税和会计配比的计税基础和账面价值不同，资产处置损益的结果所得税和会计不同，需要进行纳税调整。企业所得税和会计处理出现的差异为以前业务处理形成的暂时性差异的转回。

第十三章　企业所得税资产业务处理相关纳税申报表的分析填报

资产业务处理相关的企业所得税纳税申报表包括：《资产折旧、摊销纳税调整明细表》（附表九）、《资产减值损失项目调整明细表》（附表十）、《纳税调整明细表》资产类调整项目及《纳税调整明细表》准备金项目。本章主要对上述与企业所得税资产业务相关的企业所得税纳税申报表附表的构成及填报进行分析。

第一节　资产业务企业所得税处理的基本分析

一、资产的税务处理对企业所得税的影响

企业的资产包括货币性资产和非货币性资产；企业非货币性资产包括固定资产、无形资产、存货、生物资产及投资性资产。企业资产和企业所得税的关系表现为企业资产持有和转让影响企业所得税当期应纳税所得额的形成。

（一）资产持有阶段对应纳税所得额的影响

一部分资产在持有阶段形成收益，增加企业当期应纳税所得额，这部分资产是企业持有的投资性资产。

一部分资产在持有阶段形成成本费用，减少企业当期应纳税所得额，这部分资产包括固定资产、无形资产和生产性生物资产。

（二）资产在转让（处置）阶段对应纳税所得额的影响

企业的各项非货币性资产（固定资产、无形资产、存货、生物资产及投资性资产）在转让（处置）阶段，将产生资产转让（处置）的损益，增加或减少企业当期应纳税所得额。当资产转让收入大于资产的计税基础，其结果增加应纳税所得额；当资产转让收入小于资产的计税基础，其结果减少应纳税所得额。

二、资产税务处理的企业所得税构架

从资产对企业应纳税所得额的影响角度，资产所得税的处理应包括资产的形成、持有和转让三个阶段，在不同阶段企业所得税法规规定了相应要素。

（一）资产取得的初始阶段确认资产的计税基础

资产计税基础对企业所得税的影响主要表现为以下几方面：

其一，一部分资产在持有阶段产生成本和费用，计入企业所得税扣除项目和金额。比如，企业在固定资产和无形资产持有阶段，通过对固定资产提取折旧和无形资产摊销的方式，在企业所得税前扣除，因此固定资产和无形资产的计税基础，直接影响到

企业所得税前扣除的固定资产折旧和无形资产摊销金额。

其二，企业资产处置阶段，企业所得税的业务处理为，在确认收入的同时配比成本，配比的成本为资产的计税基础，资产的计税基础直接影响资产处置的所得税的损益。

（二）资产投资持有阶段确认形成所得税收入和成本费用的要件

对投资性资产持有阶段，确认股息、红利及利息收入的实现时间及计量方法及相应税收优惠。

对固定资产、无形资产和生产性生物资产持有阶段，确认形成成本费用的资产折旧和摊销的相应要素。

（三）资产转让（处置）阶段确认所得或损失

资产转让（处置）阶段，首先确认资产转让（处置）的范围及收入的计量；其次确认与收入配比的资产的计税基础，其结果形成资产转让（处置）收益或损失，计入当期应纳税所得额。

三、资产处理所得税和会计差异及调整

（一）资产处理所得税和会计差异基本内容

资产处理所得税和会计差异，概括起来包括以下几方面：

1. 资产取得的初始阶段部分资产的计税基础和账面价值不同。

2. 资产投资持有阶段确认的损益不同。差异表现为：其一，确认投资资产持有期间取得的股息、红利及利息收入的确认要素不同；其二，对固定资产、无形资产和生产性生物资产持有阶段，确认形成成本费用的资产折旧和摊销的要素不同；其三，对资产的期末计价处理不同。

3. 资产转让（处置）阶段确认资产转让（处置）所得或损失不同。

（二）资产处理所得税和会计差异调整的基本方法

资产处理所得税和会计差异调整的基本方法为：

1. 企业通过设置台账（纳税调整备查账）序时记录所得税和会计对资产处理方面的差异。

2. 在资产负债表日，纳税人应根据“纳税调整备查账”记录的资产的账面价值和计税基础的差异，确认递延所得税资产或递延所得税负债。

3. 在企业所得税汇算清缴期，企业应根据会计核算数据和“纳税调整备查账”记录的数据，填制相关企业所得税纳税申报表。

第二节 《资产折旧、摊销纳税调整明细表》（附表九）分析填报

一、《资产折旧、摊销纳税调整明细表》（附表九）构成

《资产折旧、摊销纳税调整明细表》（附表九）其基本构成详见表 13－1。

《资产折旧、摊销纳税调整明细表》包括固定资产、无形资产、生产性生物资产、长期待摊费用、油气勘探投资及油气开发投资资产折旧或摊销业务所得税和会计差异的调整和记录。

二、《资产折旧、摊销纳税调整明细表》（附表九）填报依据和内容

（一）《资产折旧、摊销纳税调整表》填报依据和内容

根据《中华人民共和国企业所得税法》及其实施条例、相关税收政策，以及国家统一会计制度的规定，填报固定资产、生产性生物资产、长期待摊费用、无形资产、油气勘探投资、油气开发投资会计处理与税收处理的折旧、摊销，以及纳税调整额。

（二）《资产折旧、摊销纳税调整表》各项目填报说明

第1列“账载金额”：填报纳税人按照国家统一会计制度计算提取折旧、摊销的资产原值（或历史成本）的金额。

第2列“计税基础”，填报纳税人按照税收规定计算税前扣除折旧、摊销的金额。

第3列：填报纳税人按照国家统一会计制计算提取折旧、摊销额的年限。

第4列：填报纳税人按照税收规定计算税前扣除折旧、摊销额的年限。

第5列：填报纳税人按照国家统一会计制度计算本纳税年度的折旧、摊销额。

第6列：填报纳税人按照税收规定计算税前扣除的折旧、摊销额。

第7列：金额 = 第5 - 6列。如本列为正数，进行纳税调增；如本列为负数，进行纳税调减。

三、《资产折旧、摊销纳税调整表》与《纳税调整项目明细表》的关系

《纳税调整项目明细表》资产类各项目填报主要依据《资产折旧、摊销纳税调整明细表》（附表九）的相应数据填报。

《资产折旧、摊销纳税调整表》第1行的第7列“纳税调整额”，填列《纳税调整项目明细表》第43行“固定资产折旧”。

《资产折旧、摊销纳税调整表》第7行的第7列“纳税调整额”，填列《纳税调整项目明细表》第44行“生产性生物资产折旧”。

《资产折旧、摊销纳税调整表》第10行的第7列“纳税调整额”，填列《纳税调整项目明细表》第45行“长期待摊费用”。

《资产折旧、摊销纳税调整表》第15行的第7列“纳税调整额”，填列《纳税调整项目明细表》第46行“无形资产摊销”。

《资产折旧、摊销纳税调整表》第16行的第7列“纳税调整额”，填列《纳税调整项目明细表》第48行“油气勘探投资”。

《资产折旧、摊销纳税调整表》第17行的第7列“纳税调整额”，填列《纳税调整项目明细表》第49行“油气开发投资”。

表 13－1　　企业所得税年度纳税申报表附表九

资产折旧、摊销纳税调整明细表

填报时间：　　年　月　日　　　　　　　　金额单位：元（列至角分）

行次	资产类别	资产原值		折旧、摊销年限		本期折旧、摊销额		纳税调整额
		账载金额	计税基础	会计	税收	会计	税收	
		1	2	3	4	5	6	7
1	一、固定资产			*	*			
2	1. 房屋建筑物							
3	2. 飞机、火车、轮船、机器、机械和其他生产设备							
4	3. 与生产经营有关的器具工具家具							
5	4. 飞机、火车、轮船以外的运输工具							
6	5. 电子设备							
7	二、生产性生物资产			*	*			
8	1. 林木类							
9	2. 畜类							
10	三、长期待摊费用			*	*			
11	1. 已足额提取折旧的固定资产的改建支出							
12	2. 租入固定资产的改建支出							
13	3. 固定资产大修理支出							
14	4. 其他长期待摊费用							
15	四、无形资产							
16	五、油气勘探投资							
17	六、油气开发投资							
18	合计			*	*			

四、《资产折旧、摊销纳税调整表》主要填报业务的分析

《资产折旧、摊销纳税调整表》主要填报资产持有阶段所得税和会计差异的调整，主要填报的内容和项目如下。

（一）资产计税基础和账面价值的不同形成的差异及调整

如果资产（包括固定资产、无形资产和生产性生物资产）计税基础和账面价值不同，则资产在使用期间所得税和会计的折旧或摊销金额不同，所得税和会计在成本、费用确认的处理上产生差异。上述资产计税基础和账面价值不同需要调整的主要业务包括：

1. 资产的初始计量不同形成形成持有期间成本费用差异的调整。

企业各项资产（包括固定资产、无形资产、生物资产和存货）在取得初始阶段计税基础和会计计量不一致，形成持有期间成本费用的差异，需要在《资产折旧、摊销纳税调整表》调整的业务包括：

（1）企业不具有商业实质或换入资产或换出资产的公允价值不能够可靠计量非货币性资产交换取得的资产。

（2）企业同一控制合并取得的资产。

企业各项资产除上述资产计税基础和会计计量不一致的情形外，其中固定资产和无形资产计税基础和账面价值不同，需要在《资产折旧、摊销纳税调整表》调整特殊的业务包括：

（1）融资租入固定资产。

（2）以非金融机构借款且利息需要调整的建造或购置固定资产。

（3）企业自行开发的无形资产（符合企业所得税新技术、新产品、新工艺条件自行研发形成的无形资产）。

上述企业所得税和会计对资产计量上的差异，部分为暂时性差异，部分为永久性差异。

[例 13－1] 某公司正在研究和开发一项新工艺，研发符合所得税加计扣除条件并报经税务部门审批。2009 年 6 月经有关部门鉴定企业研究开发的新工艺形成无形资产，累计发生的开发支出为 100 万元，使用年限为 10 年。上述业务做如下分析和调整：

（1）企业会计处理。

形成无形资产的账务处理为：

借：无形资产　　1 000 000

　贷：研发支出——开发支出　　1 000 000

2009 年 7 月至 12 月，无形资产摊销费用 5（100 ÷ 10 × 0.5）万元。

借：管理费用　　50 000

　贷：累计摊销　　50 000

（2）企业所得税分析。

按照企业所得税法规规定，企业自行研发新技术、新产品、新工艺形成无形资产的，按照无形资产成本的 150% 摊销，企业形成无形资产的计税基础为 150 万元；2009 年企业所得税税前允许扣除无形资产摊销额为 7.5 万元，当期纳税调减 2.5 万元。企业所得税和会计在无形资产摊销计量上的差异为永久性差异。

（3）设置纳税调整备查账记录所得税和会计处理的差异。

纳税调整备查账如表 13－2、13－3。

表 13－2　　纳税调整备查账（无形资产计价）　　单位：元

	原始计价	2009 年 12 月	2010 年 12 月	……	……
会计计价	1 000 000	950 000	850 000		
计税基础	1 500 000	1 325 000	1 175 000		

表 13－3　　纳税调整备查账（无形资产摊销）　　单位：元

	原始计价	2009 年	2010 年	……	……
会计	1 000 000	50 000	100 000		
所得税	1 500 000	75 000	150 000		
纳税调减		25 000	50 000		

（4）《资产折旧、摊销纳税调整表》及相关附表的填报。

①《资产折旧、摊销纳税调整表》。2009 年企业所得税汇算清缴填报所得税纳税申报表时，企业应根据台账（纳税调整备查账）填报《资产折旧、摊销纳税调整表》（表 13－4）。

表 13－4　　企业所得税年度纳税申报表（附表九）

行次	资产类别	资产原值		折旧、摊销年限		本期折旧、摊销额		纳税调整额
		账载金额	计税基础	会计	税收	会计	税收	
		1	2	3	4	5	6	7
1	一、固定资产			*	*			
…	……							
15	四、无形资产	100	150	10	10	5	7.5	－2.5
…	……							

②《纳税调整项目明细表》。将《资产折旧、摊销纳税调整表》纳税调减 2.5 万元填入《纳税调整项目明细表》资产类调整项目第 5 项“无形资产摊销”第 4 列“调减金额”2.5 万元。

2. 资产持有阶段计税基础和会计计量不同形成差异及调整。

企业各项资产持有阶段计税基础和会计计量不一致，需要在《资产折旧、摊销纳税调整表》调整的业务包括：

（1）企业在资产持有阶段资产提取了减值准备。

（2）按照会计准则规定，企业在资产持有阶段确认为以公允价值计量的投资性房地产。

（二）资产折旧和摊销的构成要件不同形成的差异及调整

资产（包括固定资产、无形资产和生产性生物资产）持有阶段，如果资产折旧和摊销的构成要件不同，则所得税和会计在成本、费用确认的处理上产生差异。在资产（包括固定资产、无形资产和生产性生物资产）计税基础和账面价值相等的前提下，资产折旧、摊销的要件的差异及需要调整的事项如下。

1. 固定资产折旧所得税和会计构成要见差异及调整。

固定资产折旧方法的确定，会计准则的规定相对灵活，税法规定除符合企业所得税优惠条件可以采取加速折旧方法，一般采取直线法；固定资产净残值企业所得税和会计准则仅做出了原则性的规定，企业所得税对固定资产净残值的确定可以采取会计的方法；固定资产折旧年限会计准则只是原则性地要求企业应当根据固定资产的性质和使用情况，合理确定固定资产的使用寿命，企业所得税法规以列举的方法对不同类型的固定资产规定了固定资产计算折旧的最低年限；固定资产折旧提取的起止时间会计和企业所得税一致。

由于企业所得税法规对固定资产的使用时间、残值以及折旧方法进行了限定，如果出现所得税和会计处理不同，则企业所得税和会计在固定资产折旧的处理上出现差异，差异的性质为暂时性差异。

［例 13－2］详见第八章［例 8－7］。某机器制造有限公司 2007 年 12 月 31 日购入

的一台管理用设备，原始价值168 000元，原估计使用年限为8年，预计净残值为8 000元，按直线法计提折旧。根据企业所得税法规规定，此项设备所得税提取折旧的时间应不低于5年，该设备会计提取折旧的时间为8年，符合税法规定。2011年末，对固定资产的使用年限和预计净残值进行复核。由于技术因素该设备已不能继续按原定使用年限计提折旧，于2012年1月1日将该设备的折旧年限改为6年。以2008年和2012年、2013年的业务处理为例的分析。

为简化业务处理，假设在《资产折旧、摊销纳税调整表》（表13－5）中反映上述纳税期所得税和会计差异调整（此表也可以作为固定资产纳税调整备查账）。

表13－5　　资产折旧、摊销纳税调整表　　单位：元

资产类别	资产原值		折旧、摊销年限		本期折旧、摊销额		纳税调整额
	账载金额	计税基础	会计	税收	会计	税收	
	1	2	3	4	5	6	7
固定资产							
A设备(2008年)	168 000	168 000	8	8	20 000	200 00	0
A设备(2009年)	0						
A设备(2010年)	0						
A设备(2011年)	0						
A设备(2012年)	88 000	88 000	2	4	40 000	20 000	20 000
A设备(2013年)	48 000	68 000	1	3	40 000	20 000	20 000
A设备(2014年)	0	48 000	0	2	0	20 000	－20 000
A设备(2015年)	0	28 000	0	1	0	20 000	－20 000

2. 无形资产摊销所得税和会计构成要见差异及调整。

无形资产摊销方法的确定，会计准则的规定相对灵活，税法的规定具体明确，一般采取直线法；无形资产摊销年限会计准则未做定量规定，企业所得税法规以列举的方法对不同类型的无形资产规定了无形资产计算摊销的最低年限；无形资产摊销提取的起止时间企业所得税和会计一致。

由于企业所得税法规对无形资产的使用时间、残值以及摊销方法进行了限定。如果出现所得税和会计处理不同，则企业所得税和会计在无形资产摊销的处理上出现差异，差异的性质为暂时性差异。

3. 生产性生物资产折旧所得税和会计构成要见差异及调整。

生产性生物资产折旧方法的确定，会计准则的规定相对灵活，税法的规定具体明确，一般采取直线法；生产性生物资产净残值企业所得税和会计准则仅做出了原则性的规定，企业所得税对生产性生物资产净残值的确定可以采取会计的方法；会计准则对生产性生物资产折旧年限未做定量规定，只是原则性地要求企业应当根据生产性生物资产的性质和使用情况，合理确定生产性生物资产的使用寿命，企业所得税法规以列举的方法对不同类型的生产性生物资产规定了生产性生物资产计算折旧的最低年限；生产性生物资产折旧提取的起止时间企业所得税和会计一致。

由于企业所得税法规对生产性生物资产的使用时间、残值以及旧方法进行了限定。如果出现所得税和会计处理不同，则企业所得税和会计在生产性生物资产折旧的处理

上出现差异，差异的性质为暂时性差异。

4. 固定资产后续支出（长期待摊费用）所得税和会计构成要见差异及调整。

固定资产后续支出（长期待摊费用）资本化确认企业所得税和会计的异同表现为：会计准则对固定资产后续支出资本化或费用化范围规定了确认原则；企业所得税对固定资产后续支出资本化范围确认，通过列举给出了具体操作要件。如果企业对当期一项固定资产后续支出企业所得税和会计对资本化确认出现差异，差异的性质为暂时性差异。固定资产后续支出资本化处理是形成“长期待摊费用”进行摊销，还是通过增加“固定资产”计价进行摊销，尽管企业所得税和会计规定不尽一致，但是业务处理的结果基本一致。

第三节 《资产减值损失项目调整明细表》（附表十）分析填报

一、《资产减值损失项目调整明细表》（附表十）构成

《资产减值损失项目调整明细表》（附表十）其基本构成详见表 13 – 6。

根据《中华人民共和国企业所得税法》及其实施条例、相关税收政策，以及国家统一会计制度的规定，填报各项资产减值准备、风险准备等准备金支出，以及会计处理与税收处理差异的纳税调整额。

二、《资产减值损失项目调整明细表》（附表十）填报依据和内容

（一）《资产减值准备项目调整明细表》填报依据和内容

资产减值损失是企业在资产负债表日，依据会计准则对资产判断是否存在可能发生减值的迹象；资产存在减值迹象的，应当进行减值测试资产可收回金额；可收回金额的计量结果表明，资产的可收回金额低于其账面价值的，应当以资产账面价值与其可收回金额之间的差额确认资产出现减值损失，计入当期损益，同时计提相应的资产减值准备。

根据企业所得税实施条例规定：“企业的固定资产以历史成本为计税基础。历史成本，是指企业取得该项资产时实际发生的支出。企业持有各项资产期间资产增值或者减值，除国务院财政、税务主管部门规定可以确认损益外，不得调整该资产的计税基础。”企业所得税对会计确认的固定资产减值损失不予确认，企业所得税前不允许扣除。

企业所得税和会计在资产减值损失的确认，即固定资产期末计量上存在差异，差异的性质为暂时性的差异。

（二）《资产减值准备项目调整明细表》各项目填报说明

本表“注：……”修改为：“1. 标有 * 或#的行次，纳税人分别按照适用的国家统一会计制度填报”。

第 1 列“期初余额”：填报纳税人按照国家统一会计制度核算的各项准备金期初数金额。

第 2 列“本期转回额”：填报纳税人按照国家统一会计制度核算价值恢复、资产转

让等原因转回的准备金本期转回金额。

第3列“本期计提额”：填报纳税人按照国家统一会计制度核算资产减值的准备金本期计提数的金额。

第4列“期末余额”：填报纳税人按照国家统一会计制度核算的各项准备金期末数的金额。

第5列“纳税调整额”：金额等于本表第3列－第2列。当第5列>0时，进行纳税调增；第5列<0时，进行纳税调减。

三、《资产减值准备项目调整明细表》与《纳税调整明细表》关系

《资产减值准备项目调整明细表》第17行“合计”第5列“纳税调整额”>0时，形成纳税调增的结果，计入《纳税调整明细表》第51行“准备金调整项目”第3列“纳税调增”。

《资产减值准备项目调整明细表》第17行“合计”第5列“纳税调整额”<0时，形成纳税调减的结果，计入《纳税调整明细表》第51行“准备金调整项目”第4列“纳税调减”。如表13－6。

表13－6　企业所得税年度纳税申报表（附表十）

资产减值准备项目调整明细表

填报时间：　　年　　月　　日　　　　金额单位：元（列至角分）

行次	准备金类别	期初余额	本期转回额	本期计提额	期末余额	纳税调整额
		1	2	3	4	5
1	坏(呆)账准备					
2	存货跌价准备					
3	其中:消耗性生物资产减值准备					
4	＊持有至到期投资减值准备					
5	＊可供出售金融资产减值		——			
6	#短期投资跌价准备					
7	长期股权投资减值准备					
8	＊投资性房地产减值准备					
9	固定资产减值准备					
10	在建工程(工程物资)减值准备					
11	＊生产性生物资产减值准备					
12	无形资产减值准备					
13	商誉减值准备					
14	贷款损失准备					
15	矿区权益减值					
16	其他					
17	合计					

注:表中＊项目为执行新会计准则企业专用;表中加#项目为执行企业会计制度、小企业会计制度的企业专用。

经办人(签章):　　　　法定代表人(签章):

四、《资产减值损失项目调整明细表》主要填报业务的分析

（一）会计提取资产减值准备所得税和会计差异及调整

资产负债表日会计在符合资产减值损失的条件下，对提取资产减值准备，企业所得税和会计对此项业务处理的差异表现为：其一，企业所得税对会计上提取资产减值准备不予确认所得税和会计处理的差异认为暂时性差异，在《资产减值损失项目调整明细表》填报，并将其结果填入《纳税调整明细表》的51行“准备金调整项目”；其二，企业所得税资产的计税基础不发生变化。

［例13－3］某家电生产企业甲企业2008年末在对专利权的账面价值进行检查时，发现市场上已存在类似专利技术所生产的产品，从而对甲企业产品的销售造成重大不利影响。该专利权为企业自行研发，形成时间为2007年1月，根据相关法律，该无形资产的有效年限到2012年底，原入账价值为9 800万元，已累计摊销2 800万元（包括2008年摊销额），该专利权的摊余价值为7 000万元，剩余摊销年限为5年。按2008年末的技术市场的行情，如果甲企业将该专利权予以出售，在扣除发生的律师费和其他相关税费后，可以获得6 000万元。

（1）会计处理。

2008年底无形资产可回收金额的计量。专利权的可收回金额应是6 000万元。

确认减值损失。用专利权的账面余值减去专利权的可回收金额，提取无形资产减值准备为1 000万元（7 000万元－6 000万元）。

有关计提减值准备的账务处理为：

借：资产减值损失——计提无形资产减值准备　　10 000 000

　贷：无形资产减值准备　　10 000 000

（2）企业所得税处理及企业所得税和会计差异的分析。

其一，2008年底，企业所得税税前扣除时，对企业提取且记入“资产减值损失”的无形资产减值准备1 000万元不予确认，在《纳税调整备查账》中记录（详见表13－8）。

其二，无形资产的计税基础（余值）为7 000万元，会计提取减值准备后的无形资产的计价为6 000万元在《纳税调整备查账》（详见表13－12）记录。

（3）纳税申报表的填报。

①《资产减值损失项目调整明细表》填报。

根据《纳税调整备查账》（详见表13－8），因企业当期“资产减值损失”科目的借方发生额为1 000万元，在《资产减值准备项目调整明细表》的第12行“无形资产减值准备”的第3列“本期计提额”计入1 000万元。

如果资产减值没有期初发生额，资产减值没有本期转回额则第5列“纳税调整”计入调增额1 000万元（详见表13－7）。

表 13－7　　　　资产减值准备项目调整明细表单位：　　　　单位：万元

行次	准备金类别	期初余额	本期转回额	本期计提额	期末余额	纳税调整额
		1	2	3	4	5
…	……					
12	无形资产减值准备	0	0	1 000	1 000	1 000
…	……					
17	合计					1 000

②《纳税调整明细表》的填报。

根据《资产减值损失项目调整明细表》“合计”数1 000万元，填报计入《纳税调整明细表》的51 行“准备金调整项目”第3 列“调增金额”1 000万元。

（二）提取减值准备的资产使用期间所得税和会计差异及调整

在会计上在提取减值准备的固定资产、无形资产及生产性生物资产使用期间，会计上对上述资产以扣除减值准备后的余额继续提取折旧和摊销；所得税处理按原资产计税基础提取折旧和摊销。会计和税收处理的差异在《资产折旧、摊销纳税调整表》填报时进行纳税调减的处理。

［例 13－4］接［例 13－3］。企业 2009 年对该专利权进行摊销。

（1）企业会计处理。

2009 年无形资产摊销额＝（7 000－1 000）÷5＝1 200（万元），企业无形资产摊销的会计处理为：

借：管理费用　　　　12 000 000

　贷：累计摊销　　　　12 000 000

（2）企业所得税处理及企业所得税和会计差异分析。

2009 年企业税前允许扣除的无形资产摊销额＝9 800÷7＝1 400（万元）。

企业会计处理无形资产摊销额为1 200万元，且记入管理费用，企业所得税和会计的处理出现差异。税收处理和会计处理的差异，通过设置《纳税调整备查账》记录（详见表 13－8）。

表 13－8　　　　纳税调整备查账（无形资产摊销）　　　　单位：万元

日　期	凭证号	业务摘要	会计减值损失	摊销		纳税调增	纳税调减
				会计	所得税		
2007. 12	略	摊销		1 400	1 400		
2008. 12	略	摊销		1 400	1 400		
2008. 12	略	确认减值	1 000			1 000	
2009. 12	略	摊销		1 200	1 400		200

（3）纳税申报表的填报。

《资产折旧、摊销纳税调整表》。根据《纳税调整备查账》在《资产折旧、摊销纳税调整表》第 15 行“无形资产摊销”的各列填入相应数据，见表 13－9。

《纳税调整明细表》。根据《资产折旧、摊销纳税调整表》，将纳税调减额 200 万元，计入《纳税调整明细表》第46行“无形资产摊销”的“纳税调减”项目。

表13－9　　资产折旧、摊销纳税调整表　　单位：万元

行次	资产类别	资产原值		折旧、摊销年限		本期折旧、摊销额		纳税调整额
		账载金额	计税基础	会计	税收	会计	税收	
		1	2	3	4	5	6	7
14	……							
15	四、无形资产摊销	6 000	9 800	5	7	1 200	1 400	－200
16	……							

（三）提取减值准备的资产处置或部分减值准备转回所得税和会计差异及调整

会计对提取减值准备的资产处置或者部分减值准备的资产减值因素消失，减值准备转回时，会计和税收处理出现的差异为以前差异的转回。会计和税收处理的差异在《资产减值损失项目调整明细表》填报。

[例13－5] 接[例13－4]。企业2010年1月将该专利权出售，价款4 000万元已入账。

(1) 会计处理。

该专利权累计摊销额＝2 800＋1 200＝4 000（万元）

2010年1月1日出售时，该专利权累计摊销额4 000万元。无形资产转让损失计算如下（详见表13－10）：

收入：	4 000
减：无形资产净值	4 800
其中：无形资产原值	9 800
已提摊销额	4 000
减值准备	1 000
营业税	200
差额	－1 000

会计上确认和计量的无形资产转让损失为1 000万元。出售该专利权的账务处理为：

借：银行存款	40 000 000	
无形资产减值准备	10 000 000	
累计摊销	40 000 000	
营业外支出——处置非流动资产损失	10 000 000	
贷：无形资产——专利权		98 000 000
应交税费——应交营业税		2 000 000

(2) 企业所得税处理及企业所得税和会计差异分析

2010年，企业将专利权转让时，应纳营业税＝4 000×5%＝200（万元）；企业所得税无形资产转让结果计算详见表13－10，企业所得税和会计无形资产处置损益的差异，通过设置《纳税调整备查账》记录（详见表13－10）。

表 13－10 纳税调整备查账（无形资产处置） 单位：万元

日期	凭证号	业务摘要	收入	营业税	配比成本（摊余价值）		无形资产处置损益		纳税调减
					会计	所得税	会计	所得税	
2010.1	略	出售无形资产	4 000	200	4 800	5 600	－1 000	－1 800	800

（3）纳税申报表的填报。

①《资产减值损失项目调整明细表》填报。

因企业当期“无形资产减值准备”科目的贷方发生额为1 000万元，在《资产减值准备项目调整明细表》的第12行“无形资产减值准备”的第2列“本期转回”计入1 000万元。

如果资产本期减值没有发生额，则第5列“纳税调整”合计数计入－1 000万元（详见表13－11）。

表 13－11 资产减值准备项目调整明细表

填报时间： 年 月 日 金额单位：万元

行次	准备金类别	期初余额	本期转回额	本期计提额	期末余额	纳税调整额
		1	2	3	4	5
…	……					
12	无形资产减值准备	1 000	1 000	0	0	－1 000
…	……					
17	合计					－1 000

②《纳税调整明细表》的填报。

根据《资产减值损失项目调整明细表》“合计”数－1 000万元，填报计入《纳税调整明细表》的51行“准备金调整项目”第四列“调减金额”1 000万元。

（4）2008～2009年企业所得税费用会计核算。

2008年无形资产的计税基础（余值）为7 000万元，会计提取减值准备后的无形资产的计价为6 000万，所得税和会计在无形资产计价上的差异为可抵扣暂时性差异，当期形成递延所得税资产。业务的处理详见表13－12。

2008年递延所得税会计核算的账务处理为：

借：递延所得税资产 250 000

　贷：所得税费用——递延所得税费用 250 000

2009年递延所得税会计核算的账务处理为：

借：所得税费用——递延所得税费用 50 000

　贷：递延所得税资产 50 000

2010年递延所得税会计核算的账务处理为：

借：所得税费用——递延所得税费用 200 000

　贷：递延所得税资产 200 000

表 13-12　　纳税调整备查账（无形资产计价）　　单位：万元

	2007 年 1 月	2007 年 12 月	2008 年 12 月	2009 年 12 月	2010 年 12 月
计税基础	9 800	8 400	7 000	5 600	0
会计计价	9 800	8 400	6 000	4 800	0
递延所得税资产			1 000×25% =250	800×25% =200	0
递延所得税资产转回				200-250 =-50	0-200=-200

第四节　《长期股权投资所得（损失）明细表》（附表十一）分析填报

一、《长期股权投资所得（损失）明细表》构成

本表反映长期股权投资三个阶段的业务内容（见表 13-13）。

其一，投资取得阶段的投资成本。在表中反映投资取得的会计成本和计税基础。

其二，投资持有阶段的投资收益。在表中反映投资持有阶段会计确认的股息红利和所得税确认的股息红利金额及免税的股息红利收入。

其三，投资转让阶段。在表中反映投资转让的收入分别与会计投资成本配比形成的投资转让收益，以及投资转让收入与计税投资成本配比形成的投资转让损益。

二、《长期股权投资所得（损失）明细表》填报依据和内容

（一）《长期股权投资所得（损失）明细表》填报依据

根据《中华人民共和国企业所得税法》及其实施条例、相关税收政策，以及国家统一企业会计制度的规定，填报会计核算的长期股权投资成本、投资收益及其税收处理，以及会计处理与税收处理差异的纳税调整额。

（二）《长期股权投资所得（损失）明细表》有关项目填报说明

1. 第 2 列“期初投资额”：填报对被投资企业的投资的期初余额。

2. 第 3 列“本年度增（减）投资额”：填报本纳税年度内对同一企业股权投资增减变化金额。

3. 第 4 列“初始投资成本”：填报纳税人取得长期股权投资的所有支出的金额，包括支付的货币性资产、非货币性资产的公允价值及支付的相关税费。

4. 第 5 列“权益法核算对初始投资成本调整产生的收益”：填报纳税人采取权益法核算，初始投资成本小于取得投资时应享有被投资单位可辨认净资产公允价值份额的差额计入取得投资当期的营业外收入的金额。

5. 第 6 列“会计核算投资收益”：填报纳税人按照国家统一会计制度核算的投资收益的金额。本行根据“投资收益”科目的数额计算填报。

6. 第 7 列“会计投资损益”：填报纳税人按照国家统一会计制度核算的扣除投资转

表 13 - 13

所得税年度纳税申报表（附表十一）
长期股权投资所得（损失）明细表

填报时间：　　　年　　月　　日　　　　　　　　　　　　　　　　金额单位：元（列至角分）

行次	被投资企业	期初投资额	本年度增（减）投资额	投资成本		股息红利					投资转让所得（损失）					
				初始投资成本	权益法核算对初始投资成本调整产生的收益	会计核算投资收益	会计投资损益	税收确认的股息红利		会计与税收的差异	投资转让净收入	投资转让的会计成本	投资转让的税收成本	会计上确认的转让所得或损失	按税收计算的投资转让所得或损失	会计与税收的差异
								免税收入	全额征税收入							
	1	2	3	4	5	6(7+14)	7	8	9	10(7-8-9)	11	12	13	14(11-12)	15(11-13)	16(14-15)
1																
2																
3																
合计																

投资损失补充资料

行次	项目	年度	当年度结转金额	已弥补金额	本年度弥补金额	结转以后年度待弥补金额	备注：
1		第一年					
2		第二年					
3		第三年					
4		第四年					
5		第五年					
以前年度结转在本年度税前扣除的股权投资转让损失							

经办人（签章）：　　　　　　　　　　法定代表人（签章）：

让损益后的金额。

7. 第8、9列“税收确认的股息红利”：填报纳税人在纳税本年度取得按照税收规定确认的股息红利的金额。对于符合税收免税规定条件的股息红利，填入第8列“免税收入”，不符合的填入第9列“全额征税收入”。

8. 第11列“投资转让净收入”：填报纳税人因收回、转让或清算处置股权投资时，转让收入扣除相关税费后的金额。

9. 第12列“投资转让的会计成本”：填报纳税人因收回、转让或清算处置股权投资时，按照国家统一会计制度核算核算的投资转让成本的金额。

10. 第13列“投资转让的税收成本”：填报纳税人因收回、转让或清算处置股权投资时，按税收规定计算的投资转让成本的金额。

11. 第14列“会计上确认的转让所得或损失”：填报纳税人按照国家统一会计制度核算的长期股权投资转让所得或损失的金额。

12. 第15列“按税收计算的投资转让所得或损失”：填报纳税人因收回、转让或清算处置股权投资时，按税收规定计算的投资转让所得或损失。

（三）“投资损失补充资料”填报说明

本部分主要反映投资转让损失历年弥补情况。如“按税收计算投资转让所得企业活损失”与“税收确认的股息红利”合计数大于零，可弥补以前年度投资损失。

1. “年度”：分别填报本年度前5年自然年度。

2. “当年度结转金额”：当年投资转让损失需结转以后年度弥补的金额。

3. “已弥补金额”：已经用历年投资收益弥补的金额。

4. “本年度弥补金额”：本年投资所得（损失）合计数为正数时，可按顺序弥补以前年度投资损失。

5. “以前年度结转在本年度税前扣除的股权投资转让损失”：填报本年度弥补金额合计数+第一年结转填入附三表中“投资转让所得、处置所得”调减项目中。

三、长期股权投资业务与其他纳税申报表附表的关系

（一）长期股权投资业务与《纳税调整明细表》

1. 长期股权投资业务与《纳税调整明细表》收入类项目。

投资资产取得初始阶段，如果企业以非同一控制形式取得投资资产，由于会计投资成本小于享有被投资企业可辨认净资产的份额，对投资成本进行调整，同时差额计入“营业外收入”，形成所得税和会计的差异，在《长期股权投资所得（损失）明细表》第5列“权益法核算对初始投资成本调整产生的收益”中填列，同时在《纳税调整明细表》（收入类调整项目）第6行“按权益法核算长期股权投资对初始投资成本调整确认收益”中填列当期纳税调减额。

投资资产持有阶段，如果企业股息、红利符合免税条件，应在《税收优惠明细表》（附表四）第三行“符合条件的居民企业之间的股息、红利等权益性投资收益”，同时将其结果计入《纳税调整明细表》14行“免税收入”。

投资资产持有阶段，如果企业采取权益法进行会计核算，本期无税收口径的股息红利，则会计确认的“投资收益”或“投资损失”在《纳税调整明细表》表第7行

“按权益法核算的长期股权投资持有期间的投资损益”确认为“调减金额”或“调增金额”。投资资产持有阶段，如果企业采取权益法进行会计核算，本期有税收口径的股息红利，对会计确认的“投资收益”或“投资损失”在《纳税调整明细表》表第7行“按权益法核算的长期股权投资持有期间的投资损益”确认为“调减金额”或“调增金额”；同时应在《纳税调整明细表》第19行“其他”项目中填列税收口径的权益性投资的股息、红利所得。详见本节［例13－10］分析。

2. 长期股权投资业务与《纳税调整明细表》资产类项目。

投资资产转让阶段，如果所得税和会计对投资转让收入确定或者配比成本确定出现差异，差异产生的纳税调增或纳税调减的结果在《纳税调整明细表》第47行“投资转让、处置所得”中填列。详见本节［例13－11］分析。

投资资产转让阶段，如果所得税出现投资转让损失，则产生的纳税调增结果在《纳税调整明细表》第47行“投资转让、处置所得”中填列；以后期当对投资转让损失进行弥补时，产生的纳税调减的结果在《纳税调整明细表》第47行“投资转让、处置所得”中填列。

3. 长期股权投资业务与《纳税调整明细表》准备金类项目。

投资资产持有阶段，如果根据会计准则对企业的长期股权投资提取了减值准备，应在《资产减值准备项目调整明细表》（附表十）第7行“长期股权投资减值准备”中填列“本期计提额”，如果“长期股权投资减值准备”无“期初余额”和“本期转回额”，则当期形成纳税调增结果，填入第5列。同时将其结果填入《纳税调整明细表》51行“准备金调整项目”，“纳税调增”项目下。详见本节［例13－12］分析。

（二）长期股权投资业务与其他纳税申报表附表的关系

如果企业取得股息、红利符合免税条件，应填列《税收优惠明细表》（附表四）第三行“符合条件的居民企业之间的股息、红利等权益性投资收益”。

如果企业对长期股权投资提取了减值准备，应在《资产减值准备项目调整明细表》（附表十）中，填列相应业务内容。

四、《长期股权投资所得（损失）明细表》主要填报业务的分析

（一）长期股权投资初始计量所得税和会计差异及调整

长期股权投资初始计量所得税和会计需要调整的差异及调整的方法如下：

1. 非同一控制下企业合并取得长期股权投资初始计量所得税和会计差异及调整。

购买日投资成本不需调整，非同一控制下企业合并长期股权投资初始计量，企业所得税和会计为市场公允价和支付的相关税费。

购买日投资成本需要调整。非同一控制下企业合并长期股权投资，长期股权投资的初始投资成本小于投资时应享有被投资单位可辨认净资产公允价值份额确认的差额应当计入当期损益（贷：营业外收入），同时调整长期股权投资的初始投资成本。企业所得税和会计对投资成本的确定产生差异，差异的性质为暂时性差异。

上述差异应在《长期股权投资所得（损失）明细表》第2列“期初投资额”填列会计成本，第4列“初始投资成本”中填列计税基础，在第5列“权益法核算对初始投资成本调整产生的收益”中填列。并将相应数据结转到《纳税调整明细表》第6行

“按权益法核算长期股权投资对初始投资成本调整确认收益”，做纳税调减的处理。

[例 13－6] 甲、A 两家公司属非同一控制下的独立公司。甲公司于 2008 年 1 月 1 日对 A 企业投资 800 万元，取得 A 企业 60% 的股份。假设被投资 A 企业可辨认净资产公允价值为2 000万元。

(1) 会计处理。

甲公司在购买日享有 A 企业可辨认净资产份额为1 200万元（2 000×60%），会计投资成本小于享有 A 企业可辨认净资产的份额差额 400 万元（800－1 200），需要对投资成本进行调整，差额400 万元作为当期损益处理。

借：长期投资成本——投资成本　　8 000 000

　贷：银行存款　　8 000 000

借：长期股权投资——投资成本　　4 000 000

　贷：营业外收入　　4 000 000

(2) 企业所得税处理。

上述业务企业所得税确认计税基础为 800 万元，所得税对会计反映营业外收入增加不予确认。

(3) 企业所得税和会计差异分析。

第一，投资资产企业所得税和会计计价不同，企业所得税的计税投资成本（计税基础）为 800 万元，会计的投资成本为1 200元。企业应设置纳税调整备查账记录投资资产的计税基础（详见表 13－15）。

第二，会计反映营业外收入增加，企业所得税不予确认，企业所得税和会计出现差异，差异的性质为暂时性差异。

(4) 纳税申报表填报。

《长期股权投资所得（损失）明细表》。根据《纳税调整备查账》，投资资产企业所得税和会计计价的差异在《长期股权投资所得（损失）明细表》填列（见表 13－14）。

表 13－14　　长期股权投资所得（损失）明细表

填报时间：2008 年 1 月 1 日　　单位：万元

行次	被投资企业	期初投资额	本年增减投资额	投资成本		股息红利	投资转让所得(损失)					
				初始投资成本	权益法核算对初始投资成本调整产生的收益	…	投资转让净收入	投资转让会计成本	投资转让税收成本	会计上转让所得或损失	按税收计算的投资转让所得或损失	会计与税收的差异
	1	2	3	4	5	…	11	12	13	14 (11－12)	15 (11－13)	16 (14－15)
1	A	1 200		800	400							
合计												

《纳税调整明细表》。《纳税调整明细表》第6行“按权益法核算长期股权投资对初始投资成本调整确认收益”，根据《长期股权投资所得（损失）明细表》第5列“权益法核算对初始投资成本调整产生的收益”填列，第4列“调减金额”为400万元。

2. 同一控制下企业合并取得长期股权投资初始计量所得税和会计的差异及调整。

同一控制下的企业合并长期股权投资初始计量，会计按照取得被合并方所有者权益账面价值的份额，作为长期股权投资的初始投资成本；企业所得税按公允价值确认投资初始成本（投资计税基础）。企业所得税和会计对同一控制下的企业合并长期股权投资初始计量不同，企业所得税和会计的差异为永久性差异。

同一控制下的企业合并取得长期股权投资初始计量所得税和会计的差异，对企业当期所得税汇算清缴的纳税申报填报不产生影响。

上述差异应在《长期股权投资所得（损失）明细表》第4列“初始投资成本”中填列。

[例13－7] 详见第十二章［例12－3］。甲、乙两家公司同属丙公司的子公司。甲公司于2008年3月1日以货币资金1 000万元取得乙公司60%的股份。乙公司2008年3月1日所有者权益为2 000万元。会计投资的初始投资成本为＝2 000×60%＝1 200（万元），该成本与货币资金1 000万元的差额200万元应确认为资本公积的增加。企业所得税和会计差异调整处理如下。

（1）企业设置纳税调整备查账记录所得税和会计处理的差异。

投资资产企业所得税和会计计价不同，企业所得税的计税投资成本（计税基础）为1 000万元，会计的投资成本为1 200元。企业应设置台账（纳税调整备查账）记录投资资产的计税基础（见表13－15）。

表13－15　　纳税调整备查账（投资资产计税基础）　　单位：万元

日　期	凭证号	业务摘要	计税基础	会计账面价值	差异性质
2008.1.1	略	购买A公司股权	800	1 200	暂时性差异
2008.3.1	略	购买乙公司股权	1 000	1 200	永久性差异
……					

（2）纳税申报表填报。

《长期股权投资所得（损失）明细表》。根据《纳税调整备查账》投资资产企业所得税和会计计价的差异在《长期股权投资所得（损失）明细表》第2列“期初投资额”填列会计成本1 200万元，第4列“初始投资成本”中填列计税基础1 000万元。

3. 以非货币性资产对外投资初始计量所得税和会计的差异及调整。

企业以非货币性资产对外投资属于非货币性资产交换，依据《企业会计准则7号——非货币性资产交换》，如果交换不具有商业实质或者公允价值不可以可靠计量，则所得税和会计处理不同，企业所得税和会计的差异应确认为暂时性差异。

[例13－8] 2008年5月10日某汽车生产企业将自产的汽车20辆投资到子公司，市场价为50万元，成本价为30万元，消费税税率5%。

(1) 税收分析。

根据相关税法的规定，上述业务发生涉及以下税收事项。

增值税：将自产的货物用于对外投资，属于增值税的视同销售。增值税的销项税额 = 10 000 000 × 17% = 1 700 000（元）

消费税：将自产的应税消费品用于投资，属于消费税的自产自用。应纳消费税 = 10 000 000 × 5% = 500 000（元）

企业所得税：将自产的货物用于投资，企业所得税处理为资产转让和投资两项业务。具体业务处理为：第一，形成企业所得税的视同销售收入10 000 000元，配比成本6 000 000元，配比消费税500 000元；第二，确认计税投资成本为11 700 000元。

(2) 会计处理。

根据《企业会计准则 7 号——非货币性资产交换》，上述业务为非货币性资产交换且不具有商业实质。

企业账务处理为：

借：长期股权投资　　8 200 000

　贷：库存商品　　6 000 000

　　应交税费——应交增值税（销项税额）　　1 700 000

　　应交税费——应交消费税　　500 000

企业会计上确认投资成本为 820 万元。

(3) 会计处理和企业所得税处理的比较分析。

因交换不具有商业实质或者公允价值不能够可靠计量，会计和税收处理产生差异表现为：其一，投资成本的确认，会计上确认投资成本为 820 万元，企业所得税为 1 170 万元，企业设置纳税调整备查账记录差异（表 13 - 16）；其二，企业所得税确认上述业务为视同销售，在当期填报企业所得税纳税申报表时，需要进行纳税调整，企业设置纳税调整备查账记录差异（表 13 - 17）。

表 13 - 16　纳税调整备查账（长期股权投资账面价值和计税基础）

单位：万元

日　期	凭证号	业务摘要	资产账面成本	资产计税成本	纳税调整(暂时性差异)
2008. 5. 10	略	产品对外投资(不具有商业实质)	820	1 170	投资资产处置时作纳税调减处理
……					

表 13 - 17　纳税调整备查账（收入项目）　单位：万元

日　期	凭证号	业务摘要	视同销售收入	视同销售成本	配比消费税	纳税调整(暂时性差异)
2008. 5. 10	略	产品投资(不具有商业实质)所得税视同销售	1 000	600	50	纳税调增
……						

(4) 纳税申报表填报。

①《长期股权投资所得（损失）明细表》填报。

投资资产企业所得税和会计计价不同，其差异在《长期股权投资所得（损失）明细表》第2列“期初投资额”填列会计成本1 200万元（应改为“820万元”），第4列“初始投资成本”中填列计税基础1 000万元（应改为“1 170万元”）。

②《收入明细表》、《成本费用明细表》和《纳税调整项目明细表》填报。

2009年企业所得税汇算清缴填报所得税纳税申报表时，企业应根据台账《纳税调整备查账》，在《收入明细表》14行“非货币性资产交换视同销售收入”，填报当期视同销售收入1 000万元；在《成本费用明细表》13行“非货币性资产交换视同销售成本”填入视同销售成本600万元。

同时将其结果填入《纳税调整项目明细表》。在《纳税调整项目明细表》第2行“视同销售收入（收入类调整项目）”第3列“调增金额”填入1 000万元；在21行“视同销售成本（扣除类项目）”第4列“调减金额”填入600万元；在《纳税调整明细表》（扣除类项目）40行“其他”的第4列“调减金额”填列应配比消费税50万元（因此项所得税视同销售收入应配比的消费税未计入会计的“营业税金及附加”账户）。

(5) 所得税会计核算。

2008年资产负债表日，企业应根据“纳税调整备查账”（表13－16）记录的投资资产计税基础大于会计账面价值的暂时性差异进行会计处理，差异确认为可抵扣暂时性差异，应计算递延所得税资产。如果企业本期其他业务涉及的资产和负债的计税基础和会计账面价值相同，则：

递延所得税资产＝（1 170－820）×25%＝87.5（万元）

账务处理为：

借：递延所得税资产　　875 000

　贷：所得税费用　　875 000

（二）长期股权投资持有阶段损益处理所得税和会计差异及调整

1. 成本法下投资收益计量所得税和会计差异及调整。

成本法下收益计量企业所得税和会计处理的差异主要表现为投资收益计量及股息红利处理的差异，企业所得税符合免税条件的股息红利，所得税和会计的形成差异，差异的性质为永久性差异。

符合免税条件的股息红利收入，首先计入《税收优惠明细表》（附表四）第3行“符合条件的居民企业之间的股息”，其次计入《长期股权投资所得（损失）明细表》第8列“免税收入”，同时将其结果计入《纳税调整明细表》14行“免税收入”的第4列“调减金额”。

［例13－9］A公司在2008年1月1日购入B公司发行的普通股股票20 000股，每股面值为10元，共支付价款24万元，另支付税费2 000元，取得B公司10%的股权，并计划长期持有，未取得控制权。2007年B公司获净利200万元。2008年5月8日宣告按每股面值的5%发放2008年度的现金股利。企业所得税和会计处理差异处理及纳税申报表填报如下。

所得税和会计确认投资计税基础和账面价值24万元，计入《长期股权投资所得（损失）明细表》第2列“期初投资额”和第4列“初始投资成本”。

所得税和会计确认当期投资性收益为200万元（应改为“20万元”）。根据企业所得税法规，企业当期取得的投资股息为免税收入，确认企业所得税免税收入10 000元，计入《长期股权投资所得（损失）明细表》第8列“免税收入”和《税收优惠明细表》（附表四）第三行“符合条件的居民企业之间的股息、红利等权益性投资收益”，同时将其结果计入《纳税调整明细表》14行“免税收入”。

2. 权益法下投资收益计量所得税和会计差异及调整。

权益法下投资收益计量企业所得税和会计处理的差异表现为投资收益确认时间和金额的差异。会计准则规定，企业应在每个会计年度末，按应享有的或应分担的被投资企业当年实现的净利润或发生的净亏损的份额，确认投资收益或损失，并相应调整投资账面价值，而被投资企业宣告发放现金股利时，企业会计上作冲减投资账面价值处理。税法规定，不论企业会计账务中对投资采取何种方法核算，被投资方做出利润分配决定时，投资方企业应确认投资所得的实现；被投资企业发生的亏损，由被投资企业按规定结转弥补，投资方企业不得调整减抵其投资成本，也不得确认投资损失。企业所得税和会计在投资收益确认上的差异为暂时性差异。企业所得税符合条件的股息红利免税，企业所得税和会计的差异为永久性差异。

所得税和会计的差异在《长期股权投资所得（损失）明细表》和相关的《税收优惠明细表》（附表四）及《纳税调整明细表》的相关项目中填列。

[例13-10] 详见第十二章 [例12-7]。A公司2008年1月1日购入D公司发行的普通股股票200 000股，每股面值为10元，共支付价款240万元，取得D公司25%的股权，并计划长期持有。2008年D公司获净利200万元。2009年5月8日宣告按每股面值的5%发放2008年度的现金股利。2009年D公司亏损100万元。A公司按权益法进行核算的会计处理。

（1）2008年取得长期股权投资业务的会计和所得税处理。

①会计和所得税差异分析。

1月投资取得阶段确认投资成本。会计和所得税确认投资成本为240万元。

2008年12月D公司获净利200万元的处理。

会计处理：年末会计调整长期投资账面价值50万元（200×25%），投资资产的账面余额为290万元，同时确认投资收益增加50万元。

企业所得税处理：其一，由于被投资企业没有做利润分配处理，所以企业所得税对会计上的投资收益不予确认；其二，投资资产的计税基础不发生变化。企业所得税和会计的差异为暂时性差异。

上述业务所得税和会计的差异在企业设置的“纳税调整备查账”中记录（见表13-18）。

②纳税申报表填报。

《长期股权投资所得（损失）明细表》。根据“纳税调整备查账”数据，在《长期股权投资所得（损失）明细表》第2列“期初投资额”填列会计长期股权投资账面价值290万元，在第4列“初始投资成本”填列投资资产的计税基础240万元；在《长期股权投资所得（损失）明细表》第7列“会计投资损益”填列会计确认的投资收益50万元。

《纳税调整明细表》。根据《长期股权投资所得（损失）明细表》数据，在《纳税调整明细表》第7行“按权益法核算的长期股权投资持有期间的投资损益”第4列“调减金额”填列50万元。

③所得税会计核算。

2008年资产负债表日，企业应根据“纳税调整备查账”（见表13－18）记录对投资资产计税基础小于会计账面价值的暂时性差异进行会计处理，差异确认为应纳税暂时性差异，计算递延所得税负债。如果企业本期其他业务涉及的资产和负债的计税基础和会计账面价值相同，则：

当期递延所得税负债＝（290－250）×25%＝10（万元）

账务处理为：

借：所得税费用　　100 000

　贷：递延所得税负债　　100 000

应改为：

当期递延所得税负债＝（290－240）×25%＝12.5（万元）

账务处理为：

借：所得税费用　　125 000

　贷：递延所得税负债　　125 000

（2）2009年D公司宣告分派股利10万元的所得税和会计处理。

①会计和所得税差异分析。

企业会计处理。企业会计上作冲减投资账面价值10万元，投资成本的余额为280万元。

企业所得税处理：其一，对D公司宣告分派股利确认股息所得10万元；其二，确认股息所得10万元为企业所得税免税收入；其三，投资资产的计税基础不发生变化。

上述业务所得税和会计的差异在企业设置的“纳税调整备查账”中记录（见表13－18）。

②纳税申报表填报。

《长期股权投资所得（损失）明细表》。根据“纳税调整备查账”数据，在《长期股权投资所得（损失）明细表》第2列“期初投资额”填列会计长期股权投资账面价值280万元，在第4列“初始投资成本”填列投资资产的计税基础240万元；根据“纳税调整备查账”数据，在《长期股权投资所得（损失）明细表》第7列“会计投资损益”填列会计0，在第8列“免税收入”填列10万元。

《纳税调整明细表》。对会计减少投资成本而所得税确认投资收入的业务，应在《纳税调整明细表》第7行“按权益法核算的长期股权投资持有期间的投资损益”项目第3列“调增金额”中填列税收口径的权益性投资的股息、红利所得10万元。

《税收优惠明细表》和《纳税调整明细表》。确认企业所得税免税收入10万元，计入《税收优惠明细表》（附表四）第3行“符合条件的居民企业之间的股息、红利等权益性投资收益”，同时将其结果10万元计入《纳税调整明细表》14行“免税收入”的第4列“调减金额”。

③所得税会计核算。

2009年资产负债表日，企业应根据“纳税调整备查账”（见表13－18）记录，对投资资产计税基础和会计账面价值的暂时性差异进行会计处理，差异确认为递延所得税负债转回。如果企业本期其他业务涉及的资产和负债的计税基础和会计账面价值相同，则：

当期递延所得税负债转回 = 10 - （255 - 240） ×25% = 10 - 3.75 = 6.25（万元）

账务处理为：

借：所得税费用　　62 500

　贷：递延所得税负债　　62 500

应改为：

当期递延所得税负债转回 = 12.5 - （280 - 240） ×25% = 12.5 - 10 = 2.5（万元）

账务处理为：

借：递延所得税负债　　25 000

　贷：所得税费用　　25 000

（3）2009 年末被投资方 D 公司亏损 100 万元的所得税和会计处理。

①会计和所得税差异分析。

会计处理：会计减少长期投资账面价值 25 万元（100 ×25%），长期股权投资的账面余额为 255 万元，同时确认投资损失 25 万元。

企业所得税处理：其一，对会计上因被投资方亏损，减少投资收益在所得税上不予确认；其二，投资资产的计税基础不发生变化。

上述业务所得税的差异在企业设置的“纳税调整备查账”中记录（见表 13 - 18）。

表 13 - 18　纳税调整备查账（A 公司购买、持有转让 D 公司股票）　单位：万元

日期	凭证号	业务摘要	企业所得税处理			会计处理			收益确认差异调整	所得税会计核算（递延所得税确认）
			投资计税基础	股息红利	免税投资收益	投资收益	本期投资成本增减	期末投资成本		
2008.1.1	略	购入 D 公司股票	240					240		
2008.12	略	按权益法确认投资收益	240	0		50	50	290	-50	递延所得税负债
2009.5.8	略	D 公司分配股利	240	10	10		-10	280	10	递延所得税负债转回
2009.12	略	D 公司亏损	240			-25	-25	255	25	递延所得税负债转回
2010.1	略	出售 D 公司股权	240	股权出售收入 300		股权出售收入 300		255	15	递延所得税负债转回

②纳税申报表填报。

《长期股权投资所得（损失）明细表》。根据“纳税调整备查账”数据，在《长期股权投资所得（损失）明细表》第 2 列“期初投资额”填列会计长期股权投资账面价值 255 万元，在第 4 列“初始投资成本”填列投资资产的计税基础 240 万元。根据“纳税调整备查账”数据，填列《长期股权投资所得（损失）明细表》第 7 列“会计投资收入” -25 万元，《纳税调整明细表》。根据《长期股权投资所得（损失）明细表》在《纳税调整明细表》第 7 行“按权益法核算的长期股权投资持有期间的投资损益”第 3 列“调增金额”中 填列 25 万元。

（三）长期股权投资处置所得税和会计的差异及调整

企业所得税和会计对投资处置损益确认的差异主要表现为：由于转让（处置）长期股权投资企业所得税和会计配比的计税基础和账面价值不同（主要表现为采取权益

法进行长期股权投资业务或者对长期股权投资资产提取了减值准备），资产处置损益的结果所得税和会计不同，需要进行纳税调整。企业所得税和会计处理出现差异为以前业务处理形成的暂时性差异的转回。

所得税和会计的差异在《长期股权投资所得（损失）明细表》和《纳税调整明细表》的相关项目中填列。

［例 13－11］接上例。2010 年 1 月，A 公司将 D 公司的股票转让，取得收入 300 万元。

（1）会计和所得税差异分析。

会计处理：会计确认股权转让取得收入 300 万元，配比成本 255 万元。

企业所得税处理：确认投资转让收入 300 万元，配比计税基础为 240 万元。

企业所得税和会计处理的差异表现为投资转让应配比的成本不同，当期纳税调增的金额为 15 万元，为以前所得税和会计暂时性差异的转回。上述业务所得税和会计的差异在企业设置的“纳税调整备查账”中记录（见表 13－18）。

（2）纳税申报表填报。

《长期股权投资所得（损失）明细表》。根据“纳税调整备查账”数据，填列《长期股权投资所得（损失）明细表》第 11 列、第 12 列、第 13 列、第 14 列及第 15 列相应项目（详见表 13－19）。

表 13－18　　长期股权投资所得（损失）明细表

填报时间：2010 年 1 月 10 日　　　　金额单位：万元

行次	被投资企业	期初投资额	本年增减投资额	投资成本		股息红利	投资转让所得(损失)					
				初始投资成本	…	…	投资转让净收入	投资转让会计成本	投资转让的税收成本	会计上确认的转让所得或损失	按税收计算的投资转让所得或损失	会计与税收的差异
	1	2	3	4	5	…	11	12	13	14 (11－12)	15 (11－13)	16 (14－15)
1		255		240		…	300	255	240	45	60	15
合计												

《纳税调整明细表》。根据《长期股权投资所得（损失）明细表》填列《纳税调整明细表》。《纳税调整明细表》第 47 行“投资转让、处置所得”第 3 列“调增金额”填列 15 万元。

（四）长期股权投资减值所得税和会计的差异及调整

企业根据会计准则确认的长期股权投资减值损失，在企业所得税上不予确认，不允许税前扣除。企业所得税和会计在此项业务处理上的差异表现为暂时性差异。

企业在《纳税调整备查账》中记录上述业务所得税和会计的差异，同时年终汇算清缴时，企业根据“纳税调整备查账”中记录的数据，在《资产减值准备项目调整明细表》（附表十）第 7 行“长期股权投资减值准备”中填列，将其结果填入《纳税调整明细表》51 行“准备金调整项目”。

[例 13－12] 2009 年 12 月 31 日甲公司对持有 B 公司的股权按市场收益率计算，该项长期股权投资在 2009 年 12 月 31 日预计未来现金流量现值为2 480万元。该长期股权投资的账面价值为3 000万元。

(1) 会计和所得税差异分析。

会计处理：根据上述资料，该长期股权投资减值 520 万元，当期长期股权投资的账面余额为2 480万元。

企业所得税处理：其一，企业所得税对企业计入资产减值损失的长期股权投资损失不予确认；其二，所得税的计税基础不变。上述业务企业所得税和会计处理的差异为暂时性差异，当期纳税调增额为 520 万元。企业在《纳税调整备查账》(表 13－20) 中记录上述业务所得税和会计的差异。

(2) 纳税申报表填报。

《长期股权投资所得（损失）明细表》。根据“纳税调整备查账”数据，在《长期股权投资所得（损失）明细表》第 2 列“期初投资额”填列会计长期股权投资账面价值2 480万元，在第 4 列“初始投资成本”填列投资资产的计税基础3 000万元。

《资产减值准备项目调整明细表》。根据“纳税调整备查账”中记录的数据，在《资产减值准备项目调整明细表》(附表十) 第 7 行“长期股权投资减值准备”中填列“本期计提额”520 万元，如果“长期股权投资减值准备”无“期初余额”和“本期转回额”，则当期形成纳税调增额 520 万元，填入第 5 列“调整金额”。

《纳税调整明细表》。根据《资产减值准备项目调整明细表》数据，在《纳税调整明细表》51 行“准备金调整项目”第 3 列“纳税调增”额填列 520 万元。

表 13－20　　纳税调整备查账（B 公司股权）　　单位：万元

日期	凭证号	业务摘要	企业所得税处理			会计处理			收益确认差异调整	所得税会计核算（递延所得税确认）
			投资计税基础	股息红利	免税投资收益	投资收益	本期投资成本增减	期末投资成本		
2008. 1. 1	略	……	3000					3000		
2008. 12	略	确认投资减值损失	3000				－520	2480	520	递延所得税资产
2009. 5. 8	略	投资处置	3000	投资处置收入 4000 万元		投资处置收入 4000 万元		2480	－520	递延所得税资产转回

应改为：

日期	凭证号	业务摘要	企业所得税处理			会计处理			收益确认差异调整	所得税会计核算（递延所得税确认）
			投资计税基础	股息红利	免税投资收益	投资收益	本期投资成本增减	期末投资成本		
2009. 1. 1	略	……	3000					3000		
2009. 12. 31	略	确认投资减值损失	3000				－520	2480	520	递延所得税资产
2010. 1	略	投资处置	3000	投资处置收入 4000 万元		投资处置收入 4000 万元		2480	－520	递延所得税资产转回

第五节　《纳税调整项目明细表》资产类及准备金调整项目构成及填报

一、《纳税调整项目明细表》资产及准备金项目构成、填报依据及填报内容

（一）《纳税调整项目明细表》资产及准备金类项目的构成

《纳税调整项目明细表》资产及准备金类调整项目，主要填报在企业资产持有阶段因资产的账面价值和计税基础差异形成的所得税和会计差异调整业务。

表 13－21　　企业所得税年度纳税申报表（附表三）

纳税调整明细表

填报时间：　　年　　月　　日　　　　金额单位：元（列至角分）

行次	项　目	账载金额	税收金额	调增金额	调减金额
		1	2	3	4
1	一、收入类调整项目	*	*		
2	……				
20	二、扣除类调整项目	*	*		
	……				
41	三、资产类调整项目	*	*		
42	1. 财产损失				
43	2. 固定资产折旧（填写附表九）	*	*		
44	3. 生产性生物资产折旧（填写附表九）	*	*		
45	4. 长期待摊费用的摊销（填写附表九）	*	*		
46	5. 无形资产摊销（填写附表九）	*	*		
47	6. 投资转让、处置所得（填写附表十一）	*	*		
48	7. 油气勘探投资（填写附表九）				
49	8. 油气开发投资（填写附表九）				
50	9. 其他				
51	四、准备金调整项目（填写附表十）	*	*		
	……				

（二）《纳税调整项目明细表》资产及准备金类项目填报依据及与其他附表的关系

《纳税调整项目明细表》资产类各项目填报依据其他企业所得税纳税申报表相关附表、会计核算资料和企业日常设置的资产类《纳税调整备查账》记录的数据填列。

1. 根据附表数据填列的项目。

（1）依据《资产折旧、摊销纳税调整明细表》（附表九）填报的项目。包括第 43 行“固定资产折旧”、第 44 行“生产性生物资产折旧”、第 45 行“长期待摊费用”、第 46 行“无形资产摊销”、第 48 行“油气勘探投资”和第 49 行“油气开发投资”。

(2) 依据《股权投资所得（损失）明细表》（附表十一）填列的项目为第47行“投资转让、处置所得”。

2. 根据日常记录填列的项目。

对没有通过相关附表反映的项目，需要通过企业会计核算的数据和企业日常设置的“纳税调整备查账”记录的所得税和会计差异的数据进行填报。主要包括下列项目：第42行“资产损失”和第50行“其他”。

(三)《纳税调整明细表》资产及准备金类项目填报说明

第41行“三、资产类调整项目”：填报资产类调整项目第42行至第50行的合计数。

第42行“1. 财产损失”：第1列“账载金额”填报纳税人按照国家统一会计制度确认的财产损失金额；第2列“税收金额”填报纳税人按照税收规定允许税前扣除的财产损失金额。如本行第1列≥第2列，第1列减去第2列的差额填入本行第3列“调增金额”；如本行第1列<第2列，第1列减去第2列的差额的绝对值填入第4列“调减金额”。

第43行“2. 固定资产折旧”：通过附表九《资产折旧、摊销纳税调整明细表》填报。附表九《资产折旧、摊销纳税调整明细表》第1行“固定资产”第7列“纳税调整额”的正数填入本行第3列“调增金额”；附表九《资产折旧、摊销纳税调整明细表》第1行“固定资产”第7列“纳税调整额”负数的绝对值填入本行第4列“调减金额”。

第44行“3. 生产性生物资产折旧”：通过附表九《资产折旧、摊销纳税调整明细表》填报。附表九《资产折旧、摊销纳税调整明细表》第7行“生产性生物资产”第7列“纳税调整额”的正数填入本行第3列“调增金额”；附表九《资产折旧、摊销纳税调整明细表》第7行“生产性生物资产”第7列“纳税调整额”的负数的绝对值填入本行第4列“调减金额”。

第45行“4. 长期待摊费用”：通过附表九《资产折旧、摊销纳税调整明细表》填报。附表九《资产折旧、摊销纳税调整明细表》第10行“长期待摊费用”第7列“纳税调整额”的正数填入本行第3列“调增金额”；附表九《资产折旧、摊销纳税调整明细表》第10行“长期待摊费用”第7列“纳税调整额”的负数的绝对值填入本行第4列“调减金额”。

第46行“5. 无形资产摊销”：通过附表九《资产折旧、摊销纳税调整明细表》填报。附表九《资产折旧、摊销纳税调整明细表》第15行“无形资产”第7列“纳税调整额”的正数填入本行第3列“调增金额”；附表九《资产折旧、摊销纳税调整明细表》第15行“无形资产”第7列“纳税调整额”的负数的绝对值填入本行第4列“调减金额”。

第47行“6. 投资转让、处置所得”：第3列“调增金额”和第4列“调减金额”通过附表十一《股权投资所得（损失）明细表》分析填报。

第48行“7. 油气勘探投资”：通过附表九《资产折旧、摊销纳税调整明细表》填报。附表九《资产折旧、摊销纳税调整明细表》第16行“油气勘探投资”第7列“纳税调整额”的正数填入本行第3列；附表九《资产折旧、摊销纳税调整明细表》第16行“油气勘探投资”第7列“纳税调整额”负数的绝对值填入本行第4列“调减金额”。

第49行“油气开发投资”：通过附表九《资产折旧、摊销纳税调整明细表》填报。附表九《资产折旧、摊销纳税调整明细表》第17行“油气开发投资”第7列“纳税调整额”的正数填入本行第 3 列；附表九《资产折旧、摊销纳税调整明细表》第 17 行“油气开发投资”第 7 列“纳税调整额”负数的绝对值填入本表第 4 列“调减金额”。第 1 列“账载金额”、第 2 列“税收金额”不填。

第 50 行“7. 其他”：填报企业财务会计处理与税收规定不一致、进行纳税调整的其他资产类项目金额。

第 51 行“四、准备金调整项目”：根据《资产减值准备项目调整明细表》（附表十）数据填报。《资产减值准备项目调整明细表》第 17 行“合计”第 5 列“纳税调整额”的正数填入本行第 3 列“调增金额”；《资产减值准备项目调整明细表》第 17 行“合计”第 5 列“纳税调整额”的负数的绝对值填入本行第 4 列“调减金额”。

二、《纳税调整项目明细表》资产及准备金类调整项目主要填报业务的分析

（一）资产持有阶段形成成本、费用所得税和会计的差异调整

1. 资产持有阶段因资产的账面价值和计税基础不同，形成当期所得税和会计的成本、费用的差异。主要包括固定资产折旧、生产性生物资产折旧、无形资产摊销和长期待摊费用摊销。

2. 资产持有阶段因资产折旧和摊销的构成要件不同，在资产（包括固定资产、无形资产和生产性生物资产）计税基础和账面价值相等的前提下，形成所得税和会计在成本、费用的差异。

对上述业务所得税和会计差异调整在《纳税调整明细表》资产类调整项目下的第 43 行“固定资产折旧”、第 44 行“生产性生物资产折旧”、第 45 行“长期待摊费用”和第 46 行“无形资产摊销”进行填列调整。数据来源为《资产折旧、摊销纳税调整明细表》（附表九）。

详见本节［例 13 – 1］和［例 13 – 2］分析。

（二）资产损失所得税和会计的差异调整

会计在“营业外支出”核算的部分业务企业所得税不确认为损失。企业所得税法规通过列举的方法，确认不允许扣除的支出具体包括：（1）税收滞纳金；（2）罚金、罚款和被没收财物的损失；（3）超过限额的公益性捐赠支出和非公益性捐赠支出；（4）企业发生的与生产经营活动无关的各种非广告性质的赞助支出；（5）与取得收入无关的其他支出。企业所得税和会计对上述业务形成的差异为永久性差异，在计算应纳税所得额时，进行纳税调增的处理。

如果会计确认的损失属于税务部门审批扣除的资产损失，未提供税法规定的证据资料经税务部门审批，则会计确认的损失和所得税出现差异，差异的性质为永久性差异。

对于资产损失确认和计量所得税和会计的差异在《纳税调整明细表》资产类调整项目第 42 行“资产损失”项目中调整，数据来源为企业会计核算数据和企业日常设置的“纳税调整备查账”记录的所得税和会计差异的数据。

［例 13 – 13］2009 年 12 月 A 企业（增值税一般纳税人）存货盘亏的金额为200 000 元，经企业内部审核，确认为当期损失。企业在 2010 年 2 月 14 日前未提供证据将损失报税务部门审批。

上述业务会计确认为损失 234 000 元，计入“营业外支出”账户，减少企业当期的

会计利润；但由于在《企业资产损失税前扣除管理办法》（国税发［2009］88 号）规定的期限前，企业未提供证据将损失报税务部门审批，所得税对存货盘亏的损失不予确认。所得税和会计出现差异，差异的性质为永久性差异，当期产生纳税调增的结果。

《纳税调整明细表》填报。对于资产损失确认和计量的所得税和会计差异在《纳税调整明细表》资产类调整项目第 42 行“资产损失”项目第 3 列“调增金额”填列 234 000元。

（三）资产转让所得税和会计的差异调整

在资产转让收入确认所得税和会计一致的前提下，资产转让所得税和会计的差异主要的原因为收入配比的资产计价不同。包括资产的初始计量不同、资产折旧或摊销的要素不同、资产提取了减值准备等。

1. 对于投资资产转让所得税和会计的差异在《纳税调整明细表》的第 47 行“投资转让、处置所得”调整。数据来源为《长期股权投资所得（损失）明细表》。

［例 13－14］接［例 13－12］。2010 年 1 月，A 公司将 B 公司的股票转让，取得收入2 000万元（应改为“4 000万元”）。

（1）会计和所得税差异分析。

会计处理：会计确认股权转让取得收入4 000万元，配比成本2 480万元。

企业所得税处理：确认投资转让收入4 000万元，配比计税基础为3 000万元。

企业所得税和会计处理的差异表现为投资转让应配比的成本不同，当期纳税调减的金额为 520 万元，为以前所得税和会计暂时性差异的转回。

上述业务所得税和会计的差异在企业设置的“纳税调整备查账”中记录（见表 13－20）。

（2）纳税申报表填报。

《长期股权投资所得（损失）明细表》。根据“纳税调整备查账”（表 13－20）数据，填列《长期股权投资所得（损失）明细表》第 11 列、第 12 列、第 13 列、第 14 列及第 15 列相应项目（见表 13－22）。

《纳税调整明细表》。根据《长期股权投资所得（损失）明细表》填列《纳税调整明细表》，《纳税调整明细表》第 47 行“投资转让、处置所得”第 4 列“调减金额”填列 520 万元。

表 13－22　　长期股权投资所得（损失）明细表

填报时间：2010 年 1 月 10 日　　金额单位：万元

行次	被投资企业	期初投资额	本年增减投资额	投资成本		股息红利	投资转让所得(损失)					
				初始投资成本	…	…	投资转让净收入	投资转让会计成本	投资转让的税收成本	会计上确认的转让所得或损失	按税收计算的投资转让所得或损失	会计与税收的差异
	1	2	3	4	5	…	11	12	13	14 (11－12)	15 (11－13)	16 (14－15)
1		2 480		3 000		…	4 000	2 480	3 000	1 520	1 000	520
合计												

2. 对其他资产转让损益所得税和会计的差异调整，因所得税纳税申报表没有对此设计专门的附表和专门的项目，所以应在《纳税调整明细表》的第50行“其他”项目中或在资产类调整项目第42行“资产损失”项目中调整调整。数据来源为企业会计核算数据和企业日常设置的“纳税调整备查账”记录的所得税和会计差异的数据。

[例13－15] 甲企业2008年12月31日对持有的交易性金融资产进行再计量，其中持有A公司债券期初账面价值为325 000元，期末公允价值为300 000元。2008年所得税和会计的差异记录在“纳税调整备查账”（见表13－23）。2009年2月企业将持有A公司债券出售，取得收入350 000元。

（1）会计处理。

借：银行存款　350 000

　　交易性金融资产——公允价值变动损益　25 000

　贷：交易性金融资产——成本　325 000

　　　投资收益　50 000

（2）企业所得税处理及企业所得税和会计差异分析。

企业所得税确认交易性金融资产的损益＝350 000－325 000＝25 000（元）

会计确认交易性金融资产的处置收益为50 000元，企业所得税确认投资收益为25 000，所得税和会计的差异产生纳税调减的结果，纳税调减为25 000元。上述业务企业所得税和会计处理出现的差异为以前业务处理形成的暂时性差异的转回。

表13－23　纳税调整备查账（交易性金融资产）　单位：元

日　期	凭证号	业务摘要	企业所得税处理		会计处理		
			计税基础	利息收入	账面价值(公允价值)	利息收入	公允价值变动损益
2008.12	略	A公司	325 000	10 000	300 000	10 000	25 000

（3）纳税申报表填报。

将上述所得税和会计的差异25 000元，在《纳税调整明细表》的第50行“其他”项目的第4列“调减金额”中填列。

（四）特殊资产处理所得税和会计的差异调整

对油气开发和油气勘探业务处理的所得税和会计的差异在第48行“油气勘探投资”和第49行“油气开发投资”中填列调整。数据来源为《资产折旧、摊销纳税调整明细表》(附表九)。

（五）资产提取减值准备所得税和会计的差异调整

《纳税调整项目明细表》准备金调整项目，填报企业根据会计准则对其持有的资产提取减值准备或减少资产减值准备，计入“资产减值损失”账户，形成的所得税和会计差异的调整业务。

对上述业务所得税和会计差异调整在《纳税调整明细表》51行“准备金调整项目”填列。数据来源为《资产减值准备项目调整明细表》

[例13－16] 详见第八章［例8－10］。某生产企业于2009年12月年自行建造一项生产用固定资产投入使用，该固定资产的原始价值为80 000元，预计使用年限为5

年，按直线法计提折旧。若该项固定资产在2012年底，因技术陈旧等原因，该固定资产的市场价值为20 000元，清理费用为10 000元，企业提取固定资产的减值准备12 000元。企业2013至2014年12月企业固定资产继续使用。企业所得税和会计差异调整处理如下。

(1) 企业设置纳税调整备查账记录所得税和会计处理的差异（表13－24、13－25）。

表13－24　　纳税调整备查账（固定资产折旧——A设备）　　单位：元

日　期	凭证号	业务摘要	会计减值损失	折旧		纳税调增	纳税调减
				会计	所得税		
2010.12	略	提取折旧		16 000	16 000		
2011.12	略	提取折旧		16 000	16 000		
2012.12	略	提取折旧		16 000	16 000		
2012.12	略	确认减值	12 000			12 000	
2013.12	略	提取折旧		10 000	16 000		6 000
2014.12	略	提取折旧		10 000	16 000		6 000

表13－25　　纳税调整备查账（固定资产计价——A设备）　　单位：元

	2010年12月	2011年12月	2012年12月	2013年12月	2014年12月
会计计价	80 000	64 000	48 000	20 000	10 000
计税基础	80 000	64 000	36 000	32 000	16 000

应改为：

	2009年12月	2010年12月	2011年12月	2012年12月	2013年12月
会计计价	80 000	64 000	48 000	20 000	10 000
计税基础	80 000	64 000	36 000	32 000	16 000

(2) 纳税申报表填报。

以2012年和2013年为例分析所得税纳税申报表填报：

①《资产减值损失项目调整明细表》填报。

2012年对企业当期“资产减值损失”科目的贷方发生额12 000元，在《资产减值准备项目调整明细表》的第9行“固定资产减值准备”的第2列“本期转回”计入12 000元。

如果资产本期减值没有发生额，则第5列“纳税调整”合计数计入12 000元。（详见表13－26）

表13－26　　资产减值准备项目调整明细表

填报时间：2012年12月31日　　金额单位：元

行次	准备金类别	期初余额	本期转回额	本期计提额	期末余额	纳税调整额
		1	2	3	4	5
…	……					
9	固定资产减值准备			12 000		12 000
…	……					
17	合计			12 000		12 000

②《资产折旧、摊销纳税调整表》填报。

2013年企业所得税汇算清缴填报所得税纳税申报表时，企业应根据“纳税调整备查账”填报《资产折旧、摊销纳税调整表》（见表13－27）。

表13－27 **企业所得税年度纳税申报表（附表九）**

资产折旧、摊销纳税调整明细表

填报时间：2013年12月31日　　金额单位：元

行次	资产类别	资产原值（调整后）		折旧、摊销年限		本期折旧、摊销额		纳税调整额
		账载金额	计税基础	会计	税收	会计	税收	
		1	2	3	4	5	6	7
1	一、固定资产			*	*			
…	……							
4	3. 与生产经营有关的器具工具家具	20 000	32 000	2	2	10 000	16 000	－6 000
…	……							

应改为：

行次	资产类别	资产原值（调整后）		折旧、摊销年限		本期折旧、摊销额		纳税调整额
		账载金额	计税基础	会计	税收	会计	税收	
		1	2	3	4	5	6	7
1	一、固定资产			*	*			
…	……							
4	3. 与生产经营有关的器具工具家具	10 000	16 000	1	1	10 000	16 000	－6 000
…	……							

③《纳税调整项目明细表》填报。

2012年根据《资产减值准备项目调整明细表》，在《纳税调整明细表》51行“准备金调整项目”第3列“调增金额”填列12 000元。

2013年根据《资产折旧、摊销纳税调整表》，在《纳税调整明细表》43行资产类调整项目第2项“固定资产折旧”第4列“调减金额”填列6 000元。（详见表13－28）

表13－28 **纳税调整明细表**

填报时间：2013年3月20日　　金额单位：元（列至角分）

行次	项　目	账载金额	税收金额	调增金额	调减金额
		1	2	3	4
41	三、资产类调整项目	*	*		
42	1. 财产损失				
43	2. 固定资产折旧（填写附表九）	*	*		6 000
……					

5

第五篇

企业重组所得税处理和相关纳税申报表分析填报

依据《中华人民共和国企业所得税法》第二十条和《中华人民共和国企业所得税法实施条例》（国务院令第512号）第七十五条规定，《关于企业重组业务企业所得税处理若干问题的通知》（财税［2009］59号）对企业重组所涉及的企业所得税具体处理问题做出了规定。本篇对企业重组的所得税、企业所得税和会计对重组业务处理的差异及相关纳税申报表填报进行分析。

第十四章　企业重组所得税处理和相关纳税申报表分析填报（一）

第一节　企业重组所得税处理的基本分析

一、企业重组的所得税形式

《关于企业重组业务企业所得税处理若干问题的通知》（财税［2009］59号）第一条规定：企业重组，是指企业在日常经营活动以外发生的法律结构或经济结构重大改变的交易，包括企业法律形式改变、债务重组、股权收购、资产收购、合并、分立等。

（一）企业法律形式改变

企业法律形式改变，是指企业注册名称、住所以及企业组织形式等的简单改变，但符合本通知规定其他重组的类型除外。

（二）债务重组

债务重组，是指在债务人发生财务困难的情况下，债权人按照其与债务人达成的书面协议或者法院裁定书，就其债务人的债务做出让步的事项。

（三）股权收购

股权收购，是指一家企业（以下称为收购企业）购买另一家企业（以下称为被收购企业）的股权，以实现对被收购企业控制的交易。收购企业支付对价的形式包括股权支付、非股权支付或两者的组合。

（四）资产收购

资产收购，是指一家企业（以下称为受让企业）购买另一家企业（以下称为转让企业）实质经营性资产的交易。受让企业支付对价的形式包括股权支付、非股权支付或两者的组合。

（五）企业合并

合并，是指一家或多家企业（以下称为被合并企业）将其全部资产和负债转让给另一家现存或新设企业（以下称为合并企业），被合并企业股东换取合并企业的股权或非股权支付，实现两个或两个以上企业的依法合并。

（六）企业分立

分立，是指一家企业（以下称为被分立企业）将部分或全部资产分离转让给现存或新设的企业（以下称为分立企业），被分立企业股东换取分立企业的股权或非股权支付，实现企业的依法分立。分立可以采取存续分立和新设分立两种形式。

二、企业重组所得税处理的基本原则和要点分析

企业重组业务的所得税处理是所得税较为复杂的业务，企业重组所得税法规的制定，遵循和体现了重组业务所得税处理的基本原则，建立了重组业务所得税处理的基本构架。

（一）企业重组业务所得税处理的一般原则

1. 企业所得税以资产所有权转移取得交换价值作为企业重组征税的基础。

从我国现行企业所得税法规规定分析，企业资产所有权转移，并且取得了确定的交换价值，应确认有关资产的转让所得或损失。"交换价值"的含义，是指资产所有权转移取得货币、非货币性资产和其他资产（或者称为其他经济利益）。

2. 体现经济合理性原则，对符合条件的重组可以选择特殊重组（免税重组）。

市场经济条件下，企业重组对企业的股东而言，一般是以不同的形式继续投资，只是投资的内容发生了变化。在投资者没有取得现金交换价值，实现资产变现的前提下，如果要确认资产转让所得并征税，企业事先需要筹资，这将导致企业重组困难。为了避免因征税对企业的改组行为和市场资源的合理配置造成阻碍，现行所得税法规规定，符合特殊重组条件的企业对重组过程中资产所有权转移产生的增值不确认所得额增加。

3. 遵循"中性原则"，特殊重组（免税重组）并非税收优惠。

税收"中性原则"对企业重组业务的税收处理表现为企业重组过程中的各方在不同的重组形式下税收待遇相同。现行企业所得税对企业重组确认的免税重组，并不意味着税收优惠，而是将企业资产转移过程中资产增值的纳税环节递延。

（二）企业重组所得税处理的基本要点（债务重组业务除外）

根据重组的形式不同，企业重组业务的所得税处理，需要确认以下所得税的基本要件，并进行相应的所得税处理：

1. 确认重组业务适用一般税务处理还是特殊税务处理。

2. 重组企业。重组企业重组后确认转入资产的计税基础；以非货币性资产作为重组对价（交换价值）是否确认损益。

3. 被重组企业。资产转移是否确认损益；取得重组对价（交换价值）的计税基础；企业纳税事项在重组后是否可以被承接。

4. 被重组企业股东转让股权取得交换价值的税收处理。

三、企业重组业务所得税处理的一般概念

（一）股权支付和非股权支付的税法界定

对于重组企业取得的交换价值的股权支付和非股权支付，《关于企业重组业务企业所得税处理若干问题的通知》（财税［2009］59号）第二条做出如下解释。

1. 股权支付。

股权支付，是指企业重组中购买、换取资产的一方支付的对价中，以本企业或其控股企业的股权、股份作为支付的形式；

2. 非股权支付。

非股权支付，是指以本企业的现金、银行存款、应收款项、本企业或其控股企业股权和股份以外的有价证券、存货、固定资产、其他资产以及承担债务等作为支付的形式。

（二）一般重组和特殊重组

1. 特殊重组。

《关于企业重组业务企业所得税处理若干问题的通知》（财税［2009］59号）第三条规定："企业重组的税务处理区分不同条件分别适用一般性税务处理规定和特殊性税务处理规定。"《关于企业重组业务企业所得税处理若干问题的通知》（财税［2009］59号）第五条规定：企业重组同时符合下列条件的，适用特殊性税务处理规定：

（1）具有合理的商业目的，且不以减少、免除或者推迟缴纳税款为主要目的。

（2）被收购、合并或分立部分的资产或股权比例符合本通知规定的比例。

（3）企业重组后的连续12个月内不改变重组资产原来的实质性经营活动。

（4）重组交易对价中涉及股权支付金额符合本通知规定比例。

（5）企业重组中取得股权支付的原主要股东，在重组后连续12个月内，不得转让所取得的股权。

同时符合上述条件的企业重组，企业可以选择特殊税务处理。

2. 一般重组。

企业重组不同时符合上述条件，或者符合上述特殊重组条件但企业选择了一般重组，适用一般重组税务处理规定。

（三）跨境特殊重组的税法界定

《关于企业重组业务企业所得税处理若干问题的通知》（财税［2009］59号）第七条规定：企业发生涉及中国境内与境外之间（包括港澳台地区）的股权和资产收购交易，除应符合本通知第五条规定的条件外，还应同时符合下列条件，才可选择适用特殊性税务处理规定：

1. 非居民企业向其100%直接控股的另一非居民企业转让其拥有的居民企业股权，没有因此造成以后该项股权转让所得预提税负担变化，且转让方非居民企业向主管税务机关书面承诺在3年（含3年）内不转让其拥有受让方非居民企业的股权。

2. 非居民企业向与其具有100%直接控股关系的居民企业转让其拥有的另一居民企业股权。

3. 居民企业以其拥有的资产或股权向其100%直接控股的非居民企业进行投资。

四、重组业务的所得税管理及特殊业务的处理

《关于企业重组业务企业所得税处理若干问题的通知》（财税［2009］59号）第十条规定：企业在重组发生前后连续12个月内分步对其资产、股权进行交易，应根据实质重于形式原则将上述交易作为一项企业重组交易进行处理。

《关于企业重组业务企业所得税处理若干问题的通知》（财税［2009］59号）第十一条规定：企业发生符合本通知规定的特殊性重组条件并选择特殊性税务处理的，当事各方应在该重组业务完成当年企业所得税年度申报时，向主管税务机关提交书面备案资料，证明其符合各类特殊性重组规定的条件。企业未按规定书面备案的，一律不得按特殊重组业务进行税务处理。

第二节　企业法律形式改变所得税处理和相关纳税申报表分析填报

一、企业法律形式改变重组所得税处理的法规分析

（一）企业法律形式改变重组所得税的含义

《关于企业重组业务企业所得税处理若干问题的通知》（财税［2009］59号）第一条规定："企业法律形式改变，是指企业注册名称、住所以及企业组织形式等的简单改变，但符合本通知规定其他重组的类型除外。"

例如A房地产开发有限公司更名为B房屋开发有限公司；某公司将住所地由A市迁移至B市；原有限责任公司变更为股份有限公司，或者原有限责任公司变更为个人独资企业、合伙企业等等均属此类重组。

（二）企业法律形式改变重组所得税的处理

《关于企业重组业务企业所得税处理若干问题的通知》（财税［2009］59号）第四条规定：

1. 企业由法人转变为个人独资企业、合伙企业等非法人组织，或将登记注册地转移至中华人民共和国境外（包括港澳台地区），应视同企业进行清算、分配，股东重新投资成立新企业。企业的全部资产以及股东投资的计税基础均应以公允价值为基础确定。

2. 企业发生其他法律形式简单改变的，可直接变更税务登记，除另有规定外，有关企业所得税纳税事项（包括亏损结转、税收优惠等权益和义务）由变更后企业承继，但因住所发生变化而不符合税收优惠条件的除外。

二、企业法律形式改变重组所得税的相关纳税申报表分析填报

企业由法人转变为个人独资企业、合伙企业等非法人组织，或将登记注册地转移至中华人民共和国境外（包括港澳台地区），视同企业进行清算、分配，股东重新投资成立新企业。对企业清算的所得税处理应以《关于企业清算业务企业所得税处理若干问题的通知》（财税［2009］60号）为依据。

企业清算业务的所得税处理，形成清算企业应纳所得税和清算企业股东的所得税处理的基本业务，需要填报《企业清算所得税申报表》及附表。

［例14-1］A公司拥有资产账面价值500万元，计税基础480万元，公允价值600万元；负债200万元，负债的计税基础和账面价值相等。A公司于2009年5月1日变更为B合伙企业。A公司于2009年1月1日至5月1日作为清算期。清算期间支付清

算费用10万元，支付职工安置费、法定补偿金100万元；债务的最终清偿额200万元，其中职工工资为30万元。企业可结转弥补亏损为10万元。

1. A企业清算所得税处理。

（1）计算企业清算所得。

企业清算所得＝全部资产可变现价值或交易价格－资产的计税基础－清算费用－相关税费＋债务清偿损益＝600－480－10＋（200－200）＝110（万元）

（2）计算乙企业清算所得税。

乙企业清算所得税＝（110－10）×25%＝25（万元）

（3）计算可以向所有者分配的剩余资产。

可向股东分配的剩余资产＝企业全部资产的可变现价值或交易价格－清算费用－职工的工资－社会保险费用－法定补偿金－结清清算所得税－以前年度欠税等税款－清偿企业债务（不含职工工资）＝600－10－30－100－25－（200－30）＝265（万元）

2. A企业清算所得税申报表。

A企业清算所得税需要填报《企业清算所得税申报表》、《资产处置损益明细表》（附表一）、《负债清偿损益明细表》（附表二）和《剩余财产计算和分配明细表》（附表三）。上述业务的填报见表14－1，其他附表填列略。

企业清算业务的所得税处理详见第二十章。

表14－1　　　　中华人民共和国企业清算所得税申报表

清算期间：2009年1月1日至2009年5月1日

类　别	行次	项　目	金　额
应纳税所得额计算	1	资产处置损益（填附表一）	1 200 000
	2	负债清偿损益（填附表二）	0
	3	清算费用	100 000
	4	清算税金及附加	0
	5	其他所得或支出	0
	6	清算所得（1＋2－3－4＋5）	1 100 000
	7	免税收入	0
	8	不征税收入	0
	9	其他免税所得	0
	10	弥补以前年度亏损	100 000
	11	应纳税所得额（6－7－8－9－10）	1 000 000
应纳所得税额计算	12	税率（25%）	25%
	13	应纳所得税额（11×12）	250 000
应补（退）所得税额计算	14	减（免）企业所得税额	0
	15	境外应补所得税额	0
	16	境内外实际应纳所得税额（13－14＋15）	0
	17	以前纳税年度应补（退）所得税额	0
	18	实际应补（退）所得税额（16＋17）	250 000

第三节　企业债务重组所得税处理和相关纳税申报表分析填报

一、企业债务重组所得税处理的法规分析

（一）企业债务重组的税法界定

1. 债务重组的税法解释。

《关于企业重组业务企业所得税处理若干问题的通知》（财税［2009］59号）第一条第二款规定："债务重组，是指在债务人发生财务困难的情况下，债权人按照其与债务人达成的书面协议或者法院裁定书，就其债务人的债务做出让步的事项。"

例如A公司因向B公司销售产品而拥有B公司10万元债权，合同期已届满，B公司因经营不善无力还款，于是双方达成书面协议，同意B公司以存货偿还A公司的债权，即属债务重组。

2. 债务重组业务的基本特点。

债务人发生财务困难，是指因债务人出现资金周转困难、经营陷入困境或者其他原因，导致其无法或者没有能力按原定条件偿还债务。

债权人做出让步，是指债权人同意发生财务困难的债务人现在或者将来以低于重组债务账面价值的金额或者价值偿还债务。

让步的结果是债权人发生债务重组损失，债务人获得债务重组收益。让步是债务重组的重要特征。

3. 债务重组的主要形式。

债务重组的方式主要包括：（1）以资产清偿债务，包括以现金资产和非货币性资产进行债务重组。（2）债权转为股权。（3）修改其他债务条件，如减少债务本金、减少债务利息等。

4. 债务重组所得税处理的基本要点。

根据现行所得税法规，债务重组业务的所得税处理的基本要件如下：

（1）确认债务重组业务适用一般处理还是特殊处理。

（2）债务人。债务人是否确认债务重组所得；债务重组收益如何计量；以非货币性资产进行债务重组是否确认损益。

（3）债权人。债权人是否确认债务重组损失；取得非货币性资产如何确认计税基础。

（二）企业债务重组所得税的特殊处理

1. 企业债务重组特殊处理的基本税法条件。

根据《关于企业重组业务企业所得税处理若干问题的通知》（财税［2009］59号）第五条规定：企业重组同时符合下列条件的，适用特殊性税务处理规定：

（1）具有合理的商业目的，且不以减少、免除或者推迟缴纳税款为主要目的。

（2）企业重组后的连续12个月内不改变重组资产原来的实质性经营活动。

（3）企业重组中取得股权支付的原主要股东，在重组后连续12个月内，不得转让

所取得的股权。

2. 企业债务重组所得税的特殊处理。

根据《关于企业重组业务企业所得税处理若干问题的通知》(财税［2009］59号)第六条第一款规定，符合特殊重组规定条件的企业债务重组的所得税处理如下：

(1) 债务人债务重组所得的特殊处理。

企业债务重组确认的应纳税所得额占该企业当年应纳税所得额50%以上，可以在5个纳税年度的期间内，均匀计入各年度的应纳税所得额。

(2) 债权转股权的特殊处理。

债务人。债务人对债务清偿不确认有关债务清偿所得。

债权人。其一，对债权转为股权投资业务暂不确认有关债务清偿损失；其二，股权投资的计税基础以原债权的计税基础确定，企业的其他相关所得税事项保持不变。

(三) 企业债务重组所得税的一般处理

《关于企业重组业务企业所得税处理若干问题的通知》(财税［2009］59号)第四条第二款规定：企业一般性的债务重组，相关交易应按以下规定处理：

1. 债务人的所得税处理。

债务人应当按照支付的债务清偿额低于债务计税基础的差额，确认债务重组所得。

以非货币资产清偿债务，应当分解为转让相关非货币性资产、按非货币性资产公允价值清偿债务两项业务，确认相关资产的所得或损失；债权转股权的，应当分解为债务清偿和股权投资两项业务，确认有关债务清偿所得。

2. 债权人的所得税处理。

债权人应当按照收到的债务清偿额（取得非货币性资产，按非货币性资产公允价值）低于债权计税基础的差额，确认债务重组损失；取得非货币性资产，应按非货币性资产公允价值确认计税基础；债务人的相关所得税纳税事项原则上保持不变。

(四) 债权人债务重组损失的所得税处理

债权人发生的债务重组损失，实质上是应收债权的坏账损失，根据《企业资产损失税前扣除管理办法》(国税发［2009］88号)规定，债权人必须提供相关需要的证据，在规定的时间向有关税务部门提出申请，经税务部门审批后，才可税前扣除。

1. 坏账损失确认和计量。

《财政部、国家税务总局关于企业资产损失税前扣除政策的通知》(财税［2009］57号)规定：企业除贷款类债权外的应收、预付账款符合下列条件之一的，减除可收回金额后确认的无法收回的应收、预付款项，可以作为坏账损失在计算应纳税所得额时扣除：

(1) 债务人依法宣告破产、关闭、解散、被撤销，或者被依法注销、吊销营业执照，其清算财产不足清偿的。

(2) 债务人死亡，或者依法被宣告失踪、死亡，其财产或者遗产不足清偿的。

(3) 债务人逾期3年以上未清偿，且有确凿证据证明已无力清偿债务的。

(4) 与债务人达成债务重组协议或法院批准破产重整计划后，无法追偿的。

(5) 因自然灾害、战争等不可抗力导致无法收回的。

(6) 国务院财政、税务主管部门规定的其他条件。

2. 坏账损失的证据。

《企业资产损失税前扣除管理办法》（国税发［2009］88号）第十六条规定：企业应收、预付账款发生符合坏账损失条件的，申请坏账损失税前扣除，应提供下列相关依据：

（1）法院的破产公告和破产清算的清偿文件。

（2）法院的败诉判决书、裁决书，或者胜诉但被法院裁定终（中）止执行的法律文书。

（3）工商部门的注销、吊销证明。

（4）政府部门有关撤销、责令关闭的行政决定文件。

（5）公安等有关部门的死亡、失踪证明。

（6）逾期三年以上及已无力清偿债务的确凿证明。

《企业资产损失税前扣除管理办法》（国税发［2009］88号）第十八条规定：逾期三年以上的应收款项，企业有依法催收磋商记录，确认债务人已资不抵债、连续三年亏损或连续停止经营三年以上的，并能认定三年内没有任何业务往来，可以认定为损失。

（7）与债务人的债务重组协议及其相关证明。

（8）其他相关证明。

（五）企业债务重组收入的确认问题

《国家税务总局〈关于贯彻落实企业所得税法若干税收问题〉的通知》（国税函［2010］79号）第二条规定：企业发生债务重组，应在债务重组合同或协议生效时确认收入的实现。

二、企业债务重组所得税处理和会计相关业务的比较

（一）企业债务重组业务会计和税法处理原则的比较

1. 企业债务重组业务会计处理原则。

（1）债务重组为债权人做出让步。

《企业会计准则第12号——债务重组》强调了债务人处于财务困难的前提条件，并突出了债权人做出让步的实质条件。一是所谓债务人发生财务困难就是指债务人出现资金周转困难或经营陷入困境，没有能力按原定条件偿还债务。债务人发生财务困难，是债务重组的前提条件。二是所谓让步就是指债权人同意发生财务困难的债务人现在或将来以低于重组债务账面价值的金额偿还债务。这种让步是根据双方自愿达成的协议或法院裁定做出的。让步的结果是：债权人发生债务重组损失，债务人获得债务重组收益。让步是债务重组的重要特征。

（2）公允价值为债务重组业务计量的基础。

在债务重组交易中，如债务人以非现金资产清偿债务或债务转为资本，则涉及债务人转让的非现金资产和债权人因放弃债权而享有的股权的公允价值确定问题。对于非现金资产，其公允价值的确定原则是：如该资产存在活跃市场，该资产的市价即为其公允价值；如该资产不存在活跃市场但与该资产类似的资产存在活跃市场，该资产的公允价值应比照相关类似资产的市价确定；如该资产和与该资产类似的资产均不存

在活跃市场，该资产的公允价值按其所能产生的未来现金流量以适当的折现率折现计算的现值确定。

债权人因放弃债权而享有的股权，其公允价值的确定原则是：如债务人为股票公开上市公司，该股权的公允价值即为对应的股份的市价总额；如债务人为其他企业，该股权的公允价值按评估确认价或双方协议价确定。

对于在修改其他债务条件的方式下，债权或债务的公允价值应为双方共同确认的债权人的未来应收金额或债务人的未来应付金额。如果修改后的债务条款涉及或有应付金额，且该或有应付金额符合《企业会计准则第 13 号——或有事项》中有关预计负债确认条件的，债务人应当将该或有应付金额确认为预计负债，并计入重组债务的公允价值。而修改后的债务条款中涉及或有应收金额的，债权人不应当确认或有应收金额，不得将其计入重组后债权的公允价值。

（3）非货币资产债务重组确认为资产转让。

当企业以非货币资产进行债务重组，从债务人的角度确认资产转让，按公允价值确认收入，转让的非现金资产公允价值与其账面价值之间的差额，计入当期损益；非现金资产公允价值与账面价值的差额，应当分别不同情况进行处理；非现金资产为存货的，应当作为销售处理，按照《企业会计准则第 14 号——收入》的规定，以其公允价值确认收入，同时结转相应的成本；非现金资产为固定资产、无形资产的，其公允价值和账面价值的差额，计入营业外收入或营业外支出；非现金资产为长期股权投资的，其公允价值和账面价值的差额，计入投资损益；债权人确认取得非现金资产的入账价值。债权人收到存货、固定资产、无形资产、长期股权投资等非现金资产的，应当以其公允价值入账。

（4）确认债务重组所得或损失。

《企业会计准则第 12 号——债务重组》对企业会计盈亏的影响，主要源于公允价值计量模式的采用，确认债务重组的所得或损失。会计准则明确规定，债务人以现金清偿债务的，应当将重组债务的账面价值与实际支付现金之间的差额，确认为债务重组利得，计入当期损益；债务人以非现金资产清偿债务的，应当将重组债务的账面价值与转让的非现金资产公允价值之间的差额，确认为债务重组利得，计入当期损益；当债务转为资本时，重组债务的账面价值与股份的公允价值总额之间的差额，确认为债务重组利得，计入当期损益；修改其他债务条件的，债务人应当将修改其他债务条件后债务的公允价值作为重组后债务的入账价值，重组债务的账面价值与重组后债务的入账价值之间的差额，确认为债务重组利得，计入当期损益。

2. 企业债务重组业务税收处理原则。

（1）经济合理原则。

债务重组大多发生在债务人发生财务困难或因经营需要进行改组的情况下。一般认为，债务人发生的财务困难是暂时的或阶段性的，只要适当减免或延长偿还期限，债务人经过调整经营策略等措施可能会使企业经营状况有所改观。比如，以资产清偿债务，如果确认的资产转让所得数额较大，可以允许分期摊销。

（2）所得与损失确认相对应的原则。

只要有合理经营需要的债务重组业务，原则上可以承认债权人放弃的债务部分作为损失，并冲减当期的应纳税所得。与此相对应，债务人被免除的债务是无偿取得的收益，按照所得与损失对称的原则，债务人也应确认应纳税所得。

（3）非货币资产进行债务重组确认资产转让。

当企业以非货币资产进行债务重组，从所得税的角度意味着企业资产所有权转移后取得了经济利益，应确认为资产转让业务；同时按市场公允价确认收入，配比账面成本，确认资产转让所得或损失，计入当期企业所得税应纳税所得额中。

3. 债务重组会计和税收处理原则的比较。

会计和税法对债务重组的处理原则基本一致，表现为：

（1）两者都以公允价值作为债务重组相关业务处理的计量基础。

（2）两者都在当期确认债权人债务重组的损失和债务人债务重组的收益。

（3）如果以非货币性资产进行债务重组，债务人都确认为资产转让，债权人都以市场公允价值作为取得非货币性资产的计价。

虽然所得税和会计对债务重组的处理原则上一致，但二者仍有一定差异存在。差异主要表现为：

（1）债权人进行债务重组损益确认和计量。会计上需以重组债权账面余额与取得资产和股权的公允价值进行计量。在债权人提取坏账准备金的条件下，以账面余额为基础确认的债务重组损益与税收计量结果不同。税收以债权账面全额（或减去计提且已扣除的税收坏账准备金差额）为基础计量债务重组的损益。因此，可能出现会计上表现为债权人债务重组收益的业务，而税收上则出现了债务重组损失的结果。

（2）在涉及或有债务条款或有事项重组形式下，债务人确认损益的方法与税收不同。

（3）在税法上为了防止纳税人利用关联企业的债务重组进行避税，遵循反避税原则对关联企业的债务重组业务的处理设定了限定性条件，并设定了推定业务。

（二）以现金资产进行债务重组所得税和会计处理的比较

1. 债务人所得税和会计处理的比较。

以现金资产进行债务重组的所得税处理，现行税法没有做出明确规定。会计对债务人将重组债务的成本与支付的现金金额的差额，确认为债务重组所得，根据所得税的相关法规，所得税应确认为“其他收入”。会计和所得税处理一致。

如果债务人债务重组符合所得税特殊处理条件，且债务重组确认的应纳税所得额占企业当年应纳税所得额50%以上，可以在5个纳税年度的期间内，均匀计入各年度的应纳税所得额。所得税和会计对当期债务重组收益的计量出现暂时性差异。

2. 债权人所得税和会计处理的比较。

以现金资产进行债务重组，债权人在会计上的处理是以重组债权账面余额与收到的现金之间的差额确认为损失，计入“营业外支出”；所得税对此项业务没有明确规定，但对会计确认的债务重组损失，所得税应确认为“坏账损失”，在符合所得税扣除条件的前提下，经税务部门审批可以在税前扣除。

两者不同表现为对债务重组的损失计量：第一，当债权人对债权计提减值准备时，会计上当期损益的计量必须先冲减减值准备，而所得税处理不允许扣除会计上的减值准备，当在会计上对应收账款转销时，必须进行相应的纳税调整；第二，会计确认的债务重组损失必须符合所得税扣除条件，经税务部门审批才可以在税前扣除。

[例 14-2] 现金资产进行债务重组。A、B 两企业 2009 年 12 月份进行债务重组。A、B 两企业债务重组条件为：A 企业以现金 50 万元偿还 B 企业欠款 100 万元，B 企业对应收账款 100 万元已于 2008 年已经计提坏账准备 40 万元。2008 年在企业所得税纳税申报表填列时，对会计上提取的坏账准备进行了纳税调增的处理。

(1) 债务人有关业务处理。

会计处理。确认当期债务重组收益 50 万元。账务处理为：

借：应付账款　　1 000 000

　贷：银行存款　　500 000

　　　营业外收入——债务重组利得　　500 000

所得税处理。税法上确认为当期债务重组收益 50 万元，计入当期应纳税所得额。所得税和会计处理一致。

(2) 债权人有关业务处理。

所得税处理。企业在税收上确认为当期债务重组损失 50 万元（100-50），需要向税务部门提供相关证据并提交债务重组损失扣除的申请。

会计处理。会计上确认当期债务重组损失为 10 万元（100-50-40）。账务处理为：

借：银行存款　　500 000

　　坏账准备　　400 000

　　营业外支出——债务重组损失　　100 000

　贷：应收账款　　1 000 000

会计与税收处理的比较。债务重组损失的计量上所得税和会计存在差异，会计上确认为 10 万元，企业所得税债务重组损失确认为 50 万元（经税务部门审批），企业所得税纳税申报表填报时应调减应纳税所得 40 万元。

（三）以非货币资产进行债务重组所得税和会计处理的比较

1. 债务人所得税和会计处理的比较。

债务人以非货币性资产进行债务重组，会计与所得税都处理为两项业务：（1）以重组债务账面价值与转让非现金资产公允价值差额，确认当期债务重组损益；（2）以转让非货币性资产公允价值与账面价值之间的差额，确认当期资产转让损益。

两者不同之处表现为：如果债务人对非货币性资产提取了各项准备金，在用提取准备金的资产进行债务重组时，会计上以转让的非现金资产公允价值与其非现金资产的账面净值（账面成本减去已提取的准备金）之间的差额，计入当期损益；而所得税以转让的非现金资产公允价值与其计税基础的差额，确认资产转让收益，所得税在非货币性资产转让的计量上存在差异，差异为以前期差异的转回。

如果债务人债务重组符合所得税特殊处理条件，且债务重组确认的应纳税所得额占企业当年应纳税所得额 50% 以上，可以在 5 个纳税年度的期间内，均匀计入各年度的应纳税所得额。所得税和会计对当期债务重组收益的计量出现暂时性差异。

2. 债权人所得税和会计处理的比较。

债务人以非货币性资产进行债务重组，就债权人而言，会计与所得税的处理基本一致，表现为：（1）两者都以市场公允价值确认取得非现金资产的入账价值或计税基础；（2）两者都确认债务重组的损失，且在债权人没有提取坏账准备金时，以账面债权与受让非货币性资产公允价之间的差额进行计量。

两者的不同之处表现为：（1）债务重组损益的计量。若债权人对重组债权提取坏账准备金，则在会计上债权人按照其账面余额与受让的非现金资产公允价值之间的差额确认损益；所得税以债权的计税基础与受让非货币性资产公允价之间的差额进行计量，会计与所得税存在着差异，差异为以前期差异的转回。（2）会计确认的债务重组损失必须符合所得税扣除条件，经税务部门审批才可以在税前扣除。

［例14－3］存货资产进行债务重组。A公司2008年销售一批原材料给B公司，账面价值400 000元，应收账款585 000元，货物已经发出，后因购买方B公司发生财务危机，不能按时付款。于是A公司与B公司2009年协商进行债务重组，由B公司将自产的汽车轮胎抵偿债务，市场价值234 000元（含税），账面成本160 000元；A公司取得增值税的专用发票并确认，A公司2008年底此项应收款提取坏账准备金20 000元。债权人（A公司）和债务人（B公司）有关会计和税收业务处理如下：

(1) B公司（债务人）所得税和会计处理。

①税收分析。

增值税销项税额＝200 000×17%＝34 000（元）

应纳消费税＝200 000×3%＝6 000（元）

企业所得税处理：按货物公允价值与账面价值之间的差额计量损益确认为当期资产转让所得40 000元（200 000－160 000）；以账面应付款减去货物公允价值计量债务重组的损益，确认当期债务重组所得351 000元（585 000－234 000）。

②会计处理。

计算应付账款的账面价值与所转让产品的公允价值及增值税销项税额之间的差额：

应付账款的账面价值	585 000
减：所转让产品的公允价值	200 000
增值税销项税额	34 000
差额	351 000

差额351 000元作为债务重组收益。

账务处理为：

借：应付账款	585 000	
贷：主营业务收入		200 000
应交税费——应交增值税（销项税额）		34 000
营业外收入——债务重组利得		351 000

结转成本：

借：主营业务成本	160 000	
贷：库存商品		160 000

应交消费税的账务处理为：

借：营业税金及附加	6 000	
贷：应交税费——应交消费税		6 000

③上述业务所得税和会计处理一致。

(2) A公司（债权人）会计和所得税处理。

①税收分析。

增值税可以抵扣的进项税额为34 000元；

企业所得税：取得货物计税成本为200 000元（不含税）；同时以货物公允价值减去账面应付款计量债务重组的损失，确认债务重组损失为351 000元（585 000－234 000）。

②会计处理。

当期取得货物取得增值税专用发票，则入账价值为不含税价，市场价格为500 000元；确认债务重组损益。债权人应当将重组债权的账面余额与受让资产的公允价值之间的差额，将该差额冲减减值准备，确认债务重组损失，减值准备不足以冲减的部分，计入当期损益。

计算应收账款的账面价值与所转让产品的公允价值及增值税进项税额之间的差额：

重组债务的价值	585 000
减：所转让产品的公允价值	234 000
增值税进项税额	85 000
差额	351 000

差额351 000元减去坏账准备金20 000元作为331 000元确认为债务重组损失，并作账务处理为：

借：库存商品	200 000	
应交税费——应交增值税（进项税额）	34 000	
坏账准备	20 000	
营业外支出——债务重组损失	331 000	
贷：应收账款		585 000

③所得税和会计处理比较。

其一，取得货物入账价值和计税成本一致，不需进行纳税调整；其二，债务重组损失计量上，如果不提取坏账准备金，则会计和税收处理一致，本例债权人已计提坏账准备金，所得税坏账损失的计量为账面债权与非现金资产公允价的差额351 000元（经税务部门审批），企业所得税纳税申报表填报时应调减应纳税所得20 000元。

（四）债权转股权债务重组所得税和会计处理的比较

1. 债务人所得税和会计处理的比较。

（1）债权转股权所得税的特殊处理和会计相关业务的比较。

如果债务人以债权转股权的方式进行债务重组符合所得税特殊处理条件，则债务人对债务清偿不确认有关债务清偿所得；会计按重组债务账面价值与股份公允价之间的差额确认债务重组收益。所得税和会计处理形成差异。

（2）债权转股权所得税的一般处理和会计相关业务的比较。

如果债务人以债权转股权的方式进行债务重组不符合特殊重组的条件，所得税和会计对债务重组损益确认和计量一致，都是按重组债务账面价值与股份公允价之间的差额进行处理；但税法对债务人如何进行实收资本和资本公积的计量没有明确的规定。

2. 债权人所得税和会计处理的比较。

（1）债权转股权所得税的特殊处理和会计相关业务的比较。

如果债务人以债权转股权的方式进行债务重组符合所得税特殊处理条件，所得税和会计处理的差异为：其一，所得税对债权人以债权转为股权投资业务暂不确认有关债务清偿损失；会计按重组债权账面金额与股权公允价值之间的差额确认债务重组损益。所得税和会计对当期债务重组损益的确认形成差异。其二，债权人股权投资的计税基础以原债权的计税基础确定；会计按股份的公允价值确认投资成本。所得税和会计对投资资产的计量形成差异。

（2）债权转股权所得税的一般处理和会计相关业务的比较。

如果债务人以债权转股权的方式进行债务重组不符合特殊重组的条件，所得税和会计首先确认债务重组损益，在企业没有计提坏账准备金的前提下，按重组债权账面金额与股权公允价值之间的差额进行计量；其次，两者都按股份的公允价值确认投资成本。两者差异表现为：对重组债权已提取坏账准备金的前提下，当期债务重组损失的计量不同。

［例14-4］A、B两企业2009年12月份进行债务重组，债务重组的形式与条件为：B企业放弃债权100万元，取得A企业一定股权，股权为市场公允价为80万元，票面价值为50万元。假设上述业务不符合特殊重组的条件，所得税和会计处理如下。

（1）A企业（债务人）的所得税和会计处理。

①会计处理。

计算应付票据的账面价值与所转让股票的公允价值之间的差额：

应付账款金额	1 000 000
减：股票的公允价值	800 000
差额	200 000

差额200 000元作为债务重组收益。

股票的公允价值800 000元与股本500 000元的差额300 000元作为资本公积。

账务处理为：

借：应付账款	1 000 000	
贷：实收资本		500 000
资本公积		300 000
营业外收入——债务重组利得		200 000

②所得税处理。

A企业当期债务重组收益200 000元（1 000 000－800 000），计入当期应纳税所得额，因会计上增加所有者权益中实收资本和资本公积对当期所得税不产生影响，所以会计和所得税此项业务处理不存在差异。

③所得税和会计处理一致。

（2）B企业（债权人）所得税和会计处理。

①会计处理。

借：长期股权投资	800 000	
营业外支出——债务重组损失	200 000	
贷：应收账款		1 000 000

②所得税处理。

所得税按重组债权的价值1 000 000元与股权的市场的公允价800 000元差额200 000元确认债务重组损失（应税务部门审批）；按股权的市场的公允价确认投资计税成本为

800 000元。

③所得税和会计处理一致。

[例 14－5] 基本业务事项同 [例 14－4]，但 B 企业对应收账款 100 万元在 2008 年计提坏账准备 50 万元。

(1) A 企业（债务人）债务人的所得税和会计处理一致。

(2) B 企业（债权人）所得税和会计处理。

①所得税处理同上。

②会计处理。

B 企业提取坏账准备金为500 000元，债权人应当将重组债权的账面余额与受让资产的公允价值之间的差额，将该差额冲减减值准备，确认债务重组损失；减值准备不足以冲减的部分，计入当期收益。

计算重组债权的价值与取得股权公允价值之间的差额：

重组债权的价值	1 000 000
减：股票的公允价值	800 000
差额	200 000

差额 200 000 元减去坏账准备金500 000元后的300 000元，计入当期收益。企业账务处理为：

借：长期股权投资	800 000	
坏账准备	500 000	
贷：应收账款		1 000 000
营业务收入——债务重组利得		300 000

③所得税和会计比较。

其一，所得税和会计对取得投资资产的计价相同，账面价值和计税基础确认为 80 万元。

其二，所得税按重组债权的计税基础 100 万元，与取得股份的公允价值的差额确认债务重组损失 20 万元，所得税和会计处理的差异形成纳税调减的结果，纳税调减额为 50 万元，所得税和会计处理的差异为前期暂时性差异的转回。

[例 14－6] 基本业务事项同 [例 14－4]，假设上述债转股的债务重组业务同时符合下列条件：(1) 具有合理的商业目的，且不以减少、免除或者推迟缴纳税款为主要目的；(2) 企业重组后的连续 12 个月内未改变重组资产原来的实质性经营活动；(3) 企业重组中取得股权支付的原主要股东，在重组后连续 12 个月内，未转让所取得的股权。根据所得税相关法规规定，企业债权转股权的债务重组适用特殊性税务处理，所得税和会计处理如下。

(1) 债务人的所得税和会计处理。

①会计处理。

借：应付账款	1 000 000	
贷：实收资本		500 000
资本公积		300 000
营业外收入——债务重组利得		200 000

②所得税处理

债务人以债权转股权的方式进行债务重组符合所得税特殊处理条件，债务人对债务清偿不确认有关债务清偿所得。

③所得税和会计处理比较。

上述业务所得税对会计形成的债务重组所得不予确认，所得税和会计形成差异，当期纳税调减20万元。

(2) 债权人的所得税和会计处理。

①会计处理。

借：长期股权投资	800 000
营业外支出——债务重组损失	200 000
贷：应收账款	1 000 000

②所得税处理。

其一，以债权转股权的方式进行债务重组符合所得税特殊处理条件，债权人对债务清偿不确认有关债务清偿损失；其二，债权人取得投资资产的计税基础为应收账款的计税基础100万元。

③所得税和会计处理比较。

上述业务所得税和会计处理的差异为：其一，所得税对会计形成的债务重组损失不予确认，所得税和会计形成差异，当期纳税调增20万元，所得税和会计的差异为暂时性差异；其二，所得税和会计对投资资产的计价不同。企业应设置“纳税调整备查账”记录所得税和会计的差异。

(五) 其他修改债务条件进行债务重组所得税和会计处理的比较

其他修改债务条件的债务重组，包括减少债务本金、减少债务利息、延长债务偿还期限，延长债务偿还期限并加收利息，或上述两种或两种以上方式组合进行的债务重组。

《企业会计准则第12号——债务重组》对其他修改债务条件的债务重组的会计处理进行了明确的规定；现行所得税法规对其他形式债务重组业务的处理没有明确规定，同时在税收上不承认或有负债业务，具体业务的所得税处理应依据现行所得税法规规定的相关原则进行分析。

其他修改债务条件进行债务重组所得税和会计处理的差异，应依具体业务内容进行分析确定。

[例14-7] 甲企业2008年1月1日从乙公司购入货物，应付款项为200万元，到2009年末因甲企业未付款应计利息20万元（按应付款项10%计），由于甲公司财务困难，无法偿付货款和利息。经双方协议同意，2009年12月31日进行债务重组，乙企业豁免应付利息，甲企业以一批库存商品抵偿其中100万元，该商品含税市场价100万元，成本价60万元；其余100万元转化为借款，还款期限延缓一年，利息按年支付，年利率4%，如本年甲公司盈利，则利率恢复5%，乙企业未对应收款项计提坏账准备。乙企业取得商品同时，从甲企业取得增值税专用发票并认证。甲、乙企业同为增值税一般纳税人。

(1) 甲企业（债务人）所得税和会计处理。

①税收分析。

增值税销项税额＝1 000 000/（1＋17%）×17%＝145 299（元）

企业所得税资产转让确认收入854 701元，配比成本600 000元。

企业所得税债务重组所得160 000元，计算过程如下：

债务重组日应付款金额	2 200 000
其中应付账款	2 000 000
应付利息	200 000
减：抵债存货市场公允价	1 000 000
重组债务的金额（1 000 000＋1 000 000×4%）1 040 000	
差额	160 000

差额160 000元为所得税债务重组所得。

②会计处理。

企业以存货抵偿债务在会计上确认为收入并配比成本，账务处理为：

借：应付账款　　1 000 000

　贷：主营业务收入　　854 701

　　　应交税费——应交增值税（销项税额）　　145 299

借：主营业务成本　　600 000

　贷：库存商品　　600 000

甲企业以修改其他债务条件进行债务重组，乙企业应将重组债务的账面余额1 200 000元与重组后债务的公允价值1 040 000元的差额160 000元确认为债务重组利得。账务处理为：

借：应付账款　　1 200 000

　贷：长期借款　　1 040 000

　　　营业外收入——债务重组利得　　160 000

甲乙企业以修改其他债务条件进行债务重组涉及或有应付金额10 000元（如本年甲公司盈利，则利率恢复5%），且该或有应付金额符合《企业会计准则第13号——或有事项》中有关预计负债确认条件的，即：(1) 该义务是企业承担的现时义务。企业没有其他现实的选择，只能履行该义务，如法律要求企业必须履行、有关各方合理预期企业应当履行等。(2) 履行该义务很可能导致经济利益流出企业，通常是指履行与或有事项相关的现时义务时，导致经济利益流出企业的可能性超过50%。(3) 该义务的金额能够可靠地计量。甲企业应将该或有应付金额10 000元确认为预计负债。

账务处理为：

借：营业外支出　　10 000

　贷：预计负债——重组义务　　10 000

2010年底，甲企业未实现盈利，则上述或有应付金额10 000元在随后会计期间没有发生的，企业应当冲销已确认的预计负债，同时确认营业外收入。账务处理为：

借：预计负债——重组义务　　100 000

　贷：营业外收入——债务重组利得　　100 000

③甲企业（债务人）所得税和会计处理的比较。

会计和税收处理的差异表现为：其一，2009年甲企业将预计负债计入营业外支出，所得税不予确认，需要进行纳税调增处理；其二，2010年甲企业冲销已确认的预计负债，同时确认营业外收入，所得税不予确认，需要进行纳税调减处理。

(2) 乙企业（债权人）的所得税和会计处理。

①税收分析。

增值税：可以抵扣的进项税额为145 299元。

所得税：取得商品的计税基础为854 701元；债务重组损失为160 000元。

计算过程如下：

债务重组日应收款金额		2 200 000
其中借款本金		2 000 000
借款利息		200 000
减：抵债存货市场公允价		1 000 000
重组债务的金额	（1000000 + 1000000 ×4%）	1 040 000
差额		160 000

差额 160 000 元经税务部门审批后确认为所得税债务重组损失。

②会计处理。

取得商品抵偿部分应收款的账务处理为：

借：库存商品 854 701

　　应交税费——应交增值税（进项税额） 145 299

　贷：应收账款 1 000 000

甲、乙企业以修改其他债务条件进行清偿的，应将重组债务的账面1 200 000元与重组后债务的公允价值1 040 000元的差额160 000元确认为债务重组损失。账务处理为：

借：长期应收款 1 040 000

　　营业外支出——债务重组损失 160 000

　贷：应收账款 1 200 000

甲、乙企业修改后的债务条款中涉及或有应收金额100 000元，债权人乙企业不应当确认或有应收金额，不得将其计入重组后债权的账面价值。

③乙企业会计处理和所得税处理一致。

三、企业债务重组所得税处理的相关纳税申报表分析填报

企业所得税纳税申报表的构成中没有专门的附表对债务重组业务所得税和会计的差异进行调整记录，债务重组业务所得税和会计的差异调整的相关纳税申报表包括：《资产减值损失项目调整明细表》（附表十）和《纳税调整明细表》（附表三）。

（一）通过《资产减值损失项目调整明细表》（附表十）进行调整

如果企业债务重组所得税和会计处理形成差异原因是对资产提取了减值准备，则债务重组业务债务人或债权人形成的所得税和会计的差异应在填报《资产减值损失项目调整明细表》（附表十）的基础上，最后通过《纳税调整明细表》（附表三）完成调整。

1. 债务人以提取减值准备的资产进行债务重组形成所得税和会计差异的调整。

[例 14－8] 提取存货跌价准备的存货债务重组。2008 年 1 月 1 日，A 公司销售一批材料给 B 公司，含税价为105 000元。2008 年 7 月 1 日，B 公司发生财务困难，无法按合同规定偿还货款，经双方协议，A 公司同意 B 公司用产品抵偿应收账款。该产品

市价为80 000元，增值税率为17%，产品账面成本为100 000元，2007年这部分存货提取存货跌价准备30 000元，未开具增值税专用发票。

B公司（债务人）所得税和会计处理如下：

①税收分析。

增值税销项税额＝80 000×17%＝13 600（元）

企业所得税处理：按货物公允价值与计税基础之间的差额计量损益确认为当期资产转让损失20 000元（80 000－100 000）；以账面应付款减去货物资产的公允价值计量债务重组的损益，确认当期债务重组所得11 400元（105 000－93 600）。

②会计处理。

产品的公允价值80 000元与其账面净值70 000元（账面金额100 000元扣除存货跌价损失300 000元）的差额10 000元作为转让资产收益。

账务处理为：

借：应付账款　　105 000

　贷：主营业务收入　　80 000

　　　应交税费——应交增值税（销项税额）　　13 600

　　　营业外收入——债务重组利得　　11 400

结转成本：

借：主营业务成本　　70 000

　　存货跌价准备　　30 000

　贷：库存商品　　100 000

③会计和所得税比较。

会计和税收在债务重组的收益的确认上是一致。

资产转让的计量所得税和会计上存在差异，税收上按货物市场价与计税基础的差额确认损益，形成损失20 000元，会计上因以前期提取了存货跌价准备，本期收入与成本配比的结果形成收益10 000元，所得税和会计处理的差异为前期差异的转回。本期企业所得税纳税申报时，需要进行纳税调减的处理，纳税调减额为30 000元。

（2）纳税申报表填报。

①《资产减值损失项目调整明细表》填报。

因企业当期“存货跌价准备”科目的贷方发生额为30 000元，在《资产减值准备项目调整明细表》的第2行“存货跌价准备”的第2列“本期转回”计入30 000元。如果资产本期减值没有发生额，则第5列“纳税调整”合计数计入－30 000（详见表14－2）。

表14－2　　资产减值准备项目调整明细表

填报时间：　　年　　月　　日　　　　金额单位：元

行次	准备金类别	期初余额	本期转回额	本期计提额	期末余额	纳税调整额
		1	2	3	4	5
1	坏(呆)账准备					
2	存货跌价准备	30 000	30 000	0	0	－30 000
…	……					
17	合计					－30 000

②《纳税调整明细表》的填报。

根据《资产减值损失项目调整明细表》"合计"数 -30 000元，填报计入《纳税调整明细表》的51行"准备金调整项目"第四列"调减金额"30 000元。

2. 债权人对提取坏账准备应收款项进行债务重组形成差异所得税和会计的调整。

[例14-9] 2008年1月10日，甲公司销售一批材料给乙公司，不含税价格为1 000 000元，增值税率为17%，应收款项为1 170 000元。2008年甲公司只发生这一项应收账款，会计上计提了10 000元的坏账准备。2009年12月20日，乙公司财务发生困难，无法按合同规定支付货款，经双方协议，甲公司同意减免乙公司200 000元债务，余额用现金立即偿清。

(1) 甲公司的所得税和会计处理。

①会计处理。

企业确认债务重组损失的账务处理为：

借：银行存款	970 000
营业外支出——债务重组损失	190 000
坏账准备	10 000
贷：应收账款	1 170 000

②所得税处理。

经税务部门审批，所得税允许扣除的损失为200 000元（1 170 000 -970 000）。

③上述业务所得税和会计对债务重组损失的计量不同，所得税确认的坏账损失为200 000元，会计确认的损失为190 000元，所得税和会计处理的差异为前期差异的转回。本期企业所得税纳税申报时，需要进行纳税调减的处理，纳税调减额为10 000元。

(2) 纳税申报表填报。

①《资产减值损失项目调整明细表》填报。

因企业当期"坏账准备"科目的贷方发生额为10 000元，在《资产减值准备项目调整明细表》的第1行"坏账准备"的第2列"本期转回"计入10 000元。如果资产本期减值没有发生额，则第5列"纳税调整"合计数计入 -10 000（详见表14-3）。

表14-3　　资产减值准备项目调整明细表

填报时间：　　年　　月　　日　　　　金额单位：元

行次	准备金类别	期初余额	本期转回额	本期计提额	期末余额	纳税调整额
		1	2	3	4	5
1	坏(呆)账准备	10 000	10 000	0	0	-10 000
…	……					
17	合计					-10 000

②《纳税调整明细表》的填报。

根据《资产减值损失项目调整明细表》"合计"数 -10 000元，填报计入《纳税调整明细表》的51行"准备金调整项目"第四列"调减金额"10 000元。

(二) 直接在《纳税调整明细表》(附表三) 填列调整

对符合特殊债务重组条件的重组业务，形成债权人或债务人所得税和会计处理差异，差异的调整通过《纳税调整明细表》（附表三）填列完成。

1. 债务人债务重组确认的应纳税所得额占该企业当年应纳税所得额 50% 的调整。

适用特殊性税务处理规定：企业债务重组确认的应纳税所得额占该企业当年应纳税所得额 50% 以上，可以在 5 个纳税年度的期间内，均匀计入各年度的应纳税所得额。

［例 14 - 10］2009 年 12 月 20 日，因乙公司财务发生困难，无法按合同规定支付货款1 170 000元，经双方协议，甲公司同意减免乙公司200 000元债务，余额用现金立即偿清。假设债务重组符合特殊处理的条件，同时乙公司当期应纳税所得额为 35 万元（含债务重组收益）。

（1）乙公司的所得税和会计处理。

①会计处理。

借：应付账款　　1 170 000

　贷：银行存款　　970 000

　　　营业务收入——债务重组收益　　200 000

②所得税处理。

所得税确认债务重组收益为200 000元，占企业当期应纳税所得额超过 50% 以上，因符合税法相关规定，所以债务重组收益为200 000元可以在 5 个纳税年度的期间内，均匀计入各年度的应纳税所得额，每期为40 000元。

③所得税和会计处理的差异分析。

上述业务所得税和会计对债务重组收益的计量不同，当期所得税确认债务重组收益为40 000元，会计为200 000元，所得税和会计处理的差异为暂时性差异。本期企业所得税纳税申报时，需要进行纳税调减的处理

（2）企业设置《纳税调整备查账》记录所得税和会计处理的差异（见表 14 - 4）。

表 14 - 4　　纳税调整备查账（债务重组收益）　　单位：元

	2009 年	2010 年	2011 年	2012 年	2013 年
所得税收益	40 000	40 000	40 000	40 000	40 000
会计收益	200 000	0	0	0	0
纳税调整金额	- 160 000	40 000	40 000	40 000	40 000

（3）纳税申报表填报。

企业 2009 年根据当期“纳税调整备查账”（表），在《纳税调整明细表》（附表三）19 行收入类调整项目“其他”项目中填报相应数据（见表 14 - 5），产生纳税调减结果160 000元。

表 14 - 5　　纳税调整项目明细表

行次	项　目	账载金额	税收金额	调增金额	调减金额
		1	2	3	4
1	一、收入类调整项目	*	*		
……					
19	18. 其他	200 000	40 000		160 000

2. 符合特殊性税务处理条件的债转股业务债务人和债权人所得税和会计差异的调整。

［例 14－11］业务内容和会计处理详见［例 14－6］。企业债权转股权的债务重组适用特殊性税务处理，所得税和会计处理及纳税申报表填报如下。

（1）债务人的所得税和会计处理差异分析及纳税申报表填报。

①债务人的所得税和会计处理差异分析。

债务人以债权转股权的方式进行债务重组符合所得税特殊处理条件，债务人对债务清偿所得税不确认有关债务清偿所得；会计对上述业务确认债务重组收益 20 万元，所得税对会计形成的债务重组所得不予确认，所得税和会计形成差异。

②企业设置纳税调整备查账记录所得税和会计处理的差异（见表 14－6）。

表 14－6　　纳税调整备查账（收入确认差异）　　单位：元

日　期	凭证号	业务摘要	会计收入	所得税收入	纳税调整
2009.12	略	债务重组股权抵债权	200 000	0	－200 000
……					

③纳税申报表填报。

企业当期根据“纳税调整备查账”（表），在 2009 年《纳税调整明细表》（附表三）19 行收入类调整项目“其他”项目中填报相应数据（见表 14－7），产生纳税调减结果200 000元。

表 14－7　　纳税调整项目明细表

行次	项　　目	账载金额	税收金额	调增金额	调减金额
		1	2	3	4
1	一、收入类调整项目	*	*		
	……				
19	18. 其他	200 000	0		200 000

（2）债权人的所得税和会计处理差异分析及纳税申报表填报。

①债权人的所得税和会计处理差异分析。

上述业务所得税和会计处理的差异为：其一，所得税对会计形成的债务重组损失 20 万元不予确认，所得税和会计形成差异，当期纳税调增 20 万元，所得税和会计的差异为暂时性差异；其二，所得税和会计对投资资产的计价不同，所得税计税基础为 100 万元，会计账面价值为 80 万元。企业应设置“纳税调整备查账”记录所得税和会计的差异。

②企业设置纳税调整备查账记录所得税和会计处理的差异（见表 14－8、14－9）

表 14－8　　纳税调整备查账（扣除项目确认差异）　　单位：元

日　期	凭证号	业务摘要	会计损失	所得税损失	纳税调整
2009.12	略	债务重组债转股	200 000	0	200 000
……					

表 14－9 纳税调整备查账（投资资产） 单位：元

日 期	凭证号	业务摘要	会计账面价值	计税基础
2009. 12	略	债转股取得 B 企业股权	800 000	1 000 000
……				

③纳税申报表填报。

企业当期根据“纳税调整备查账”（表），在 2009 年《纳税调整明细表》（附表三）40 行扣除类调整项目“其他”项目中填报相应数据（见表 14－10），产生纳税调减结果200 000元。

表 14－10 纳税调整项目明细表 单位：元

行次	项 目	账载金额	税收金额	调增金额	调减金额
		1	2	3	4
19	二、扣除类调整项目	*	*		
	……				
40	20. 其他	200 000	0	200 000	

第十五章　企业重组所得税处理和相关纳税申报表分析填报（二）

第一节　企业资产收购所得税处理和相关纳税申报表分析填报

一、企业资产收购所得税处理的法规规定分析

（一）资产收购的税法界定

1. 资产收购的基本概念。

《关于企业重组业务企业所得税处理若干问题的通知》（财税［2009］59号）规定：资产收购，是指一家企业（以下称为受让企业）购买另一家企业（以下称为转让企业）实质经营性资产的交易。受让企业支付对价的形式包括股权支付、非股权支付或两者的组合。

例如A公司与B公司达成协议，A公司购买B公司经营性资产（包括固定资产、存货等），该经营性资产的公允价值为1 000万元，A公司支付的对价为本公司10%股权、1 000万元银行存款以及承担B公司200万元债务。在该资产收购中A公司为受让企业，B公司为转让企业。

2. 资产收购业务的基本特点。

（1）资产收购不同于一般的资产买卖。资产收购是指涉及实质经营性资产的交易，与《企业会计准则第20号——企业合并》第三条所称的企业控制性合并相似，即一家企业必须是购买另一家企业内部某些生产经营活动或资产的组合，该组合一般具有投入、加工处理过程和产出能力，能够独立计算其成本费用或所产生的收入，但不构成独立法人资格的部分。同时，企业在购买这些资产组合后，必须实际经营该项资产，以保持经营上的连续性。比如，A商场购买B企业集团资产中商场的部分。

（2）资产收购不同于企业合并。资产收购是企业与企业之间的资产交易，交易的双方都是企业。而企业合并是企业与企业股东之间的交易，即合并方企业与被合并方企业的股东之间就被合并企业进行的交易。因此，相对于企业合并而言，资产收购不涉及法律主体资格的变更或者法律权利义务的承接。

3. 资产收购业务的所得税要件分析。

对于转让企业，资产收购其实质相当于向受让企业转让收购资产并获得经济利益，转让企业仍然存续。这里的经济利益既包括货币性资产，又包括非货币性资产。因此，转让企业的所得税处理主要涉及对转让出去（被收购）的资产是否确认资产的转让所得或损失；如果取得的交换价值（对价）为非货币性资产，对转入的资产如何确定计税基础。

对于受让企业，资产收购其实质相当于付出一定的对价购买转让企业的部分资产．

从而取得对转让企业的经营控制权。受让企业的所得税处理涉及付出对价中包括的非货币性资产，对转出的资产是否确认资产转让所得或损失；对收购转入资产的计税基础如何确认和计量。

（二）企业资产收购的所得税特殊处理

1. 企业资产收购所得税特殊处理的一般税法条件。

根据《关于企业重组业务企业所得税处理若干问题的通知》（财税［2009］59号）第五条和第六条第三款规定：企业重组同时符合下列条件的，适用特殊性税务处理规定：

（1）具有合理的商业目的，且不以减少、免除或者推迟缴纳税款为主要目的。

（2）受让企业收购的资产不低于转让企业全部资产的75%。

（3）受让企业在该资产收购发生时的股权支付金额不低于其交易支付总额的85%。

（4）企业重组后的连续12个月内不改变重组资产原来的实质性经营活动。

（5）企业重组中取得股权支付的原主要股东，在重组后连续12个月内，不得转让所取得的股权。

2. 企业跨境资产收购所得税特殊处理的条件。

《关于企业重组业务企业所得税处理若干问题的通知》（财税［2009］59号）第七条规定：企业发生涉及中国境内与境外之间（包括港澳台地区）的股权和资产收购交易，除应符合通知第五条规定的条件外，还应同时符合下列条件，才可选择适用特殊性税务处理规定：

（1）非居民企业向其100%直接控股的另一非居民企业转让其拥有的居民企业股权，没有因此造成以后该项股权转让所得预提税负担变化，且转让方非居民企业向主管税务机关书面承诺在3年（含3年）内不转让其拥有受让方非居民企业的股权。

（2）非居民企业向与其具有100%直接控股关系的居民企业转让其拥有的另一居民企业股权。

（3）居民企业以其拥有的资产或股权向其100%直接控股的非居民企业进行投资。

（4）财政部、国家税务总局核准的其他情形。

3. 企业资产收购所得税的特殊处理方法。

《关于企业重组业务企业所得税处理若干问题的通知》（财税［2009］59号）第六条第三款规定：资产收购业务具备所得税特殊处理规定，可以选择按以下规定处理：

（1）转让企业。转让企业取得受让企业股权的计税基础，以被转让资产的原有计税基础确定。

（2）受让企业。受让企业取得转让企业资产的计税基础，以被转让资产的原有计税基础确定（这里的被转让资产原有计税基础，应理解为受让企业作为对价支付的非货币资产的有计税基础）。

（3）《关于企业重组业务企业所得税处理若干问题的通知》（财税［2009］59号）第八条规定：居民企业以其拥有的资产或股权向其100%直接控股关系的非居民企业进行投资，其资产或股权转让收益如选择特殊性税务处理，可以在10个纳税年度内均匀计入各年度应纳税所得额。

4. 资产收购适用所得税特殊处理涉及非股权支付额的处理。

《关于企业重组业务企业所得税处理若干问题的通知》（财税［2009］59 号）第六条第六款规定：按照所得税特殊处理交易中股权支付暂不确认有关资产的转让所得或损失的，其非股权支付仍应在交易当期确认相应的资产转让所得或损失，并调整相应资产的计税基础。

非股权支付对应的资产转让所得或损失 =（被转让资产的公允价值 - 被转让资产的计税基础）×（非股权支付金额 ÷ 被转让资产的公允价值）

（三）企业资产收购所得税的一般处理

1. 资产收购所得税一般处理的条件。

根据《关于企业重组业务企业所得税处理若干问题的通知》（财税［2009］59 号）的相关规定：不符合资产收购业务所得税特殊处理条件，或者符合所得税特殊处理条件，但未选择特殊处理方法的，企业资产收购业务采取一般所得税处理办法。

2. 企业资产收购所得税的一般处理方法。

《关于企业重组业务企业所得税处理若干问题的通知》（财税［2009］59 号）第四条第三款规定：企业资产收购重组交易，相关交易应按以下规定处理。

（1）转让企业（被收购方）。被收购方应确认股权、资产转让所得或损失；被收购企业的相关所得税事项原则上保持不变。

（2）受让企业（收购方）。收购方取得股权或资产的计税基础应以公允价值为基础确定。

二、企业资产收购业务相关的会计处理原则

会计准则没有对资产收购业务进行专门规定，根据会计准则对资产收购业务应按照收购支付对价的形式进行判断和处理。

（一）企业以货币资金进行资产收购

企业以货币资金进行资产收购，收购企业以货币流出金额确定购入资产的账面价值；被收购企业以取得的货币金额和资产账面净值的差额，确认资产转让损益。

（二）企业以非货币性资产进行资产收购

企业以非货币性资产进行资产收购，资产收购企业和被收购企业在会计上应确认为非货币性资产交换业务，在资产收购业务过程中涉及的非货币性资产交换，一般具有商业实质（不具有商业实质的会计处理换出资产不确认损益，换入资产以换出资产账面价值确定），资产的公允价值能够可靠计量，根据《企业会计准则第 7 号——非货币性资产交换》会计的处理为：

其一，换入资产的成本以公允价值和应支付的相关税费确定。

其二，换出资产公允价值与账面价值的差额计入当期损益。换出资产公允价值与其账面价值的差额，应当分别不同情况处理：换出资产为存货的，应当作为销售处理，按照《企业会计准则第 14 号——收入》以其公允价值确认收入，同时结转相应的成本；换出资产为固定资产、无形资产的，换出资产公允价值与其账面价值的差额，计入营业外收入或营业外支出；换出资产为长期股权投资的，换出资产公允价值与其账面价值的差额，计入投资损益。

三、企业资产收购所得税处理和会计相关业务的比较

（一）收购方资产收购所得税处理和会计相关业务的比较

1. 适用一般税务处理资产收购所得税和会计处理一致。

资产收购如果适用一般所得税处理，所得税和会计处理一致。表现为：收购方取得股权或资产的计税基础应以公允价值为基础确定；如果企业以非货币性资产进行资产收购，换出资产公允价值与账面价值的差额计入当期损益。

2. 适用特殊税务处理资产收购所得税和会计处理存在差异。

资产收购如果适用特殊所得税处理，所得税和会计处理差异表现为：

（1）取得资产的计价。所得税的处理为受让企业取得转让企业资产的计税基础，以被转让资产的原有计税基础确定；会计以公允价值确认取得资产的账面价值。资产计价所得税和会计的不同，形成资产（固定资产或无形资产）持有期间，资产的折旧和摊销所得税和会计的差异，以及资产处置时配比成本所得税和会计的差异，需要进行纳税调整。

（2）换出资产业务的处理。所得税对交易中股权支付暂不确认有关资产的转让所得或损失的，其非股权资产支付仍应在交易当期确认相应的资产转让所得或损失，并调整相应资产的计税基础；会计按转出资产（包括股权支付）公允价值与账面价值的差额计入当期损益。所得税和会计对非货币性资产交换中涉及股权支付的部分处理存在差异。股权支付的部分所得税不确认损益，会计确认损益；相对应所得税和会计处理对取得资产的计价不同。所得税和会计的差异为暂时性差异。

企业应设置“纳税调整备查账”进行所得税和会计差异的记录。

（二）被收购方资产收购所得税处理和会计相关业务的比较

1. 适用一般税务处理资产被收购所得税和会计处理一致。

资产被收购如果适用一般所得税处理，所得税和会计处理一致。表现为：被收购企业资产所有权转移，以换出资产公允价值与账面价值的差额计入当期损益；如果被收购方取得非货币性资产作为对价，非货币性资产的计税基础应以公允价值为基础确定。

2. 适用特殊税务处理资产被收购所得税和会计处理存在差异。

（1）换出资产业务的处理。

所得税处理。对特殊重组条件下被收购企业资产所有权转移的处理，依据相关法规规定，所得税对交易中取得股权支付对应的资产转让不确认资产的转让所得或损；对其取得非股权支付，应在交易当期计算非股权支付对应的资产转让所得或损失［（被转让资产的公允价值－被转让资产的计税基础）×（非股权支付金额÷被转让资产的公允价值）］，并调整相应取得资产的计税基础。

会计处理。会计按换出资产公允价值与账面价值的差额计入当期损益。

所得税和会计对非货币性资产交换中涉及股权支付的部分处理存在差异。股权支付的部分所得税不确认损益，会计确认损益；相对应所得税和会计处理对取得资产的计价不同。所得税和会计的差异为暂时性差异。

（2）取得资产的计价。

如果资产所有权转移取得的对价为股权或其他非货币性资产，所得税的处理为转让企业取得受让企业股权的计税基础，以被转让资产的原有计税基础为基础确定；转让企业取得受让企业非股权的计税基础，一般为公允价值；会计以公允价值确认取得资产的账面价值。资产计价所得税和会计的不同，形成固定资产或无形资产持有期间，资产的折旧和摊销所得税和会计的差异，以及资产处置时配比成本所得税和会计的差异，需要进行纳税调整。

企业应设置"纳税调整备查账"进行所得税和会计差异的记录。

（三）资产收购适用一般重组所得税和会计比较列举分析

[例 15－1] A 公司是一家大型汽车零件生产企业。为扩展生产经营规模，A 企业决定收购 B 企业的汽车零件生产的资产。2009 年 5 月 1 日，双方达成收购协议，A 企业收购 B 企业涉及汽车零件生产的资产，A 企业收购 B 资产支付的对价（见表 15－1），以及 B 企业被收购资产（见表 15－2）的构成如下。（注：本案例涉及其他税种处理略）

表 15－1　**A 公司支付资产构成**　单位：万元

类　别	账面价值	公允价值	计税基础	备　注
股权支付	6 250	14 000	6 250	
债券	400	800	450	
现金	200	200	200	
合计	6 850	15 000	6 900	

表 15－2　**B 公司转让资产构成**　单位：万元

类　别	账面净值	公允价值	计税基础	备　注
生产线	4 000	5 500	4 500	转让
厂房	3 000	9 000	3 400	转让
存货	1 000	500	1 100	转让
转让资产合计	8 000	15 000	9 000	
其他资金	4 500		4 000	不转让
企业资产合计	12 500		13 000	

1. A 企业（受让方）的所得税和会计处理。

(1) 会计处理。

根据会计准则的相关规定，A 企业上述收购资产业务的基本会计处理如下：

借：固定资产——生产线　55 000 000

　　固定资产——厂房　90 000 000

　　存货　5 000 000

　贷：长期股权投资——××公司　62 500 000

　　　可供出售金融资产（××债券）　4 000 000

　　　银行存款　2 000 000

　　　营业外收入——资产重组收益　81 500 000

（2）所得税处理。

①判断企业资产收购是否具备可选择所得税特殊处理的条件。

分析：通过案例提供的信息初步判断，由于A企业该项资产收购是为了扩大生产经营，具有合理的商业目的；且A企业承诺收购B企业资产后，除进行必要的设备更新后，在连续12个月内仍用该项资产从事纺织品生产。该项资产并购符合《关于企业重组业务企业所得税处理若干问题的通知》（财税［2009］59号）特殊性税务处理的基本条件。

下面需要计算收购资产比例和股权支付比例这两个指标：

第一，计算受让企业收购的资产占转让企业全部资产的比例。计算受让企业收购的资产占转让企业全部资产的比例＝交易前收购资产的计税基础÷交易前全部资产的计税基础＝9 000÷13 000×100%＝69%＜75%。这里需要说明的是，《关于企业重组业务企业所得税处理若干问题的通知》（财税［2009］59号）本身没有明确计算有关比例的资产价值应当使用公允价值，还是计税基础。但分析交易过程判断，由于转让企业一部分资产并没有实际参加交易，这部分资产的公允价值是不易合理确定的，因此计算此处有关资产比例前提指标时还是应当以计税基础为数据来源。

第二，计算受让企业在该资产收购发生时的股权支付金额占其交易支付总额的比例＝14 000÷15 000×100%＝93%＞85%。这里需要说明的是，此时有关支付资产已经形成实际交换，以公允价值计算为合理。

分析结论：通过税收分析，由于受让企业收购的资产占转让企业全部资产的比例为69%＜75%，虽然资产收购业务具备了特殊所得税处理的其他条件，但仍然确认对资产收购进行一般所得税处理。

②A企业收购资产的计税基础。

按一般重组税法规定进行所得税处理，取得资产的计税基础应按公允价值（详见表15－3）。

③A企业支付对价资产的所得税处理。

资产收购一般所得税处理的税法规定中，没有具体规定对企业收购资产支付对价的非货币性资产的转移是否进行所得税资产转让损益的确认。但按照所得税对资产重组业务处理的一般原则，对企业收购资产支付对价的非货币性资产的转移应按公允价和计税基础之间的差额确认资产转让损益。

A企业收购资产支付对价资产转让所得税损益＝支付对价资产公允价－支付对价资产的计税基础＝15 000－6 900＝8 100（万元）

（3）所得税和会计比较及差异分析。

上述业务所得税和会计处理结果及比较如下表15－3。

表15－3　　纳税调整备查账（A企业收购资产所得税和会计比较）　　单位：万元

转入资产			转出资产				
转入资产类别	账面净值	计税基础	公允价值	计税基础	账面价值	所得税转让收益	会计转让收益
生产线	5 500	5 500	15 000	6 900	6 850	8 100	8 150
厂房	9 000	9 000					
存货	500	500					

根据上表分析，A 企业收购取得的资产所得税计税基础和会计账面价值一致；对换出支付对价的资产确认收益所得税和会计形成差异，当期产生纳税调减额为 50 万元，差异为前期差异的转回。

企业应设置“纳税调整备查账”进行所得税和会计差异的记录。

2. B 企业（转让方）所得税和会计处理。

（1）会计处理。

根据会计准则的相关规定，B 企业上述资产被收购业务的基本会计处理如下：

借：长期股权投资——××公司　　140 000 000
　　可供出售金融资产（××债券）　　8 000 000
　　银行存款　　2 000 000
　贷：固定资产——生产线　　40 000 000
　　　固定资产——厂房　　30 000 000
　　　原材料等存货　　10 000 000
　　　营业外收入——重组收益　　70 000 000

（2）所得税处理。

①判断企业收购资产是否具备可选择所得税特殊处理的条件。

上述分析确认此项对资产收购业务应进行一般所得税处理。

②B 企业转让资产的损益确认。

B 企业转让资产损益 = 转让资产公允价值 - 转让资产计税基础 = 15 000 - 9 000 = 6 000（万元）

③B 企业取得交换价值（转让对价）资产的计税基础。

因为企业资产收购不符合特殊所得税处理条件，按资产收购一般所得税处理的税法规定，取得资产的计税基础应按公允价值，详见表 15 - 4。

（3）所得税和会计比较及差异分析。

上述业务所得税和会计处理结果及比较如下表 15 - 4。

表 15 - 4　　纳税调整备查账（B 企业资产转让所得税和会计比较）　　单位：万元

转入资产			转出资产				
转入资产类别	账面净值	计税基础	公允价值	计税基础	账面价值	所得税转让收益	会计转让收益
股权支付	14 000	14 000	15 000	9 000	8 000	6 000	7 000
债券	800	800					
现金	200	200					

根据上表分析，B 企业资产被收购资产取得支付对价资产所得税计税基础和会计账面价值一致；对转让资产确认收益所得税和会计形成差异，当期产生纳税调减额为 1 000万元，差异为前期差异的转回。

企业应设置“纳税调整备查账”进行所得税和会计差异的记录。

（四）资产收购适用特殊重组所得税和会计比较列举分析

［例 15 - 2］A 公司是一家服装生产企业。为扩展生产经营规模，A 企业决定收购 B 企业的服装生产的资产。2009 年 12 月 1 日，双方达成收购协议，A 企业收购 B 企业

涉及服装生产的资产，A企业收购B资产支付的对价（见表15－5），以及B企业被收购资产（见表15－6）的构成如下。（注：本案例涉及其他税种处理略）

表15－5　　　　A公司支付资产构成　　　　单位：万元

类　别	公允价值	账面价值	计税基础	备　注
股权支付	1 600	800	800	
债券	100	80	80	
现金	30	30	30	
合计	1 730	910	910	

表15－6　　　　B公司转让资产构成　　　　单位：万元

类　别	公允价值	账面净值	计税基础	备　注
设备	560	520	520	被收购
生产厂房	800	400	400	被收购
存货	370	550	550	被收购
转让资产合计	1 730	1 470	1 470	
其他资产	270	130	130	
资产合计	2 000	1 600	1 600	

1. A企业（收购方）的所得税和会计处理。

（1）会计处理。

根据会计准则的相关规定，A企业上述收购资产业务的基本会计处理如下：

借：固定资产——生产线	5 600 000
固定资产——厂房	8 000 000
存货	3 700 000
贷：长期股权投资——××公司	8 000 000
可供出售金融资产（××债券）	800 000
银行存款	300 000
营业外收入——重组收益	8 200 000

（2）所得税处理。

①判断企业资产收购是否具备可选择所得税特殊处理的条件。

分析：通过案例提供的信息初步判断，该项资产并购符合《关于企业重组业务企业所得税处理若干问题的通知》（财税［2009］59号）特殊性税务处理的基本条件。

计算收购资产比例和股权支付比例这两个指标：

第一，计算受让企业收购的资产占转让企业全部资产的比例。计算受让企业收购的资产占转让企业全部资产的比例为＝交易前收购资产的公允价值÷交易前全部资产的公允价值＝1 730÷2 000×100%＝86%＞75%。

第二，计算受让企业在该资产收购发生时的股权支付金额占其交易支付总额的比例＝1 600÷1 730×100%＝92.5%＞85%。

分析结论：通过上述分析，由于受让企业收购的资产占转让企业全部资产的比例为 86% >75%；受让企业在该资产收购发生时的股权支付金额占其交易支付总额的比例为 93% >85%；资产收购业务具备了所得税特殊处理的其他条件，同时合作双方选择按所得税特殊处理的方法进行资产收购所得税处理。

②A 企业支付对价资产的所得税处理——计算非股权支付部分的所得。

对特殊重组条件下收购企业支付对价的资产所有权转移的所得税处理，所得税法规未做出专门规定。但依据相关法规，所得税对交易中股权支付暂不确认有关资产的转让所得或损失的，但非股权支付仍应在交易当期以资产的公允价值与计税基础的差额，确认相应的资产转让所得或损失。

A 公司非股权支付部分资产（债券）转让所得 = 资产公允价 - 计税基础 = 100 - 80 = 20（万元）

③A 企业取得收购资产的计税基础。

《关于企业重组业务企业所得税处理若干问题的通知》（财税［2009］59 号）六条规定："受让企业取得转让企业资产的计税基础，以被转让资产的原有计税基础确定。"此处的被转让资产为 A 公司支付对价的股权、现金和债券。

A 公司取得 B 公司资产支付对价包括股权和非股权支付两部分。A 公司取得 B 公司各项资产的计税基础 = A 企业支付对价中股权的计税基础 + 债券的公允价 + 现金 = 800 + 100 + 30 = 930（万元）

设备的计税基础 = 930 ×（560 ÷ 1 730）= 301.04（万元）；

生产厂房的计税基础 = 930 ×（800 ÷ 1 730）= 430.06（万元）；

存货的计税基础 = 930 ×（130 ÷ 1 730）= 198.9（万元）；

（3）所得税和会计比较及差异分析。

上述业务所得税和会计处理结果及比较如下表 15 - 7。

表 15 - 7　纳税调整备查账（A 企业收购资产所得税和会计比较）　单位：万元

转入资产			转出资产	
转入资产类别	账面净值	计税基础	所得税转让收益	会计转让收益
生产线	560	301.04	20	820
厂房	800	430.06		
存货	370	198.9		
合计	1 730	930		

根据上表分析，A 企业资产收购所得税和会计处理的差异表现为：其一，收购取得的资产所得税计税基础和会计账面价值存在差异；其二，对换出支付对价的资产确认收益所得税和会计形成差异，当期产生纳税调减额为 800 万元，所得税和会计的差异为暂时性差异。企业应设置"纳税调整备查账"进行所得税和会计差异的记录。

2. B 企业的所得税和会计处理。

（1）会计处理。

根据会计准则的相关规定，B 企业上述资产被收购业务的基本会计处理如下：

借：长期股权投资——××公司　16 000 000

　　可供出售金融资产（××债券）　1 000 000

银行存款 300 000

贷：固定资产——生产线 5 200 000

固定资产——厂房 4 000 000

原材料等存货 5 500 000

营业外收入——重组收益 2 600 000

（2）所得税处理。

①判断企业资产收购是否具备可选择所得税特殊处理的条件。

通过上述分析，资产收购业务具备了所得税特殊处理的条件，同时合作双方选择按所得税特殊处理的方法进行资产收购所得税处理。

②B 企业转让资产取得非股权支付对应的资产转让所得。

《关于企业重组业务企业所得税处理若干问题的通知》（财税［2009］59 号）第六条第六款规定，按照所得税特殊处理“交易中股权支付暂不确认有关资产的转让所得或损失的，其非股权支付仍应在交易当期确认相应的资产转让所得或损失，并调整相应资产的计税基础。非股权支付对应的资产转让所得或损失 =（被转让资产的公允价值 - 被转让资产的计税基础）×（非股权支付金额 ÷ 被转让资产的公允价值）”。

根据税法相关规定可以计算非股权支付对应的资产转让所得。

非股权支付对应的资产转让所得 =（1 730 - 1 470）×130 ÷ 1 730 = 19.54（万元）

③B 企业收到股权及非股权支付的计税基础。

《关于企业重组业务企业所得税处理若干问题的通知》（财税［2009］59 号）第六条规定：企业重组符合特殊税务处理条件的，可以按以下规定处理：“转让企业取得受让企业股权的计税基础，以被转让资产的原有计税基础确定。”

B 企业收到非股权支付（债券）的计税基础 = 取得非股权支付资产的公允价 - 取得非股权支付资产确认的所得 = 130 - 19.54 = 110.46（万元）

B 企业取得 A 企业股权的计税基础 = 转让资产的原计税基础 - 以确认所得的非股权支付资产对应的计税基础 = 1 470 - 110.46 = 1 359.54（万元）

（3）所得税和会计比较及差异分析。

上述业务所得税和会计处理结果及比较如下表 15 - 8。

表 15 - 8　纳税调整备查账（B 企业资产转让所得税和会计比较）　单位：万元

转入资产			转出资产	
转入资产类别	账面净值	计税基础	所得税转让收益	会计转让收益
股权支付	1600	1359.54	19.54	260
债券	100	100		
现金	30	30		
合计	1730	1 489.54		

根据上表分析，B 企业资产被收购业务所得税和会计的差异为：其一，取得支付对价资产的所得税计税基础和会计账面价值不一致；其二，对转让资产确认收益所得税和会计形成差异，当期产生纳税调减额为 240.46 万元，差异为暂时性差异。

企业应设置“纳税调整备查账”进行所得税和会计差异的记录。

三、企业资产收购所得税处理的相关纳税申报表分析填报

企业所得税纳税申报表的构成中没有专门的附表对资产收购业务所得税和会计的差异进行调整记录，资产收购业务所得税和会计的差异在企业设置纳税调整备查账记录差异的基础上，通过《纳税调整明细表》（附表三）完成调整。

（一）对资产收购的转让方和受让方取得资产计税基础和账面价值的差异进行记录

以［例15－2］为例的分析。

1. A企业（资产收购取得资产的受让方），对取得资产的计税基础和账面价值的差异，在《纳税调整备查账》中进行记录。详见表15－7。

2. B企业（资产收购转让资产的转让方），对取得支付对价的资产计税基础和账面价值的差异，在《纳税调整备查账》中进行记录。详见表15－8。

（二）对资产收购的转让方和受让方当期资产转让损益所得税和会计的差异在《纳税调整项目明细表》（附表三）调整

以［例15－2］为例的分析。

1. A企业根据“纳税调整备查账”（见表15－7），对作为收购资产对价的非货币性资产所有权转移确认收益所得税和会计的差异，在2009年《纳税调整明细表》（附表三）8行“特殊重组”项目中填报相应数据（见表15－9），产生纳税调减结果7 750万元。

表15－9　　纳税调整项目明细表　　单位：万元

行次	项　目	账载金额	税收金额	调增金额	调减金额
		1	2	3	4
1	一、收入类调整项目	*	*		
	……				
8	7. 一般重组其他				
9	8. 特殊重组	820	20		800

2. B企业根据“纳税调整备查账”（表8），对转让资产确认收益所得税和会计的差异，在2009年《纳税调整明细表》（附表三）9行“特殊重组”项目中填报相应数据（见表15－10），产生纳税调减结果240.46万元。

表15－10　　纳税调整项目明细表　　单位：万元

行次	项　目	账载金额	税收金额	调增金额	调减金额
		1	2	3	4
1	一、收入类调整项目	*	*		
	……				
8	7. 一般重组				
9	8. 特殊重组	260	19.54		240.46

（三）资产计税基础和账面价值不同形成资产持有和处置的差异在《资产折旧、摊销纳税调整明细表》（附表九）调整

资产收购的转让方或受让方取得资产的计税基础和账面价值不同，形成固定资产或无形资产持有期间，资产的折旧和摊销所得税和会计的差异；以及资产处置时配比成本所得税和会计的差异，需要进行纳税调整的业务，应根据《纳税调整备查账》的记录，在《资产折旧、摊销纳税调整明细表》（附表九）和《纳税调整明细表》（附表三）中调整。

第二节　企业股权收购所得税处理和相关纳税申报表分析填报

一、企业股权收购所得税处理的法规分析

（一）股权收购的税法界定

1. 股权收购的基本概念。

《关于企业重组业务企业所得税处理若干问题的通知》（财税［2009］59 号）规定：股权收购，是指一家企业（以下称为收购企业）购买另一家企业（以下称为被收购企业）的股权，以实现对被收购企业控制的交易。收购企业支付对价的形式包括股权支付、非股权支付或两者的组合。

例如 A 公司与 B 公司达成协议，A 公司收购 B 公司 60% 的股权，A 公司支付 B 公司股东 C 的对价为 200 万元银行存款以及 A 公司控股的 C 公司 10% 股权，A 公司收购股权后实现了对 B 公司的控制。在该股权收购中 A 公司为收购企业，B 公司为被收购企业。

2. 股权收购业务的基本特点。

（1）股权收购不同于一般的股权转让。股权收购是指通过股权的转移，实现收购企业对被收购企业生产经营和管理等活动的控制。

（2）股权收购不同于资产收购。资产收购是企业与企业之间的资产交易，交易的双方都是企业。而股权收购是企业与企业股东之间的交易，即收购企业与被收购企业的股东之间就股权转让进行的交易。

（3）股权收购不同于企业合并。虽然企业合并和股权收购都是企业与企业股东之间的交易，但相对于企业合并而言，股权收购不涉及被收购企业法律主体资格的变更或者法律权利义务的承接。

3. 股权收购业务的所得税要件。

（1）收购企业。其一，如果支付的对价包括固定资产、无形资产等非货币性资产，则涉及是否应确认非货币性资产转让所得或损失；其二，如何确认取得的被收购企业股权的计税基础。

（2）被收购企业股东。其一，被收购企业股东以放弃被收购企业股权为代价取得收购企业向其支付的股权及非股权支付，是否应确认被收购企业股权的转让所得或损失；其二，如何确认股权支付及非股权支付的计税基础。

（3）被收购企业。被收购企业发生变化的只是股东的变更，不涉及所得税的处理。

（二）企业股权收购的所得税特殊处理

1. 企业股权收购所得税特殊处理的一般税法条件。

根据《关于企业重组业务企业所得税处理若干问题的通知》（财税［2009］59 号）第五条和第六条第二款规定：企业重组同时符合下列条件的，适用特殊性税务处理规定：

（1）具有合理的商业目的，且不以减少、免除或者推迟缴纳税款为主要目的。

（2）收购企业购买的股权不低于被收购企业全部股权的 75%。

（3）收购企业在该股权收购发生时的股权支付金额不低于其交易支付总额的 85%。

（4）企业重组后的连续 12 个月内不改变重组资产原来的实质性经营活动。

（5）企业重组中取得股权支付的原主要股东，在重组后连续 12 个月内，不得转让所取得的股权。

2. 企业跨境股权收购所得税特殊处理的条件。

《关于企业重组业务企业所得税处理若干问题的通知》（财税［2009］59 号）第七条规定：企业发生涉及中国境内与境外之间（包括港澳台地区）的股权和资产收购交易，除应符合通知第五条规定的条件外，还应同时符合下列条件，才可选择适用特殊性税务处理规定：

（1）非居民企业向其 100% 直接控股的另一非居民企业转让其拥有的居民企业股权，没有因此造成以后该项股权转让所得预提税负担变化，且转让方非居民企业向主管税务机关书面承诺在 3 年（含 3 年）内不转让其拥有受让方非居民企业的股权。

（2）非居民企业向与其具有 100% 直接控股关系的居民企业转让其拥有的另一居民企业股权。

（3）居民企业以其拥有的资产或股权向其 100% 直接控股的非居民企业进行投资。

（4）财政部、国家税务总局核准的其他情形。

3. 企业股权收购所得税的特殊处理方法。

（1）企业股权收购所得税的特殊处理方法的税法基本规定。

《关于企业重组业务企业所得税处理若干问题的通知》（财税［2009］59 号）第六条第二款规定："股权收购业务具备所得税特殊处理规定，可以选择按以下规定处理：被收购企业的股东取得收购企业股权的计税基础，以被收购股权的原有计税基础确定；收购企业取得被收购企业股权的计税基础，以被收购股权的原有计税基础确定；收购企业、被收购企业的原有各项资产和负债的计税基础和其他相关所得税事项保持不变。"

（2）对税法规定的解析。

①收购企业涉及的所得税处理。

支付对价涉及的所得税处理。收购企业支付非股权对价，应按税法规定确认其转让所得或损失。

取得被收购企业股权计税基础的确定。对于取得被收购企业股权计税基础的确定问题，相关税收法规规定，收购企业取得被收购企业的股权应按被收购股权的原有计税基础确定（此处应理解为收购企业以股权支付对价，转让股权的原有计税基础）。

②被收购企业股东涉及的所得税处理。

被收购企业股东转让股权的。被收购企业股东转让股权取得股权作为对价，可暂不确认股权转让所得或损失；如果被收购企业股东除取得收购企业的股权外，还取得收购企业支付的非股权支付，被收购企业股东应确认非股权支付对应的股权转让所得或损失。

取得股权支付和非股权支付计税基础的确定。相关法规规定在涉及非股权支付的情况下，应确认非股权支付对应的资产所得或损失，并调整相应资产的计税基础，但未明确应如何调整相应资产的计税基础。在取得非股权支付的条件下，被收购企业股东取得收购企业股权的计税基础一般为被收购企业股权的原计税基础减去非股权支付的公允价值与非股权支付额对应的转让所得的差额（同资产收购业务的处理，详见［例 15－2］分析）。

4. 股权收购适用所得税特殊处理涉及非股权支付额的处理。

《关于企业重组业务企业所得税处理若干问题的通知》（财税［2009］59 号）第六条第六款规定：按照所得税特殊处理交易中重组交易暂不确认有关资产的转让所得或损失的，其非股权支付仍应在交易当期确认相应的资产转让所得或损失，并调整相应资产的计税基础。

非股权支付对应的资产转让所得或损失＝（被转让资产的公允价值－被转让资产的计税基础）×（非股权支付金额÷被转让资产的公允价值）

5.《关于企业重组业务企业所得税处理若干问题的通知》（财税［2009］59 号）第八条规定：居民企业以其拥有的资产或股权向其 100% 直接控股关系的非居民企业进行投资，其资产或股权转让收益如选择特殊性税务处理，可以在 10 个纳税年度内均匀计入各年度应纳税所得额。

（三）企业股权收购所得税的一般处理

1. 股权收购所得税一般处理的条件。

根据《关于企业重组业务企业所得税处理若干问题的通知》（财税［2009］59 号）的相关规定：不符合股权收购业务所得税特殊处理条件，或者符合所得税特殊处理条件，但未选择特殊处理方法的，企业股权收购业务采取一般所得税处理办法。

2. 企业股权收购所得税的一般处理方法。

（1）企业股权收购所得税的一般处理方法的税法基本规定。

《关于企业重组业务企业所得税处理若干问题的通知》（财税［2009］59 号）第四条第三款规定：企业股权收购重组交易，相关交易应按以下规定处理：收购方（被收购方股东）应确认股权、资产转让所得或损失；收购方取得股权或资产的计税基础应以公允价值为基础确定；被收购企业的相关所得税事项原则上保持不变。

（2）对税法规定的解析。

①收购企业涉及的所得税处理。

支付对价涉及的所得税处理。当收购企业支付的对价包括固定资产、无形资产等非货币资产时，虽然相关税收法规未明确规定应确认所涉及非货币资产的转让所得或损失，但由于资产的所有权属发生了变化，因此收购企业应按税法规定确认资产的转让所得或损失。

取得被收购企业股权计税基础的确定。由于收购企业支付的对价无论是股权支付，还是非股权支付均是按公允价值支付的，收购企业应按公允价值确定被收购企业股权的计税基础。

②被收购企业股东涉及的所得税处理。

放弃被收购企业股权涉及的处理。股权收购过程中，被收购企业股东放弃被收购企业股权而取得收购企业支付的股权和非股权，其实质应分解为两项业务，即先转让被收购企业股权，然后再以转让收入购买股权或非股权支付，依据税收相关法规规定，被收购企业股东应确认股权转让所得或损失。

取得股权支付和非股权支付计税基础的处理。由于被收购企业股东确认了放弃被收购企业股权的转让所得或损失，因此对其取得的股权支付和非股权支付均应按公允价值确定计税基础。

二、企业股权收购相关会计处理的原则分析

会计准则没有专门对股权收购业务进行规定，根据会计准则相关规定，对股权收购业务按照收购支付对价的形式进行判断和处理。

（一）企业以货币资金进行股权收购

企业以货币资金进行股权收购，收购企业以货币流出金额确定购入股权（长期股权投资）的账面价值；被收购企业股东以取得货币金额和“长期股权投资”账面净值的差额，确认投资资产转让损益。

（二）企业以非货币性资产进行股权收购

企业以非货币性资产进行股权收购，股权收购企业和被收购企业股东在会计上应确认为非货币性资产交换业务，股权收购业务涉及的非货币性资产交换，一般具有商业实质（不具有商业实质的会计处理换出资产不确认损益，换入资产以换出资产账面价值确定），资产的公允价值能够可靠计量，根据《企业会计准则第 7 号——非货币性资产交换》会计的处理为：

其一，换入资产的成本以公允价值和应支付的相关税费确定。

其二，换出资产公允价值与账面价值的差额计入当期损益。换出资产公允价值与其账面价值的差额，应当分别不同情况处理：换出资产为存货的，应当作为销售处理，按照《企业会计准则第 14 号——收入》以其公允价值确认收入，同时结转相应的成本；换出资产为固定资产、无形资产的，换出资产公允价值与其账面价值的差额，计入营业外收入或营业外支出；换出资产为长期股权投资的，换出资产公允价值与其账面价值的差额，计入投资损益。

三、企业股权收购所得税处理和会计相关业务的比较

（一）收购方股权收购所得税处理和会计相关业务的比较

1. 适用一般所得税处理方法股权收购的所得税和会计处理一致。

股权收购如果适用一般所得税处理，所得税和会计处理一致。表现为：

（1）支付对价的处理。当收购企业支付的对价包括固定资产、无形资产等非货币资产时，会计应确认所涉及非货币资产的转让损益，所得税应按税法规定确认收购企业资产的转让所得或损失。

（2）取得被收购企业股权计价的确定。收购企业应按公允价值确定被收购企业股权的计税基础和账面价值。

2. 适用特殊所得税处理方法的股权收购所得税和会计处理存在差异。

股权收购如果适用特殊所得税处理，所得税和会计处理差异表现为：

（1）取得股权的计价。所得税的处理为收购企业取得被收购企业股权的计税基础，以转让股权的原有计税基础确定；会计以公允价值确认取得股权的账面价值。收购企业取得投资资产计价所得税和会计的不同，形成未来投资资产处置时配比成本所得税和会计的差异，需要进行纳税调整。

（2）支付（换出）股权业务的处理。所得税对交易中股权支付暂不确认有关资产的转让所得或损失的；会计对股权转让确认投资转让损益。所得税和会计对涉及股权支付的部分处理存在差异，形成当期纳税调整额。

（3）如果股权收购企业取得股权支付的对价包括股权和非股权，对非股权支付，所得税在交易当期确认相应的非股权资产转让所得或损失，并相应调整取得股权的计税基础；会计按转出全部资产公允价值与账面价值的差额计入当期损益，并按公允价值进行取得投资资产的计量。相对应所得税和会计处理对资产转让的收益和取得投资资产的计价不同，差异的性质为暂时性差异。

企业应设置“纳税调整备查账”进行所得税和会计差异的记录。

（二）被收购方股东所得税处理和会计相关业务的比较

1. 适用一般所得税处理条件股权收购所得税和会计处理一致。

股权被收购如果适用一般所得税处理，所得税和会计处理一致。表现为：其一，被收购企业股权所有权转移，以股权的公允价值与账面价值（计税基础）的差额确认当期损益；其二，如果被收购方取得非货币性资产作为对价，非货币性资产的计税基础和账面价值以公允价值确定。

2. 适用特殊所得税处理股权被收购所得税和会计处理存在差异。

（1）转让股权业务的处理。其一，对特殊重组条件下被收购企业股东股权所有权转移的处理，依据相关法规规定，所得税对交易中取得股权支付对应的股权转让不确认股权转让所得或损失；但对其取得非股权支付应确认对应的股权转让的所得［（被转让资产的公允价值 - 被转让资产的计税基础）×（非股权支付金额 ÷ 被转让资产的公允价值）］，并调整相应取得资产的计税基础。其二，会计按换出资产公允价值与账面价值的差额计入当期损益。所得税和会计对非货币性资产交换中涉及股权支付的部分处理存在差异。股权支付的部分所得税不确认损益，会计确认损益；相对应所得税和会计处理对取得资产的计价不同。所得税和会计的差异为暂时性差异。

（2）取得资产的计价。如果被收购企业股东股权转移取得的对价为股权，所得税的处理为以被收购企业转让股权的计税基础确定；会计以公允价值确认取得股权的账面价值。所得税和会计的差异为暂时性差异。

企业应设置“纳税调整备查账”进行所得税和会计差异的记录。

（三）股权收购适用特殊重组所得税和会计比较列举分析

［例 15 - 3］甲公司是一家大型酒店，为扩展生产经营规模，甲企业决定收购同样是从事酒店经营的乙企业的股权，以实施对其经营的控制。A 企业拥有乙企业 100% 股

权（账面价值为400万元，计税基础为400万元，公允价为600万元）。2009年12月31日，甲企业和乙企业的股东A企业达成收购协议，甲企业通过向乙公司股东A定向增发面值为1元，市价为每股3元的股票200万股，收购A企业拥有的乙企业的全部股权。（本案例涉及其他税种处理略）

1. 甲企业（收购方）的所得税和会计处理。

（1）会计处理。

借：长期股权投资——乙企业	6 000 000
贷：股本	2 000 000
资本公积	4 000 000

（2）所得税处理。

①判断企业资产收购是否具备可选择所得税特殊处理的条件。

分析：通过案例提供的信息初步判断，该项股权收购符合《关于企业重组业务企业所得税处理若干问题的通知》（财税［2009］59号）特殊性税务处理的基本条件。

②甲企业支付对价资产的所得税处理。

所得税对交易中股权支付暂不确认有关资产的转让所得或损失。

③甲企业取得乙企业股权的计税基础。

根据所得税相关法规规定，甲企业从A企业取得乙企业股权的计税基础，应以甲企业股本200万元确定。

（3）所得税和会计比较及差异分析。

上述业务所得税和会计的差异为：甲企业取得的乙企业股权的计税基础为200万元，会计账面价值为600万元，所得税和会计对投资资产计价的差异，将在投资资产转让时对应纳税所得额形成纳税调整的结果。甲企业设置"纳税调整备查账"记录企业取得乙企业股权所得税计税基础和会计账面价值的差异。

2. A企业（乙企业股东）的所得税和会计处理。

（1）会计处理。

A企业转让乙企业的股权取得甲企业的股权，会计上应确认为非货币性资产交换业务，因交换具有商业实质，所以投资资产转让确认损益，取得资产按公允价值计量。企业的账务处理为：

借：长期股权投资——甲企业	6 000 000
贷：长期股权投资——乙企业	4 000 000
投资收益	2 000 000

（2）所得税处理。

①判断企业资产收购是否具备可选择所得税特殊处理的条件。

分析：通过案例提供的信息初步判断，该项股权收购符合《关于企业重组业务企业所得税处理若干问题的通知》（财税［2009］59号）特殊性税务处理的基本条件。

②A企业将持有乙企业股权转让的所得税处理。

因采取所得税特殊处理的方法，同时A企业取得的全部对价为股权支付，所以将持有乙企业的股权转让给甲企业不确认投资资产转让损益。

③A企业取得甲企业股权的计税基础。

根据所得税相关法规规定，A企业取得甲企业股权的计税基础，应以A企业原持有乙企业股权的计税基础确定。A企业取得甲企业股权的计税基础为400万元。

(3) 所得税和会计比较及差异分析。

上述业务所得税和会计的差异为：其一，A企业股权转让所得税不确认所得，会计确认转让所得为200万元，所得税和会计的差异，当期形成纳税调减200万元的结果；A企业取得的甲企业股权的计税基础为400万元，会计账面价值为600万元，所得税和会计对投资资产计价的差异，一般在投资资产转让时形成纳税调增的结果。企业设置“纳税调整备查账”记录所得税和会计的差异（见表15－11）。

表15－11　纳税调整备查账（A企业转让股权所得税和会计差异）　单位：万元

转入资产(甲企业股权)		转出资产(乙企业股权)	
账面价值	计税基础	所得税转让收益	会计转让收益
600	400	0	200

[例15－4] 接上例。假设甲企业和乙企业的股东A企业达成收购协议，甲企业收购A企业股东持有乙企业股权的对价为：转让甲企业持有B企业的股权（账面价值和计税基础为400万元，公允价值为500万元）和现金100万元，收购A企业拥有的乙企业的全部股权（公允价600万元，成本价与计税基础为500万元）。（注：本案例涉及其他税种处理略）

1. 甲企业（收购方）的所得税和会计处理。

(1) 会计处理。

借：长期股权投资——乙企业　6 000 000

　贷：长期股权投资——B企业　4 000 000

　　银行存款　1 000 000

　　投资收益　1 000 000

(2) 所得税处理。

①判断企业资产收购是否具备可选择所得税特殊处理的条件。

分析：通过案例提供的信息初步判断，该项资产并购符合《关于企业重组业务企业所得税处理若干问题的通知》（财税［2009］59号）特殊性税务处理的基本条件；同时A企业转让全部100%股权，比例超过了75%，甲企业的股权支付占全部支付额比例为83%（500/600×100%），超过了85%，符合特殊性税务处理的条件，同时协议双方选择特殊税务处理。

②甲企业支付对价资产的所得税处理。

所得税对交易中股权支付暂不确认有关资产的转让所得或损失。非股权支付部分因为现金支出，也不形成损益。

③甲企业取得乙企业股权的计税基础。

根据所得税相关法规规定，甲企业从A企业取得乙企业股权的计税基础，应以甲企业持有乙企业股权的原计税基础400万元与现金支付额之和确定。计税基础为500万元。

(3) 所得税和会计比较及差异分析。

上述业务所得税和会计的差异为：其一，甲企业转让B企业的股权会计确认转让收益100万元，所得税不确认转让收益，当期形成纳税调减金额100万元；其二，甲企业取得的乙企业股权的计税基础为500万元，会计账面价值为600万元，所得税和会计对投资资产计价的差异，差异的性质为暂时性差异。甲企业设置"纳税调整备查账"记录上述业务所得税和会计差异（见表15－12）。

表15－12　纳税调整备查账（甲取得乙企业股权所得税和会计差异）　单位：万元

转入资产(乙企业股权)		转出资产(B企业股权)	
账面价值	计税基础	所得税转让收益	会计转让收益
600	500	0	100

2. A企业（乙企业股东）的所得税和会计处理。

（1）会计处理。

A企业转让乙企业的股权取得甲企业的股权，会计上应确认为非货币性资产交换业务，因交换具有商业实质，所以投资资产转让确认损益，取得资产按公允价值计量。企业的账务处理为：

借：长期股权投资——B企业　5 000 000

　　银行存款　1 000 000

　贷：长期股权投资——乙企业　4 000 000

　　　投资收益　2 000 000

（2）所得税处理。

①判断企业资产收购是否具备可选择所得税特殊处理的条件。

分析：通过案例提供的信息初步判断，该项资产并购符合《关于企业重组业务企业所得税处理若干问题的通知》（财税［2009］59号）特殊性税务处理的基本条件。

②A企业股权转让的所得税处理。

因取得非股权支付，根据相关税法规定取得非股权支付应在交易当期确认相应的资产转让所得或损失，并调整相应资产的计税基础。

非股权支付对应的资产转让所得或损失＝（被转让资产的公允价值－被转让资产的计税基础）×（非股权支付金额÷被转让资产的公允价值）＝（600－400）×（100÷600）＝33.33（万元）

③A企业取得B企业股权的计税基础。

根据所得税相关法规规定，A企业取得B企业股权的计税基础，应以A企业股权原计税基础400万元为基础确定。

A企业取得B企业股权的计税基础＝400－（100－33.33）＝333.33（万元）

（3）所得税和会计比较及差异分析。

上述业务所得税和会计的差异为：其一，A企业股权转让所得税确认所得为33.33万元，会计确认所得为200万元，所得税和会计的差异，当期形成纳税调减的结果166.67万元；A企业取得的B企业股权的计税基础为333.33万元，会计账面价值为500万元，所得税和会计对投资资产计价的差异的性质为暂时性差异。企业设置"纳税调整备查账"记录所得税和会计的差异（见表15－13）。

表 15-13　　纳税调整备查账（A 企业转让股权所得税和会计差异）　　单位：万元

转入资产(B 企业股权)		转出资产(乙企业股权)	
账面价值	计税基础	所得税转让收益	会计转让收益
500	333.33	33.33	200

［例 15-5］详见［例 15-3］。假设 2009 年 12 月 31 日，甲企业和乙企业的股东 A 企业达成收购协议，甲企业通过向乙公司股东 A 支付现金 600 万元，收购 A 持有的乙公司的全部股份（公允价 600 万元，成本价与计税基础为 400 万元），甲企业拥有乙企业的全部股权。（注：本案例涉及其他税种处理略）

1. 甲企业的所得税和会计处理。

（1）会计处理。

借：长期股权投资——乙企业　　6 000 000

　贷：银行存款　　6 000 000

（2）所得税处理。

①判断企业资产收购是否具备可选择所得税特殊处理的条件。

分析：通过案例提供的信息初步判断，该项股权收购因收购方支付现金 100%，不符合特殊所得税处理条件，应采取一般所得税处理方法。

②甲企业取得乙企业股权的计税基础。

根据所得税相关法规规定，甲企业从 A 企业取得乙企业股权的计税基础，应以 A 企业拥有乙企业股权公允价 600 万元确定。

（3）所得税和会计比较及差异分析。

上述业务所得税和会计处理一致。

2. A 企业（乙企业股东）的所得税和会计处理。

（1）会计处理。

A 企业转让乙企业的股权取得甲企业的股权，会计上应确认为非货币性资产交换业务，因交换具有商业实质，所以投资资产转让确认损益，取得资产按公允价值计量。企业的账务处理为：

借：银行存款　　6 000 000

　贷：长期股权投资——乙企业　　4 000 000

　　投资收益　　2 000 000

（2）所得税处理。

A 企业股权转让的所得税处理。因采取所得税一般处理的方法，所得税对交易中股权转让确认资产损益。股权转让收益 = 600 - 400 = 200（万元）

（3）所得税和会计比较及差异分析。

上述业务所得税和会计处理一致。

三、企业股权收购所得税处理的相关纳税申报表分析填报

企业所得税纳税申报表的构成中没有专门的附表对股权收购业务所得税和会计的差异进行调整记录，资产收购业务所得税和会计的差异在企业设置纳税调整备查账记

录差异的基础上，通过《纳税调整明细表》（附表三）完成调整。

（一）对股权收购的转让方和受让方取得资产计税基础和账面价值的差异进行记录

以［例 15－4］为例的分析。

A 企业（被收购企业股东），对取得资产的计税基础和账面价值的差异，在《纳税调整备查账》中进行记录（见表 15－14）。

表 15－14　纳税调整备查账（A 企业转让股权所得税和会计差异）　单位：万元

转入资产（B 企业股权）		转出资产（乙企业股权）	
账面价值	计税基础	所得税转让收益	会计转让收益
500	333.33	33.33	200

（二）对股权收购的股权转让方和受让方当期资产转让损益所得税和会计的差异在《纳税调整项目明细表》（附表三）调整

以［例 15－4］为例的分析。

A 企业（被收购企业股东）根据“纳税调整备查账”（表 15－14），对作为收购资产对价的非货币性资产所有权转移确认收益所得税和会计的差异，在 2009 年《纳税调整明细表》（附表三）8 行“特殊重组”项目中填报相应数据（见表 15－15），产生纳税调减结果 166.67 万元。

表 15－15　纳税调整项目明细表　单位：万元

行次	项　　目	账载金额	税收金额	调增金额	调减金额
		1	2	3	4
1	一、收入类调整项目	*	*		
	……				
8	7. 一般重组其他				
9	8. 特殊重组	200	33.33		166.67

（三）资产计税基础和账面价值不同形成投资资产处置的差异通过《长期股权投资收益（损失）》（附表十三）调整

股权收购方取得投资资产的计税基础和账面价值不同，形成投资资产处置时配比成本所得税和会计的差异，需要进行纳税调整的业务，应根据《纳税调整备查账》的记录，在投资资产转让当期，通过《长期股权投资收益（损失）》（附表十三）和《纳税调整明细表》调整。

第三节　企业合并所得税处理和相关纳税申报表分析填报

一、企业合并所得税处理的法规分析

（一）企业合并的税法界定

1. 企业合并的基本概念。

《关于企业重组业务企业所得税处理若干问题的通知》（财税［2009］59 号）第一条规定："合并，是指一家或多家企业（以下称为被合并企业）将其全部资产和负债转让给另一家现存或新设企业（以下称为合并企业），被合并企业股东换取合并企业的股权或非股权支付，实现两个或两个以上企业的依法合并。"

合并可分为吸收合并和新设合并两种方式。

吸收合并是指两个以上的企业合并时，其中一个企业吸收了其他企业而存续，被吸收的企业解散。例如 A 公司系股东 X 公司投资设立的有限责任公司，现将全部资产和负债转让给 B 公司，B 公司支付 A 公司股东 X 公司银行存款 500 万元作为对价，A 公司解散。在该吸收合并中，A 公司为被合并企业，B 公司为合并企业，且为存续企业。

新设合并是指两个以上企业并为一个新企业，合并各方解散或不解散。例如现有 A 公司和 B 公司均为 X 公司控股下的子公司，现 A 公司和 B 公司将全部资产和负债转让给 C 公司，C 公司向 X 公司支付 30% 股权作为对价。合并完成后，A 公司和 B 公司均解散。在该新设合并中，A 公司和 B 公司为被合并企业，C 公司为合并企业。

2. 企业合并业务的基本特点。

（1）合并企业取得被合并企业全部资产和负债，并对被合并企业股东支付对价。

（2）被合并企业股东取得合并企业支付的股权或其他财产（非股权支付额）。

（3）被合并企业将全部资产和负债转让给另一现有或新设的企业，被合并企业解散，但不清算或者清算。

从一般法律意义上，企业不论采取何种方式合并，均不需经清算程序。被合并企业的债权和债务，按法律规定和合并协议约定，由合并后的企业继承。从所得税的角度，需要对合并条件进行分析判断，确认是否计算合并前企业的清算所得。

3. 企业合并业务处理的所得税要件。

企业合并业务的企业所得税处理，主要确认以下业务内容：

（1）确认合并业务适用一般所得税处理还是特殊所得税处理。

（2）被合并企业。被合并企业资产负债转移是否确认损益，是否计算清算所得税；企业合并前的纳税事项是否可以承接。

（3）被合并企业股东。其一，被合并企业股东转让股权，取得交换价值是否确认投资转让收入；其二，取得合并对价资产的计量。包括取得合并对价为股权支付的计量，和取得合并对价为非股权资产的计量。

（4）合并企业。合并企业合并后确认转入资产的计税基础，并对支付对价为非货币性资产进行所得税处理。

（二）企业合并的所得税特殊处理

1. 企业合并所得税特殊处理的一般税法条件。

根据《关于企业重组业务企业所得税处理若干问题的通知》（财税［2009］59 号）第五条和第六条第四款规定：企业重组同时符合下列条件的，适用特殊性税务处理规定：

（1）具有合理的商业目的，且不以减少、免除或者推迟缴纳税款为主要目的。

（2）企业合并，企业股东在该企业合并发生时取得的股权支付金额不低于其交易支付总额的 85%。

（3）企业重组后的连续 12 个月内不改变重组资产原来的实质性经营活动。

（4）企业重组中取得股权支付的原主要股东，在重组后连续12个月内，不得转让所取得的股权。

以及《关于企业重组业务企业所得税处理若干问题的通知》（财税［2009］59号）第六条第四款规定的同一控制下且不需要支付对价的企业合并。

2. 企业合并所得税的特殊处理方法。

根据《关于企业重组业务企业所得税处理若干问题的通知》（财税［2009］59号）第六条第四款规定，企业合并业务的合并方和被合并方的所得税处理如下：

（1）合并企业接受被合并企业资产和负债的计税基础，以被合并企业的原有计税基础确定。

（2）被合并企业股东取得合并企业股权的计税基础，以其原持有的被合并企业股权的计税基础确定。

（3）被合并企业合并前的相关所得税事项由合并企业承继。可由合并企业弥补的被合并企业亏损的限额＝被合并企业净资产公允价值×截至合并业务发生当年年末国家发行的最长期限的国债利率。

［例15－6］A公司于2009年1月1日将其全部资产和负债转让给B公司，合并后A公司解散。A公司2008年税收亏损100万元，合并前A公司净资产公允价值为1 000万元。为进行该项企业合并，B公司向A公司股东支付了1 500万的股权。2009年末国家发行的最长期限的国债利率为7%。

通过案例提供的信息初步判断，该项合并业务符合《关于企业重组业务企业所得税处理若干问题的通知》（财税［2009］59号）特殊性税务处理的基本条件。

B公司在合并A公司后可以弥补A公司的亏损，但弥补亏损的金额根据A公司净资产公允价值确定。

B公司弥补A公司亏损的限额为：1 000×7%＝70（万元）

（4）《关于企业重组业务企业所得税处理若干问题的通知》（财税［2009］59号）第九条规定：在企业吸收合并中，合并后的存续企业性质及适用税收优惠的条件未发生改变的，可以继续享受合并前该企业剩余期限的税收优惠，其优惠金额按存续企业合并前一年的应纳税所得额（亏损计为零）计算。

［例15－7］乙公司通过用现金购买甲公司股东股权的形式，并购甲公司，甲公司于2009年1月1日将其全部资产和负债转让给乙公司，合并后甲公司解散。合并前乙公司2008年6月购买符合抵免所得税条件的环保设备，购买价为300万元，可抵免所得税30万元。2008年乙公司应纳税所得额为40万元，应纳所得税为10万元（40×25%），购买设备抵免所得税额为10万元，可结转抵免所得税20万元。

乙公司将甲公司合并属于吸收合并，且合并后乙企业性质及适用税收优惠的条件未发生改变，可以继续享受合并前该企业剩余期限的税收优惠。

假设2009年合并后存续的乙公司应纳税所得额为100万元，应纳所得税为25万元（100×25%），合并前适用税收优惠可结转合并后存续企业继续抵免所得税税额。可抵免所得税＝40（存续企业合并前一年的应纳税所得额）×25%＝10（万元）。

2009年合并后存续的乙公司实际缴纳所得税额＝25－10＝15（万元）

为抵免完的所得税额10万元，可在以后年度继续结转抵免。

3. 企业合并适用特殊税务处理涉及非股权支付额的处理。

《关于企业重组业务企业所得税处理若干问题的通知》(财税［2009］59号）第六条第六款规定：按照所得税特殊处理交易中股权支付暂不确认有关资产的转让所得或损失的，其非股权支付仍应在交易当期确认相应的资产转让所得或损失，并调整相应资产的计税基础。

非股权支付对应的资产转让所得或损失 =（被转让资产的公允价值 - 被转让资产的计税基础）×（非股权支付金额 ÷ 被转让资产的公允价值）

（三）企业合并所得税的一般处理

1. 企业合并所得税一般处理的条件。

根据《关于企业重组业务企业所得税处理若干问题的通知》(财税［2009］59号）的相关规定：不符合企业合并业务所得税特殊处理条件，或者符合所得税特殊处理条件，但未选择特殊处理方法的，企业合并业务采取一般所得税处理办法。

2. 企业合并所得税的一般处理方法。

《关于企业重组业务企业所得税处理若干问题的通知》(财税［2009］59号）第四条第五款规定企业分立当事各方应按下列规定处理。

（1）合并企业应按公允价值确定接受被合并企业各项资产和负债的计税基础。

（2）被合并企业及其股东都应按清算进行所得税处理。

《关于企业清算业务企业所得税处理若干问题的通知》(财税［2009］60号）第二条第二款："企业重组中需要按清算处理的企业，应进行清算的所得税处理。"

第四条规定："企业的全部资产可变现价值或交易价格，减除资产的计税基础、清算费用、相关税费，加上债务清偿损益等后的余额，为清算所得。"

《关于企业清算业务企业所得税处理若干问题的通知》(财税［2009］60号）第五条规定："企业全部资产的可变现价值或交易价格减除清算费用，职工的工资、社会保险费用和法定补偿金，结清清算所得税、以前年度欠税等税款，清偿企业债务，按规定计算可以向所有者分配的剩余资产。

被清算企业的股东分得的剩余资产的金额，其中相当于被清算企业累计未分配利润和累计盈余公积中按该股东所占股份比例计算的部分，应确认为股息所得；剩余资产减除股息所得后的余额，超过或低于股东投资成本的部分，应确认为股东的投资转让所得或损失。"

（3）被合并企业的亏损不得在合并企业结转弥补。

（4）《关于企业重组业务企业所得税处理若干问题的通知》(财税［2009］59号）第九条规定：在企业吸收合并中，合并后的存续企业性质及适用税收优惠的条件未发生改变的，可以继续享受合并前该企业剩余期限的税收优惠，其优惠金额按存续企业合并前一年的应纳税所得额（亏损计为零）计算。

二、企业合并所得税处理和会计相关业务的比较

（一）所得税和会计对合并方式基本划分方法的比较

1. 会计准则在企业合并中对资产的确认与计量采取遏制企业利用关联交易。

实行利润操纵行为的会计处理方法，按照控制对象不同，企业合并可分为同一控

制下企业合并和非同一控制下的企业合并以及控股合并。

同一控制下的企业合并具有以下特点：①从最终实施控制方的角度来看，其所能够实施控制的净资产，没有发生变化。②由于该类合并一般均发生于关联方之间，因此，交易作价往往不公允，很难以双方议定的价格作为核算基础。由于同一控制下企业合并一般是在一个企业集团内部进行的，合并各方存在关联交易，从最终实施控制方的角度看，其交易的净资产并没有发生实质性的变化。因此，企业合并中对资产的确认与计量应采取遏制企业利用关联交易实行利润操纵行为的会计处理方法。

非同一控制下的企业合并具有以下特点：①一般是非关联的企业之间进行的合并。②以市价为基础，交易对价相对公平合理。在计量基础上，购买法视合并为购买行为，注重合并完成日资产、负债的公允价值。

2. 企业所得税对企业合并方式按照合并支付对价的形式不同，划分为特殊所得税处理的合并和一般所得税处理的合并。

3. 企业所得税合并形式主要有吸收合并和新设合并。会计上的合并形式包括吸收合并、新设合并及控股合并。控股合并在企业所得税上确认为投资业务。

（二）所得税和会计对企业合并业务处理基本要素的比较

1. 会计对企业合并业务处理的基本要素。

企业合并业务的会计处理，主要确定以下业务内容：

（1）确认企业合并是同一控制下企业合并还是非同一控制下的企业合并。

（2）合并企业。合并企业确认投资成本；进行会计报表的合并，确认转入资产负债的入账价值。

（3）被合并企业股东。被合并企业股东确认投资转让损益，取得对价资产的计价。

2. 企业所得税对企业合并业务处理的基本要素。

企业合并业务的企业所得税处理要件，详见本节企业合并所得税处理的税收法规规定中的分析。

（三）符合一般所得税处理条件的合并业务所得税和会计处理的比较

企业合并业务涉及被合并企业、合并企业和被合并企业股东三方的相关业务的所得税和会计处理，根据相关税收法规和会计准则，在符合一般所得税处理条件的合并过程中，涉及各方的所得税和会计处理比较如下。

1. 被合并企业资产转让的处理。

（1）企业所得税的处理。

被合并企业确认清算所得，并计算清算所得税。

（2）会计处理。

一般表现为被合并企业资产、负债和所有者权益减除，企业解散。

2. 被合并企业股东取得交换价值（合并对价）。

（1）企业所得税的处理。

其一，被合并企业的股东取得合并企业的股权和非股权支付额视为清算分配。不超过被合并企业累计未分配利润和盈余公积部分，作为股息性所得；超过累计未分配利润和盈余公积的部分，高于或低于投资成本，确认为股权转让所得或损失，计入企业应纳税所得额。

其二，如果取得合并企业支付的非货币性资产（包括股权或非股权支付），计税基础按资产的公允价确定。

（2）会计处理。

按照会计准则的基本规定，被合并企业的股东转让股权取得交换价值，应确认为投资转让业务。

企业投资资产转让取得对价为货币资产，直接以其金额确认投资转让收入，配比投资资产的账面成本，确认投资转让的损益。

企业投资资产转让取得对价为非货币性资产（包括股权支付），或者为货币资产和部分非货币资产，对非货币资产的部分应确认为非货币性资产交换业务。如果具有商业实质，且资产的公允价值可以可靠计量，则会计的处理为：其一，以资产公允价值确认为投资转让收入，配比投资资产的账面成本，确认投资转让的损益；其二，对企业取得的非货币性资产以公允价值计量入账。

3. 合并企业对取得被合并企业资产和负债的计量。

（1）企业所得税的处理。

接受资产按公允价（评估价）确认成本；被合并企业以前年度亏损不结转到合并企业弥补。

对以非货币资产（不包括特殊所得税处理的股份支付）支付合并对价，应以资产的公允价值与其计税基础的差额确认资产转让的损益。

（2）会计处理。

同一控制下的企业合并的会计处理。其一，合并方在合并日取得资产和负债的入账价值，应当按照被合并方的原账面价值确认；其二，同一控制下的企业合并，合并方确认取得的净资产账面价值与所放弃净资产账面价值的差额，以及发行权益性证券方式确认的净资产账面价值与发行股份面值之间的差额，调整资本公积和留存收益。

非同一控制下的企业合并的会计处理。其一，购买方在购买日应当按照合并中取得的被购买方各项可辨认资产、负债的公允价值确定其入账价值；其二，非同一控制下企业合并，购买方在购买日对作为企业合并对价付出的资产、发生或承担的负债应当按照公允价值计量，公允价值与其账面价值的差额，计入当期损益。

［例 15－8］A、B 公司同为 H 公司控制下的公司，2009 年 6 月 1 日 A 公司以现金 8 000万元的对价向 B 公司的股东 H 收购了 B 公司的股权，并将 B 公司的资产负债合并；H 公司（B 公司的股东，持股比例为 100%）取得股权转让收入8 000万元，H 对持有 B 公司的股权采取成本法进行会计核算，“长期股权投资”的借方余额为5 000万元，与投资的计税基础相等；B 公司为合并支付评估费 10 万元，用于支付职工的工资、社会保险费用和法定补偿金为 0，B 公司解散，2009 年 5 月 31 日，B 公司的资产负债表及相关数据资料如表 15－16 所示。（本案例涉及其他税种处理略）

表 15－16　　B 公司资产负债表及相关数据资料　　单位：万元

	账面价值	计税基础	公允价值
资产合计	8 000	8 500	10 000
现金	1 000	1 000	1 000

续表

	账面价值	计税基础	公允价值
设备净值	2 500	2 600	2 500
办公楼净值	2 000	1 900	3 700
存货	2 500	3 000	2 800
负债合计	2 000	2 000	2 000
短期借款	2 000	2 000	2 000
所有者权益合计	6 000		
实收资本	5 000		
留存收益	1 000		

(1) 会计处理。

①企业合并的性质判断。

6月1日，A公司通过支付B公司现金取得了B公司100%的股权，由于A、B公司同受H公司控制，所以，合并的性质为同一控制下的企业合并。

②A公司取得B公司股份的账务处理。

借：长期股权投资——成本　　60 000 000
　　资本公积或留存收益　　20 000 000
　贷：银行存款　　80 000 000

③如果B公司不再存续，B公司与A公司所采用的会计政策一致，则A公司在编制企业合并报表时，应按B公司的账面价值而不是公允价值计量，因此，合并日的合并分录为：

借：库存现金　　10 000 000
　　固定资产　　45 000 000
　　存货　　25 000 000
　贷：短期借款　　20 000 000
　　　长期股权投资——成本　　60 000 000

④H公司取得股权转让收入8 000万元的账务处理。

借：银行存款　　80 000 000
　贷：长期股权投资——B企业　　50 000 000
　　　　投资收益　　30 000 000

(2) 企业所得税处理。

①企业合并的性质判定。

企业合并以B公司股东H取得货币性资产为条件，不符合所得税特殊税务处理的条件，应确认为适用一般税务处理。

②A企业（合并企业）的所得税处理。

A企业取得B企业的全部资产和负债，应按公允价值确认计税基础，见表15－16。

③B企业（被合并企业）的所得税处理。

B企业应计算清算所得和应缴纳的清算所得税。

清算所得的计算。根据《关于企业清算业务企业所得税处理若干问题的通知》（财税［2009］60号）第四条规定，清算所得=全部资产可变现价值或交易价格-资产的计税基础-清算费用-相关税费+债务清偿损益。

B公司清算所得=10 000 -8 500 -10 +2 000（因A企业将B公司的资产负债合并，B公司不进行2 000万元债务清偿，所以应确认为债务清偿收益）=3 490（万元）

清算所得税的计算。应纳企业所得税=3 490×25% =872.5（万元）。

④H企业（被合并企业的股东）的所得税处理。

H企业取得8 000万元现金的交换价值，视为清算分配，应根据B公司所有者权益的具体情况进行处理。

第一，计算H企业股息性质的所得。H企业股息性质的所得=被清算企业累计未分配利润和累计盈余公积×股东所占股份比例=1 000×100% =1 000（万元）。H企业股息性质的所得1 000万元，符合所得税股息红利免税条件，确认为H企业当期的免税收入。

第二，计算H企业投资转让损益。H企业投资转让损益=（转让收入-股息所得-投资计税基础）=（8 000 -1 000 -5 000）=2 000（万元）。H企业投资转让收益2 000万元，应计入H企业当期应纳税所得额。

（3）上述业务所得税和会计处理的比较。

A企业（合并企业）。对合并转入资产的计价，会计按原账面价值计价，企业所得税按公允价值计价，会计和企业所得税的处理存在差异。A企业取得资产的计税基础能和账面价值不同，形成固定资产或无形资产持有期间，资产的折旧和摊销所得税和会计的差异；以及资产处置时配比成本所得税和会计的差异，需要进行纳税调整的业务。企业应设置台账，序时记录会计和企业所得税相关业务处理的差异，并适时进行纳税调整（见表15-17）。

表15-17　　A公司纳税调整备查账（合并取得资产）　　单位：万元

	账面价值	计税基础
设　备	2 500	2 500
办公楼	2 000	3 700
存　货	2 500	2 800

B企业（被合并企业）。B公司清算所得3 490万元，清算所得税872.50万元；会计对企业当期的解散不确认收益，企业应缴纳清算所得税。

H企业（被合并企业的股东）。所得税的确认为符合免税条件的股息性质的所得1 000万元，应计入H企业当期应纳税所得额投资转让收益2 000万元；会计确认投资转让收益为3 000万元，所得税和会计的差异当期产生纳税调减的金额为1 000万元。

（四）特殊合并条件下合并业务处理所得税和会计的比较

根据相关税收法规和会计准则，在符合特殊所得税处理条件的合并过程中，涉及合并企业、合并企业和被合并企业股东各方的所得税和会计处理比较如下。

1. 被合并企业资产转让。

（1）企业所得税的处理。

《关于企业重组业务企业所得税处理若干问题的通知》对被合并企业资产负债转让

的处理未做明确规定，因被合并企业解散但不清算，所以一般应不确认资产转让所得（损失）。

被合并企业资产的增值在资产转移的环节未确认所得征税，其税法含义并不是免税，因合并企业转入资产的计税基础以被合并企业的计税基础确认，所以资产隐含的增值转移到合并后企业，产生递延纳税的结果。

（2）会计处理。

被合并企业资产、负债和所有者权益减除，企业解散。

2. 被合并企业股东取得交换价值。

（1）企业所得税的处理。

被合并企业股东取得合并对价为合并企业股权支付的处理。其一，对转让股权取得合并对价为股权的业务，原持有股权转让应不确认投资转让的损益；其二，被合并企业股东取得合并企业股权的计税基础，以其原持有的被合并企业股权的计税基础确定，一般被合并企业的股东新股成本应以旧股成本确定。

转让股权取得合并对价为股权支付和非股权的处理。其一，应确认非股权支付对应部分的投资转让损益。非股权支付对应的资产转让所得或损失 =（被转让资产的公允价值 - 被转让资产的计税基础）×（非股权支付金额 ÷ 被转让资产的公允价值）；其二，对其取得股权支付部分计税基础以转让股权的原计税基础，减去非股权支付的公允价值与非股权支付额对应的转让所得的差额；其三，对其取得的非股权支付中的非货币性资产应按公允价值确认计税基础。

被合并企业合并前的相关所得税事项由合并企业承继。可由合并企业弥补的被合并企业亏损的限额 = 被合并企业净资产公允价值 × 截至合并业务发生当年年末国家发行的最长期限的国债利率。

（2）会计处理。

按照会计准则的基本规定，被合并企业的股东转让股权取得交换价值，应确认为投资转让业务。

企业投资资产转让取得对价为非货币性资产（包括股权支付），或者为货币资产和部分非货币资产，对非货币资产的部分应确认为非货币性资产交换业务。如果具有商业实质，且资产的公允价值可以可靠计量，则会计的处理为：其一，以资产公允价值确认为投资转让收入，配比投资资产的账面成本，确认投资转让的损益；其二，对企业取得的非货币性资产以公允价值计量入账。

3. 合并企业对取得被合并企业资产的计量。

（1）企业所得税的处理。

合并企业接受被合并企业全部资产和负债的计税基础，以被合并企业原计税基础确定。

合并企业支付对价既包括股权又包括非股权，对非股权支付的部分为固定资产、无形资产、存货及金融资产等是否确认损益，以及对取得资产计税基础的影响，现行税法没有做出明确规定。但根据相关法规规定对其非货币资产的支付（不包括股权），应确认资产转让损益。

在企业吸收合并中，合并后的存续企业性质及适用税收优惠的条件未发生改变的，可以继续享受合并前该企业剩余期限的税收优惠。

（2）会计处理。

同一控制下的企业合并。其一，合并方在合并日取得资产和负债的入账价值，应当按照被合并方的原账面价值确认。其二，合并方确认取得的净资产账面价值与所放弃净资产账面价值的差额，以及发行权益性证券方式确认的净资产账面价值与发行股份面值之间的差额，调整资本公积和留存收益。

非同一控制下的企业合并。其一，购买方在购买日应当按照合并中取得的被购买方各项可辨认资产、负债的公允价值确定其入账价值。其二，非同一控制下企业合并，购买方在购买日对作为企业合并对价付出的资产、发生或承担的负债应当按照公允价值计量，公允价值与其账面价值的差额，计入当期损益。

［例15－9］甲、乙公司为非关联方企业，甲公司以2009年12月31日为基准日，通过向乙公司股东定向增发面值为1元，市价为每股3元的股票200万股，换取了乙公司的全部股份，乙公司的全部资产负债转移到甲企业，乙公司解散。乙公司资产的账面价值与计税基础相等，合并基准日乙公司的资产负债表及相关资料见表15－18，假定乙公司的第一大股东A公司拥有乙公司40%的股份，合并基准日其“长期股权投资——乙公司（投资成本）”的借方余额为120万元，“长期股权投资——乙公司（损益调整）”的借方余额为60万元，其长期股权投资的计税成本为150万元，其他股东资料略。（注：本例分析不考虑其他税种）

表15－18　　乙公司资产负债表　　单位：万元

资　产	账面价值	评估确认值	负债及所有者权益	账面价值	评估确认值
货币资金	40	40	短期借款	100	100
应收账款	100	100	应付账款	20	20
存货	150	160	应付工资	30	30
固定资产原值	500	600	其他应付款	10	10
累计折旧	150	200	长期借款	40	40
固定资产净值	350	400	净资产	450	550
长期股权投资	0	0	股本	100	
无形资产（专利权）	10	50	盈余公积	100	
			资本公积	200	
			未分配利润	50	
合计	650	750	合计	650	

（1）会计处理。

①按照企业会计准则判断，本例的甲乙企业合并为非同一控制下的吸收合并。

②甲企业合并后取得的资产入账价值确认。被合并的乙公司各项资产负债按评估确认值（公允价值）计量，按用于换股合并所发行股票的市值与乙公司净资产评估确认值之间的差额确认商誉50万元，会计分录为：

借：货币资金　　400 000
　　应收账款　　1 000 000
　　存货　　1 600 000

固定资产　　6 000 000
无形资产——专利权　　500 000
——商誉　　500 000
贷：累计折旧　　2 000 000
短期借款　　1 000 000
应付账款　　200 000
应付工资　　300 000
其他应付款　　100 000
长期借款　　400 000
股本　　2 000 000
资本公积　　4 000 000

合并商誉要在以后的年度内定期进行减值测试。

③乙公司解散，乙公司法人主体消失，会计不需要特殊处理。

④ 乙公司的法人股东 A 确认股权投资转让收益。股权投资收益 $=200\times3\times40\%-(120+60)=60$（万元）

对取得甲企业的股权以公允价值计量。长期股权投资成本 $=200\times3\times40\%=240$（万元）。在合并之后其持有的甲公司股权比例下降，改用成本法核算，其会计分录为：

借：长期股权投资——其他股权投资（甲公司）　　2 400 000
贷：长期股权投资——乙公司（投资成本）　　200 000
长期股权投资——乙公司（损益调整）　　600 000
投资收益　　600 000

（2）企业所得税处理。

①判断企业合并是否具备可选择所得税特殊处理的条件。

分析：假设企业甲企业合并乙企业是为了扩大生产经营规模，具有合理的商业目的；且甲企业合并乙企业在连续 12 个月内仍用该项资产从事生产；乙企业股东取得的合并对价全部为股权支付，符合企业股东在该企业合并发生时取得的股权支付金额不低于其交易支付总额的 85% 的标准；企业合并中取得股权支付的原主要股东，在重组后连续 12 个月内，不转让所取得的股权。该项资产并购符合《关于企业重组业务企业所得税处理若干问题的通知》（财税［2009］59 号）特殊性税务处理的基本条件。合并各方选择按特殊重组进行所得税处理。

②甲企业合并后取得资产的计税基础。

并入乙公司的各项资产的计税成本仍为其乙公司原计税基础（见表 15－18）。

③ 乙公司资产负债所有权转移。

乙公司资产负债所有权转移不确认清算所得，乙公司解散。

④ A（乙公司股东）持有的甲公司的股权投资的计税基础。

A 持有的甲公司的股权投资的计税基础，应按其原持有的乙公司的股权投资的计税基础确定，在本例中应该为 150 万元；A 持有的甲公司的股权投资转让不确认投资转让损益。

⑤如果乙公司有以前未弥补完的亏损，可以结转到合并后的企业，按照企业所得税的有关法规规定继续弥补。

（3）上述业务所得税和会计处理的比较。

甲企业（合并企业）。对合并转入资产的计价，会计按评估价值计价，企业所得税按合并前企业的计税基础计价，会计和企业所得税对资产的计价存在差异。甲企业取得资产的计税基础能和账面价值不同，形成固定资产或无形资产持有期间，资产的折旧和摊销所得税和会计的差异，以及资产处置时配比成本所得税和会计的差异，需要进行纳税调整的业务。企业应设置台账，记录会计和企业所得税相关业务处理的差异，并进行纳税调整（见表 15－19）。

表 15－19　　甲公司纳税调整备查账（合并取得资产）　　单位：万元

	计税基础	账面价值
存货	150	160
固定资产净值	350	400
无形资产(专利权)	10	50

乙企业（被合并企业）。所得税和会计对乙企业的资产负债转移不确认所得产生。所得税和会计处理一致。

A 企业（被合并企业的股东）。A 持有的甲公司的股权投资的计税基础，为 150 万元，会计账面成本为 240 万元，所得税和会计对投资资产的计价形成差异；A 持有的甲公司的股权投资转让所得税不确认投资转让损益，会计确认投资资产转让收益为 60 万元，所得税和会计的差异当期产生纳税调减的金额为 60 万元。企业应设置台账，记录会计和企业所得税相关业务处理的差异，并进行纳税调整。

三、企业合并所得税处理的相关纳税申报表填报

企业所得税纳税申报表的构成中没有专门的附表对合并业务所得税和会计的差异进行调整记录，合并业务所得税和会计的差异在企业设置纳税调整备查账记录差异的基础上，通过《纳税调整明细表》（附表三）完成调整。

（一）资产计税基础和账面价值的差异进行记录

企业合并取得的资产，及被合并企业股东取得作为合并对价的资产，资产的计税基础和账面价值不同，应设置《纳税调整备查账》中进行记录。

以［例 15－9］为例的分析。

甲企业（合并企业），对取得资产的计税基础和账面价值的差异，在《纳税调整备查账》中进行记录。详见表 15－19。

（二）被合并企业股东投资资产转让损益确认的所得税和会计差异在《纳税调整项目明细表》（附表三）调整

无论企业合并为采取一般税务处理还是采取特殊处理，被合并企业股东投资转让的结果，所得税和会计处理不同。对被合并企业股东投资转让损益确认所得税和会计处理的差异，在《纳税调整项目明细表》（附表三）相应项目中进行调整。

以［例 15－9］为例的分析。

A 持有的甲公司的股权投资转让所得税不确认投资转让损益，会计确认投资资产转让收益为 60 万元，所得税和会计的差异当期产生纳税调减的金额为 60 万元，在

2009年《纳税调整明细表》（附表三）9行“特殊重组”项目中填报相应数据（见表15－20），产生纳税调减结果60万元。

表15－20　　　　纳税调整项目明细表　　　　单位：万元

行次	项　目	账载金额	税收金额	调增金额	调减金额
		1	2	3	4
1	一、收入类调整项目	*	*		
	……				
8	7. 一般重组				
9	8. 特殊重组	60	0		60

（三）资产计税基础和账面价值不同形成资产持有和处置的差异在《资产折旧、摊销纳税调整明细表》（附表九）调整

企业合并取得的资产，及被合并企业股东取得作为合并对价的资产，资产的计税基础能和账面价值不同，形成固定资产或无形资产持有期间，资产的折旧和摊销所得税和会计的差异；以及资产处置时配比成本所得税和会计的差异，需要进行纳税调整的业务，应根据《纳税调整备查账》的记录，在《资产折旧、摊销纳税调整明细表》（附表九）和《纳税调整明细表》（附表三）调整。

（四）被合并企业确认计算清算所得税应填报《企业清算所得税申报表》

以［例15－8］为例的分析。B企业计算清算所得3 490万元和应缴纳的清算所得税872.5万元，通过填报《企业清算所得税申报表》（见表15－21）及附表完成。

表15－21　　　　企业清算所得税申报表

清算期间：　　年　　月　　日至　　年　　月　　日

类　别	行次	项　目	金　额
应纳税所得额计算	1	资产处置损益（填附表一）	15 000 000
	2	负债清偿损益（填附表二）	20 000 000
	3	清算费用	100 000
	4	清算税金及附加	0
	5	其他所得或支出	0
	6	清算所得（1＋2－3－4＋5）	34 900 000
	7	免税收入	0
	8	不征税收入	0
	9	其他免税所得	0
	10	弥补以前年度亏损	0
	11	应纳税所得额（6－7－8－9－10）	34 900 000
应纳所得税额计算	12	税率（25%）	25%
	13	应纳所得税额（11×12）	8 725 000

续表

类　别	行次	项　　目	金　额
应补(退)所得税额计算	14	减(免)企业所得税额	0
	15	境外应补所得税额	0
	16	境内外实际应纳所得税额(13－14＋15)	0
	17	以前纳税年度应补(退)所得税额	0
	18	实际应补(退)所得税额(16＋17)	8 725 000

第四节　企业分立所得税处理和相关纳税申报表分析填报

一、企业分立所得税处理的法规分析

（一）企业分立的税法界定

1. 企业分立的基本概念。

《关于企业重组业务企业所得税处理若干问题的通知》（财税［2009］59号）第一条规定："分立，是指一家企业（以下称为被分立企业）将部分或全部资产分立转让给现存或新设的企业（以下称为分立企业），被分立企业股东换取分立企业的股权或非股权支付，实现企业的依法分立。分立可以采取存续分立和新设分立两种形式。"

存续分立，又称派生分立。是指一个企业将一部分财产或营业依法分出，成立两个或两个以上企业的行为。在存续分立中，原企业继续存在，原企业的债权债务可由原企业与新企业分别承担，也可按协议由原企业独立承担。新企业取得法人资格，原企业也继续保留法人资格。

存续分立可表示为：甲企业（变更）→甲企业（变更后的甲企业）＋乙企业（新设）

新设分立，又称解散分立。指一个企业将其全部财产分割，解散原企业，并分别归入两个或两个以上新企业中的行为。在新设分立中，原企业的财产按照各个新成立企业的性质、宗旨、业务范围进行重新分配组合。同时原企业解散，债权、债务由新设立的企业分别承担。新设分立，是以原有企业的法人资格消灭为前提，成立新企业。

新设分立可表示为：甲企业（注销）→乙企业（新设）＋丙企业（新设）

2. 企业分立业务的基本特点。

（1）企业分立业务是将企业部分资产和负债转让给另一现有或新设的企业。

（2）分立前企业为股东换取分立企业的股权或其他财产（非股权支付额）。

（3）被分立企业解散或者不解散。

从一般法律意义上，企业不论采取何种方式分立，均不需经清算程序。分立前企业的债权和债务，按法律规定和分立协议约定，由分立后的企业继承。总之，原企业从本质上并没有消失，只是换了一种法律形式持续着企业的经营活动。从所得税的角度，需要对分立条件进行分析判断，确认是否计算被分立企业的清算所得。

3. 企业分立业务的所得税要件。

企业分立业务的企业所得税处理，主要确认一下业务内容：

（1）确认分立业务适用一般所得税处理还是特殊所得税处理。

（2）被分立企业。被分立企业资产转移是否确认损益，是否计算清算所得税。

（3）被分立企业股东。被分立企业股东取得交换价值的税收处理。其一，以旧股换新股是否确认投资转让收入，其二，确认取得分立对价资产的计税基础。包括取得分立对价为股权支付的计税基础，以及取得分立对价为非货币资产（不包括股权支付）的计税基础。

（4）分立企业。分立企业确认转入资产的计税基础。

（5）企业分立前的纳税事项是否可以承接。

（二）企业分立的所得税特殊处理

1. 企业分立所得税特殊处理的一般税法条件。

根据《关于企业重组业务企业所得税处理若干问题的通知》（财税［2009］59号）第五条和第六条第五款规定：企业重组同时符合下列条件的，适用特殊性税务处理规定：

（1）具有合理的商业目的，且不以减少、免除或者推迟缴纳税款为主要目的。

（2）被分立企业股东在该企业分立发生时取得的股权支付金额不低于其交易支付总额的85%。

（3）被分立企业所有股东按原持股比例取得分立企业的股权，分立企业和被分立企业均不改变原来的实质经营活动。

（4）企业重组后的连续12个月内不改变重组资产原来的实质性经营活动。

（5）企业重组中取得股权支付的原主要股东，在重组后连续12个月内，不得转让所取得的股权。

2. 企业分立所得税的特殊处理方法。

根据《关于企业重组业务企业所得税处理若干问题的通知》（财税［2009］59号）第六条第五款规定，企业分立业务的各方的所得税处理如下：

（1）分立企业接受被分立企业资产和负债的计税基础，以被分立企业的原有计税基础确定。

（2）被分立企业的股东取得分立企业的股权（以下简称“新股”），如需部分或全部放弃原持有的被分立企业的股权（以下简称“旧股”），“新股”的计税基础应以放弃“旧股”的计税基础确定。如不需放弃“旧股”，则其取得“新股”的计税基础可从以下两种方法中选择确定：直接将“新股”的计税基础确定为零；或者以被分立企业分立出去的净资产占被分立企业全部净资产的比例先调减原持有的“旧股”的计税基础，再将调减的计税基础平均分配到“新股”上。

（3）被分立企业已分立出去资产相应的所得税事项由分立企业承继。《关于企业重组业务企业所得税处理若干问题的通知》（财税［2009］59号）第九条规定：在企业存续分立中，分立后的存续企业性质及适用税收优惠的条件未发生改变的，可以继续享受分立前该企业剩余期限的税收优惠，其优惠金额按该企业分立前一年的应纳税所得额（亏损计为零）乘以分立后存续企业资产占分立前该企业全部资产的比例计算；《关于企业重组业务企业所得税处理若干问题的通知》（财税［2009］59号）第六条第五款规定：被分立企业未超过法定弥补期限的亏损额可按分立资产占全部资产的比例进行分配，由分立企业继续弥补。

3. 企业分立适用特殊税务处理涉及非股权支付额的处理。

《关于企业重组业务企业所得税处理若干问题的通知》（财税［2009］59 号）第六条第六款规定：按照所得税特殊处理交易中股权支付暂不确认有关资产的转让所得或损失的，其非股权支付仍应在交易当期确认相应的资产转让所得或损失，并调整相应资产的计税基础。

非股权支付对应的资产转让所得或损失 =（被转让资产的公允价值 - 被转让资产的计税基础）×（非股权支付金额 ÷ 被转让资产的公允价值）

（三）企业分立所得税的一般处理

1. 企业分立所得税一般处理的条件。

根据《关于企业重组业务企业所得税处理若干问题的通知》（财税［2009］59 号）的相关规定：不符合企业分立业务所得税特殊处理条件，或者符合所得税特殊处理条件，但未选择特殊处理方法的，企业分立业务可采取一般所得税处理办法。

2. 企业分立所得税的一般处理方法。

《关于企业重组业务企业所得税处理若干问题的通知》（财税［2009］59 号）第四条第四款规定企业分立，当事各方应按下列规定处理。

（1）被分立企业对分立出去资产应按公允价值确认资产转让所得或损失。

（2）分立企业应按公允价值确认接受资产的计税基础。

（3）被分立企业继续存在时，其股东取得的对价应视同被分立企业分配进行处理。

（4）被分立企业不再继续存在时，被分立企业及其股东都应按清算进行所得税处理。

《关于企业清算业务企业所得税处理若干问题的通知》（财税［2009］60 号）第二条第二款：“企业重组中需要按清算处理的企业，应进行清算的所得税处理。”

第四条规定：“企业的全部资产可变现价值或交易价格，减除资产的计税基础、清算费用、相关税费，加上债务清偿损益等后的余额，为清算所得。”

《关于企业清算业务企业所得税处理若干问题的通知》（财税［2009］60 号）第五条规定：“企业全部资产的可变现价值或交易价格减除清算费用，职工的工资、社会保险费用和法定补偿金，结清清算所得税、以前年度欠税等税款，清偿企业债务，按规定计算可以向所有者分配的剩余资产。

被清算企业的股东分得的剩余资产的金额，其中相当于被清算企业累计未分配利润和累计盈余公积中按该股东所占股份比例计算的部分，应确认为股息所得；剩余资产减除股息所得后的余额，超过或低于股东投资成本的部分，应确认为股东的投资转让所得或损失。”

（5）企业分立相关企业的亏损不得相互结转弥补。

（6）《关于企业重组业务企业所得税处理若干问题的通知》（财税［2009］59 号）第九条规定：“在企业存续分立中，分立后的存续企业性质及适用税收优惠的条件未发生改变的，可以继续享受分立前该企业剩余期限的税收优惠，其优惠金额按该企业分立前一年的应纳税所得额（亏损计为零）乘以分立后存续企业资产占分立前该企业全部资产的比例计算。”

二、企业分立所得税处理和会计相关业务的比较

（一）特殊分立条件下企业分立业务处理所得税和会计的比较

1. 被分立企业的业务处理。

（1）企业所得税处理。

被分立企业资产转移。符合特殊性处理条件，被分立企业可暂不确认被分立资产的全部转让所得或损失，但交易对价中涉及非股权支付的，应确认非股权支付资产转让的损益。

税收优惠的承接。在企业存续分立中，分立后的存续企业性质及适用税收优惠的条件未发生改变的，可以继续享受分立前该企业剩余期限的税收优惠，其优惠金额按该企业分立前一年的应纳税所得额（亏损计为零）乘以分立后存续企业资产占分立前该企业全部资产的比例计算；被分立企业未超过法定弥补期限的亏损额可按分立资产占全部资产的比例进行分配，由分立企业继续弥补。

（2）会计处理。

被分立企业只需将进入分立企业的资产、负债以原账面价值为基础结转确定，借记负债类科目，贷记资产类科目，差额根据是否在工商部门办理了减资手续借记所有者权益类科目或借记应付股利。

2. 被分立企业股东的业务处理。

（1）企业所得税处理。

①股权转让所得或损失的确认问题。相关税收法规未明确规定符合特殊处理条件的企业分立，被分立企业股东应否确认被分立企业股份（旧股）的转让所得或损失。一般在被分立企业没有办理减资手续的情况下，不涉及确认旧股转让所得或损失问题。因为此种情况下，被分立企业股东取得新股并不需要放弃旧股，其取得的新股及非股权支付相当于从被分立企业取得股息所得；而当被分立企业办理减资手续情况下，如果涉及非股权支付，应当确认非股权支付对应的放弃旧股的转让所得或损失。

②取得非股权支付的处理。被分立企业股东交易对价取得非股权支付的，应确认非股权支付对应的股权转让的损益。具体计算公式如下：

非股权支付对应的资产转让所得或损失 =（被转让资产的公允价值 - 被转让资产的计税基础）×（非股权支付金额 ÷ 被转让资产的公允价值）

③取得新股权及非货币性资产（不包括股权）的计税基础的确定。

第一，需部分或全部放弃旧股，新股应按照放弃旧股的原计税基础调整确定。在不涉及非股权支付的情况下，被分立企业股东没有确认旧股的全部转让所得或损失，新股的计税基础即为放弃旧股的原计税基础；在涉及非股权支付的情况下，由于被分立企业股东确认了非股权支付对应的放弃旧股转让所得或损失，所以其取得股权的计税基础 = 原计税基础 -（非股权支付额 - 已确认的非股权支付对应的资产转让所得或损失）。

第二，不需放弃旧股，新股的计税基础可从以下两种方法中选择确定：直接将新股的计税基础确定为零；以被分立企业分立出去的净资产占被分立企业全部净资产的比例先调减原持有的旧股的计税基础，再将调减的计税基础平均分配到新股上。

第三，对其取得的非股权支付中的非货币性资产应按公允价值确认计税基础。

（2）会计处理。

被分立企业的股东放弃旧股取得新股，借记“长期股权投资——分立企业”，贷记“长期股权投资——被分立企业”，其差额确认为投资转让的损益。因股权比例变化还需考虑成本法与权益法核算方法的转换。

企业投资资产转让取得对价为货币资产，直接以其金额确认投资转让收入，配比投资资产的账面成本，确认投资转让的损益。

企业投资资产转让取得对价为非货币性资产（不包括旧股换新股），或者为货币资产和部分非货币资产，对非货币资产的部分应确认为非货币性资产交换业务。

3. 分立企业的业务处理。

（1）企业所得税处理。

符合特殊处理条件的企业分立，应按被分立企业资产的原计税基础确定其在分立企业的计税基础。

（2）会计处理。

分立企业按照资产、负债的公允价值进行初始计量，将注册资本计入“股本”（或“实收资本”）科目，超过注册资本的部分记入“资本公积——股本溢价（或资本溢价）”。

特殊重组下，当资产的入账价值大于计税基础时，形成递延所得税负债，即借记“所得税费用”科目，贷记“递延所得税负债”科目，当资产的入账价值小于计税基础时，形成递延所得税资产，即借记“递延所得税资产”科目，贷记“所得税费用”科目。在资产耗用或处置时递延所得税资产或递延所得税负债转销。一般重组下，资产的计税基础与初始计量均按公允价值确定，不产生暂时性差异。

[例 15－10] A 企业为从事电梯生产和安装有限责任企业，注册资本 500 万元。为进一步进行专业化管理，提高经营收益，2009 年 5 月，A 企业准备将安装部分业务分立后成立新企业 B，A 企业仍然存续。（注：本案例涉及其他税种处理略）

A 企业被分立前的基本状况：至 2008 年 12 月 31 日，A 企业未超过法定弥补期限的亏损额为 50 万元。A 企业分立前资产账面价值为2 000万元，净资产账面价值为1 200万元 A 企业的股东为甲和乙，其中，甲持股为 80%。

企业分立的协议：A 企业在工商部门办理了减资缩股手续，减资 50%，减少实收资本250 万元，原股东持有2 股，缩股后变为持有1 股。分立的新企业 B 的注册资本为500 万元，股东结构维持不变。根据分立协议，A 企业将下列资产、负债经评估后分立成立 B 企业见表 15－22。

表 15－22　　A 企业被分立的资产负债　　单位：万元

资　　产	账面价值	计税基础	评估价值
固定资产	550	580	560
无形资产	560	490	660
资产合计	1 110	1 070	1 220
长期借款	400	400	400

续表

资　　产	账面价值	计税基础	评估价值
应付账款	200	200	200
预计负债(售后质保金)	120	0	120
负债合计	720	600	720
净资产	390	470	500

(1) 会计处理。

①A 企业的会计处理。

A 企业的资产转让会计不确认损益，需将进入分立企业的资产、负债以原账面价值为基础结转确定，企业的账务处理为：

借：长期借款　　4 000 000
　　应付账款　　2 000 000
　　预计负债　　1 200 000
　　实收资本　　2 500 000
　　资本公积　　1 400 000
　贷：固定资产　　5 500 000
　　　无形资产　　5 600 000

②B 企业的会计处理。

B 企业按照资产、负债的公允价值进行初始计量，账务处理为：

借：固定资产　　5 600 000
　　无形资产　　6 600 000
　贷：长期借款　　4 000 000
　　　应付账款　　2 000 000
　　　预计负债　　1 200 000
　　　实收资本　　5 000 000

③甲企业的会计处理。

减少持有 A 企业的股权成本为 200 万元（250 ×80%）

取得 B 企业新股的计价为 400 万元（500 ×80%）账务处理为：

借：长期股权投资——B 企业　　4 000 000
　贷：长期股权投资——A 企业　　2 000 000
　　　投资收益　　2 000 000

如果 A 企业不减资缩股，甲企业取得 B 企业新股的账务处理为：

借：长期股权投资——B 企业　　4 000 000
　贷：投资收益　　4 000 000

(2) 企业所得税处理。

①企业分立的所得税性质判定。

从上述案例信息分析：A 企业的分立完全是有合理的商业目的的；A 企业以原有资产继续从事生产，符合重组不改变原实质性经营活动的条件；A 企业分立后，其原有股东取得的全部是 B 企业的股权，无任何非股权支付，且仍是按原持股比例取得 B 企业股权的；假设分立后取得B企业股权的股东承诺在分立后12个月内都不转让B企业股权。上述案例企业分立符合特殊性税务处理条件，同时企业分立涉及各方企业协商选择特殊所得税处理。

②A公司（被分立企业）的所得税处理。

被分立企业无需对分立出去的资产按公允价值确认资产转让所得或损失。

A企业未弥补亏损的继续弥补金额 =50×（2 000 -1 110）÷2 000 =22.25（万元）

③B公司（分立企业）的所得税处理。

分立企业接受被分立企业资产和负债的计税基础，以被分立A企业的原有计税基础确定。B企业取得资产和负债的计税基础见表12 -23。

A企业分立出去资产对应的相关所得税事项由B企业继承。B企业结转弥补A企业未弥补完亏损金额 =50×（1 110÷2 000）=27.75（万元）

④甲公司（被分立企业股东）的所得税处理。

被分立企业股东取得B企业股权的计税成本。根据A企业的分立方案，分立后A企业进行了减资和缩股处理，因此，被分立企业的股东是以放弃旧股的方式获得新股。根据相关税法规定，新股的计税基础应以放弃旧股的计税基础确定。以甲（A企业的股东）为例，甲初始投资为400万元，占企业80%的股份。由于A企业按2:1的比例进行了等比例缩股，因此甲股东在分立后持有的A企业股份的计税基础就变为200万元（500×80%），其持有的B企业股份的计税基础按放弃旧股的计税基础确定，其持有B企业股份的计税基础为200万元。

如果A企业不减资缩股，根据相关法规规定，甲企业持有B企业股份的计税基础有两种方式确定：一是直接将其持有的B企业股份的计税基础确定为零；二是以被分立企业分立出去的净资产占被分立企业全部净资产的比例先调减原持有的旧股的计税基础，再将调减的计税基础平均分配到新股上。仍以甲为例，其取得的B企业股份的计税基础为500×390÷1 200×80% =130（万元），其持有的原A企业股份的计税基础为400 -130 =270（万元）。

（3）上述业务所得税和会计处理的比较。

A公司（被分立企业）。所得税和会计对A企业的资产负债转移不确认所得产生。所得税和会计处理一致。

B公司（分立企业）。对分立转入资产负债的计价，会计按评估价值计价，所得税以被分立A企业的原有计税基础确定，会计和企业所得税对资产负债的计价存在差异。企业应设置台账，记录会计和企业所得税相关业务处理的差异，并进行纳税调整（见表15 -23）。

表15 -23 B企业纳税调整备查账（取得分立资产负债所得税和会计计价）

单位：万元

资　　产	账面价值（净值）	计税基础
固定资产	560	580
无形资产	660	490
资产合计	1 220	1 070

续表

资　　产	账面价值(净值)	计税基础
长期借款	400	400
应付账款	200	200
预计负债(售后质保金)	120	0
负债合计	720	600

甲公司（被分立企业的股东）。分立后A企业进行了减资和缩股处理。甲企业持有的B企业的股权投资的计税基础为200万元，会计投资资产的计价为400万元，所得税和会计对投资资产的计价形成差异；甲企业放弃部分A企业的股权，持有B企业的股权所得税不确认投资转让所得，会计确认投资资产转让收益为200万元，所得税和会计的差异当期产生纳税调减的金额为200万元。企业应设置台账，记录会计和企业所得税相关业务处理的差异，并进行纳税调整（见表15－24）。

表15－24　　纳税调整备查账（甲企业股权所得税和会计差异）　　单位：万元

转入资产(B企业股权)		减少A企业股权		持有A企业股权计价	
账面价值	计税基础	所得税转让收益	会计转让收益	账面价值	计税基础
400	200	0	200	200	200

（二）一般所得税处理条件下的分立业务所得税和会计处理的比较

企业分立业务涉及被分立企业、分立企业和被分立企业股东三方的相关业务的所得税和会计处理，根据相关税收法规和会计准则，在符合一般所得税处理条件的分立过程中，涉及各方的所得税和会计处理比较如下。

1. 被分立企业转让资产的处理。

（1）企业所得税的处理。

被分立企业主要涉及是否确认被分割资产的转让所得或损失问题。一般情况下，企业分立相当于被分企业将其资产按公允价值转让给被分立企业，因此应对被分割的资产确认转让所得或损失。如果分立后被分立企业不再存续，应对被分立企业作清算处理，确认清算所得，根据《关于企业清算业务企业所得税处理若干问题的通知》（财税［2009］60号），计算清算所得税。

（2）会计处理。

企业分立，被分立企业只需将进入分立企业的资产、负债以原账面价值为基础结转确定，借记负债类科目，贷记资产类科目，差额借记所有者权益类科目。

2. 被分立企业股东取得交换价值。

（1）企业所得税的处理。

被分立企业股东主要涉及被分立企业对其支付对价的处理问题。

其一，对于取得对价为股权支付或非股权支付，被分立企业股东应按公允价值确定其计税基础。

其二，如果企业分立后被分立企业不再存续，则其股东取得的对价，应视同因被分立企业清算而分回的剩余财产进行所得税处理。

其三，如果分立后被分立企业仍然存续，则其股东取得的对价，做投资企业分配处理。未超过被分立企业留存收益份额的部分，属于分配的股息，免征企业所得税；超过被分立企业留存收益份额的部分，如果低于投资成本，视同投资成本的收回，应相应冲减被分立企业股权的计税基础；如果高于投资成本，应确认股权转让所得。

（2）会计处理。

被分立企业的股东放弃旧股取得新股，借记“长期股权投资——分立企业”，贷记“长期股权投资——被分立企业”，因股权比例变化还需考虑成本法与权益法核算方法的转换。

企业投资资产转让取得对价为货币资产，直接以其金额确认投资转让收入，配比投资资产的账面成本，确认投资转让的损益。

企业投资资产转让取得对价为非货币性资产（不包括旧股换新股），或者为货币资产和部分非货币资产，对非货币资产的部分应确认为非货币性资产交换业务。

3. 分立企业对取得被分立企业资产和负债的计量。

（1）企业所得税的处理。

一般情况下，由于被分立企业确认了被分立资产的转让所得或损失，相当于按公允价值转让此部分资产，因此分立企业应按公允价值确定其计税基础；被分立企业以前年度亏损不结转到分立企业弥补。

（2）会计处理。

分立企业按照资产、负债的公允价值进行初始计量，将注册资本计入“股本”（或“实收资本”）科目，超过注册资本的部分记入“资本公积——股本溢价（或资本溢价）”。

[例15-11] 基本资料如上例。假设甲企业取得并持有的分立后B企业的股权在5个月后转让。企业分立业务的会计和所得税处理如下。

（1）会计处理。

上述业务的会计处理同[例15-10]。

（2）所得税处理。

①企业分立的所得税性质判定。

从上述案例信息分析：由于分立后取得B公司股权的股东甲公司在分立后不足12个月转让了B企业股权，所以上述业务所得税处理不符合特殊性税务处理条件，分立业务涉及的三方企业适用一般税务处理的规定。

②A公司（被分立企业）的所得税处理。

被分立企业对分立出去的资产按公允价值确认资产转让所得或损失。

资产转让所得=1 220-1 070=150（万元），计入当期应纳税所得额。

③B公司（分立企业）的所得税处理。

分立企业接受被分立企业资产和负债的计税基础，以评估价值计量。

④甲公司（被分立企业股东）的所得税处理。

本例属于存续分立，被分立企业股东取得的对价应视同被分立企业分配进行处理。

以A公司的股东甲公司为例。其一，甲取得B公司的股权的计价。甲取得了B企业的股权80%，股权的计价为400万元（B企业注册资本500×80%）；其二，因为A公司企业分立后存续，则甲股东取得的股权400万元，确认为A公司对甲的股息分配，本例假设未超过A企业留存收益的份额，则视为属于分配的股息，由于符合居民企业间的股息红利所得免税条件，所以免征企业所得税；其三，甲持有A公司股权的计税基础不发生变化，仍为400万元。

(3) 上述业务所得税和会计处理的比较。

A企业（被分立企业）。所得税对乙企业的资产负债转移确认收益110万元，会计不确认损益，所得税和会计产生差异，当期形成纳税调增金额110万元。

B公司（分立企业）。对分立转入资产负债的计价，所得税和会计按评估价值计价，所得税和会计处理一致。

甲公司（被分立企业的股东）。其一，对甲取得B企业股权的计价，所得税和会计一致，都为评估价（公允价）；其二，所得税和会计确认的收益为400万元，但是因符合税法免税条件，所得税对400万元投资收益确认为免税收入，当期产生纳税调减的结果。

三、企业分立所得税处理的相关纳税申报表填报

企业所得税纳税申报表的构成中没有专门的附表对分立业务所得税和会计的差异进行调整记录，分立业务所得税和会计的差异在企业设置纳税调整备查账记录差异的基础上，通过《纳税调整明细表》（附表三）完成调整。

（一）对资产计税基础和账面价值的差异进行记录

企业分立取得资产，及被分立企业股东取得作为合并对价的资产，资产的计税基础和账面价值不同，应设置《纳税调整备查账》中进行记录。

以［例15-10］为例的分析。

A企业（合并企业），对取得资产的计税基础和账面价值的差异，在《纳税调整备查账》中进行记录。详见表15-23。

（二）对被合并企业股东投资资产转让损益确认的所得税和会计差异在《纳税调整项目明细表》（附表三）调整

无论企业分立采取一般税务处理还是采取特殊处理，被合并企业及被合并企业股东资产转让形成的所得税和会计处理的差异，在《纳税调整项目明细表》（表15-25）相应项目中进行调整。

以［例15-10］为例的分析。

A企业采取了减资和缩股方式进行企业分立。A企业的股东甲企业放弃部分A企业的股权持有B企业的股权，所得税不确认投资转让所得，会计确认投资资产转让收益为200万元，所得税和会计的差异当期产生纳税调减的金额为200万元，在《纳税调整项目明细表》（表15-25）相应项目中进行调整。

表15-25　　纳税调整项目明细表　　单位：万元

行次	项　目	账载金额	税收金额	调增金额	调减金额
		1	2	3	4
1	一、收入类调整项目	*	*		
	……				
8	7. 一般重组				
9	8. 特殊重组	200	0		200

同时，在《纳税调整备查账》（见表15－24）反映甲企业对B企业投资的计税基础和会计成本的差异。

（三）资产计税基础和账面价值不同形成资产持有和处置的差异在《资产折旧、摊销纳税调整明细表》（附表九）调整

企业分立取得的资产，及被合并企业股东取得作为合并对价的资产，资产的计税基础能和账面价值不同，形成固定资产或无形资产持有期间，资产的折旧和摊销所得税和会计的差异，以及资产处置时配比成本所得税和会计的差异，需要进行纳税调整的业务，应根据《纳税调整备查账》的记录，在《资产折旧、摊销纳税调整明细表》（附表九）和《纳税调整明细表》（附表三）调整。

第十六章　企业所得税税收优惠和相关纳税申报表分析填报

第一节　企业所得税税收优惠的法规分析

一、企业所得税税收优惠的基本分析

（一）企业所得税优惠的原则和优惠的形式

《企业所得税法》第二十五条规定："国家对重点扶持和鼓励发展的产业和项目，给予企业所得税优惠。"

我国企业所得税法确定了企业所得税税收优惠的基本原则，即国家对重点扶持和鼓励发展的产业和项目，给予企业所得税优惠。《中华人民共和国企业所得税法实施条例》第一百零二条规定："企业同时从事适用不同企业所得税待遇的项目的，其优惠项目应当单独计算所得，并合理分摊企业的期间费用；没有单独计算的，不得享受企业所得税优惠。"为了发挥企业所得税对宏观经济的调解作用，体现国家对重点项目和鼓励发展的产业和项目的扶持和鼓励。

现行企业所得税法和企业所得税实施条例规定了所得税税收优惠政策内容。具体按照税收优惠政策作用不同要素进行划分，包括以下内容：

1. 税基式税收减免。税基式减免，这是通过直接缩小计税依据的方式实现的减税、免税。企业所得税属于税基减免的税收优惠表现为：（1）减少计税收入；（2）增加所得税税前扣除；（3）直接减少应纳税所得额。

2. 税额式税收减免。税额式减免，即通过直接减少应纳所得税税额的方式实行的减税免税。企业所得税属于税额减免的税收优惠表现为：（1）降低税率；（2）减税免税；（3）税额抵免。

（二）企业所得税税收优惠叠加和重组优惠承继的处理

企业所得税税收优惠叠加和重组优惠承继的处理，《关于执行企业所得税优惠政策若干问题的通知》（财税［2009］69号）规定如下。

企业所得税法及其实施条例中规定的各项税收优惠，凡企业符合规定条件的，可以同时享受。

企业在享受过渡税收优惠过程中发生合并、分立、重组等情形的，按照《财政部国家税务总局关于企业重组业务企业所得税处理若干问题的通知》（财税［2009］59号）的统一规定执行。

二、企业所得税收入减免的税收优惠——税基式税收减免优惠

税基式减免，这是通过直接缩小计税依据的方式实现的减税、免税。企业所得税

属于税基减免的税收优惠表现为减少收入，增加扣除和直接减少应纳税所得额。企业所得税税基减免的税收优惠政策包括以下内容：

（一）企业所得税收入免税的法规规定

《企业所得税法》第二十六条规定，企业的下列收入为免税收入：

1. 国债利息收入。

《企业所得税实施条例》第八十二条进一步解释：企业所得税法所称国债利息收入，是指企业持有国务院财政部门发行的国债取得的利息收入。

2. 符合条件的居民企业之间的股息、红利等权益性投资收益。

《企业所得税实施条例》第八十三条进一步解释：企业所得税法所称符合条件的居民企业之间的股息、红利等权益性投资收益，是指居民企业直接投资于其他居民企业取得的投资收益。股息、红利等权益性投资收益，不包括连续持有居民企业公开发行并上市流通的股票不足 12 个月取得的投资收益。

3. 符合条件的非居民企业从居民企业取得股息红利。

在中国境内设立机构、场所的非居民企业从居民企业取得与该机构、场所有实际联系的股息、红利等权益性投资收益。

《国家税务总局关于中国居民企业向境外 H 股非居民企业股东派发股息代扣代缴企业所得税有关问题的通知》（国税函［2008］897 号）规定：

（1）中国居民企业向境外 H 股非居民企业股东派发 2008 年及以后年度股息时，统一按 10% 的税率代扣代缴企业所得税。

（2）非居民企业股东在获得股息之后，可以自行或通过委托代理人或代扣代缴义务人，向主管税务机关提出享受税收协定（安排）待遇的申请，提供证明自己为符合税收协定（安排）规定的实际受益所有人的资料。主管税务机关审核无误后，应就已征税款和根据税收协定（安排）规定税率计算的应纳税款的差额予以退税。

4. 符合条件的非营利组织的收入。

非营利组织。《企业所得税法实施条例》第八十四条进一步解释：企业所得税法所称符合条件的非营利组织，是指同时符合下列条件的组织：

（1）依法履行非营利组织登记手续。

（2）从事公益性或者非营利性活动。

（3）取得的收入除用于与该组织有关的、合理的支出外，全部用于登记核定或者章程规定的公益性或者非营利性事业。

（4）财产及其孳息不用于分配。

（5）按照登记核定或者章程规定，该组织注销后的剩余财产用于公益性或者非营利性目的，或者由登记管理机关转赠给予该组织性质、宗旨相同的组织，并向社会公告。

（6）投入人对投入该组织的财产不保留或者享有任何财产权利。

（7）工作人员工资福利开支控制在规定的比例内，不变相分配该组织的财产。

非营利组织的收入。《企业所得税法》第八十五条进一步解释：企业所得税法所称符合条件的非营利组织的收入，不包括非营利组织从事营利性活动取得的收入，但国务院财政、税务主管部门另有规定的除外。

（二）企业所得税减计收入

1.《企业所得税法》第三十三条规定：企业综合利用资源，生产符合国家产业政策规定的产品所取得的收入，可以在计算应纳税所得额时减计收入。

《企业所得税实施条例》第九十九条进一步解释：企业所得税法所称减计收入，是指企业以《资源综合利用企业所得税优惠目录》规定的资源作为主要原材料，生产国家非限制和禁止并符合国家和行业相关标准的产品取得的收入，减按90%计入收入总额。

所称原材料占生产产品材料的比例不得低于《资源综合利用企业所得税优惠目录》规定的标准（详见表16－1）。

2.《财政部、国家税务总局、国家发展改革委关于公布资源综合利用企业所得税优惠目录（2008年版）的通知》（财税［2008］117号）规定了《资源综合利用企业所得税优惠目录（2008年版）》，自2008年1月1日起施行。

3.《财政部、国家税务总局关于执行资源综合利用企业所得税优惠目录有关问题的通知》（财税［2008］47号）将执行《资源综合利用企业所得税优惠目录》（以下简称《目录》）的有关问题解释如下：

（1）企业自2008年1月1日起以《目录》中所列资源为主要原材料，生产《目录》内符合国家或行业相关标准的产品取得的收入，在计算应纳税所得额时，减按90%计入当年收入总额。享受上述税收优惠时，《目录》内所列资源占产品原料的比例应符合《目录》规定的技术标准。

（2）企业同时从事其他项目而取得的非资源综合利用收入，应与资源综合利用收入分开核算，没有分开核算的，不得享受优惠政策。

（3）企业从事不符合实施条例和《目录》规定范围、条件和技术标准的项目，不得享受资源综合利用企业所得税优惠政策。

（4）根据经济社会发展需要及企业所得税优惠政策实施情况，国务院财政、税务主管部门会同国家发展改革委等有关部门适时对《目录》内的项目进行调整和修订，并在报国务院批准后对《目录》进行更新。

三、企业所得税加计扣除的税收优惠——税基式减免税收优惠

（一）开发新技术、新产品、新工艺发生的研究开发费用的加计扣除

《企业所得税法》第三十条规定：开发新技术、新产品、新工艺发生的研究开发费用，可以在计算应纳税所得额时加计扣除。

《企业所得税法实施条例》第九十五条规定企业所得税法第三十条所称研究开发费用的加计扣除，是指企业为开发新技术、新产品、新工艺发生的研究开发费用，未形成无形资产计入当期损益的，在按照规定据实扣除的基础上，按照研究开发费用的150%加计扣除；形成无形资产的，按照无形资产成本的150%摊销。

《企业研究开发费用税前扣除管理办法（试行）》（国税发［2008］116号）对企业研发费用的加计扣除的条件做出了具体规定。

1. 符合加计扣除企业的基本条件。

企业研究开发费用税前扣除，适用于财务核算健全并能准确归集研究开发费用的居民企业。

表 16－1　资源综合利用企业所得税优惠目录（2008 版）

类　别	序号	综合利用的资源	生产的产品	技术标准
一、共生伴生矿产资源	1	煤系共生、伴生矿产资源、瓦斯	高岭岩、铝矾土、膨润土、电力、热力及燃气	1.产品原料 100% 来自所列资源 2.煤炭开发中的废弃物 3.产品符合国家和行业标准
二、废水（液）、废气、废渣	2	煤矸石、石煤、粉煤灰、采矿和选矿废渣、冶炼废渣、工业炉渣、脱硫石膏、磷石膏、江河（渠）道的清淤（淤沙）、风积沙、建筑垃圾、生活垃圾焚烧余渣、化工废渣、工业废渣	砖（瓦）、砌块、墙板类产品、石膏类制品以及商品分粉煤灰	产品原料 70% 以上来自所列资源
	3	转炉渣、电炉渣、铁合金炉渣、氧化铝赤泥、化工废渣、工业废渣	铁、铁合金料、精矿粉、稀土	产品原料 100% 来自所列资源
	4	化工、纺织、造纸工业废液及废渣	银、盐、锌、纤维、碱、羊毛脂、聚乙烯醇、硫化钠、亚硫酸钠、硝酸、铁盐、铬盐、木素磺酸盐、乙酸、乙二酸、乙酸钠、盐酸、粘合剂、酒精、香兰素、饲料酵母、肥料、甘油、乙氰	产品原料 70% 以上来自所累资源
	5	制盐液（苦卤）及硼酸废液	氯化钾、硝酸钾、溴素、氯化镁、氢氧化镁、无水硝、石膏、硫酸镁、硫酸钾、肥料	产品原料 70% 以上来自所累资源
	6	工矿废水、城市污水	再生水	1. 产品原料 100% 来自所列资源 2. 达到国家有关标准
	7	废生物质油、废弃润滑油	生物柴油及工业油料	产品原料 100% 来自所列资源
	8	焦炉煤气、化工、石油（炼油）化工废气、发酵废气、火炬气、炭黑尾气	硫酸、硝酸、磷铵硫胺、脱硫石膏、可燃气、轻烃、氯气、硫酸亚铁、有色金属、二氧化碳、干冰、甲醇、合成氨	
	9	转炉煤气、高炉煤气、火炬气以及除焦炉煤气以外的工业炉气、工业过程中的余热、余压	电力、热力	

续表

类　别	序号	综合利用的资源	生产的产品	技术标准
三、再生资源	10	废旧电池、电子电器产品	金属（包括稀贵金属）、非金属	产品原料 100% 来自所列资源
	11	废感光材料、废灯泡（管）	有色（稀贵）金属及其产品	产品原料 100% 来自所列资源
	12	锯末、树皮、枝丫材	人造板及其制品	1. 产品符合标准 2. 产品原料 100% 来自所列资源
	13	废塑料	塑料制品	产品原料 100% 来自所列资源
	14	废、旧轮胎	翻新轮胎、胶粉	1. 产品符合 GB9037 和 GB14646 标准 2. 产品原料 100% 来自所列资源 3. 符合 GB/T19208 等标准规定的性能指标
	15	废弃天然纤维、化学纤维及其制品	造纸原料、纤维纱及织物、无纺布、毡、粘合剂、再生聚酯	产品原料 100% 来自所列资源
	16	农作物秸秆及壳皮（包括粮食作物秸秆、农业经济作物秸秆、粮食壳皮、玉米芯）	代木产品、电力、热力及燃气	产品原料 70% 以上来自所累资源

2. 企业研究开发活动的含义。

研究开发活动。研究开发活动是指企业为获得科学与技术（不包括人文、社会科学）新知识，创造性运用科学技术新知识，或实质性改进技术、工艺、产品（服务）而持续进行的具有明确目标的研究开发活动。

创造性运用科学技术新知识。创造性运用科学技术新知识，或实质性改进技术、工艺、产品（服务），是指企业通过研究开发活动在技术、工艺、产品（服务）方面的创新取得了有价值的成果，对本地区（省、自治区、直辖市或计划单列市）相关行业的技术、工艺领先具有推动作用，不包括企业产品（服务）的常规性升级或对公开的科研成果直接应用等活动（如直接采用公开的新工艺、材料、装置、产品、服务或知识等）。

符合企业所得税加计扣除的研发活动。符合企业所得税加计扣除的研发活动，是指从事《国家重点支持的高新技术领域》和国家发展改革委员会等部门公布的《当前优先发展的高技术产业化重点领域指南（2007 年度）》规定项目的研究开发活动。

3. 企业研究开发费用的构成。

企业从事《国家重点支持的高新技术领域》和国家发展改革委员会等部门公布的《当前优先发展的高技术产业化重点领域指南（2007 年度）》规定项目的研究开发活动，其在一个纳税年度中实际发生的下列费用支出，允许在计算应纳税所得额时按照规定实行加计扣除。

（1）新产品设计费、新工艺规程制定费以及与研发活动直接相关的技术图书资料费、资料翻译费。

（2）从事研发活动直接消耗的材料、燃料和动力费用。

（3）在职直接从事研发活动人员的工资、薪金、奖金、津贴、补贴。

（4）专门用于研发活动的仪器、设备的折旧费或租赁费。

（5）专门用于研发活动的软件、专利权、非专利技术等无形资产的摊销费用。

（6）专门用于中间试验和产品试制的模具、工艺装备开发及制造费。

（7）勘探开发技术的现场试验费。

（8）研发成果的论证、评审、验收费用。

法律、行政法规和国家税务总局规定不允许企业所得税前扣除的费用和支出项目，均不允许计入研究开发费用。

4. 研发费用加计扣除的所得税处理。

企业根据财务会计核算和研发项目的实际情况，对发生的研发费用进行收益化或资本化处理的，可按下述规定计算加计扣除：

（1）研发费用计入当期损益未形成无形资产的，允许再按其当年研发费用实际发生额的 50%，直接抵扣当年的应纳税所得额。

（2）研发费用形成无形资产的，按照该无形资产成本的 150% 在税前摊销。除法律另有规定外，摊销年限不得低于 10 年。

5. 合作开发和委托开发研发费用加计扣除的所得税处理。

对企业共同合作开发的项目，凡符合条件的，由合作各方就自身承担的研发费用分别按照规定计算加计扣除。

对企业委托给外单位进行开发的研发费用，凡符合条件的，由委托方按照规定计算加计扣除，受托方不得再进行加计扣除。

对委托开发的项目，受托方应向委托方提供该研发项目的费用支出明细情况，否则，该委托开发项目的费用支出不得实行加计扣除。

6. 企业集团研发费用加计扣除的所得税处理。

（1）企业集团研发费用在受益集团成员公司间进行分摊。

企业集团根据生产经营和科技开发的实际情况，对技术要求高、投资数额大，需要由集团公司进行集中开发的研究开发项目，其实际发生的研究开发费，可以按照合理的分摊方法在受益集团成员公司间进行分摊。

（2）企业集团应签订协议或合同。

企业集团采取合理分摊研究开发费的，企业集团应提供集中研究开发项目的协议或合同，该协议或合同应明确规定参与各方在该研究开发项目中的权利和义务、费用分摊方法等内容。如不提供协议或合同，研究开发费不得加计扣除。

（3）企业集团应合理确定研发费用的分摊方法。

企业集团采取合理分摊研究开发费的，企业集团集中研究开发项目实际发生的研究开发费，应当按照权利和义务、费用支出和收益分享一致的原则，合理确定研究开发费用的分摊方法。

企业集团采取合理分摊研究开发费的，企业集团母公司负责编制集中研究开发项目的立项书、研究开发费用预算表、决算表和决算分摊表。

（4）企业集团研发费用加计扣除的管理。

税企双方对企业集团集中研究开发费的分摊方法和金额有争议的，如企业集团成员公司设在不同省、自治区、直辖市和计划单列市的，企业按照国家税务总局的裁决意见扣除实际分摊的研究开发费；企业集团成员公司在同一省、自治区、直辖市和计划单列市的，企业按照省税务机关的裁决意见扣除实际分摊的研究开发费。

7. 企业对研发费用的管理。

（1）企业对研发费用实行专账管理。

企业必须对研究开发费用实行专账管理，同时必须按照附表的规定项目，准确归集填写年度可加计扣除的各项研究开发费用实际发生金额。企业应于年度汇算清缴所得税申报时向主管税务机关报送本办法规定的相应资料。

（2）企业对研发费用实行专项管理。

企业在一个纳税年度内进行多个研究开发活动的，应按照不同开发项目分别归集可加计扣除的研究开发费用额。

企业未设立专门的研发机构或企业研发机构同时承担生产经营任务的，应对研发费用和生产经营费用分开进行核算，准确、合理的计算各项研究开发费用支出，对划分不清的，不得实行加计扣除。

（3）企业研发费用的所得税预缴处理。

企业实际发生的研究开发费，在年度中间预缴所得税时，允许据实计算扣除，在年度终了进行所得税年度申报和汇算清缴时，再依照本办法的规定计算加计扣除。

8. 企业研发费用加计扣除的审批。

企业申请研究开发费加计扣除时，应向主管税务机关报送如下资料：

（1）自主、委托、合作研究开发项目计划书和研究开发费预算。

（2）自主、委托、合作研究开发专门机构或项目组的编制情况和专业人员名单。

（3）自主、委托、合作研究开发项目当年研究开发费用发生情况归集表。

（4）企业总经理办公会或董事会关于自主、委托、合作研究开发项目立项的决议文件。

（5）委托、合作研究开发项目的合同或协议。

（6）研究开发项目的效用情况说明、研究成果报告等资料。

企业申报的研究开发费用不真实或者资料不齐全的，不得享受研究开发费用加计扣除，主管税务机关有权对企业申报的结果进行合理调整。

主管税务机关对企业申报的研究开发项目有异议的，可要求企业提供政府科技部门的鉴定意见书。

企业研究开发费各项目的实际发生额归集不准确、汇总额计算不准确的，主管税务机关有权调整其税前扣除额或加计扣除额。

（二）安置残疾人员工工资的加计扣除

《企业所得税法》第三十条规定：安置残疾人员及国家鼓励安置的其他就业人员所

支付的工资，可以在计算应纳税所得额时加计扣除。《财政部、国家税务总局关于安置残疾人员就业有关企业所得税优惠政策问题的通知》（财税［2009］70号）：

1. 优惠内容。

《企业所得税法实施条例》第九十六条规定：企业所得税法第三十条所称企业安置残疾人员所支付的工资的加计扣除，是指企业安置残疾人员的，在按照支付给残疾职工工资据实扣除的基础上，按照支付给残疾职工工资的100%加计扣除；企业安置国家鼓励安置的其他就业人员所支付的工资的加计扣除办法，由国务院另行规定。

2. 优惠条件。

《财政部、国家税务总局关于安置残疾人员就业有关企业所得税优惠政策问题的通知》（财税［2009］70号）规定：

企业享受安置残疾职工工资100%加计扣除应同时具备如下条件：

（1）依法与安置的每位残疾人签订了1年以上（含1年）的劳动合同或服务协议，并且安置的每位残疾人在企业实际上岗工作。

（2）为安置的每位残疾人按月足额缴纳了企业所在区县人民政府根据国家政策规定的基本养老保险、基本医疗保险、失业保险和工伤保险等社会保险。

（3）定期通过银行等金融机构向安置的每位残疾人实际支付了不低于企业所在区县适用的经省级人民政府批准的最低工资标准的工资。

（4）具备安置残疾人上岗工作的基本设施。

3. 优惠管理。

（1）办理享受企业所得税加计扣除优惠的备案手续。

企业应在年度终了进行企业所得税年度申报和汇算清缴时，向主管税务机关报送《关于安置残疾人员就业有关企业所得税优惠政策问题的通知》第四条规定的相关资料、已安置残疾职工名单及其《中华人民共和国残疾人证》或《中华人民共和国残疾军人证（1~8级）》复印件和主管税务机关要求提供的其他资料，办理享受企业所得税加计扣除优惠的备案手续。

（2）加计扣除工资的具体处理。

企业就支付给残疾职工的工资，在进行企业所得税预缴申报时，允许据实计算扣除；在年度终了进行企业所得税年度申报和汇算清缴时，再依照本条第一款的规定计算加计扣除。

四、减少应纳税所得额的税收优惠——税基式税收优惠

（一）从事农、林、牧、渔业项目所得免征所得税的税收优惠

《企业所得税法》第二十七条规定：企业从事农、林、牧、渔业项目的可以免征、减征企业所得税。

《企业所得税法实施条例》第八十六条进一步解释可以免征企业所得税，是指：（1）蔬菜、谷物、薯类、油料、豆类、棉花、麻类、糖料、水果、坚果的种植；（2）农作物新品种的选育；（3）中药材的种植；（4）林木的培育和种植；（5）牲畜、家禽的饲养；（6）林产品的采集；（7）灌溉、农产品初加工、兽医、农技推广、农机作业和维修等农、林、牧、渔服务业项目；（8）远洋捕捞。

关于农产品初加工（详见表16-2）：

表 16－2　享受企业所得税优惠政策的农产品初加工范围（2008 年版）

序号	农产品初加工范围			适用标准
一	种植业类	（一）粮食初加工	1. 小麦初加工	通过对小麦进行清理、配麦、磨粉、筛理、分级、包装等简单加工处理，制成的小麦面粉及各种专用粉。
			2. 稻米初加工	通过对稻谷进行清理、脱壳、碾米（或不碾米）、烘干、分级、包装等简单加工处理，制成的成品粮及其初制品，具体包括大米、蒸谷米。
			3. 玉米初加工	通过对玉米籽粒进行清理、浸泡、粉碎、分离、脱水、干燥、分级、包装等简单加工处理，生产的玉米粉、玉米碴、玉米片等；鲜嫩玉米经筛选、脱皮、洗涤、速冻、分级、包装等简单加工处理，生产的鲜食玉米（速冻粘玉米、甜玉米、花色玉米、玉米籽粒）。
			4. 薯类初加工	通过对马铃薯、甘薯等薯类进行清洗、去皮、磋磨、切制、干燥、冷冻、分级、包装等简单加工处理，制成薯类初级制品。具体包括：薯粉、薯片、薯条。
			5. 食用豆类初加工	通过对大豆、绿豆、红小豆等食用豆类进行清理去杂、浸洗、晾晒、分级、包装等简单加工处理，制成的豆面粉、黄豆芽、绿豆芽。
			6. 其他类粮食初加工	通过对燕麦、荞麦、高粱、谷子等杂粮进行清理去杂、脱壳、烘干、磨粉、轧片、冷却、包装等简单加工处理，制成的燕麦米、燕麦粉、燕麦麸皮、燕麦片、荞麦米、荞麦面、小米、小米面、高粱米、高粱面。
		（二）林木产品初加工		通过将伐倒的乔木、竹（含活立木、竹）去枝、去梢、去皮、去叶、锯段等简单加工处理，制成的原木、原竹、锯材。
		（三）园艺植物初加工	1. 蔬菜初加工	（1）将新鲜蔬菜通过清洗、挑选、切割、预冷、分级、包装等简单加工处理，制成净菜、切割蔬菜。 （2）利用冷藏设施，将新鲜蔬菜通过低温贮藏，以备淡季供应的速冻蔬菜，如速冻茄果类、叶类、豆类、瓜类、葱蒜类、柿子椒、蒜苔。 （3）将植物的根、茎、叶、花、果、种子和食用菌通过干制等简单加工处理，制成的初制干菜，如黄花菜、玉兰片、萝卜干、冬菜、梅干菜、木耳、香菇、平菇。 * 以蔬菜为原料制作的各类蔬菜罐头（罐头是指以金属罐、玻璃瓶、经排气密封的各种食品。下同）及碾磨后的园艺植物（如胡椒粉、花椒粉等）不属于初加工范围。
			2. 水果初加工	通过对新鲜水果（含各类山野果）清洗、脱壳、切块（片）、分类、储藏保鲜、速冻、干燥、分级、包装等简单加工处理，制成的各类水果、果干、原浆果汁、果仁、坚果。
			3. 花卉及观赏植物初加工	花卉及观赏植物初加工。通过对观赏用、绿化及其他各种用途的花卉及植物进行保鲜、储藏、烘干、分级、包装等简单加工处理，制成的各类鲜、干花。
		（四）油料植物初加工		通过对菜籽、花生、大豆、葵花籽、蓖麻籽、芝麻、胡麻籽、茶子、桐子、棉籽、红花籽及米糠等粮食的副产品等，进行清理、热炒、磨坯、榨油（搅油、墩油）、浸出等简单加工处理，制成的植物毛油和饼粕等副产品。具体包括菜籽油、花生油、豆油、葵花油、蓖麻籽油、芝麻油、胡麻籽油、茶子油、桐子油、棉籽油、红花油、米糠油以及油料饼粕、豆饼、棉籽饼。 * 精炼植物油不属于初加工范围。

续表

序号	农产品初加工范围			适用标准
一	种植业类	(五)糖料植物初加工		通过对各种糖料植物,如甘蔗、甜菜、甜菊等,进行清洗、切割、压榨等简单加工处理,制成的制糖初级原料产品。
		(六)茶叶初加工		通过对茶树上采摘下来的鲜叶和嫩芽进行杀青(萎凋、摇青)、揉捻、发酵、烘干、分级、包装等简单加工处理,制成的初制毛茶。精制茶、边销茶、紧压茶和掺兑各种药物的茶及茶饮料不属于初加工范围。
		(七)药用植物初加工		通过对各种药用植物的根、茎、皮、叶、花、果实、种子等,进行挑选、整理、捆扎、清洗、凉晒、切碎、蒸煮、炒制等简单加工处理,制成的片、丝、块、段等中药材。 ＊加工的各类中成药不属于初加工范围。
		(八)纤维植物初加工	1. 棉花初加工	通过轧花、剥绒等脱绒工序简单加工处理,制成的皮棉、短绒、棉籽。
			2. 麻类初加工	通过对各种麻类作物(大麻、黄麻、槿麻、苎麻、苘麻、亚麻、罗布麻、蕉麻、剑麻等)进行脱胶、抽丝等简单加工处理,制成的干(洗)麻、纱条、丝、绳。
			3. 蚕茧初加工	通过烘干、杀蛹、缫丝、煮剥、拉丝等简单加工处理,制成的蚕、蛹、生丝、丝棉。
		(九)热带、南亚热带作物初加工		通过对热带、南亚热带作物去除杂质、脱水、干燥、分级、包装等简单加工处理,制成的工业初级原料。具体包括:天然橡胶生胶和天然浓缩胶乳、生咖啡豆、胡椒籽、肉桂油、桉油、香茅油、木薯淀粉、木薯干片、坚果。
二	畜牧业类	(一)畜禽类初加工	1. 肉类初加工	通过对畜禽类动物(包括各类牲畜、家禽和人工驯养、繁殖的野生动物以及其他经济动物)宰杀、去头、去蹄、去皮、去内脏、分割、切块或切片、冷藏或冷冻、分级、包装等简单加工处理,制成的分割肉、保鲜肉、冷藏肉、冷冻肉、绞肉、肉块、肉片、肉丁。
			2. 蛋类初加工	通过对鲜蛋进行清洗、干燥、分级、包装、冷藏等简单加工处理,制成的各种分级、包装的鲜蛋、冷藏蛋。
			3. 奶类初加工	通过对鲜奶进行净化、均质、杀菌或灭菌、灌装等简单加工处理,制成的巴氏杀菌奶、超高温灭菌奶。
			4. 皮类初加工	通过对畜禽类动物皮张剥取、浸泡、刮里、晾干或熏干等简单加工处理,制成的生皮、生皮张。
			5. 毛类初加工	通过对畜禽类动物毛、绒或羽绒分级、去杂、清洗等简单加工处理,制成的洗净毛、洗净绒或羽绒。
			6. 蜂产品初加工	蜂产品初加工。通过去杂、过滤、浓缩、熔化、磨碎、冷冻简单加工处理,制成的蜂蜜、蜂蜡、蜂胶、蜂花粉。
			＊肉类罐头、肉类熟制品、蛋类罐头、各类酸奶、奶酪、奶油、王浆粉、各种蜂产品口服液、胶囊不属于初加工范围。	

续表

序号	农产品初加工范围			适用标准
二	畜牧业类	（二）饲料类初加工	1. 植物类饲料初加工	通过碾磨、破碎、压榨、干燥、酿制、发酵等简单加工处理，制成的糠麸、饼粕、糟渣、树叶粉。
			2. 动物类饲料初加工	通过破碎、烘干、制粉等简单加工处理，制成的鱼粉、虾粉、骨粉、肉粉、血粉、羽毛粉、乳清粉。
			3. 添加剂类初加工	通过粉碎、发酵、干燥等简单加工处理，制成的矿石粉、饲用酵母。
		（三）牧草类初加工		通过对牧草、牧草种籽、农作物秸秆等，进行收割、打捆、粉碎、压块、成粒、分选、青贮、氨化、微化等简单加工处理，制成的干草、草捆、草粉、草块或草饼、草颗粒、牧草种籽以及草皮、秸秆粉（块、粒）。
三	渔业类	（一）水生动物初加工		将水产动物（鱼、虾、蟹、鳖、贝、棘皮类、软体类、腔肠类、两栖类、海兽类动物等）整体或去头、去鳞（皮、壳）、去内脏、去骨（刺）、擂溃或切块、切片，经冰鲜、冷冻、冷藏等保鲜防腐处理、包装等简单加工处理，制成的水产动物初制品。 * 熟制的水产品和各类水产品的罐头以及调味烤制的水产食品不属于初加工范围。
		（二）水生植物初加工		将水生植物（海带、裙带菜、紫菜、龙须菜、麒麟菜、江篱、浒苔、羊栖菜、莼菜等）整体或去根、去边梢、切段，经热烫、冷冻、冷藏等保鲜防腐处理、包装等简单加工处理的初制品，以及整体或去根、去边梢、切段、经晾晒、干燥（脱水）、包装、粉碎等简单加工处理的初制品。 * 罐装（包括软罐）产品不属于初加工范围。

《关于发布享受企业所得税优惠政策的农产品初加工范围（试行）的通知》（财税［2008］149号）进一步解释：农产品加工共分为种植业类、畜牧业类和渔业类三大门类，包括粮食初加工、林木产品初加工、园艺植物初加工、油料植物初加工、糖料植物初加工、茶叶初加工、药用植物初加工、纤维植物初加工、热带及南亚热带作物初加工、畜禽类初加工、饲料类初加工、牧草类初加工、水生动物初加工、水生植物初加工等诸多农产品初加工种类。

（二）从事农、林、牧、渔业项目所得减半的税收优惠

《企业所得税法实施条例》第八十六条解释可以减征企业所得税，是指：（1）花卉、茶以及其他饮料作物和香料作物的种植；（2）海水养殖、内陆养殖。

企业从事国家限制和禁止发展的项目，不得享受本条规定的企业所得税优惠。

（三）公共基础设施项目投资经营所得免三减三的税收优惠

《企业所得税法》第二十七条规定："企业的从事国家重点扶持的公共基础设施项目投资经营的所得，可以免征、减征企业所得税。"《企业所得税法实施条例》、《关于执行公共基础设施项目企业所得税优惠目录有关问题的通知》（财税［2008］46 号）和《国家税务总局关于实施国家重点扶持的公共基础设施项目企业所得税优惠问题的通知》（国税发［2009］80 号）对此项税收优惠做出了具体规定。

1. 优惠条件。

《企业所得税法实施条例》第八十七条规定："所称国家重点扶持的公共基础设施项目，是指《公共基础设施项目企业所得税优惠目录》规定的港口码头、机场、铁路、公路、城市公共交通、电力、水利等项目。"

2. 优惠内容。

企业从事前款规定的国家重点扶持的公共基础设施项目的投资经营的所得，自项目取得第一笔生产经营收入所属纳税年度起，第一年至第三年免征企业所得税，第四年至第六年减半征收企业所得税。

《国家税务总局关于实施国家重点扶持的公共基础设施项目企业所得税优惠问题的通知》（国税发［2009］80 号）规定：上述优惠项目在减免税期限内转让的，受让方自受让之日起，可以在剩余期限内享受规定的减免税优惠；减免税期限届满后转让的，受让方不得就该项目重复享受减免税优惠。

3. 优惠起止时间。

《财政部、国家税务总局关于执行公共基础设施项目企业所得税优惠目录有关问题的通知》（财税［2008］46 号）规定：第一笔生产经营收入，是指公共基础设施项目已建成并投入运营后所取得的第一笔收入。企业承包经营、承包建设和内部自建自用本条规定的项目，不得享受本条规定的企业所得税优惠。

《国家税务总局关于实施国家重点扶持的公共基础设施项目企业所得税优惠问题的通知》（国税发［2009］80 号）规定：上述"第一笔经营收入"，是指公共基础设施项目已建成并投入运营后所取得的第一笔收入。上述"承包经营"，是指与从事该项目经营的法人主体相独立的另一法人经营主体，通过承包该项目的经营管理而取得劳务性收益的经营活动。上述"承包建设"，是指与从事该项目经营的法人主体相独立的另一法人经营主体，通过承包该项目的工程建设而取得建筑劳务收益的经营活动。上述"内部自建自用"，是指项目的建设仅作为本企业主体经营业务的设施，满足本企业自身的生产经营活动需要，而不属于向他人提供公共服务业务的公共基础设施建设项目。

4. 企业对公共基础设施项目投资经营所得的管理。

《财政部、国家税务总局关于执行公共基础设施项目企业所得税优惠目录有关问题的通知》（财税［2008］46 号）规定：企业承包经营、承包建设和内部自建自用本条规定的项目，不得享受本条规定的企业所得税优惠。

企业同时从事不在《目录》范围内的项目取得的所得，应与享受优惠的公共基础设施项目所得分开核算，并合理分摊期间费用，没有分开核算的，不得享受上述企业所得税优惠政策。

期间共同费用的合理分摊比例可以按照投资额、销售收入、资产额、人员工资等参数确定。上述比例一经确定，不得随意变更。凡特殊情况需要改变的，需报主管税务机关核准。

5. 优惠目录。

《财政部、国家税务总局、国家发展改革委关于公布公共基础设施项目企业所得税优惠目录（2008 年版）的通知》（财税［2008］116 号）规定了《公共基础设施项目企业所得税优惠目录（2008 年版）》（详见表 16－3），自 2008 年 1 月 1 日起施行。

表 16－3　　公共基础设施项目企业所得税优惠目录（2008 年版）

序号	类别	项　目	范围、条件及技术标准
1	港口码头	码头、泊位、通航建筑物新建项目	由省级以上政府投资主管部门核准的沿海港口万吨级及以上泊位、内河千吨级及以上泊位、滚装泊位、内河航运枢纽新建项目
2	机场	民用机场新建项目	由国务院核准的民用机场新建项目，包括民用机场迁建、军航机场军民合用改造项目
3	铁路	铁路新线建设项目	由省级以上政府投资主管部门或国务院行业主管部门核准的客运专线、城际轨道交通和Ⅲ级及以上铁路建设项目
4		既有线路改造项目	由省级以上政府投资主管部门或国务院行业主管部门核准的铁路电气化改造、增建二线项目以及其他改造投入达到项目固定资产账面原值 75% 以上的改造项目
5	公路	公路新建项目	由省级以上政府投资主管部门核准的一级以上的公路建设项目
6	城市公共交通	城市快速轨道交通新建项目	由国务院核准的城市地铁、轻轨新建项目
7	电力	水力发电新建项目（包括控制性水利枢纽工程）	由国务院投资主管部门核准的在主要河流上新建的水电项目，总装机容量在 25 万千瓦及以上的新建水电项目，以及抽水蓄能电站项目
8		核电站新建项目	由国务院核准的核电站新建项目
9		电网（输变电设施）新建项目	由国务院投资主管部门核准的 330kv 及以上跨省及长度超过 200km 的交流输变电新建项目，500kv 及以上直流输变电新建项目；由省级以上政府投资主管部门核准的革命老区、老少边穷地区电网新建工程项目；农网输变电新建项目。
10		风力发电新建项目	由政府投资主管部门核准的风力发电新建项目
11		海洋能发电新建项目	由省级以上政府投资主管部门核准的海洋能发电新建项目
12		太阳能发电新建项目	由政府投资主管部门核准的太阳能发电新建项目
13		地热发电新建项目	由政府投资主管部门核准的地热发电新建项目
14	水利	灌区配套设施及农业节水灌溉工程新建项目	由政府投资主管部门核准的灌区水源工程、灌排系统工程、节水工程
15		地表水水源工程新建项目	由政府投资主管部门核准的水库、塘堰、水窖及配套工程
16		调水工程新建项目	由政府投资主管部门核准的取水、输水、配水工程

续表

序号	类别	项　　目	范围、条件及技术标准
17	水利	农村人畜饮水工程新建项	由政府投资主管部门核准的农村人畜饮水工程中取水、输水、净化水、配水工程
18		牧区水利工程新建项目	由政府投资主管部门核准的牧区水利工程中的取水、输配水、节水灌溉及配套工程

6. 税务部门对企业公共基础设施项目投资经营所得税收优惠的管理。

《国家税务总局关于实施国家重点扶持的公共基础设施项目企业所得税优惠问题的通知》（国税发［2009］80 号）对税务部门对企业公共基础设施项目投资经营所得税收优惠的管理做出了如下规定。

（1）从事《目录》范围项目投资的居民企业应于从该项目取得的第一笔生产经营收入后 15 日内向主管税务机关备案并报送如下材料后，方可享受有关企业所得税优惠：

①有关部门批准该项目文件复印件。

②该项目完工验收报告复印件。

③该项目投资额验资报告复印件。

④税务机关要求提供的其他资料。

（2）企业因生产经营发生变化或因《目录》调整，不再符合本办法规定减免税条件的，企业应当自发生变化 15 日内向主管税务机关提交书面报告并停止享受优惠，依法缴纳企业所得税。

（3）税务机关应结合纳税检查、执法检查或其他专项检查，每年定期对企业享受公共基础设施项目企业所得税减免税款事项进行核查，核查的主要内容包括：①企业是否继续符合减免所得税的资格条件，所提供的有关情况证明材料是否真实。②企业享受减免企业所得税的条件发生变化时，是否及时将变化情况报送税务机关，并根据本办法规定对适用优惠进行了调整。

［例 16－1］某企业自 2008 年 3 月 5 日起从事公路建设，建设期为 3 年。该项目属于《公共基础设施项目企业所得税优惠目录》内的公路项目。该公路 2011 年 5 月 1 日建成投入运营。2011 年取得公路运营收入 500 万元。

（1）税收分析。

由于企业从事公路建设项目属于《公共基础设施项目企业所得税优惠目录》内的公路项目，因而企业符合从事国家重点扶持的公共基础设施项目投资经营所得的税收优惠，自公路建成投入运营 2011 年取得第一笔生产经营收入起，第一年至第三年免征企业所得税，第四年至第六年减半征收企业所得税。

（2）企业所得税和会计差异分析。

2011 年因企业处于免税期，因此对会计计入本年利润的 500 万元在企业所得税纳税申报时应进行纳税调减的处理，调减应纳税所得额 500 万元，企业所得税和会计的差异为永久性差异。

（3）企业所得税纳税申报表填报。

其一，2011 年在《税收优惠明细表》第 29 行“（三）从事国家重点扶持的公共基础设施项目投资经营的所得”填入免税所得 500 万元；其二，《纳税调整项目明细表》

第 17 行“减、免税项目所得”的“调减金额”填入 500 万元。

（四）从事符合条件的环境保护、节能节水项目所得免三减三的税收优惠

《企业所得税法》第二十七条规定：企业从事符合条件的环境保护、节能节水项目的，可以免征、减征企业所得税。

1. 优惠条件。

《企业所得税法实施条例》第八十八条规定：所称符合条件的环境保护、节能节水项目，包括公共污水处理、公共垃圾处理、沼气综合开发利用、节能减排技术改造、海水淡化等。项目的具体条件和范围由国务院财政、税务主管部门商国务院有关部门制订，报国务院批准后公布施行。

《财政部、国家税务总局、国家发展改革委关于公布环境保护、节能节水项目企业所得税优惠目录（试行）的通知》（财税［2009］166 号）（详见表 16-4）规定了符合企业所得水关于环境保护与节能节水税收优惠的项目及其条件。

2. 优惠内容。

《企业所得税法实施条例》第八十八条规定：“企业从事前款规定的符合条件的环境保护、节能节水项目的所得，自项目取得第一笔生产经营收入所属纳税年度起，第一年至第三年免征企业所得税，第四年至第六年减半征收企业所得税。”

3. 优惠承继。

《企业所得税法实施条例》第八十九条规定：“依照本条例第八十七条和第八十八条规定享受减免税优惠的项目，在减免税期限内转让的，受让方自受让之日起，可以在剩余期限内享受规定的减免税优惠；减免税期限届满后转让的，受让方不得就该项目重复享受减免税优惠。”

（五）符合条件技术转让所得减免所得额的税收优惠

《中华人民共和国企业所得税法》第二十七条规定：符合条件的技术转让所得，可以免征、减征企业所得税。

《中华人民共和国企业所得税法实施条例》第九十条规定，企业所得税法第二十七条第（四）项所称符合条件的技术转让所得免征、减征企业所得税，是指一个纳税年度内，居民企业技术转让所得不超过 500 万元的部分，免征企业所得税；超过 500 万元的部分，减半征收企业所得税。

《国家税务总局关于技术转让所得减免企业所得税有关问题的通知》（国税函［2009］212 号）对技术转让所得的减免优惠做出以下具体规定：

1. 享受减免企业所得税优惠技术转让的条件。

（1）享受优惠的技术转让主体是企业所得税法规定的居民企业。

（2）技术转让属于财政部、国家税务总局规定的范围。

（3）境内技术转让经省级以上科技部门认定。

（4）向境外转让技术经省级以上商务部门认定。

（5）国务院税务主管部门规定的其他条件。

2. 技术转让所得计算方法。

技术转让所得 = 技术转让收入 - 技术转让成本 - 相关税费

表 16－4　环境保护、节能节水项目企业所得税优惠目录（试行）

序号	类别	项　目	条　件
一	公共污水处理	（一）城镇污水处理项目	1. 根据全国城镇污水处理设施建设规划等全国性规划设立； 2. 专门从事城镇污水的收集、贮存、运输、处置以及污泥处置（含符合国家产业政策和准入条件的水泥窑协同处置）； 3. 根据国家规定获得污水处理特许经营权，或符合环境保护行政主管部门规定的生活污水类污染治理设施运营资质条件； 4. 项目设计、施工和运行管理人员具备国家相应职业资格； 5. 项目按照国家法律法规要求，通过相关验收； 6. 项目经设区的市或者市级以上环境保护行政主管部门总量核查； 7. 排放水符合国家及地方规定的水污染物排放标准和重点水污染物排放总量控制指标； 8. 国务院财政、税务主管部门规定的其他条件。
		（二）工业废水处理项目	1. 根据全国重点流域水污染防治规划等全国性规划设立，但按照国家规定作为企业必备配套设施的自用的污水处理项目除外； 2. 专门从事工业污水的收集、贮存、运输、处置以及污泥处置（含符合国家产业政策和准入条件的水泥窑协同处置）； 3. 符合环境保护行政主管部门规定的工业废水类污染治理设施运营资质条件； 4. 项目设计、施工和运行管理人员具备国家相应职业资格； 5. 项目按照国家法律法规要求，通过相关验收； 6. 项目经设区的市或者市级以上环境保护行政主管部门总量核查； 7. 排放水符合国家及地方规定的水污染物排放标准和重点水污染物排放总量控制指标； 8. 国务院财政、税务主管部门规定的其他条件。
二	公共垃圾处理	（一）生活垃圾处理项目	1. 根据全国城镇垃圾处理设施建设规划等全国性规划设立； 2. 专门从事生活垃圾的收集、贮存、运输、处置； 3. 采用符合国家规定标准的卫生填埋、焚烧、热解、堆肥、水泥窑协同处置等工艺，其中：水泥窑协同处置要符合国家产业政策和准入条件； 4. 根据国家规定获得垃圾处理特许经营权，或符合环境保护行政主管部门规定的生活垃圾类污染治理设施运营资质条件； 5. 项目设计、施工和运行管理人员具备国家相应职业资格； 6. 按照国家法律法规要求，通过相关验收； 7. 项目经设区的市或者市级以上环境保护行政主管部门总量核查； 8. 国务院财政、税务主管部门规定的其他条件。

续表

序号	类别	项目	条件
二	公共垃圾处理	（二）工业固体废物处理项目	1. 根据全国危险废物处置设施建设规划等全国性规划设立，但按照国家规定作为企业必备配套设施的自用的废弃物处理项目除外； 2. 专门从事工业固体废物或危险废物的收集、贮存、运输、处置； 3. 采用符合国家规定标准的卫生填埋焚烧、热解、堆肥、水泥窑处置等工艺，其中水泥窑协同处置符合国家产业政策和准入条件； 4. 工业固体废物处理项目符合环境保护行政主管部门规定的工业固体废物类污染治理设施运营资质条件，危险废物处理项目取得县级以上人民政府环保行政主管部门颁发的危险废物经营许可证； 5. 项目设计、施工和运行管理人员具备国家相应职业资格； 6. 按照国家法律法规要求，通过相关验收； 7. 项目经设区的市或者市级以上环境保护行政主管部门总量核查； 8. 国务院财政、税务主管部门规定的其他条件。
		（三）危险废物处理项目	1. 根据全国危险废物处置设施建设规划等全国性规划设立，但按照国家规定作为企业必备配套设施的自用的废弃物处理项目除外； 2. 专门从事工业固体废物或危险废物的收集、贮存、运输、处置； 3. 采用符合国家规定标准的卫生填埋焚烧、热解堆肥、水泥窑协同处置等工艺，其中水泥窑协同处置符合产业政策和准入条件； 4. 工业固体废物处理项目符合环境保护行政主管部门规定的工业固体废物类污染治理设施运营资质条件，危险废物处理项目取得县级以上人民政府环境保护行政主管部门颁发危险废物经营许可证； 5. 项目设计、施工和运行管理人员具备国家相应职业资格； 6. 按照国家法律法规要求，通过相关验收； 7. 项目经设区的市或者市级以上环境保护行政主管部门总量核查； 8. 国务院财政、税务主管部门规定的其他条件。
三	沼气综合开发利用	畜禽养殖场和养殖小区沼气工程项目	1. 单体装置容积不小于300立方米，年平均日产沼气量不低于300立方米/天，且符合国家有关沼气工程技术规范的项目； 2. 废水排放、废渣处置、沼气利用符合国家和地方有关标准，不产生二次污染； 3. 项目包括完整的发酵原料的预处理设施、沼渣和沼液的综合利用或进一步处理系统，沼气净化、储存、输配和利用系统； 4. 项目设计、施工和运行管理人员具备国家相应职业资格； 5. 项目按照国家法律法规要求，通过相关验收； 6. 国务院财政、税务主管部门规定的其他条件。

续表

序号	类别	项　目	条　件
四	节能技术减排技术改造	(一)既有高能耗建筑节能改造项目 (二)既有建筑太阳能光热、光电建筑一体化或浅层地能热泵技改 (三)居住建筑供热计量及节能改造项目 (四)工业锅炉、工业窑炉节能技改项目 (五)电机系统节能、能量系统优化技改造 (六)煤炭工业复合式干法选煤技改项目 (七)钢铁行业干式除尘技术改造项目 (八)有色金属行业干式除尘净化技改项目	1. 具有独立法人资质,且注册资金不低于100万元的节能减排技术服务公司以合同能源管理的形式,通过以节省能源费用或节能量来支付项目成本的节能减排技术改造项目; 2. 项目应符合国家产业政策,并达到国家有关节能和环境标准; 3. 经建筑能效测评机构检测,既有高能耗建筑节能改造和北方既有居住建筑供热计量及节能改造达到现行节能强制性标准要求,既有建筑太阳能光热、光电建筑一体化技术或浅层地能热泵技术改造后达到现行国家有关标准要求; 4. 经省级节能节水主管部门验收,工业锅炉、工业窑炉技术改造和电机系统节能、能量系统优化技术改造项目年节能量折算后不小于1000吨标准煤,煤炭工业复合式干法选煤技术改造、钢铁行业干式除尘技术改造和有色金属行业干式除尘净化技术改造项目年节水量不小于200万立方米; 5. 项目应纳税所得额的计算应符合独立交易原则; 6. 国务院财政、税务主管部门规定的其他条件。
		(九)燃煤电厂烟气脱硫技术改造项目	1. 按照国家有关法律法规设立的,具有独立法人资质,且注册资金不低于500万元的专门从事脱硫服务的公司从事的符合规定的脱硫技术改造项目; 2. 改造后,采用干法或半干法脱硫的项目脱硫效率应高于85%,采用湿法或其他方法脱硫的项目脱硫效率应高于98%; 3. 项目改造后经国家有关部门评估,综合效益良好; 4. 设施能够稳定运行,达到环境保护行政主管部门对二氧化硫的排放总量及浓度控制要求; 5. 项目应纳税所得额的计算应符合独立交易原则; 6. 国务院财政、税务主管部门规定的其他条件。

续表

序号	类别	项目	条件
五	海水淡化	(一)用作工业、生活用水的海水淡化项目	1. 符合《海水利用专项规划》规定的发展重点以及区域布局要求; 2. 规模不小于淡水产量10 000吨/日; 3. 热法海水淡化项目的物能消耗指标为吨水耗电量小于1.8千瓦时/吨、造水比大于8,膜法海水淡化项目的能耗指标为吨水耗电量小于4.0千瓦时/吨; 4. 国务院财政、税务主管部门规定的其他条件。
		(二)用作海岛军民饮用水的海水淡化项目	1. 符合《海水利用专项规划》中规定发展重点及区域布局等要求; 2. 热法海水淡化项目的物能消耗指标为吨水耗电量小于1.8千瓦时/吨、造水比大于8,膜法海水淡化项目的能耗指标为吨水耗电量小于4.0千瓦时/吨; 3. 国务院财政、税务主管部门规定的其他条件。

技术转让收入是指当事人履行技术转让合同后获得的价款，不包括销售或转让设备、仪器、零部件、原材料等非技术性收入。不属于与技术转让项目密不可分的技术咨询、技术服务、技术培训等收入，不得计入技术转让收入。

技术转让成本是指转让的无形资产的净值，即该无形资产的计税基础减除在资产使用期间按照规定计算的摊销扣除额后的余额。

相关税费是指技术转让过程中实际发生的有关税费，包括除企业所得税和允许抵扣的增值税以外的各项税金及其附加、合同签订费用、律师费等相关费用及其他支出。

3. 企业对技术转让所得核算的管理。

享受技术转让所得减免企业所得税优惠的企业，应单独计算技术转让所得，并合理分摊企业的期间费用；没有单独计算的，不得享受技术转让所得企业所得税优惠。

4. 技术转让所得减免的备案管理。

(1) 企业发生境内技术转让，向主管税务机关备案时应报送以下资料：

①技术转让合同（副本）。

②省级以上科技部门出具的技术合同登记证明。

③技术转让所得归集、分摊、计算的相关资料。

④实际缴纳相关税费的证明资料。

⑤主管税务机关要求提供的其他资料。

（2）企业向境外转让技术，向主管税务机关备案时应报送以下资料：

①技术出口合同（副本）。

②省级以上商务部门出具的技术出口合同登记证书或技术出口许可证。

③技术出口合同数据表。

④技术转让所得归集、分摊、计算的相关资料。

⑤实际缴纳相关税费的证明资料。

⑥主管税务机关要求提供的其他资料。

［例16-2］A汽车生产企业为增值税一般纳税人，2008年度转让一项自行开发专利技术所有权取得收入1 000万元，此项专利技术的账面价值800万元，计税基础和账面价值相等，累计摊销610万元，专利技术的评估费和转让合同的印花税共计10万元。专利技术所有权转让符合税法减免所得的条件，并向税务部门提供相应备案资料。

（1）税收分析。

营业税：因企业转让的为自行开发的专利技术属于营业税免税的范围，从而对其转让取得的收入1 000万元免征营业税。

企业所得税：企业在2008年转让自行开发专利技术所有权取得的所得为符合企业所得税法规定的免征和减征所得。

技术转让所得=技术转让收入-技术转让成本-相关税费=1 000-（800-610）-10=800（万元）

根据企业所得税实施条例第九十条规定，对企业在2008年内，技术转让所得不超过500万元的部分免征企业所得税；超过500万元的部分，减半征收企业所得税，即计入应纳税所得额的技术转让所得=（800-500）×50%=150（万元）

免税技术转让所得=500+150=650（万元）

（2）会计处理。

支付相关税费的账务处理为：

借：营业务收入——处置无形资产利得　　100 000

　贷：银行存款　　100 000

（注：因为企业专利技术所有权转让符合税法减免所得的条件，所以为了准确核算企业技术转让所得，减少会计和所得税的差异，对与技术转让收入配比的费用和税金的支出，会计应做减少“营业外收入——处置无形资产利得”的处理。）

转让专利技术取得收入的账务处理为：

借：银行存款　　10 000 000

　　累计摊销　　6 100 000

　贷：无形资产　　8 000 000

　　　营业外收入——处置无形资产利得　　8 100 000

会计“营业外收入——处置无形资产利得”的余额为800万元。

（3）企业所得税和会计差异分析。

根据企业所得税法实施条例的规定，企业转让此项专利技术的计入应纳税所得额的所得为150万元，会计计入利润的处置无形资产利得为800万元。企业所得税和会计处理出现差异，差异的性质为永久性差异。

（4）企业所得税纳税申报表填报。

《税收优惠明细表》。2008 年在《税收优惠明细表》第31 行“（五）符合条件的技术转让所得”填入免税所得 650 万元。

《纳税调整项目明细表》。《纳税调整项目明细表》第 17 行“减、免税项目所得”的“调减金额”填入 650 万元。

（六）创业投资企业抵扣所得额的税收优惠

1. 创业投资企业税收优惠的基本内容。

《企业所得税法》第三十一条规定：“创业投资企业从事国家需要重点扶持和鼓励的创业投资，可以按投资额的一定比例抵扣应纳税所得额。”

《企业所得税法实施条例》第九十七条规定“创业投资企业采取股权投资方式投资于未上市的中小高新技术企业 2 年以上的，可以按照其投资额的 70% 在股权持有满 2 年的当年抵扣该创业投资企业的应纳税所得额；当年不足抵扣的，可以在以后纳税年度结转抵扣。”

《财政部、国家税务总局关于执行企业所得税优惠政策若干问题的通知》（财税［2009］69 号）和《国家税务总局关于实施创业投资企业所得税优惠问题的通知》（国税发［2009］87 号）对相应要素进行了解释。

创业投资企业。创业投资企业是指依照《创业投资企业管理暂行办法》（国家发展和改革委员会等 10 部委令 2005 年第 39 号，以下简称《暂行办法》）和《外商投资创业投资企业管理规定》（商务部等 5 部委令 2003 年第 2 号）在中华人民共和国境内设立的专门从事创业投资活动的企业或其他经济组织。

投资于未上市的中小高新技术企业 2 年以上。投资于未上市的中小高新技术企业 2 年以上的，包括发生在 2008 年 1 月 1 日以前满 2 年的投资。

中小高新技术企业。中小高新技术企业是指按照《高新技术企业认定管理办法》（国科发火［2008］172 号）和《高新技术企业认定管理工作指引》（国科发火［2008］362 号）取得高新技术企业资格，且年销售额和资产总额均不超过 2 亿元、从业人数不超过 500 人的企业，其中 2007 年底前已取得高新技术企业资格的，在其规定有效期内不需重新认定。

创业投资企业的投资期限。中小企业接受创业投资之后，经认定符合高新技术企业标准的，应自其被认定为高新技术企业的年度起，计算创业投资企业的投资期限。该期限内中小企业接受创业投资后，企业规模超过中小企业标准，但仍符合高新技术企业标准的，不影响创业投资企业享受有关税收优惠。

2. 适用税收优惠的具体条件。

《国家税务总局关于实施创业投资企业所得税优惠问题的通知》（国税发［2009］87 号）对适用税收优惠政策的具体条件做出以下规定：

自 2008 年 1 月 1 日起，创业投资企业采取股权投资方式投资于未上市的中小高新技术企业 2 年（24 个月）以上，凡符合以下条件的，可以按照其对中小高新技术企业投资额的 70%，在股权持有满 2 年的当年抵扣该创业投资企业的应纳税所得额；当年不足抵扣的，可以在以后纳税年度结转抵扣。

（1）经营范围符合《暂行办法》规定，且工商登记为“创业投资有限责任公司”、

“创业投资股份有限公司”等专业性法人创业投资企业。

（2）按照《暂行办法》规定的条件和程序完成备案，经备案管理部门年度检查核实，投资运作符合《暂行办法》的有关规定。

（3）创业投资企业投资的中小高新技术企业，除应按照科技部、财政部、国家税务总局《关于印发〈高新技术企业认定管理办法〉的通知》（国科发火［2008］172号）和《关于印发〈高新技术企业认定管理工作指引〉的通知》（国科发火［2008］362号）的规定，通过高新技术企业认定以外，还应符合职工人数不超过500人，年销售（营业）额不超过2亿元，资产总额不超过2亿元的条件。

（4）财政部、国家税务总局规定的其他条件。

3. 税务部门的备案管理。

《国家税务总局关于实施创业投资企业所得税优惠问题的通知》（国税发［2009］87号）规定：创业投资企业申请享受投资抵扣应纳税所得额，应在其报送申请投资抵扣应纳税所得额年度纳税申报表以前，向主管税务机关报送以下资料备案：

（1）经备案管理部门核实后出具的年检合格通知书（副本）。

（2）关于创业投资企业投资运作情况的说明。

（3）中小高新技术企业投资合同或章程的复印件、实际所投资金验资报告等相关材料。

（4）中小高新技术企业基本情况［包括企业职工人数、年销售（营业）额、资产总额等］说明。

（5）由省、自治区、直辖市和计划单列市高新技术企业认定管理机构出具的中小高新技术企业有效的高新技术企业证书（复印件）。

［例16－3］甲企业为符合税法条件的创业投资企业，于2007年1月1日向乙企业（符合税法条件的未上市的中小高新技术企业）投资500万元，2009年12月31日仍持有股权。甲企业2009年的纳税调整后所得为400万元。

（1）税收分析。

甲企业为创业投资企业，采用股权投资方式投资于未上市的中小高新技术企业乙企业，截止到2009年12月31日已满2年，根据企业所得税法规定，其投资额的70%在2009年抵扣该企业的应纳税所得额为350万元（500×15%）。

企业当期应纳税所得额＝400－350＝50（万元）

（2）企业所得税纳税申报表填报。

《税收优惠明细表》第39行“六、创业投资企业抵扣的应纳税所得额”栏内填入350万元；同时将其填入《纳税调整项目明细表》第18行“抵扣应纳税所得额”的“调减金额”。

（六）递延纳税的所得税的税收优惠

1. 缩短折旧年限或者采取加速折旧的要件。

根据《企业所得税法》第三十二条及《实施条例》第九十八条的相关规定，企业拥有并用于生产经营的主要或关键的固定资产，由于以下原因确需加速折旧的，可以缩短折旧年限或者采取加速折旧的方法：

（1）由于技术进步，产品更新换代较快的。

（2）常年处于强震动、高腐蚀状态的。

2. 由于技术进步，产品更新换代较快的要件。

（1）企业过去没有使用过与该项固定资产功能相同或类似的固定资产，但有充分的证据证明该固定资产的预计使用年限短于《实施条例》规定的计算折旧最低年限的，企业可根据该固定资产的预计使用年限和本通知的规定，对该固定资产采取缩短折旧年限或者加速折旧的方法。

（2）企业在原有的固定资产未达到《实施条例》规定的最低折旧年限前，使用功能相同或类似的新固定资产替代旧固定资产的，企业可根据旧固定资产的实际使用年限和本通知的规定，对新替代的固定资产采取缩短折旧年限或者加速折旧的方法。

3. 缩短折旧年限的方法。

企业采取缩短折旧年限方法的，对其购置的新固定资产，最低折旧年限不得低于《实施条例》第六十条规定的折旧年限的60%；若为购置已使用过的固定资产，其最低折旧年限不得低于《实施条例》规定的最低折旧年限减去已使用年限后剩余年限的60%。最低折旧年限一经确定，一般不得变更。

4. 加速折旧的方法。

企业拥有并使用符合本通知第一条规定条件的固定资产采取加速折旧方法的，可以采用双倍余额递减法或者年数总和法。加速折旧方法一经确定，一般不得变更。

（1）双倍余额递减法，是指在不考虑固定资产预计净残值的情况下，根据每期期初固定资产原值减去累计折旧后的金额和双倍的直线法折旧率计算固定资产折旧的一种方法。应用这种方法计算折旧额时，由于每年年初固定资产净值没有减去预计净残值，所以在计算固定资产折旧额时，应在其折旧年限到期前的两年期间，将固定资产净值减去预计净残值后的余额平均摊销。计算公式如下：

年折旧率 = 2 ÷ 预计使用寿命（年）×100%

月折旧率 = 年折旧率 ÷ 12

月折旧额 = 月初固定资产账面净值 × 月折旧率

（2）年数总和法，又称年限合计法，是指将固定资产的原值减去预计净残值后的余额，乘以一个以固定资产尚可使用寿命为分子、以预计使用寿命逐年数字之和为分母的逐年递减的分数计算每年的折旧额。计算公式如下：

年折旧率 = 尚可使用年限 ÷ 预计使用寿命的年数总和 × 100%

月折旧率 = 年折旧率 ÷ 12

月折旧额 =（固定资产原值 - 预计净残值）× 月折旧率

5. 固定资产加速折旧的备案管理。

企业确需对固定资产采取缩短折旧年限或者加速折旧方法的，应在取得该固定资产后一个月内，向其企业所得税主管税务机关（以下简称主管税务机关）备案，并报送以下资料：

（1）固定资产的功能、预计使用年限短于《实施条例》规定计算折旧的最低年限的理由、证明资料及有关情况的说明。

（2）被替代的旧固定资产的功能、使用及处置等情况的说明。

（3）固定资产加速折旧拟采用的方法和折旧额的说明。

（4）主管税务机关要求报送的其他资料。

企业主管税务机关应在企业所得税年度纳税评估时，对企业采取加速折旧的固定资产的使用环境及状况进行实地核查。对不符合加速折旧规定条件的，主管税务机关有权要求企业停止该项固定资产加速折旧。

6. 固定资产加速折旧的后续管理。

对于采取缩短折旧年限的固定资产，足额计提折旧后继续使用而未进行处置（包括报废等情形）超过12个月的，今后对其更新替代、改造改建后形成的功能相同或者类似的固定资产，不得再采取缩短折旧年限的方法。

五、降低税率的税收优惠——税额式减免

（一）国家需要重点扶持的高新技术企业适用15%税率

1. 高新技术企业适用15%税率的基本规定。

《企业所得税法》第二十八条规定："国家需要重点扶持的高新技术企业，减按15%的税率征收企业所得税。"

《企业所得税法实施条例》第九十三条规定："企业所得税法第二十八条第二款所称国家需要重点扶持的高新技术企业，是指拥有核心自主知识产权，并同时符合下列条件的企业：

（1）产品（服务）属于《国家重点支持的高新技术领域》规定的范围。

（2）研究开发费用占销售收入的比例不低于规定比例。

（3）高新技术产品（服务）收入占企业总收入的比例不低于规定比例。

（4）科技人员占企业职工总数的比例不低于规定比例。

（5）高新技术企业认定管理办法规定的其他条件。

《国家重点支持的高新技术领域》和高新技术企业认定管理办法由国务院科技、财政、税务主管部门商国务院有关部门制订，报国务院批准后公布施行。"

此外，《科技部、财政部、国家税务总局关于印发〈高新技术企业认定管理办法〉的通知》（国科发火［2008］172号）规定了高新技术企业认定管理办法及国家重点支持的高新技术领域。

《中华人民共和国国家发展和改革委员会、中华人民共和国科学技术部、中华人民共和国财政部、中华人民共和国海关总署、国家税务总局第十五批国家认定企业（集团）技术中心及分中心名单》（2008年第60号公告），确认中国广东核电集团有限公司等76家企业技术中心和中国石油天然气股份有限公司等3家分技术中心为第十五批享受优惠政策的企业（集团）技术中心。享受优惠政策的企业（集团）技术中心按照《海关总署2007年第13号公告》的规定，向单位所在地直属海关申请办理减免税备案、审批等有关手续。规定了第十五批国家认定企业（集团）技术中心及分中心名单以及国家认定企业技术中心名单。

2. 高新技术企业适用15%税率的管理规定。

《国家税务总局关于高新技术企业2008年度缴纳企业所得税问题的通知》（国税函［2008］985号）对高新技术企业适用15%税率的管理做出如下规定。

（1）认定（复审）合格的高新技术企业，自认定（复审）批准的有效期当年开始，可申请享受企业所得税优惠。企业取得省、自治区、直辖市、计划单列市高新技

术企业认定管理机构颁发的高新技术企业证书后，可持“高新技术企业证书”及其复印件和有关资料，向主管税务机关申请办理减免税手续。手续办理完毕后，高新技术企业可按15%的税率进行所得税预缴申报或享受过渡性税收优惠。

（2）纳税年度终了后至报送年度纳税申报表以前，已办理减免税手续的企业应向主管税务机关备案以下资料：①（1）产品（服务）属于《国家重点支持的高新技术领域》规定的范围的说明；②企业年度研究开发费用结构明细表；③企业当年高新技术产品（服务）收入占企业总收入的比例说明；④企业具有大学专科以上学历的科技人员占企业当年职工总数的比例说明、研发人员占企业当年职工总数的比例说明。

（二）符合条件的小型微利企业适用税率20%

《企业所得税法》第二十八条规定：“符合条件的小型微利企业，减按20%的税率征收企业所得税。”

1. 适用税收优惠的基本条件。

小型微利企业。《企业所得税法实施条例》第九十二条规定：“企业所得税法第二十八条第一款所称符合条件的小型微利企业，是指从事国家非限制和禁止行业，并符合下列条件的企业：工业企业，年度应纳税所得额不超过30万元，从业人数不超过100人，资产总额不超过3000万元；其他企业，年度应纳税所得额不超过30万元，从业人数不超过80人，资产总额不超过1000万元。”

从业人数资产总额指标。《财政部、国家税务总局关于执行企业所得税优惠政策若干问题的通知》（财税［2009］69号）规定：从业人数，是指与企业建立劳动关系的职工人数和企业接受的劳务派遣用工人数之和；从业人数和资产总额指标，按企业全年月平均值确定，具体计算公式如下：

月平均值=（月初值+月末值）÷2

全年月平均值=全年各月平均值之和÷12

年度中间开业或者终止经营活动的，以其实际经营期作为一个纳税年度确定上述相关指标。

2. 其他特殊规定。

《财政部、国家税务总局关于小型微利企业有关企业所得税政策的通知》（财税［2009］133号）规定：为有效应对国际金融危机，扶持中小企业发展自2010年1月1日至2010年12月31日，对年应纳税所得额低于3万元（含3万元）的小型微利企业，其所得减按50%计入应纳税所得额，按20%的税率缴纳企业所得税。

《国家税务总局关于非居民企业不享受小型微利企业所得税优惠政策问题的通知》（国税函［2008］650号）关于非居民企业是否享受企业所得税法规定的对小型微利企业的税收优惠政策问题，明确如下：企业所得税法第二十八条规定的小型微利企业是指企业的全部生产经营活动产生的所得均负有我国企业所得税纳税义务的企业。因此，仅就来源于我国所得负有我国纳税义务的非居民企业，不适用该条规定的对符合条件的小型微利企业减按20%税率征收企业所得税的政策。

六、环境保护、节能节水、安全生产等专用设备的投资额抵免企业所得税

《企业所得税法》第三十四条规定：“企业购置用于环境保护、节能节水、安全生

产等专用设备的投资额，可以按一定比例实行税额抵免。”

（一）优惠条件

《企业所得税法实施条例》第一百条规定：“企业所得税法第三十四条所称税额抵免，是指企业购置并实际使用《环境保护专用设备企业所得税优惠目录》、《节能节水专用设备企业所得税优惠目录》和《安全生产专用设备企业所得税优惠目录》规定的环境保护、节能节水、安全生产等专用设备。”

《财政部、国家税务总局关于执行环境保护专用设备企业所得税优惠目录 节能节水专用设备企业所得税优惠目录和安全生产专用设备企业所得税优惠目录有关问题的通知》规定：“企业利用自筹资金和银行贷款购置专用设备的投资额，可以按企业所得税法的规定抵免企业应纳所得税额；企业利用财政拨款购置专用设备的投资额，不得抵免企业应纳所得税额。

企业购置并实际投入适用、已开始享受税收优惠的专用设备，如从购置之日起5个纳税年度内转让、出租的，应在该专用设备停止使用当月停止享受企业所得税优惠，并补缴已经抵免的企业所得税税款。转让的受让方可以按照该专用设备投资额的10%抵免当年企业所得税应纳税额；当年应纳税额不足抵免的，可以在以后5个纳税年度结转抵免。”

（二）优惠内容

《企业所得税法实施条例》第一百条规定：“专用设备的投资额的10%可以从企业当年的应纳税额中抵免；当年不足抵免的，可以在以后5个纳税年度结转抵免。”

《财政部、国家税务总局关于执行环境保护专用设备企业所得税优惠目录、节能节水专用设备企业所得税优惠目录和安全生产专用设备企业所得税优惠目录有关问题的通知》规定：

专用设备投资额，是指购买专用设备发票价税合计价格，但不包括按有关规定退还的增值税税款以及设备运输、安装和调试等费用。

当年应纳税额，是指企业当年的应纳税所得额乘以适用税率，扣除依照企业所得税法和国务院有关税收优惠规定以及税收过渡优惠规定减征、免征税额后的余额。

（三）优惠范围

《财政部、国家税务总局、国家发展改革委关于公布节能节水专用设备企业所得税优惠目录（2008年版）和环境保护专用设备企业所得税优惠目录（2008年版）的通知》（财税［2008］115号）规定了节能节水专用设备企业所得税优惠目录（2008年版）（详见表16－5）和环境保护专用设备企业所得税优惠目录（2008年版）（详见表16－6）。

《财政部、国家税务总局、安全监管总局关于公布<安全生产专用设备企业所得税优惠目录（2008年版）>的通知》（财税［2008］118号），规定了安全生产专用设备企业所得税优惠目录（2008年版）（具体内容略）。

（四）优惠管理

《企业所得税法实施条例》第一百条规定：“享受前款规定的企业所得税优惠的企业，应当实际购置并自身实际投入使用前款规定的专用设备；企业购置上述专用设备在5年内转让、出租的，应当停止享受企业所得税优惠，并补缴已经抵免的企业所得税税款。”

表 16－5　节能节水专用设备企业所得税优惠目录（2008 年版）

序号	设备类别	设备名称	性能参数	应用领域	能效标准
一、节能设备					
1	中小型三相电动机	节能中小型三相异步电动机	电压 660V 及以下、额定功率 0.55KW～315KW 范围内，单速封闭扇冷式、N 设计的一般用途、防爆电动机。效率指标不小于节能评价值	工业生产电力拖动	GB 18613－2002
2	空气调节设备	能效等级 1 级的单元式空气调节机	名义制冷量大于 7000W，能效比达到能效等级 1 级要求	工业制冷	GB9576－2004
		能效等级 1 级的风管送风式空调（热泵）机组	能效比达到能效等级 1 级要求	工业制冷	GB9576－2004
		能效等级 1 级的屋顶式空调（热泵）机组	制冷量为 28KW～420KW，能效比达到能效等级 1 级要求	工业制冷	GB9576－2004
		能效等级 1 级的冷水机组	能效比达到能效等级 1 级要求	工业制冷	GB9577－2004
		能效等级 1 级的房间空气调节器	名义制冷量小于 14000W，能效比达到能效等级 1 级要求	工业制冷	GB12021.3－2004
3	通风机	节能型离心通风机	效率达到节能评价值要求	工业生产传输	GB19761－2005
		节能型轴流通风机	效率达到节能评价值要求	工业生产传输	
		节能型空调离心通风机	效率达到节能评价值要求	工业生产传输	
4	水泵	节能型单级清水离心泵	单级清水离心泵（单吸和双吸），效率达到节能评价值要求	工业生产传输	GB19762－2005
		节能型多级清水离心泵	多级清水离心泵，效率达到节能评价值要求	工业生产传输	
5	空气压缩机	高效空气压缩机	输入比功率不小于节能评价值的 103%	工业生产	GB19153－2003
6	变频器	高压大容量变频器	额定电压不超过 10KV、额定容量 500KVA 以上	高压大功率电动机	
7	配电变压器	高效油浸式配电变压器	三相 10KV，无励磁调压额定容量 30KVA～1 600KVA 的油浸式，空载损耗和负载损耗应不大于节能评价值的话 36%	电力输配电	GB20052－2006
		高效干式配电变压器	三相 10KV，无励磁调压额定容量 30KVA～2 500KVA 的干式配电变压器，空载损耗和负载损耗应不大于节能评价值的话 36%	电力输配电	
8	高压电动机	节能型三相异步高压电动机	机座号 355－360，效率指标大不小于节能评价值	工业生产电力拖动	
9	节电器	电机轻载节电器	额定电压不超过 10KV、50/60HZ、额定容量 500KVA～2 500KVA，节电率达到 30% 以上。	工业生产电力拖动	
10	交流接触器	永磁式交流接触器	1000V 及以下的电压：50HZ 交流电源供电、额定电流 1 000A 以下的接触器。功耗小于 0.5VA	电力控制	

续表

序号	设备类别	设备名称	性能参数	应用领域	能效标准
11	用电过程优化控制器	配电系统节电设备	额定电压不超过 10KV、50/60HZ、额定容量不超过 2 500KVA. 采用微电脑实时控制．具有电压自动检测控制、时间＋电压控制、电压梯度控制模式，可根据不同的输入电压、不同时间及工艺要求进行过程能量优化控制的功能。	工业生产及商用配电系统	
12	工业锅炉	热水锅炉 蒸汽锅炉	热效率在 GB/T17954－2000 表 2 中一级指标的基础上再提高 5%。	工业生产	GB/T17954－2000
13	工业加热装置	铜锭感应加热炉	额定功率 1 600KW，加热处理每吨铜锭，单耗电量从 250KW。h/t 降到 180kw. h/t	铜加工业	
		高阻抗电弧炉	容量 40T，熔炼每吨钢节能 20KW. h/t 电极消耗降低 15%～20%。	钢铁冶炼	
14	节煤节油节气关键件	汽车电磁风扇离合器	不小于 3 级变速；第 2 级变速是柔性联接	汽车节能	QC/T77－2007
二、节水设备					
15	洗衣机	工业洗衣机	单位洗涤容量用水量≤15/kg，i 洗涤率＞35%	适用于商业用工业洗衣机（水洗机），不包括干洗机和隧道式洗涤机组。	QB/T2323－2004 工业洗衣机中 6.3.10 条，6.3.8a 条
16	热换器	空冷式换热器	强度和密封性能：经管束压力试验符合 GB/T15386－1994 的要求	适用于设计压力≤35mpa 的空冷式换热器不适用于铝或其他有色金属制受压元件的空冷式换热器。	GB/T15386－1994 中 8.3 条
17	冷却塔	冷却塔	冷却能力：实测冷却能力与设计冷却能力的百分比≥95%；飘水率：冷却水量≤1000m^3/h 的冷却塔不得有明显飘水现象，冷却水量＞1000m^3/h 的冷却塔飘水率＜0.01%。	适用于用水冷却的冷却塔	GB7190.1－1997 GB7190.2－1997
18	滴灌机具	喷灌机	机械行业标准	农业、园林、林业灌溉	机械行业标准
19		滴灌带（管）	铺设长度 80M 以上，滴水均匀度＞90%，工作压力＞0.1mpa，滴灌带能够承受 130N（滴灌管能够承受 180N）的拉力不破裂、不渗漏	适用于棉花、蔬菜、果树等经济作物的滴灌。	

表 16－6　　环境保护专用设备企业所得税优惠目录（2008 年版）

序号	类别	设备名称	性能参数	应用领域
1	一 水污染治理设备	高负荷厌氧 EGSB 反应器	有机负荷≥20kg/m^3. d；BOD_5 去除率≥90%	工业废水处理和垃圾渗滤液处理
2		膜生物反应器	进水水质：COD＜400mg/l；BOD_5＜200mg/l；PH 值：6～9；NH_4－N≤20mg/l；工作通量≥120l/m^2. h；水回收率≥95%；出水达到《城市污水再生利用城市杂用水水质》（GB/T18920）。使用寿命≥5 年	生活污水处理和中水回用处理
3		反渗透过滤器	采用聚酰胺复合反渗透膜，净水寿命（膜材料的更换周期）≥2 年；对规定分子量物质的截留率应达到设计的额定制	工业废水处理
4		重金属离子去除器	对重金属离子（Cr^{3+}、Cu^{2+}、Ni^{2+}、Pb^{2+}、Cd^{2+}、Hg^{2+}等）去除率≥99.9%，废渣达到无害化处理	工业废水处理
5		紫外消毒灯	杀菌效率≥99.99%；紫外剂量≥16mj/cm^2；灯管寿命≥9 000h；设备耐压：0.1－0.8MPa/cm^2；使用寿命≥10 年	城市污水处理和工业废水处理
6		污泥浓缩脱水一体机	脱水后泥饼含固率≥25%	城市污水处理和工业废水处理
7		污泥干化机	单台蒸发水量 1t/h～15t/h；单台污泥日处理能力≥100t；干化后污泥固含量≥80%	污水处理
8	二 大气污染防治设备	湿法脱硫专用喷嘴	流量≥40m^3/h；雾化浆滴平均直径≤2 100μm；流速：额定值±10%；喷雾角：额定值±10%；粒径分布均匀度：0.8－1.2；流量密度变化幅度：±10%	燃煤发电机组脱硫
9		湿法脱硫专用除雾器	在除雾器出口雾滴夹带的浓度≤75mg/Nm^3，除雾器阻力≤150Pa；临界分离粒径≤25μm～3005μm。	燃煤发电机组脱硫
10		袋式除尘器	除尘效率≥99.5%；排放浓度≤40mg/m^3；出口温度≤120℃；林格曼一级；设备阻力低＜1 200Pa；漏风率≤3%；耐压强度＞5kPa；滤带寿命≥3 年；耐高温、高湿，耐腐蚀	发电机组、工业锅炉、工业窑炉除尘
11		型煤锅炉	热效率＞80%，煤渣含炭量≤2%；低热负荷燃烧运行良好；各项污染物排放指标均低于《锅炉大气污染物排放标准》（GB13271）。	用于采暖、洗浴、饮用水、制冷的热水锅炉
12	三 固体废物处置设备	危险废弃物焚烧炉	处理量＞10t/d；焚烧温度：危险废物≥1 100℃、多氯联苯≥1 200℃、医院临床废物≥850℃；烟气停留时间＞2s；残渣热灼减率＜5%；焚烧炉燃烧效率＞65%；烟气排放达到《危险废物焚烧污染控制标准》（GB 18484）	工业、医疗垃圾和危险废弃物焚烧处理
13		医疗废物高温高压灭菌锅	灭菌温度≥1100℃，压力≥200kPa，灭菌时间≤25min，干燥时间≤15min。灭菌效率99.99%，气体中的微生物被截流的效率99.99%。达到100%灭活，排水排气均达到国家相应的排放标准。	医疗废物处理

续表

序号	类别	设备名称	性能参数	应用领域
14	四 环境监测仪器仪表	在线固定污染源排放烟气连续监测仪	含尘量测量范围:0－200－2 000mg/m^3;精度:±2%;气体污染物测量范围:SO_2/NOX:0－250－2 500mg/m^3;CO:0－500－5 000mg/m^3;气体污染物测量精度:±1%满量程;流速测量范围:0－35m/s;流速测量精度:±0.2m/s;压力:±3 000Pa;精度:±1%;温度:0－200℃;精度:±1℃;湿度:0－20%;精度:±2%满量程。	大气污染源监测
15		化学需氧量水质在线自动监测仪	COD:0－20 000mg/l;具有数据远程传输功能;精度:±2%;分辨率:1mg/l;误差:< 5%;最短测量周期:5min。	水质污染监测
16		五日生物需氧量水质自动分析仪	BOD_5:0－500mg/l;精度:±2%;分辨率:15ppm;具有数据远程传输功能。	水质污染监测
17	五 清洁生产设备	WSA冷凝器(湿式催化转化冷凝器)	用低浓度(1%～4%)二氧化硫烟气制硫酸,产出硫酸浓度>96%,二氧化硫转化率>99%,设备使用寿命10至15年	有色金属冶炼和化工生产
18		电热回转窑	处理高砷烟尘物料4t～9t,电功率189KW,窑内温度456℃,砷直接回收率92%～96%,生产白砷质量为三氧化二砷含量大于95%	有色金属冶炼
19		少空气干燥器	工业用干燥器节能效果50%以上,具备可调控的干燥曲线设置系统,启动程序和干燥过程自动完成。	陶瓷、电瓷、耐火材料生产

［例13－4］某企业于2009年10月31日购置并实际使用了《环境保护专用设备企业所得税优惠目录》内的环境保护专用设备，取得的增值税专用发票注明的价款为1 000万元，税款为170万元，企业规定的折旧年限为5年，按照直线法计提折旧，预计净残值为0。2009年企业的应纳税所得额为600万元。

(1) 税收分析。

增值税：根据增值税暂行条例的规定，该企业2008年购置的环保专用设备，可以抵扣的进项税额为1 000×17%＝170（万元）。

企业所得税：由于该企业购置的环保专用设备在《环境保护专用设备企业所得税优惠目录》内，因此根据企业所得税法的规定，该专用设备的投资额的10%可以从企业当年的应纳税额中抵免。

企业所得税抵免税额＝1 000×10%＝100（万元）

2009年应缴纳的企业所得税＝600×25%－100＝50（万元）

(2) 企业所得税纳税申报表填报。

其一，在《税收优惠明细表》“七、抵免所得税额”项下第41行“（一）企业购置用于环境保护专用设备的投资额抵免的税额”栏内填入100万元；其二，在《企业所得税年度纳税申报表》第29行“减：抵免所得税额”栏内填入100万元。

七、企业所得税税收优惠的其他规定

（一）民族自治地方的税收优惠

《企业所得税法》、《企业所得税法实施条例》及《财政部、国家税务总局关于贯彻落实国务院关于实施企业所得税过渡优惠政策有关问题的通知》（财税［2008］21号）对民族自治地方的税收优惠做出了如下规定。

民族自治地方的自治机关对本民族自治地方的企业应缴纳的企业所得税中属于地方分享的部分，可以决定减征或者免征。自治州、自治县决定减征或者免征的，须报省、自治区、直辖市人民政府批准。

民族自治地方，是指依照《中华人民共和国民族区域自治法》的规定，实行民族区域自治的自治区、自治州、自治县。

对民族自治地方的企业减免企业所得税，仅限于减免企业所得税中属于地方分享的部分，不得减免属于中央分享的部分。

对民族自治地方内国家限制和禁止行业的企业，不得减征或者免征企业所得税。

（二）非居民企业的税收优惠

《企业所得税法》、《企业所得税法实施条例》及《财政部、国家税务总局关于执行企业所得税优惠政策若干问题的通知》（财税［2009］69号）对非居民企业的优惠做出了如下规定。

非居民企业在中国境内未设立机构、场所的，或者虽设立机构、场所但取得的所得与其所设机构、场所没有实际联系的，其所得减按10%的税率征收企业所得税。

符合上述条件的非居民企业下列所得可以免征企业所得税：

（1）外国政府向中国政府提供贷款取得的利息所得。

（2）国际金融组织向中国政府和居民企业提供优惠贷款取得的利息所得。

（3）经国务院批准的其他所得。

上述“国际金融组织”，包括国际货币基金组织、世界银行、亚洲开发银行、国际开发协会、国际农业发展基金、欧洲投资银行以及财政部和国家税务总局确定的其他国际金融组织；上述“优惠贷款”，是指低于金融企业同期同类贷款利率水平的贷款。

（三）核电企业税收优惠

《财政部、国家税务总局、关于核电行业税收政策有关问题的通知》（财税［2008］38号）对适用核电企业的税收优惠规定如下。

自2008年1月1日起，核力发电企业取得的增值税退税款，专项用于还本付息，不征收企业所得税。

核力发电企业生产销售电力产品，自核电机组正式商业投产次月起15个年度内，统一实行增值税先征后退政策，返还比例分三个阶段逐级递减。具体返还比例为：（1）自正式商业投产次月起5个年度内，返还比例为已入库税款的75%；（2）自正式商业投产次月起的第6至第10个年度内，返还比例为已入库税款的70%；（3）自正式商业投产次月起的第11至第15个年度内，返还比例为已入库税款的55%；（4）自正式商业投产次月起满15个年度以后，不再实行增值税先征后退政策。

（四）鼓励软件产业和集成电路产业发展的优惠政策

《关于企业所得税若干优惠政策的通知》（财税［2008］1号）对鼓励软件产业和集成电路产业发展税收优惠做出了如下规定。

1. 关于鼓励软件产业发展的优惠政策。

（1）增值税即征即退收入免税。

软件生产企业实行增值税即征即退政策所退还的税款，由企业用于研究开发软件产品和扩大再生产，不作为企业所得税应税收入，不予征收企业所得税。

（2）新办软件生产企业免二减三。

我国境内新办软件生产企业经认定后，自获利年度起，第一年和第二年免征企业所得税，第三年至第五年减半征收企业所得税。

（3）减按10%税率。

国家规划布局内的重点软件生产企业，如当年未享受免税优惠的，减按10%的税率征收企业所得税。

（4）职工培训费用据实扣除。

软件生产企业的职工培训费用，可按实际发生额在计算应纳税所得额时扣除。

（5）软件购买企业缩短摊销和折旧年限。

企事业单位购进软件，凡符合固定资产或无形资产确认条件的，可以按照固定资产或无形资产进行核算，经主管税务机关核准，其折旧或摊销年限可以适当缩短，最短可为2年。

2. 集成电路产业发展的优惠政策。

（1）增值税即征即退收入免税。

集成电路生产企业实行增值税即征即退政策所退还的税款，由企业用于研究开发集成电路产品和扩大再生产，不作为企业所得税应税收入，不予征收企业所得税。

（2）新办集成电路生产企业免税减税。

投资额超过80亿元人民币或集成电路线宽小于0.25um的集成电路生产企业，可以减按15%的税率缴纳企业所得税，其中，经营期在15年以上的，从开始获利的年度起，第一年至第五年免征企业所得税，第六年至第十年减半征收企业所得税。

对生产线宽小于0.8微米（含）集成电路产品的生产企业，经认定后，自获利年度起，第一年和第二年免征企业所得税，第三年至第五年减半征收企业所得税。

已经享受自获利年度起 企业所得税“两免三减半”政策的企业，不再重复执行本条规定。

（3）减按10%税率。

集成电路生产企业，如当年未享受免税优惠的，减按10%的税率征收企业所得税。

（4）职工培训费用据实扣除。

集成电路生产企业的职工培训费用，可按实际发生额在计算应纳税所得额时扣除。

（5）再投资抵免。

自2008年1月1日起至2010年底，对集成电路生产企业、封装企业的投资者，以其取得的缴纳企业所得税后的利润，直接投资于本企业增加注册资本，或作为资本投资开办其他集成电路生产企业、封装企业，经营期不少于5年的，按40%的比例退还其再投资部分已缴纳的企业所得税税款。再投资不满5年撤出该项投资的，追缴已退的企业所得税税款，自 2008 年 1 月 1 日起至 2010 年底，对国内外经济组织作为投资者，以其在境内取得的缴纳企业所得税后的利润，作为资本投资于西部地区开办集成电路生产企业、封装企业或软件产品生产企业，经营期不少于 5 年的，按 80% 的比例退还其再投资部分已缴纳的企业所得税税款。再投资不满 5 年撤出该项投资的，追缴已退的企业所得税税款。

3.《财政部、国家税务总局关于扶持动漫产业发展有关税收政策问题的通知》（财税［2009］65 号）规定："自 2009 年 1 月 1 日起，经认定的动漫企业自主开发、生产动漫产品，可申请享受国家现行鼓励软件产业发展的所得税优惠政策。"

（五）鼓励证券投资基金发展的优惠政策

《关于企业所得税若干优惠政策的通知》（财税［2008］1 号）对鼓励证券投资基金发展税收优惠做出了如下规定。

对证券投资基金从证券市场中取得的收入，包括买卖股票、债券的差价收入，股权的股息、红利收入，债券的利息收入及其他收入，暂不征收企业所得税。

对投资者从证券投资基金分配中取得的收入，暂不征收企业所得税。

对证券投资基金管理人运用基金买卖股票、债券的差价收入，暂不征收企业所得税。

（六）汶川地震的企业所得税税收优惠

《国务院关于支持汶川地震灾后恢复重建政策措施的意见》（国发［2008］21 号）对汶川地震的企业所得税税收优惠做出如下规定。

对受灾严重地区损失严重的企业，免征 2008 年度企业所得税；对受灾地区企业取得的救灾款项以及与抗震救灾有关的减免税收入，免征企业所得税。

对企业通过公益性社会团体、县级以上人民政府及其部门向受灾地区的捐赠，允许在当年企业所得税前全额扣除。

（七）清洁基金和清洁发展机制项目的税收优惠

《财政部、国家税务总局关于中国清洁发展机制基金及清洁发展机制项目实施企业有关企业所得税政策问题的通知》（财税［2009］30 号）对中国清洁发展机制基金（简称清洁基金）和清洁发展机制项目（简称 CDM 项目）实施企业的有关企业所得税政策做出了规定。(具体内容略)

（八）文化企业的税收优惠

《财政部、海关总署、国家税务总局关于支持文化企业发展若干税收政策问题的通知》（财税［2009］31 号）对文化企业的税收优惠做出了如下规定。

自 2009 年 1 月 1 日至 2013 年 12 月 31 日，在文化产业支撑技术等领域内，依据《关于印发〈高新技术企业认定管理办法〉的通知》（国科发火［2008］172 号）和《关于印发〈高新技术企业认定管理工作指引〉的通知》（国科发火［2008］362 号）的规定认定的高新技术企业，减按 15% 的税率征收企业所得税；文化企业开发新技术、新产品、新工艺发生的研究开发费用，允许按国家税法规定在计算应纳税所得额时加计扣除。文化产业支撑技术等领域的具体范围由科技部、财政部、国家税务总局和中宣部另行发文明确。

出版、发行企业库存呆滞出版物，纸质图书超过五年（包括出版当年，下同）、音像制品、电子出版物和投影片（含缩微制品）超过两年、纸质期刊和挂历年画等超过一年的，可以作为财产损失在税前据实扣除。已作为财产损失税前扣除的呆滞出版物，以后年度处置的，其处置收入应纳入处置当年的应税收入。

文化企业是指从事新闻出版、广播影视和文化艺术的企业。

第二节　《税收优惠明细表》（附表五）的分析填报

《税收优惠明细表》（附表五）反映企业适用所得税税收优惠政策的事项和对企业当期应纳税所得额影响。

一、《税收优惠明细表》的构成

根据企业所得税税收优惠的形式不同，划分为七个项目，详见表 16－7。

（一）税基式减免的项目

属于税基式减免的项目包括：第一项免税收入、第二项减计收入、第三项加计扣除额、第六项创业投资企业抵扣。

（二）税额式减免的项目

属于税额式减免的项目包括：第四项减免所得额、第五项减免税、第七项抵免所得税额。

表 16－7　　企业所得税年度纳税申报表（附表五）

税收优惠明细表

填报时间：　　年　　月　　日　　　　单位：元（列至角分）

行次	项　　目	金额
1	一、免税收入(2＋3＋4＋5)	
2	1. 国债利息收入	
3	2. 符合条件的居民企业之间的股息、红利等权益性投资收益	
4	3. 符合条件的非营利组织的收入	
5	4. 其他	
6	二、减计收入(7＋8)	
7	1. 企业综合利用资源生产符合国家产业政策规定产品所取得的收入	
8	2. 其他	
9	三、加计扣除额合计(10＋11＋12＋13)	
10	1. 开发新技术、新产品、新工艺发生的研究开发费用	
11	2. 安置残疾人员所支付的工资	
12	3. 国家鼓励安置的其他就业人员支付的工资	
13	4. 其他	
14	四、减免所得额合计(15＋25＋29＋30＋31＋32)	
15	(一)免税所得(16＋17＋…＋24)	

续表

行次	项　目	金额
16	1. 蔬菜、谷物、薯类、油料、豆类、棉花、麻类、糖料、水果、坚果的种植	
17	2. 农作物新品种的选育	
18	3. 中药材的种植	
19	4. 林木的培育和种植	
20	5. 牲畜、家禽的饲养	
21	6. 林产品的采集	
22	7. 灌溉、农产品初加工、兽医、农技推广、农机作业和维修等农、林、牧、渔服务业项目	
23	8. 远洋捕捞	
24	9. 其他	
25	（二）减税所得（26+27+28）	
26	1. 花卉、茶以及其他饮料作物和香料作物的种植	
27	2. 海水养殖、内陆养殖	
28	3. 其他	
29	（三）从事国家重点扶持的公共基础设施项目投资经营的所得	
30	（四）从事符合条件的环境保护、节能节水项目的所得	
31	（五）符合条件的技术转让所得	
32	（六）其他	
33	五、减免税合计（34+35+36+37+38）	
34	（一）符合条件的小型微利企业	
35	（二）国家需要重点扶持的高新技术企业	
36	（三）民族自治地方的企业应缴纳的企业所得税中属于地方分享部分	
37	（四）过渡期税收优惠	
38	（五）其他	
39	六、创业投资企业抵扣的应纳税所得额	
40	七、抵免所得税额合计（41+42+43+44）	
41	（一）企业购置用于环境保护专用设备的投资额抵免的税额	
42	（二）企业购置用于节能节水专用设备的投资额抵免的税额	
43	（三）企业购置用于安全生产专用设备的投资额抵免的税额	
44	（四）其他	
45	企业从业人数（全年平均人数）	
46	资产总额（全年平均数）	
47	所属行业（工业企业、其他企业）	

经办人（签章）：　　　　　　　　　　法定代表人（签章）：

二、《税收优惠明细表》填报依据

根据《中华人民共和国企业所得税法》及其实施条例、相关税收政策规定，填报纳税人本纳税年度发生的免税收入、减计收入、加计扣除、减免所得、减免税、抵扣的应纳税所得额和抵免税额。

企业日常应设置“纳税调整备查账”（税收优惠明细），序时记录企业符合企业所得税优惠条件，构成减免收入、加计扣除、减免应纳税所得额和抵免税额的业务内容。

三、《税收优惠明细表》填报说明

（一）免税收入

1. 第2行“国债利息收入”：填报纳税人持有国务院财政部门发行的国债取得的利息收入。

2. 第3行“符合条件的居民企业之间的股息、红利等权益性投资收益”：填报居民企业直接投资于其他居民企业所取得的投资收益，不包括连续持有居民企业公开发行并上市流通的股票不足12个月取得的投资收益。

3. 第4行“符合条件的非营利组织的收入”：填报符合条件的非营利组织的收入，不包括除国务院财政、税务主管部门另有规定外的从事营利性活动所取得的收入。

4. 第5行“其他”：填报国务院根据税法授权制定的其他免税收入。

（二）减计收入

1. 第7行“企业综合利用资源，生产符合国家产业政策规定的产品所取得的收入”：填报纳税人以《资源综合利用企业所得税优惠目录》内的资源作为主要原材料，生产非国家限制和禁止并符合国家和行业相关标准的产品所取得的收入减计10%部分的数额。

2. 第8行“其他”：填报国务院根据税法授权制定的其他减计收入的数额。

（三）加计扣除额合计

1. 第10行“开发新技术、新产品、新工艺发生的研究开发费用”：填报纳税人为开发新技术、新产品、新工艺发生的研究开发费用，未形成无形资产计入当期损益的，按研究开发费用的150%加计扣除的金额。

2. 第11行“安置残疾人员所支付的工资”：填报纳税人按照有关规定条件安置残疾人员，支付给残疾职工工资的100%加计扣除额。

3. 第12行“国家鼓励安置的其他就业人员支付的工资”：填报国务院根据税法授权制定的其他就业人员支付工资的加计扣除额。

4. 第13行“其他”：填报国务院根据税法授权制定的其他加计扣除额。

（四）减免所得额合计

1. 第16行“蔬菜、谷物、薯类、油料、豆类、棉花、麻类、糖料、水果、坚果的种植”：填报纳税人种植蔬菜、谷物、薯类、油料、豆类、棉花、麻类、糖料、水果、坚果的免征的所得额。

2. 第17行“农作物新品种的选育”：填报纳税人从事农作物新品种的选育免征的所得额。

3. 第18行“中药材的种植”：填报纳税人从事中药材的种植免征的所得额。

4. 第19行“林木的培育和种植”：填报纳税人从事林木的培育和种植免征的所得额。

5. 第20行“牲畜、家禽的饲养”：填报纳税人从事牲畜、家禽的饲养免征的所得额。

6. 第21行“林产品的采集”：填报纳税人从事采集林产品免征的所得额。

7. 第 22 行“灌溉、农产品初加工、兽医、农技推广、农机作业和维修等农、林、牧、渔服务业项目”：填报纳税人从事灌溉、农产品初加工、兽医、农技推广、农机作业和维修等农、林、牧、渔服务业免征的所得额。

8. 第 23 行“远洋捕捞”：填报纳税人从事远洋捕捞免征的所得额。

9. 第 24 行“其他”：填报国务院根据税法授权制定的其他免税所得额。

10. 第 26 行“花卉、茶以及其他饮料作物和香料作物的种植”：填报纳税人从事花卉、茶以及其他饮料作物和香料作物种植取得的所得减半征收的部分。

11. 第 27 行“海水养殖、内陆养殖”：填报纳税人从事海水养殖、内陆养殖取得的所得减半征收的部分。

12. 第 28 行“其他”：填报国务院根据税法授权制定的其他减税所得额。

13. 第 29 行“从事国家重点扶持的公共基础设施项目投资经营的所得”：填报纳税人从事《公共基础设施项目企业所得税优惠目录》规定的港口码头、机场、铁路、公路、城市公共交通、电力、水利等项目的投资经营的所得额。不包括企业承包经营、承包建设和内部自建自用该项目的所得。

14. 第 30 行“从事符合条件的环境保护、节能节水项目的所得”：填报纳税人从事公共污水处理、公共垃圾处理、沼气综合开发利用、节能减排技术改造、海水淡化等项目减征、免征的所得额。

15. 第 31 行“符合条件的技术转让所得”：填报居民企业技术转让所得免征、减征的部分（技术转让所得不超过 500 万元的部分，免征企业所得税；超过 500 万元的部分，减半征收企业所得税）。

16. 第 32 行“其他”：填报国务院根据税法授权制定的其他减免所得。

（五）减免税合计

1. 第 34 行“符合规定条件的小型微利企业”：填报纳税人从事国家非限制和禁止行业并符合规定条件的小型微利企业享受优惠税率减征的企业所得税税额。

2. 第 35 行“国家需要重点扶持的高新技术企业”：填报纳税人从事国家需要重点扶持拥有核心自主知识产权等条件的高新技术企业享受减征企业所得税税额。

3. 第 36 行“民族自治地方的企业应缴纳的企业所得税中属于地方分享的部分”：填报纳税人经民族自治地方所在省、自治区、直辖市人民政府批准，减征或者免征民族自治地方的企业缴纳的企业所得税中属于地方分享的企业所得税税额。

4. 第 37 行“过渡期税收优惠”：填报纳税人符合国务院规定以及经国务院批准给予过渡期税收优惠政策。

5. 第 38 行“其他”：填报国务院根据税法授权制定的其他减免税额。

（六）第 39 行“创业投资企业抵扣的应纳税所得额”

填报创业投资企业采取股权投资方式投资于未上市的中小高新技术企业 2 年以上的，可以按照其投资额的 70% 在股权持有满 2 年的当年抵扣该创业投资企业的应纳税所得额；当年不足抵扣的，可以在以后纳税年度结转抵扣。

（七）抵免所得税额合计

1. 第 41 ~43 行，填报纳税人购置并实际使用《环境保护专用设备企业所得税优惠目录》、《节能节水专用设备企业所得税优惠目录》和《安全生产专用设备企业所得税优惠目录》规定的环境保护、节能节水、安全生产等专用设备的，允许从企业当年的应纳税额中抵免的投资额10%的部分。当年不足抵免的，可以在以后5个纳税年度结转抵免。

2. 第44行“其他”：填报国务院根据税法授权制定其他抵免所得税额部分。

（八）减免税附列资料

1. 第45行“企业从业人数”：填报纳税人全年平均从业人员，按照纳税人年初和年末的从业人员平均计算，用于判断是否为税收规定的小型微利企业。

2. 第46行“资产总额”：填报纳税人全年资产总额平均数，按照纳税人年初和年末的资产总额平均计算，用于判断是否为税收规定的小型微利企业。

3. 第47行“所属行业（工业企业其他企业）”项目，填报纳税人所属的行业，用于判断是否为税收规定的小型微利企业。

四、《税收优惠明细表》与主表及其他附表的关系

（一）《税收优惠明细表》与《纳税调整项目明细表》和《企业所得税年度纳税申报表（A类）》

《税收优惠明细表》中属于税基式减免项目的数据填报《纳税调整项目明细表》（附表三）相关项目（见表16－8）；同时填报列示在《企业所得税年度纳税申报表（A类）》中“应纳税所得额计算”的相应项目（见表16－9）。

表16－8　　纳税调整项目明细表

行次	项　　目	账载金额	税收金额	调增金额	调减金额
		1	2	3	4
1	一、收入类调整项目	*	*		
	……				
15	14. 免税收入(填附表五)	*	*	*	
16	15. 减计收入(填附表五)	*	*	*	
17	16. 减、免税项目所得(填附表五)	*	*	*	
18	17. 抵扣应纳税所得额(填附表五)	*	*	*	
19	18. 其他				
20	二、扣除类调整项目	*	*		
	……	*	*	*	
39	19. 加计扣除(填附表五)	*	*	*	
	……				

表16－9　　企业所得税年度纳税申报表（A类）

类　　别	行　次	项　　目	金　　额
……	13	三、利润总额(10+11－12)	
应纳税所得额计算	14	加:纳税调整增加额(填附表三)	
	15	减:纳税调整减少额(填附表三)	

续表

类　别	行　次	项　　目	金　额
应纳税所得额计算	16	其中:不征税收入	
	17	免税收入	
	18	减计收入	
	19	减、免税项目所得	
	20	加计扣除	
	21	抵扣应纳税所得额	
	……	……	

《税收优惠明细表》与《纳税调整项目明细表》和《企业所得税年度纳税申报表（A类)》相关项目的关系为:

第一项“免税收入”填入《纳税调整明细表》14项“免税收入”和《企业所得税年度纳税申报表（A类)》17项“免税收入”。

第二项“减计收入”填入《纳税调整明细表》15项“减计收入”和《企业所得税年度纳税申报表（A类)》18项“减计收入”。

第三项“加计扣除合计”填入《纳税调整明细表》扣除类项目19项“加计扣除”和《企业所得税年度纳税申报表（A类)》21项“加计扣除”。

第四项“减免所得额合计”填入《纳税调整明细表》16项“减、免税项目所得”和《企业所得税年度纳税申报表（A类)》19项“减、免税项目所得”。

第六项“创业投资企业抵扣的应纳税所得额”填入《纳税调整明细表》17项“抵扣应纳税所得额”和《企业所得税年度纳税申报表（A类)》20项“抵扣应纳税所得额”。

［例16－5］某软件开发企业为增值税一般纳税人，2008年该企业销售自行开发生产的A软件产品，销售额为2 000万元。该企业当年增值税纳税申报资料显示，增值税税额返还的收入为100万元。

(1) 税收分析。

企业将收到退税款100万元用于A软件的研究开发，根据企业所得税相关法规规定“软件生产企业实行增值税即征即退政策所退还的税款，由企业用于研究开发软件产品和扩大再生产，不作为企业所得税应税收入。”

(2) 会计处理。

企业取得即征即退税款时确认为收入

借：银行存款　　1 000 000

　贷：营业外收入——政府补助　　1 000 000

(3) 所得税和会计处理差异及处理。

企业在会计上确认，且计入“营业外收入——政府补助”政府补助收入100万元，因为其属于税法规定的确认为不征税的财政性资金收入，所以不计入企业当期的应纳税所得额。会计和税收处理形成永久性差异，企业在进行2008年企业所得税纳税申报时应调减处理。所以，企业应设置辅助账，记录减税的增值税返还收入（详见表16－10)。

表 16－10 纳税调整备查账（税收优惠） 单位：元

日　期	凭证号	业务摘要	会计收入	免税收入	纳税调减
2008 年 12 月	略	增值税返还收入	1 000 000	1 000 000	1 000 000
……	……	……	……	……	

（4）企业所得税纳税申报表填报。

《税收优惠明细表》。2009 年企业所得税汇算清缴填报年度企业所得税纳税申报表时，应根据“纳税调整备查账（税收优惠）”，在《税收优惠明细表》“第一项免税收入”的“第 5 行其他”项目中填列 100 万元。

《纳税调整项目明细表》。如果企业当期不享受其他免税的税收优惠政策，则应将免税收入 100 万元，填入《纳税调整项目明细表》15 行“免税收入”的第四列“调减金额”。

《企业所得税年度纳税申报表（A 类）》。将免税收入 100 万元，填入《企业所得税年度纳税申报表（A 类）》17 项“免税收入”。

（二）《税收优惠明细表》与《企业所得税纳税申报表》

《税收优惠明细表》中属于税额式减免项目的数据，填入《企业所得税年度纳税申报表》。《企业所得税年度纳税申报表》由《税收优惠明细表》填入的项目为应纳税额计算中的相关项目，详见表 16－11。

表 16－11 企业所得税年度纳税申报表（A 类）

类　别	行　次	项　目	金　额
	……	……	
应纳税额计算	26	税率(25%)	
	27	应纳所得税额(25×26)	
	28	减:减免所得税额(填附表五)	
	29	减:抵免所得税额(填附表五)	
	30	应纳税额(27－28－29)	
	……	……	

《税收优惠明细表》第五项“减免税合计”填入主表的 28 项“减免所得税额”由。第五项“减免税合计”具体包括的项目为“（1）符合条件的小型微利企业；（2）国家需要重点扶持的高新技术企业；（3）民族自治地方的企业应缴纳的企业所得税中属于地方分享部分；（4）过渡期税收优惠。”

《税收优惠明细表》第七项“抵免所得税额合计”填入主表的 29 项“抵免所得税额”。第七项“抵免所得税额合计”具体包括的项目为“（1）企业购置用于环境保护专用设备的投资额抵免的税额；（2）企业购置用于节能节水专用设备的投资额抵免的税额；（3）企业购置用于安全生产专用设备的投资额抵免的税额。”

［例 16－6］A 企业为国家需要重点扶持的高新技术企业，符合高新技术企业适用 15% 税率和技术转让所得减免所得额的税法条件。2008 年转让技术所有权收入 1 550 万元，假设企业当期无其他收入，同时发生的相关成本、费用、税金合计 600 万元（所得税和会计无差异）。

（1）企业所得税分析。

其一，企业在2008年转让技术所有权取得的所得950万元（1 550万元－600万元），符合企业所得税法规定的免征、减征所得。根据企业所得税实施条例第九十条规定，对企业在2008年内，技术转让所得不超过500万元的部分免征企业所得税；超过500万元的部分所得额减半。

2008年企业可以抵免所得额＝500＋（950－500）×50%＝725（万元）

2008年企业应税所得额＝950－725＝225（万元）

其二，因该企业为国家需要重点扶持的高新技术企业，根据企业所得税法规定，该企业减按15%的税率征收企业所得税。

2008年减免所得税额＝225×15%＝33.75（万元）

（2）企业所得税纳税申报表填报。

《税收优惠明细表》和《纳税调整项目明细表》。其一，《税收优惠明细表》第四项“减免所得额合计”的“（五）符合条件的技术转让所得”栏内填入725万元，并同时在《纳税调整项目明细表》第19行“减、免税项目所得”项目的“调减金额”栏内填入725万元；其二，在《税收优惠明细表》第四项“减免税合计”的“（二）国家需要重点扶持的高新技术企业”栏内填入33.75万元。

《企业所得税年度纳税申报表》。上述业务的《企业所得税年度纳税申报表》填报见表16－12。

表16－12　企业所得税年度纳税申报表（A类）　单位：万元

类别	行次	项目	金额
利润总额计算	……	……	
	13	三、利润总额(10＋11－12)	950
应纳税所得额计算	14	加:纳税调整增加额(填附表三)	0
	15	减:纳税调整减少额(填附表三)	725
	16	其中:不征税收入	0
	17	免税收入	0
	18	减计收入	0
	19	减、免税项目所得	725
	20	加计扣除	0
	21	抵扣应纳税所得额	0
	22	加:境外应税所得弥补境内亏损	0
	23	纳税调整后所得(13＋14－15＋22)	225
	24	减:弥补以前年度亏损(填附表四)	0
	25	应纳税所得额(23－24)	225
应纳税额计算	26	税率(25%)	25%
	27	应纳所得税额(25×26)	56.25
	28	减:减免所得税额(填附表五)	33.75
	29	减:抵免所得税额(填附表五)	0
	30	应纳税额(27－28－29)	22.5
	……	……	

第十七章　境外所得税抵免和相关纳税申报表分析填报

第一节　境外所得税抵免的法规分析

《企业所得税法》、《企业所得税法实施条例》和《关于企业境外所得税收抵免有关问题的通知》（财税［2009］125号），对境外所得税抵免做出了相应规定。

一、企业境外所得税抵免的税法规定

（一）企业境外所得税抵免的税法基本规定

《企业所得税》第二十三条规定：企业取得的下列所得已在境外缴纳的所得税税额，可以从其当期应纳税额中抵免，抵免限额为该项所得依照本法规定计算的应纳税额；超过抵免限额的部分，可以在以后五个年度内，用每年度抵免限额抵免当年应抵税额后的余额进行抵补：（1）居民企业来源于中国境外的应税所得；（2）非居民企业在中国境内设立机构、场所，取得发生在中国境外但与该机构、场所有实际联系的应税所得。

《企业所得税法实施条例》对上述税法规定做出具体解释：

已在境外缴纳的所得税税额，是指企业来源于中国境外的所得依照中国境外税收法律以及相关规定应当缴纳并已经实际缴纳的企业所得税性质的税款。

抵免限额，是指企业来源于中国境外的所得，依照企业所得税法和本条例的规定计算的应纳税额。除国务院财政、税务主管部门另有规定外，该抵免限额应当分国（地区）不分项计算，计算公式如下：

抵免限额＝中国境内、境外所得依照企业所得税法和本条例的规定计算的应纳税总额×来源于某国（地区）的应纳税所得额÷中国境内、境外应纳税所得总额

五个年度，是指从企业取得的来源于中国境外的所得，已经在中国境外缴纳的企业所得税性质的税额超过抵免限额的当年的次年起连续5个纳税年度。

《关于企业境外所得税收抵免有关问题的通知》（财税［2009］125号）进一步规定："企业应按照企业所得税法及其实施条例、税收协定以及本通知的规定，准确计算下列当期与抵免境外所得税有关的项目后，确定当期实际可抵免分国（地区）别的境外所得税税额和抵免限额：（1）境内所得的应纳税所得额（以下称境内应纳税所得额）和分国（地区）别的境外所得的应纳税所得额（以下称境外应纳税所得额）；（2）分国（地区）别的可抵免境外所得税税额；（3）分国（地区）别的境外所得税的抵免限额。企业不能准确计算上述项目实际可抵免分国（地区）别的境外所得税税额的，在相应国家（地区）缴纳的税收均不得在该企业当期应纳税额中抵免，也不得结转以后

年度抵免。”

（二）境外所得税抵免的主体适用范围

根据《关于企业境外所得税收抵免有关问题的通知》（财税［2009］125号）的规定，企业取得境外所得计征企业所得税时需计算抵免境外已纳或负担所得税额。具体内容是指：

1. 居民企业以及非居民企业在中国境内设立的机构、场所（以下统称企业）依照企业所得税法第二十三条、第二十四条的有关规定，应在其应纳税额中抵免在境外缴纳的所得税额。

2. 企业取得来源于中国香港、澳门、台湾地区的应税所得，应在其应纳税额中抵免在境外缴纳的所得税额。

但是，中华人民共和国政府同外国政府订立的有关税收的协定与（财税［2009］125号）有不同规定的，依照协定的规定办理。

（三）与抵免所得税有关的境外应纳税所得额的确定

《企业所得税法》第二十三条规定：“企业取得的下列所得已在境外缴纳的所得税税额，可以从其当期应纳税额中抵免……（1）居民企业来源于中国境外的应税所得；（2）非居民企业在中国境内设立机构、场所，取得发生在中国境外但与该机构、场所有实际联系的应税所得。”

《企业所得税法实施条例》第七条的规定：“企业取得的境外应纳税所得额包括：销售货物所得、提供劳务所得、转让财产所得、股息、红利等权益性投资所得、利息所得、租金所得、特许权使用费所得和其他所得。”

《关于企业境外所得税收抵免有关问题的通知》（财税［2009］125号）对上述税法规定的境外应纳税所得额做出了具体解释：

1. 居民企业在境外投资设立分支机构来源于境外的应纳税所得额确定。

居民企业在境外投资设立不具有独立纳税地位的分支机构，其来源于境外的所得，以境外收入总额扣除与取得境外收入有关的各项合理支出后的余额为应纳税所得额。各项收入、支出按企业所得税法及实施条例的有关规定确定。

居民企业在境外设立不具有独立纳税地位的分支机构取得的各项境外所得，无论是否汇回中国境内，均应计入该企业所属纳税年度的境外应纳税所得额。

企业在境外投资设立不具有独立纳税地位的分支机构，其计算生产、经营所得的纳税年度与我国规定的纳税年度不一致的，与我国纳税年度当年度相对应的境外纳税年度，应为在我国有关纳税年度中任何一日结束的境外纳税年度。

企业取得上款以外的境外所得实际缴纳或间接负担的境外所得税，应在该项境外所得实现日所在的我国对应纳税年度的应纳税额中计算抵免。

不具有独立纳税地位，是指根据企业设立地法律不具有独立法人地位或者按照税收协定规定不认定为对方国家（地区）的税收居民。

2. 居民企业及非居民企业在境内设立机构、场所来源于境外的应纳税所得额确定。

居民企业应就其来源于境外的股息、红利等权益性投资收益，以及利息、租金、特许权使用费、转让财产等收入，扣除按照企业所得税法及实施条例等规定计算的与取得该项收入有关的各项合理支出后的余额为应纳税所得额。来源于境外的股息、红利等权益性投资收益，应按被投资方做出利润分配决定的日期确认收入实现；来源于境外的利息、租金、特许权使用费、转让财产等收入，应按有关合同约定应付交易对价款的日期确认收入实现。

非居民企业在境内设立机构、场所的，应就其发生在境外但与境内所设机构、场所有实际联系的各项应税所得，比照居民企业的规定计算相应的应纳税所得额。

3. 与境内、外所得有关的共同支出分摊扣除的确定。

在计算境外应纳税所得额时，企业为取得境内、外所得而在境内、境外发生的共同支出，与取得境外应税所得有关的、合理的部分，应在境内、境外［分国（地区）别］应税所得之间，按照合理比例进行分摊后扣除。

4. 与境外所得有关的亏损弥补的确定。

在汇总计算境外应纳税所得额时，企业在境外同一国家（地区）设立不具有独立纳税地位的分支机构，按照企业所得税法及实施条例的有关规定计算的亏损，不得抵减其境内或他国（地区）的应纳税所得额，但可以用同一国家（地区）其他项目或以后年度的所得按规定弥补。

（四）分国（地区）可抵免境外所得税税额的确定

《企业所得税法实施条例》第七十七条规定："已在境外缴纳的所得税税额，是指企业来源于中国境外的所得依照中国境外税收法律以及相关规定应当缴纳并已经实际缴纳的企业所得税性质的税款。"《关于企业境外所得税收抵免有关问题的通知》（财税［2009］125号）对上述税法规定的可抵免境外所得税税额做出了具体解释：

可抵免境外所得税税额，是指企业来源于中国境外的所得依照中国境外税收法律以及相关规定应当缴纳并已实际缴纳的企业所得税性质的税款。但不包括：

（1）按照境外所得税法律及相关规定属于错缴或错征的境外所得税税款。

（2）按照税收协定规定不应征收的境外所得税税款。

（3）因少缴或迟缴境外所得税而追加的利息、滞纳金或罚款。

（4）境外所得税纳税人或者其利害关系人从境外征税主体得到实际返还或补偿的境外所得税税款。

（5）按照我国企业所得税法及其实施条例规定，已经免征我国企业所得税的境外所得负担的境外所得税税款。

（6）按照国务院财政、税务主管部门有关规定已经从企业境外应纳税所得额中扣除的境外所得税税款。

（五）分国（地区）别的境外所得税的抵免限额

《企业所得税法实施条例》规定："来源于中国境外的所得，依照企业所得税法和本条例的规定计算的应纳税额。除国务院财政、税务主管部门另有规定外，该抵免限额应当分国（地区）不分项计算，计算公式如下：

抵免限额＝中国境内、境外所得依照企业所得税法和本条例的规定计算的应纳税总额×来源于某国（地区）的应纳税所得额÷中国境内、境外应纳税所得总额"

《关于企业境外所得税收抵免有关问题的通知》（财税［2009］125号）对上述税法规定的境外所得税的抵免限额做出了具体解释：企业应按照企业所得税法及其实施条例和本通知的有关规定分国（地区）别计算境外税额的抵免限额。

某国（地区）所得税抵免限额 = 中国境内、境外所得依照企业所得税法及实施条例的规定计算的应纳税总额 × 来源于某国（地区）的应纳税所得额 ÷ 中国境内、境外应纳税所得总额。

上述公式中“中国境内、境外所得依照企业所得税法及实施条例的规定计算的应纳税总额”的税率，除国务院财政、税务主管部门另有规定外，应为25%。

企业按照企业所得税法及其实施条例和本通知的有关规定计算的当期境内、境外应纳税所得总额小于零的，应以零计算当期境内、境外应纳税所得总额，其当期境外所得税的抵免限额也为零。

（六）实际应抵免的境外已缴纳和间接负担的所得税税额

在计算实际应抵免的境外已缴纳和间接负担的所得税税额时，企业在境外一国（地区）当年缴纳和间接负担的符合规定的所得税税额低于所计算的该国（地区）抵免限额的，应以该项税额作为境外所得税抵免额从企业应纳税总额中据实抵免；超过抵免限额的，当年应以抵免限额作为境外所得税抵免额进行抵免，超过抵免限额的余额允许从次年起在连续五个纳税年度内，用每年度抵免限额抵免当年应抵税额后的余额进行抵补。

企业不能准确计算上述项目实际可抵免分国（地区）别的境外所得税税额的，在相应国家（地区）缴纳的税收均不得在该企业当期应纳税额中抵免，也不得结转以后年度抵免。

（七）抵免境外所得税额后实际应纳所得税额

《关于企业境外所得税收抵免有关问题的通知》（财税［2009］125号）规定：“企业抵免境外所得税额后实际应纳所得税额的计算公式为：

企业实际应纳所得税额 = 企业境内外所得应纳税总额 - 企业所得税减免、抵免优惠税额 - 境外所得税抵免额。”

二、来源于境外的股息、红利等权益性投资收益的所得税抵免

《中华人民共和国企业所得税法》第二十四条规定：“居民企业从其直接或者间接控制的外国企业分得的来源于中国境外的股息、红利等权益性投资收益，外国企业在境外实际缴纳的所得税税额中属于该项所得负担的部分，可以作为该居民企业的可抵免境外所得税税额，在本法第二十三条规定的抵免限额内抵免。”

《中华人民共和国企业所得税法》第八十条规定：“企业所得税法第二十四条所称直接控制，是指居民企业直接持有外国企业20%以上股份。企业所得税法第二十四条所称间接控制，是指居民企业以间接持股方式持有外国企业20%以上股份，具体认定办法由国务院财政、税务主管部门另行制定。”

《关于企业境外所得税收抵免有关问题的通知》（财税［2009］125号）对上述税法规定的境外投资收益实际间接负担的税额做出了具体解释：

（1）居民企业在按照企业所得税法第二十四条规定用境外所得间接负担的税额进行税收抵免时，其取得的境外投资收益实际间接负担的税额，是指根据直接或者间接持股方式合计持股20%以上（含20%）的规定层级的外国企业股份，由此应分得的股息、红利等权益性投资收益中，从最低一层外国企业起逐层计算的属于由上一层企业

负担的税额，其计算公式如下：

本层企业所纳税额属于由一家上一层企业负担的税额 =（本层企业就利润和投资收益所实际缴纳的税额 + 符合本通知规定的由本层企业间接负担的税额）×本层企业向一家上一层企业分配的股息（红利）÷本层企业所得税后利润额。

（2）除国务院财政、税务主管部门另有规定外，按照实施条例第八十条规定由居民企业直接或者间接持有20%以上股份的外国企业，限于符合以下持股方式的三层外国企业：

①第一层：单一居民企业直接持有20%以上股份的外国企业；

②第二层：单一第一层外国企业直接持有20%以上股份，且由单一居民企业直接持有或通过一个或多个符合本条规定持股条件的外国企业间接持有总和达到20%以上股份的外国企业；

③第三层：单一第二层外国企业直接持有20%以上股份，且由单一居民企业直接持有或通过一个或多个符合本条规定持股条件的外国企业间接持有总和达到20%以上股份的外国企业。

三、享受境外免税或减税待遇所得税的抵免——税收饶让

《关于企业境外所得税收抵免有关问题的通知》（财税［2009］125号）规定：居民企业从与我国政府订立税收协定（或安排）的国家（地区）取得的所得，按照该国（地区）税收法律享受了免税或减税待遇，且该免税或减税的数额按照税收协定规定应视同已缴税额在中国的应纳税额中抵免的，该免税或减税数额可作为企业实际缴纳的境外所得税额用于办理税收抵免。

四、境外所得已纳税额抵免的简易办法

《关于企业境外所得税收抵免有关问题的通知》（财税［2009］125号）规定：属于下列情形的，经企业申请，主管税务机关核准，可以采取简易办法对境外所得已纳税额计算抵免。

企业从境外取得营业利润所得以及符合境外税额间接抵免条件的股息所得，虽有所得来源国（地区）政府机关核发的具有纳税性质的凭证或证明，但因客观原因无法真实、准确地确认应当缴纳并已经实际缴纳的境外所得税税额的，除就该所得直接缴纳及间接负担的税额在所得来源国（地区）的实际有效税率低于我国企业所得税法第四条第一款规定税率50%以上的外，可按境外应纳税所得额的12.5%作为抵免限额，企业按该国（地区）税务机关或政府机关核发具有纳税性质凭证或证明的金额，其不超过抵免限额的部分，准予抵免；超过的部分不得抵免。属于本款规定以外的股息、利息、租金、特许权使用费、转让财产等投资性所得，均应按本通知的其他规定计算境外税额抵免。

企业从境外取得营业利润所得以及符合境外税额间接抵免条件的股息所得，凡就该所得缴纳及间接负担的税额在所得来源国（地区）的法定税率且其实际有效税率明显高于我国的，可直接以按本通知规定计算的境外应纳税所得额和我国企业所得税法规定的税率计算的抵免限额作为可抵免的已在境外实际缴纳的企业所得税税额。财政

部、国家税务总局可根据实际情况适时对名单进行调整。

属于本款规定以外的股息、利息、租金、特许权使用费、转让财产等投资性所得，均应按本通知的其他规定计算境外税额抵免。

法定税率明显高于我国的境外所得来源国（地区）包括：美国、阿根廷、布隆迪、喀麦隆、古巴、法国、日本、摩洛哥、巴基斯坦、赞比亚、科威特、孟加拉国、叙利亚、约旦、老挝。

第二节 《境外所得税抵免计算明细表》（附表六）的分析填报

一、《境外所得税抵免计算明细表》（附表六）的构成

根据《中华人民共和国企业所得税法》及其实施条例、相关税收政策的规定及企业会计核算的数据，《境外所得税抵免计算明细表》填报纳税人本纳税年度来源于不同国家或地区的境外所得、按照税收规定应缴纳和应抵免的企业所得税额。《境外所得税抵免计算明细表》的构成见表 17－1。

表 17－1　　境外所得税抵免计算明细表

填报时间：　　年　　月　　日　　　　金额单位：元（列至角分）

抵免方式	国家或地区	境外所得	境外所得换算含税所得	弥补以前年度亏损	免税所得	弥补亏损前境外应税所得额	可弥补境内亏损	境外应纳税所得额	税率	境外所得应纳税额	境外所得可抵免税额	境外所得税款抵免限额	本年可抵免的境外所得税款	未超过境外所得税款抵免限额的余额	本年可抵免以前年度所得税额	前五年境外所得已缴税款未抵免余额	定率抵免
	1	2	3	4	5	6 (3－4－5)	7	8 (6－7)	9	10 (8×9)	11	12	13	14 (12－13)	15	16	17
直接																	
间接						*	*		*							*	*
						*	*									*	*
合计																	

经办人(签章)：　　　　法定代表人(签章)：

二、《境外所得税抵免计算明细表》各项目填报说明

第 1 列“国家或地区”：填报境外所得来源的国家或地区的名称。来源于同一国家或地区的境外所得可合并到一行填报。

第 2 列“境外所得”：填报来自境外的税后境外所得的金额。

第 3 列“境外所得换算含税所得”：填报第 2 列境外所得换算成包含在境外缴纳企

业所得税以及按照我国税收规定计算的所得。

第 4 列"弥补以前年度亏损"：填报境外所得按税收规定弥补以前年度境外亏损额。

第 5 列"免税所得"：填报按照税收规定予以免税的境外所得。

第 6 列"弥补亏损前境外应税所得额"：填报境外所得弥补境内亏损前的应税所得额。第 6 列 = 第 3 列 – 第 4 列 – 第 5 列。

第 7 列"可弥补境内亏损"：填报境外所得按税收规定弥补境内亏损额。

第 8 列"境外应纳税所得额"：填报弥补亏损前境外应纳税所得额扣除可弥补境内亏损后的金额。

第 9 列"税率"：填报纳税人境内税法规定的税率 25%。

第 10 列"境外所得应纳税额"：填报境外应纳税所得额与境内税法规定税率的乘积的金额。

第 11 列"境外所得可抵免税额"：填报纳税人已在境外缴纳的所得税税款的金额。

第 12 列"境外所得税款抵免限额"：抵免限额 = 中国境内、境外所得依照企业所得税法和条例的规定计算的应纳税总额 × 来源于某国（地区）的应纳税所得额 ÷ 中国境内、境外应纳税所得总额。

第 13 列"本年可抵免的境外所得税款"：填报本年来源于境外的所得已缴纳所得税，在本年度允许抵免的金额。第 12 列某行 ≤ 同一行次的第 11 列，第 13 列 = 第 12 列；当第 12 列某行 ≥ 同一行次的第 11 列，第 13 列 = 第 11 列。

第 14 列"未超过境外所得税款抵免限额的余额"：填报本年度在抵免限额内抵免完境外所得税后，可用于抵免以前年度结转的待抵免的所得税额。第 14 列"未超过境外所得税款抵免限额的余额"各行 = 同一行的第 12 – 13 列，当计算出的值 ≤ 0 时，本列该行为 0；当计算出的值 ≥ 0 时，第 14 列 = 第 15 列。

第 15 列"本年可抵免以前年度税额"：填报本年可抵免以前年度未抵免、结转到本年度抵免的境外所得税额。第 15 列"本年可抵免以前年度所得税额"各行 ≤ 同一行次的第 14 列；第 13 列合计行 + 第 15 列合计行 = 主表第 32 行。

第 16 列"前五年境外所得已缴税款未抵免余额"：填报可结转以后年度抵免的境外所得税未抵免余额。

第 17 列"定率抵免"。本列适用于实行定率抵免境外所得税款的纳税人，填报此列的纳税人不填报第 11 列至第 16 列。

三、《境外所得税抵免计算明细表》与《纳税调整明细表》的关系

《纳税调整明细表》（附表三）的第 12 行"境外应税所得"的 第四列"调减金额"，数据来源于《境外所得税抵免计算明细表》（附表六）的第二列"境外所得"。

四、《境外所得税抵免计算明细表》与《企业所得税年度纳税申报表（A 类）》的关系

《企业所得税年度纳税申报表（A 类）》由《境外所得税抵免计算明细表》（附表六）填列的项目见表 17 – 2。

表 17-2　　中华人民共和国企业所得税年度纳税申报表（A 类）

类　别	行　次	项　　目	金　额
	13	三、利润总额(10 + 11 - 12)	
应纳税所得额计算	14	加:纳税调整增加额(填附表三)	
	15	减:纳税调整减少额(填附表三)	
	……	……	
	22	加:境外应税所得弥补境内亏损	
	23	纳税调整后所得(13 + 14 - 15 + 22)	
	24	减:弥补以前年度亏损(填附表四)	
	25	应纳税所得额(23 - 24)	
应纳税额计算	26	税率(25%)	
	27	应纳所得税额(25 × 26)	
	28	减:减免所得税额(填附表五)	
	29	减:抵免所得税额(填附表五)	
	30	应纳税额(27 - 28 - 29)	
	31	加:境外所得应纳所得税额(填附表六)	
	32	减:境外所得抵免所得税额(填附表六)	
	33	实际应纳所得税额(30 + 31 - 32)	

主表 22 行“境外应税所得弥补境内亏损”，由《境外所得税抵免计算明细表》第 7 列“可弥补境内亏损”合计数填入。

主表第 31 行“境外所得应纳所得税额”，由《境外所得税抵免计算明细表》第 10 列“境外所得应纳税额”合计数填入。

主表第 32 行“境外所得抵免所得税额”，由《境外所得税抵免计算明细表》第 13 列“本年可抵免的境外所得税款”合计 + 第 15 列“本年可抵免以前年度所得税额”合计填入。

[例 17-1] 中国居民企业 A 在某国设立分公司 B，2008 年来自 B 公司的所得为 70 万元，B 公司适用税率 30%，A 公司当期应纳税所得额为 1000 万元，适用所得税税率 25%，境内外公司无需要弥补的亏损。

1. 企业所得税分析。

(1) A 公司来源于 B 公司的应纳税所得额。

A 公司来源于 B 公司的应纳税所得额 = 70 ÷ (1 - 30%) = 100 (万元)

(2) 境外所得应纳税额。

境外所得应纳税额 = 100 × 25% = 25 (万元)

(3) 境外所得税款抵免限额。

境外所得税款抵免限额 = 中国境内、境外所得依照企业所得税法和本条例的规定计算的应纳税总额 × 来源于某国（地区）的应纳税所得额 ÷ 中国境内、境外应纳税所得总额 = (1 000 + 100) × 25% × 100 ÷ 1 100 = 25 (万元)

将计算出抵免限额 25 万元，填入《境外所得税抵免计算明细表》第 12 列“境外所得税款抵免限额”。

（4）本年可抵免的境外所得税款。

B 公司在某国已纳所得税 = 100 × 30% = 30（万元）

将 30 万元填入《境外所得税抵免计算明细表》第 11 列“境外所得可抵免税额”。

因为 25 万元 < 30 万元

所以，A 企业当期境外已纳税款允许抵免税额为 25 万元。

将允许抵免税 25 万元，填入《境外所得税抵免计算明细表》13 列“本年可抵免的境外所得税款”。

2. 相关纳税申报表填报。

《境外所得税抵免计算明细表》的填报见表 17 – 3。

表 17 – 3　　境外所得税抵免计算明细表　　金额单位：万元

境外所得	境外所得换算含税所得	弥补以前年度亏损	免税所得	弥补亏损前境外应税所得额	可弥补境内亏损	境外应纳税所得额	税率	境外所得应纳税额	境外所得可抵免税额	境外所得税款抵免限额	本年可抵免的境外所得税款	未超过境外所得税款抵免限额的余额	本年可抵免以前年度所得税额	前五年境外所得已缴税款未抵免余额	定率抵免
2	3	4	5	6（3 – 4 – 5）	7	8（6 – 7）	9	10（8 × 9）	11	12	13	14（12 – 13）	15	16	17
70	100			100	0	100	25	25	30	25	25	0	0		

《纳税调整明细表》。《境外所得税抵免计算明细表》（附表六）的第二列“境外所得”70 万元，填入《纳税调整明细表》（附表三）的第 12 行“境外应税所得”的第四列“调减金额”。

《企业所得税年度纳税申报表》。《境外所得税抵免计算明细表》第 10 列的“境外所得应纳税额”25 万元，填入《企业所得税年度纳税申报表》第 31 行“境外所得应纳所得税额”；本表第 13 列的“本年可抵免的境外所得税款”25 万元，填入《企业所得税年度纳税申报表》第 32 行“境外所得抵免所得税额”。

第十八章　企业所得税弥补亏损和相关纳税申报表分析填报

第一节　企业所得税亏损弥补的法规分析

一、企业所得税亏损的确定

《企业所得税法实施条例》第十条规定："企业所得税法亏损，是指企业依照企业所得税法和本条例的规定将每一纳税年度的收入总额减除不征税收入、免税收入和各项扣除后小于零的数额。"

根据上述企业所得税法规的规定，企业税收亏损确定的基本公式如下：

税收亏损 = 每一纳税年度的收入总额 - 不征税收入 - 免税收入 - 各项扣除 <0

企业所得税亏损金额在《企业所得税年度纳税申报表》填报中形成。

二、企业所得税亏损弥补的方法

《企业所得税法》第十八条规定：企业纳税年度发生的亏损，准予向以后年度结转，用以后年度的所得弥补，但结转年限最长不得超过五年。

三、企业重组结转的亏损弥补

《关于企业重组业务企业所得税处理若干问题的通知》（财税［2009］59 号）规定："可由合并企业弥补的被合并企业亏损的限额 = 被合并企业净资产公允价值 × 截至合并业务发生当年年末国家发行的最长期限的国债利率。……被分立企业未超过法定弥补期限的亏损额可按分立资产占全部资产的比例进行分配，由分立企业继续弥补。"

［例 18 - 1］A 企业被分立前的基本状况：至 2008 年 12 月 31 日，A 企业未超过法定弥补期限的亏损额为 50 万元。A 企业分立前资产总额账面价值为 2 000 万元，分立的新企业 B 从被分立企业取得资产为1 110万元。

B 企业结转弥补 A 企业未弥补完亏损 =50 ×（1 110 ÷2 000）=27. 775（万元）

四、企业所得税亏损年度的特殊问题

《国家税务总局〈关于贯彻落实企业所得税法若干税收问题〉的通知》（国税函［2010］79 号）第七条规定：企业自开始生产经营的年度，为开始计算企业损益的年度。企业从事生产经营之前进行筹办活动期间发生筹办费用支出，不得计算为当期的亏损，应按照《国家税务总局关于企业所得税若干税务事项衔接问题的通知》（国税函［2009］98 号）第九条规定执行。

第二节　《企业所得税弥补亏损明细表》（附表四）的分析填报

一、《企业所得税弥补亏损明细表》（附表四）填报依据及内容

（一）税收亏损及亏损弥补的依据

根据《中华人民共和国企业所得税法》及其实施条例、相关税收政策规定，《企业所得税弥补亏损明细表》（见表 18－1）填报本纳税年度及本纳税年度前 5 年度发生的税前尚未弥补的亏损额。

《企业所得税弥补亏损明细表》形成的数据填入《企业所得税年度纳税申报表》。《企业所得税弥补亏损明细表》可做纳税调整台账使用。

表 18－1　　　　　　　　**企业所得税弥补亏损明细表**

填报时间：　　　年　　月　　日　　　　　　　　　　　　　　　金额单位：元（列至角分）

行次	项　目	年度	盈利额或亏损额	合并分立企业转入可弥补亏损额	当年可弥补的所得额	以前年度亏损弥补					本年度实际弥补的以前年度亏损额	可结转以后年度弥补的亏损额
						前四年度	前三年度	前二年度	前一年度	合计		
		1	2	3	4	5	6	7	8	9	10	11
1	第一年											*
2	第二年					*						
3	第三年					*	*					
4	第四年					*	*	*				
5	第五年					*	*	*	*			
6	本　年					*	*	*	*	*		
7	可结转以后年度弥补的亏损额合计											

经办人(签章)：　　　　　　　　　　　　　　法定代表人(签章)：

（二）企业本年度税收亏损的确定

《企业所得税年度纳税申报表》23 行“纳税调整后所得”是确定是否出现税收亏损的关键数据。“纳税调整后所得”，填报纳税人当期经过调整后的应纳税所得额。当本行为负数时，其结果与税收亏损的税法计算（税收亏损＝每一纳税年度的收入总额－不征税收入－免税收入－各项扣除<0）相符，小于零的数额为可结转以后年度弥补的亏损额

（三）《企业所得税弥补亏损明细表》填报内容

第 1 列“年度”：填报公历年度。第 1 至 5 行依次从 6 行往前倒推 5 年，第 6 行为申报年度。

第2列“盈利额或亏损额”：填报主表的第23行“纳税调整后所得”的金额（亏损额以“－”表示）。

第3列“合并分立企业转入可弥补亏损额”：填报按照税收规定企业合并、分立允许税前扣除的亏损额，以及按税收规定汇总纳税后分支机构在2008年以前按独立纳税人计算缴纳企业所得税尚未弥补完的亏损额。（以“－”表示）。

第4列“当年可弥补的所得额”：金额等于第2＋3列合计。

第9列“以前年度亏损弥补额”：金额等于第5＋6＋7＋8列合计。（第4列为正数的不填）。

第10列第1至5行“本年度实际弥补的以前年度亏损额”：填报主表第24行金额，用于依次弥补前5年度的尚未弥补的亏损额。

第6行第10列“本年度实际弥补的以前年度亏损额”：金额等于第1～5行第10列的合计数（6行10列的合计数≤6行4列的合计数）。

第11列第2至6行“可结转以后年度弥补的亏损额”：填报前5年度的亏损额被本年主表中第24行数据依次弥补后，各年度仍未弥补完的亏损额，以及本年度尚未弥补的亏损额。第11列＝第4列的绝对值－第9列－第10列（第4列大于零的行次不填报）。

第7行第11列“可结转以后年度弥补的亏损额合计”：填报第2～6行第11列的合计数。

二、《企业所得税弥补亏损明细表》与主表的关系

《企业所得税弥补亏损明细表》仅于《企业所得税年度纳税申报表》主表之间存在逻辑关系（见表18－2）。

本表第2列“盈利额或亏损额”的数据来源于主表的第23行“纳税调整后所得”的金额（亏损额以“－”表示）。

本表第6行第10列“本年度实际弥补的以前年度亏损额”填入主表第24行“减：弥补以前年度亏损”。

表18－2　　　　企业所得税年度纳税申报表（A类）

类　别	行　次	项　目	金　额
……	13	三、利润总额(10＋11－12)	
应纳税所得额计算	14	加:纳税调整增加额(填附表三)	
	15	减:纳税调整减少额(填附表三)	
	……	……	
	22	加:境外应税所得弥补境内亏损	
	23	纳税调整后所得(13＋14－15＋22)	
	24	减:弥补以前年度亏损(填附表四)	
	25	应纳税所得额(23－24)	

三、《企业所得税弥补亏损明细表》填报列举

［例 18－2］假设 A 企业 2008～2013 年每年税收亏损和应纳税所得额的情况如下（表 18－3），根据其数据填报《企业所得税弥补亏损明细表》（表 18－4）。

表 18－3　　A 企业 2008～2013 年每年税收亏损和应纳税所得额

单位：万元

2008 年	2009 年	2010 年	2011 年	2012 年	2013 年
－100	－50	－90	30	50	150

表 18－4　　企业所得税弥补亏损明细表　　金额单位：万元

行次	项　目	年度	盈利额或亏损额	合并分立企业转入可弥补亏损额	当年可弥补的所得额	以前年度亏损弥补					本年度实际弥补的以前年度亏损额	可结转以后年度弥补的亏损额
						前四年度	前三年度	前二年度	前一年度	合计		
		1	2	3	4	5	6	7	8	9	10	11
1	第一年		－100		－100		30	50		80	20	*
2	第二年		－50		－50	*					50	
3	第三年		－90		－90	*	*				80	10
4	第四年		30		30	*	*	*				
5	第五年		50		50	*	*	*	*			
6	本　年		150		150	*	*	*	*	*	150	
7	可结转以后年度弥补的亏损额合计　10											

第十九章　房地产开发经营业务企业所得税处理和相关纳税申报表分析填报

第一节　房地产开发经营业务企业所得税处理的法规分析

《房地产开发经营业务企业所得税处理办法》（国税发［2009］31号）规定："企业房地产开发经营业务包括土地的开发，建造、销售住宅、商业用房以及其他建筑物、附着物、配套设施等开发产品。"由于企业房地产开发经营业务处理区别于其他经营业务具有一定的特殊性，对此《房地产开发经营业务企业所得税处理办法》（国税发［2009］31号）从所得税处理的角度做出了专门规定。企业的房地产开发经营业务在适用所得税基本法规的基础上，同时对特殊业务的所得税处理和纳税申报适用特殊规定。

一、房地产开发经营业务企业所得税收入的税务处理

（一）开发产品销售收入范围的确认

1. 开发产品的基本销售范围。

根据《企业所得税法》第六条"企业以货币形式和非货币形式从各种来源取得的收入，为收入总额。"的规定，开发产品销售基本范围与其他商品销售范围的确认一致，为开发产品所有权转移，取得货币形式和非货币形式的收入。

2. 开发产品的视同销售范围。

企业将开发产品用于捐赠、赞助、职工福利、奖励、对外投资、分配给股东或投资人、抵偿债务、换取其他企事业单位和个人的非货币性资产等行为，应视同销售，于开发产品所有权或使用权转移，或于实际取得利益权利时确认收入（或利润）的实现。

（二）开发产品销售收入的计量

1. 开发产品销售收入的一般计量。

开发产品销售收入的范围为销售开发产品过程中取得的全部价款，包括现金、现金等价物及其他经济利益。

企业代有关部门、单位和企业收取的各种基金、费用和附加等，凡纳入开发产品价内或由企业开具发票的，应按规定全部确认为销售收入；未纳入开发产品价内并由企业之外的其他收取部门、单位开具发票的，可作为代收代缴款项进行管理。

2. 视同销售收入的计量。

视同销售确认收入（或利润）的方法和顺序为：

（1）按本企业近期或本年度最近月份同类开发产品市场销售价格确定。

（2）由主管税务机关参照当地同类开发产品市场公允价值确定；

（3）按开发产品的成本利润率确定。开发产品的成本利润率不得低于15%，具体比例由主管税务机关确定。

（三）开发产品销售收入确认的时间

企业通过正式签订《房地产销售合同》或《房地产预售合同》所取得的收入，应确认为销售收入的实现，具体按以下规定确认：

1. 采取一次性全额收款方式销售开发产品的，应于实际收讫价款或取得索取价款凭据（权利）之日，确认收入的实现。

2. 采取分期收款方式销售开发产品的，应按销售合同或协议约定的价款和付款日确认收入的实现。付款方提前付款的，在实际付款日确认收入的实现。

3. 采取银行按揭方式销售开发产品的，应按销售合同或协议约定的价款确定收入额，其首付款应于实际收到日确认收入的实现，余款在银行按揭贷款办理转账之日确认收入的实现。

4. 采取委托方式销售开发产品的，应按以下原则确认收入的实现。

（1）采取支付手续费方式委托销售开发产品的，应按销售合同或协议中约定的价款于收到受托方已销开发产品清单之日确认收入的实现。

（2）采取视同买断方式委托销售开发产品的，属于企业与购买方签订销售合同或协议，或企业、受托方、购买方三方共同签订销售合同或协议的，如果销售合同或协议中约定的价格高于买断价格，则应按销售合同或协议中约定的价格计算的价款于收到受托方已销开发产品清单之日确认收入的实现；如果属于前两种情况中销售合同或协议中约定的价格低于买断价格，以及属于受托方与购买方签订销售合同或协议的，则应按买断价格计算的价款于收到受托方已销开发产品清单之日确认收入的实现。

（3）采取基价（保底价）并实行超基价双方分成方式委托销售开发产品的，属于由企业与购买方签订销售合同或协议，或企业、受托方、购买方三方共同签订销售合同或协议的，如果销售合同或协议中约定的价格高于基价，则应按销售合同或协议中约定的价格计算的价款于收到受托方已销开发产品清单之日确认收入的实现，企业按规定支付受托方的分成额，不得直接从销售收入中减除；如果销售合同或协议约定的价格低于基价的，则应按基价计算的价款于收到受托方已销开发产品清单之日确认收入的实现。属于由受托方与购买方直接签订销售合同的，则应按基价加上按规定取得的分成额于收到受托方已销开发产品清单之日确认收入的实现。

（4）采取包销方式委托销售开发产品的，包销期内可根据包销合同的有关约定，参照上述1～3项规定确认收入的实现；包销期满后尚未出售的开发产品，企业应根据包销合同或协议约定的价款和付款方式确认收入的实现。

5. 视同销售于开发产品所有权或使用权转移，或于实际取得利益权利时确认收入（或利润）的实现。

6. 企业新建的开发产品在尚未完工或办理房地产初始登记、取得产权证前，与承租人签订租赁预约协议的，自开发产品交付承租人使用之日起，出租方取得的预租价款按租金确认收入的实现。

三、房地产开发经营业务企业所得税准予扣除的项目及标准

准予扣除项目 = 销售成本（当期已销开发产品的计税成本）+ 期间费用 + 税金及附加 + 土地增值税

企业在进行成本、费用的核算与扣除时，必须按规定区分期间费用和开发产品计税成本；已销开发产品计税成本与未销开发产品计税成本。

（一）已销开发产品的计税成本

计税成本是指企业在开发、建造开发产品（包括固定资产，下同）过程中所发生的按照税收规定进行核算与计量的应归入某项成本对象的各项费用。已销开发产品的计税成本，按当期已实现销售的可售面积和可售面积单位工程成本确认。

已销开发产品的计税成本 = 已实现销售的可售面积 × 可售面积单位工程成本

可售面积单位工程成本 = 成本对象总成本 ÷ 成本对象总可售面积

1. 计税成本对象的确定原则。

成本对象是指为归集和分配开发产品开发、建造过程中的各项耗费而确定的费用承担项目。计税成本对象的确定原则如下：

（1）可否销售原则。开发产品能够对外经营销售的，应作为独立的计税成本对象进行成本核算；不能对外经营销售的，可先作为过渡性成本对象进行归集，然后再将其相关成本摊入能够对外经营销售的成本对象。

（2）分类归集原则。对同一开发地点、竣工时间相近、产品结构类型没有明显差异的群体开发项目，可作为一个成本对象进行核算。

（3）功能区分原则。开发项目某组成部分相对独立，且具有不同使用功能时，可以作为独立的成本对象进行核算。

（4）定价差异原则。开发产品因其产品类型或功能不同等而导致其预期售价存在较大差异的，应分别作为成本对象进行核算。

（5）成本差异原则。开发产品因建筑上存在明显差异可能导致其建造成本出现较大差异的，要分别作为成本对象进行核算。

（6）权益区分原则。开发项目属于受托代建的或多方合作开发的，应结合上述原则分别划分成本对象进行核算。

成本对象由企业在开工之前合理确定，并报主管税务机关备案。成本对象一经确定，不能随意更改或相互混淆，如确需改变成本对象的，应征得主管税务机关同意。

2. 开发产品计税成本支出的项目。

（1）支付土地使用权费。

企业以非货币交易方式取得土地使用权的，应按下列规定确定其成本：

企业、单位以换取开发产品为目的，将土地使用权投资企业的，按下列规定进行处理：其一，换取的开发产品如为该项土地开发、建造的，接受投资的企业在接受土地使用权时暂不确认其成本，待首次分出开发产品时，再按应分出开发产品（包括首次分出的和以后应分出的）的市场公允价值和土地使用权转移过程中应支付的相关税费计算确认该项土地使用权的成本。如涉及补价，土地使用权的取得成本还应加上应支付的补价款或减除应收到的补价款。其二，换取的开发产品如为其他土地开发、建

造的，接受投资的企业在投资交易发生时，按应付出开发产品市场公允价值和土地使用权转移过程中应支付的相关税费计算确认该项土地使用权的成本。如涉及补价，土地使用权的取得成本还应加上应支付的补价款或减除应收到的补价款。

企业、单位以股权的形式，将土地使用权投资企业的，接受投资的企业应在投资交易发生时，按该项土地使用权的市场公允价值和土地使用权转移过程中应支付的相关税费计算确认该项土地使用权的取得成本。如涉及补价，土地使用权的取得成本还应加上应支付的补价款或减除应收到的补价款。

（2）土地征用费及拆迁补偿费。指为取得土地开发使用权（或开发权）而发生的各项费用，主要包括土地买价或出让金、大市政配套费、契税、耕地占用税、土地使用费、土地闲置费、土地变更用途和超面积补交的地价及相关税费、拆迁补偿支出、安置及动迁支出、回迁房建造支出、农作物补偿费、危房补偿费等。

（3）前期工程费。指项目开发前期发生的水文地质勘察、测绘、规划、设计、可行性研究、筹建、场地通平等前期费用。

（4）建筑安装工程费。指开发项目开发过程中发生的各项建筑安装费用。主要包括开发项目建筑工程费和开发项目安装工程费等。

（5）基础设施建设费。指开发项目在开发过程中所发生的各项基础设施支出，主要包括开发项目内道路、供水、供电、供气、排污、排洪、通讯、照明等社区管网工程费和环境卫生、园林绿化等园林环境工程费。

（6）公共配套设施费。指开发项目内发生的、独立的、非营利性的，且产权属于全体业主的，或无偿赠与地方政府、政府公用事业单位的公共配套设施支出。

（7）开发间接费。指企业为直接组织和管理开发项目所发生的，且不能将其归属于特定成本对象的成本费用性支出。主要包括管理人员工资、职工福利费、折旧费、修理费、办公费、水电费、劳动保护费、工程管理费、周转房摊销以及项目营销设施建造费等。

3. 企业开发产品的计税成本和费用的分配和确认。

（1）对当期实际发生的各项支出，按其性质、经济用途及发生的地点、时间区进行整理、归类，并将其区分为应计入成本对象的成本和应在当期税前扣除的期间费用。同时还应按规定对在有关预提费用和待摊费用进行计量与确认。

（2）对应计入成本对象中的各项实际支出、预提费用、待摊费用等合理的划分为直接成本、间接成本和共同成本，并按规定将其合理的归集、分配至已完工成本对象、在建成本对象和未建成本对象。

（3）对期前已完工成本对象应负担的成本费用按已销开发产品、未销开发产品和固定资产进行分配，其中应由已销开发产品负担的部分，在当期纳税申报时进行扣除，未销开发产品应负担的成本费用待其实际销售时再予扣除。

（4）对本期已完工成本对象分类为开发产品和固定资产并对其计税成本进行结算。其中属于开发产品的，应按可售面积计算其单位工程成本，据此再计算已销开发产品计税成本和未销开发产品计税成本。对本期已销开发产品的计税成本，准予在当期扣除，未销开发产品计税成本待其实际销售时再予扣除。

（5）对本期未完工和尚未建造的成本对象应当负担的成本费用，应按分别建立明细台账，待开发产品完工后再予结算。

（6）其他需要分配的开发产品的成本。①土地成本，一般按占地面积法进行分配。如果确需结合其他方法进行分配的，应商税务机关同意。土地开发同时连结房地产开发的，属于一次性取得土地分期开发房地产的情况，其土地开发成本经商税务机关同意后可先按土地整体预算成本进行分配，待土地整体开发完毕再行调整。②单独作为过渡性成本对象核算的公共配套设施开发成本，应按建筑面积法进行分配。③借款费用属于不同成本对象共同负担的，按直接成本法或按预算造价法进行分配。④其他成本项目的分配法由企业自行确定。

4. 共同成本和不能分清负担对象的间接成本的分配方法。

企业开发、建造的开发产品应按制造成本法进行计量与核算。其中，应计入开发产品成本中的费用属于直接成本和能够分清成本对象的间接成本，直接计入成本对象。共同成本和不能分清负担对象的间接成本，应按受益的原则和配比的原则分配至各成本对象。具体分配方法可按以下规定选择其一：

（1）占地面积法。指按已动工开发成本对象占地面积占开发用地总面积的比例进行分配。①一次性开发的，按某一成本对象占地面积占全部成本对象占地总面积的比例进行分配。②分期开发的，首先按本期全部成本对象占地面积占开发用地总面积的比例进行分配，然后再按某一成本对象占地面积占期内全部成本对象占地总面积的比例进行分配。

期内全部成本对象应负担的占地面积为期内开发用地占地面积减除应由各期成本对象共同负担的占地面积。

（2）建筑面积法。指按已动工开发成本对象建筑面积占开发用地总建筑面积的比例进行分配。①一次性开发的，按某一成本对象建筑面积占全部成本对象建筑面积的比例进行分配。②分期开发的，首先按期内成本对象建筑面积占开发用地计划建筑面积的比例进行分配，然后再按某一成本对象建筑面积占期内成本对象总建筑面积的比例进行分配。

（3）直接成本法。指按期内某一成本对象的直接开发成本占期内全部成本对象直接开发成本的比例进行分配。

（4）预算造价法。指按期内某一成本对象预算造价占期内全部成本对象预算造价的比例进行分配。

5. 开发产品成本确认的其他规定。

（1）除以下几项预提（应付）费用外，计税成本均应为实际发生的成本。其一，出包工程未最终办理结算而未取得全额发票的，在证明资料充分的前提下，其发票不足金额可以预提，但最高不得超过合同总金额的10%。其二，公共配套设施尚未建造或尚未完工的，可按预算造价合理预提建造费用。此类公共配套设施必须符合已在售房合同、协议或广告、模型中明确承诺建造且不可撤销，或按照法律法规规定必须配套建造的条件。其三，应向政府上交但尚未上交的报批报建费用、物业完善费用可以按规定预提。物业完善费用是指按规定应由企业承担的物业管理基金、公建维修基金或其他专项基金。

（2）企业单独建造的停车场所，应作为成本对象单独核算。利用地下基础设施形成的停车场所，作为公共配套设施进行处理。

（3）企业在结算计税成本时其实际发生的支出应当取得但未取得合法凭据的，不得计入计税成本，待实际取得合法凭据时，再按规定计入计税成本。

（4）开发产品完工以后，企业可在完工年度企业所得税汇算清缴前选择确定计税成本核算的终止日，不得滞后。凡已完工开发产品在完工年度未按规定结算计税成本，主管税务机关有权确定或核定其计税成本，据此进行纳税调整，并按《中华人民共和国税收征收管理法》的有关规定对其进行处理。

（二）费用及损失扣除的规定（适用房地产开发经营的特殊规定）

企业税前允许扣除的费用包括管理费用、财务费用和销售费用。各项费用扣除、除依据企业所得税各相关法规处理外，《房地产开发经营业务企业所得税处理办法》（国税发［2009］31）对所得税税前扣除各项费用的特殊规定如下：

1. 企业的利息支出。

企业的利息支出按以下规定进行处理：（1）企业为建造开发产品借入资金而发生的符合税收规定的借款费用，可按企业会计准则的规定进行归集和分配，其中属于财务费用性质的借款费用，可直接在税前扣除。（2）企业集团或其成员企业统一向金融机构借款分摊集团内部其他成员企业使用的，借入方凡能出具从金融机构取得借款的证明文件，可以在使用借款的企业间合理的分摊利息费用，使用借款的企业分摊的合理利息准予在税前扣除。

2. 销售费用。

企业委托境外机构销售开发产品的，其支付境外机构的销售费用（含佣金或手续费）不超过委托销售收入10%的部分，准予据实扣除。

3. 公用设施费用的处理。

（1）企业对尚未出售的已完工开发产品和按照有关法律、法规或合同规定对已售开发产品（包括共用部位、共用设施设备）进行日常维护、保养、修理等实际发生的维修费用，准予在当期据实扣除。

（2）企业将已计入销售收入的共用部位、共用设施设备维修基金按规定移交给有关部门、单位的，应于移交时扣除。

（3）企业在开发区内建造的会所、物业管理场所、电站、热力站、水厂、文体场馆、幼儿园等配套设施，按以下规定进行处理：其一，属于非营利性且产权属于全体业主的，或无偿赠与地方政府、公用事业单位的，可将其视为公共配套设施，其建造费用按公共配套设施费的有关规定进行处理。其二，属于营利性的，或产权归企业所有的，或未明确产权归属的，或无偿赠与地方政府、公用事业单位以外其他单位的，应当单独核算其成本。除企业自用应按建造固定资产进行处理外，其他一律按建造开发产品进行处理。

（4）企业在开发区内建造的邮电通讯、学校、医疗设施应单独核算成本，其中，由企业与国家有关业务管理部门、单位合资建设，完工后有偿移交的，国家有关业务管理部门、单位给予的经济补偿可直接抵扣该项目的建造成本，抵扣后的差额应调整当期应纳税所得额。

4. 折旧费用的处理。

企业开发产品转为自用的，其实际使用时间累计未超过12个月又销售的，不得在税前扣除折旧费用。

5. 损失的处理。

(1) 企业因国家无偿收回土地使用权而形成的损失，可作为财产损失按有关规定在税前扣除。

(2) 企业开发产品（以成本对象为计量单位）整体报废或毁损，其净损失按有关规定审核确认后准予在税前扣除。

(3) 企业采取银行按揭方式销售开发产品的，凡约定企业为购买方的按揭贷款提供担保的，其销售开发产品时向银行提供的保证金（担保金）不得从销售收入中减除，也不得作为费用在当期税前扣除，但实际发生损失时可据实扣除。

四、房地产开发经营业务应纳税所得额的计算

(一) 企业销售未完工开发产品取得的收入应纳税所得额的计算

1. 完工开发产品和未完工开发产品的划分。

现行所得税相关法规未解释未完工开发产品，但《房地产开发经营业务企业所得税处理办法》（国税发［2009］31号）对开发完工产品的解释为：除土地开发之外，其他开发产品符合下列条件之一的，应视为已经完工：(1) 开发产品竣工证明材料已报房地产管理部门备案；(2) 开发产品已开始投入使用；(3) 开发产品已取得了初始产权证明。

2. 未完工开发产品销售的应纳税所得额的确定。

(1) 企业销售未完工开发产品取得的收入，应先按预计计税毛利率分季（或月）计算出预计毛利额（扣除相关的期间费用、税金及附加及其他税法允许扣除的项目）计入当期应纳税所得额。开发产品完工后，企业应及时结算其计税成本并计算此前销售收入的实际毛利额，同时将其实际毛利额与其对应的预计毛利额之间的差额，计入当年度企业本项目与其他项目合并计算的应纳税所得额。

(2) 销售未完工开发产品的计税毛利率。企业销售未完工开发产品的计税毛利率由各省、自治区、直辖市国家税务局、地方税务局按下列规定进行确定：开发项目位于省、自治区、直辖市和计划单列市人民政府所在地城市城区和郊区的，不得低于15%；开发项目位于地及地级市城区及郊区的，不得低于10%；开发项目位于其他地区的，不得低于5%；开发项目属于经济适用房、限价房和危改房的，不得低于3%。

在年度纳税申报时，企业须出具对该项开发产品实际毛利额与预计毛利额之间差异调整情况的报告以及税务机关需要的其他相关资料。

(二) 完工开发产品应纳所得税的计算

1. 取得预售收入应纳税所得额的计算。

开发产品完工后，开发企业应根据收入的性质和销售方式，按照收入确认的原则，合理地将预售收入确认为实际销售收入，同时按规定结转其对应的计税成本，计算出该项开发产品实际销售收入的毛利额。该项开发产品实际销售收入毛利额与其预售收入毛利额之间的差额，计入完工年度的应纳税所得额。

凡已完工开发产品在完工年度未按规定结算计税成本，或未对其实际销售收入毛

利额和预售收入毛利额之间的差额进行纳税调整的，主管税务机关有权确定或核定其计税成本，据此进行纳税调整，并按《中华人民共和国税收征收管理法》的有关规定对其进行处理。

2. 未发生预售业务应纳税额计算。

应纳税所得额＝收入－开发产品计税成本（成本）－费用－税金－损失－其他扣除项目的金额

（三）开发企业应纳所得税的核定征收

开发企业出现下列情形之一的，税务机关可对其以往应缴的企业所得税按核定征收方式进行征收、管理并逐步规范，同时按《中华人民共和国税收征收管理法》的规定进行处理，但不得事先规定开发企业的所得税按核定征收方式进行征收、管理。

1. 依照法律、行政法规的规定可以不设账簿的。

2. 依照法律、行政法规的规定应当设置但未设置账簿的。

3. 擅自销毁账簿的或者拒不提供纳税资料的。

4. 虽设置账簿，但账目混乱或成本资料、收入凭证、费用凭证残缺不齐，难以查账的。

5. 发生纳税义务，未按照规定的期限办理纳税申报，经税务机关责令限期申报，逾期仍不申报的。

6. 纳税人申报的计税依据明显偏低，又无正当理由的。

五、房地产开发经营业务特定事项的税务处理

（一）合资开发房地产项目

企业以本企业为主体联合其他企业、单位、个人合作或合资开发房地产项目，且该项目未成立独立法人公司的，按下列规定进行处理：

1. 凡开发合同或协议中约定向投资各方（即合作、合资方，下同）分配开发产品的，企业在首次分配开发产品时，如该项目已经结算计税成本，其应分配给投资方开发产品的计税成本与其投资额之间的差额计入当期应纳税所得额；如未结算计税成本，则将投资方的投资额视同销售收入进行相关的税务处理。

2. 凡开发合同或协议中约定分配项目利润的，应按以下规定进行处理：（1）企业应将该项目形成的营业利润额并入当期应纳税所得额统一申报缴纳企业所得税，不得在税前分配该项目的利润。同时不能因接受投资方投资额而在成本中摊销或在税前扣除相关的利息支出。（2）投资方取得该项目的营业利润应视同股息、红利进行相关的税务处理。

（二）土地使用权投资以换取开发产品

企业以换取开发产品为目的，将土地使用权投资其他企业房地产开发项目的，按以下规定进行处理：企业应在首次取得开发产品时，将其分解为转让土地使用权和购入开发产品两项经济业务进行所得税处理，并按应从该项目取得的开发产品（包括首次取得的和以后应取得的）的市场公允价值计算确认土地使用权转让所得或损失。

第二节　房地产开发经营业务所得税处理的相关纳税申报表分析填报

一、完工开发产品销售的企业所得税纳税申报表填报

（一）完工开发产品销售所得税和会计处理的比较

根据现行所得税基本法规规定，完工开发产品销售在销售确认和税前扣除项目的处理上所得税和会计都存在差异，差异的处理与一般业务的处理方法一致。即设置《纳税调整备查账》序时记录差异的内容，在当期所得税汇算清缴，填报纳税申报表时进行调整。

《房地产开发经营业务企业所得税处理办法》（国税发［2009］31号）对完工产品成本计算的方法做出了明确的规定，为了减少所得税和会计的差异，在符合会计准则的前提下，会计处理应保持和所得税一致。

（二）完工开发产品销售的企业所得税纳税申报表填报

完工开发产品销售的企业所得税纳税申报表填报与一般企业的业务处理一致。

二、未完工开发产品销售的企业所得税纳税申报表填报

（一）未完工开发产品销售所得税和会计处理的比较

未完工开发产品销售的会计处理。《企业会计准则14号——收入准则》规定：销售商品收入同时满足下列条件的，才能予以确认。企业已将商品所有权上的主要风险和报酬转移给购货方；企业既没有保留通常与所有权相联系的继续管理权，也没有对已售出的商品实施有效控制；收入的金额能够可靠计量；相关经济利益很可能流入企业；相关的、已发生的或将发生的成本能够可靠计量。对于企业取得的开发产品的预售收入，由于不具备会计准则规定的“相关的、已发生的或将发生的成本能够可靠计量”等要件，所以会计上一般不确认收入实现。

未完工开发产品的所得税处理。《房地产开发经营业务企业所得税处理办法》（国税发［2009］31号）规定：“企业通过正式签订《房地产销售合同》或《房地产预售合同》所取得的收入，应确认为销售收入的实现。”对于房地产开发企业通过与购买方正式签订《房地产销售合同》或《房地产预售合同》的形式，销售未完工开发产品取得的货币流入，所得税确认收入实现，并计算预计毛利额计入当期应纳税所得额。

（二）未完工开发产品销售的企业所得税纳税申报表填报

在企业所得税纳税申报表的附表三《纳税调整明细表》中的52行专门设置“房地产企业预售收入计算的预计利润”的项目（见表19－1）。对此项目的税法解释为：第52行“五、房地产企业预售收入计算的预计利润”：第3列“调增金额”填报从事房地产业务的纳税人本期取得的预售收入，按照税收规定的预计利润率计算的预计利润；第4列“调减金额”填报本期将预售收入转为销售收入，其结转的预售收入已按税收规定的预计利润率计算的预计利润转回数。第1列“账载金额”、第2列“税收金额”不填。

表 19－1 纳税调整项目明细表

行次	项目	账载金额	税收金额	调增金额	调减金额
		1	2	3	4
	……				
52	五、房地产企业预售收入计算的预计利润	*	*		
	……				

［例 19－1］ 甲房地产开发企业 2008 年 12 月将未完工部分项目与购买者正式签订《房地产预售合同》取得预售收入3 000万元，当地税务机关确定房地产预售利润率为 15%。

1. 企业的会计处理。

根据会计准则，由于对开发产品销售的成本无法准确计量，所以对货币流入不确认收入实现，企业的账务处理为：

借：银行存款　　300 000 000

　贷：预收账款　　300 000 000

2. 所得税处理及与会计差异的调整。

2008 年该公司所得税的毛利额＝3 000×15%＝450（万元）

对于这部分毛利额会计不予确认，未计入有关损益账户，影响当期会计利润。所得税和会计的差异在当期他所得税纳税申报表时进行调整。

3. 纳税申报表填报。

企业 2008 年所得税纳税申报表填报时，在《纳税调整明细表》第 52 行“五、房地产企业预售收入计算的预计利润”：第 3 列“调增金额”，填入 450 万元。其他业务所得税和会计差异的调整及纳税申报表填报在一般项目中进行。

［例 19－2］ 接上例，甲企业 2009 年项目完工，当年会计确认销售收入80 000万元（包括 2008 年预收款结转收入30 000万元），企业完工开发产品的账面成本和计税基础相等。

企业 2009 年的会计核算中计入了 2008 年的预售收入3 000万元，并配比相应的成本。

企业所得税必须对计入 2008 年的预计毛利额进行纳税调减的处理。

在 2009 年所得税纳税申报表填报时，在《纳税调整明细表》第 52 行“五、房地产企业预售收入计算的预计利润”：第 4 列“调减金额”，填入 450 万元。

其他业务所得税和会计差异的调整及纳税申报表填报按一般项目处理。

第二十章　企业所得税特别纳税调整和相关纳税申报表分析填报

《中华人民共和国企业所得税法》、《中华人民共和国企业所得税法实施条例》、《中华人民共和国税收征收管理法》、《中华人民共和国税收征收管理法实施细则》以及我国政府与有关国家（地区）政府签署的避免双重征税协定（安排）就特别纳税调整问题分别做出了规定。为了进一步规范特别纳税调整管理，国家税务总局制定了《特别纳税调整实施办法（试行）》（国税发［2009］2号），对企业的转让定价、预约定价安排、成本分摊协议、受控外国企业、资本弱化以及一般反避税等特别纳税调整事项给出了具体规定。

第一节　企业所得税特别纳税调整的法规分析

一、特别纳税调整的一般分析

（一）关联企业的认定及关联企业交易所得税原则

1. 关联企业的认定。

《中华人民共和国企业所得税法实施条例》第一百零九条规定："企业所得税法第四十一条所称关联方，是指与企业有下列关联关系之一的企业、其他组织或者个人：资金、经营、购销等方面存在直接或者间接的控制关系；直接或者间接地同为第三者控制；在利益上具有相关联的其他关系。"

《特别纳税调整实施办法（试行）》（国税发［2009］2号）第九条对关联关系做出了解释，关联关系主要是指企业与其他企业、组织或个人具有下列之一关系：

（1）一方直接或间接持有另一方的股份总和达到25%以上，或者双方直接或间接同为第三方所持有的股份达到25%以上。若一方通过中间方对另一方间接持有股份，只要一方对中间方持股比例达到25%以上，则一方对另一方的持股比例按照中间方对另一方的持股比例计算。

（2）一方与另一方（独立金融机构除外）之间借贷资金占一方实收资本50%以上，或者一方借贷资金总额的10%以上是由另一方（独立金融机构除外）担保。

（3）一方半数以上的高级管理人员（包括董事会成员和经理）或至少一名可以控制董事会的董事会高级成员是由另一方委派，或者双方半数以上的高级管理人员（包括董事会成员和经理）或至少一名可以控制董事会的董事会高级成员同为第三方委派。

（4）一方半数以上的高级管理人员（包括董事会成员和经理）同时担任另一方的高级管理人员（包括董事会成员和经理），或者一方至少一名可以控制董事会的董事会高级成员同时担任另一方的董事会高级成员。

（5）一方的生产经营活动必须由另一方提供的工业产权、专有技术等特许权才能正常进行。

（6）一方的购买或销售活动主要由另一方控制。

（7）一方接受或提供劳务主要由另一方控制。

（8）一方对另一方的生产经营、交易具有实质控制，或者双方在利益上具有相关联的其他关系，包括虽未达到本条第（1）项持股比例，但一方与另一方的主要持股方享受基本相同的经济利益，以及家族、亲属关系等。

2. 关联企业的关联交易。

《特别纳税调整实施办法（试行）》（国税发［2009］2号）第十条的规定，关联交易主要包括以下类型：

（1）有形资产的购销、转让和使用，包括房屋建筑物、交通工具、机器设备、工具、商品、产品等有形资产的购销、转让和租赁业务；

（2）无形资产的转让和使用，包括土地使用权、版权（著作权）、专利、商标、客户名单、营销渠道、牌号、商业秘密和专有技术等特许权，以及工业品外观设计或实用新型等工业产权的所有权转让和使用权的提供业务。

（3）融通资金，包括各类长短期资金拆借和担保以及各类计息预付款和延期付款等业务。

（4）提供劳务，包括市场调查、行销、管理、行政事务、技术服务、维修、设计、咨询、代理、科研、法律、会计事务等服务的提供。

3. 关联企业交易所得税原则——独立交易原则。

《企业所得税法》第四十一条规定：企业与其关联方之间的业务往来，不符合独立交易原则而减少企业或者其关联方应纳税收入或者所得额的，税务机关有权按照合理方法调整。

《企业所得税法实施条例》第一百一十条条规定：企业所得税法第四十一条所称独立交易原则，是指没有关联关系的交易各方，按照公平成交价格和营业常规进行业务往来遵循的原则。

（二）特别纳税调整的范围

1.《企业所得税法》第四十一条规定：企业与其关联方之间的业务往来，不符合独立交易原则而减少企业或者其关联方应纳税收入或者所得额的，税务机关有权按照合理方法调整。

2.《企业所得税法》第四十四条规定：企业不提供与其关联方之间业务往来资料，或者提供虚假、不完整资料，未能真实反映其关联业务往来情况的，税务机关有权依法核定其应纳税所得额。

3.《企业所得税法》第四十七条规定：企业实施其他不具有合理商业目的的安排而减少其应纳税收入或者所得额的，税务机关有权按照合理方法调整。上述“不具有合理商业目的”，是指以减少、免除或者推迟缴纳税款为主要目的。

4.《中华人民共和国税收征收管理法》第三十六条规定：企业或者外国企业在中国境内设立的从事生产、经营的机构、场所与其关联企业之间的业务往来，应当按照独立企业之间的业务往来收取或者支付价款、费用；不按照独立企业之间的业务往来收取或者支付价款、费用，而减少其应纳税的收入或者所得额的，税务机关有权进行合理调整。

5.《企业所得税法实施条例》第一百二十三条规定：企业与其关联方之间的业务往来，不符合独立交易原则，或者企业实施其他不具有合理商业目的安排的，税务机关有权在该业务发生的纳税年度起10年内，进行纳税调整。

（三）特别纳税调整管理的事项

1. 转让定价管理。

2. 预约定价安排管理。

3. 成本分摊协议管理。

4. 受控外国企业管理。

5. 资本弱化管理。

6. 一般反避税管理。

二、特别纳税调整管理的事项

（一）转让定价管理

《特别纳税调整实施办法（试行）》（国税发［2009］2号）规定：转让定价管理是指税务机关按照所得税法第六章和征管法第三十六条的有关规定，对企业与其关联方之间的业务往来（以下简称关联交易）是否符合独立交易原则进行审核评估和调查调整等工作的总称。

1. 转让定价方法。

企业发生关联交易以及税务机关审核、评估关联交易均应遵循独立交易原则，选用合理的转让定价方法。

根据所得税法实施条例第一百一十一条的规定，转让定价方法包括可比非受控价格法、再销售价格法、成本加成法、交易净利润法、利润分割法和其他符合独立交易原则的方法。

（1）可比非受控价格法。

可比非受控价格法以非关联方之间进行的与关联交易相同或类似业务活动所收取的价格作为关联交易的公平成交价格。

（2）再销售价格法。

再销售价格法以关联方购进商品再销售给非关联方的价格减去可比非关联交易毛利后的金额作为关联方购进商品的公平成交价格。其计算公式如下：

公平成交价格＝再销售给非关联方的价格×（1－可比非关联交易毛利率）

可比非关联交易毛利率＝可比非关联交易毛利/可比非关联交易收入净额×100%

（3）成本加成法。

成本加成法以关联交易发生的合理成本加上可比非关联交易毛利作为关联交易的公平成交价格。其计算公式如下：

公平成交价格＝关联交易的合理成本×（1＋可比非关联交易成本加成率）

可比非关联交易成本加成率＝可比非关联交易毛利/可比非关联交易成本×100%

（4）交易净利润法。

交易净利润法以可比非关联交易的利润率指标确定关联交易的净利润。利润率指标包括资产收益率、销售利润率、完全成本加成率、贝里比率等。

（5）利润分割法。

利润分割法根据企业与其关联方对关联交易合并利润的贡献计算各自应该分配的利润额。利润分割法分为一般利润分割法和剩余利润分割法。

一般利润分割法根据关联交易各参与方所执行的功能、承担的风险以及使用的资产，确定各自应取得的利润。

剩余利润分割法将关联交易各参与方的合并利润减去分配给各方的常规利润的余额作为剩余利润，再根据各方对剩余利润的贡献程度进行分配。

2. 转让定价调查。

税务机关有权依据税收征管法及其实施细则有关税务检查的规定，确定调查企业，进行转让定价调查、调整。被调查企业必须据实报告其关联交易情况，并提供相关资料，不得拒绝或隐瞒。

转让定价调查应重点选择以下企业：①关联交易数额较大或类型较多的企业；②长期亏损、微利或跳跃性盈利的企业；③低于同行业利润水平的企业；④利润水平与其所承担的功能风险明显不相匹配的企业；⑤与避税港关联方发生业务往来的企业；⑥未按规定进行关联申报或准备同期资料的企业；⑦其他明显违背独立交易原则的企业。

实际税负相同的境内关联方之间的交易，只要该交易没有直接或间接导致国家总体税收收入的减少，原则上不做转让定价调查、调整。

3. 转让定价调整。

经调查，企业关联交易符合独立交易原则的，税务机关应做出转让定价调查结论，并向企业送达《特别纳税调查结论通知书》。企业收到《特别纳税调查调整通知书》后，应按规定期限缴纳税款及利息。

（二）预约定价安排管理

1. 企业所得税法及实施条例的基本规定。

《企业所得税法》第四十二条规定：企业可以向税务机关提出与其关联方之间业务往来的定价原则和计算方法，税务机关与企业协商、确认后，达成预约定价安排。《企业所得税法实施条例》第一百一十三条规定：企业所得税法第四十二条所称预约定价安排，是指企业就其未来年度关联交易的定价原则和计算方法，向税务机关提出申请，与税务机关按照独立交易原则协商、确认后达成的协议。

2. 预约定价安排管理的含义。

《特别纳税调整实施办法（试行）》（国税发［2009］2号）规定：预约定价安排管理是指税务机关按照所得税法第四十二条和征管法实施细则第五十三条的规定，对企业提出的未来年度关联交易的定价原则和计算方法进行审核评估，并与企业协商达成预约定价安排等工作的总称。

3. 适用条件。

（1）企业可以依据所得税法第四十二条、所得税法实施条例第一百一十三条及征管法实施细则第五十三条的规定，与税务机关就企业未来年度关联交易的定价原则和计算方法达成预约定价安排。预约定价安排的谈签与执行通常经过预备会谈、正式申请、审核评估、磋商、签订安排和监控执行6个阶段。预约定价安排包括单边、双边和多边3种类型。

（2）预约定价安排适用于自企业提交正式书面申请年度的次年起3至5个连续年度的关联交易。

预约定价安排的谈签不影响税务机关对企业提交预约定价安排正式书面申请当年或以前年度关联交易的转让定价调查调整。

如果企业申请当年或以前年度的关联交易与预约定价安排适用年度相同或类似，经企业申请，税务机关批准，可将预约定价安排确定的定价原则和计算方法适用于申请当年或以前年度关联交易的评估和调整。

4. 预约定价安排程序。

（1）企业正式申请谈签预约定价安排前，应向税务机关书面提出谈签意向，税务机关可以根据企业的书面要求，与企业就预约定价安排的相关内容及达成预约定价安排的可行性开展预备会谈，并填制《预约定价安排会谈记录》。

（2）企业应在接到税务机关正式会谈通知之日起3个月内，向税务机关提出预约定价安排书面申请报告，并报送《预约定价安排正式申请书》。企业申请双边或多边预约定价安排的，应将《预约定价安排正式申请书》和《启动相互协商程序申请书》同时报送国家税务总局和主管税务机关。

（3）税务机关应自收到企业提交的预约定价安排正式书面申请及所需文件、资料之日起5个月内，进行审核和评估。根据审核和评估的具体情况可要求企业补充提供有关资料，形成审核评估结论。因特殊情况，需要延长审核评估时间的，税务机关应及时书面通知企业，并向企业送达《预约定价安排审核评估延期通知书》，延长期限不得超过3个月。

（4）税务机关应自单边预约定价安排形成审核评估结论之日起30日内，与企业进行预约定价安排磋商，磋商达成一致的，应将预约定价安排草案和审核评估报告一并层报国家税务总局审定。

国家税务总局与税收协定缔约对方税务主管当局开展双边或多边预约定价安排的磋商，磋商达成一致的，根据磋商备忘录拟定预约定价安排草案。

（5）税务机关与企业就单边预约定价安排草案内容达成一致后，双方的法定代表人或法定代表人授权的代表正式签订单边预约定价安排。

（6）税务机关应建立监控管理制度，监控预约定价安排的执行情况。

（7）预约定价安排期满后自动失效。如企业需要续签的，应在预约定价安排执行期满前90日内向税务机关提出续签申请，报送《预约定价安排续签申请书》，并提供可靠的证明材料，说明现行预约定价安排所述事实和相关环境没有发生实质性变化，并且一直遵守该预约定价安排中的各项条款和约定。

（8）税务机关与企业在预约定价安排预备会谈、正式谈签、审核、分析等全过程中所获取或得到的所有信息资料，双方均负有保密义务。

（9）税务机关应在与企业正式签订单边预约定价安排或双边或多边预约定价安排执行协议书后10日内，以及预约定价安排执行中发生修订、终止等情况后20日内，将单边预约定价安排正式文本、双边或多边预约定价安排执行协议书以及安排变动情况的说明层报国家税务总局备案。

（三）成本分摊协议管理

1. 企业所得税法及实施条例的基本规定。

《企业所得税法》第四十一条规定：企业与其关联方共同开发、受让无形资产，或者共同提供、接受劳务发生的成本，在计算应纳税所得额时应当按照独立交易原则进行分摊。《企业所得税法实施条例》第一百一十二条规定：企业可以依照企业所得税法第四十一条第二款的规定，按照独立交易原则与其关联方分摊共同发生的成本，达成成本分摊协议。

2. 成本分摊协议管理的含义。

《特别纳税调整实施办法（试行）》（国税发［2009］2 号）规定：成本分摊协议管理是指税务机关按照所得税法第四十一条第二款的规定，对企业与其关联方签署的成本分摊协议是否符合独立交易原则进行审核评估和调查调整等工作的总称。

3. 适用范围。

根据所得税法第四十一条第二款及所得税法实施条例第一百一十二条的规定，企业与其关联方签署成本分摊协议，共同开发、受让无形资产，或者共同提供、接受劳务。涉及劳务的成本分摊协议一般适用于集团采购和集团营销策划。

4. 成本分摊协议主要内容。

（1）成本分摊协议的参与方对开发、受让的无形资产或参与的劳务活动享有受益权，并承担相应的活动成本。关联方承担的成本应与非关联方在可比条件下为获得上述受益权而支付的成本相一致。

参与方使用成本分摊协议所开发或受让的无形资产不需另支付特许权使用费。

企业对成本分摊协议所涉及无形资产或劳务的受益权应有合理的、可计量的预期收益，且以合理商业假设和营业常规为基础。

（2）已经执行并形成一定资产的成本分摊协议，参与方发生变更或协议终止执行，应根据独立交易原则进行处理。

（3）成本分摊协议执行期间，参与方实际分享的收益与分摊的成本不相配比的，应根据实际情况做出补偿调整。

5. 成本分摊协议确认成本的所得税处理。

（1）对于符合独立交易原则的成本分摊协议，有关税务处理如下：

①企业按照协议分摊的成本，应在协议规定的各年度税前扣除。

②涉及补偿调整的，应在补偿调整的年度计入应纳税所得额。

③涉及无形资产的成本分摊协议，加入支付、退出补偿或终止协议时对协议成果分配的，应按资产购置或处置的有关规定处理。

（2）企业与其关联方签署成本分摊协议，有下列情形之一的，其自行分摊的成本不得税前扣除：

①不具有合理商业目的和经济实质。

②不符合独立交易原则。

③没有遵循成本与收益配比原则。

④未按本办法有关规定备案或准备、保存和提供有关成本分摊协议的同期资料。

⑤自签署成本分摊协议之日起经营期限少于 20 年。

企业执行成本分摊协议期间，无论成本分摊协议是否采取预约定价安排的方式，均应在本年度的次年6月20日之前向税务机关提供成本分摊协议的同期资料。

（四）受控外国企业管理

1. 企业所得税法及实施条例的基本规定。

《企业所得税法》第四十五条规定：由居民企业，或者由居民企业和中国居民控制的设立在实际税负明显低于本法第四条第一款规定税率水平的国家（地区）的企业，并非由于合理的经营需要而对利润不作分配或者减少分配的，上述利润中应归属于该居民企业的部分，应当计入该居民企业的当期收入。

《企业所得税法实施条例》第一百一十七条规定：企业所得税法第四十五条所称控制，包括：（1）居民企业或者中国居民直接或者间接单一持有外国企业10%以上有表决权股份，且由其共同持有该外国企业50%以上股份；（2）居民企业，或者居民企业和中国居民持股比例没有达到第（1）项规定的标准，但在股份、资金、经营、购销等方面对该外国企业构成实质控制。

《企业所得税法实施条例》第一百一十八条规定：企业所得税法第四十五条所称实际税负明显低于企业所得税法第四条第一款规定税率水平，是指低于企业所得税法第四条第一款规定税率（25%）的50%。

2. 受控外国企业管理的基本含义。

《特别纳税调整实施办法（试行）》（国税发［2009］2号）规定：受控外国企业管理是指税务机关按照所得税法第四十五条的规定，对受控外国企业不作利润分配或减少分配进行审核评估和调查，并对归属于中国居民企业所得进行调整等工作的总称。

受控外国企业是指根据所得税法第四十五条的规定，由居民企业，或者由居民企业和居民个人（以下统称中国居民股东，包括中国居民企业股东和中国居民个人股东）控制的设立在实际税负低于所得税法第四条第一款规定税率水平50%的国家（地区），并非出于合理经营需要对利润不作分配或减少分配的外国企业。

上述“控制”，是指在股份、资金、经营、购销等方面构成实质控制。其中，股份控制是指由中国居民股东在纳税年度任何一天单层直接或多层间接单一持有外国企业10%以上有表决权股份，且共同持有该外国企业50%以上股份。

中国居民股东多层间接持有股份按各层持股比例相乘计算，中间层持有股份超过50%的，按100%计算。

3. 受控外国企业管理的所得税处理。

（1）计入中国居民企业股东当期的视同受控外国企业股息分配的所得，应按以下公式计算：

中国居民企业股东当期所得＝视同股息分配额×实际持股天数÷受控外国企业纳税年度天数×股东持股比例

中国居民股东多层间接持有股份的，股东持股比例按各层持股比例相乘计算。

（2）计入中国居民企业股东当期所得已在境外缴纳的企业所得税税款，可按照所得税法或税收协定的有关规定抵免。

（3）受控外国企业与中国居民企业股东纳税年度存在差异的，应将视同股息分配所得计入受控外国企业纳税年度终止日所属的中国居民企业股东的纳税年度。

受控外国企业实际分配的利润已根据所得税法第四十五条规定征税的，不再计入中国居民企业股东的当期所得。

（4）中国居民企业股东能够提供资料证明其控制的外国企业满足以下条件之一的，可免于将外国企业不作分配或减少分配的利润视同股息分配额，计入中国居民企业股东的当期所得：

①设立在国家税务总局指定的非低税率国家（地区）。

②主要取得积极经营活动所得。

③年度利润总额低于500万元人民币。

（五）资本弱化管理

1. 企业所得税法及实施条例的基本规定。

《企业所得税法》第四十六条规定：企业从其关联方接受的债权性投资与权益性投资的比例超过规定标准而发生的利息支出，不得在计算应纳税所得额时扣除。

《企业所得税法实施条例》第一百一十九条规定：企业所得税法第四十六条所称债权性投资，是指企业直接或者间接从关联方获得的，需要偿还本金和支付利息或者需要以其他具有支付利息性质的方式予以补偿的融资。

企业间接从关联方获得的债权性投资，包括：

①关联方通过无关联第三方提供的债权性投资。

②无关联第三方提供的、由关联方担保且负有连带责任的债权性投资。

③其他间接从关联方获得的具有负债性质的债权性投资。

企业所得税法第四十六条所称权益性投资，是指企业接受的不需要偿还本金和支付利息，投资人对企业净资产拥有所有权的投资。

2. 企业接受关联方债权性投资利息支出税前扣除的税务处理。

《关于企业关联方利息支出税前扣除标准有关税收政策问题》（财税［2008］121号）对企业接受关联方债权性投资利息支出税前扣除的税务处理做出了具体规定：

（1）在计算应纳税所得额时，企业实际支付给关联方的利息支出，不超过以下规定比例和税法及其实施条例有关规定计算的部分，准予扣除，超过的部分不得在发生当期和以后年度扣除。

（2）企业实际支付给关联方的利息支出，除符合本通知第二条规定外，其接受关联方债权性投资与其权益性投资比例：金融企业为5∶1；其他企业为2∶1。

（3）企业如果能够按照税法及其实施条例的有关规定提供相关资料，并证明相关交易活动符合独立交易原则的；或者该企业的实际税负不高于境内关联方的，其实际支付给境内关联方的利息支出，在计算应纳税所得额时准予扣除。

（4）企业同时从事金融业务和非金融业务，其实际支付给关联方的利息支出，应按照合理方法分开计算；没有按照合理方法分开计算的，一律按本通知第一条有关其他企业的比例计算准予税前扣除的利息支出。

（5）企业自关联方取得的不符合规定的利息收入应按照有关规定缴纳企业所得税。

《特别纳税调整实施办法（试行）》（国税发［2009］2号）规定：所得税法第四十六条所称不得在计算应纳税所得额时扣除的利息支出应按以下公式计算：

不得扣除利息支出 = 年度实际支付的全部关联方利息 ×（1 − 标准比例/关联债资比例）

其中：标准比例是指《财政部、国家税务总局关于企业关联方利息支出税前扣除标准有关税收政策问题的通知》（财税［2008］121 号）规定的比例。

关联债资比例是指根据所得税法第四十六条及所得税法实施条例第一百一十九的规定，企业从其全部关联方接受的债权性投资（以下简称关联债权投资）占企业接受的权益性投资（以下简称权益投资）的比例，关联债权投资包括关联方以各种形式提供担保的债权性投资。

关联债资比例的具体计算方法如下：

关联债资比例 = 年度各月平均关联债权投资之和/年度各月平均权益投资之和

其中：各月平均关联债权投资 =（关联债权投资月初账面余额 + 月末账面余额）/2

各月平均权益投资 =（权益投资月初账面余额 + 月末账面余额）/2

权益投资为企业资产负债表所列示的所有者权益金额。如果所有者权益小于实收资本（股本）与资本公积之和，则权益投资为实收资本（股本）与资本公积之和；如果实收资本（股本）与资本公积之和小于实收资本（股本）金额，则权益投资为实收资本（股本）金额。

所得税法第四十六条所称的利息支出包括直接或间接关联债权投资实际支付的利息、担保费、抵押费和其他具有利息性质的费用。

所得税法第四十六条规定不得在计算应纳税所得额时扣除的利息支出，不得结转到以后纳税年度；应按照实际支付给各关联方利息占关联方利息总额的比例，在各关联方之间进行分配，其中，分配给实际税负高于企业的境内关联方的利息准予扣除；直接或间接实际支付给境外关联方的利息应视同分配的股息，按照股息和利息分别适用的所得税税率差补征企业所得税，如已扣缴的所得税税款多于按股息计算应征所得税税款，多出的部分不予退税。

3. 资本弱化管理的含义。

《特别纳税调整实施办法》（国税发［2009］2 号）规定：资本弱化管理是指税务机关按照所得税法第四十六条的规定，对企业接受关联方债权性投资与企业接受的权益性投资的比例是否符合规定比例或独立交易原则进行审核评估和调查调整等工作的总称。

4. 资本弱化管理的内容。

企业关联债资比例超过标准比例的利息支出，如要在计算应纳税所得额时扣除，除遵照本办法第三章规定外，还应准备、保存、并按税务机关要求提供以下同期资料，证明关联债权投资金额、利率、期限、融资条件以及债资比例等均符合独立交易原则

企业未按规定准备、保存和提供同期资料证明关联债权投资金额、利率、期限、融资条件以及债资比例等符合独立交易原则的，其超过标准比例的关联方利息支出，不得在计算应纳税所得额时扣除。

企业实际支付关联方利息存在转让定价问题的，税务机关应首先按照本办法第五章的有关规定实施转让定价调查调整。

（六）一般反避税管理

1. 一般反避税管理的含义。

《特别纳税调整实施办法（试行）》（国税发［2009］2 号）规定：一般反避税管理是指税务机关按照所得税法第四十七条的规定，对企业实施其他不具有合理商业目

的的安排而减少其应纳税收入或所得额进行审核评估和调查调整等工作的总称。

2. 一般反避税管理的内容。

（1）税务机关可依据所得税法第四十七条及所得税法实施条例第一百二十条的规定对存在以下避税安排的企业，启动一般反避税调查：①滥用税收优惠；②滥用税收协定；③滥用公司组织形式；④利用避税港避税；⑤其他不具有合理商业目的的安排。

（2）税务机关应按照实质重于形式的原则审核企业是否存在避税安排，并综合考虑安排的以下内容：①安排的形式和实质；②安排订立的时间和执行期间；③安排实现的方式；④安排各个步骤或组成部分之间的联系；⑤安排涉及各方财务状况的变化；⑥安排的税收结果。

（3）税务机关应按照经济实质对企业的避税安排重新定性，取消企业从避税安排获得的税收利益。对于没有经济实质的企业，特别是设在避税港并导致其关联方或非关联方避税的企业，可在税收上否定该企业的存在。

（4）税务机关启动一般反避税调查时，应按照征管法及其实施细则的有关规定向企业送达《税务检查通知书》。企业应自收到通知书之日起60日内提供资料证明其安排具有合理的商业目的。企业未在规定期限内提供资料，或提供资料不能证明安排具有合理商业目的的，税务机关可根据已掌握的信息实施纳税调整，并向企业送达《特别纳税调查调整通知书》。

税务机关实施一般反避税调查，可按照征管法第五十七条的规定要求避税安排的筹划方如实提供有关资料及证明材料。一般反避税调查及调整须层报国家税务总局批准。

四、特别纳税调整的所得税处理

（一）补征税款并加收滞纳金

《企业所得税法》第四十八条规定：税务机关依照规定做出纳税调整，需要补征税款的，应当补征税款，并按照国务院规定加收利息。

《企业所得税法实施条例》第一百二十一条规定：税务机关根据税收法律、行政法规的规定，对企业做出特别纳税调整的，应当对补征的税款，自税款所属纳税年度的次年6月1日起至补缴税款之日止的期间，按日加收利息。并且加收的利息，不得在计算应纳税所得额时扣除。

《企业所得税法实施条例》第一百二十二条规定：企业所得税法第四十八条所称利息，应当按照税款所属纳税年度中国人民银行公布的与补税期间同期的人民币贷款基准利率加5个百分点计算。企业依照企业所得税法第四十三条和本条例的规定提供有关资料的，可以只按前款规定的人民币贷款基准利率计算利息。

按照本条规定加收的利息，不得在计算应纳税所得额时扣除。

（二）关联交易双方做相应调整消除双重征税

《特别纳税调整实施办法（试行）》（国税发［2009］2号）规定：关联交易一方被实施转让定价调查调整的，应允许另一方做相应调整，以消除双重征税。相应调整涉及税收协定国家（地区）关联方的，经企业申请，国家税务总局与税收协定缔约对方税务主管当局根据税收协定有关相互协商程序的规定开展磋商谈判。

税务机关对企业实施转让定价调整，涉及企业向境外关联方支付利息、租金、特许权使用费等已扣缴的税款，不再做相应调整。

第二节 企业所得税特别纳税调整的相关纳税申报表分析填报

一、特别纳税调整资料管理

（一）企业向税务机关报送年度企业所得税纳税申报表附送资料

《企业所得税法》第四十三条规定：企业向税务机关报送年度企业所得税纳税申报表时，应当就其与关联方之间的业务往来，附送年度关联业务往来报告表。税务机关在进行关联业务调查时，企业及其关联方，以及与关联业务调查有关的其他企业，应当按照规定提供相关资料。

《企业所得税法实施条例》第一百一十四条规定：企业所得税法第四十三条所称相关资料，包括：（1）与关联业务往来有关的价格、费用的制定标准、计算方法和说明等同期资料；（2）关联业务往来所涉及的财产、财产使用权、劳务等的再销售（转让）价格或者最终销售（转让）价格的相关资料；（3）与关联业务调查有关的其他企业应当提供的与被调查企业可比的产品价格、定价方式以及利润水平等资料；（4）其他与关联业务往来有关的资料。

企业应当在税务机关规定的期限内提供与关联业务往来有关的价格、费用的制定标准、计算方法和说明等资料。关联方以及与关联业务调查有关的其他企业应当在税务机关与其约定的期限内提供相关资料。

（二）按纳税年度准备、保存、并按税务机关要求提供其关联交易的同期资料

《特别纳税调整实施办法（试行）》（国税发［2009］2 号）规定：企业应根据所得税法实施条例第一百一十四条的规定，按纳税年度准备、保存、并按税务机关要求提供其关联交易的同期资料，同期资料主要包括以下内容：（1）组织结构；（2）生产经营情况；（3）关联交易情况；（4）可比性分析；（5）转让定价方法的选择和使用。

二、特别纳税调整纳税申报的填报报送的附表

《特别纳税调整实施办法（试行）》（国税发［2009］2 号）规定：实行查账征收的居民企业和在中国境内设立机构、场所并据实申报缴纳企业所得税的非居民企业向税务机关报送年度企业所得税纳税申报表时，应附送《中华人民共和国企业年度关联业务往来报告表》，包括《关联关系表》、《关联交易汇总表》、《购销表》、《劳务表》、《无形资产表》、《固定资产表》、《融通资金表》、《对外投资情况表》和《对外支付款项情况表》。（附表的表样及填报方法略）

企业按规定期限报送前述有关规定的报告表确有困难，需要延期的，应按征管法及其实施细则的有关规定办理。

三、特别纳税调整与《纳税调整明细表》

企业税纳税申报表《纳税调整明细表》（附表三）中的 53 行专门设置“六、特别

纳税调整应税所得”的项目。对此项目的税法解释为：第 3 列“调增金额”填报纳税人按特别纳税调整规定，自行调增的当年应税所得。第 1 列“账载金额”、第 2 列“税收金额”、第 4 列“调减金额”不填。

［例 20－1］A 企业 2009 年被税务部门实施反避税调查，税务机关根据税收法律、行政法规的规定，对 A 企业做出特别纳税调整的，确定应补交 2008 年企业所得税 100 万元，加收利息 5 万元；2009 年企业应增加所得税收入1 000万元。

1. 企业的账务处理。

（1）补税的业务处理。

企业补 2008 年应纳税 100 万元。账务处理为：

借：利润分配——未分配利润　　10 000 000

　贷：银行存款　　10 000 000

（2）企业交纳税务部门加收利息 5 万元。企业的账务处理为：

借：营业外支出　　50 000

　贷：银行存款　　50 000

2. 纳税申报表填报。

企业 2009 年纳税申报表填报。第一，对税务部门调整增加的所得额1 000万元在《纳税调整明细表》（附表三）中的 53 行“六、特别纳税调整应税所得”第 3 列“调增金额”填报50 000元；第二，根据《企业所得税法实施条例》规定加收的利息，不得在计算应纳税所得额时扣除，在《纳税调整明细表》（附表三）中的 37 行“17. 与取得收入无关的支出”第 3 列“调增金额”5 万元（见表 20－1）。

表 20－1　　企业所得税年度纳税申报表附表三

纳税调整项目明细表

填报时间：　　年　　月　　日　　　　金额单位：元

行次	项　目	账载金额	税收金额	调增金额	调减金额
		1	2	3	4
20	二、扣除类调整项目				
	……	*	*		
37	17. 与取得收入无关的支出	50 000	*	50 000	*
	……				
53	六、特别纳税调整应税所得	*	*	10 000 000	*
	……	*	*		

第二十一章　企业所得税特殊业务处理和特殊纳税申报表分析填报

企业所得税对特殊业务设置了特别的纳税申报表进行处理，主要涉及企业清算所得税、核定征收所得税和代扣代缴所得税的处理。

第一节　企业清算业务所得税处理和《企业清算所得税申报表》分析填报

一、企业清算业务所得税处理的法规分析

《中华人民共和国企业所得税法》第五十三条、第五十五条，《中华人民共和国企业所得税法实施条例》（国务院令第512号）第十一条，及《关于企业清算业务企业所得税处理若干问题的通知》（财税［2009］60号），对企业清算业务的所得税处理做出以下规定。

（一）企业清算所得税的基本概念及适用范围

企业清算的所得税处理，是指企业在不再持续经营，发生结束自身业务、处置资产、偿还债务以及向所有者分配剩余财产等经济行为时，对清算所得、清算所得税、股息分配等事项的处理。下列企业应进行清算的所得税处理：

1. 按《公司法》、《企业破产法》等规定需要进行清算的企业。

2. 企业重组中需要按清算处理的企业。

（二）企业清算的所得税处理的基本业务内容

1. 全部资产按可变现价值或交易价格，确认资产转让所得或损失。

2. 确认债权清理、债务清偿的所得或损失。

3. 改变持续经营核算原则，对预提或待摊性质的费用进行处理。

4. 依法弥补亏损，确定清算所得。

5. 计算并缴纳清算所得税。

6. 确定可向股东分配的剩余财产、应付股息等。

（三）清算企业的所得税处理

1. 计算清算所得。

企业的全部资产可变现价值或交易价格，减除资产的计税基础、清算费用、相关税费，加上债务清偿损益等后的余额，为清算所得。

清算所得＝全部资产可变现价值或交易价格－资产的计税基础－清算费用－相关税费＋债务清偿损益

2. 计算清算所得税。

清算所得税＝（清算所得－可以弥补以前年度的亏损）×所得税基本税率25%

3. 计算可以向所有者分配的剩余资产。

可以向所有者（股东）分配的剩余资产 = 企业全部资产的可变现价值或交易价格 - 清算费用 - 职工的工资 - 社会保险费用 - 法定补偿金 - 结清清算所得税 - 以前年度欠税等税款 - 清偿企业债务

4. 清算所得税计算的期限及纳税申报的期限。

企业应将整个清算期作为一个独立的纳税年度计算清算所得。

企业在年度中间终止经营活动的，应当自实际经营终止之日起六十日内，向税务机关办理当期企业所得税汇算清缴。

（四）清算企业股东的所得税处理

1. 确认从清算企业取得资产的性质。

（1）股息所得。被清算企业的股东分得的剩余资产的金额，其中相当于被清算企业累计未分配利润和累计盈余公积中按该股东所占股份比例计算的部分，应确认为股息所得。

（2）投资转让损益。剩余资产减除股息所得后的余额，超过或低于股东投资成本的部分，应确认为股东的投资转让所得或损失。

2. 确认从被清算企业分得的资产的计税基础。

被清算企业的股东从被清算企业分得的资产应按可变现价值或实际交易价格确定计税基础。

[例 21 - 1] 乙企业 2009 年 12 月因被甲企业合并，进入清算。企业清算期间资产负债的基本数据见表 21 - 1，乙公司资产的账面价值与计税基础相等。清算期间支付清算费用 10 万元，支付职工安置费、法定补偿金 100 万元；债务的最终清偿额 150 万元，其中包括职工工资为 30 万元；以前年度可以弥补的亏损 40 万元。假设 A 为乙企业股东（初始投资成本为 80 万元）持股比例为 80%；B 为乙企业股东（初始投资成本为 20 万元），持股比例 20%，企业投资成本的账面价值与计税基础相等。（注：本案例涉及其他税种处理略）

表 21 - 1　　　　乙公司资产负债清算的基本数据　　　　单位：万元

资　产	账面价值	评估确认值	负债及所有者权益	账面价值	评估确认值
货币资金	40	40	短期借款	100	100
应收账款	100	100	应付账款	20	20
存货	150	160	应付工资	30	30
固定资产原值	500	600	其他应付款	10	10
累计折旧	150	200	长期借款	40	40
固定资产净值	350	400	净资产	450	550
长期股权投资	0	0	股本	100	
无形资产（专利权）	10	50			
			盈余公积	200	
			资本公积	0	
			未分配利润	150	
合计	650	750	合计	650	

1. 乙企业清算所得税处理。

（1）计算乙企业清算所得。

乙企业清算所得＝全部资产可变现价值或交易价格－资产的计税基础－清算费用－相关税费＋债务清偿损益＝750－650－10＋（200－150）＝140（万元）

（2）计算乙企业清算所得税。

乙企业清算所得税＝（140－40）×25%＝25（万元）

（3）计算可以向所有者分配的剩余资产。

可向股东分配的剩余资产＝企业全部资产的可变现价值或交易价格－清算费用－职工的工资－社会保险费用－法定补偿金－结清清算所得税－以前年度欠税等税款－清偿企业债务（不含职工工资）＝750－10－30－100－25－（150－30）＝465（万元）

2. A企业的投资资产的所得税清算处理。

清算企业的股东A分得的剩余资产的金额＝465×80%＝372（万元）

股息性质所得＝（200＋150）×80%＝350×80%＝280（万元）

股息所得280万元因符合居民企业股息红利所得的免税条件，所以确认为免税收入。

投资清算损益＝（372－280）－80（投资计税基础）＝92－80＝12（万元）

A企业持有乙企业投资股权清算所得12万元，计入当期应纳税所得额。

二、企业清算所得税纳税申报表分填报

企业清算业务的所得税处理，形成清算企业应纳所得税和清算企业股东的所得税处理的基本业务，需要填报《企业清算所得税申报表》及附表。

（一）《企业清算所得税申报表》及附表的构成

《企业清算所得税申报表》及附表的构成包括《企业清算所得税申报表》（见表21－2）、《资产处置损益明细表》（附表一）（见表21－3）、《负债清偿损益明细表》（附表二）（见表21－4）和《剩余财产计算和分配明细表》（附表三）（见表21－5）。

表21－2　　企业清算所得税申报表

清算期间：　　年　　月　　日至　　年　　月　　日

类　别	行　次	项　目	金　额
应纳税所得额计算	1	资产处置损益(填附表一)	1 000 000
	2	负债清偿损益(填附表二)	500 000
	3	清算费用	100 000
	4	清算税金及附加	0
	5	其他所得或支出	0
	6	清算所得(1＋2－3－4＋5)	1 400 000
	7	免税收入	0
	8	不征税收入	0
	9	其他免税所得	0
	10	弥补以前年度亏损	400 000
	11	应纳税所得额(6－7－8－9－10)	1 000 000

续表

类　别	行 次	项　　目	金　额
应纳所得税额计算	12	税率(25%)	25%
	13	应纳所得税额(11×12)	250 000
应补(退)所得税额计算	14	减(免)企业所得税额	0
	15	境外应补所得税额	0
	16	境内外实际应纳所得税额(13－14＋15)	0
	17	以前纳税年度应补(退)所得税额	0
	18	实际应补(退)所得税额(16＋17)	250 000

表21－3　　**资产处置损益明细表（附表一）**

填报时间：　　年　　月　　日　　　　　　金额单位：元（列至角分）

行次	项　　目	账面价值(1)	计税基础(2)	可变现价值或交易价格(3)	资产处置损益 (4)＝(3)－(2)
1	货币资金	400 000	400 000	400 000	0
2	短期投资＊				
3	交易性金融资产#				
4	应收票据				
5	应收账款	1 000 000	1 000 000	1 000 000	0
6	预付账款				
7	应收利息				
8	应收股利				
9	应收补贴款＊				
10	其他应收款				
11	存货	1 500 000	1 500 000	1 600 000	100 000
12	待摊费用＊				
13	一年内到期的非流动资产				
14	其他流动资产				
15	可供出售金融资产#				
16	持有至到期投资#				
17	长期应收款#				
18	长期股权投资				
19	长期债权投资＊				
20	投资性房地产#				
21	固定资产				
22	在建工程				
23	工程物资				
24	固定资产清理	2 500 000	2 500 000	4 000 000	1 500 000
25	生物资产#				

续表

行次	项　　目	账面价值(1)	计税基础(2)	可变现价值或交易价格(3)	资产处置损益 (4)=(3)-(2)
26	油气资产#				
27	无形资产	100 000	100 000	500 000	400 000
28	开发支出#				
29	商誉#				
30	长期待摊费用				
31	其他非流动资产				
32	总计	6 500 000	6 500 000	7 500 000	1 000 000

表 21-4　　　　　　负债清偿损益明细表（附表二）

填报时间：　　　年　　月　　日　　　　　　　　　　　　金额单位：元（列至角分）

行次	项　　目	账面价值(1)	计税基础(2)	清偿金额(3)	负债清偿损益 (4)=(2)-(3)
1	短期借款	1 000 000	1 000 000	1 000 000	0
2	交易性金融负债#				
3	应付票据				
4	应付账款	200 000	200 000	200 000	0
5	预收账款				
6	应付职工薪酬#				
7	应付工资 *	300 000	300 000	300 000	0
8	应付福利费 *				
9	应交税费				
10	应付利息				
11	应付股利				
12	其他应交款 *				
13	其他应付款	100 000	100 000	0	100 000
14	预提费用 *				
15	一年内到期的非流动负债				
16	其他流动负债				
17	长期借款	400 000	400 000	0	400 000
18	应付债券				
19	长期应付款				
20	专项应付款				
21	预计负债#				
22	其他非流动负债				
23	总计	20 0000 000	2 000 000	1 500 000	500 000

表 21 -5　　　　剩余财产计算和分配明细表（附表三）

填报时间：　　年　　月　　日　　　　　　　　　　　　　　　金额单位：元（列至角分）

类　别	行　次	项　目			金　额	
剩余财产计算	1	资产可变现价值或交易价格			7 500 000	
	2	清算费用			100 000	
	3	职工工资			300 000	
	4	社会保险费用				
	5	法定补偿金			1 000 000	
	6	清算税金及附加				
	7	清算所得税额			250 000	
	8	以前年度欠税额				
	9	其他债务			1 200 000	
	10	剩余财产(1-2-…-9)			4 650 000	
	11	其中:累计盈余公积			2 000 000	
	12	累计未分配利润			1 50 000	
剩余财产分配		股东名称	持有清算企业权益性投资比例(%)	投资额	分配的财产金额	其中:确认为股息金额
	13	(1)A	80%	800 000	3 720 000	2 800 000
	14	(2)B	20%	200 000	930 000	700 000
	15	(3)				
	16	…				
	17	…				

（二）《企业清算所得税申报表》及附表填报的依据及填报要求（略）

（三）《企业清算所得税申报表》及附表的关系

1. 主表第 1 行 = 附表一第 32 行“资产处置损益（4）”列的总计数。
2. 主表第 2 行 = 附表二第 23 行“负债清偿损益（4）”列的总计数。
3. 主表第 6 行 = 本表第 1 +2 -3 -4 +5 行。
4. 主表第 11 行 = 本表第 6 -7 -8 -9 -10 行。
5. 主表第 13 行 = 本表第 11 ×12 行。
6. 主表第 16 行 = 本表第 13 -14 +15 行。
7. 主表第 18 行 = 本表第 16 +17 行。

（四）《企业清算所得税申报表》及附表的填报

以上例的数据填报《企业清算所得税申报表》及附表。见表 20 -2、20 -3、20 -4、20 -5。

第二节　核定征收企业所得税处理和《企业所得税月（季）度预缴纳税申报表（B 类）》分析填报

为了加强企业所得税征收管理，规范核定征收企业所得税工作，保障国家税款及时足额入库，维护纳税人合法权益，根据《企业所得税法》及其实施条例、《税收征收管理法》及其实施细则的有关规定，国家税务总局制定了《企业所得税核定征收办法（试行）》（国税发［2008］30号）和《关于企业所得税核定征收若干问题》（国税函［2009］377号）对核定征收的所得税处理做出了具体规定。

一、企业所得税核定征收的范围

《企业所得税核定征收办法（试行）》（国税发［2008］30号）第二条规定：企业所得税核定征收办法（试行）适用于居民企业纳税人。

（一）核定征收企业所得税范围的一般规定

《中华人民共和国税收征收管理法》第三章税款征收第三十五条规定：纳税人有下列情形之一的，税务机关有权核定其应纳税额：

1. 依照法律、行政法规的规定可以不设置账簿的。
2. 依照法律、行政法规的规定应当设置但未设置账簿的。
3. 擅自销毁账簿或者拒不提供纳税资料的。
4. 虽设置账簿，但账目混乱或者成本资料、收入凭证、费用凭证残缺不全，难以查账的。
5. 发生纳税义务，未按照规定的期限办理纳税申报，经税务机关责令限期申报，逾期仍不申报的。
6. 纳税人申报的计税依据明显偏低，又无正当理由的。

《中华人民共和国税收征收管理法》第三章税款征收第三十七条规定：对未按照规定办理税务登记的从事生产、经营的纳税人以及临时从事经营的纳税人，由税务机关核定其应纳税额，责令缴纳；不缴纳的，税务机关可以扣押其价值相当于应纳税款的商品、货物。

（二）核定征收企业所得税范围的特殊规定

《国家税务总局〈关于印发企业所得税核定征收办法（试行）〉的通知》（国税发［2008］30号）第三条第二款规定：特殊行业、特殊类型的纳税人和一定规模以上的纳税人不适用《企业所得税核定征收办法（试行）》。

《关于企业所得税核定征收若干问题》（国税函［2009］377号）对“特定纳税人”的类型做出了阐释，“特定纳税人”包括以下类型的企业：

1. 享受《中华人民共和国企业所得税法》及其实施条例和国务院规定的一项或几项企业所得税优惠政策的企业（不包括仅享受《中华人民共和国企业所得税法》第二十六条规定免税收入优惠政策的企业）。
2. 汇总纳税企业。
3. 上市公司。
4. 银行、信用社、小额贷款公司、保险公司、证券公司、期货公司、信托投资公司、金融资产管理公司、融资租赁公司、担保公司、财务公司、典当公司等金融企业。
5. 会计、审计、资产评估、税务、房地产估价、土地估价、工程造价、律师、价格鉴证、公证机构、基层法律服务机构、专利代理、商标代理以及其他经济鉴证类社会中介机构。

6. 国家税务总局规定的其他企业。

（三）实行跨地区汇总纳税的企业核定征收所得税的相关规定

《关于跨地区经营汇总纳税企业所得税征收管理有关问题》（国税函［2008］747号）第二款对关于实行跨地区汇总纳税的企业能否核定征收所得税的问题做出了规定：跨地区汇总纳税企业的所得税收入涉及到跨区利益，跨区法人应健全财务核算制度并准确计算经营成果，不适用《国家税务总局关于印发〈企业所得税核定征收办法（试行）〉的通知》（国税发［2008］30号）。

二、企业所得税核定征收的具体处理

（一）核定应纳税所得额

《中华人民共和国税收征收管理法实施细则》（国务院令［2002］362号）第四十七条规定："纳税人有税收征管法第三十五条或者第三十七条所列情形之一的，税务机关有权采用下列任何一种方法核定其应纳税额：

1. 参照当地同类行业或者类似行业中经营规模和收入水平相近的纳税人的税负水平核定。

2. 按照营业收入或者成本加合理的费用和利润的方法核定。

3. 按照耗用的原材料、燃料、动力等推算或者测算核定。

4. 按照其他合理方法核定。

采用前款所列一种方法不足以正确核定应纳税额时，可以同时采用两种以上的方法核定。

纳税人对税务机关采取本条规定的方法核定的应纳税额有异议的，应当提供相关证据，经税务机关认定后，调整应纳税额。"

《企业所得税核定征收办法（试行）》（国税发［2008］30号）对税收征收管理法实施细则规定的核定应纳税所得额的方法做出了进一步的说明，该试行办法第五条第二款规定，采用税收征收管理法实施细则规定的核定应纳税所得额所列一种方法不足以正确核定应纳税所得额或应纳税额的，可以同时采用两种以上的方法核定；采用两种以上方法测算的应纳税额不一致时，可按测算的应纳税额从高核定。

（二）核定应税所得率

《企业所得税核定征收办法（试行）》（国税发［2008］30号）第四条规定："纳税人具有下列情形之一的，核定其应税所得率：（1）能正确核算（查实）收入总额，但不能正确核算（查实）成本费用总额的；（2）能正确核算（查实）成本费用总额，但不能正确核算（查实）收入总额的；（3）通过合理方法，能计算和推定纳税人收入总额或成本费用总额的。纳税人不属于以上情形的，核定其应纳所得税额。"

采用应税所得率方式核定征收企业所得税的，应纳所得税额计算公式如下：

应纳所得税额 = 应纳税所得额 × 适用税率

应纳税所得额 = 应税收入额 × 应税所得率

或：应纳税所得额 = 成本（费用）支出额/（1 - 应税所得率）× 应税所得率

应税收入额 = 收入总额 - 不征税收入 - 免税收入

《关于印发企业所得税核定征收办法（试行）》（国税发［2008］30 号）第八条规定：应税所得率按下表（表 21－6）规定的幅度标准确定：

表 21－6　应税所得率幅度标准确定表

行　业	应税所得率（%）
农、林、牧、渔业	3－10
制造业	5－15
批发和零售贸易业	4－15
交通运输业	7－15
建筑业	8－20
饮食业	8－25
娱乐业	15－30
其他行业	10－30

纳税人的生产经营范围、主营业务发生重大变化，或者应纳税所得额或应纳税额增减变化达到 20% 的，应及时向税务机关申报调整已确定的应纳税额或应税所得率。

三、企业所得税核定征收的相关纳税申报表的分析和填报

（一）实行核定应纳所得税额方式的纳税申报

《企业所得税核定征收办法（试行）》（国税发［2008］30 号）第十四条规定：纳税人实行核定应纳所得税额方式的，按下列规定申报纳税：

1. 纳税人在应纳所得税额尚未确定之前，可暂按上年度应纳所得税额的 1/12 或 1/4 预缴，或者按经主管税务机关认可的其他方法，按月或按季分期预缴。

2. 在应纳所得税额确定以后，减除当年已预缴的所得税额，余额按剩余月份或季度均分，以此确定以后各月或各季的应纳税额，由纳税人按月或按季填写《中华人民共和国企业所得税月（季）度预缴纳税申报表（B 类）》，在规定的纳税申报期限内进行纳税申报。

3. 纳税人年度终了后，在规定的时限内按照实际经营额或实际应纳税额向税务机关申报纳税。申报额超过核定经营额或应纳税额的，按申报额缴纳税款；申报额低于核定经营额或应纳税额的，按核定经营额或应纳税额缴纳税款。

（二）实行核定应税所得率方式的纳税申报

《企业所得税核定征收办法（试行）》（国税发［2008］30 号）第十三条规定：纳税人实行核定应税所得率方式的，按下列规定申报纳税：

1. 主管税务机关根据纳税人应纳税额的大小确定纳税人按月或者按季预缴，年终汇算清缴。预缴方法一经确定，一个纳税年度内不得改变。

2. 纳税人应依照确定的应税所得率计算纳税期间实际应缴纳的税额，进行预缴。按实际数额预缴有困难的，经主管税务机关同意，可按上一年度应纳税额的 1/12 或 1/4 预缴，或者按经主管税务机关认可的其他方法预缴。

3. 纳税人预缴税款或年终进行汇算清缴时，应按规定填写《中华人民共和国企业所得税月（季）度预缴纳税申报表（B 类）》（表 21－7），在规定的纳税申报时限内报

送主管税务机关。

表 21－7　　企业所得税月（季）度预缴纳税申报表（B 类）

税款所属期间：　　年　　月　　日至　　年　　月　　日

纳税人识别号：□□□□□□□□□□□□□□□□□□

纳税人名称：　　　　　　　　　　　　金额单位：人民币元（列至角分）

项　　目			行次	累计金额
应纳税所得额的计算	按收入总额核定应纳税所得额	收入总额	1	
		税务机关核定的应税所得率(%)	2	
		应纳税所得额(1 行×2 行)	3	
	按成本费用核定应纳税所得额	成本费用总额	4	
		税务机关核定的应税所得率(%)	5	
		应纳税所得额[4 行÷(1－5 行)×5 行]	6	
	按经费支出换算应纳税所得额	经费支出总额	7	
		税务机关核定的应税所得率(%)	8	
		换算的收入额[7 行÷(1－8 行)]	9	
		应纳税所得额(8 行×9 行)	10	
应纳所得税额的计算		税率(25%)	11	
		应纳所得税额(3 行×11 行或 6 行×11 行或 10 行×11 行)	12	
		减免所得税额	13	
应补(退)所得税额的计算		已预缴所得税额	14	
		应补(退)所得税额(12 行－13 行－14 行)	15	
谨声明:此纳税申报表是根据《中华人民共和国企业所得税法》、《中华人民共和国企业所得税法实施条例》和国家有关税收规定填报的,是真实的、可靠的、完整的。 法定代表人(签字):　　　　年　　月　　日				

第三节　代扣代缴企业所得税处理和《企业所得税扣缴报告表》分析填报

《企业所得税法》、《企业所得税法实施条例》和《非居民企业所得税源泉扣缴管理暂行办法》（国税发［2009］3 号）及其他相关法规对企业所得税代扣代缴的处理做出相关规定。

一、企业所得税扣缴义务人和扣缴税额的计算

（一）企业所得税扣缴义务人

1. 对非居民企业在中国境内未设立机构、场所的，或者虽设立机构、场所但取得的所得与其所设机构、场所没有实际联系的所得应缴纳的所得税，实行源泉扣缴，以

支付人为扣缴义务人。税款由扣缴义务人在每次支付或者到期应支付时，从支付或者到期应支付的款项中扣缴。

上述“支付人”，是指依照有关法律规定或者合同约定对非居民企业直接负有支付相关款项义务的单位或者个人。上述“支付”，包括现金支付、汇拨支付、转账支付和权益兑价支付等货币支付和非货币支付。上述“到期应支付的款项”，是指支付人按照权责发生制原则应当计入相关成本、费用的应付款项。

对非居民企业取得来源于中国境内的股息、红利等权益性投资收益和利息、租金、特许权使用费所得、转让财产所得以及其他所得应当缴纳的企业所得税，实行源泉扣缴，以依照有关法律规定或者合同约定对非居民企业直接负有支付相关款项义务的单位或者个人为扣缴义务人。

2. 对非居民企业在中国境内取得工程作业和劳务所得应缴纳的所得税，税务机关可以指定工程价款或者劳务费的支付人为扣缴义务人。

3. 可以指定扣缴义务人的情形，包括：

（1）预计工程作业或者提供劳务期限不足一个纳税年度，且有证据表明不履行纳税义务的；

（2）没有办理税务登记或者临时税务登记，且未委托中国境内的代理人履行纳税义务的；

（3）未按照规定期限办理企业所得税纳税申报或者预缴申报的。

扣缴义务人，由县级以上税务机关指定，并同时告知扣缴义务人所扣税款的计算依据、计算方法、扣缴期限和扣缴方式。

（二）企业所得税扣缴税额计算

扣缴企业所得税应纳税额 = 应纳税所得额 × 实际征收率

应纳税所得额是指依照企业所得税法第十九条规定计算的下列应纳税所得额：

（1）股息、红利等权益性投资收益和利息、租金、特许权使用费所得，以收入全额为应纳税所得额，不得扣除税法规定之外的税费支出。

（2）转让财产所得，以收入全额减除财产净值后的余额为应纳税所得额。

（3）其他所得，参照前两项规定的方法计算应纳税所得额。

实际征收率是指企业所得税法及其实施条例等相关法律法规规定的税率，或者税收协定规定的更低的税率。

扣缴义务人对外支付或者到期应支付的款项为人民币以外货币的，在申报扣缴企业所得税时，应当按照扣缴当日国家公布的人民币汇率中间价，折合成人民币计算应纳税所得额。

二、企业所得税扣缴的时间及地点

（一）企业所得税扣缴时间

1. 扣缴义务人与非居民企业首次签订与本办法第三条规定的所得（非居民企业取得来源于中国境内的股息、红利等权益性投资收益和利息、租金、特许权使用费所得、转让财产所得以及其他所得）有关的业务合同或协议（以下简称合同）的，扣缴义务人应当自合同签订之日起30日内，向其主管税务机关申报办理扣缴税款登记。

2. 扣缴义务人每次与非居民企业签订与本办法第三条规定的所得（非居民企业取得来源于中国境内的股息、红利等权益性投资收益和利息、租金、特许权使用费所得、转让财产所得以及其他所得）有关的业务合同时，应当自签订合同（包括修改、补充、延期合同）之日起30日内，向其主管税务机关报送《扣缴企业所得税合同备案登记表》、合同复印件及相关资料。文本为外文的应同时附送中文译本。

股权转让交易双方均为非居民企业且在境外交易的，被转让股权的境内企业在依法变更税务登记时，应将股权转让合同复印件报送主管税务机关。

3. 扣缴义务人应当设立代扣代缴税款账簿和合同资料档案，准确记录企业所得税的扣缴情况，并接受税务机关的检查。

（二）企业所得税扣缴地点

1. 扣缴义务人未依法扣缴或者无法履行扣缴义务的，非居民企业应于扣缴义务人支付或者到期应支付之日起7日内，到所得发生地主管税务机关申报缴纳企业所得税。

股权转让交易双方为非居民企业且在境外交易的，由取得所得的非居民企业自行或委托代理人向被转让股权的境内企业所在地主管税务机关申报纳税。被转让股权的境内企业应协助税务机关向非居民企业征缴税款。

扣缴义务人所在地与所得发生地不在一地的，扣缴义务人所在地主管税务机关应自确定扣缴义务人未依法扣缴或者无法履行扣缴义务之日起5个工作日内，向所得发生地主管税务机关发送《非居民企业税务事项联络函》，告知非居民企业的申报纳税事项。

2. 非居民企业依照本办法第十五条规定申报缴纳企业所得税，但在中国境内存在多处所得发生地，并选定其中之一申报缴纳企业所得税的，应向申报纳税所在地主管税务机关如实报告有关情况。申报纳税所在地主管税务机关在受理申报纳税后，应将非居民企业申报缴纳所得税情况书面通知扣缴义务人所在地和其他所得发生地主管税务机关。

（三）企业所得税扣缴的其他管理

扣缴义务人每次代扣代缴税款时，应当向其主管税务机关报送《中华人民共和国扣缴企业所得税报告表》（以下简称扣缴表）及相关资料，并自代扣之日起7日内缴入国库。

按照企业所得税法及其实施条例和相关税收法规规定，给予非居民企业减免税优惠的，应按相关税收减免管理办法和行政审批程序的规定办理。对未经审批或者减免税申请未得到批准之前，扣缴义务人发生支付款项的，应按规定代扣代缴企业所得税。

非居民企业可以适用的税收协定与本办法有不同规定的，可申请执行税收协定规定；非居民企业未提出执行税收协定规定申请的，按国内税收法律法规的有关规定执行。

非居民企业已按国内税收法律法规的有关规定征税后，提出享受减免税或税收协定待遇申请的，主管税务机关经审核确认应享受减免税或税收协定待遇的，对多缴纳的税款应依据税收征管法及其实施细则的有关规定予以退税。

因非居民企业拒绝代扣税款的，扣缴义务人应当暂停支付相当于非居民企业应纳税款的款项，并在1日之内向其主管税务机关报告，并报送书面情况说明。

对多次付款的合同项目，扣缴义务人应当在履行合同最后一次付款前15日内，向主管税务机关报送合同全部付款明细、前期扣缴表和完税凭证等资料，办理扣缴税款清算手续。

非居民企业未依照本办法第十五条的规定申报缴纳企业所得税，由申报纳税所在地主管税务机关责令限期缴纳，逾期仍未缴纳的，申报纳税所在地主管税务机关可以收集、查实该非居民企业在中国境内其他收入项目及其支付人（以下简称其他支付人）的相关信息，并向其他支付人发出《税务事项通知书》，从其他支付人应付的款项中，追缴该非居民企业的应纳税款和滞纳金。

三、代扣代缴企业所得税的其他税法规定

《国家税务总局关于中国居民企业向 QFII 支付股息、红利、利息代扣代缴企业所得税有关问题的通知》（国税函［2009］47 号）对中国居民企业向合格境外机构投资者（以下称为 QFII）支付股息、红利、利息代扣代缴企业所得税有关问题明确如下：(1) 合格境外投资者取得来源于中国境内的股息、红利和利息收入，应当按照企业所得税法规定缴纳 10% 的企业所得税。如果是股息、红利，则由派发股息、红利的企业代扣代缴；如果是利息，则由企业在支付或到期应支付时代扣代缴。(2) 合格境外投资者取得股息、红利和利息收入，需要享受税收协定（安排）待遇的，可向主管税务机关提出申请，主管税务机关审核无误后按照税收协定的规定执行；涉及退税的，应及时予以办理。

《国家税务总局关于非居民企业取得 B 股等股票股息征收企业所得税问题的批复》（国税函［2009］394 号）规定：在中国境内外公开发行、上市股票（A 股、B 股和海外股）的中国居民企业，在向非居民企业股东派发 2008 年及以后年度股息时，应统一按 10% 的税率代扣代缴企业所得税。非居民企业股东需要享受税收协定待遇的，依照税收协定执行的有关规定办理。

《国家税务总局关于加强非居民企业来源于我国利息所得扣缴企业所得税工作的通知》（国税函［2008］955 号）规定：自 2008 年 1 月 1 日起，我国金融机构向境外外国银行支付贷款利息、我国境内外资金融机构向境外支付贷款利息，应按照企业所得税法及其实施条例规定代扣代缴企业所得税。

我国境内机构向我国银行的境外分行支付的贷款利息，应按照企业所得税法及其实施条例规定代扣代缴企业所得税。

《国家税务总局关于中国居民企业向境外 H 股非居民企业股东派发股息代扣代缴企业所得税有关问题的通知》规定：中国居民企业向境外 H 股非居民企业股东派发 2008 年及以后年度股息时，统一按 10% 的税率代扣代缴企业所得税。

非居民企业股东在获得股息之后，可以自行或通过委托代理人或代扣代缴义务人，向主管税务机关提出享受税收协定（安排）待遇的申请，提供证明自己为符合税收协定（安排）规定的实际受益所有人的资料。主管税务机关审核无误后，应就已征税款和根据税收协定（安排）规定税率计算的应纳税款的差额予以退税。

四、企业所得税扣缴报告表的分析和填报

企业履行所得税代扣代缴义务，必须填报《企业所得税扣缴报告表》，《企业所得税扣缴报告表》的构成及填报见表 21－8。

表 21－8

中华人民共和国企业所得税扣缴报告表

税款所属期间：　　年　月　日至　　年　月　日

扣缴义务人识别号：□□□□□□□□□□□□□□□□□

金额单位：人民币元（列至角分）

扣缴义务人名称															
纳税人识别号	纳税人名称	国家（地区）	所得项目	合同号	合同名称	取得所得日期	收入额					扣除额	应纳税所得额	税率	扣缴所得税额
							人民币金额	外币额			人民币金额合计				
								外币名称金额	汇率	折人民币					

谨声明：此扣缴所得税报告表是根据《中华人民共和国企业所得税法》、《中华人民共和国企业所得税法实施条例》和国家有关税收规定填报的，是真实的、可靠的、完整的。

法定代表人（签字）：　　年　月　日

扣缴义务人公章： 会计主管： 填表日期：　年　月　日	代理申报中介机构公章： 经办人： 经办人执业证件号码： 代理申报日期：　年　月　日	主管税务机关受理专用章： 受理人： 受理日期：　年　月　日

6

第 六 篇

所得税会计核算

第二十二章　所得税会计核算基础

企业所得税法和会计准则差异的会计处理，是税务会计核算的一项重要业务内容，会计准则通过《企业会计准则第 18 号——所得税》，对企业所得税会计核算中确认和计量的业务处理进行了规范。

第一节　所得税会计核算概述

一、我国会计准则对企业所得税会计核算选择了资产负债表下的债务法

资产负债表债务法是从资产负债表出发，通过比较资产负债表上列示的资产、负债按照会计准则规定确定的账面价值与按照企业所得税法规定确定的计税基础，对于两者之间的差异分别确认为应纳税暂时性差异与可抵扣暂时性差异，从而确认相关的递延所得税负债与递延所得税资产，并在此基础上确定每一会计期间利润表中的所得税费用。我国会计准则对企业所得税会计核算选择了资产负债表下的债务法主要依据为：

资产负债表债务法更能真实准确地反映企业某一时点的财务状况，提高会计信息质量。资产负债表债务法较为完全地体现了资产负债观，在企业所得税的会计核算方面贯彻了资产、负债的界定。企业会计准则对资产和负债的定义为："资产是指企业过去的交易或者事项形成的、企业拥有或者控制的、预期会给企业带来经济利益的资源。""负债是指企业过去的交易或者事项形成的、预期会导致经济利益流出企业的现时义务。"暂时性差异是指资产、负债的计税基础与其列示在财务报表上的账面价值之间的差异，该差异在以后年度当财务报表上列示的资产收回或列示的负债偿还时，会产生应纳税金额或可抵扣税金额。显然，资产负债表债务法更能真实准确地反映企业某一时点的财务状况，提高会计信息质量，所以，新准则明确提出企业所得税会计必须采用资产负债表债务法。

资产负债表债务法充分体现了谨慎性原则的要求。资产负债表债务法对于暂时性差异对未来企业所得税的影响金额，在发生的当期就可以确认一项递延所得税资产或负债。但是，对于可抵扣暂时性差异是否应确认为一项递延所得税资产，新准则采用了稳健的做法。因为，如果本期确认了一项递延所得税资产，意味着在转销递延所得税资产的期间内将会产生本期的所得税费用。如果在转销递延所得税资产的期间内，企业没有足够的应税所得，则意味着递延所得税资产无法转销。资产负债表日，企业应当对递延所得税资产的账面价值进行复核。如果未来期间很可能无法获得足够的应纳税所得额用以抵扣递延所得税资产的利益，应当减记递延所得税资产的账面价值。新准则的规定，能够降低会计人员过于乐观的职业判断造成的企业所得税会计信息可

能给报表使用者带来的负面影响。

二、资产负债表债务法企业所得税会计核算的一般程序

采用资产负债表债务法核算企业所得税，企业一般应于资产负债表日进行企业所得税的会计核算。发生特殊交易或事项时，如企业合并，在确认因交易或事项取得的资产、负债时即应确认相关的企业所得税影响。企业从企业所得税的角度对会计和企业所得税的差异进行纳税调整的同时，计算应纳税所得额和当期应纳企业所得税额，在此基础上，企业进行企业所得税核算一般应遵循以下程序：

（一）确定企业资产和负债的账面价值

企业在资产负债表日，按照相关会计准则规定确定资产负债表中除递延所得税资产和递延所得税负债以外的其他资产和负债项目的账面价值。其中资产、负债的账面价值，是指企业按照相关会计准则的规定进行核算后在资产负债表中列示的金额。例如，企业持有固定资产账面余额为1 000万元，企业对该固定资产计提了100 万元的减值准备，则账面价值为900 万元，为该固定资产在资产负债表中的列示金额。

（二）确定资产和负债的计税基础

企业在资产负债表日，以企业所得税法及实施条例为依据，确定资产负债表中有关资产、负债项目的计税基础。

（三）确定资产和负债账面价值和计税基础暂时性差异的性质

在确认资产和负债账面价值和计税基础的同时，比较资产、负债的账面价值与其计税基础，对于两者之间存在差异的，分析其性质，除会计准则中规定的特殊情况外，分别确认应纳税暂时性差异或可抵扣暂时性差异。

（四）确定递延所得税资产和递延所得税负债

对企业确认的应纳税暂时性差异与可抵扣暂时性差异金额乘以企业所得税税率，确定资产负债表日递延所得税负债或递延所得税资产的金额，并与期初递延所得税负债或递延所得税资产的余额相比，确定当期应予进一步确认或应予转销递延所得税资产或递延所得税负债金额，构成利润表中所得税费用中的递延所得税。

（五）确定所得税费用

所得税费用由企业当期应交企业所得税和递延所得税两部分组成，企业在计算确定了当期企业所得税和递延所得税后，两者之和（或之差），是企业当期所得税费用，企业将其当期所得税费用计入利润报表。

三、企业所得税会计核算的会计科目设置及一般账务处理

会计准则对企业所得税的会计核算，按照资产负债表债务法进行规范，在此基础上，通过设置以下会计科目进行会计核算和账务处理。

（一）应交税费——应交企业所得税

“应交税费——应交企业所得税”科目核算企业按照企业所得税法等规定计算应交纳的企业所得税。

企业按照企业所得税法规定计算应交的企业所得税，借记“所得税费用”等科目，

贷记“应交税费——应交企业所得税”科目。交纳的企业所得税，借记“应交税费——应交企业所得税”科目，贷记“银行存款”等科目。

“应交税费——应交企业所得税”科目，期末如为贷方余额，反映企业尚未交纳的税费；期末如为借方余额，反映企业多交或尚未抵扣的税费。

（二）递延所得税资产

“递延所得税资产”科目核算企业确认的可抵扣暂时性差异产生的递延所得税资产。

“递延所得税资产”科目应按可抵扣暂时性差异等项目进行明细核算。根据企业所得税法规定可用以后年度税前利润弥补的亏损及税款抵减产生的企业所得税资产，也在“递延所得税资产”科目核算。递延所得税资产的主要账务处理如下：

1. 资产负债表日，企业确认的递延所得税资产，借记“递延所得税资产”科目，贷记“所得税费用——递延所得税费用”科目。资产负债表日，递延所得税资产的应有余额大于其账面余额的，应按其差额确认，借记“递延所得税资产”科目，贷记“所得税费用——递延所得税费用”等科目；资产负债表日，递延所得税资产的应有余额小于其账面余额的差额，做相反的会计分录。

2. 企业合并中取得资产、负债的入账价值与其计税基础不同形成可抵扣暂时性差异的，应于购买日确认递延所得税资产，借记“递延所得税资产”科目，贷记“商誉”等科目。

3. 与直接计入所有者权益的交易或事项相关的递延所得税资产，借记“递延所得税资产”科目，贷记“资本公积——其他资本公积”科目。

4. 资产负债表日，预计未来期间很可能无法获得足够的应纳税所得额用以抵扣可抵扣暂时性差异的，按原已确认的递延所得税资产中应减记的金额，借记“所得税费用——递延所得税费用”、“资本公积——其他资本公积”等科目，贷记“递延所得税资产”科目。

“递延所得税资产”科目期末借方余额，反映企业确认的递延所得税资产。

（三）递延所得税负债

“递延所得税负债”科目核算企业确认的应纳税暂时性差异产生的企业所得税负债。“递延所得税负债”科目可按应纳税暂时性差异的项目进行明细核算。递延所得税负债的主要账务处理如下。

1. 资产负债表日，企业确认的递延所得税负债，借记“所得税费用——递延所得税费用”科目，贷记“递延所得税负债”科目。资产负债表日，递延所得税负债的应有余额大于其账面余额的，应按其差额确认，借记“所得税费用——递延所得税费用”科目，贷记“递延所得税负债”科目；资产负债表日，递延所得税负债的应有余额小于其账面余额的，做相反的会计分录。

2. 企业合并中取得资产、负债的入账价值与其计税基础不同形成应纳税暂时性差异的，应于购买日确认递延所得税负债，同时调整商誉，借记“商誉”等科目，贷记“递延所得税负债”科目。

3. 与直接计入所有者权益的交易或事项相关的递延所得税负债，借记“资本公积——其他资本公积”科目，贷记“递延所得税负债”科目。

“递延所得税负债”科目，反映企业已确认的递延所得税负债。

（四）所得税费用

“所得税费用”科目核算企业确认的应从当期利润总额中扣除的所得税费用。“所得税费用”科目可按“当期所得税费用”、“递延所得税费用”进行明细核算。所得税费用的主要账务处理如下。

1. 资产负债表日，企业按照企业所得税法规定计算确定的当期应交企业所得税，借记“所得税费用”科目（当期所得税费用），贷记“应交税费——应交企业所得税”科目。

2. 资产负债表日，根据递延所得税资产的应有余额大于“递延所得税资产”科目余额的差额，借记“递延所得税资产”科目，贷“所得税费用”科目（递延所得税费用）、“资本公积——其他资本公积”等科目；递延所得税资产的应有余额小于“递延所得税资产”科目余额的差额，做相反的会计分录。

企业应予确认的递延所得税负债，应当比照上述原则调整“所得税费用”、“递延所得税负债”及有关科目。

期末，应将“所得税费用”科目的余额转入“本年利润”科目，结转后“所得税费用”科目无余额。

第二节　资产负债的账面价值和计税基础

企业在资产负债表日，进行企业所得税会计核算，首先按照相关会计准则规定确定资产负债表中，除递延所得税资产和递延所得税负债以外的其他资产和负债项目的账面价值。同时以企业所得税法及实施条例为依据，确定资产负债表中有关资产、负债项目的计税基础。

一、资产和负债的账面价值

（一）资产、负债账面价值的含义

资产、负债的账面价值是根据企业会计准则对资产、负债的不同计量方法，对企业经济业务中确认的资产、负债，按照规定的会计计量属性进行计量，确定其金额，登记入账并列报于会计报表。一部分资产、负债的计量对企业当期和未来期损益的确定产生一定程度影响。

（二）资产、负债账面价值的计量方法

根据《企业会计准则——基本准则》规定，资产、负债的账面价值的确定，应根据不同业务，按照相关会计准则采用以下会计计量属性中的一种：

1. 历史成本法。所谓历史成本计量模式，就是资产按照购置时支付的现金或者现金等价物的金额，或者按照购置资产时所付出的对价的公允价值计量。负债按照因承担现时义务而实际收到的款项或者资产的金额，或者承担现时义务的合同金额，或者按照日常活动中为偿还负债预期需要支付的现金或者现金等价物的金额计量。

2. 重置成本法。所谓重置成本计量模式，就是资产按照现在购买相同或者相似资产所需支付的现金或者现金等价物的金额计量。负债按照现在偿付该项债务所需支付的现金或者现金等价物的金额计量。

3. 可变现净值法。所谓可变现净值计量模式，就是资产按照其正常对外销售所能收到现金或者现金等价物的金额扣减该资产至完工时估计将要发生的成本、估计的销售费用以及相关税费后的金额计量。

4. 现值法。所谓现值计量模式，就是资产按照预计从其持续使用和最终处置中所产生的未来净现金流入量的折现金额计量。负债按照预计期限内需要偿还的未来净现金流出量的折现金额计量。

5. 公允价值法。所谓公允价值计量模式，就是资产和负债按照在公平交易中，熟悉情况的交易双方自愿进行资产交换或者债务清偿的金额计量。

关于如何选择使用某一种会计计量模式，在《企业会计准则——基本准则》中，特别强调：企业在对会计要素进行计量时，一般应当采用历史成本；采用重置成本、可变现净值、现值、公允价值计量的，应当保证所确定的会计要素金额能够取得并可靠计量。

三、资产和负债的计税基础

（一）资产的计税基础

1. 资产计税基础的会计定义。

《企业会计准则第 18 号——企业所得税》对资产的计税基础进行了定义。资产的计税基础，是指企业收回资产账面价值过程中，计算应纳税所得额时按照企业所得税法规定可以自应税经济利益中抵扣的金额，即某一项资产在未来期间计税时按照企业所得税法规定可以税前扣除的金额。用公式表示即：

资产的计税基础 = 未来期间可税前列支资产的金额

2. 资产计税基础的企业所得税一般规定。

从企业所得税的业务处理的角度，资产的计税基础可理解为资产计税价格（计税成本）。《企业所得税法实施条例》第五十六条规定："企业的各项资产，包括固定资产、生物资产、无形资产、长期待摊费用、投资资产、存货等，以历史成本为计税基础。历史成本，是指企业取得该项资产时实际发生的支出。企业持有各项资产期间资产增值或者减值，除国务院财政、税务主管部门规定可以确认损益外，不得调整该资产的计税基础。"

根据企业所得税法及实施条例关于资产税务处理的规定，资产的计税基础确定的一般原则为：

资产初始确认。资产在初始确认时，其计税价格一般为取得成本，即企业为取得某项资产支付的成本在未来期间准予税前扣除。

资产持有。在资产持续持有的过程中，其计税价格是指资产的取得成本减去以前期间按照企业所得税法规定已经税前扣除金额后的余额，该余额代表的是按照企业所得税法规定，就涉及的资产在未来期间计税时仍然可以税前扣除的金额，如固定资产、无形资产等长期资产在某一资产负债表日的计税价格是指其成本扣除按照企业所得税法规定已在以前期间税前扣除的累计折旧额或累计摊销额后的金额。

3. 资产计税基础对企业所得税的影响。

资产计税基础对企业所得税的影响主要表现为以下几方面：其一，一部分资产在持有阶段产生成本和费用，计入企业所得税扣除项目和金额。比如，企业在固定资产和无形资产持有阶段，通过对固定资产提取折旧和无形资产摊销的方式，在企业所得税前扣除，因此固定资产和无形资产的计税价格，直接影响到企业所得税前扣除的固定资产折旧和无形资产摊销金额。其二，企业资产处置阶段，企业所得税的业务处理为，在确认收入的同时配比成本，配比的成本为资产的计税价格，资产的计价直接影响资产处置企业所得税的损益。

[例 22-1] A 公司 2007 年 12 月 31 日库存 W 型机器 12 台，成本为 360 万元，单位成本为 30 万元。该批 W 型机器全部销售给 B 公司。与 B 公司签订的销售合同约定，2008 年 1 月 20 日，A 公司应按每台 30 万元的价格（不含增值税）向 B 公司提供 W 型机器 12 台。A 公司销售部门提供的资料表明，向长期客户—B 公司销售的 W 型机器的平均运杂费等销售费用为 0.12 万元/台。2007 年 12 月 31 日，W 型机器的市场销售价格为 30 万元/台。

(1) 会计处理。

在本例中，能够证明 W 型机器的可变现净值的确凿证据是 A 公司与 B 公司签订的有关 W 型机器的销售合同、市场销售价格资料、账簿记录和 A 公司销售部门提供的有关销售费用的资料等。根据该销售合同规定，库存的 12 台 W 型机器的销售价格全部由销售合同约定。

W 型机器的可变现净值应以销售合同约定的价格 30 万元/台为基础确定。

W 型机器的可变现净值 $=30\times12-0.12\times12=360-1.44=358.56$（万元）

W 型机器的可变现净值 358.56 万元，低于 W 型机器的成本 360 万元，应按其差额 1.44 万元计提存货跌价准备（假定以前未对 W 型计提存货跌价准备）。

借：资产减值损失　　14 400

　贷：存货跌价准备　　14 400

(2) 企业所得税处理及企业所得税和会计差异分析。

依据企业所得税法规规定，企业的各项资产，以历史成本为计税基础。历史成本，是指企业取得该项资产时实际发生的支出。企业持有各项资产期间资产增值或者减值，除国务院财政、税务主管部门规定可以确认损益外，不得调整该资产的计税基础。所以库存 W 型机器 12 台，计税基础为 360 万元。企业对 W 型机器计提存货跌价准备 1.44 万元计入“资产减值损失”，企业所得税不予确认。

如果企业当期以会计利润为基数计算当期应纳税所得额，则在当期填报企业所得税纳税申报表，计算应纳税所得额时，需要进行纳税调增的处理，纳税调增额为 1.44 万元。

（二）负债的计税基础

1. 负债的计税基础的会计定义。

《企业会计准则第 18 号——企业所得税》对负债计税基础的概念做出规定，负债的计税基础，是指负债的账面价值减去未来期间计算应纳税所得额时按照企业所得税法规定可予抵扣的金额。用公式表示即：

负债的计税基础 = 账面价值 - 未来期间按照企业所得税法规定可予税前扣除的金额

2. 负债对企业所得税的影响。

企业所得税法中没有对应的负债计税基础的概念，企业所得税也没有对负债的确认和计量做出具体规定。企业的负债对企业损益和企业所得税应纳税所得额的影响表现为两方面。

其一，一部分负债的确认与偿还一般不会影响企业的损益，也不会影响其应纳税所得额，未来期间计算应纳税所得额时按照企业所得税法规定可予抵扣的金额为0，计税基础即为账面价值。例如企业的短期借款、应付账款等。

其二，一部分负债的确认可能会影响企业的损益，进而影响不同期间的应纳税所得额，使得其计税基础与账面价值之间产生差额。如按照会计规定确认的某些预计负债。

[例22-2] 2008年10月，A建筑公司涉及一起有关工程质量的诉讼案，2008年12月31日，法院尚未判决。公司法律顾问判断A建筑公司很可能败诉，如败诉则赔偿金额为120万元。

(1) 会计处理。

分析：按会计准则规定，企业履行与或有事项相关的现时义务时，导致经济利益流出企业的可能性超过50%时，确认为预计负债。A企业因或有事项当期确认负债120万元，同时当期确认损失120万元，计入营业外支出。企业账务处理如下：

借：营业外支出——诉讼赔款	1 200 000
贷：预计负债——未决诉讼	1 200 000

(2) 企业所得税处理及企业所得税和会计差异调整。

根据现行企业所得税法规税前扣除“实际发生”原则，企业所得税对“或有损失”不予确认，不得税前扣除。

企业负债的计税基础 = 120 - 120 = 0（万元）

在企业填报2008年企业所得税纳税申报表时，对会计计入当期损益的或有损失而产生的会计和税收处理的暂时性差异进行纳税调整，调增额为120万元。

[例22-3] 接上例，2009年5月，经法院判决，A建筑公司败诉，赔偿B公司100万元，并收到第三家C公司的补偿金额20万元。

(1) A建筑公司会计处理。

借：预计负债——未决诉讼	1 200 000
贷：银行存款	1 000 000
以前年度损益调整	200 000
借：银行存款	200 000
贷：营业外收入——C公司补偿款	200 000

(2) 企业所得税处理及企业所得税和会计差异调整。

其一，支付B公司的赔偿金因其为经济性质，在当期可以进行税前扣除。由于会计在上期2008年将其计入“营业外支出”，所以当期需要进行纳税调减处理，调减额为100万元；其二，对当期取得的计入“营业外收入”20万元的赔偿款，企业所得税确认收入。

三、资产计税基础和账面价值的比较

根据企业所得税法和会计准则，一部分资产的计税基础（计税价格）和账面价值一致，一部分资产的计税基础（计税价格）和账面价值不一致，下面按不同资产类别进行资产计税基础和账面价值的比较。

（一）固定资产计税基础和账面价值的比较

1. 固定资产初始计量计税基础和账面价值基本一致的业务。

（1）外购的固定资产。

会计和企业所得税法对外购固定资产的计价规定一致，都是以实际发生的价款计量。

（2）自建的固定资产（固定资产建造仅从金融部门借入款项或无借入款项）。

根据会计准则规定：①自行建造固定资产的成本的计量。自行建造固定资产的成本，由建造该项资产达到预定可使用状态前所发生的必要支出作为入账价值。可予以资本化的借款费用，应计入固定资产成本。②自行建造固定资产确认为固定资产的时间。已达到预定可使用状态的固定资产，无论是否交付使用，尚未办理竣工决算的，应当按照估计价值确认为固定资产，并计提折旧；办理了竣工决算手续后，再按实际成本调整原来的暂估价值，但不需要调整原已计提的折旧额。

根据相关企业所得税法规规定：自行建造的固定资产，以竣工结算前发生的支出为计税基础：①自行建造固定资产的成本的计量。自制、自建的固定资产，在竣工使用时按实际发生的成本计价。②自行建造固定资产确认为固定资产的时间为固定资产竣工使用。

会计和企业所得税对自建固定资产计量的一致性表现为：第一，会计和企业所得税法规对自建固定资产的计量规定基本一致，都以实际发生的成本为基础。第二，自行建造固定资产确认为固定资产的时间应表现为一致性。对固定资产确认的时间，会计上使用了“预定可使用状态”的概念，并指出：“已达到预定可使用状态的固定资产，无论是否交付使用，尚未办理竣工决算的，应当按照估计价值确认为固定资产，并计提折旧；待办理了竣工决算手续后，再按实际成本调整原来的暂估价值，但不需要调整原已计提的折旧额”。企业所得税上使用了“竣工使用”的概念，但是现行企业所得税法对什么是固定资产竣工使用及固定资产是否可以暂估入账，没有明确规定。尽管企业所得税法对上述业务没有明确规定，但在企业所得税法确定性原则和会计准则相关原则下，从企业所得税和会计制度协调性的角度，自行建造固定资产确认为固定资产的时间应表现为一致性。

（3）投资者投入固定资产。

企业所得税和会计对投资者投入固定资产的计价都以公允价值为基础。

[例22－4] 甲公司的注册资本3 000 000元。2007年6月5日，甲公司接受乙公司以一台设备进行投资。该台设备的原价为600 000元，已计提折旧206 200元，按照合同或协议约定确认的价值为423 800元，占甲公司注册资本的10%。假定不考虑其他相关税费。

①会计处理。

固定资产的入账价值为合同价 423 800 元。甲公司的账务处理为：

借：固定资产　　423 800

　贷：实收资本　　300 000

　　　资本公积——资本溢价　　123 800

②甲公司固定资产的计税价值和会计一致。

（4）企业通过债务重组取得的固定资产。

企业所得税和会计对企业通过债务重组取得的固定资产计量的口径一致，均以换入固定资产的公允价值计量。

（5）从被投资方分配股利取得的固定资产。

企业所得税相关法规规定：企业从被投资方分配股利取得的固定资产，以该资产的公允价值和支付的相关税费为计税基础。

会计准则虽然没有对从被投资方分配股利取得固定资产的计量做出明确规定，但是根据会计准则的相关规定可以判定其计量标准为固定资产的公允价值。

（6）企业接受捐赠取得的固定资产。

企业所得税相关法规规定：企业从接受捐赠取得的固定资产，以该资产的公允价值和支付的相关税费为计税基础。

会计准则对接受捐赠取得固定资产的计量虽然没有做出明确规定，但依据会计准则判断，一般应按公允价值计价。

（7）盘盈的固定资产。

企业所得税相关法规规定：企业盘盈的固定资产，以同类固定资产的重置完全价值为计税基础。

会计准则虽然没有对企业盘盈固定资产的计量做出明确规定，但是根据会计准则的相关规定可以判定其计量标准应与企业所得税一致。

（8）企业具有商业实质且换入资产或换出资产的公允价值能够可靠计量的非货币性资产交换取得的固定资产。

根据企业会计准则的相关规定，企业以非货币性资产交换转入的固定资产同时满足两个条件：交换交易具有商业实质；换入资产或换出资产的公允价值能够可靠地计量，则会计对固定资产按公允价值计量。

企业所得税实施条例规定，企业非货币性资产交换转入的固定资产以公允价值确认计税基础。企业所得税的计税基础和会计计量一致。

2. 固定资产初始计量计税基础和账面价值不一致的业务。

固定资产初始计量计税基础和账面价值不一致的业务，将导致企业在固定资产使用期限中提取折旧出现差异，且差异属于时间性的。为了在企业所得税纳税申报时准确调整会计和企业所得税在固定资产相关事项处理时的差异，企业应该建立固定资产税收处理及会计和税收差异处理备查账，将纳税调整事项记录在备查账中。

（1）企业非货币性资产交换不具有商业实质或者换入资产或换出资产的公允价值不能够可靠计量，则企业所得税和会计对取得固定资产的计量不一致。

根据企业会计准则的相关规定，如果企业非货币性资产交换不同时满足交换具有商业实质，换入资产或换出资产的公允价值能够可靠地计量的两个条件，则换入固定资产以换出资产账面价值和应支付的相关税费计量。

依据企业所得税的相关法规，对企业非货币性资产交换取得的固定资产，计税基础按照公允价值计量。

当会计上以换出资产账面价值和应支付的相关税费计量换入固定资产时，企业所得税和会计计量出现差异，差异的性质为暂时性差异。

（2）企业合并取得的固定资产。

根据会计准则的相关规定，同一控制下的企业合并取得固定资产，合并方在企业合并中取得的固定资产应当按照合并日在被合并方的账面价值计量；非同一控制下的企业合并取得的固定资产，合并中取得的被购买方固定资产，其所带来的经济利益很可能流入企业且公允价值能够可靠地计量的，应当单独予以确认并按照公允价值计量。

《企业所得税法实施条例》第七十五条规定："除国务院财政、税务主管部门另有规定外，企业在重组过程中，应当在交易发生时确认有关资产的转让所得或者损失，相关资产应当按照交易价格重新确定计税基础。"

会计准则和企业所得税法规对于企业合并取得的固定资产成本的计价的规定有明显的差异。会计上以是否为同一控制下的企业合并为条件，分别确定通过合并取得固定资产的计价方法；而企业所得税是按照交易价格重新确定计税基础，二者的差异性质为暂时性差异。

（3）融资租入固定资产。

会计准则规定在租赁期开始日，承租人应当将租赁开始日租赁资产公允价值与最低租赁付款额现值两者中较低者作为租入资产的入账价值，承租人在租赁谈判和签订租赁合同过程中发生的，可归属于租赁项目的手续费、律师费、差旅费、印花税等初始直接费用，应当计入租入资产价值。

企业所得税对企业融资租入的固定资产，以租赁合同约定的付款总额和承租人在签订租赁合同过程中发生的相关费用为计税基础，租赁合同未约定付款总额的，以该资产的公允价值和承租人在签订租赁合同过程中发生的相关费用为计税基础。

[例 22－5] A 公司为一般纳税人，2008 年 1 月 1 日从 B 公司融资租入新型机器作为固定资产使用，该机器已收到。购货合同约定，机器的总价款为1 000万元，分 3 年支付，2008 年 12 月 31 日支付 500 万元，2009 年 12 月 31 日支付 300 万元，假定企业无其他费用支付，且 3 年期银行借款年利率为 6%，2008 年 1 月 1 日固定资产的公允价值为 950 万元。固定资产的使用期限为 3 年，预计净残值为 0。

① 企业会计处理。

2008 年 1 月 1 日，融资租入固定资产的公允价值为 950 万元。经计算企业最低租赁付款额的现值$\frac{500}{(1+6\%)}+\frac{300}{(1+6\%)^3}+\frac{200}{(1+6\%)^3}=906.62$ 万元。

由于企业融资租入固定资产在租赁开始日租赁资产公允价值大于最低租赁付款额现值，所以企业会计上确认固定资产的入账价值为最低租赁付款额现值 906.62 万元。企业的账务处理为：

借：固定资产	9 066 200
未确认融资费用	933 800
贷：长期应付款	10 000 000

②A 企业融资租入固定资产的计税基础为 1 000 万元。

（4）以非金融机构借款建造或购置固定资产。

企业建造或购置需要安装的固定资产，如果从非金融机构借款，且支付非金融机构的借款利息支出，如果高于金融机构同类、同期贷款利率计算的数额，超过计税标准的部分不得计入固定资产价值进行资本化处理。企业所得税和会计处理对固定资产的计量出现差异，差异的性质为永久性差异。

[例 22-6] 某企业 2009 年向其他企业拆借资金用于固定资产在建工程，借款金额 100 万元，借款期一年，年利率 8%，同期金融机构的贷款利率为 5%。当期固定资产完工，除借款费用以外的其他工程成本为 95 万元。

固定资产的账面价值为 103（95+8）万元。

固定资产的计税基础为 100（95+5）万元。

3. 固定资产持有期间计税基础和账面价值不一致的业务：

固定资产在持有期间进行后续计量时，计算公式如下：

会计账面价值 = 成本 - 累计折旧 - 固定资产减值准备

企业所得税计量 = 成本 - 按照企业所得税法规定已在以前期间税前扣除的折旧额

由于会计准则和企业所得税法对固定资产的要素规定不同，固定资产的账面价值与计税基础（计税价格）的差异主要表现为折旧方法、折旧年限的不同以及固定资产减值准备的提取。

（1）固定资产折旧方法、折旧年限使企业所得税和会计的差异形成固定资产计税基础和账面价值的不同。

关于固定资产的折旧方法。会计准则规定，企业应当根据与固定资产有关的经济利益的预期实现方式合理选择折旧方法，如可以按直线法计提折旧，也可以按照双倍余额递减法、年数总和法等计提折旧，前提是有关的方法能够反映固定资产为企业带来经济利益的消耗情况。企业所得税规定固定资产的折旧方法，除某些按照规定可以加速折旧的情况外，基本上可以税前扣除的是按照直线法计提的折旧。会计处理时确定的折旧方法与企业所得税规定不同，会产生固定资产持有期间账面价值与计税基础的差异。

关于固定资产的折旧年限。企业所得税法规就每一类固定资产的折旧年限做出了规定，而会计处理时按照准则规定折旧年限是由企业根据固定资产的性质和使用情况合理确定的。会计处理时确定的折旧年限与企业所得税法规规定不同，也会产生固定资产持有期间账面价值与计税基础的差异。

（2）会计计提固定资产减值准备形成固定资产计税基础和账面价值的不同。

持有固定资产的期间内，企业对固定资产计提了减值准备以后，因企业所得税法规规定，按照会计准则规定计提的资产减值准备不允许税前扣除，也会造成固定资产的账面价值与计税基础的差异。

[例 22-7] A 企业于 2007 年 12 月购入一项生产用固定资产，购入价 200 万元，按照该项固定资产的预计使用情况，企业估计其使用寿命为 10 年，按照直线法计提折旧，预计净残值为 0。假定企业所得税法规定的折旧年限、折旧方法及净残值与会计规定相同。2008 年 12 月 31 日，A 企业估计该项固定资产的可收回金额为 100 万元，企

业当期计提减值准备 80 万元。

该项固定资产在2008 年12 月31 日的账面价值 =（200 - 200 ÷10） - 80 =100（万元）

该项固定资产在2008 年12 月31 日的计税基础 =200 - 200 ÷10 =180（万元）

（二）无形资产计税基础和账面价值的比较

1. 无形资产初始计量计税基础和账面价值一致的业务。

（1）外购的无形资产。

企业所得税和会计准则对外购无形资产的成本计量口径一致，都是以实际发生的价款计量。

（2）投资者投入无形资产。

会计规定，投资者投入的无形资产应当按照投资合同或协议约定的价值确定，但合同或协议约定价值不公允的除外。

企业所得税法规规定，投资者作为资本金或者合作条件投入的无形资产，按照评估确认或者合同、协议约定的金额计价。

二者均以协议、合同规定的价值计量。会计当合同或协议规定的价值不公允时以评估确认金额计量，与企业所得税法规定按评估确认一致。

［例 22 - 8］2008 年某股份有限公司接受甲投资者以其所拥有的非专利技术投资，合同约定的价值为560 000元，市场价值为600 000元，已经办妥相关手续。

① 会计处理。

企业接受投资转入的此项无形资产的计量为600 000元。企业账务处理为：

借：无形资产　　600 000

　贷：实收资本　　600 000

②企业所得税处理。无形资产的计税基础为600 000元。

（3）企业债务重组取得的无形资产。

企业所得税和会计均以换入无形资产的公允价值计量。

（4）从被投资方分配股利取得的无形资产。

会计准则和现行企业所得税法规虽然都没有对从被投资方分配股利取得无形资产的计量做出明确规定，但是依据相关制度规定可以推定其计量标准为无形资产的公允价值。

（5）企业接受捐赠取得的无形资产。

企业所得税法规规定，企业接受捐赠的无形资产，按公允价值确认计税基础。

会计准则对接受捐赠取得无形资产的计量没有做出明确规定，但依据会计准则判断，一般应按公允价值计价。

（6）企业以无形资产进行非货币性资产交换，具有商业实质且换入资产或换出资产的公允价值能够可靠计量。

根据企业会计准则的相关规定，企业以非货币性资产交换转入的无形资产同时满足两个条件：即交换交易具有商业实质；换入资产或换出资产的公允价值能够可靠地计量，则会计对无形资产的计量按公允价值。

企业所得税实施条例规定，企业非货币性资产交换转入的无形资产以公允价值确认计税基础。

企业所得税的计税基础和会计计量一致。

2. 无形资产初始计量计税基础和账面价值不一致的业务。

无形资产初始计量计税基础和账面价值不一致的业务，将导致企业在无形资产使用期限中因摊销额不同造成会计和税收处理的差异，且差异性质为暂时性差异。为了在企业所得税纳税申报时准确调整会计和税收在无形资产相关事项处理时的差异，企业应该建立无形资产税收处理及会计和税收处理差异的备查簿，将纳税调整事项记录在备查簿中。

（1）企业非货币性资产交换不具有商业实质或者换入资产或换出资产的公允价值不能够可靠计量，则企业所得税和会计对取得的无形资产的计量不一致。

根据企业会计准则的相关规定，如果企业非货币性资产交换不同时满足交换具有商业实质，换入资产或换出资产的公允价值能够可靠地计量的两个条件，则换入无形资产以换出资产账面价值和应支付的相关税费计量。

依据企业所得税的相关法规，对企业非货币性资产交换取得的无形资产，计税基础按照公允价值计量。

当会计上以换出资产账面价值和应支付的相关税费计量换入无形资产时，企业所得税和会计计量出现差异，差异的性质为暂时性差异。

［例 22－9］A 企业为设备制造企业，2008 年 8 月，以 1 台设备换入一项专利技术。设备的市场价为 1 000 000 元（不含税），成本价为 800 000 元；换入专利技术的市场价为 1 170 000 元（含税）。假如企业的非货币性资产交换不具有商业实质。

①企业会计处理。

由于上述以产品换专利技术的业务在会计上假设不具有商业实质，则换出资产不确认收入，换入无形资产以换出资产的账面价值为基础进行确认。账务处理为：

借：无形资产——专利技术	970 000
贷：库存商品	800 000
应交税费——应交增值税（销项税额）	170 000

②企业取得无形资产的按公允价值 1 170 000 元确认计税基础。

（2）企业自行开发的无形资产。

企业会计准则规定，自行开发的无形资产成本包括满足无形资产资本化条件后至达到预定用途前所发生的支出总额，但是对于以前期间已经费用化的支出不再调整。

企业所得税法实施条例规定，自行开发的无形资产，以开发过程中该资产符合资本化条件后至达到预定用途前发生的支出为计税基础。同时《企业所得税法实施条例》第九十五条规定，企业为开发新技术、新产品、新工艺发生的研究开发费用，形成无形资产的，按照无形资产成本的 150% 摊销。

［例 22－10］A 企业当期发生研究支出 40 万元，开发阶段符合资本化条件前发生的支出为 40 万元，符合资本化条件后至达到预定用途前发生的支出为 120 万元。企业所得税法规定企业的研究支出可按 150% 加计扣除。假定开发形成的无形资产在当期期末已达到预定用途（尚未开始摊销）。

① 会计处理。

A 企业当期发生的研究开发支出中，按照会计规定应予费用化的金额为 40 万元，形成无形资产的成本为 120 万元，即期末形成无形资产的账面价值为 120 万元。企业的账务处理为：

借：无形资产　　1 200 000

　贷：研发支出——开发支出　　1 200 000

②企业所得税处理。

A 企业当期发生的形成无形资产的成本为 120 万元，按照企业所得税法规定可摊销的金额为 180 万元，即该项无形资产的计税基础为 180 万元。

此项无形资产的账面价值和计税基础不同。

（3）企业合并取得的无形资产。

企业会计准则规定："企业合并取得的无形资产，根据企业合并的类型确认无形资产的入账价值。"

《企业所得税法实施条例》第七十五条规定："除国务院财政、税务主管部门另有规定外，企业在重组过程中，应当在交易发生时确认有关资产的转让所得或者损失，相关资产应当按照交易价格重新确定计税基础。"

会计准则和企业所得税法规对于企业合并取得的无形资产成本的计价的规定有明显的差异。会计上以是否为同一控制下的企业合并为条件，分别确定通过合并取得无形资产的计价方法；而企业所得税是按照交易价格重新确定计税基础。

3. 无形资产使用期间无形资产计税基础和账面价值不一致的业务。

无形资产在使用期间进行后续计量时，计算公式如下：

会计计量 = 成本 - 累计摊销 - 无形资产减值准备

企业所得税计量 = 成本 - 按照企业所得税法规定已在以前期间税前扣除的摊销额

由于会计准则和企业所得税法对无形资产要素的规定不同，无形资产的账面价值与计税基础的差异主要表现为摊销年限的不同和无形资产减值准备的提取。

（1）无形资产摊销年限不同导致计税基础和账面价值不同。

会计准则规定，无形资产在取得以后应根据其使用寿命情况，区分为使用寿命有限的无形资产与使用寿命不确定的无形资产。对于使用寿命不确定的无形资产，不要求摊销，但应在持有期间会计期末进行减值测试。

企业所得税法规定，企业取得的无形资产成本，应在一定期限内摊销。即企业所得税法中没有界定使用寿命不确定的无形资产，所有的无形资产成本均应在一定期间内摊销。

对于使用寿命不确定的无形资产，会计处理时不予摊销，但计税时其按照企业所得税法规定确定的摊销额允许税前扣除，造成该类无形资产的账面价值与计税基础的差异。

（2）无形资产提取减值准备导致计税基础和账面价值不同。

在对无形资产计提减值准备的情况下，因企业所得税法对按照会计准则规定计提的无形资产减值准备在形成实质性损失前不允许税前扣除，即无形资产的计税基础不会随减值准备的提取发生变化，但其账面价值会因资产减值准备的提取而减少，从而造成无形资产的账面价值与计税基础的差异。

（三）存货计税基础和账面价值的比较

1. 存货初始计量计税基础和账面价值的差异。

存货通过下列方式取得时其计税基础和账面价值不同。

（1）企业非货币性资产交换不具有商业实质或换入资产或换出资产的公允价值不能够可靠计量，则企业所得税和会计对取得的存货的计量不一致。

（2）企业因合并方式不同而取得的存货计税基础和账面价值不同。

2. 存货在持有期间计税基础和账面价值的差异

存货提取减值准备导致计税基础和账面价值不同。

[例 22－11] A 公司 2008 年购入原材料成本4 000万元，因部分生产线停工，当年未领用任何该原材料，2008 年资产负债表日，考虑到该原材料的市价及用其生产产成品的市价情况，估计其可变现净值为3 200万元。假定该原材料在 2008 年的减值准备期初余额为 0。

该项原材料因期末可变现净值低于其成本，应计提存货跌价准备。

存货跌价准备＝4 000－3 200＝800（万元）

计提该存货跌价准备后，该项原材料的账面价值为 3 200 万元。

因计算企业所得税时，按照会计准则规定计提的资产减值准备不允许税前扣除，该项原材料的计税基础不会因存货跌价准备的提取而发生变化，其计税基础应维持原取得成本 4 000 万元不变。

该存货的账面价值3 200万元与其计税基础4 000万元之间产生了 800 万元的暂时性差异，该差异会减少企业在未来期间的应纳税所得额和应交企业所得税。

（四）生物资产计税基础和账面价值的比较

1. 生产性生物资产计税基础和账面价值的比较同固定资产业务的处理。

2. 消耗性生物资产计税基础和账面价值的比较同存货业务的处理。

（五）长期股权投资计税基础和账面价值的比较

1. 长期股权投资初始计量计税基础和账面价值的比较。

（1）非同一控制下企业合并长期股权投资初始计量计税基础和账面价值比较。

如果购买日投资成本不需调整，非同一控制下企业合并长期股权投资初始计量，计税基础和账面价值相同，为市场公允价值和支付的相关税费。

如果购买日投资成本需要调整，则长期股权投资的计税基础和账面价值不同。

（2）同一控制下的企业合并长期股权投资计税基础和账面价值比较。

同一控制下的企业合并长期股权投资计税基础和账面价值不同。

会计账面价值确认的基本原则为：同一控制下的企业合并中，合并方如果以现金、转让非现金资产或承担债务方式作为合并对价的，应当按照取得被合并方所有者权益账面价值的份额作为长期股权投资的初始投资成本。

企业所得税的处理的基本原则为：企业以现金或经营活动的非货币性资产对外投资，应在投资交易发生时，按公允价值确认投资初始成本。

（3）企业以非货币性资产对外投资计税基础和账面价值比较。

如果交换不具有商业实质或者公允价值不可以可靠计量，则计税基础和账面价值不同。

(4) 非合并方式取得的长期股权投资计税基础和账面价值比较。

非合并方式（支付现金、发行权益性证券、投资者投入、非货币性资产交换和债务重组）取得的长期股权投资，长期股权投资计税基础和账面价值一致，为市场公允价值和支付的相关税费（非货币性资产投资除外）。

2. 长期股权投资后续计量计税基础和账面价值不一致的业务。

(1) 长期股权投资采用权益法进行会计核算导致计税基础和账面价值不同。

企业会计准则规定，企业应在每个会计年度末，按应享有的或应分担的被投资企业当年实现的净利润或发生的净亏损的份额，确认投资收益或损失，并相应调整投资账面价值。

企业所得税法规规定，不论企业会计账务中对投资采取何种方法核算，企业所得税对长期股权投资确认的计税基础不发生变化，除非被投资方宣告利润分配。

长期股权投资采取权益法进行会计核算导致计税基础和账面价值不同。

(2) 长期股权投资提取减值准备导致计税基础和账面价值不同。

在对长期股权投资计提减值准备的情况下，因企业所得税法对按照会计准则规定计提的长期股权投资减值准备在形成实质性损失前不允许税前扣除，即长期股权投资的计税基础不会随减值准备的提取发生变化，但其账面价值会因资产减值准备的提取而减少，从而造成长期股权投资的账面价值与计税基础的差异。

(六) 金融资产计税基础和账面价值的比较

1. 金融资产初始计量计税基础和账面价值的比较。

(1) 计税基础和账面价值一致的业务。

可供出售金融资产和持有至到期金融资产的初始计量，计税基础和账面价值都按取得该金融资产的公允价值和相关交易费用之和作为初始确认金额，所得税和会计计量一致。

(2) 计税基础和账面价值不一致的业务。

交易性金融资产和以公允价值计量且其变动计入当期损益的金融资产初始计量计税基础和账面价值不一致。

会计按照取得时的公允价值作为初始确认的账面价值，相关的交易费用在发生时计入当期损益。

所得税按取得该金融资产的公允价值和相关交易费用之和作为初始确认的计税基础。

2. 金融资产期末计量所得税和会计处理的比较分析。

(1) 交易性金融资产和可供出售金融资产按资产负债表日的公允价值进行的调整导致计税基础和账面价值不同。

交易性金融资产和可供出售金融资产的账面价值应按资产负债表日的公允价值反映，公允价值的变动计入当期损益和资本公积。所得税对资产负债表日交易性金融资产、可供出售金融资产的公允价值变动损益不予确认，交易性金融资产、可供出售金融资产的成本的计税基础不发生变化。

(2) 可供出售金融资产减值损失导致的计税基础和账面价值不同。

资产负债表日企业根据会计准则确认的可供出售金融资产减值损失在企业所得税

上不予确认，即可供出售金融资产的计税基础不会随减值准备的提取发生变化，但其账面价值会因资产减值准备的提取而减少，从而造成长期股权投资的账面价值与计税基础的差异。

［例22－12］2008年10月20日，A公司自公开市场取得一项权益性投资，支付价款1 600万元，作为交易性金融资产核算。2008年12月31日，该项权益性投资的市价为1 760万元。

企业所得税法规定对于交易性金融资产，持有期间公允价值的变动不计入应纳税所得额。

该项交易性金融资产的期末市价为1 760万元，其按照会计准则规定进行核算在2008年资产负债表日的账面价值为1 760万元。

按企业所得税法规定交易性金融资产在持有期间计税基础应保持历史成本不变，即为1 600万元。

该交易性金融资产的账面价值1 760万元与其计税基础1 600万元之间产生了160万元的应纳税暂时性差异。

（3）应收账款提取的坏账准备导致的计税基础和账面价值不同。

资产负债表日企业根据会计准则对应收账款提取的坏账准备在企业所得税上不予确认，即应收账款的计税基础不会随坏账准备的提取发生变化，但其账面价值会因减值准备的提取而减少，从而造成应收账款账面价值与计税基础的差异。

［例22－13］公司2008年12月31日应收账款余额为6 000万元，该公司期末按1%的比例，对应收账款计提了60万元的坏账准备。企业所得税法及条例规定应收账款计提的坏账准备不允许税前扣除。

该项应收账款在2008年资产负债表日的账面价值为5 940万元（6 000－60）。其计税基础为账面余额6 000万元。计税基础6 000万元与其账面价值5 940万元之间产生的差额为可抵扣暂时性差异。

（七）公允价值模式计量的投资性房地产

公允价值模式计量的投资性房地产，按资产负债表日的公允价值进行的调整导致计税基础和账面价值不同。

四、负债计税基础与账面价值的比较

（一）预计负债

1. 企业因销售商品提供售后服务等原因确认的预计负债。

企业因销售商品提供售后服务等原因确认的预计负债，按照或有事项准则规定，企业对于预计提供售后服务将发生的支出在满足有关确认条件时，销售当期即应确认为费用，同时确认预计负债。根据《企业所得税法实施条例》规定，企业所得税扣除必须遵循实际发生的原则，企业与销售产品相关的支出应于发生时税前扣除。因该类事项产生的预计负债在期末的计税基础为其账面价值与未来期间可税前扣除的金额之间的差额，因有关的支出实际发生时可全部税前扣除，其计税基础为0，负债的账面价值和计税基础不一致。

[例 22－14] 甲企业 2008 年因销售产品承诺提供 2 年的保修服务，在当年度确认了 200 万元的销售费用，同时确认为预计负债，当年度未发生任何保修支出。按照企业所得税法规定，与产品售后服务相关的费用在实际发生时允许税前扣除。

该项预计负债在甲企业 2008 年 12 月 31 日资产负债表中的账面价值为 400 万元。

因企业所得税法规定与产品保修相关的支出在未来期间实际发生时允许税前扣除，则该项负债的计税基础计算如下：

计税基础＝账面价值－未来期间计算应纳税所得额时按照企业所得税法规定可予抵扣的金额＝400 万元－400 万元＝0 万元

负债的账面价值和计税基础不一致，形成可抵扣暂时性差异。

2. 因其他事项确认的预计负债。

因其他事项确认的预计负债应按照企业所得税法规定的计税原则确定其计税基础，主要表现为有些事项确认的预计负债按照企业所得税法规定其支出实际发生时允许税前扣除，即未来期间按照企业所得税法规定可予抵扣的金额为预计负债的账面价值，则这部分预计负债的计税基础为 0，账面价值不等于计税基础。比如，企业的发生的预计诉讼费用。

（二）预收账款

企业预收账款的处理一般表现为以下两方面：

1. 计税基础等于账面价值。企业在收到客户预付的款项时，因不符合收入确认条件，会计上将其确认为负债。企业所得税法中对于收入的确认原则一般与会计规定相同，即会计上未确认收入时，企业所得税也不确认为收入，计税时一般亦不计入应纳税所得额，该部分经济利益在未来期间计税时可予税前扣除的金额为 0，计税基础等于账面价值。

2. 计税基础不等于账面价值。某些情况下，预收款项因不符合会计准则规定的收入确认条件，未确认为收入；按照企业所得税法规定应确认收入，计入当期应纳税所得额时，因其产生时已经计算交纳企业所得税，未来期间在会计确认收入时可作纳税调减处理，当期预收账款的计税基础为 0。

[例 22－15] A 公司于 2008 年 12 月 20 日自客户收到一笔分期收款的款项，金额为 200 万元，因不符合会计收入确认条件，将其作为预收账款核算。

该预收账款在 A 公司 2008 年 12 月 31 日资产负债表中的账面价值 200 万元。

按照企业所得税法规定，该款项应按合同收取的时间确认为取得当期收入，计入应纳税所得额计算交纳企业所得税。与该项负债相关的经济利益已在取得当期计算交纳企业所得税，未来期间按照会计准则规定应确认收入时，不再计入应纳税所得额，即其于未来期间计算应纳税所得额时可予纳税调减的金额为 200 万元。

计税基础＝账面价值 200 万元－未来期间计算应纳税所得额时按照企业所得税法规定可予抵扣的金额 200 万元＝0 万元

该项负债的账面价值 200 万元与其计税基础 0 万元之间产生的 200 万元暂时性差异，会减少企业于未来期间的应纳税所得额，使企业未来期间以贷计“所得税费用——递延所得税费用”的方式增加未来期经济利益。

（三）应付职工薪酬

会计准则规定，企业为获得职工提供的服务给予的各种形式的报酬以及其他相关支出均应作为企业的成本费用，在未支付之前确认为负债，在“应付职工薪酬”会计科目中归集与核算。

与会计应付职工薪酬相对应的为企业所得税的工资和福利费等项目。企业所得税法规就工资支出规定“企业发生的合理的工资薪金支出，准予扣除。工资薪金，是指企业每一纳税年度支付给在本企业任职或者受雇的员工的所有现金形式或者非现金形式的劳动报酬，包括基本工资、奖金、津贴、补贴、年终加薪、加班工资，以及与员工任职或者受雇有关的其他支出。”工资所得税扣除税法强调的是应于发生时税前扣除。于是该类事项产生的预计负债在期末的计税基础为其账面价值与未来期间可税前扣除的金额之间的差额，因有关的支出实际发生时可全部税前扣除，其计税基础为0。

［例22－16］某企业2008年1－12月计入成本费用的职工工资总额为3 000万元，至2008年12月31日其中200万元尚未支付，体现为资产负债表中的“应付职工薪酬”负债。根据企业所得税法规的规定，企业当期计入成本费用的3 000万元工资支出中，可予税前扣除的金额为实际支付额2 800万元。

会计准则规定，企业为获得职工提供的服务给予的各种形式的报酬以及其他相关支出均应作为成本费用，在未支付之前确认为负债。该项应付职工薪酬负债的账面价值为200万元。

企业所得税法规定，企业提取工资3 000万元与实际发生允许税前扣除的工资支出2 800万元之间所产生的200万元差额在发生当期即应进行纳税调增处理，并且在以后期间实际发放时进行税前扣除。

应付职工薪酬负债的计税基础＝账面价值200万元－未来期间计算应纳税所得额时按照企业所得税法规定可予抵扣的金额200万元＝0万元

该项负债的账面价值200万元，计税基础为0万元，负债的账面价值与计税基础之间形成可抵扣暂时性差异。

（四）其他负债

1. 企业的其他负债项目，如应交的罚款和滞纳金等，在尚未支付之前按照会计规定确认为费用，同时作为负债反映。企业所得税法规定，罚款和滞纳金不能税前扣除，即该部分费用无论是在发生当期还是在以后期间均不允许税前扣除，其计税基础为账面价值减去未来期间计税时可予税前扣除的金额0之间的差额，即计税基础等于账面价值。

［例22－17］A公司2008年12月因违反当地有关环保法规的规定，接到环保部门的处罚通知，要求其支付罚款40万元。企业所得税法规定，企业因违反国家有关法律法规规定支付的罚款和滞纳金，计算应纳税所得额时不允许税前扣除。至2008年12月31日，该项罚款尚未支付。

对于该项罚款，天华公司应计入2008年利润表，同时确认为资产负债表中的负债项目。

因按照企业所得税法规定，企业违反国家有关法律法规规定支付的罚款和滞纳金

不允许税前扣除，与该项负债相关的支出在未来期间计税时按照企业所得税法规定准予税前扣除的金额为0，

计税基础 = 账面价值40万元 - 未来期间计算应纳税所得额时按照企业所得税法规定可予抵扣的金额0 = 40万元

该项负债的账面价值40万元与其计税基础40万元相同，不形成暂时性差异。从企业所得税计算应纳税所得额的角度，企业所得税和会计之间的差异为永久性差异。

2. 其他交易或事项产生的负债，其计税基础应当按照适用企业所得税法的相关规定确定。一般表现为负债的计税基础和账面价值相等，比如企业在交易发生时的应付账款等。

五、特殊交易或事项中产生资产、负债计税基础的确定

除企业在正常生产经营活动过程中取得的资产和发生负债以外，对于某些特殊交易中产生的资产、负债，其计税基础的确定应遵从企业所得税法规定，如企业合并过程中取得资产、负债计税基础的确定。

《企业会计准则第20号——企业合并》中，视参与合并各方在合并前及合并后是否为同一方或相同的多方最终控制，分为同一控制下的企业合并与非同一控制下的企业合并两种类型。对于同一控制下的企业合并，合并中取得的有关资产、负债基本上维持其原账面价值不变，合并中不产生新的资产和负债；对于非同一控制下的企业合并，合并中取得的有关资产、负债应按其在购买日的公允价值计量，企业合并成本大于合并中取得可辨认净资产公允价值的份额部分确认为商誉，企业合并成本小于合并中取得可辨认净资产公允价值的份额部分计入合并当期损益—“营业外收入”。

对于企业合并的税收处理，通常情况下，被合并企业应视为按公允价值转让、处置全部资产，计算资产的转让所得，依法缴纳企业所得税。合并企业接受被合并企业的有关资产，计税时可以按经评估确认的价值确定计税基础。但合并企业支付给被合并企业或其股东的收购价款中，除合并企业股权以外的现金、有价证券和其他资产（非股权支付额），不高于所支付的股权票面价值20%的，经税务机关审核确认，当事各方可选择进行免税处理，即被合并企业不确认全部资产的转让所得或损失，不计算缴纳企业所得税；被合并企业的股东以其持有的原被合并企业的股权交换合并企业的股权，不视为出售旧股，购买新股处理；免税合并中合并企业接受被合并企业全部资产的计税基础，须以被合并企业原账面价值为基础确定。

由于会计准则与税收法规对企业合并的划分标准不同，处理原则不同，某些情况下，会造成企业合并中取得的有关资产、负债的入账价值与其计税基础的差异。

第三节　暂时性差异的确认和计量

一、暂时性差异及对企业所得税的影响

暂时性差异一般是指资产、负债的账面价值与其计税基础不同产生的差额，除此之外，还包括一些特殊业务形成的会计和企业所得税的暂时性差异。从企业所得税会

计核算角度，根据暂时性差异对企业未来纳税的影响，暂时性差异又划分为应纳税暂时性差异和可抵扣暂时性差异，进而影响企业递延所得税资产和递延所得税负债的形成。

从企业所得税角度，暂时性差异一般确认为时间性差异，其对企业所得税应纳税所得额计算的影响表现为：其一，在差异形成阶段，纳税人计算应纳税所得额时，必须对暂时性差异带来的会计和企业所得税收入与费用的确认与计量不同进行纳税调增或者纳税调减的处理；其二，在以后的企业所得税纳税申报期，产生以前差异转回的过程，即对以前期会计和企业所得税法的暂时性差异应作相反的纳税调整。

二、暂时性差异的确认

在企业会计准则中，对企业所得税会计核算中的暂时性差异，根据其形成的原因不同包括以下内容。

（一）资产、负债的账面价值与其计税基础不同的暂时性差异

资产、负债的账面价值与其计税基础不同产生的差额，形成的暂时性差异，是由于一部分资产、负债的账面价值与其计税基础不同，产生了在未来收回资产或清偿负债的期间内，应纳税所得额增加或减少并导致未来期间应交企业所得税增加或减少的情况。

（二）会计上未作为资产和负债确认的项目产生的暂时性差异

在企业所得税法和会计准则框架之下，企业所得税和会计上在部分涉及收入和成本费用的确认与计量上形成的差异，如果不是永久性差异，就应该确认为暂时性差异。一部分时间性差异，由于会计上作为资产和负债确认，资产、负债的账面价值与其计税基础不同，形成暂时性差异。一部分会计上未作为资产和负债确认的项目产生的时间性差异，在企业所得税会计核算时也确认为暂时性差异。

会计上未作为资产和负债确认的项目产生的暂时性差异，也可以理解为某些交易或事项发生以后，因为不符合资产、负债的确认条件而未体现为资产负债表中的资产或负债，但按照企业所得税法规定能够确定其计税基础的，其账面价值为 0 与计税基础之间的差异也构成暂时性差异。如企业对当期租入的建筑物进行装修，会计人员根据会计准则进行判断，确认为费用化处理，于发生时计入当期损益，不体现为资产负债表中的资产。但企业在企业所得税的业务处理上形成一项长期待摊费用，根据《企业所得税法实施条例》第六十八条规定：租入固定资产的改建支出，按照合同约定的剩余租赁期限分期摊销。于是会计和企业所得税的业务处理产生差异，这种差异表现为会计对装修费不确认为资产，所以账面价值为 0，但在企业所得税上确认为长期待摊费用，可视作一项资产，且计税基础的金额为在“管理费用”项下归集的装修费的金额，由于在以后期可以扣除，所以应确认为暂时性差异，也属于暂时性差异的一种。

根据企业所得税法和会计准则的规定，会计上未作为资产和负债确认的项目产生的暂时性差异主要有以下内容：

1. 收入确认时间企业所得税和会计准则不同。
2. 职工教育经费超过企业所得税扣除标准的结转扣除。
3. 广告费和业务宣传费超过企业所得税扣除标准的结转扣除。

4. 可结转扣除的税收亏损与亏损结转扣除期税款抵减产生的差异。

5. 适用税收优惠条件的企业所得税抵免。

6. 长期待摊费用。

7. 其他。

三、可抵扣暂时性差异和应纳税暂时性差异的确认与计量

根据暂时性差异对未来期间应纳税所得额的影响，暂时性差异可分为可抵扣暂时性差异和应纳税暂时性差异。

（一）可抵扣暂时性差异的确认与计量

可抵扣暂时性差异，是指在确定未来收回资产或清偿负债期间的应纳税所得额时，将导致产生企业所得税税前可抵扣金额的暂时性差异。

1. 可抵扣暂时性差异的影响。

其一，可抵扣暂时性差异产生当期。从企业会计核算的角度，企业会计上应当将可抵扣暂时性差异确认为递延所得税资产；从企业所得税应纳税所得额计算的角度，一般应将可抵扣暂时性差异确认为时间性差异，并对当期应纳税所得额进行纳税调增处理。

其二，可抵扣暂时性差异在未来期间转回时。从会计核算角度应对递延所得税资产作转回处理；从企业所得税应纳税所得额计算的角度，将对当期应纳税所得额进行纳税调减的处理，减少转回期间的应纳税所得额。

2. 可抵扣暂时性差异的确认。

（1）资产的账面价值小于其计税基础。

资产的账面价值小于其计税基础，从经济含义来看，资产在未来持有和处置期间，在会计上计入成本或费用的金额小于按照企业所得税法规定允许税前扣除的金额，就账面价值与计税基础之间的差额，在未来期间企业可以产生减少应纳税所得额并减少应交企业所得税的结果。

例如，一项资产的账面价值为100万元，计税基础为120万元，企业在未来资产持有或处置期间，从会计核算角度，可以计入成本或费用与当期收入配比的金额总计为100万元；从企业所得税确认应纳税所得额角度，可以税前扣除金额总计为120万元。从整体上来看，未来期间将减少应纳税所得额，减少应交企业所得税，形成可抵扣暂时性差异。

（2）负债的账面价值大于其计税基础。

负债的账面价值大于其计税基础产生的暂时性差异，实质是某项负债会计处理确认本期形成成本或费用，产生减少会计利润的结果，依据企业所得税法规定企业所得税对会计处理的结果当期不予确认，但在未来期间可以税前扣除。一项负债的账面价值大于其计税基础，意味着未来期间按照企业所得税法规定与该项负债相关的全部或部分支出可以从未来应税收入中扣除，减少未来期间的应纳税所得额和应交企业所得税。

例如，企业对将发生的产品保修费用在销售当期确认预计负债20万元，同时增加“销售费用”20万元。但企业所得税法规定有关费用支出只有在实际发生时才能够税前扣除，其计税基础为0；企业会计确认预计负债并形成当期销售费用，企业所得税对

此项费用不允许税前扣除，但在以后期间费用实际发生时允许税前扣除，使得未来期间的应纳税所得额和应交企业所得税减少，产生可抵扣暂时性差异。

（3）特殊项目产生可抵扣暂时性差异的确认。

一部分会计上未作为资产和负债确认的项目产生的会计和企业所得税的暂时性差异，在企业所得税会计核算时确认为暂时性差异。如果这种差异使企业产生未来少纳税的结果，也确认为可抵扣暂时性差异。

例如，对于按照企业所得税法规定可以结转以后年度弥补的亏损及税款抵减，虽不是因资产、负债的账面价值与计税基础不同产生的，但本质上可抵扣亏损和税款抵减与可抵扣暂时性差异具有同样的作用，均能够减少未来期间的应纳税所得额和应交企业所得税，视同可抵扣暂时性差异，在符合确认条件的情况下，应确认与其相关的递延所得税资产。

[例 22－18] 甲公司 2008 年发生税收亏损 200 万元，按照企业所得税法规定，该亏损可抵减以后纳税申报期应纳税所得额，抵减期为 5 个纳税年度。该公司预计其于未来 5 年期间能够产生足够的应纳税所得额抵减 2008 年税收亏损。

该税收亏损虽不是因资产、负债的账面价值与其计税基础的差异而产生的，但从其实质上来可以减少未来期间的应纳税所得额 200 万元并减少应交企业所得税，视同可抵扣暂时性差异为 200 万元。在企业预计未来期间能够产生足够的应纳税所得额，用以抵扣税收亏损时，应在当期确认递延所得税资产。

（二）应纳税暂时性差异的确认与计量

应纳税暂时性差异，是指在确定未来收回资产或清偿负债期间应纳税所得额计算时，将导致产生企业所得税税前可抵扣金额减少（少于当期会计成本费用），增加未来企业所得税的应纳税所得额和应纳企业所得税额的暂时性差异。该差异在未来期间转回时，会增加转回期间的应纳税所得额，在应纳税暂时性差异产生当期，应当确认相关的递延所得税负债。

1. 应纳税暂时性差异的影响。

应纳税暂时性差异产生当期：从企业会计核算的角度，企业会计上应当将应纳税暂时性差异确认为递延所得税负债；从企业所得税应纳税所得额计算的角度，一般应将应纳税暂时性差异确认为暂时性差异，导致对当期应纳税所得额的进行纳税调减处理的结果。

应纳税暂时性差异在未来期间转回时：从会计核算角度应对递延所得税负债作转回处理；从企业所得税应纳税所得额计算的角度，将增加转回期间的应纳税所得额。

2. 应纳税暂时性差异的确认。

（1）资产的账面价值大于其计税基础。

资产的账面价值是企业在持续使用或最终出售该项资产时将计入成本或费用的总额，而计税基础是一项资产在未来期间可在企业所得税税前扣除的金额。本期资产的账面价值大于其计税基础，意味着该项资产未来期间会计上形成的成本费用不能全部在企业所得税税前抵扣；账面价值与计税基础之间的差额，为企业在未来期间增加的应纳税所得额，两者之间的差额需要进行纳税调增的处理，产生应纳税暂时性差异。

例如，一项固定资产账面价值为 200 万元，计税基础如果为 180 万元，两者之间的差额会造成未来期间应纳税所得额和应交企业所得税的增加。在其产生当期，符合确认条件的情况下，应确认相关的递延所得税负债。

（2）负债的账面价值小于其计税基础。

一项负债的账面价值为企业预计在未来期间清偿该项负债时的经济利益流出，负债的账面价值小于其计税基础代表的是负债账面价值在当期形成企业所得税允许扣除的项目小于会计上在未来期形成成本或费用。

因负债的账面价值与其计税基础不同产生的暂时性差异，本质上是企业所得税法规定就该项负债在本期可以税前扣除的金额与会计计入相关成本费用金额不同。其结果导致该项负债在未来期间可以税前抵扣的金额为负数，即应在未来期间增加应纳税所得额和应交企业所得税金额。

（3）部分会计上未作为资产和负债确认的项目产生的应纳税暂时性差异。

一部分会计上未作为资产和负债确认的项目产生的会计和企业所得税的暂时性差异，在企业所得税会计核算时确认为暂时性差异。如果这种差异使企业产生未来多纳税的结果，也确认为应纳税暂时性差异。

第二十三章　递延所得税和所得税费用

企业在确定了应纳税暂时性差异与可抵扣暂时性差异后，应按照所得税会计准则规定的原则进一步确认与可抵扣暂时性差异相关的递延所得税资产以及与应纳税暂时性差异相关的递延所得税负债。在此基础上确认企业当期的所得税费用并进行会计核算。

第一节　递延所得税资产和递延所得税负债

一、递延所得税资产的确认、计量和会计处理

（一）递延所得税资产的确认

1. 确认递延所得税资产的一般原则。

（1）递延所得税资产产生于可抵扣暂时性差异。

递延所得税资产产生于可抵扣暂时性差异，具体指在确定未来收回资产或清偿负债期间的应纳税所得额时，将导致产生企业所得税税前可抵扣金额的暂时性差异。

（2）递延所得税资产的确认应以未来期间很可能取得的用来抵扣可抵扣暂时性差异的应纳税所得额为限。

在可抵扣暂时性差异转回的未来期间内，企业如果无法产生足够的应纳税所得额用以利用可抵扣暂时性差异的影响，使得与可抵扣暂时性差异相关的经济利益无法实现的，则不应在当期确认递延所得税资产；企业有明确的证据表明其于可抵扣暂时性差异转回的未来期间能够产生足够的应纳税所得额，进而利用可抵扣暂时性差异的，则应以很可能取得的应纳税所得额为限，确认相关的递延所得税资产。

在判断企业于可抵扣暂时性差异转回的未来期间是否能够产生足够的应纳税所得额时，应考虑以下两个方面的影响：一是通过正常的生产经营活动能够实现的应纳税所得额，如企业通过销售商品、提供劳务等所实现的收入，扣除有关的成本费用等支出后的金额，该部分情况的预测应当以经企业管理层批准的最近财务预算或预测数据以及该预算或者预测期之后年份稳定的或者递减的增长率为基础。二是以前期间产生的应纳税暂时性差异在未来期间转回时将增加的应纳税所得额。

由于可抵扣暂时性差异转回的期间内可能取得应纳税所得额的限制，因无法取得足够的应纳税所得额而未确认相关的递延所得税资产的，应在会计报表附注中进行披露。

［例 23－1］甲企业 2008 年 1 月购买一项专利技术，支付金额为 80 万元。由于合同和法律没有规定使用寿命，企业综合各方面情况，聘请相关专家进行论证，与同行

业的情况进行比较并参考历史经验，确定无形资产为企业带来未来经济的期限即无形资产的摊销时间为5年。2008年企业在会计上确认无形资产摊销额为16万元，在2008年资产负债表日，无形资产的账面价值为64万元。

企业所得税实施条例规定："作为投资或者受让的无形资产，有关法律规定或者合同约定了使用年限的，可以按照规定或者约定的使用年限分期摊销；其他无形资产的摊销年限不得低于10年。"根据企业所得税相关法规规定，企业所得税确认此项无形资产的使用时间为10年。2008年计算应纳税所得额税前允许扣除的无形资产的摊销额为8万元，资产负债表日，无形资产的计税基础为72万元。

2008年资产负债表日，由于无形资产的账面价值小于计税基础，所以会计和企业所得税出现的差异为可抵扣暂时性差异，差异额为8万元。在判断企业是否确认为递延所得税资产时，应考虑可抵扣暂时性差异转回的未来期间是否能够产生足够的应纳税所得额。如果以经企业管理层批准的最近财务预算预测未来企业所得税的应纳税所得额为4万元（此数据在实际业务处理时很难测定），则当期确认递延所得税资产为1万元（4×25%）。

2. 确认递延所得税资产的特殊业务。

（1）投资业务的处理。

对与子公司、联营企业、合营企业的投资相关的可抵扣暂时性差异，同时满足下列条件的：一是暂时性差异在可预见的未来很可能转回；二是未来很可能获得用来抵扣可抵扣暂时性差异的应纳税所得额，企业应当以很可能取得的应纳税所得额为限，确认相应的递延所得税资产，同时减少确认当期的所得税费用。

企业投资产生的可抵扣暂时性差异，主要产生于两种业务情况：其一，按权益法进行投资业务的处理时，当被投资单位发生亏损时，投资企业按照持股比例确认应予承担的部分相应减少长期股权投资的账面价值，但企业所得税法规定长期股权投资的成本在持有期间不发生变化，造成长期股权投资的账面价值小于其计税基础，产生可抵扣暂时性差异；其二，如果投资企业对长期股权投资计提减值准备，将产生可抵扣暂时性差异。

（2）税收亏损弥补的处理。

可抵扣亏损是指企业按照企业所得税法规定计算确定准予用以后年度的应纳税所得弥补的亏损。与可抵扣亏损和税款抵减相关的递延所得税资产，其确认条件与其他可抵扣暂时性差异产生的递延所得税资产相同，在估计未来期间是否能够产生足够的应纳税所得额用以利用该部分可抵扣亏损或税款抵减时，应考虑以下相关因素的影响：

①在可抵扣亏损到期前，企业是否可能通过正常的生产经营活动产生足够的应纳税所得额。

②在可抵扣亏损到期前，企业是否会因以前期间产生的应纳税暂时性差异转回而产生足够的应纳税所得额。

③可抵扣亏损是否产生于一些在未来期间不可能重复发生的特殊原因。

④是否存在其他的证据表明在可抵扣亏损到期前能够取得足够的应纳税所得额。

企业在确认与可抵扣亏损和税款抵减相关的递延所得税资产时，应当在会计报表附注中说明在可抵扣亏损和税款抵减到期前，企业能够产生足够的应纳税所得额的估计基础。

［例 23－2］甲公司 2008 年发生税收亏损 200 万元，按照企业所得税法规定，该亏损可抵减以后纳税申报期应纳税所得额，抵减期为 5 个纳税年度。假设经企业管理层批准的最近财务预算或预测数据分以下两种情况：

其一，根据经企业管理层批准的最近财务预算或预测数据以及该预算或者预测期之后年份稳定的或者递减的增长率，该公司预计其于未来 5 年期间能够产生足够的应纳税所得额抵减 2008 年税收亏损。所以对可抵扣暂时性差异 200 万元，在当期确认为递延所得税资产。

其二，根据经企业管理层批准的最近财务预算或预测数据以及该预算或者预测期之后年份稳定的或者递减的增长率，该公司预计其于未来 5 年期间不能够产生足够的应纳税所得额抵减 2008 年税收亏损。所以对可抵扣暂时性差异 200 万元，在当期不确认为递延所得税资产。

（3）税额抵减的处理。

税额抵减是在满足企业所得税法优惠条件前提下，企业可以依照税法对其当期应纳所得税额进行抵减，当期应缴所得税税款不足抵减，可以结转抵减。按照企业所得税法规定可以税款抵减和结转以后年度的未弥补亏损（可抵扣亏损）的处理相同，在预计税款抵减的未来期间内很可能取得足够的应纳税所得额时，应当以很可能取得的应纳税所得额为限，确认相应的递延所得税资产，同时减少确认当期的所得税费用。

［例 23－3］2008 年，甲企业购买符合《环境保护专用设备企业所得税优惠目录》的大型设备，金额为2 000万元。企业所得税税率为 25%，企业当年应纳企业所得税为 180 万元。

根据企业所得税法实施条例规定：该专用设备的投资额的 10% 可以从企业当年的应纳税额中抵免；当年不足抵免的，可以在以后 5 个纳税年度结转抵免。企业购买环保设备的抵免税额为 200 万元（2 000×10%），从当年应纳企业所得税额中可抵免 180 万元，不足抵免的 20 万元，可以结转在以后 5 个纳税年度抵免。在预计税款抵减的未来期间内很可能取得足够利用的应纳税所得额时，确认递延所得税资产 20 万元。

（二）递延所得税资产的计量

根据所得税会计准则规定，递延所得税资产的金额应以可抵扣暂时性差异与企业所得税税率相乘。用公式表示为：

递延所得税资产＝可抵扣暂时性差异金额×企业所得税税率

因此，递延所得税资产的计量由以下两个因素确定：

1. 可抵扣暂时性差异金额的确定。

递延所得税资产计算的基数为可抵扣暂时性差异金额，可抵扣暂时性差异金额确定分以下三种情况。其一，资产的账面价值小于其计税基础金额；其二，负债的账面价值大于其计税基础的金额；其三，部分会计上未作为资产和负债确认的项目产生的可抵扣暂时性差异会计和企业所得税计量的差额以及可以结转以后年度的未弥补亏损（可抵扣亏损）和税款抵减的金额。

2. 企业所得税税率的确定。

所得税会计准则规定，资产负债表日，对于递延所得税资产，应当根据适用企业所得税法规定，按照预期处理该资产期间的适用税率计量。即递延所得税资产应以相关可抵扣暂时性差异转回期间按照企业所得税法规定适用的企业所得税税率计量。

3. 递延所得税资产的期末计量。

企业会计准则规定，资产负债表日，企业应当对递延所得税资产的账面价值进行复核。如果未来期间很可能无法取得足够的应纳税所得额用以利用可抵扣暂时性差异带来的经济利益，应当减记递延所得税资产的账面价值。

同其他资产的确认和计量原则相一致，递延所得税资产的账面价值应当代表其为企业带来未来经济利益的能力。企业在确认了递延所得税资产以后，因各方面情况变化，导致按照新的情况估计，在有关可抵扣暂时性差异转回的期间内，无法产生足够的应纳税所得额用以利用可抵扣暂时性差异，使得与递延所得税资产相关的经济利益无法全部实现的，对于预期无法实现的部分，应当减记递延所得税资产的账面价值。除原确认时计入所有者权益的递延所得税资产，其减记金额亦应计入所有者权益外，其他的情况应增加减记当期的所得税费用。

因无法取得足够的应纳税所得额利用可抵扣暂时性差异而减记递延所得税资产账面价值的，以后期间根据新的环境和情况判断能够产生足够的应纳税所得额利用可抵扣暂时性差异，使得递延所得税资产包含的经济利益能够实现的，应相应恢复递延所得税资产的账面价值。

[例 23－4] 2008 年，企业对账面价值为 200 万元的存货提取减值准备 100 万元。企业所得税适用税率为 25%。2009 年资产负债表日，企业预计 2010 年对产品结构进行调整，企业将出现亏损。2010 年企业完成产品结构调整，预计 2011 年开始盈利。

（1）2008 年业务处理。

会计处理：企业存货的账面价值为 100 万元，计税基础为 200 万元，存货计税基础大于账面价值形成可抵扣暂时性差异，确认递延所得税资产。

递延所得税资产 = 100 × 25% = 25（万元）

企业账务处理为：

借：资产减值损失　　1 000 000

　贷：存货跌价准备　　1 000 000

借：递延所得税资产　　250 000

　贷：所得税费用　　250 000

企业所得税处理：根据现行企业所得税法及实施条例规定，对计入资产减值损失会计科目，减少当期会计利润的存货跌价准备 100 万元不允许扣除，2008 填报企业所得税纳税申报表时，对存货跌价准备进行纳税调增的处理。同时，对企业所得税和会计时间性差异设置台账进行记录。

（2）2009 年业务处理。

2009 年资产负债表日，企业预计 2010 年对产品结构进行调整，企业将出现亏损，如果对提取减值准备的存货处置，与递延所得税资产相关的经济利益无法全部实现。

会计处理：资产负债表日，企业对递延所得税资产的账面价值 25 万元进行复核。因 2010 年可能无法取得足够的应纳税所得额用以利用可抵扣暂时性差异带来的经济利益，应当确认减记递延所得税资产的账面价值。企业的账务处理为：

借：所得税费用　　250 000

贷：递延所得税资产 250 000

对上述业务在2009年企业所得税纳税申报时不需要特殊处理。

（3）2010年业务处理：

2010年企业完成产品结构调整，预计2011年开始盈利，使得递延所得税资产包含的经济利益能够实现的，应相应恢复递延所得税资产的账面价值。

会计处理：2010年资产负债表日，恢复递延所得税资产的账面价值。企业账务计处理为：

借：递延所得税资产 250 000

贷：所得税费用 250 000

对上述业务在2010年企业所得税纳税申报时不需要进行处理。

4. 递延所得税资产不需要折现。

所得税会计准则规定，无论可抵扣暂时性差异的转回期间长短，递延所得税资产不要求折现。

（三）不确认递延所得税资产的特殊情况

企业在交易中产生的资产、负债的初始确认金额与其计税基础不同，产生可抵扣暂时性差异的某些情况下，如果企业发生的某项交易或事项不属于企业合并，并且交易发生时既不影响会计利润也不影响应纳税所得额，则所得税会计准则中规定在交易或事项发生时不确认相关的递延所得税资产。因为如果确认递延所得税资产，则需调整资产的入账价值，对实际成本进行调整将有违会计核算中的历史成本原则，影响会计信息的可靠性。实际上，在以上前提下产生的资产、负债的初始确认金额与其计税基础不同，产生可抵扣暂时性差异，从企业所得税应纳税所得额计算的角度，会计和企业所得税产生的差异为永久性差异。

［例23－5］2008年1月，甲企业自行研发的专利技术正式使用，企业在会计上将开发费用100万元确认为无形资产的原始计价。

（1）企业账务处理。

借：无形资产 1 000 000

贷：研发支出——开发支出 1 000 000

（2）企业所得税处理。

《企业所得税法实施条例》第九十五条规定："企业所得税法研究开发费用的加计扣除，是指企业为开发新技术、新产品、新工艺发生的研究开发费用，未形成无形资产计入当期损益的，按照研究开发费用的150%加计扣除；形成无形资产的，按照无形资产成本的150%摊销。"根据企业所得税法规定企业自行研发的无形资产的扣除额为会计计价的150%，甲企业无形资产的计税基础为150万元。

（3）上述业务的分析。

从会计核算角度，甲企业自行研发无形资产的账面价值100万元与其计税基础150万元之间的差额，在2008年无形资产确认时既不影响会计利润，也不影响应纳税所得额，所得税会计准则中规定该种情况下不确认相应的递延所得税资产。

从应纳税所得额计算的角度，企业在无形资产使用期间可以扣除的无形资产摊销额总计为150万元，而会计上可以提取的摊销额为100万元，企业所得税允许扣除的摊销大于会计，会计和企业所得税的差异为永久性差异。在无形资产使用的年限内，每个纳税申报期计算应纳税所得额时，必须对会计利润进行纳税调减的处理，总额为50万元。

（四）递延所得税资产的会计处理

1. 减少所得税费用。对由于税前会计利润和应纳税所得额差异确认的递延所得税资产，应作为利润表中所得税费用减少的调整。

[例 23－6] 某生产企业于2009年12月自行建造一项生产用固定资产投入使用，该固定资产的原始价值为80 000元，预计使用年限为5年，按直线法计提折旧。该项固定资产在2012年底，因技术陈旧等原因进行清理，该固定资产的市场价值为30 000元，清理费用为10 000元，企业累计提取的固定资产减值准备金额为12 000元。

（1）企业会计处理。

企业固定资产投入使用后每年提取折旧额＝80 000÷5＝16 000（元），会计和税收处理一致。

2012年底，固定资产可回收金额的计量：

固定资产可收回金额应按公允价值减去处置费用后的净额与资产预计未来现金流量的现值两者之间较高者确定，本例中固定资产可收回金额为20 000元。

确认减值损失。用固定资产的账面余值减去固定资产的可回收金额确认。计算过程如下：

固定资产的账面余值	32 000
其中：固定资产原值为	80 000
累计折旧	48 000（16 000×3）
减：固定资产可收回金额	20 000
差额	12 000

差额12 000元为企业2012年提取固定资产减值准备。计提减值准备的账务处理为：

借：资产减值损失——计提固定资产减值准备　　12 000

　贷：固定资产减值准备　　12 000

（2）企业所得税处理及会计和企业所得税差异的调整。

2012年底，企业所得税税前扣除时，对企业提取且记入“资产减值损失”的固定资产减值准备12 000元不予确认，对当期减少会计利润的资产减值损失应调增应纳税所得额。

（3）所得税费用的会计处理。

从所得税费用会计核算角度的分析，会计上和企业所得税出现差异，由于差异的原因是固定资产的计税基础和会计的账面价值不相同，所以差异的性质为暂时性差异。同时应确认为可抵扣暂时性差异，企业当期产生递延所得税资产。具体处理如下：

2012年底固定资产的账面价值＝80 000－（16 000×3）－12 000（减值准备）＝20 000（元）

固定资产计税基础＝80 000－（16 000×3）＝32 000（元）

递延所得税资产＝（32 000－20 000）×25%＝12 000×25%＝3 000（元）

所得税费用会计核算的账务处理为：

借：递延所得税资产　　3 000

　贷：所得税费用——递延所得税费用　　3 000

2. 增加所有者权益。有关的可抵扣暂时性差异产生于直接计入所有者权益的交易或事项的，确认的递延所得税资产也应增加所有者权益。

[例 23 - 7] 企业持有的某项可供出售金融资产，成本为 400 万元，会计期末，其公允价值为 380 万元，该企业适用的企业所得税税率为 25%。除该事项外，该企业不存在其他会计与税收之间的差异，且递延所得税资产和递延所得税负债不存在期初余额。

会计期末确认可供出售金融资产的账面价值 380 万元和计税基础 400 万元之间出现可抵扣暂时性差异 20 万元。确认递延所得税资产 5 万元（20 × 25%）。企业账务处理为：

借：资本公积——其他资本公积　　200 000

　贷：可供出售金融资产　　200 000

确认递延所得税资产：

借：递延所得税资产　　50 000

　贷：资本公积——其他资本公积　　50 000

3. 企业合并中取得的有关资产、负债产生的可抵扣暂时性差异，其企业所得税影响应相应调整合并中确认的商誉或计入合并当期损益的金额。

二、递延所得税负债的确认、计量和会计处理

（一）递延所得税负债的确认

递延所得税负债产生于应纳税暂时性差异。因应纳税暂时性差异在转回期间将增加企业的应纳税所得额和应交企业所得税，导致企业经济利益的流出，在其发生当期，构成企业应缴纳企业所得税的义务，应作为负债确认。

确认应纳税暂时性差异产生的递延所得税负债时，应遵循以下原则：基于谨慎性原则，为了充分反映交易或事项发生后，对未来期间的计税影响，除所得税会计准则中明确规定可不确认递延所得税负债的情况以外，企业对于所有的应纳税暂时性差异均应确认相关的递延所得税负债。

[例 23 - 8] A 公司 2008 年 1 月 1 日购入 D 公司发行的普通股股票200 000股，每股面值为 10 元，共支付价款 240 万元，取得 D 公司 25% 的股权，并计划长期持有。2008 年 D 公司获净利 200 万元。A 公司按权益法进行核算。

(1) 取得长期股权投资阶段。

购入时，其账务处理如下：

借：长期股权投资——D 公司　　2 400 000

　贷：银行存款　　2 400 000

企业所得税处理：确认计税投资成本为 240 万元。

在取得长期股权投资的初始阶段，长期股权投资的账面价值和计税基础一致。

(2) 2008 年资产负债表日业务处理。

会计处理：2008 年末调增长期投资账面价值 = 200 × 25% = 50（万元）

调整后其长期投资账面成本为 290 万元，同时确认投资收益 50 万元。其账务处理如下：

借：长期股权投资——D 公司（损益调整） 500 000

　贷：投资收益 500 000

企业所得税处理：其一，由于被投资企业没有做利润分配处理，所以 A 公司在当期企业所得税上不确认投资收益，并进行纳税调减的处理；其二，企业所得税对长期股权投资的计税基础不发生变化，计税基础仍为 240 万元。

由于 A 公司 2008 年资产负债表日长期股权投资的账面价值 290 万元大于计税基础 240 万元，所以确认为应纳税暂时性差异，将形成递延所得税负债。

（二）递延所得税负债的计量

根据所得税会计准则规定，递延所得税负债的金额应以应纳税暂时性差异与企业所得税税率相乘。用公式表示为：

递延所得税负债 = 应纳税暂时性差异金额 × 企业所得税税率

因此，递延所得税负债的计量由以下两个因素确定：

1. 应纳税暂时性差异金额的确定。

应纳税暂时性差异金额确定主要有三种情况。其一，资产的账面价值大于其计税基础金额；其二，负债的账面价值小于其计税基础的金额；其三，部分会计上未作为资产和负债确认的项目产生的应纳税暂时性差异会计和企业所得税计量的差额。

2. 企业所得税税率的确定。

所得税会计准则规定，资产负债表日，对于递延所得税负债，应当根据适用企业所得税法规定，按照预期清偿该负债期间的适用税率计量。即递延所得税负债应以相关应纳税暂时性差异转回期间按照企业所得税法规定适用的企业所得税税率计量。

[例 23-9] 接上例，由于 A 公司 2008 年资产负债表日，长期股权投资的计税基础 240 万元小于账面价值 290 万元，形成应纳税暂时性差异，A 公司应确认并计算相关的递延所得税负债。A 公司适用企业所得税税率为 25%。

递延所得税负债 = (290 - 240) × 25% = 12.5（万元）

3. 递延所得税负债不需要折现。

所得税会计准则规定，无论应纳税暂时性差异的转回期间长短，递延所得税负债不要求折现。

（三）不确认递延所得税负债的特殊情况

根据所得税会计准则的规定，对一部分虽然资产、负债的账面价值与其计税基础不同，产生了应纳税暂时性差异，但不确认相应的递延所得税负债，主要包括：

1. 商誉的初始确认。非同一控制下的企业合并中，企业合并成本大于合并中取得的被购买方可辨认净资产公允价值份额的差额，按照会计准则规定应确认为商誉。因会计与企业所得税对企业合并的划分标准不同，按照税收法规规定作为免税合并的情况下，计税时不认可商誉的价值，即从企业所得税角度，商誉的计税基础为 0，两者之间的差额形成应纳税暂时性差异。对于商誉的账面价值与其计税基础不同产生的该应纳税暂时性差异，所得税会计准则中规定不确认与其相关的递延所得税负债，原因在于：

一是如果确认该部分暂时性差异产生的递延所得税负债，则意味着购买方在企业合并中获得的可辨认净资产的价值量下降，企业应增加商誉的价值，商誉的账面价值增加以后，在未来计提减值准备的可能加大，同时商誉账面价值的增加还会进一步产生应纳税暂时性差异，使得递延所得税负债和商誉价值量的变化不断循环。

二是商誉本身即是企业合并成本在取得的被购买方可辨认资产、负债之间进行分配后的剩余价值，确认递延所得税负债进一步增加其账面价值会影响到会计信息的可靠性。

2. 除企业合并以外的其他交易或事项中，如果产生的资产、负债的初始确认金额与其计税基础不同，形成应纳税暂时性差异的，该项交易或事项发生时既不影响当期会计利润，也不影响当期应纳税所得额，则交易或事项发生时不确认相应的递延所得税负债。

该规定主要是考虑到由于交易发生时既不影响会计利润，也不影响应纳税所得额，确认递延所得税负债的直接结果是增加有关资产的账面价值或是降低所确认负债的账面价值，使得资产、负债在初始确认时，违背历史成本原则，影响会计信息的可靠性。

该类交易或事项在我国企业实务中并不多见，一般情况下有关资产、负债的初始确认金额均会为企业所得税法所认可，不会产生两者之间的差异。

3. 与子公司、联营企业、合营企业投资等相关的应纳税暂时性差异，同时满足以下两个条件的不确认为递延所得税负债：一是投资企业能够控制暂时性差异转回的时间；二是该暂时性差异在可预见的未来很可能不会转回。因为满足上述条件时，投资企业可以运用自身的影响力决定暂时性差异的转回，如果不希望其转回，则在可预见的未来该项暂时性差异即不会转回，从而对未来期间不会产生企业所得税影响，无须确认相应的递延所得税负债。

企业在运用上述条件不确认与联营企业、合营企业等投资相关的递延所得税负债时，应有明确的证据表明其能够控制有关暂时性差异转回的时间。一般情况下，企业对联营企业的生产经营决策仅能够实施重大影响，并不能够主导被投资单位包括利润分配政策在内的主要生产经营决策的制定。满足所得税会计准则规定的能够控制暂时性差异转回时间的条件，一般是通过与其他投资者签订协议等，达到能够控制被投资单位利润分配政策等情况。

[例 23－10] 甲公司持有乙公司 30% 的股权，因能够参与乙公司的生产经营决策，对该项投资采用权益法核算。2008 年购入投资时，实际支付价款2 000万元，在投资当年年末，乙公司实现净利润 600 万元，假定不考虑相关的调整因素，甲公司按其持股比例计算应享有 180 万元。甲公司适用的企业所得税税率为 25%，乙公司适用的企业所得税税率为 15%。乙公司在会计期末未制定任何利润分配方案，除该事项外，不存在其他会计与税收的差异。递延所得税资产及负债均不存在期初余额。

按照权益法的核算原则，取得投资当年年末，甲公司长期股权投资账面价值增加 180 万元，确认投资收益 180 万元。企业所得税法规定长期股权投资的计税基础在持有期间不变，产生应纳税暂时性差异 180 万元。甲公司应按适用税率的差额确认相应的递延所得税负债45万元（180×25%）。

借：所得税费用　　450 000

　贷：递延所得税负债　　450 000

如果甲公司取得乙公司股权的目的并非为从乙公司分得利润，而是希望从乙公司持续得到原材料供应，同时与其他投资者签订协议，在被投资单位制定利润分配方案时作相同的意思表示，控制被投资单位利润分配的时间，从各方的协议情况看，不希望被投资单位在可预见的未来进行利润分配。因符合不确认递延所得税负债的条件，对该部分180万元的应纳税暂时性差异不确认相关的递延所得税负债。

（四）递延所得税负债的会计核算

1. 增加所得税费用。确认应纳税暂时性差异产生的递延所得税负债时，交易或事项发生时影响到会计利润或应纳税所得额的，相关的企业所得税影响应作为利润表中所得税费用的组成部分。

[例23－11] 某机器制造有限公司2007年12月31日购入的一台管理用设备，原始价值168 000元，估计使用年限为8年，预计净残值为0，按直线法计提折旧。税法折旧年限为5年。

（1）会计处理。该设备每年提取折旧金额：

2008年1月至2015年12月每年提取折旧金额＝168 000÷8＝21 000（元）

（2）企业所得税处理及会计和税收处理差异调整。

企业所得税税前每年允许扣除的折旧金额：

根据企业所得税法及实施条例规定：该设备可提取折旧的金额为168 000元，残值率为0，提取折旧的时间为5年。

该设备每年税前扣除折旧的金额＝168 000÷5＝33 600（元）

2008年1月至2012年12月该设备每年会计提取折旧21 000元，企业所得税前允许提取折旧为33 600元，在企业所得税纳税申报时需要进行纳税调减的处理，调减额为12 600元，共计调减额为63 000元。

2013年1月至2015年12月会计每年折旧费用为168 000元，税收提取折旧的年限至2012年12月结束。2013～2015年每期企业所得税纳税申报时需要进行纳税调增的处理，调增额为21 000元，共计调增额为63 000元。

（3）所得税费用的会计处理：

从所得税费用会计核算角度的分析，会计和企业所得税出现差异，由于差异的原因是固定资产的计税基础和会计的账面价值不相同，所以差异的性质为时间性差异，因产生的是未来增加纳税的结果，所以应确认为应纳税暂时性差异，企业当期产生递延所得税负债。具体处理如下：

2008年底固定资产的账面价值＝168 000－21 000＝147 000（元）

固定资产计税基础＝168 000－33 600＝134 400（元）

递延所得税负债＝（147 000－134 400）×25%＝3 150（元）

所得税费用会计核算的账务处理为：

借：所得税费用——递延所得税费用　　3 150

　贷：递延所得税负债　　3 150

2. 减少所有者权益。与直接计入所有者权益的交易或事项相关的，其企业所得税影响应减少所有者权益。

［例 23－12］2007 年企业将账面净值为2 000万元（原值为3 000万元，已提折旧1 000万元），公允价值为2 500万元办公楼出租，企业将固定资产转换为投资性房地产时，因满足投资性房地产所在地有活跃的房地产交易市场和企业能够从活跃的房地产交易市场上取得同类或类似房地产的市场价格及其他相关信息的条件，从而对投资性房地产的公允价值做出合理的估计条件，企业对确认的投资性房地产按公允价值计量。

资产负债表日，根据所得税会计准则的规定，企业对办公楼确认为账面价值（按公允价值调整）为2 500万元，计税基础为2 000万元。计税基础小于账面价值暂时性差异500 万元确认为应纳税暂时性差异，递延所得税负债为 125 万元（500×25%）。企业账务处理为：

借：投资性房地产	25 000 000	
累计折旧	10 000 000	
贷：固定资产		30 000 000
资本公积——其他资本公积		5 000 000
借：资本公积——其他资本公积	1 250 000	
贷：递延所得税负债		1 250 000

3. 其他业务的处理。与企业合并中取得资产、负债相关的，递延所得税影响应调整购买日应确认的商誉或是计入合并当期损益的金额。

第二节 所得税费用的确认、计量及账务处理

企业所得税的会计核算，主要是围绕着所得税费用的确定。按照资产负债表债务法核算企业所得税，利润表中的所得税费用由两个部分组成：当期企业所得税和递延所得税。因此，确定利润表中的所得税费用，必须计算当期应交企业所得税，确定资产负债表上的递延所得税资产和递延所得税负债。

一、计算当期应交企业所得税

当期企业所得税是指企业按照企业所得税法规定计算确定当期应交企业所得税金额，即应交企业所得税。当期企业所得税应以适用的税收法规为基础计算确定。

企业在确定当期企业所得税时，对于当期发生的交易或事项，在收入、成本费用及资产处理的会计处理与税收处理的差异，应在会计利润的基础上，按照适用税收法规的规定进行调整，计算出当期应纳税所得额，按照应纳税所得额与适用企业所得税税率计算确定当期应交企业所得税。企业当期应交企业所得税，通过企业所得税纳税申报表确定。

二、确定递延所得税

递延所得税是指按照所得税会计准则规定应予确认的递延所得税资产和递延所得

税负债在期末应有的金额相对于原已确认金额之间的差额，即递延所得税资产及递延所得税负债当期发生额的综合结果。用公式表示即为：

递延所得税 = 递延所得税负债 - 递延所得税资产

递延所得税负债 = 期末递延所得税负债 - 期初递延所得税负债

递延所得税资产 = 期末递延所得税资产 - 期初递延所得税资产

应予说明的是，企业因确认递延所得税资产和递延所得税负债产生的递延所得税，一般应当计入所得税费用，但以下两种情况除外：一是某项交易或事项按照会计准则规定应计入所有者权益的，由该交易或事项产生的递延所得税资产或递延所得税负债及其变化亦应计入所有者权益，不构成利润表中的递延所得税费用（或收益）。二是企业合并中取得的资产、负债，其账面价值与计税基础不同，应确认相关递延所得税，该递延所得税的确认影响合并中产生的商誉或计入合并当期损益的金额，不影响所得税费用。

三、确定所得税费用

计算确定了当期企业所得税及递延所得税以后，利润表中应予确认的所得税费用为两者之和，即：

所得税费用 = 当期企业所得税 + 递延所得税

[例 23 - 13] A 公司 2008 年度利润表中利润总额2 000万元，该公司适用的企业所得税税率为 25%。递延所得税资产及递延所得税负债不存在期初余额。与企业所得税核算有关的情况如下：

2008 年发生的有关交易和事项中，会计处理与税收处理存在差异的有：

(1) 2008 年 1 月开始计提折旧的一项固定资产，成本为 120 万元，使用年限为 10 年，净残值为 0，会计处理按双倍余额递减法计提折旧，税收处理按直线法计提折旧，假定企业所得税法规定的使用年限及净残值与会计规定相同。

(2) 企业交纳税收滞纳金和罚款 40 万元。

(3) 当年度进行技术研究开发，研究阶段支出 100 万元，假定开发无形资产于期末未达到预定使用状态。

(4) 交易性金融资产的账面价为 500 万元，期末公允价为 600 万元。

(5) 企业当期业务招待费为 20 万元（企业本年销售收入为 5 000 万元）。

(6) 期末，企业原账面价值为 166 万元的存货的因市场价格持续下跌，并且在可预见的未来无回升的希望，可变现净值确认为 160 万元，企业对存货计提了 6 万元的存货跌价准备。

1. 上述业务的税收分析及应缴企业所得税的计算。

(1) 当期固定资产会计提取的折旧额为 24 万元，企业所得税扣除额为 12 万元。当期纳税调增额为 12 万元。

(2) 企业交纳税收滞纳金和罚款 40 万元，按照企业所得税法规定，不允许税前扣除。当期纳税调增额为 40 万元。

(3) 当年度进行技术研究开发，企业所得税法规定企业发生的研究开发支出可按实际发生额的 150% 加计扣除，当期企业所得税允许扣除研发费用为 150 万元，纳税调减50万元。

（4）交易性金融资产的公允价大于账面价确认的公允价值变动损益企业所得税不予确认，当期纳税调减额为100万元。

（5）企业当期业务招待费实际发生额为20万元，未超过销售收入的5‰，允许扣除额为12万元（20×60%），纳税调增8万元。

（6）企业对存货计提了6万元的存货跌价准备，不允许企业所得税扣除，纳税调增6万元。

2008年度应纳税所得额 = 20 000 000 + 120 000 + 400 000 + 80 000 + 60 000 - 500 000 - 1 000 000 = 19 160 000（元）

应交企业所得税 = 19 160 000 × 25% = 4 790 000（元）

2. 2008年度递延所得税分析。

（1）固定资产账面价值与计税基础的差异确认为可抵扣暂时性差异。

（2）存货账面价值与计税基础的差异确认为可抵扣暂时性差异。

（3）交易性金融资产账面价值与计税基础的差异确认为应纳税暂时性差。

该公司2008年资产负债表相关项目金额及其计税基础如表23-1所示：

表23-1　　单位：元

项　目	账面价值	计税基础	差　异	
			应纳税时间性差异	可抵扣暂时性差异
存货	1 600 000	1 660 000		60 000
固定资产				
固定资产原价	1 200 000	1 200 000		
减:累计折旧	240 000	120 000		
减:固定资产减值准备	0	0		
固定资产价值	960 000	1 080 000		120 000
交易性金融资产	6 000 000	5 000 000	1 000 000	
其他应付款	2 000 000	2 000 000		
总　计			1 000 000	180 000

递延所得税资产 = 180 000 × 25% = 45 000（元）

递延所得税负债 = 1 000 000 × 25% = 250 000（元）

递延所得税 = 250 000 - 45 000 = 205 000（元）

3. 利润表中应确认的所得税费用。

所得税费用 = 4 790 000 + 205 000 = 4 995 000（元）

4. 企业账务处理为。

借：所得税费用　　4 995 000

　　递延所得税资产　　45 000

　贷：应交税费——应交企业所得税　　4 790 000

　　　递延所得税负债　　250 000

［例23-14］沿用上例有关资料，假定A公司2009年当期应交企业所得税为100

万元。资产负债表中有关资产、负债的账面价值与其计税基础相关资料如表23－2所示，除所列项目外，其他资产、负债项目不存在会计和税收的差异。

表23－2 单位：元

项　　目	账面价值	计税基础	差　　异	
			应纳税时间性差异	可抵扣暂时性差异
存货	3 200 000	3 260 000		60 000
固定资产				
固定资产原价	1 200 000	1 200 000		
减:累计折旧	432 000	240 000		
减:固定资产减值准备	40 000	0		
固定资产价值	728 000	960 000		232 000
交易性金融资产	5 400 000	5 000 000	400 000	
其他应付款	2 000 000	2 000 000		
总　　计			400 000	292 000

分析：

1. 当期应交企业所得税＝1 000 000（元）

2. 递延所得税。

(1) 期末递延所得税负债（400 000×25%）　10 000

期初递延所得税负债　250 000

递延所得税负债减少　240 000

(2) 期末递延所得税资产（292 000×25%）　73 000

期初递延所得税资产　45 000

递延所得税资产增加　28 000

递延所得税＝－240 000－28 000＝－268 000（元）

3. 所得税费用。

所得税费用＝1 000 000－268 000＝732 000（元）

借：所得税费用　732 000

　　递延所得税资产　28 000

　　递延所得税负债　240 000

　贷：应交税费——应交企业所得税　1 000 000

附录

附表1　企业所得税收入业务与会计相关业务比较

项　目		企业所得税法规定	企业会计准则规定	比较及差异性质
基本收入	基本收入	(1)销售货物收入； (2)提供劳务收入； (3)转让财产收入； (4)股息、红利等权益性投资收益； (5)利息收入； (6)租金收入； (7)特许权使用费收入； (8)接受捐赠收入； (9)其他收入，包括企业资产溢余收入、逾期未退包装物押金收入、确实无法偿付的应付款项、已作坏账损失处理后又收回的应收款项、债务重组收入、补贴收入、违约金收入、汇兑收益等。	除外单位欠款付给的利息以及其他利息收入冲减"财务费用"外，其他收入都在会计收入范围内，计入"主营业务收入"、"其他业务收入"、"营业外收入"、"利息收入""投资收益"、"租赁收入"等会计科目进行会计记录。	因外单位欠款付给的利息以及其他利息收入在会计上冲减"财务费用"，而企业所得税确认为收入。但两者都增加当期应纳税所得额，不需进行纳税调整。
	收入形式	企业以货币形式和非货币形式从各种来源取得的收入，为收入总额。 (1)货币形式，包括现金、存款、应收账款、应收票据、准备持有至到期的债券投资以及债务的豁免等。 (2)非货币形式，包括固定资产、生物资产、无形资产、股权投资、存货、不准备持有至到期的债券投资、劳务以及有关权益等。	企业会计准则对会计收入的形式没有进行具体规定和解释，但是会计人员可以依据会计准则进行职业判断。会计收入的基本形式可以表现为导致所有者权益增加经济利益流入的货币性资产、非货币性资产增加和负债减少等。	(1)企业所得税和会计对货币性收入的确认一致。(2)所得税和会计对非货币性收入的确认不完全一致。当非货币性资产交换不具有商业实质或公允价值不能够可靠计量时，所得税确认收入，会计不确认收入，所得税和会计产生差异的性质为暂时性差异。
	视同销售	(1)《企业所得税法实施条例》二十五条规定：企业发生非货币性资产交换，将货物、财产、劳务用于捐赠、偿债、赞助、集资、广告、样品、职工福利或者利润分配等用途的，应视同销售货物、转让财产或者提供劳务，但国务院财政、税务主管部门另有规定的除外。 (2)《关于企业处置资产所得税处理问题的通知》(国税函[2008]828号)规定：企业将资产移送他人的下列情形，因资产所有权属已发生改变而不属于内部处置资产，应按规定视同销售确定收入。(1)用于市场推广或销售；(2)用于交际应酬；(3)用于职工奖励或福利；(4)用于股息分配；(5)用于对外捐赠；(6)其他改变资产所有权属的用途。	无视同销售具体规定。	所得税视同销售与会计收入确认不一致。企业所得税视同销售以资产所有权转移或劳务外部提供，且不能导致经济利益流入为特征。 企业所得税视同销售列举与会计收入确认不一致的业务包括：(1)非货币性资产交换不具有商业实质或者公允价值不能可靠计量，此业务产生暂时性差异；(2)企业将货物、财产用于捐赠、赞助、集资、广告、样品，此业务产生永久性差异；(3)企业将劳务用于捐赠、偿债、赞助、集资、广告、样品等用途，此业务产生永久性差异。

续表

项目		企业所得税法规定	企业会计准则规定	比较及差异性质
收入范围	不征税收入	(1)财政拨款; (2)依法收取并纳入财政管理的行政事业性收费、政府性基金; (3)软件和集成电路生产企业实行增值税即征即退政策所退还的税款; (4)国务院规定的其他不征税收入。	企业通过"营业外收入"会计科目反映的政府补助利得。	企业依据会计准则将增值税即征即退政策所退还的税款在会计上确认政府补助收入,计入"营业外收入——政府补助",因其属于税法规定不征企业所得税的特殊政府补助收入,会计和税收处理形成永久性差异。
	减免税收入	(1)免税收入。国债利息收入。①符合条件的居民企业之间的股息、红利等权益性投资收益;②在中国境内设立机构、场所的非居民企业从居民企业取得与该机构、场所有实际联系的股息、红利等权益性投资收益;③符合条件的非营利组织的收入。 (2)减计收入。企业综合利用资源,生产符合国家产业政策规定的产品所取得的收入,可以在计算应纳税所得额时减计收入。	会计核算确认为收入或收益。	税法上的减免税收入会计上确认为收入或收益,企业所得税和会计产生差异,差异性质为永久性差异。
收入计量	一般计量	(1)货币形式的收入计量:税法无具体规定。 (2)非货币形式的收入计量:企业以非货币形式取得的收入,应当按照公允价值确定收入额。所称公允价值,是指按照市场价格确定的价值。 (3)视同销售:属于企业自制的资产,应按企业同类资产同期对外销售价格确定销售收入;属于外购的资产,可按购入时的价格确定销售收入。	企业非货币性资产的公允价值确定具体规定:(1)对于存在活跃市场的存货、长期股权投资、固定资产、无形资产等非货币性资产,应当以该资产的市场价格为基础确定其公允价值;(2)对于同类或类似资产存在活跃市场的存货、长期股权投资、固定资产、无形资产等非货币性资产,应当以同类或类似资产市场价格为基础确定其公允价值;(3)资产不存在同类或类似资产的可比市场交易,应当采用估值技术确定其公允价值。	企业以货币形式和非货币形式取得收入,企业所得税和会计对收入的计量基本一致。
	销售货物收入计量	《国家税务总局关于确认企业所得税收入若干问题的通知》(国税函[2008]875号)对特殊业务所得税收入确认和计量做出以下规定: (1)采用售后回购方式销售商品的,销售的商品按售价确认收入,回购的商品作为购进商品处理。有证据表明不符合销售收入确认条件的,如以销售商品方式进行融资,收到的款项应确认为负债,回购价格大于原售价的,差额应在回购期间确认为利息费用。 (2)销售商品以旧换新的,销售商品应当按照销售商品收入确认条件确认收入,回收的商品作为购进商品处理。	(1)一般销售商品业务:按照从购货方已收价款或应收的合同或协议价款确定商品销售收入金额 (2)具有融资性质的分期收款形式销售商品按照应收的合同或协议价款的现值确定其公允价值。应收的合同或协议价款与其公允价值之间的差额,应当在合同或协议期间内,按应收款项的摊余成本和实际利率计算确定的摊销金额冲减财务费用。 (3)现金折扣业务的收入计量:按照扣除现金折扣前的金额来确认销售商品收入金额。	(1)除了对具有融资性质的分期收款形式销售商品所得税和会计存在差异外,其余销售货物收入所得税的收入与会计计量的结果一致。

续表

项目		企业所得税法规定	企业会计准则规定	比较及差异性质
收入计量	销售货物收入计量	(3)企业为促进商品销售而在商品价格上给予的价格扣除属于商业折扣，商品销售涉及商业折扣的，应按照扣除商业折扣后的金额确定销售商品收入金额。 (4)债权人为鼓励债务人在规定的期限内付款而向债务人提供的债务扣除属于现金折扣，销售商品涉及现金折扣的，应当按扣除现金折扣前的金额确定销售商品收入金额，现金折扣在实际发生时作为财务费用扣除。 (5)企业因售出商品的质量不合格等原因在售价上减让属于销售折让；企业因售出商品质量、品种不符合要求等原因而发生的退货属于销售退回。企业已经确认销售收入的售出商品发生销售折让和销售退回，应在发生当期冲减当期销售商品收入。 (6)企业以买一赠一等方式销售企业商品不属于捐赠，应将总销售金额按各项商品的公允价比例分摊确认各项的销售收入。	(4)商业折扣业务的收入计量：按照扣除商业折扣后的金额来确认销售商品收入金额。 (5)销售折让和销售退回业务的收入计量：在发生时冲销当期销售商品收入；销售折让属于资产负债表日后事项的，适用《企业会计准则第29号—资产负债表日后事项》。 (6)采用以旧换新方式销售商品：按照销售商品收入确认条件确认收入，回收的商品作为购进商品处理。 (7)销售商品并提供劳务：销售商品部分和提供劳务部分能够区分且能够单独计量的，应当将销售商品的部分作为销售商品处理，将提供劳务的部分作为提供劳务处理。销售商品部分和提供劳务部分不能够区分，或虽能区分但不能够单独计量的，应当将销售商品部分和提供劳务部分全部作为销售商品处理。	(2)对于具有融资性质的分期收款形式销售商品，企业所得税按合同或协议价款确认为收入，因此企业所得税和会计处理出现差异，一般确认为暂时性差异。
	提供劳务收入计量	资产负债表日未完工工程的收入计量：(1)从事建筑、安装、装配工程业务或者提供其他劳务等，持续时间超过12个月的，按照纳税年度内完工进度或者完成的工作量确认收入的实现。 (2)企业提供劳务完工进度的确定，可选用下列方法：①已完工作的测量；②已提供劳务占劳务总量的比例；③发生成本占总成本的比例。 (3)企业应按照从接受劳务方已收或应收的合同或协议价款确定劳务收入总额，根据纳税期末提供劳务收入总额乘以完工进度扣除以前纳税年度累计已确认提供劳务收入后的金额，确认为当期劳务收入。	(1)提供劳务收入的一般计量：企业应当按照从接受劳务方已收或应收的合同协议价款确定提供劳务收入总额，已收或应收的合同或协议价款显失公允的除外。 (2)资产负债表日未完工工程的收入计量。企业应当在资产负债表日按提供劳务收入总额乘以完工进度扣除以前会计期间累计已确认提供劳务收入后的金额，确认当期提供劳务收入；同时，按照提供劳务总成本乘以完工进度扣除以前会计期间累计已确认提供劳务成本后的金额，结转当期劳务成本。	企业所得税和会计对企业从事劳务活动持续时间超过12个月的，都规定按照年度内完工进度或者完成的工作量确认收入的实现，收入的确认与计量企业所得税法和会计处理一致。
	转让财产计量	无转让财产收入具体规定。	一般按照从购货方已收价款或应收的合同或协议价款确定转让财产收入金额。	企业所得税与会计计量一致。
	股息红利等权益性投资收益（长期股权投资）	(1)股息、红利等权益性投资收益，除国务院财政、税务主管部门另有规定外，按照被投资方做出利润分配决定的日期和金额确认收入的实现	长期股权投资持有的收益确定，采取以下方法： (1)成本法。被投资单位宣告分派的现金股利或利润，确认为当期投资收益。被投资单位宣告分派的现金股利或利润中，投资企业按应享有的部分确认为当期投资收益，不再划分是否属于投资前和投资后被投资单位实现的净利润。	(1)成本法收益计量所得税和会计一致。 (2)权益法收益计量差异：企业所得税规定被投资方做出利润分配决定时，投资方企业应确认投资所得的实现；被投资企业发生的亏损，由被投资企业按规定结转弥补，投

续表

项目		企业所得税法规定	企业会计准则规定	比较及差异性质
	股息红利等权益性投资收益（长期股权投资）	(2)符合条件的居民企业之间的股息红利等权益性投资收益免税。	(2)权益法。权益法的主要特点是根据被投资单位所有者权益的变化不断调整投资方的长期股权投资成本，以反映投资方占有被投资方所有者权益份额的变化动态。	资方企业不得调整减抵其投资成本，也不得确认投资损失。企业所得税和会计在投资收益确认上的差异为暂时性差异。(3)企业所得税符合条件的股息红利免税，所得税和会计的差异为永久性差异。
	股息红利权益性投资收益（权益性金融资产）	(1)除国务院财政、税务主管部门另有规定外，按照被投资方做出利润分配决定的日期和金额确认收入的实现。 (2)符合条件的居民企业之间的股息红利等权益性投资收益免税。	权益性金融资产包括权益性工具的交易性金融资产、持有可供出售金融资产、直接指定为以公允价值计量且其变动计入当期损益的金融资产。企业在持有交易性金融资产期间，被投资单位宣告发放现金股利时，投资企业按应享有的份额，应当确认为投资收益。	(1)权益性金融资产持有收益企业所得税和会计处理一致。 (2)企业所得税符合条件的股息红利免税，企业所得税和会计的差异为永久性差异。
收入计量	利息收入	利息收入，是指企业将资金提供他人使用但不构成权益性投资，或者因他人占用本企业资金取得的收入，包括存款利息、贷款利息、债券利息、欠款利息等收入。利息收入，按照合同约定的债务人应付利息的日期确认收入的实现。	(1)持有至到期投资在持有期间应当按照摊余成本和实际利率计算确认利息收入。 (2)交易性金融资产，按分期付息一次还本债券投资的票面利率计算利息收入。 (3)可供出售金融资产，按可供出售债券摊余成本和实际利率计算确定的利息收入。 (4)直接指定为以公允价值计量且其变动计入当期损益的金融资产，按分期付息一次还本债券投资票面利率计算利息收入。 (5)企业存款、贷款利息，按照他人使用本企业货币资金的时间和实际利率计算确定。	(1)如果会计对存款利息、贷款利息收入金额，按照他人使用本企业货币资金的时间和实际利率计算确定；债券利息按照债券面值和利率计算债券利息收入，则企业所得税和会计对利息收入的计量是一致的。 (2)如果会计按照会计准则对部分金融资产的债券利息，采取持有期间按照摊余成本和实际利率计算确认利息收入（持有至到期投资、可供出售金融资产），计入投资收益，则企业所得税和会计对利息收入的确定存在差异，差异为暂时性差异。
	租金收入	租金收入，是指企业提供固定资产、包装物或者其他有形资产的使用权取得的收入，按照合同约定的承租人应付租金的日期确认收入的实现。	租赁业务在会计上按照其性质不同，分为经营租赁和融资租赁。(1)经营租赁收入，按照合同约定的承租人应付租金确定；(2)融资租赁，出租人应当采用实际利率法计算确认当期的融资收入。在租赁期开始日，出租人应当将租赁开始日最低租赁收款额与初始直接费用之和作为应收融资租赁款的入账价值，同时记录未担保余值；	(1)经营租赁收入的计量，除出租人会计按照直线法确认租金收入，企业所得税按照合同约定确认租金收入所产生的暂时性差异外，企业所得税和会计基本一致；(2)融资租赁收入的计量，由于按照实际利率法确认的租赁收入及产生的未实现

续表

项　目		企业所得税法规定	企业会计准则规定	比较及差异性质
收入计量	租金收入		将最低租赁收款额、初始直接费用及未担保余值之和与其现值之和的差额确认为未实现融资收益。未实现融资收益应当在租赁期内各个期间进行分配。出租人应当采用实际利率法计算确认当期的融资收入。	融资收益因素使企业所得税和会计存在差异，差异性质为暂时性差异。
	特许权使用费收入	无具体规定无具体规定。	一般企业特许权使用费收入为货币收入，应当按照应收的合同或协议价款确定特许权使用费收入金额。企业特许权使用费收入为非货币收入，应当按照公允价值确定收入额。	企业所得税与会计计量一致。
收入实现时间	销售货物收入实现时间	(1)以分期收款方式销售货物的，按照合同约定的收款日期确认收入的实现。 (2)企业受托加工制造大型机械设备、船舶、飞机等，持续时间超过12个月的，按照纳税年度内完工进度或者完成的工作量确认收入的实现。 (3)采取产品分成方式取得收入的，按照企业分得产品的日期确认收入的实现，其收入额按照产品的公允价值确定。 《国家税务总局关于确认企业所得税收入若干问题的通知》(国税函[2008]875号)规定：采取下列商品销售方式的，应按以下规定确认收入实现时间：(1)销售商品采用托收承付方式的，在办妥托收手续时确认收入。(2)销售商品采取预收款方式的，在发出商品时确认收入。(3)销售商品需要安装和检验的，在购买方接受商品以及安装和检验完毕时确认收入。如果安装程序比较简单，可在发出商品时确认收入。(4)销售商品采用支付手续费方式委托代销的，在收到代销清单时确认收入。	(1)销售商品采用托收承付方式的，在办妥托收手续时确认收入。 (2)销售商品采用预收款方式的，在发出商品时确认收入，预收的货款应确认为负债。 (3)销售商品需要安装和检验的，在购买方接受商品以及安装和检验完毕前，不确认收入，待安装和检验完毕时确认收入。如果安装程序比较简单，可在发出商品时确认收入。 (4)销售商品采用支付手续费方式委托代销的，在收到代销清单时确认收入。	(1)除分期收款方式销售货物外，企业所得税与会计确认收入实现时间一致； (2)以分期收款方式销售货物的企业所得税按照合同约定的收款日期确认收入的实现；会计准则对销售商品分期收款实质上具有融资性质的，在商品发出时按商品的现值收入确认实现。所得税与会计存在差异，差异性质为暂时性差异。
	提供劳务收入实现时间	企业受托加工制造大型机械设备、船舶、飞机，以及从事建筑、安装、装配工程业务或者提供其他劳务等，持续时间超过12个月的，按照纳税年度内完工进度或者完成的工作量确认收入的实现。 《国家税务总局关于确认企业所得税收入若干问题的通知》(国税函[2008]875号)规定：下列提供劳务满	(1)安装费，在资产负债表日根据安装的完工进度确认收入。安装工作是商品销售附带条件的，安装费在确认商品销售实现时确认收入。 (2)宣传媒介的收费，在相关的广告或商业行为开始出现于公众面前时确认收入。广告的制作费，在资产负债表日根据制作广告的完工进度确认收入。	对提供劳务收入实现时间企业所得税和会计处理一致。

续表

项目		企业所得税法规定	企业会计准则规定	比较及差异性质
收入实现时间	提供劳务收入实现时间	收入确认条件的,应按规定确认收入。 (1)安装费。应根据安装完工进度确认收入。安装工作是商品销售附带条件的,安装费在确认商品销售实现时确认收入。 (2)宣传媒介的收费。应在相关的广告或商业行为出现于公众面前时确认收入。广告的制作费,应根据制作广告的完工进度确认收入。 (3)软件费。为特定客户开发软件的收费,根据开发的完工进度确认。 (4)服务费。包含在商品售价内可区分的服务费,在提供服务的期间分期确认收入。 (5)艺术表演、招待宴会和其他特殊活动收费。在相关活动发生确认收入。收费涉及几项活动的,预收款项合理分配给每项活动分别确认收入。 (6)会员费。申请入会或加入会员,只取得会籍,所有其他服务或商品都要另行收费的,在取得该会员费时确认收入。申请入会或加入会员后,会员在会员期内不再付费就可得到各种服务或商品,或者以低于非会员的价格销售商品或提供服务的,该会员费应在整个受益期内分期确认收入。 (7)特许权费。属于提供设备和其他有形资产的特许权费,在交付资产或转移资产所有权时确认收入;属于提供初始及后续服务的特许权费,在提供服务时确认收入。 (8)劳务费。长期为客户提供重复的劳务收取的劳务费,在相关劳务活动发生时确认收入。	(3)为特定客户开发软件的收费,在资产负债表日根据开发的完工进度确认收入。 (4)包括在商品售价内可区分的服务费,在提供服务的期间内分期确认收入。 (5)艺术表演、招待宴会和其他特殊活动的收费,在相关活动发生时确认收入。收费涉及几项活动的,预收的款项应合理分配给每项活动,分别确认收入。 (6)申请入会费和会员费只允许取得会籍,所有其他服务或商品都要另行收费的,在款项收回不存在重大不确定性时确认收入。申请入会费和会员费能使会员在会员期内得到各种服务或商品,或者以低于非会员的价格销售商品或提供服务的,在整个受益期内分期确认收入。 (7)属于提供设备和其他有形资产的特许权费,在交付资产或转移资产所有权时确认收入;属于提供初始及后续服务的特许权费,在提供服务时确认收入。 (8)长期为客户提供重复的劳务收取的劳务费,在相关劳务活动发生时确认收入。	
	其他收入项目收入实现时间	(1)财产转让收入实现时间,无明确规定。 (2)股息、红利等权益性投资收益实现时间,除另有规定外,按照被投资方做出利润分配决定的日期确认收入的实现。 (3)利息收入实现时间,按照合同约定的债务人应付利息的日期确认收入的实现。 (4)租金收入实现时间,按照合同约定的承租人应付租金的日期确认收入的实现。 (5)特许权使用费收入实现时间,按照合同约定的特许权使用人应付特许	(1)财产转让收入实现时间,无明确规定。 (2)股息、红利等权益性投资收益实现时间,一般与企业所得税法一致,但如果会计采取权益法核算的长期股权投资,应在资产负债表日,按应享有被投资单位净利润的份额计量投资收益,确认收益实现。 (3)利息收入实现时间,部分金融资产(持有至到期投资、可供出售金融资产)的债券利息,会计在资产负债表日,采取持有期间按照摊余成本和实际利率计算确认利息收入,确认收入实现。	(1)当企业会计采取权益法核算长期股权投资时,企业所得税和会计在收益计量和实现时间上都存在差异,差异类型为暂时性差异;

续表

项目		企业所得税法规定	企业会计准则规定	比较及差异性质
收入实现时间	其他收入项目收入实现时间	权使用费的日期确认收入的实现。 (6)接受捐赠收入实现时间,按照实际收到捐赠资产的日期确认收入的实现。 (7)其他收入实现时间与收益实现时间一致。	(4)会计对融资租赁,在资产负债表日,采用实际利率法计算确认当期的融资收入,确认收入实现。 (5)特许权使用费收入实现时间、接受捐赠收入实现时间、其他收入实现时间无明确规定。	(2)会计上按照资产负债表日确认收入实现的股息、利息和融资租赁业务,企业所得税和会计处理存在差异,差异性质为暂时性差异。

附表2 企业所得税扣除项目和会计相关业务差异比较表

项目		企业所得税法规定	会计准则规定	差异及差异性质
成本项目				
成本	成本构成	企业在生产经营活动中发生的销售成本、销货成本、业务支出以及其他耗费。	企业销售商品、提供劳务与其收入配比的成本，会计上一般在“主营业务支出”或“其他业务支出”科目进行核算，并结转到“本年利润”的借方。	一致。
成本	成本结转方法	企业使用或者销售的存货的成本计算方法，可以在先进先出法、加权平均法、个别计价法中选用一种。计价方法一经选用，不得随意变更	先进先出法、加权平均法（包括移动加权平均法）或者个别计价法。	一致。
成本	成本分配方法	没做出具体规定，应与会计一致。	（1）将经营活动中发生的成本合理划分为直接成本和间接成本。 （2）企业应将全部制造成本在在产品和完工产品之间进行合理分配。企业的产品制造成本可采用简单法（品种法）、分批法（定单法）或分步法。	一致。
成本	成本计量	除以下三种特定情况以外，与会计一致。（1）企业取得存货的计税基础和会计计价不同。企业存货通过不具有商业实质的非货币性资产交换取得或者统一控制下的企业合并取得。（2）企业销售或领用已提取准备金的存货。（3）制造企业生产成本构成要件料工费计量企业所得税与会计不同。其中应付职工薪酬和固定资产折旧的规定详见具体项目。	企业为生产产品、提供劳务等发生的可归属于产品成本、劳务成本等的费用，应当在确认产品销售收入、劳务收入等时，将已销售产品、已提供劳务的成本等计入当期损益。	一般为时间性差异（如果差异表现为计入成本的职工薪酬的计量，则表现为永久性差异）。
费用项目				
管理费用	范围	企业所得税法及实施条例对企业所得税扣除项目的“管理费用”的范围没有进行解释和界定。	“管理费用”核算企业为组织和管理企业生产经营所发生的管理费用，包括企业在筹建期间内发生的开办费、董事会和行政管理部门在企业的经营管理中发生的或者应由企业统一负担的公司经费（包括行政管理部门职工工资及福利费、物料消耗、低值易耗品摊销、办公费和差旅费等）、工会经费、董事会费（包括董事会成员津贴、会议费和差旅费等）、聘请中介机构费、咨询费（含顾问费）、诉讼费、业务招待费、房产税、车船使用税、土地使用税、印花税、技术转让费、矿产资源补偿费、研究费用、排污费等。	一致。
管理费用	计量	业务招待费。企业发生的与生产经营活动有关的业务招待费支出，按照发生额的60%扣除，但最高不得超过当年销售（营业）收入的5‰。	据实扣除。	永久性差异。
管理费用	计量	企业提取的专项基金。企业依照法律、行政法规有关规定提取的用于环境保护、生态恢复等方面的专项资金，准予扣除。上述专项资金提取后改变用途的，不得扣除。	依照法律、行政法规有关规定提取。	一致。

续表

项	目	企业所得税法规定	会计准则规定	差异及差异性质
管理费用	计量	财产保险支出。企业参加财产保险，按照规定缴纳的保险费，准予扣除。	按实际发生额计入"管理费用"。	一致。
		劳动保护支出。企业发生的合理的劳动保护支出，准予扣除。	按实际发生额计入"管理费用"。	一致。
		研发费用。企业为开发新技术、新产品、新工艺发生的研究开发费用，未形成无形资产计入当期损益的，在按照规定据实扣除的基础上，按照研究开发费用的50%加计扣除；形成无形资产的，按照无形资产成本的150%摊销。	按实际发生额计入"管理费用"。	永久性差异。
		无形资产摊销、固定资产折旧见资产处理企业所得税和会计准则比较。		时间性差异。
销售费用	范围	企业所得税法及实施条例对企业所得税扣除项目的"销售费用"的范围没有进行解释和界定。 预计产品质量保证损失不得扣除。	"销售费用"核算企业销售商品和材料、提供劳务的过程中发生的各种费用，包括保险费、包装费、展览费和广告费、商品维修费、预计产品质量保证损失、运输费、装卸费等以及为销售本企业商品而专设的销售机构(含销售网点、售后服务网点等)的职工薪酬、业务费、折旧费等经营费用。	预计产品质量保证损失处理的差异为暂时性差异。
	计量	(1)广告费和业务宣传费。企业发生的符合条件的广告费和业务宣传费支出，除国务院财政、税务主管部门另有规定外，不超过当年销售(营业)收入15%部分，准予扣除；超过部分准予在以后纳税年度结转扣除。	据实扣除。	暂时性差异。
		(2)手续费佣金。保险企业15%、10%计算限额。其他企业：所签订服务协议或合同确认的收入金额的5%计算限额。		企业实际发生额大于计税标准所得税和会计差异为永久性差异
财务费用	范围	企业所得税法及实施条例对企业所得税扣除项目的"财务费用"的范围没有进行解释和界定。 企业所得税对会计将"未确认融资费用"计入"财务费用"不予确认。	"财务费用"核算企业为筹集生产经营所需资金等而发生的筹资费用，包括利息支出(减利息收入)、汇兑损益以及相关的手续费、企业发生的现金折扣或收到的现金折扣等。	基本一致。企业所得税对会计将"未确认融资费用"计入"财务费用"不予确认的差异为时间性差异。
	计量	企业在生产经营活动中发生的下列利息支出，准予扣除：(1)非金融企业向金融企业借款的利息支出、金融企业的各项存款利息支出和同业拆借利息支出、企业经批准发行债券的利息支出；(2)非金融企业向非金融企业借款的利息支出，不超过按照金融企业同期同类贷款利率计算的数额的部分；(3)企业所得税实施条例对非银行企业内营业机构之间支付的利息，做出了不得扣除的限定性规定。	据实扣除。	永久性差异。

续表

项目		企业所得税法规定	会计准则规定	差异及差异性质
财务费用	汇兑损益	企业在货币交易中，以及纳税年度终了将人民币以外的货币性资产、负债按照期末即期人民币汇率中间价折算为人民币时产生的汇兑损失，除已经计入有关资产成本以及与向所有者进行利润分配相关的部分外，准予扣除。	纳税年度终了将人民币以外的货币性资产、负债按照期末即期人民币汇率中间价折算为人民币时产生汇兑差额。有些不需要资本化，直接作为损益。	一致。
税费项目 税金及附加	税金	包括除增值税以外的营业税、消费税、土地增值税、城市维护建设税、资源税、房产税、车船使用税、土地使用税、印花税等相关税费。	“营业税金及附加”科目核算企业经营活动发生的营业税、消费税、城市维护建设税、土地增值税、资源税和教育费附加等相关税费。房产税、车船使用税、土地使用税、印花税在“管理费用”科目核算，但与投资性房地产相关的房产税、土地使用税在“营业税金及附加”科目核算。	一致。
税金及附加	附加	教育费附加。	教育费附加。	一致。
损失	确认与计量	税法通过列举的方式，对与生产经营无关的下列支出(会计上确认为营业外支出)，确认为不得扣除：①税收滞纳金；②罚金、罚款和被没收财物的损失；③超过限额的公益性捐赠支出和非公益性捐赠支出；④企业发生的与生产经营活动无关的各种非广告性质的赞助支出；⑤未经核定的准备金支出；⑥与取得收入无关的其他支出。 (财税[2009]57号)规定：所称资产损失，是指企业在生产经营活动中实际发生的、与取得应税收入有关的资产损失，包括现金损失，存款损失，坏账损失，贷款损失，股权投资损失，固定资产和存货的盘亏、毁损、报废、被盗损失，自然灾害等不可抗力因素造成的损失以及其他损失。 (国税发[2009]88号)规定：下列资产损失，属于由企业自行计算扣除的资产损失：(1)企业在正常经营管理活动中因销售、转让、变卖固定资产、生产性生物资产、存货发生的资产损失；(2)企业各项存货发生的正常损耗；(3)企业固定资产达到或超过使用年限而正常报废清理的损失；(4)企业生产性生物资产达到或超过使用年限而正常死亡发生的资产损失；(5)企业按照有关规定通过证券交易场所、银行间市场买卖债券、股票、基金以及金融衍生产品等发生的损失；	包括资产减值损失和营业外支出。 企业发生的各项营业外支出，包括非流动资产处置损失、非货币性资产交换损失、债务重组损失、公益性捐赠支出、非常损失、盘亏损失等。	(1)企业所得税扣除项目的损失在会计上都确认为损失。 (2)会计在“营业外支出”核算的部分损失企业所得税不确认为损失。此项差异为永久性差异。 (3)会计的资产减值损失不确认为企业所得税的损失。此项差异为时间性差异。 (4)如果企业会计确认的损失属于税务部门审批扣除的资产损失，未提供税法规定的证据资料经税务部门审批，则会计确认的损失和所得税出现差异，差异的性质为永久性差异。

续表

<table>
<tr><th colspan="2">项　目</th><th>企业所得税法规定</th><th>会计准则规定</th><th>差异及差异性质</th></tr>
<tr><td>损失</td><td>确认与计量</td><td>(6)其他经国家税务总局确认不需经税务机关审批的其他资产损失。上述以外的资产损失,属于需经税务机关审批后才能扣除的资产损失。
企业发生的资产损失,税务机关受理企业当年的资产损失审批申请的截止日为本年度终了后第45日。企业按规定向税务机关报送资产损失税前扣除申请时,均应提供能够证明资产损失确属已实际发生的合法证据,包括:具有法律效力的外部证据和特定事项的企业内部证据。</td><td></td><td></td></tr>
<tr><td colspan="2">特殊列举项目</td><td rowspan="2">(1)工资的支付对象本企业任职或者受雇的员工。(2)工资薪金形式:现金形式或者非现金形式;(3)工资薪金总额。(国税函[2009]3号)规定:工资薪金总额是指企业按照本通知第一条规定实际发放的工资薪金总和,不包括企业的职工福利费、职工教育经费、工会经费以及养老保险费、医疗保险费、失业保险费、工伤保险费、生育保险费等社会保险费和住房公积金。属于国有性质的企业,其工资薪金,不得超过政府有关部门给予的限定数额;超过部分不得计入企业工资薪金总额,也不得在计算企业应纳税所得额时扣除。(4)合理工资薪金。(国税函[2009]3号)规定:合理工资薪金,是指企业按照股东大会、董事会、薪酬委员会或相关管理机构制订的工资薪金制度规定实际发放给员工的工资薪金。税务机关在对工资薪金进行合理性确认时,可按以下原则掌握:①企业制订了较为规范的员工工资薪金制度;②企业所制订的工资薪金制度符合行业及地区水平;③企业在一定时期所发放的工资薪金是相对固定的,工资薪金的调整是有序进行的;④企业对实际发放的工资薪金,已依法履行了代扣代缴个人所得税义务。⑤有关工资薪金的安排,不以减少或逃避税款为目的。</td><td rowspan="2">(1)职工范围包括与企业订立正式劳动合同的所有人员,含全职、兼职和临时职工;也包括未与企业订立正式劳动合同、但由企业正式任命的人员,如董事会成员、监事会成员和内部审计委员会成员等;还包括在企业的计划、领导和控制下,虽与企业未订立正式劳动合同、或企业未正式任命的人员,但为企业提供了类似服务,也纳入本准则的职工范畴。
(2)工资薪金形式:职工薪酬包括货币性薪酬和非货币性薪酬。
(3)工资薪金内容:职工工资、奖金、津贴和补贴。</td><td rowspan="2">基本一致。</td></tr>
<tr><td rowspan="2">工资薪金支出</td><td>确认</td></tr>
<tr><td>计量</td><td>税前扣除的工资薪金应是每一纳税年度支付,对提取而未支付的工资,不允许在计算应纳税所得时扣除。</td><td>一般实际发生金额小于预计金额的,应当冲回多提的。按照实际支出确认和计量。</td><td>企业对工资薪金的会计处理有计入资产或成本费用而未支付的情形,比如企业职工的股份支付等,则需要进行纳税调增的处理。差异为暂时性差异。</td></tr>
</table>

续表

项目		企业所得税法规定	会计准则规定	差异及差异性质
社会保险及住房公积金	确认	医疗保险、养老保险、失业保险、工伤保险、生育保险、补充医疗保险、补充养老保险费及住房公积金、特殊工种职工支付的人身安全保险费。	应向社会保险经办机构等缴纳的医疗保险(包括补充医疗保险)、养老保险(包括根据企业年金计划向企业年金基金相关管理人缴纳的补充养老保险费)、失业保险、工伤保险、生育保险等社会保险及住房公积金。	一致。
	计量	企业依照国务院有关主管部门或者省级人民政府规定的范围和标准为职工缴纳各项社会保险及住房公积金。(财税[2009]27号)规定:为在本企业任职或者受雇的全体员工支付的补充养老保险费、补充医疗保险费,分别在不超过职工工资总额5%标准内的部分,在计算应纳税所得额时准予扣除;超过的部分,不予扣除。	国家相关法规规定计提基础和计提比例的职工薪酬项目,按照国家规定的标准计量。	一致。
职工福利费、工会经费、教育经费支出	职工福利费	(1)企业发生的职工福利费支出,不超过工资薪金总额14%的部分,准予扣除。(国税函[2009]3号)允许扣除的职工福利费包括以下内容:(1)尚未实行分离办社会职能的企业,其内设福利部门所发生的设备、设施和人员费用,包括职工食堂、职工浴室、理发室、医务所、托儿所、疗养院等集体福利部门的设备、设施及维修保养费用和福利部门工作人员的工资薪金、社会保险费、住房公积金、劳务费等。(2)为职工卫生保健、生活、住房、交通等所发放的各项补贴和非货币性福利,包括企业向职工发放的因公外地就医费用、未实行医疗统筹企业职工医疗费用、职工供养直系亲属医疗补贴、供暖费补贴、职工防暑降温费、职工困难补贴、救济费、职工食堂经费补贴、职工交通补贴等。(3)按照其他规定发生的其他职工福利费,包括丧葬补助费、抚恤费、安家费、探亲假路费等。 企业发生的职工福利费,应该单独设置账册,进行准确核算。没有单独设置账册准确核算的,税务机关应责令企业在规定的期限内进行改正。逾期仍未改正的,税务机关可对企业发生的职工福利费进行合理的核定。	会计准则规定应依据国家相关法规的标准,即企业所得税法相关规定计算确定三项费用。 实际发生金额大于预计金额的,应当补提应付职工薪酬;当期实际发生金额小于预计金额的,应当冲回多提的应付职工薪酬。 企业以其自产产品发放给职工的,在会计处理上,借记"应付职工薪酬",贷记"主营业务收入"科目,同时还应结转产成品的成本,涉及增值税销项税额的,还应进行相应的处理。	企业实际发生的职工福利费大于计税标准,或者会计核算的范围超过所得税确定的范围,所得税和会计差异为永久性差异。
	工会经费	企业拨缴的工会经费,不超过工资薪金总额2%的部分,准予扣除。	会计准则规定应依据国家相关法规的标准,即企业所得税法相关规定计算确定三项费用。	在不超过计税标准范围内一致。

续表

项目		企业所得税法规定	会计准则规定	差异及差异性质
职工福利费、工会经费、教育经费支出	教育经费	除国务院财政、税务主管部门另有规定外，企业发生的职工教育经费支出，不超过工资薪金总额2.5%的部分，准予扣除，超过部分，准予在以后纳税年度结转扣除。 （财税[2009]202号）规定：软件生产企业发生的职工教育经费中的职工培训费用，可以全额在企业所得税前扣除。	会计准则规定应依据国家相关法规的标准，即企业所得税法相关规定计算确定三项费用。	企业实际发生的教育经费大于计税标准的部分所得税允许结转扣除，所得税和会计差异为暂时性差异。
借款费用	范围	没有做出具体规定。	企业因借款而发生的利息及其他相关成本，包括借款利息、折价或者溢价的摊销、辅助费用以及因外币借款而发生的汇兑差额等。	一致。
	资本化条件	符合借款费用资本化资产的条件确认：固定资产、无形资产和经过12个月以上的建造才能达到预定可销售状态的存货。	需要经过相当长时间的购建或者生产活动才能达到预定可使用或者可销售状态的固定资产、投资性房地产和存货等资产。相当长时间通常为1年以上（含1年）。	一致。
	资本化期间	固定在有关资产购置、建造期间发生合理的借款费用进行资本化处理。	明确规定下列业务资本化期间的条件： （1）借款费用开始资本化的条件 （2）借款费用停止资本化的条件 （3）借款费用暂停资本化	一致。
	资本化与费用化范围确认	资产、无形资产和经过12个月以上的建造才能达到预定可销售状态的存货购置、建造期间发生的合理的借款费用，应当作为资本性支出计入有关资产的成本；企业在生产经营活动中发生的合理的不需要资本化的借款费用，准予扣除。	（1）企业发生的借款费用，可直接归属于符合资本化条件的资产的应当予以资本化，计入相关资产成本；除资本化处理以外的其他借款费用，应当在发生时根据其发生额确认为费用，计入当期损益。 （2）在资本化中断期间发生的借款费用应当确认为费用，计入当期损益。 （3）符合资本化条件的资产达到预定可使用或者可销售状态后发生的借款费用，应当确认为费用，计入当期损益。	一致。
	计量	纳税人在生产、经营期间，向金融机构借款的利息支出按照实际发生数扣除；向非金融机构借款的利息支出，不高于按照金融机构同类、同期贷款利率计算的数额以内的部分，准予扣除。	按实际发生额计入“财务费用”。	永久性差异。
		企业将闲置的专门借款存入银行取得的利息收入或进行暂时性投资取得的投资收益，企业所得税应确定为利息收入。	会计作为减少借款费用资本化金额处理。	时间性差异。
		关联企业间借款费用计量：纳税人从关联方取得的借款金额超过其注册资本一定比例的，超过部分的利息支出，不得在税前扣除。金融企业为5:1；其他企业为2:1。	会计准则未作限定。	永久性差异。

续表

项	目	企业所得税法规定	会计准则规定	差异及差异性质
公益救济性捐赠	确认	企业通过公益性社会团体或者县级以上人民政府及其部门，用于《中华人民共和国公益事业捐赠法》规定的公益事业的捐赠。	无具体规定。	
	扣除标准	在年度利润总额12%以内的部分，准予在计算应纳税所得额时扣除。	没有规定标准。	永久性差异。
汇兑损失	确认与计量	企业在货币交易中，以及纳税年度终了时将人民币以外的货币性资产、负债按照期末即期人民币汇率中间价折算为人民币时产生的汇兑损失，除已经计入有关资产成本以及与向所有者进行利润分配相关的部分外，准予扣除。	纳税年度终了将人民币以外的货币性资产、负债按照期末即期人民币汇率中间价折算为人民币时产生汇兑差额。有些不需要资本化，直接作为损益。	一致。
业务招待费	确认与计量	企业发生的与生产经营活动有关的业务招待费支出，按照发生额的60%扣除，但最高不得超过当年销售（营业）收入的5‰。	会计按实际发生额计入“管理费用”。	永久性差异。
广告费业务宣传费	确认与计量	企业发生的符合条件的广告费和业务宣传费支出，除国务院财政、税务主管部门另有规定外，不超过当年销售（营业）收入15%的部分，准予扣除；超过部分，准予在以后纳税年度结转扣除。 （财税［2009］72号）规定：（1）对化妆品制造、医药制造和饮料制造（不含酒类制造，下同）企业发生的广告费和业务宣传费支出，不超过当年销售（营业）收入30%的部分，准予扣除；超过部分，准予在以后纳税年度结转扣除。（2）对采取特许经营模式的饮料制造企业，饮料品牌使用方发生的不超过当年销售（营业）收入30%的广告费和业务宣传费支出。（3）烟草企业的烟草广告费和业务宣传费支出，一律不得在计算应纳税所得额时扣除。	会计按实际发生额计入“销售费用”。	永久性差异。
专项基金	确认与计量	企业依照法律、行政法规有关规定提取的用于环境保护、生态恢复等方面的专项资金，准予扣除。上述专项资金提取后改变用途的，不得扣除。	会计准则未作明确规定。	一致。
财产保险支出	确认与计量	企业参加财产保险，按照规定缴纳的保险费，准予扣除。	会计按实际发生额计入相关费用账户	一致。

续表

项目		企业所得税法规定	会计准则规定	差异及差异性质
租赁费	确认与计量	(1)以经营租赁方式租入固定资产发生的租赁费支出,按照租赁期限均匀扣除; (2)以融资租赁方式租入固定资产发生的租赁费支出,按照规定构成融资租入固定资产价值的部分应当提取折旧费用,分期扣除。	(1)经营租赁的租金,承租人应当在租赁期内各个期间按照直线法计入相关资产成本或当期损益;承租人发生的初始直接费用,应当计入当期损益。 (2)融资租赁业务未确认融资费用应当在租赁期内各个期间进行分摊。承租人应当采用实际利率法计算确认当期的融资费用,并计入财务费用。	企业所得税对分摊未确认融资费用不予确认。对分摊未确认融资费用企业所得税和会计产生差异为时间性差异。
劳动保护支出	确认与计量	企业发生的合理的劳动保护支出,准予扣除。	会计按实际发生额计入相关费用账户。	一致。
营业机构内部往来	确认与计量	企业之间支付的管理费、企业内营业机构之间支付的租金和特许权使用费,以及非银行企业内营业机构之间支付的利息,不得扣除。	无具体规定。	
手手续费及佣金支出	确认与计量	(财税[2009]29号)企业发生与生产经营有关的手续费及佣金支出,不超过以下规定计算限额以内的部分,准予扣除;超过部分,不得扣除。 保险企业:财产保险企业按当年全部保费收入扣除退保金等后余额的15%(含本数,下同)计算限额;人身保险企业按当年全部保费收入扣除退保金等后余额的10%计算限额。 其他企业:按与具有合法经营资格中介服务机构或个人(不含交易双方及其雇员、代理人和代表人等)所签订服务协议或合同确认的收入金额的5%计算限额。	无具体规定。	实际发生额超过计税标准,所得税和会计为永久性差异。
准备金支出	确认与计量	(财税[2009]48号)、(财税[2009]110号)、(国税函[2009]313号)、(财税[2009]48号)、(财税[2009]33号)对证券公司、金融机构和保险公司的准备金扣除标准进行了限定。	无具体规定。	

续表

项	目	企业所得税法规定	会计准则规定	差异及差异性质
母母子公司间提供服务支付费用	确认与计量	(国税发[2008]86号)规定: (1)母公司向其子公司提供各项服务,双方应签订服务合同或协议,明确规定提供服务的内容、收费标准及金额等,凡按上述合同或协议规定所发生的服务费,母公司应作为营业收入申报纳税。 (2)子公司申报税前扣除向母公司支付的服务费用,应向主管税务机关提供与母公司签订的服务合同或者协议等与税前扣除该项费用相关的材料。不能提供相关材料的,支付的服务费用不得税前扣除。 (3)母公司以管理费形式向子公司提取费用,子公司因此支付给母公司的管理费,不得在税前扣除。	无具体规定。	

附表3　资产处理企业所得税法和会计准则比较

项目		企业所得税法规定	企业会计准则规定	比较及差异性质
固定资产	初始计量	(1)外购的,以购买价款和支付的相关税费以及直接归属于使该资产达到预定用途发生的其他支出为计税基础; (2)自行建造的,以竣工结算前发生的支出为计税基础; (3)融资租入的,以租赁合同约定的付款总额和承租人在签订租赁合同过程中发生的相关费用为计税基础,租赁合同未约定付款总额的,以该资产的公允价值和承租人在签订租赁合同过程中发生的相关费用为计税基础; (4)盘盈的,以同类固定资产的重置完全价值为计税基础; (5)通过捐赠、投资、非货币性资产交换、债务重组等方式取得的,以该资产的公允价值和支付的相关税费为计税基础; (6)改建的,除已足额提取折旧的固定资产的改建支出,租入固定资产的改建支出外,以改建过程中发生的改建支出增加计税基础。	(1)外购的成本,包括购买价款、相关税费、使固定资产达到预定可使用状态前所发生的可归属于该项资产的运输费、装卸费、安装费和专业人员服务费等。 (2)自行建造的成本,由建造该项资产达到预定可使用状态前发生的必要支出作为入账价值。可予以资本化的借款费用计入固定资产成本。 (3)非货币交换取得的以公允价值和应支付的相关税费计价或者以换出资产账面价值和应支付的相关税费计价。 (4)投资者投入的成本,应当按照投资合同或协议约定的价值,作为入账价值,但合同或协议约定价值不公允的除外。 (5)债务重组取得的企业应当对受让的固定资产按其公允价值入账。 (6)企业合并取得的,同一控制下的企业合并计价应当按照合并日在被合并方的账面价值计量。非同一控制下的企业合并计价应当单独予以确认并按照公允价值计量。 (7)融资租入固定资产。在租赁期开始日,承租人应当将租赁开始日租赁资产公允价值与最低租赁付款额现值两者中较低者作为租入资产的入账价值,承租人在租赁谈判和签订租赁合同过程中发生的,可归属于租赁项目的手续费、律师费、差旅费、印花税等初始直接费用,应当计入租入资产价值。	固定资产计税基础和会计计量不一致业务有:(1)企业不具有商业实质或换入资产或换出资产的公允价值不能够可靠计量非货币性资产交换取得固定资产;(2)企业统一控制合并取得的固定资产;(3)融资租入固定资产;(4)以非金融机构借款,且借款利息超过金融机构的贷款利息建造或购置固定资产。上述企业所得税和会计对固定资产计量上的差异,部分为暂时性差异,部分为永久性差异。
	折旧范围	下列固定资产不得计算折旧扣除:(1)房屋、建筑物以外未投入使用固定资产;经营租赁方式租入的固定资产;(2)融资租赁方式租出的固定资产;(3)已足额提取折旧仍继续使用固定资产;(4)与经营活动无关固定资产;(5)单独估价作为固定资产入账的土地。	企业应当对所有固定资产计提折旧(已达到预定可使用状态的固定资产,尚未办理竣工决算的,应当按照估计价值确认为固定资产,并计提折旧)。不应计提折旧的固定资产:(1)已提足折旧仍继续使用的固定资产;(2)单独计价入账的土地;(3)提前报废的固定资产。	固定资产折旧范围企业所得税和会计的表述不尽相同,但基本内容一致。
	折旧方法	固定资产折旧方法原则上采取直线法,工作量法属于直线法。同时,对可以采取加速折旧的企业做了严格限制,即企业的固定资产由于技术进步等原因,确需加速折旧的,可以缩短折旧年限或者采取加速折旧的方法。	企业应当根据固定资产所含经济利益的实现方式选择折旧方法,可选用的方法包括年限平均法(直线法)、工作量法、双倍余额递减法或者年数总和法。	会计准则的规定相对灵活,企业会计人员可以根据企业的具体经营情况进行职业判断;税法的规定具体明确体现确定性原则。如果出现差异,差异的性质为暂时性差异。

续表

项	目	企业所得税法规定	企业会计准则规定	比较及差异性质
固定资产	折旧年限	(1)房屋、建筑物,为20年;(2)飞机、火车、轮船、机器、机械和其他生产设备,为10年;(3)与生产经营活动有关的器具、工具、家具等,为5年;(4)飞机、火车、轮船以外的运输工具,为4年;(5)电子设备,为3年。	会计准则对固定资产折旧年限未作定量规定,只是原则性地要求企业应当根据固定资产的性质和使用情况,合理确定固定资产的使用寿命。	暂时性差异。
	起止时间	企业应当自固定资产投入使用月份的次月起计算折旧;停止使用的固定资产,应当自停止使用月份的次月起停止计算折旧。	企业当月增加的固定资产当月不计提折旧,从增加的次月起计提折旧。	一致。
	寿命预计净残值和折旧方法复核	企业所得税法规对固定资产的使用时间、残值以及折旧方法进行了限定。	会计准则规定:企业至少应当于每年年度终了,对固定资产的使用寿命、预计净残值和折旧方法进行复核。复核后,如果与原先的估计数有重大差异,则应当相应调整固定资产折旧年限、预计净残值或相应改变固定资产折旧方法。	如果会计对固定资产使用寿命、预计净残值和折旧方法通过复核改变,则会计和税收处理出现差异,差异的性质为暂时性差异。
	净残值	企业应当根据固定资产的性质和使用情况,合理确定固定资产的预计净残值。固定资产的预计净残值一经确定,不得变更。	企业应当根据固定资产的性质和使用情况,合理确定固定资产的使用寿命和预计净残值。固定资产的预计净残值一经确定,不得随意变更。	基本一致。
	后续支出	企业发生的下列支出作为长期待摊费用,按照规定摊销的,准予扣除:(1)已足额提取折旧的固定资产的改建支出;(2)租入固定资产的改建支出;(3)固定资产的大修理支出。	固定资产的后续支出是指固定资产在使用过程中发生的更新改造支出、修理费用等。同时满足(1)与该固定资产有关的经济利益很可能流入企业;(2)该固定资产的成本能够可靠地计量条件的固定资产后续支出,才能确认为资本化处理。	会计准则规定了确认原则;企业所得税通过列举给出了具体操作要件。若出现差异,性质为暂时性差异。
	后续计量	企业的固定资产以历史成本为计税基础。历史成本,是指企业取得该项资产时实际发生的支出。 企业持有各项资产期间资产增值或者减值,除国务院财政、税务主管部门规定可以确认损益外,不得调整该资产的计税基础。 企业将固定资产对外投资、债务重组、分配股利和无偿捐赠在企业所得税上处理为视同销售。 确认固定资产转让损益时,应配比扣除计税基础。	企业在资产负债表日,依据会计准则对固定资产判断是否存在可能发生减值的迹象;固定资产存在减值迹象的,测试固定资产可收回金额;固定资产的可收回金额低于其账面价值的,应当以固定资产账面价值与其可收回金额之间的差额确认固定资产出现减值损失,计入当期损益,同时计提相应的资产减值准备。	企业所得税对会计确认的固定资产减值损失不予确认。固定资产期末计量上存在差异,差异的性质为暂时性差异。
	处置	企业出售固定资产,应当将取得的价款与该固定资产账面价值的差额计入当期损益。	对提取减值准备的固定资产处置时,除了结转固定资产的余值,还应同时结转减值准备	(1)会计和企业所得税对固定资产初始计量不同导致固定资产处置时,会计和企业所得税应配比扣除的成本不同。

续表

项	目	企业所得税法规定	企业会计准则规定	比较及差异性质
固定资产	处置			(2)对提取减值准备的固定资产处置时,企业所得税和会计的差异为以前暂时性差异的转回。
	损失	《企业资产损失税前扣除管理办法》(国税发[2009]88号)第五条规定:下列资产损失,属于由企业自行计算扣除的固定资产资产损失:(1)企业在正常经营管理活动中因销售、转让、变卖固定资产发生的资产损失;(2)企业固定资产达到或超过使用年限而正常报废清理的损失。 其他固定资产的损失为须经税务部门审批的损失(应提供证据资料略)。	会计准则规定的企业固定资产损失,包括发生的固定资产毁损和盘亏造成的损失。企业发生的固定资产毁损,应当将处置收入扣除账面价值和相关税费后的金额计入当期损益。固定资产的账面价值是固定资产余值扣减累计跌价准备后的金额。	(1)未提供税法规定的证据资料经税务部门审批,会计确认的损失所得税不予确认,会计和所得税出现差异,差异的性质为永久性差异。 (2)企业提供税法规定的证据资料,会计确认的损失经税务部门审批,在企业对固定资产没有提取减值准备的前提下,固定资产发生的盘亏、毁损等损失企业所得税与会计相关业务的处理一致。
无形资产	范围	无形资产指企业为生产产品、提供劳务、出租或者经营管理而持有的、没有实物形态的非货币性长期资产,包括专利权、商标权、著作权、土地使用权、非专利技术、商誉等。	无形资产,是指企业拥有或者控制的没有实物形态的可辨认非货币性资产。包括非专利技术、商标权、著作权、土地使用权、特许权等。同时满足下列条件的,才能予以确认:1. 与该无形资产有关的经济利益很可能流入企业;2. 该无形资产的成本能够可靠地计量。	基本一致,但是会计准则对已出租的土地使用权和持有并准备增值后转让的土地使用权确认为投资性房地产;企业所得税确认无形资产。
	初始计量	(1)外购的,以购买价款和支付的相关税费以及直接归属于使该资产达到预定用途发生的其他支出为计税基础; (2)自行开发的,以开发过程中该资产符合资本化条件后至达到预定用途前发生的支出为计税基础;符合企业所得税新技术、新产品、新工艺条件自行研发形成的无形资产的,按照无形资产成本的150%摊销。 (3)通过捐赠、投资、非货币性资产交换、债务重组等方式取得的以该资产的公允价值和支付的相关税费为计税基础。	(1)外购无形资产的成本,包括购买价款、相关税费以及直接归属于使该项资产达到预定用途所发生的其他支出。 (2)自创的无形资产成本包括满足无形资产资本化条件后之达到预定用途前所发生支出总额。 (3)接受投资取得的无形资产的成本,应当按照投资合同或协议约定的价值确定,但合同或协议约定价值不公允的除外。 (4)债务重组取得的无形资产,企业应当对受让的无形资产按其公允价值入账。 (5)非货币交换取得的无形资产,以公允价值和应支付的相关税费确定或者以换出资产账面价值和应支付的相关税费确定。 (6)企业合并取得的无形资产,通常按照合同或法律规定产生的权利加以确认;某些并非合同或法律规定的权利,但能够与被购买企业	无形资产计税基础与会计计量无形资产计税基础和会计计量不一致业务有:(1)企业不具有商业实质或换入资产或换出资产的公允价值不能够可靠计量非货币性资产交换取得无形资产;(2)企业合并取得的无形资产,上述企业所得税和会计对无形资产计量上的差异为暂时性差异。(3)企业自行开发的无形资产(符合企业所得税新技术、新产品、新工艺条件自行研发条件)无形资产计税基础和会计计量不一致,企业所得税和会计对无形资产计量上的差异为永久性差异。

续表

项目		企业所得税法规定	企业会计准则规定	比较及差异性质
无形资产	初始计量		的其他资产区分并单独出售或转让的，应当确认为无形资产；但其公允价值能够可靠计量的，应当单独确认为无形资产。	
	摊销范围	下列无形资产不得计算摊销费用扣除：(1)自行开发的支出已在计算应纳税所得额时扣除的无形资产；(2)自创商誉；(3)与经营活动无关的无形资产；(4)其他不得计算摊销费用扣除的无形资产。	会计准则规定，使用寿命不确定的无形资产不得摊销。	企业所得税法没有对寿命不确定的无形资产不得摊销的规定。
	摊销方法	无形资产按照直线法计算的摊销费用，准予扣除。	企业选择的无形资产摊销方法，应当反映与该项无形资产有关的经济利益的预期实现方式。使用寿命有限的无形资产，其应摊销金额应当在使用寿命内系统合理摊销。无法可靠确定预期实现方式的，应当采用直线法摊销。	对无形资产摊销方法的确定，企业所得税和会计如果出现差异，差异的性质为暂时性差异。
	摊销期限	无形资产的摊销年限不得低于10年。 作为投资或者受让的无形资产，有关法律规定或者合同约定了使用年限的，可以按照规定或者约定的使用年限分期摊销。	企业摊销无形资产，应当自无形资产可供使用时起，至不再作为无形资产确认时止。企业至少应当于每年年度终了，对使用寿命有限的无形资产的使用寿命进行复核。无形资产的使用寿命与以前估计不同的，应当改变摊销期限。	会计上没有严格规定无形资产的摊销具体年限，只规定应在无形资产使用寿命内进行合理摊销；对无形资产摊销年限的确定，所得税和会计如果出现差异应为暂时性差异。
	摊销		无形资产的应摊销金额为其成本扣除预计残值后的金额。已计提减值准备的无形资产，还应扣除已计提的无形资产减值准备累计金额。	企业所得税法规对无形资产应摊销金额如何确认，是否确定无形资产的残值没有规定。
	期末计量	企业的无形资产以历史成本为计税基础。历史成本，是指企业取得该项资产时实际发生的支出。 企业持有各项资产期间资产增值或者减值，除国务院财政、税务主管部门规定可以确认损益外，不得调整该资产的计税基础。	企业应当在资产负债表日判断资产是否存在可能发生减值的迹象，每年都应当进行减值测试。 无形资产的可收回金额低于其账面价值的，应当将无形资产的账面价值减记至可收回金额，减记的金额确认为资产减值损失，计入当期损益，同时计提相应的无形资产减值准备。	企业所得税对会计上提取无形资产减值准备不予确认，对资产减值损失企业所得税和会计处理的差异确认为暂时性差异。
	处置	根据现行企业所得税相关法规规定，企业将无形资产对外投资、债务重组、分配股利和无偿捐赠在企业所得税上处理为视同销售。 企业所得税确认无形资产转让损益时，应配比扣除税收口径计量的无形资产摊余价值。	(1)企业出售无形资产，应当将取得的价款与该无形资产账面价值的差额计入当期损益。 (2)在会计上对提取减值准备的无形资产处置时，除了结转无形资产的余值，还应同时结转减值准备。 (3)如果无形资产预期不能为企业带来经济利益，则应当将无形资产的账面价值转销。	(1)会计和企业所得税对无形资产初始计量不同导致无形资产处置时，会计和企业所得税应配比扣除的成本不同。 (2)对提取减值准备的无形资产处置时，企业所得税和会计的差异为以前差异的转回。

续表

项　目		企业所得税法规定	企业会计准则规定	比较及差异性质
无形资产	自行开发资产	开发新技术、新产品、新工艺发生的研究开发费用,可以在计算应纳税所得额时加计扣除。 研究开发费用的加计扣除,是指企业为开发新技术、新产品、新工艺发生的研究开发费用,未形成无形资产计入当期损益的,在据实扣除的基础上,按照研究开发费用的50%加计扣除;形成无形资产的,按照无形资产成本的150%摊销。	企业内部研究开发项目的支出,应当区分研究阶段支出与开发阶段支出。无法区分研究阶段支出和开发阶段支出,应当将其所发生的研发支出全部费用化,计入当期损益(管理费用)。开发阶段的支出符合资本化条件的,才能确认为无形资产;不符合资本化条件的计入当期损益(管理费用)。无法区分研究阶段支出和开发阶段支出,应将其所发生的研发支出全部费用化,计入当期损益(管理费用)。	企业所得税对自行开发无形资产摊销计量上差异的性质为永久性差异。
权益性投资资产	范围	企业所得税法在特别纳税调整的部分,对权益性投资进行了界定。《企业所得税法实施条例》第一百一十九条规定:"……所称权益性投资,是指企业接受的不需要偿还本金和支付利息,投资人对企业净资产拥有所有权的投资。	权益性投资在会计上划分为长期股权投资和部分具有权益性资产特征的金融资产,包括交易性金融资产、指定为公允价值计量且其变动计入当期损益的金融资产及可供出售金融资产。会计准则涉及权益性投资分别为《企业会计准则第4号——长期股权投资》和《企业会计准则第22号——金融工具确认与计量》。	
	初始计量	(1)通过支付现金方式取得的投资资产,以购买价款为成本; (2)通过支付现金以外的方式取得的投资资产,以该资产的公允价值和支付的相关税费为成本。"	(1)长期股权投资的初始计量: ①非同一控制主体下的企业合并取得的投资成本的核算包括两部分:购买日初始投资成本的计量和购买日投资成本的调整。②同一控制下的企业合并中,合并方以支付现金、转让非现金资产或承担债务方式作为合并对价的,应当在合并日按照取得被合并方所有者权益账面价值的份额作为长期股权投资的初始投资成本。③以支付现金取得的应当按照实际支付的购买价款作为初始投资成本。④以发行权益性证券取得的应当按照发行权益性证券的公允价值作为初始投资成本。⑤投资者投入的应当按照投资合同或协议约定的价值作为初始投资成本,但合同或协议约定价值不公允的除外。⑥通过债务重组取得的长期股权投资按市场公允价确认成本。 (2)权益性金融资产的初始计量。①交易性金融资产按照取得时的公允价值作为初始确认金额,相关的交易费用在发生时计入当期损益。	(1)非同一控制下企业合并长期股权投资初始计量,如果购买日投资成本不需调整,企业所得税和会计一致;购买日投资成本的需要调整,则企业所得税和会计对投资成本的确定产生差异,差异的性质为暂时性差异。 (2)同一控制下的企业合并长期股权投资初始计量,企业所得税和会计不同。企业所得税和会计的差异为永久性差异。 (3)非合并方式取得的长期股权投资初始计量企业所得税和会计处理一致。 (4)权益性金融资产的初始计量,其一交易性金融资产的初始计量,企业所得税和会计的差异为暂时性差异。其二可供出售金融资产的初始计量,企业所得税和会计处理一致。

续表

项目		企业所得税法规定	企业会计准则规定	比较及差异性质
权益性投资资产	初始计量		②可供出售金融资产应当按取得该金融资产的公允价值和相关交易费用之和作为初始确认金额。 ③指定为公允价值计量且其变动计入当期损益的金融资产的初始计量与交易性金融资产一致。	
	持有收益	(1)股息、红利确认为企业所得税收入项目。股息、红利等权益性投资收益,是指企业因权益性投资从被投资方取得的收入。 (2)股息、红利的计量与确认时间。股息、红利等权益性投资收益,除国务院财政、税务主管部门另有规定外,按照被投资方做出利润分配决定的日期确认收入的实现。 (3)符合条件的居民企业之间的股息红利等权益性投资收益免税。	(1)长期股权投资持有的收益确定,采取成本法或权益法。 (2)权益性金融资产。 企业在持有股权性金融资产期间,被投资单位宣告发放现金股利时,投资企业按应享有的份额,应当确认为投资收益。	(1)成本法。企业所得税和会计一致。 (2)权益法。权益法投资收益所得税和会计处理的差异表现为投资收益确认时间和计量差异,为暂时性差异。 (3)权益性金融资产持有收益所得税和会计处理一致。 (4)企业所得税符合条件的股息红利免税,企业所得税和会计的差异为永久性差异。
	期末计量	企业的投资资产以历史成本为计税基础。历史成本,是指企业取得该项资产时实际发生的支出。 企业持有各项资产期间资产增值或者减值,除国务院财政、税务主管部门规定可以确认损益外,不得调整该资产的计税基础。	(1)按成本法核算、在活跃市场中没有报价、公允价值不能可靠计量的长期股权投资的减值,应当将该权益工具投资的账面价值。 (2)其他长期股权投资的减值是指长期股权投资可收回金额低于其账面价值所发生的损失。 (3)交易性金融资产的价值应按资产负债表日的公允价值反映,公允价值的变动计入当期损益。 (4)可供出售金融资产的期末计量:①资产负债表日,可供出售金融资产应当以公允价值计量,且公允价值变动计入资本公积(其他资本公积)。②可供出售的金融资产的减值。分析判断可供出售金融资产已发生减值,应当确认减值损失。 (5)直接指定为以公允价值计量且其变动计入当期损益金融资产的期末计量与交易性金融资产一致。	(1)会计准则确认的权益性投资减值损失(仅包括长期股权投资和可供出售金融资产),在企业所得税上不予确认,差异为暂时性差异。 (2)企业所得税对资产负债表日交易性金融资产成本的调整及确认的公允价值变动损益不予确认。差异为暂时性差异。 (3)会计上在资产负债表日,可供出售金融资产应当以公允价值计量,且公允价值变动计入资本公积(其他资本公积)。企业所得税对投资资产的计税基础保持不变。
	处置	(1)权益性投资涉及企业所得税视同销售的法规规定。企业发生非货币性资产交换,以及将投资用于捐赠、偿债、赞助、集资、广告、样品、职工福利或者利润分配等。 (2)确认投资资产转让损益时,应配比扣除投资资产计税价值。	(1)长期股权投资处置,应按实际收到的价款与长期股权投资账面价值的差额,确认为当期损益。在采用权益法核算时,应当将原计入资本公积准备的项目金额转入投资收益账户。	企业所得税和会计就投资处置的差异主要表现为:由于转让(处置)长期股权投资企业所得税和会计配比的计税基础和账面价值不同,资产

续表

项	目	企业所得税法规定	企业会计准则规定	比较及差异性质
权益性投资资产	处置		(2)交易性金融资产的处置损益，是指处置交易性金融资产实际收到的价款，减去交易性金融资产的初始计量金额加上或减去资产负债表日公允价值变动后的金额。 (3)可供出售金融资产处置损益。应将取得的价款与该金融资产账面余额之间的差额，计入投资收益；同时，将原直接计入所有者权益的公允价值变动累计额对应处置部分的金额转出，计入投资收益。 (4)直接指定为以公允价值计量且其变动计入当期损益金融资产的期末计量处置损益与交易性金融资产一致。	处置损益的结果所得税和会计不同，差异为以前业务处理形成的暂时性差异的转回。
债权性投资资产	范围	企业所得税法在特别纳税调整的部分，对债权性投资进行了界定。《企业所得税法实施条例》第一百一十九条规定："……债权性投资，是指企业获得，需要偿还本金和支付利息或者需要以其他具有支付利息性质方式予以补偿的融资。"	根据《企业会计准则22号——金融工具确认与计量》规定，企业持有的债权性投资资产，应包括直接指定为以公允价值计量且其变动计入当期损益的金融资产、持有至到期投资资产，交易性金融资产和可供出售金融资产属于债权投资的部分。	
	初始计量	《企业所得税法实施条例》第七十四条规定："投资资产按照以下方法确定成本：通过支付现金方式取得的投资资产，以购买价款为成本；通过支付现金以外的方式取得的投资资产，以该资产的公允价值和支付的相关税费为成本。"	(1)交易性金融资产的初始计量，应当按照取得时的公允价值作为初始确认金额，相关的交易费用在发生时计入当期损益。 (2) 直接指定为以公允价值计量且其变动计入当期损益的金融资产的处理与交易性金融资产一致。 (3)可供出售金融资产应当按取得该金融资产的公允价值和相关交易费用之和作为初始确认金额。 (4)持有到期投资的初始计量，持有至到期投资应当按取得时的公允价值和相关交易费用之和作为初始确认金额。	(1)可供出售金融资产及持有至到期金融资产的初始计量，企业所得税和会计处理一致。 (2)交易性金融资产及以公允价值计量且其变动计入当期损益的金融资产初始计量会计按公允价值作为初始确认金额，相关费用在发生时计入当期损益；所得税按取得该金融资产公允价值和相关费用之和作为初始确认金额。企业所得税和会计的差异为暂时性差异。
	持有收益	(1)债券利息确认为企业所得税收入项目。利息收入，是指企业将资金提供他人使用但不构成权益性投资，或者因他人占用本企业资金取得的收入，包括存款利息、贷款利息、债券利息、欠款利息等收入。 (2)利息收入，按照合同约定的债务人应付利息的日期确认收入的实现。	(1)交易性金融资产持有收益的确认。企业在持有交易性金融资产期间所获得债券利息，应当确认为投资收益。 (2)直接指定为以公允价值计量且其变动计入当期损益的金融资产的处理与交易性金融资产一致。	(1)交易性金融资产及以公允价值计量且其变动计入当期损益的金融资产持有阶段收益计量，所得税和会计一致。

续表

项目		企业所得税法规定	企业会计准则规定	比较及差异性质
债权性投资资产	持有收益	(3)符合条件的居民企业之间的股息、红利等权益性投资收益免税。	(3)可供出售金融资产持有收益确认。可供出售金融资产持有期间按可供出售债券摊余成本和实际利率计算确定的利息收入计入投资收益。 (4)持有至到期投资利息收入的确认。持有至到期投资在持有期间应当按照摊余成本和实际利率计算确认利息收入，计入投资收益。实际利率与票面利率差别较小的，也可按票面利率计算利息收入，计入投资收益。	(2)可供出售金融资产及持有至到期金融资产持有阶段收益计量差异表现为：投资收益的确认，会计上按照摊余成本和实际利率计算确认利息收入，计入投资收益；企业所得税按照合同约定的债务人应付利息的日期和应付利息确认收入的实现。企业所得税和会计的差异为暂时性差异。
	期末计量	《企业所得税法实施条例》第五十六条规定："企业的各项资产，包括固定资产、生物资产、无形资产、长期待摊费用、存货、投资资产等，以历史成本为计税基础。" 企业的投资资产以历史成本为计税基础。历史成本，是指企业取得该项资产时实际发生的支出。 企业持有各项资产期间资产增值或者减值，除国务院财政、税务主管部门规定可以确认损益外，不得调整该资产的计税基础。	(1)据企业会计准则的规定，交易性金融资产的价值应按资产负债表日的公允价值反映，公允价值的变动计入当期损益。 (2)直接指定为以公允价值计量且其变动计入当期损益金融资产处理与交易性金融资产一致。 (3)可供出售金融资产的后续计量 ①资产负债表日，可供出售金融资产应当以公允价值计量，且公允价值变动计入资本公积(其他资本公积)。 ②可供出售的金融资产的减值。分析判断可供出售金融资产是否发生减值，应当注重该金融。 (4)持有至到期投资后续计量。企业应当在资产负债表日对持有至到期投资的账面价值进行检查，有客观证据表明该金融资产发生减值的，应当计提减值准备。金融资产发生减值后，利息收入应当按照确定减值损失时对未来现金流量进行折现采用的折现率作为利率计算确认。	(1)企业根据会计准则确认的可供出售金融资产债权性投资和持有至到期投资减值损失，所得税上不予确认，所得税和会计在此项业务处理上的差异为暂时性差异。 (2)所得税对资产负债表日交易性金融资产成本的调整及确认的公允价值变动损益不予确认，企业所得税对投资资产的计税基础保持不变。 (3)可供出售金融资产以公允价值计量，因公允价值变动计入资本公积(其他资本公积)，所以所得税和会计差异对纳税不产生影响。
	处置	(1)债权性投资涉及企业所得税视同销售的法规规定。企业发生非货币性资产交换，以及将投资用于捐赠、偿债、赞助、集资、广告、样品、职工福利或者利润分配等。 (2)确认投资资产转让损益时，应配比扣除投资资产计税基础。	(1)交易性金融资产的处置损益。交易性金融资产的处置损益，是指处置交易性金融资产实际收到的价款，减去处置交易性金融资产账面余额后的差额。处置交易性金融资产时，已计入应收项目的债券利息尚未收回，先从处置价款中扣除该部分现金股利或债券利息后，确认处置损益。 (2)直接指定为以公允价值计量且其变动计入当期损益金融资产处理与交易性金融资产一致。	如果转让(处置)债权性投资企业所得税和会计配比的计税基础和账面价值不同，资产处置损益的结果所得税和会计不同。企业所得税和会计处理出现差异为以前业务处理形成的暂时性差异的转回。

续表

项	目	企业所得税法规定	企业会计准则规定	比较及差异性质
债权性投资资产	处置		(3) 处置可供出售金融资产时，应将取得的价款与该金融资产账面余额之间的差额，计入投资收益；将原直接计入所有者权益的公允价值变动累计额对应处置部分的金额转出，计入投资收益。 (4)处置持有至到期投资时，应将所取得的价款与该投资账面价值之间的差额计入投资收益。	
生物性资产	范围	生产性生物资产，是指企业为生产农产品、提供劳务或者出租等而持有的生物资产，包括经济林、薪炭林、产畜和役畜等。	生物资产是会计准则中确认的一项资产，是指与农业生产相关的有生命的动物和植物，其中涵盖收获时点的农产品，划分为消耗性生物资产、生产性生物资产和公益性生物资产。其中生产性生物资产，是指企业为生产农产品、提供劳务或者出租等而持有的生物资产，包括经济林、薪炭林、产畜和役畜等。	一致。
	初始计量	(1)外购的生产性生物资产，以购买价款和支付的相关税费为计税基础。 (2)通过捐赠、投资、非货币性资产交换、债务重组等方式取得的生产性生物资产，以该资产的公允价值和支付的相关税费为计税基础。	(1)外购生物资产的成本，包括购买价款、相关税费、运输费、保险费以及可直接归属于购买该资产的其他支出。 (2)自行营造或繁殖的生产性生物资产。包括达到预定生产经营目的前发生的造林费、抚育费、营林设施费、良种试验费、调查设计费和应分摊的间接费用等必要支出。 (3)投资者投入生物资产的成本，应当按照投资合同或协议约定的价值确定，但合同或协议约定价值不公允的除外。 (4)天然起源生物资产成本，按名义金额确定。 (5)同一控制下的企业合并取得的生物资产的成本应当按照合并日在被合并方的账面价值计量。非同一控制下的企业合并取得的生物资产的成本应当按照公允价值计量。 (6)企业通过债务重组取得的生物资产，企业应当对受让的生物资产按其公允价值入账。	生产性生物资产计税基础和会计计量不一致业务有：(1)企业不具有商业实质或换入资产或换出资产的公允价值不能够可靠计量非货币性资产交换取得生产性生物资产；(2)企业合并取得的生产性生物资产上述企业所得税和会计对生产性生物资产计量上的差异，一般为暂时性差异。
	折旧范围	企业所得税对生产性生物资产折旧范围规定，企业对达到预定生产经营目的的生产性生物资产，应当按期计提折旧，并根据用途分别计入相关资产的成本或当期损益。	企业对达到预定生产经营目的的生产性生物资产，应当按期计提折旧，并根据用途分别计入相关资产的成本或当期损益。	生产性生物资产折旧范围企业所得税和会计的基本一致。

续表

项	目	企业所得税法规定	企业会计准则规定	比较及差异性质
生物性资产	折旧方法	《企业所得税法实施条例》第六十三条规定:生产性生物资产按照直线法计算的折旧,准予扣除。	可选用的折旧方法包括年限平均法、工作量法、产量法等	会计准则的规定相对灵活。如果企业计算生产性生物资产折旧额时企业所得税和会计采用的折旧方法不同,则在折旧的处理上出现差异,性质为暂时性差异。
	净残值	企业应当根据生产性生物资产的性质和使用情况,合理确定生产性生物资产的预计净残值。生产性生物资产的预计净残值一经确定,不得变更。	企业应当根据生产性生物资产的性质、使用情况和有关经济利益的预期实现方式,合理确定其使用寿命、预计净残值和折旧方法。生产性生物资产的使用寿命、预计净残值和折旧方法一经确定,不得随意变更。	基本一致。
	折旧年限	生产性生物资产计算折旧的最低年限如下:(1)林木类生产性生物资产,为10年;(2)畜类生产性生物资产,为3年。	会计准则对生产性生物资产折旧年限未作定量规定,只是原则性地要求企业确定生产性生物资产的使用寿命。	生产性生物资产折旧年限所得税和会计不同,则所得税和会计在折旧的处理上出现差异,差异性质为暂时性差异。
	折旧复核	企业所得税法规对生产性生物资产的使用时间、残值以及折旧方法进行了限定。	企业至少应当于每年年度终了对生产性生物资产的使用寿命、预计净残值和折旧方法进行复核。	如果企业对生产性生物资产使用寿命、预计净残值和折旧方法通过复核改变,则会计和税收处理出现差异,差异的性质为暂时性差异。
	期末计量	企业的生产性生物资产以历史成本为计税基础。历史成本,是指企业取得该项资产时实际发生的支出。 企业持有各项资产期间资产增值或者减值,除国务院财政、税务主管部门规定可以确认损益外,不得调整该资产的计税基础。	企业至少应当于每年年度终了对生产性生物资产进行检查,有确凿证据表明由于遭受自然灾害、病虫害、动物疫病侵袭或市场需求变化等原因,使生产性生物资产的可收回金额低于其账面价值的,应当按照可变现净值或可收回金额低于账面价值的差额,计提生物资产减值准备,并计入当期损益。 生产性生物资产减值准备一经计提,不得转回。	会计和企业所得税在生物资产减值损失的确认,即生产性生物资产期末计量上存在差异,差异的性质为时间性的差异。
	损失	《企业资产损失税前扣除管理办法》(国税发[2009]88号)第五条规定:下列资产损失,属于由企业自行计算扣除的固定资产资产损失:(1)企业在正常经营管理活动中因销售、转让、变卖生产性生物资产发生的资产损失;(2)企业生产性生物资产达到或超过使用年限而正常死亡发生的资产损失其他生物资产的损失为须经税务部门审批的损失(应提供证据资料略)。	会计准则规定的企业生物资产损失,包括发生的生物资产毁损和盘亏造成的损失。企业发生的生物资产的毁损,应当将处置收入扣除账面价值和相关税费后的金额计入当期损益。账面价值是成本扣减累计跌价准备后的金额。	(1)如果会计确认的损失未提供税法规定的证据资料经税务部门审批,则会计确认的损失所得税不予确认,会计和所得税出现差异,差异的性质为永久性差异。 (2)企业提供税法规定的证据资料,会计确认的损失经税务部门审批,在企业对生产性生物资产没有提取减值准备的前提

续表

项目		企业所得税法规定	企业会计准则规定	比较及差异性质
损失				下，生产性生物资产发生的盘亏、毁损等损失所得税与会计相关业务的处理一致。
损失	处置	(1)企业所得税视同销售业务列举中的非货币性资产和财产包括生产性生物资产，一般可能发生的业务以生产性生物资产交换非货币性资产、投资、债务重组和捐赠。 (2)确认资产转让损益时，应配比扣除资产的计税价值。	生产性生物资产收获的农产品成本，按照产出或采收过程中发生的材料费、人工费和应分摊的间接费用等必要支出计算确定，并采用加权平均法、个别计价法、蓄积量比例法、轮伐期年限法等方法，将其账面价值结转为农产品成本。收获之后的农产品，应当按照存货进行处理。	如果处置生产性生物资产企业所得税和会计配比的计税基础和账面价值不同，资产处置损益的结果所得税和会计不同。企业所得税和会计处理出现差异为以前业务处理形成的暂时性差异的转回。
存货	范围	存货，是指企业持有以备出售的产品或者商品、处在生产过程中的在产品、在生产或者提供劳务过程中耗用的材料和物料等。	存货，是指企业在日常活动中持有以备出售的产成品或商品、处在生产过程中的在产品、在生产过程或提供劳务过程中耗用的材料和物料等；存货确认的条件："与该存货有关的经济利益很可能流入企业；该存货的成本能够可靠地计量。"	企业所得税和会计准则对存货定义是一致的。但企业所得税将会计上的生产性生物资产确认为存货。
存货	初始计量	(1)通过支付现金方式取得的存货，以购买价款和支付的相关税费为成本； (2)通过支付现金以外的方式取得的存货，以该存货的公允价值和支付的相关税费为成本； (3)生产性生物资产收获的农产品，以产出或者采收过程中发生的材料费、人工费和分摊的间接费用等必要支出为成本。	(1)一般存货的采购成本包括购买价款、相关税费、运输费、装卸费、保险费以及其他可归属于存货采购成本的费用。 (2)存货的加工成本即指产品的生产成本，包括直接人工以及按照一定方法分配的制造费用。 (3)投资者投入存货的成本，应当按照投资合同或协议约定的价值确定。 (4)通过债务重组取得的存货，企业应当对受让的存货按其公允价值入账。 (5)非货币性资产交换应同时满足其一，交换交易具有商业实质；其二，换入存货或换出资产的公允价值能够可靠地计量两个条件，以公允价值为基础计量换入存货成本。如果非货币性资产交换未规定的条件，则该项非货币性资产交换应当以换出资产的账面价值和应支付的相关税费作为换入存货的成本，不确认损益。	存货计税基础和会计计量不一致业务有：(1)企业不具有商业实质或换入资产或换出资产的公允价值不能够可靠计量非货币性资产交换取得存货；(2)企业合并取得的存货，差异的性质为暂时性差异。
存货	后续计量	企业使用或者销售的存货的成本计算方法，可以在先进先出法、加权平均法、个别计价法中选用一种。计价方法一经选用，不得随意变更。	(1)企业应当采用先进先出法、加权平均法(包括移动加权平均法)或者个别计价法确定发出存货的实际成本，不得采用后进先出法确	(1)基本一致，但同时会计准则有进一步规定。企业所得税法规明确规定纳税人的存货计价方法

续表

项	目	企业所得税法规定	企业会计准则规定	比较及差异性质
存货	后续计量	纳税人的存货成本的确定应遵循历史成本原则。纳税人的商品、材料、产成品、半成品等存货,应以取得时的实际成本计价。在计算应纳税所得额时,存货跌价准备金不得扣除。	定发出存货的实际成本对于企业在正常生产经营过程中多次使用的、但未列入存货目录的低值易耗品、包装物以及周转材料等存货,可以采用一次转销法、五五摊销法和分次摊销法进行摊销。 (2)会计准则规定:资产负债表日,存货应当按照成本与可变现净值孰低计量。存货成本高于其可变现净值的,应当计提存货跌价准备,计入当期损益;以前减记存货价值的影响因素已经消失的,减记的金额应当予以恢复,并在原已计提的存货跌价准备金额内转回,转回金额计入当期损益。	一经确定,不得随意改变。 (2)会计和税法在存货期末计量上的差异为暂时性差异。
	损失	存货损失包括:生产经营活动中发生的存货的盘亏、毁损、报废损失;损失的计量为减除责任人赔偿和保险赔款后的余额。 《企业资产损失税前扣除管理办法》(国税发[2009]88 号)规定:列资产损失,属于由企业自行计算扣除的存货资产损失:(1)企业在正常经营管理活动中因销售、转让、变卖存货的资产损失;(2)企业各项存货发生的正常损耗。其他为须经税务部门审批的损失(应提供证据资料略)。	会计准则规定的企业存货损失,包括发生的存货毁损和存货盘亏造成的损失。企业发生的存货毁损,应当将处置收入扣除账面价值和相关税费后的金额计入当期损益。存货的账面价值是存货成本扣减累计跌价准备后的金额。	(1)如果会计确认的损失未提供税法规定的证据资料经税务部门审批,则会计确认的损失所得税不予确认,会计和所得税出现差异,差异的性质为永久性差异。 (2)企业提供税法规定的证据资料,会计确认的损失经税务部门审批,在企业对存货没有提取减值准备的前提下,生产性生物资产发生的盘亏、毁损等损失企业所得税与会计相关业务的处理一致。
	处置	(1)企业所得税视同销售业务列举中的非货币性资产和财产包括存货,一般可能发生的业务为企业以存货交换非货币性资产、投资、债务重组和捐赠。 (2)确认资产转让损益时,应配比扣除投资资产计税基础。	根据会计准则规定,企业将存货对外投资和债务重组在会计上应确认损益。 会计上对提取减值准备的存货在进行处置时,除了结转存货的成本,还应同时结转减值准备。	对提取减值准备的存货进行处置时,企业所得税和会计处理出现差异为以前业务处理形成的暂时性差异的转回。

书系代码	书　　名	作　者	定 价
经营管理			
BM001	《并购成长》(Digital Deals)	Geis	29.80
BM002	《绩效！绩效！》(企业培训版) (Coaching for Improved Performance)	Fournie	39.80
BM003	《质量无泪》(Quality Without Tears)	Crosby	39.80
BM004	《海阔天空——我在 DELL 的岁月》	方国健	20.00
BM005	《心时代——一个情感化的世界及其经济图景》	曹世潮	20.00
BM006	《情境领导者》(The Situational Leader)	保罗·赫塞	18.00
BM007	《EMBA 销售管理》(Sales Management)	Calvin	45.00
BM008	《EMBA 财务管理》 (Finance and Accounting for Non-financing Managers)	Weston	49.80
BM009	《EMBA 兼并与收购》(Mergers and Acquisitions)	Weston	38.00
BM010	《EMBA 公司战略》(Corporate Strategy)	Colley	39.80
BM011	《EMBA 创业管理》(Entrepreneurial Management)	Calvin	49.80
BM012	《EMBA 领导艺术》(Managerial Leadership)	Topping	35.00
BM013	《EMBA 战略营销管理》 (Strategic Marketing Management)	Parry	42.00
BM014	《EMBA 公司治理》(Corporate Governance)	Colley 等	49.80
BM015	《六西格玛是什么》(What is Six Sigma)	Pande	15.00
BM016	《六西格玛基础教材》(The Six Sigma Basic Training Kit)	Juran	80.00
BM017	《六西格玛团队实战手册》 (The Six Sigma Way Team Fieldbook)	Pande, Neuman, Cavanagh	49.80
BM018	《六西格玛团队怎么做》(Six Sigma Team Pocket Guide)	Federico	16.00
BM019	《杰克·韦尔奇领导艺术词典》 (Jack Welch Lexicon of Leadership)	Krames	32.00
BM020	《杰克·韦尔奇的 29 个领导秘诀》 (29 Leadership Secrets from Jack Welch)	Slater	29.80
BM021	《通用电气"群策群力"》(GE Work-Out)	Ulrich 等	39.80
BM022	《顶峰》(Million Dollar Consulting)	Weiss	48.00
BM023	《战略计划实务》(Applied Strategic Planning)	Goodstein 等	48.00
BM024	《平衡计分卡实用指南》(Balanced Scorecard)	Paul Niven	49.80
BM025	《战略物流管理》(Strategic Logistic Management)	Stock	80.00
BM026	《整合——企业并购成功之道》(M&A Integration)	Schweiger	39.80
BM027	《战略领导》(The Art and Discipline of Strategic Leadership)	Freedman	32.00
BM028	《经理薪酬完全手册》 (The Complete Guide to Executive Compensation)	Bruce R. Ellig	65.00

书系代码	书　　名	作　者	定 价
BM029	《突破困境的领导艺术》(Leadership When the Heat's On)	Cox, Hoover	39.80
BM030	《朱兰自传》(Architect of Quality)	Juran	50.00
BM031	《卓越领导》(The Extraordinary Leader)	Zenger 等	39.80
BM032	《精益六西格玛案例》(Learning into Six Sigma)	Wheat 等	18.00
BM033	《领袖魅力》(Executive Charisma)	Benton	39.80
BM034	《西南航空案例》(The Southwest Airlines Way)	Gittell	49.80
BM035	《危机领导》(Leader Shock)	Hicks	29.80
BM036	《应变》(Agile Business for Fragile Times)	麦卡锡　等	35.00
BM037	《绩效导向的领导力》(Results-Based Leadership)	Ulrich　等	49.80
BM038	《企业沟通的威力》(The Power of Corporate Communication)	Argenti　等	39.80
BM039	《贯彻执行　现在就做》(Why Can't We Get Anything Done Around Here?)	李夫顿　等	20.00
BM040	《高效能团队领导智慧》(Leadership Lessons of The Navy Seals)	坎农　等	39.80
BM041	《竞争性销售》(Hope is not a Strategy)	佩吉	39.80
BM042	《丰田汽车案例》(The Toyota Way)	莱克	49.80
BM043	《风险管理》(Risk Management)	科罗赫　等	80.00
BM044	《团队工作》(The Work of Teams)	卡岑巴赫	39.80
BM045	《通用电气案例》(GE Work-out)	Ulrich　等	49.80
BM046	《质量无泪》(修订版)	Crosby	39.80
BM047	《绩效改进 19 讲》(201 Ways to Turn any Employee Into a Star Performer)	霍利	29.80
BM048	《人性管理》(The Uncertain Art of Management)	奥斯曼	39.80
BM049	《透明管理》(The Transparency Edge)	佩格诺	29.80
BM050	《成本改进 181 法》(A Manager's Guide to Creative Cost Cutting)	大卫·杨	29.80
BM051	《直觉》(The Art of What Works)	杜根	39.80
BM052	《劣势者的优势》(The Underdog Advantage)	莫里	39.80
BM053	《精益六西格玛服务》(Lean Six Sigma for Service)	乔治	55.00
BM054	《活学活用博弈论》(Game Theory At Work)	米勒	39.80
BM055	《巅峰绩效》(Peak Performance)	卡岑巴赫	39.80
BM056	《丰田汽车:精益模式的实践》(The Toyota Way Fieldbook)	莱克 等	65.00
BM057	《什么是公司治理》(What is Corporate Govermance)	科利 等	18.00
BM058	《MBA 名校的 10 堂课》(What the Best MBAs Know)	纳瓦洛	49.80
BM059	《现代企业管理教程》(Understanding Business)	尼科尔斯 等	50.00
BM060	《领导艺术》(The Art of Leadership)	曼宁 等	50.00
BM061	《产品生命周期管理》(Product Lifecycle Management)	格里夫斯	49.80
BM062	《创新从头开始》(What customers want)	伍维克	29.80
BM063	《创新引擎》(Fast Innovation)	George	39.80
BM064	《苹果电脑案例》(The Apple Way)	Cruikshank	39.80
BM065	《企业外包实务》(The Manager's Step-by-Step Guide to Outsourcing)	Dominguez	29.80

书系代码	书　　名	作　者	定 价
BM066	《重塑创业精神》(Lead Like an Entrepreneur)	桑伯里	45.00
BM067	《顾客导向》(The Outside-In Corporation)	邦德	39.80
BM068	《定价与收益优化》(Pricing and Revenue Optimization)	菲利普斯	60.00
BM069	《笑梁山》	陈实	35.00
BM070	《价值流管理:面向全局供应链的精益方法》	多尔斯麦思卡罗	43.00
BM071	《新企业所得税法与会计准则比较分析》	张炜	68.00
BM072	《丰田产品开发体系》	摩根,莱克	60.00
BM073	《联想:中国 IT 企业国际化品牌行销之道》	周锡冰	39.80
BM074	《每秒千桶》(A Thousand Barrels a Second)	特扎基安	39.80
经济学			
E-001	《中国经济》(Chinese Economy)	蔡昉,林毅夫	39.80
E-002	《宏观经济学》(Macroeconomics)	Dornbusch	60.00
E-003	《经济学》(Economics)	McConnell, Brue	79.00
E-004	《微观经济学》(Microeconomics and Behavior)	Frank	65.00
E-005	《环境经济学》(Introduction to Environmental Economics)	Field 等	50.00
E-006	《财富的诞生》(The Birth of Plenty)	Bernstein	49.80
E-007	《ArcView GIS® 与 ArcGIS® 地理信息统计分析》(Statistical Analysis of Geographic Information with ArcView GIS® and ArcGIS®)	David Wong 等	58.00
管理学			
MT001	《战略物流管理》(Strategic Logistic Management)	Stock	80.00
MT002	《物流战略咨询》(Supply Chain Strategy)	Frazelle	49.80
MT003	《组织人员配置》(Staffing Organization)	Heneman, Judge	
MT004	《战略管理》(Strategic Management)	Dess 等	40.00
MT005	《数据模型与决策:运用电子表格建模与案例研究》(第1版)(Introduction to Management Science)	Hillier 等	75.00
MT006	《数据模型与决策:运用电子表格建模与案例研究》(第2版)(Introduction to Management Science)	Hillier 等	75.00
MT007	《电子商务导论》(Introduction to E-Commerce)	雷波特　等	58.00
MT008	《供应链设计与管理》(Designing and Managing The Supply Chain)	辛奇—利维　等	40.00
MT09	《管理学基础》(Management)	克尼基　等	48.00
MT010	《定价》(Pricing)	门罗	65.00
MT011	《精通战略》(Mastering Strategy)	雷格斯比　等	39.80
MT012	《战略采购管理》(Harnessing Value in the Supply Chain)	班菲尔德	39.80
MT013	《逆向管理》(Don't Oil the Squeaky Wheel)	Rinke	39.80
MT014	《跨国管理》(Transnational Management)	Bartlett 等	79.80
MT015	《运营管理》(Matching Supply with Demand)	Cachon 等	50.00
MT016	《供应链与价值网创新企业案例》	任建标	35.00
营销管理			
MM001	《定位》(Positioning)	Ries & Trout	39.80
MM002	《营销战》(修订版)(Marketing Warfare)	Ries & Trout	39.80

书系代码	书　　　名	作　者	定 价
MM003	《营销革命》(Bottom-up Marketing)	Ries & Trout	39.80
MM004	《新定位》(The New Positioning)	Trout	39.80
MM005	《颠覆广告》(Disruption)	让—马贺·杜瑞	40.00
MM006	《创意的竞赛》(Which Ad Pulled Best?)	Purvis	39.80
MM007	《广告文案名人堂》(The Art of Writing Advertising)	Higgins	29.80
MM008	《产品经理的第一本书》(The Product Manager's Handbook)	Gorchels	39.80
MM009	《全球整合营销传播》(Communicating Globally)	舒尔茨	39.80
MM010	《整合营销传播:利用广告和促销建树品牌》(IMC: Using Advertising and Promotion to Build Brands)	Duncan	298.00
MM011	《市场战略》(The Market Makers)	Spulber	48.00
MM012	《全球营销》(Global Marketing)	乔尼·约翰逊	60.00
MM013	《网络营销》(Internet Marketing)	默罕默德　等	65.00
MM014	《产品经理的第二本书》(The Product Manager's Field Guide)	Linda Gorchels	39.80
MM015	《营销学基础》(Essentials of Marketing)	佩罗特,麦卡锡	60.00
MM016	《文案发烧》("Hey, Whipple, Squeeze This.":A Guide to Creating Great Ads)	苏立文	39.80
MM017	《小鱼吃大鱼》(Eating the Big Fish)	摩根	45.00
MM018	《什么是战略》(Trout On Strategy)	特劳特	29.80
MM019	《整合营销传播:创造企业价值的五大关键步骤》(IMC: the Next Generation)	唐·舒尔茨　等	39.80
MM020	《促销管理的第一本书》	Schultz	39.80
MM021	《广告箴言》(And Now a Few Words From Me)	加菲尔德	29.80
MM022	《营销计划手册》(The Successful Marketing Plan)	赫宾 等	68.00
MM023	《渠道管理的第一本书》(The Manager's Guide to Distribution Channels)	哥乔斯 等	35.00
MM024	《项目管理的第一本书》(The McGraw-Hill 36 – Hour Project Management)	库克,塔特	
MM025	《细读杰克·韦尔奇》	Krame, Slater	39.80
MM026	《品牌资产管理》(Brand Asset Management)	戴维斯	39.80
MM027	《互愿营销》(Opt-In Marketing)	罗曼 等	39.80
MM028	《小技巧　大销售》(401 Killer Marketing Tactics)	费尔藤斯坦	39.80
MM029	《作业成本管理的第一本书》(Common Cents)	特尼	39.80
MM030	《产品经理手册》(The Product Manager's Handbook)	哥乔斯	55.00
MM031	《商战》(20 周年纪念版)(Marketing Warfare)	Ries & Trout	68.00
MM032	《博客营销》(Blog Marketing)	Jeremy Wright	39.80
MM033	《品牌驱动力》(Building the Brand-Driven Business)	戴维斯,邓恩	39.80
MM034	《定价的艺术》(The Art of Pricing)	Mohammed	29.80
销售管理			
SM001	《成功销售管理的 7 大秘诀》(7 Secrets to Successful Sales Management)	Wilner	39.80

书系代码	书　　名	作　者	定 价
SM002	《电话行销,轻松成交》	姚能笔	39.80
SM003	《摸透顾客心》(Ten Demandments)	Mooney Bergheim	39.80
SM004	《练就铁齿铜牙》 (Secrets of Power Persuasion for Salespeople)	Dawson	39.80
SM005	《轻松收款》(Collections Made Easy)	卡罗尔	39.80
SM006	《打倒墨菲定律　挽救我的销售》 (Beating the Deal Killers)	Giglio	39.80
SM007	《增加销售的 12 种核心技术》(Beyond E)	Diorio	39.80
SM008	《销售管理》(Sales Force Management)	Johnston 等	49.00
SM009	《汽车销售的第一本书》	孙路弘	39.80
SM010	《终极销售力》(Ultimate Selling Power)	莫伊,洛伊德	39.80
SM011	《顶尖销售的 25 堂课》 (Secrets of Top Performing Salespeople)	乔诺　等	29.80
SM012	《引爆销售的 10 大黄金法则》	Desena	39.80
SM013	《再造销售奇迹》	Eades	39.80
SM014	《攻心式销售》	Bosworth	24.80
SM015	《百万销售师》	Gardner	24.50
SM016	《成交》	Victor	29.80
SM017	《直销经理的第一本书》(Making Millions in Direct Sales)	马拉汉 等	39.80
SM018	《直销 37 计》(The Ultimate Guide to Network Marketing)	乔·鲁比诺	39.80
职场发展			
CD001	《外企面试宝典》(More Best Answers to the 201 Most Frequently Asked Interview Questions)	DeLuca	25.00
CD002	《人才心理测评》(Psychological Testing at Work)	Hoffman	25.00
CD003	《演讲的艺术》(Strictly Speaking)	Buckley	29.80
CD004	《五大会计师行》	周年洋　等	24.80
CD005	《职业经理自修手册》(The Manager's Self-development Guide)	Pedler	35.00
CD006	《关键对话》(Crucial Conversations)	Patterson 等	29.80
CD007	《静思录》(Finding Your Strength in Difficult Times)	David Viscott	19.80
CD008	《商务英语书信写作精益求精篇》	康宁汉　等	29.80
CD009	《商务人士日常书信写作》(Great Personal Letters for Busy People)	布赫	48.00
CD010	《销售信函》(Sales Letters Ready to Go)	贝塞尔　等	32.00
CD011	《商务信函》(Business Letters Ready to Go)	Bayse	39.80
CD012	《我爱笨老板》(How to Work for an Idiot)	胡佛	29.80
CD013	《实用英语动词短语》(Basic Phrasal Verbs)	斯皮尔斯	35.00
CD014	《赛马》(Horse Sense)	里斯,特劳特	29.80
CD015	《报刊装帧设计手册》(The Newspaper Designer's Handbook)	哈洛维	128.00
CD016	《君子善言》(Speak Like a CEO)	贝茨	32.00
CD017	《脱颖而出》(Shine)	汤普森	29.80

书系代码	书　　名	作　者	定 价
CD018	《量子飞跃》	谢尔顿，刘芊	29.80
CD019	《纳米说服力》	姚能笔	29.80
投资理财			
IF001	《赢得"输家的游戏"》(Winning the Loser's Game)	Ellis	29.80
IF002	《向格雷厄姆学思考，向巴菲特学投资》(How to Think Like Benjamin Graham and Invest Like Warren Buffett)	Cunningham	39.80
IF003	《巴菲特怎样选择成长股》(How to Pick Stocks Like Warren Buffett)	Vick	29.80
IF004	《最后的合伙人》(The Last Partnership)	Geisst	29.80
IF005	《财务报表分析与证券定价》(Financial Statement Analysis and Security Valuation)	Penman	98.00
IF006	《技术分析》(Technical Analysis Explained)	Pring	80.00
IF007	《技术分析 A－Z》(Technical Analysis from A to Z)	Achelis	55.00
IF008	《股票价值评估》(Valuing a Stock)	Gray 等	39.80
IF009	《蜡烛图精解(第3版)》(Candlestick Charting Explained)	Morris	60.00
IF010	《技术分析习题集》(Study Guide for Technical Analysis Explained)	Pring	25.00
IF011	《股票市场的时机选择》(Timing the Stock Market)	亚历山大	48.00
IF012	《最佳卖出点》(It's when You Sell that Counts)	卡西迪	39.80
IF013	《股市名言》(Buy the Rumor, Sell the Fact)	麦洛	29.80
IF014	《向格雷厄姆学思考，向巴菲特学投资》(修订版)	Cunningham	39.80
IF015	《华尔街投资银行史》	Geisst	49.80
IF016	《信用风险：度量与管理》	瑟维吉尼	65.00
IF017	《财务报表分析与证券定价》(第二版)(Financial Statement Analysis and Security Valuation)	Penman	98.00
IF018	《信用评分模型技术与应用》	陈建	60.00
IF019	《现代信用卡管理》	陈建	80.00
IF020	《标准普尔教你做好个人理财》(The Standard & Poor's Guide to Personal Finance)	道尼	25.00
IF021	《标准普尔教你做好第一笔投资》(The Standard & Poor's Guide for the New Investor)	马蒂夫	25.00
IF022	《标准普尔教你做好长期投资》(The Standard & Poor's Guide to Long-Term Investing)	提格	20.00
IF023	《股市法则》(Stock Market Rules)	沙伊莫	29.80
IF024	《股指期货100问》	中国国际期货武汉研究中心	25.00
IF025	《巴菲特选股魔法》	洪瑞泰	25.00

(具体数据以出书为准)

图书订购单

（可复印使用）

第一步：请您填写以下资料：

公司名称：　　　　　　　　　　　收书人：

发货（邮寄）地址：　　　　　　　邮编：

联系电话：　　　　　　　　　　　E-mail：

第二步：请您填写您所选购的图书及册数资料：

图书名称（请注明版次）	数　量	单价（RMB）	合计（RMB）
合　　计			

第三步：请您到邮局将款项汇至以下地址：

收 款 人：中国财政经济出版社邮购部

地　　址：北京市海淀区阜成路甲28号新知大厦

邮　　编：100036

电　　话：010－88190406　88190488

传　　真：010－88190414

邮购费用：书价加15%的邮费

第四步：请确认您是否需要增值税票，如果需要请在传真中注明您的增值税信息：

☐ 开具增值税发票　　　　　　☐ 开具普通发票

第五步：如果您想了解其他详细情况，请垂询销售热线或发电子邮件：

TEL：010－8819 1017　　　　　　E-mail：webmaster@ewinbook. com

第六步：请您在以下空白处签字确认：

客户：

日期：